Otto Kimminich

Einführung in das Völkerrecht

2. vollständig überarbeitete Auflage

K · G · Saur
München · New York · London · Paris 1983

2. vollständig überarbeitete Auflage

CIP-Kurztitelaufnahme der Deutschen Bibliothek

Kimminich, Otto:
Einführung in das Völkerrecht / Otto Kimminich. –
2., vollst. überarb. Aufl. – München ; New
York ; London ; Paris : Saur, 1983.
(UTB für Wissenschaft : Uni-Taschenbücher;
469)
1. Aufl. im Verl. Dokumentation, Pullach
ISBN 3-598-02673-0

NE: UTB für Wissenschaft / Uni-Taschenbücher

Satz: Satzstudio Pfeifer GmbH, Germering/München
Druck: Hain-Druck GmbH, Meisenheim/Glan
Printed in the Federal Republic of Germany
ISBN 3-598-02673-0

Inhalt

Vorwort 11

Abkürzungen 13

1. Grundfragen 19
1.1 Das Studium des Völkerrechts 19
1.2 Hilfsmittel 23
1.3 Die Völkerrechtswissenschaft im Kreise verwandter Disziplinen 29
1.4 Völkerrecht und internationale Politik 40
1.5 Normen und Fakten 48

2. Entfaltung und gegenwärtiger Stand des Völkerrechts 55
2.1 Eingrenzungsprobleme 55
2.2 Vorformen des Völkerrechts in der Antike 56
2.3 Die abendländische Rechtsgemeinschaft im Mittelalter 62
2.4 Das „klassische Völkerrecht" 70
2.5 Das moderne Völkerrecht 82
2.5.1 Epochenabschluß 82
2.5.2 Partielles Kriegsverbot 84
2.5.3 Generelles Kriegsverbot 89
2.5.4 Generelles Gewaltverbot 91
2.5.5 Globalisierung des Völkerrechts und Entkolonisierung 93
2.5.6 Bewahrung der Einheit des Völkerrechts . . . 99
2.5.7 Regionalismus 105
2.5.8 Wandlungen der Souveränität 106
2.5.9 Frieden und Zusammenarbeit 108

3. Die Völkerrechtssubjekte und ihre Organe 121
3.1 Definitionen 121
3.2 Die souveränen Staaten 128
3.2.1 Der Staat im Völkerrecht 128
3.2.2 Die Anerkennung 129
3.2.3 Die Elemente des Staatsbegriffs 134

3.2.4 Das Selbstbestimmungsrecht der Völker . . . 135
3.2.5 Probleme der Staatsangehörigkeit und Staatenlosigkeit 140
3.2.6 Das Staatsgebiet 148
3.2.7 Erwerb und Verlust von Staatsgebiet 154
3.2.8 Der Grundsatz der Gebietsausschließlichkeit 159
3.2.9 Die Staatensukzession 166
3.3 Staatenverbindungen 178
3.3.1 Definitionen 178
3.3.2 Internationale Organisationen 180
3.3.3 Insbesondere: die Organisation der Vereinten Nationen 183
3.3.4 Supranationale Organisationen 196
3.4 Der Hl. Stuhl 202
3.5 Der Malteserorden 204
3.6 Das Internationale Komitee vom Roten Kreuz . . 205

4. *Sonderstellungen* 209
4.1 Nichtstaatliche Organisationen 209
4.2 Die Aufständischen 213
4.3 Der Einzelmensch 215

5. *Völkerrechtsquellen* 223
5.1 Einteilung der Völkerrechtsnormen 223
5.2 Verträge 231
5.3 Gewohnheitsrecht 238
5.4 Allgemeine Rechtsgrundsätze 243
5.5 Hilfsmittel zur Feststellung von Völkerrechtsnormen 247
5.6 Die Kodifikation des Völkerrechts 248
5.7 Die Resolutionen der Generalversammlung der UNO 251
5.8 Soft law 255

6. *Völkerrecht und innerstaatliches Recht* 261
6.1 Die Theorien und ihre praktische Auswirkung . . 261
6.2 Die Regelung im Grundgesetz für die Bundesrepublik Deutschland 268

7. Die völkerrechtliche Hauptpflicht: Erhaltung des Friedens 277
7.1 Das Kriegs- und Gewaltverbot 277
7.2 Die Friedenssicherung 285
7.3 Die kollektive Sicherheit 291
7.4 Das Recht auf Verteidigung 298
7.5 Die friedliche Streitbeilegung 301

8. Die Ordnung des zwischenstaatlichen Verkehrs 313
8.1 Das Prinzip der Staatengleichheit 313
8.2 Das Prinzip der Gegenseitigkeit 318
8.3 Das Interventionsverbot 321
8.4 Die neue Weltwirtschaftsordnung 327

9. Die Durchführung des zwischenstaatlichen Verkehrs . 341
9.1 Die diplomatischen Beziehungen 341
9.2 Gesandtschaftsrecht 342
9.3 Konsularrecht 350

10. Der Schutz der Menschenrechte 353
10.1 Internationaler Menschenrechtsschutz auf globaler Ebene 353
10.1.1 Das allgemeine Völkerrecht 353
10.1.2 Die Satzung der Vereinten Nationen 353
10.1.3 Resolutionen des Wirtschafts- und Sozialrats 356
10.1.4 Die Allgemeine Erklärung der Menschenrechte 358
10.1.5 Die Menschenrechtskonventionen 359
10.2 Internationaler Menschenrechtsschutz auf regionaler Ebene 368
10.2.1 Die Europäische Menschenrechtskonvention 368
10.2.2 Die Amerikanische Menschenrechtskonvention 370
10.3 Spezialgebiete 374
10.3.1 Die Antidiskriminierungs-Abkommen 374
10.3.2 Die Europäische Sozialcharta 376

10.3.3 Die Konferenz für Sicherheit und Zusammenarbeit in Europa 376
10.3.4 Die Übereinkommen der ILO 378
10.3.5 Der internationale Flüchtlingsschutz 378
10.3.6 Minderheitenschutz 378

11. Internationale Gemeinschaftsräume und Gemeinschaftsaufgaben 387
11.1 Das hohe Meer und der Meeresboden 387
11.2 Die Antarktis 400
11.3 Der Weltraum 401
11.4 Gemeinschaftsaufgabe Umweltschutz 408
11.4.1 Umweltschutz in Gemeinschaftsräumen . . 408
11.4.2 Grenzüberschreitender Umweltschutz 411
11.4.3 Internationale Zusammenarbeit 412
11.4.4 Kriegsrecht 414

12. Krieg und Neutralität, humanitäres Völkerrecht . . . 417
12.1 Das Kriegsrecht in der Ordnung des Völkerrechts 417
12.2 Das humanitäre Völkerrecht 419
12.2.1 Kriegsrecht und humanitäres Völkerrecht . 419
12.2.2 Das Haager Recht und das Genfer Recht . . 423
12.2.3 Die Zusatzprotokolle von 1977 427
12.3 Die allgemeinen Regeln der Kriegführung 433
12.3.1 Kriegsgebiet und Kriegsschauplatz 433
12.3.2 Kriegsverträge 437
12.3.3 Kombattanten und Nichtkombattanten . . 438
12.3.4 Kampfmittel und Kampfmethoden 442
12.4 Die Neutralität 448

13. Rechtsgeschäftliches Handeln im Völkerrecht 455
13.1 Einseitige Handlungen 455
13.2 Verträge 461
13.2.1 Das Vertragsrecht 461
13.2.2 Zustandekommen und Inkrafttreten der Verträge 463
13.2.3 Vorbehalte 466
13.2.4 Interpretation 467

13.2.5 Willensmängel und Gewaltanwendung 468
13.2.6 Vertragsbruch 469
13.2.7 Vertragsbeendigung 469

14. Die Reaktionen auf völkerrechtswidriges Handeln . . 475
14.1 Die Problematik des Rechtsvollzugs im Völkerrecht 475
14.2 Die einzelnen Durchsetzungsmittel 478
14.3 Das Prinzip der völkerrechtlichen Verantwortlichkeit 482
14.4 Völkerrechtliches Strafrecht 489

15. Internationale Rechtsprechung 495
15.1 Internationale Schiedsgerichtsbarkeit 495
15.2 Der Internationale Gerichtshof 500
15.3 Internationale Gerichte mit regionaler Zuständigkeit 512

Personenregister 515

Sachregister 533

Vorwort zur zweiten Auflage

In den acht Jahren, die seit dem Erscheinen der ersten Auflage vergangen sind, hat das Völkerrecht eine stürmische Entwicklung erlebt. Die Tendenz zur Ausdehnung des Geltungsbereichs des Völkerrechts und zur Intensivierung seiner Normen hat sich fortgesetzt. Dies zeigt sich nicht nur in dem Anwachsen aller relativen quantitativen Größen, angefangen von der Zahl der UNO-Mitglieder bis zu derjenigen der in Kraft getretenen oder zumindest unterzeichneten internationalen Verträge. Auch das wissenschaftliche Interesse hat weltweit zugenommen. Die einschlägigen Publikationen werden allenthalben als „Literaturflut“ bezeichnet. Auffällig ist dabei die Zunahme von wichtigen Beiträgen aus den Entwicklungsländern. Die Ausweitung des Stoffes und der vorhandenen Literatur hat zu strenger Auswahl gezwungen. Um die verstärkte Berücksichtigung der neueren Literatur zu ermöglichen, mußte weitgehend auf die Erwähnung der vor 1960 erschienen Werke verzichtet werden. Die Literatur zu Spezialfragen wird nur noch in den Anmerkungen genannt.

Der gesamte Stoff ist gegenüber der ersten Auflage neu gegliedert und mit einer dem gegenwärtigen Stand der Rechtsentwicklung entsprechenden neuen Gewichtung versehen worden. So unterscheidet sich die zweite Auflage von der ersten nach Inhalt und Aufbau. Die Zielsetzung des Buches ist jedoch gleichgeblieben. Deshalb sei hier der Schlußabsatz des Vorwortes der ersten Auflage wörtlich wiederholt:

Dem Charakter einer Einführung entspricht es, daß sie allgemeinverständlich ist. Daher ist bei der Entstehung dieses Buches an alle gedacht worden, die sich aus irgendeinem Grunde – und ein sehr triftiger Grund ist das „persönliche Interesse“ – für die Probleme des Zusammenlebens der Menschen in der großen Weltgemeinschaft, für Frieden und Versöhnung, Humanität und Menschenrechte, aber auch für Wohlstand und Überleben in unserer Welt interessieren. Das Wissen um die Bedrohung der genannten Werte – und noch vieler anderer – ist eine wichtige Voraussetzung für die wirklichkeitsnahe Einschätzung der Aufgaben und Möglichkeiten des Völkerrechts. Die Faktoren zu beeinflussen, die hinter jenen Bedrohungen stehen oder sie abzuwenden geeignet sind, ist nicht nur Aufgabe eines kleinen Kreises von Experten, sondern jedes verantwortlichen Bürgers. In Abwandlung eines berühmten Wortes könnte gesagt werden: Das Völkerrecht ist eine viel zu ernste Angelegenheit, als daß man sie den Juristen überlassen könnte.

Für die gewissenhafte Durchsicht der Erstauflage auf Fehler sowie für die weitere Hilfe bei der Vorbereitung und Herstellung der Zweitauflage danke ich Henriette Freiin von Krane, Akad. Rätin an der Universität Regensburg.

Otto Kimminich

Abkürzungen

ADMA	Annuaire de Droit Maritime et Aérien
AFDI	Annuaire Français de Droit International
AJIL	American Journal of International Law
Annuaire	Annuaire de l'Institut de Droit International
AöR	Archiv des öffentlichen Rechts
APSR	The American Political Science Review
AQu	Australian Quarterly
ARS	Archiv für Rechts- und Sozialphilosophie
ASIL	American Society of International Law
AVR	Archiv des Völkerrechts
BayVBl.	Bayerische Verwaltungsblätter
BerDGV	Berichte der Deutschen Gesellschaft für Völkerrecht
BGBl.	Bundesgesetzblatt
BVerfGE	Entscheidungen des Bundesverfassungsgerichts
BVerwGE	Entscheidungen des Bundesverwaltungsgerichts
BYIL	British Year Book of International Law
CJTL	Columbia Journal of Transnational Law
CYIL	Canadian Yearbook of International Law
DA	Deutschland-Archiv
DÖV	Die Öffentliche Verwaltung
DPM	Die politische Meinung
DRiZ	Deutsche Richterzeitung
DVBl.	Deutsches Verwaltungsblatt
EA	Europa-Archiv
EPIL	Encyclopedia of Public International Law
EuGRZ	Europäische Grundrechte-Zeitschrift
EuWehrk	Europäische Wehrkunde

FamRZ	Zeitschrift für Familienrecht
FordhamILF	Fordham International Law Forum
Fs f.	Festschrift für
FW	Die Friedenswarte
GAOR	General Assembly Official Records
GJICL	Georgia Journal of International and Comparative Law
GYIL	German Yearbook of International Law
HdSW	Handwörterbuch der Sozialwissenschaften
HdVN	Handbuch Vereinte Nationen
HILJ	Harvard International Law Journal
HLKO	Haager Landkriegsordnung
ICJ	International Court of Justice
ICLQ	International and Comparative Law Quarterly
IGH	Internationaler Gerichtshof
IJ	International Journal
IJIL	Indian Journal of International Law
IJP	Internationales Jahrbuch der Politik
ILQu	International Law Quarterly
Inf.z.Raumentw.	Informationen zur Raumentwicklung
Int.Stud.	International Studies
IO	International Organization
IR	International Relations
IRRC	International Review of the Red Cross
IRuD	Internationales Recht und Diplomatie
IsraelLR	Israel Law Review
ItalYIL	Italian Yearbook of International Law
J	Journal
JA	Juristische Arbeitsblätter
JAIL	Japanese Annual of International Law
JDI	Journal de Droit International (Clunet)
JIR	Jahrbuch für Internationales Recht
JLP	Journal of Law ans Politics
J of SpaceL	Journal of Space Law

JöR	Jahrbuch des öffentlichen Rechts
JOR	Jahrbuch für Ostrecht
JR	Juristische Rundschau
JWTL	Journal of World Trade Law
JZ	Juristenzeitung
LNTS	League of Nations Treaty Series
MDR	Monatsschrift für Deutsches Recht
MVDA	Monatsschrift der Vereinigung deutscher Auslandsbeamter
NILR	Netherlands International Law Review
NJ	Neue Justiz
NJW	Neue Juristische Wochenschrift
NordTIR	Nordisk Tidsskrift for international Ret
NTIR	Nederlands Tijdschrift voor International Recht
NYIL	Netherlands Yearbook of International Law
NZWehrr	Neue Zeitschrift für Wehrrecht
OER	Osteuropa-Recht
ÖJZ	Österreichische Juristenzeitung
ÖMZ	Österreichische Militär-Zeitschrift
ÖV	Öffentliche Verwaltung
ÖZA	Österreichische Zeitschrift für Außenpolitik
ÖZP	Österreichische Zeitschrift für Politikwissenschaft
ÖZöR	Österreichische Zeitschrift für öffentliches Recht
ÖZöRV	Österreichische Zeitschrift für öffentliches Recht und Völkerrecht
PASIL	Proceedings of the American Society of International Law
PCIJ	Permanent Court of International Justice

Proceedings	Proceedings of the American Society of International Law
PSQ	Political Science Quarterly
PVS	Politische Vierteljahresschrift
RabelsZ	Zeitschrift für ausländisches und internationales Privatrecht (begr. von Rabel)
RBDI	Revue Belge de Droit International
RCDIP	Revue Critique de Droit International Privé
RdC	Recueil des Cours
RDH	Revue des Droits de l'Homme = Human Rights Journal
RDI	Revue de Droit International, de Sciences Diplomatiques et Politiques (Sottile)
RDIDC	Revue de Droit International et de Droit Comparé
RDPMG	Revue de Droit Pénal Militaire et de Droit de la Guerre
RGBl.	Reichsgesetzblatt
RGDIP	Revue Générale de Droit International Public
RICR	Revue Internationale de la Croix Rouge
RID	Rechtswissenschaftlicher Informationsdienst
RIW	Recht der Internationalen Wirtschaft
ROW	Recht in Ost und West
RP	Review of Politics
RTDC	Revue Trimestrielle de Droit Commercial
RuP	Recht und Politik
SAYIL	South African Yearbook of International Law
SchwJIR	Schweizerisches Jahrbuch für Internationales Recht
Sowjetwiss (Ges.Abt.)	Sowjetische gesellschaftliche Beiträge, Berlin (Ost)
TILJ	Texas International Law Journal

UNTS	United Nations Treaty Series
VJIL	Virginia Journal of International Law
VJTL	Vanderbilt Journal of Transnational Law
VN	Vereinte Nationen
VROW	Völkerrecht in Ost und West
VRÜ	Verfassung und Recht in Übersee
VVDStRL	Veröffentlichungen der Vereinigung der Deutschen Staatsrechtslehrer
WehrwissRdSch	Wehrwissenschaftliche Rundschau
WVR	Wörterbuch des Völkerrechts
YBWA	The Yearbook of World Affairs
ZaöRV	Zeitschrift für ausländisches öffentliches Recht und Völkerrecht
Z f.	Zeitschrift für
Z.f.vgl.RechtsWiss	Zeitschrift für vergleichende Rechtswissenschaft
ZLR	Zeitschrift für Luftrecht
ZLRW	Zeitschrift für Luftrecht und Weltraumfragen
ZLW	Zeitschrift für Luft- und Weltraumrecht
ZP	Zeitschrift für Politik
ZVR	Zeitschrift für Völkerrecht

1. Grundfragen

1.1 Das Studium des Völkerrechts

Wenn sich jemand für Völkerrecht interessiert, weil er die Weltpolitik besser verstehen will und feststellen möchte, welche Möglichkeiten er, seine Gruppe oder sein Staat hat, um weltpolitische Entwicklungen zu beeinflussen oder bestimmte Einzelziele zu verfolgen – Frieden, Sicherheit, Menschenrechte, Selbstbestimmungsrecht, um nur einige zu nennen –, so braucht über seine Zielsetzung kein Wort verloren zu werden. Man kann nur hoffen, daß sich möglichst viele unserer Bürger zu einer solchen Einstellung bekennen. An der Universität aber wird das Studium des Völkerrechts aus zwei speziellen Gründen betrieben: 1. weil die Prüfungsordnungen das Völkerrecht zum Bestandteil des Examensstoffes machen, 2. weil manche Studenten das Völkerrecht für ihren künftigen Beruf brauchen.

Auf den ersten Blick scheint es, als seien die Lernbedürfnisse der beiden obengenannten Studentengruppen völlig verschieden. Wer Völkerrecht nur studiert, um ein bestimmtes Examen abzulegen, orientiert sich an den Prüfungsvorschriften und lernt nur soviel, wie für das Durchstehen des beabsichtigten Examens erforderlich ist. Wer völkerrechtliche Kenntnisse für die Ausübung des von ihm angestrebten Berufes benötigt, wird bestrebt sein, ein möglichst gründliches Wissen zu erwerben, um für seinen Beruf gerüstet zu sein. Die nähere Untersuchung zeigt aber, daß die Grundbedürfnisse der beiden Studentenkategorien identisch sind. Es gibt sozusagen einen Grundstock des Wissens, den beide benötigen. Während sich aber der examensorientierte Student mit diesem Grundstock begnügt, muß der in die völkerrechtliche Praxis strebende Student auf dem Grundstock weiter aufbauen und seine Kenntnisse vertiefen.

Es gibt einen sehr triftigen Grund dafür, das „Grundstockwissen“ nicht in der Weise zu erwerben, daß es ein nicht weiter verwertbares Minimalwissen ist: auch derjenige, der zunächst einmal nur das Examen bestehen will, kann später unverhofft in die Lage kommen, in seiner Berufspraxis Völkerrecht anwenden zu müssen. Diese Situation kann sich nicht nur bei einem Berufswechsel ergeben, sondern auch im normalen Gang der einmal begonnenen Laufbahn. Dies gilt insbesondere für Juristen, die nicht in den diplomatischen Dienst oder in den Dienst von internationalen Organisationen eintreten, sondern Richter, Rechtsanwälte oder Verwaltungsbeamte werden. Jeder Richter – nicht nur der Verfassungsrichter oder der Richter am BGH – kann jederzeit in die Lage kommen, Völkerrecht anwenden zu müssen, z.B. dann, wenn ein Fall die diplomatische Immunität betrifft, das durch internationale Rechtsregeln geregelte Personalstatut eines Ausländers, die Anerkennung ausländischer Hoheitsakte, Auslieferungsfragen usw. In der Verwaltungspraxis wird das Völkerrecht immer dann aktuell, wenn Völkerrecht – ob es nun aus einem Vertrag oder einer anderen Völkerrechtsquelle fließt – im innerstaatlichen Bereich vollzogen werden soll. Das geschieht nicht nur auf der hohen Ebene der Ministerien, sondern oft auch in unteren Instanzen.

Examensstoff ist das Völkerrecht vor allen Dingen in der ersten juristischen Staatsprüfung und in der juristischen Doktorprüfung. Aber auch die Prüfungsordnungen sozialwissenschaftlicher Fakultäten oder Fachbereiche haben vielfach das Völkerrecht in das Examen mit einbezogen, soweit das Fach „Internationale Beziehungen“ geprüft wird. Über das Verhältnis der beiden Fächer wird im folgenden noch manches zu sagen sein.

Die im Laufe der letzten Jahre in Kraft gesetzten Prüfungsordnungen für Juristen haben das Fach Völkerrecht an den Rand des Lehrbetriebes der deutschen Universitäten gedrängt. Während früher jeder Jurist gezwungen war, mindestens zwei vierstündige Vorlesungen (nämlich Friedensvölkerrecht und Kriegsvölkerrecht) zu besuchen, werden jetzt nur noch „Grundzüge des Völkerrechts” verlangt. Allerdings berücksichtigen die neuen Prüfungsordnungen das Völkerrecht noch an einer anderen Stelle. Geprüft wird nämlich auch das „Staatsrecht unter Einschluß seiner völkerrechtlichen Bezüge“. In der Literatur ist darauf hingewiesen worden, daß eine buchstabengetreue Erfüllung dieses Auftrags fast das gesamte Völkerrecht in den zentralen Prüfungsstoff hineinnehmen würde.[1] Das war sicher nicht beabsichtigt, und deshalb wird diese Klausel allgemein dahingehend verstanden, daß auch im Rahmen der völkerrechtlichen Bezüge des Staatrechts nur die Kenntnis der Grundzüge des Völkerrechts gefordert wird, wobei der Schwerpunkt auf dem Verhältnis zwischen Völkerrecht und innerstaatlichem Recht liegt.

Ob jene Einschränkung als Fortschritt gewertet werden kann oder ob sie nur den zunehmenden „Provinzialismus deutscher Juristenausbildung" zum Ausdruck bringt,[2] kann hier dahingestellt bleiben. Die vorliegende Einführung verwendet jedenfalls die neuen Prüfungsordnungen als Richtschnur und will dem Studenten, der sich auf das erste juristische Staatsexamen oder ein Universitätsexamen mit einer den neuen juristischen Prüfungsordnungen entsprechenden Berücksichtigung des Völkerrechts vorbereitet, den notwendigen Wissensstoff bieten.

Dem Studenten des Völkerrechts eröffnet sich ein weites Spektrum von Berufen, in die er auch später noch, nachdem er sich im öffentlichen Dienst seines Landes, in der Wirtschaft oder in einem freien Beruf bewährt hat, eintreten kann. Häufig stellt dabei die Kenntnis des Völkerrechts nur einen Teil der Voraussetzungen für die Einstellung dar, weil die einzelnen internationalen Organisationen in erster Linie Fachleute für diejenigen Gebiete benötigen, auf denen sie ihre Tätigkeit satzungsgemäß entfalten. Wer aufgrund solcher Überlegungen das Studium des Völkerrechts am Rande einer Ausbildung in einem anderen Fach absolviert, wird es zweckmäßigerweise an das Ende der Ausbildung legen, womöglich sogar erst nach

1 Wilhelm Karl Geck, Die Lehre des Völkerrechts an den Universitäten in der Bundesrepublik Deutschland, ZaöRV 1973, S. 73 ff.

2 Rudolf Bernhardt, Vom Provinzialismus deutscher Juristenausbildung, JZ 1971, S. 581. Hierzu ferner Rudolf Bernhardt, Hrsg., Das internationale Recht in der Juristenausbildung. Materialien einer Kommission der Deutschen Gesellschaft f. Völkerrecht, Heidelberg und Karlsruhe 1981; Kay Hailbronner, Das internationale Recht in der deutschen Juristenausbildung, DVBl. 1980, S. 475 f.

Abschluß der Fachausbildung beginnen, um sich für die internationale Tätigkeit vorzubereiten. Das vorliegende Studienbuch will auch diesem Bedürfnis Rechnung tragen, indem es die Kenntnis anderer juristischer Spezialfächer nicht voraussetzt.

Studenten der Politikwissenschaft werden dem Völkerrecht im Kontext der internationalen Beziehungen begegnen. Dem Verhältnis von Völkerrecht und internationaler Politik wird das folgende Kapitel gewidmet sein. Eines besonderen Hinweises für den Einbau des völkerrechtlichen Studiums in einen sozialwissenschaftlichen Studiengang bedarf es daher an dieser Stelle nicht.

Die größten Probleme scheint merkwürdigerweise noch immer der Einbau des Völkerrechts in das Studium der Rechtswissenschaft zu bieten. Obwohl die Studienführer zu betonen pflegen, daß keine andere juristische Vorlesung für den Besuch der völkerrechtlichen Vorlesungen Voraussetzung ist, wird in allen Studienführern empfohlen, Völkerrecht erst in den letzten beiden Semestern zu betreiben. Dies hat einen sehr plausiblen Grund: das Studium des Völkerrechts erfordert einen hohen Grad geistiger Reife, der – jedenfalls im Rahmen des juristischen Studiums – normalerweise erst in einem höheren Semester erreicht wird. Der Jurist, der sich dem Völkerrecht zuwendet, muß das strenge, unerbittliche juristische Denken bereits beherrschen; denn im Völkerrecht, dem die klare Systematik geltender oder vergangener innerstaatlicher Rechtsordnungen (denken wir etwa an das Römische Recht) fehlt, lernt er solches Denken nicht. Schon die Tatsache, daß auch Nichtjuristen sich – wenn auch mit größerer Mühe – ausreichende Kenntnisse des Völkerrechts für den diplomatischen Dienst und die Tätigkeit in internationalen Behörden und Organisationen aneignen können, ist ein Beweis dafür. Aber das darf den Juristen andererseits nicht zu der irrigen Annahme verleiten, er könne beim Studium und bei der Anwendung des Völkerrechts das juristische Denken beiseite schieben. Das Gegenteil ist der Fall. Gerade der Jurist darf niemals vergessen, daß auch das Völkerrecht ein Normensystem ist, daß auch Völkerrechtswissenschaft Jurisprudenz ist, und daß er selbst auch als Völkerrechtler Jurist bleibt. So liegt für den

Juristen die besondere Schwierigkeit des Studiums des Völkerrechts darin, daß es einerseits kaum aufbaut auf den Grundlagen des innerstaatlichen Rechts – also des Zivil-, Straf- und Verwaltungsrechts –, andererseits aber doch die ganze juristische Kunst erfordert, wenn es von einem Juristen begriffen und angewendet werden soll.

Doch ist das Studium des Völkerrechts besonders lohnend, weil es Einsichten in die Natur des Rechts vermittelt, die demjenigen, der sich nur mit innerstaatlichem Recht beschäftigt, verschlossen bleiben oder zumindest schwer zugänglich sind. Es sind Einsichten in den Geltungsgrund des Rechts, die Dynamik der Rechtsentwicklung, die Wechselwirkung zwischen Norm und Faktum, die Vorgänge der Rechtserzeugung und ähnliches mehr. Dies ist ein weiterer Grund dafür, das Studium des Völkerrechts an das Ende des juristischen Studiums zu stellen und dabei vielleicht manche Irrtümer bezüglich jener Grundfragen zu korrigieren, die durch die Beschränkung auf das innerstaatliche Recht entstanden sein mögen.

1.2 Hilfsmittel

Vorweg ist erneut darauf hinzuweisen, daß das vorliegende Studienbuch sich an den geltenden juristischen Prüfungsordnungen orientiert und daher so angelegt ist, daß zur Vorbereitung auf ein normales Universitätsexamen im Völkerrecht – sei es in einer juristischen oder in einer sozialwissenschaftlichen Fakultät – keine weiteren Hilfsmittel erforderlich sind. Für diejenigen, die Völkerrecht als Wahlfach studieren oder aus einem anderen Grunde tiefer in die Materie eindringen wollen, wird am Ende jedes Abschnitts auf weiterführende Literatur hingewiesen. Die gängigsten allgemeinen Darstellungen aus neuerer Zeit finden sich in der folgenden Liste:

Michael Akehurst: A modern introduction to international law. 4. Aufl. London 1982.

Friedrich Berber: Lehrbuch des Völkerrechts. 3 Bände. 2. Aufl. München 1969–77.

Rudolf Bernhardt, Hrsg.: Encyclopedia of Public International Law, 12 Bde, Amsterdam, New York, Oxford 1981 ff.

Albert Bleckmann: Grundprobleme und Methoden des Völkerrechts. Freiburg i.Br. 1982.

Ian Brownlie: Principles of public international law. 3. Aufl. Oxford 1979.

Louis Cavaré: Le droit international public positif. 3. Aufl., 3 Bände. Paris 1967–70.

Georg Dahm: Völkerrecht. 3 Bände. Stuttgart 1958–61.

James E. S. Fawcett: The law of nations. 2. Aufl. Harmondsworth 1971.

Peter Fischer und Heribert F. Köck: Allgemeines Völkerrecht. Eisenstadt 1980.

Gerhard von Glahn: Law among nations. 4. Aufl. New York–London 1981.

N.A. Maryan Green, International law. 2. Aufl. Estover 1982.

D.W. Greig: International law. 2. Aufl. London 1976.

Hersch Lauterpacht: International Law (hrsg. von Elihu Lauterpacht), 4 Bde., Cambridge 1970–78.

Werner Levi: Contemporary International Law. Boulder 1979.

Eberhard Menzel und Knut Ipsen: Völkerrecht. 2. Aufl. München 1979.

J.G. Merrills: Anatomy of International Law. 2. Aufl. London 1981.

Jörg Manfred Mössner: Einführung in das Völkerrecht. München 1977.

Ingo von Münch: Völkerrecht in programmierter Form. 2.Aufl. Berlin 1982.

Daniel Patrick O'Connell: International law. 2 Bände. 2. Aufl. London–New York 1970.

Daniel Patrick O'Connell: International law for students. London 1971.

Paul Reuter: Droit international public. 4. Aufl., Paris 1973.

Charles Rousseau: Droit international public. 5 Bde. Paris 1970–1983.

J.J.A. Salmon: Droit des Gens. 3 Bde. 9. Aufl. Brüssel 1978–79

Georg Schwarzenberger: International Law as applied by international courts and tribunals. 3 Bde., London 1957 – 1976.

Georg Schwarzenberger and E.D. Brown: A manual of international law. 6. Aufl. London 1976.

Ignaz Seidl-Hohenveldern: Völkerrecht. 4. Aufl. Köln–Berlin 1980.
Malcolm Shaw, International Law. London 1977.
Joseph G. Starke: An introduction to international law. 8. Aufl. London 1977.
Yuichi Takano: Einführung in das Völkerrecht. Köln 1979.
Hubert Thierry, Jean Combacau, Serge Sur u. Charles Vallée: Droit international public., 3. Aufl. Paris 1981.
Grigori I. Tunkin: Völkerrechtstheorie. Berlin 1972.
Alfred Verdross: Völkerrecht. 5. Aufl. Wien 1964.
Alfred Verdross und Bruno Simma: Universelles Völkerrecht. 2. Aufl. Berlin 1981.
J.H. Verzijl: International Law in Historical Perspective. 10 Bde. Alphen 1968–1979.
Völkerrecht, Lehrbuch, hrsg. von der Akademie der Wissenschaften der UdSSR. Deutsche Übersetzung Hamburg 1960.
Völkerrecht. Hrsg. v.d. Akademie für Staats- u. Rechtswissenschaft der DDR (Autorenkollektiv). 3 Bde., 2. Aufl. Berlin (Ost) 1982.
Wilhelm Wengler: Völkerrecht. 2 Bände. Berlin–Göttingen–Heidelberg 1964.
Burns Weston, Richard Falk und Anthony d'Amato: International Law and World Order. St. Paul 1980.

Völkerrechtliche Fallsammlungen für Studenten sind selten. Im deutschen Sprachraum sind zu nennen: Michael Schweitzer und Waldemar Hummer, Übungsbuch zum Europarecht und Völkerrecht, Frankfurt/M. 1981; Edzard Schmidt-Jortzig, 30 Klausuren aus dem Staats- und Völkerrecht, Frankfurt/M. 1977; Ignaz Seidl-Hohenveldern, Praktische Fälle aus dem Völkerrecht. Wien 1958. Der Student des Völkerrechts, der anhand von Fällen tiefer in die Materie eindringen will, ist daher auf Entscheidungssammlungen angewiesen. Da die internationale Gerichtsbarkeit nicht sehr umfangreich ist, sind auch die Entscheidungssammlungen nicht zahlreich. Jedoch muß berücksichtigt werden, daß Völkerrecht häufig auch von innerstaatlichen Gerichten und Behörden anzuwenden ist. Ein überaus wertvolles Hilfsmittel sind daher diejenigen Fall- und Entscheidungssammlungen, in denen die völkerrechtliche Praxis eines bestimmten Staates oder verschiedener Staaten aufgezeigt wird. Für Deutschland geschieht dies in der Reihe „Fontes juris gentium", die von Viktor Bruns begründet und von 1931 bis 1945 vom Kaiser-Wilhelm-Institut für Völkerrecht herausgegeben wurde. Seither wird diese Tradition vom Max-Planck-Institut für ausländisches öffentliches Recht und Völkerrecht in Heidelberg fortgeführt. In der Serie A sectio I sind die Entscheidungen des Ständigen Internationalen Gerichtshof, des Ständigen Schiedshofs und des Internationalen Gerichtshofs veröffentlicht. (Hierzu unten Kapitel 18.) Die Serie A sectio II enthält die völkerrechtlichen Entscheidungen des deutschen Reichsgerichts und seit 1945 die völkerrechtliche Rechtsprechung des Bundesverfassungsgerichts, des Bundesgerichtshofs und anderer oberer Gerichte, so daß sie mit Recht die Überschrift trägt: „Rechtsprechung der höchsten Gerichte der Bundesrepublik Deutschland in völkerrechtlichen Fragen". Die Serie wird fortgesetzt. In der Serie B wird die diplomatische Korrespondenz der europäischen Staaten seit 1856 veröffentlicht.

An internationalen Fall- und Entscheidungssammlungen sind zu nennen:

William W. Bishop: International law. Cases and Materials 3. Aufl. Boston 1971.

Herbert W. Briggs: The law of nations. Cases, documents and notes. 2. Aufl. New York 1966. (Unveränderter Nachdruck).

L.C. Green: International Law through the cases. 4. Aufl. Toronto 1978.

D.J. Harris: Cases and Materials on International Law. 2. Aufl. London 1979.

Louis Henkin: Cases and Materials on International Law. 2. Aufl. New York 1980.

Manley O. Hudson: Cases and other materials on international law. 3. Aufl. St. Paul, USA 1951.

International Law Reports, hrsg. von E. Lauterpacht. Fortsetzung der Reihe „Annual Digest and Reports of Public International Law Cases". London 1932 – (erscheint in Fortsetzung).

Myres S. McDougal und W. Michael Reisman, International Law in Contemporary Perspective. Cases and Materials, Mineola, N.Y. 1981.

Lord Arnold Mc Nair: International law opinions. 3 Bände. Cambridge 1956.

Jörg Paul Müller und Luzius Wildhaber: Praxis des Völkerrechts. 2. Aufl. Bern 1982.

Lester B. Orfield und Edward D. Re: Cases and materials on international law. 2. Aufl., Indianapolis 1965.

Marjorie M. Whiteman. Digest of international law, 15 Bde., Washington D.C. 1963–1973.

Für die Zeit vor dem Ersten Weltkrieg sind vor allem zwei Fallsammlungen von Bedeutung:

Charles de Martens: Nouvelles causes célèbres du droit des gens. 2 Bände. Leipzig und Paris 1843 (Fälle aus den Jahren 1618–1825).

John Bassett Moore: A Digest of international Law. 8 Bände. Neudruck New York 1970 (Nachdruck der Ausgabe von 1906).

Ebenso wichtig sind für den Studenten des Völkerrechts die Vertragssammlungen. Jede völkerrechtliche Bibliothek enthält die Vertragssammlungen des Völkerbunds und der Organisation der Vereinten Nationen. Beide Weltorganisationen machten es ihren Mitgliedern zur Pflicht, alle von ihnen mit anderen Völkerrechtssubjekten abgeschlossenen Verträge beim Sekretariat der Weltorganisation zu registrieren. Das Sekretariat des Völkerbunds veröffentlichte in den Jahren 1920 bis 1946 insgesamt 205 Textbände unter der Bezeichnung „League of Nations Treaty Series" (LNTS). Die Vereinten Nationen begannen 1946 mit der Publikation der United Nations Treaty Series (UNTS), von der gegenwärtig über 1000 Bände vorliegen. Die Sammlung wird fortgesetzt.

Für die Zeit von 1761 bis 1944 enthält der „Recueil Martens" die wichtigsten Verträge, von denen manche noch heute gelten. Die Sammlung wurde von dem Göttinger Völkerrechtler Georg Friedrich von Martens begründet und später unter wechselndem Namen herausgegeben. Der erste Teil (für die Zeit von 1761 bis 1801) trägt den Titel „Recueil des principaux traités", eine Ergänzung bis zum Jahre 1807, mit einigen Verträgen aus der Zeit vor 1761, erschien in vier Bänden als Supplément au recueil. Für die Zeit von 1817 bis 1842 erschienen 16 Bände unter dem Titel Nouveau recueil de traités, mit drei Ergänzungsbänden (Nouveaux suppléments) für die Zeit von 1834 bis 1842. Von da bis 1875 erschienen 20 Bände unter dem Titel „Nouveau recueil de traités", für die Zeit von 1876 bis 1908 erschienen 35 Textbände und ein Registerband (Nouveau recueil général de traités, 2e serie). Und schließlich für die Zeit von 1909 bis 1944 weitere 41 Bände, hrsg. von Heinrich Triepel (Nouveau recueil général de traités, 3e serie).

Die völkerrechtlichen Verträge der Bundesrepublik Deutschland werden nach ihrer innerstaatlichen Inkraftsetzung (hierzu im folgenden, Kapitel 6.2) im Bundesgesetzblatt Teil II veröffentlicht. Frühere Verträge finden sich im Reichsgesetzblatt (ab 1922 in Teil II) und im Bundesgesetzblatt des Norddeutschen Bundes. Darüber hinaus gibt das Auswärtige Amt die Reihe „Verträge der Bundesrepublik Deutschland" heraus. Einer ähnlichen Praxis bedienen sich die anderen Staaten.

Zahlreiche kleinere Handbücher und Dokumentensammlungen machen wichtige Teile der internationalen Vertragspraxis zugänglich. Soweit sie Spezialgebiete betreffen, werden sie im folgenden am Ende der entsprechenden Abschnitte genannt werden. Handliche deutschsprachige Vertragssammlungen allgemeiner Art sind:

Friedrich Berber, Hrsg., Völkerrecht. Dokumentensammlung, 2 Bde., München–Berlin 1967.

Friedrich Berber und Albrecht Randelzhofer, Hrsg., Völkerrechtliche Verträge, 2. Aufl. 1979.

Rudolf Geiger, Hrsg., Recht der internationalen Beziehungen, 3. Aufl. München 1982.

Konferenzen und Verträge („Vertrags-Ploetz"), hrsg. von Helmuth Roennefarth, 5 Bde., 2. Aufl. Würzburg 1958–75.

Michael Schweitzer und Walter Rudolf, Friedensvölkerrecht, 2. Aufl. Baden-Baden 1979.

Die Zusammenschlüsse und Pakte der Welt auf politischem, militärischem und wirtschaftlichem Gebiet, hrsg. von Heinrich von Siegler u.a., 12. Aufl. Bonn–Wien–Zürich 1977.

Da jeder, der tiefer in das Völkerrecht eindringen will, in einer gut ausgestatteten völkerrechtlichen Bibliothek arbeiten muß, kann hier darauf verzichtet werden, die wichtigsten völkerrechtlichen Zeitschriften aufzuzählen. Nur auf eine besonders wichtige Reihe soll hier aufmerksam gemacht werden, weil sie eine eigene Kategorie des völkerrechtlichen Schrifttums bildet und in der Regel nicht bei den Zeitschriften eingeordnet ist: die Sammlung der Vorlesungen an der Haager Akademie für internationales Recht. Jeden Sommer kommen dort Theoretiker und Praktiker des Völkerrechts aus allen Staaten der Erde zusammen, um sich von einer ebenso international zusammengesetzten Dozentenschaft (die jedes Jahr wechselt) im Völkerrecht fortbilden zu lassen. Die besten von ihnen erwerben am Schluß des Sommerkurses nach Ablegung einer strengen Prüfung ein wertvolles Diplom. Neben der völkerrechtlichen Hauptvorlesung werden alljährlich Vorlesungen über Spezialprobleme gehalten, so daß diese Publikation nicht nur über die allgemeine Entwicklung des Völkerrechts seit der Zeit der Gründung der Akademie im Jahre 1923 Aufschluß gibt, sondern auch eine Fundgrube für alle Arten von Spezialmonographien darstellt. Die Reihe wird unter dem Titel „Recueil des Cours“ veröffentlicht. (Die einzelnen Abhandlungen werden in der Sprache publiziert, in der die Vorlesungen gehalten wurden, d.h. englisch oder französisch.) Gegenwärtig liegen 174 Bände vor.

1.3 Die Völkerrechtswissenschaft im Kreise verwandter Disziplinen

Wenn die Völkerrechtswissenschaft von „verwandten“ Disziplinen abgegrenzt werden soll, so kann es sich bei den letzteren nur um nichtjuristische Disziplinen handeln; denn mit der Rechtswissenschaft ist die Völkerrechtswissenschaft nicht verwandt, sondern sie ist ein Teil derselben. Das setzt allerdings voraus, daß das Völkerrecht nicht nur die formelle Bezeichnung „Recht“ trägt, sondern auch tatsächlich Recht ist. Der Rechtscharakter des Völkerrechts ist häufig auch von Juristen bestritten worden, so daß fast alle Völkerrechtslehrbücher mit einer Abhandlung über dieses Problem beginnen, in der vor allem der Nachweis der Rechtsqualität des Völkerrechts erbracht und die Meinung der „Völkerrechtsleugner“

widerlegt wird.[1] Für eine rechtsphilosophische und literaturkritische Behandlung dieses Themas ist hier kein Raum, auf die Grundproblematik aber wird im folgenden Abschnitt, der das Verhältnis von Völkerrecht und internationaler Politik behandelt, zurückzukommen sein. Die ganz überwiegende Meinung der Literatur, nicht nur der juristischen, geht durchaus dahin, daß das Völkerrecht eine Rechtsordnung darstellt, woraus sich zwangsläufig ergibt, daß die Völkerrechtswissenschaft ein Teil der Rechtswissenschaft ist.

Im Bereich der Rechtswissenschaft kann es daher nur noch darum gehen, die Völkerrechtswissenschaft gegenüber anderen Teilen der Jurisprudenz abzugrenzen. Damit wäre an sich das Problem der Definition des Völkerrechts erreicht; denn Definition bedeutet nichts anderes als Abgrenzung. Aber die vorliegende Einführung will bewußt keine Definition des Völkerrechts an den Anfang stellen, weil dies wieder zum Auswendiglernen einer Formel verleiten könnte. Die Definition des Völkerrechts muß gerade in unserer Zeit, in der sich die Völkerrechtsordnung in einem grundlegenden Wandel befindet (vgl. unten 2.5.1), dynamisch gesehen werden. Das Völkerrecht dehnt seinen Wirkungsbereich aus, intensiviert die Geltungskraft seiner Normen und verändert seine Zielsetzungen. Die Abgrenzung der Völkerrechtswissenschaft von anderen Teilen der Rechtswissenschaft ist trotzdem möglich; denn der Unterschied zwischen innerstaatlichem und internationalem Recht ist nicht nur dem Juristen klar: innerstaatliches (nationales) Recht ist das von einem Staat gesetzte und auf dessen Territorium geltende Recht; internationales Recht gilt über die Grenzen hinweg. Völkerrecht ist internationales öffentliches Recht.

Wenn Völkerrecht internationales öffentliches Recht ist, so erscheint als sein logisches Gegenstück das internationale

1 Vgl. Hermann Mosler, Völkerrecht als Rechtsordnung, ZaöRV 1976, S. 6 ff.; Hermann Mosler, The international society as a legal community, Alphen a.d. Rijin 1980. Walter Rudolf, Zum Begriff des Völkerrechts, in: Festschrift f. Herbert Kraus, Würzburg 1964, S. 257 ff; Gustav Adolf Walz, Wesen des Völkerrechts und Kritik der Völkerrechtsleugner, Stuttgart 1930, S. 115 ff.

private Recht. Dieser Ausdruck ist jedoch ungebräuchlich. Vielmehr findet sich nur der Ausdruck „Internationales Privatrecht“, der zugleich die entsprechende wissenschaftliche Disziplin bezeichnet. Das Internationale Privatrecht (IPR) ist jedoch nicht das Gegenstück zum Völkerrecht; denn es ist überhaupt kein internationales Recht, sondern nationales. Es bestimmt innerhalb einer nationalen Rechtsordnung, welches Recht anzuwenden ist, wenn der zu beurteilende Sachverhalt – sei er privatrechtlicher, sei er strafrechtlicher, sei er verwaltungsrechtlicher Art – irgendwelche Elemente enthält, die nicht auf dem Territorium desjenigen Staates liegen, der die betreffende innerstaatliche Rechtsordnung gesetzt hat. Dies ist z.B. dann der Fall, wenn ein Ausländer an einem Rechtsgeschäft mit einem Inländer beteiligt ist oder von einem inländischen Verwaltungsakt betroffen wird. Kaufverträge zwischen einer deutschen und einer ausländischen Firma, die Adoption eines deutschen Kindes durch einen Ausländer, die Eheschließung von Ausländern im Gebiet der Bundesrepublik Deutschland und eine Vielzahl anderer Sachverhalte werfen die Frage auf, welches Recht auf den betreffenden Sachverhalt anzuwenden ist. (Dies ist nicht gleichbedeutend mit der Frage, welches Gericht oder welche Behörde örtlich zuständig ist.) Das IPR eines jeden Staates regelt diese Fragen und bedient sich dabei bestimmter Anknüpfungspunkte, wie z.B. Staatsangehörigkeit, Wohnsitz oder Aufenthalt der beteiligten oder betroffenen Personen. Die Normen des IPR regeln also nicht den Sachverhalt selbst, sondern geben nur an, welche Rechtsordnung zur Anwendung kommt.[2] Jede Rechts-

[2] Mißverständlich ist die Definition im „Ullsteinlexikon des Rechts“, München 1971, S. 225: „Internationales Privatrecht regelt als Teil des internationalen Rechts, welche Rechtsordnung anzuwenden ist, wenn an einem Privatrechtsverhältnis Ausländer beteiligt sind oder es sonst in Beziehung zum Ausland steht.“ Diese Definition nähert sich der Wahrheit erst unter Berücksichtigung der unter dem Stichwort „Internationales Recht“ im gleichen Lexikon gegebenen Erklärung. Danach ist „Internationales Recht“: 1. Korrekte Bezeichnung des Völkerrechts, 2. gebräuchliche Bezeichnung des Kollisionsrechtes, die aber an sich unzutreffend ist, weil es sich um rein innerstaatliches Recht handelt. Es wäre besser gewesen, gleich bei der Definition des

ordnung enthält solche Bestimmungen für Sachverhalte, bei denen einige Elemente im eigenen, andere in fremdem Hoheitsbereich liegen. Es gibt also ein deutsches, englisches, französisches, italienisches IPR. Da es in jedem Fall nicht internationales, sondern innerstaatliches Recht ist, und da es sich ferner nicht auf Privatrechtsverhältnisse beschränkt, ist der Ausdruck „Internationales Privatrecht" außerordentlich unglücklich gewählt, und es empfiehlt sich, statt dessen von einem „Kollisionsrecht" oder „Normengrenzrecht" zu sprechen. Seine Abgrenzung zum Völkerrecht ist durch den Hinweis auf seinen innerstaatlichen Charakter bereits hinreichend deutlich gemacht.

Auch in der Praxis ist dieses System bisher leicht überschaubar gewesen. Internationale Sachverhalte fallen entweder unter das Völkerrecht oder unter die Rechtsordnung eines bestimmten Staates (kraft Zuweisung durch das IPR), wobei als Faustregel gilt, daß Sachverhalte, an denen nur Staaten beteiligt sind, dem Völkerrecht unterfallen, Sachverhalte, an denen nur Privatpersonen (natürliche oder juristische Personen) beteiligt sind, den Regeln des IPR unterworfen sind. Wie aber ist die Rechtslage, wenn auf der einen Seite ein Staat, auf der anderen Seite ein ausländisches privates Rechtssubjekt steht? Auf der Grundlage der kontinental-europäischen Theorie von der Unterscheidung zwischen öffentlichem und privatem Recht ist die Beantwortung dieser Frage nicht schwer: steht der Staat als Fiskus, d.h. im privatrechtlichen Rechtsverkehr, einer aus-

Internationalen Privatrechts zu betonen, daß das IPR weder international ist, noch sich auf das Privatrecht beschränkt. Vorzuziehen ist deshalb die Definition von Eugen D. Graue im Fischerlexikon „Recht" (Frankfurt am Main 1971, S. 75): „Als Internationales Privatrecht (IPR) bezeichnet man die Gesamtheit der Rechtsnormen, die in den einzelnen Rechtssystemen angegeben, ob auf einen bestimmten Sachverhalt mit Auslandsberührung die eigene oder eine fremde, und gegebenenfalls welche fremde Privatrechtsordnung anzuwenden ist. Entgegen Wortlaut und Wortsinn ist das IPR gerade nicht internationales Recht, wie etwa das Völkerrecht, dem es im englischen und romanischen Sprachgebrauch gegenübergestellt wird (public/private international law; droit international public/privé)." Ähnlich auch die Definitionen in den gängigen Lehrbüchern des IPR.

ländischen natürlichen oder juristischen Person gegenüber, so unterfällt der ganze Sachverhalt dem IPR. Die Bestimmung des anzuwendenden IPR richtet sich – wie bei allen IPR-Fällen – nach dem Territorium, auf dem sich der Sachverhalt abspielt. Schließt z.B. die Französische Republik einen privatrechtlichen Kaufvertrag mit einem deutschen Staatsbürger in Paris ab, so ist das französische IPR maßgeblich, erfolgt der Vertragsabschluß dagegen in der Bundesrepublik Deutschland – was z.B. dann der Fall sein kann, wenn die französische Botschaft Gegenstände für ihren Gebrauch in der Bundesrepublik Deutschland kauft – so ist das deutsche IPR maßgeblich (das für diesen Fall die Anwendung deutschen Rechts vorschreibt). Tritt aber ein Staat einem ausländischen privaten Rechtsträger in seiner hoheitlichen Gestalt gegenüber – was nur auf seinem eigenen Territorium möglich ist – so reicht die Anwendung des IPR (obwohl sie ebenfalls stattfindet, weil das IPR nicht auf das Privatrecht beschränkt ist) nicht aus; denn ausländische private Rechtsträger werden im Regelfall gegenüber dritten Staaten von ihrem Heimatstaat geschützt (vgl. unten). Die Ausübung dieses Schutzes richtet sich nach völkerrechtlichen Rechtsnormen.

Mit diesem klaren System hat die Rechtspraxis bis in die Mitte des 20. Jahrhunderts die vielgestaltigen Probleme des internationalen Lebens auf den verschiedensten Ebenen gemeistert. Erst die verstärkte internationale Wirtschaftsverflechtung, die mit der zunehmenden Industrialisierung der ganzen Welt einherging, schuf Situationen, in denen Zweifel daran auftauchten, ob das herkömmliche System allen in solchen Situationen auftauchenden Problemen gerecht wird. So lassen sich insbesondere die Verträge zwischen großen internationalen Konzernen auf der einen Seite und kleinen, armen und politisch schwachen Ländern, insbesondere Entwicklungsländern, auf der anderen Seite schwer in das oben geschilderte System einfügen. Die Umkehrung der Machtsituation, die normalerweise zwischen Staat und Privatrechtsträger besteht, ist nur eine Komponente des großen Komplexes von Schwierigkeiten, allerdings eine sehr wichtige, die in der Ölkrise des Jahres 1973 deutlich zutage trat. Die Beziehungen zwischen den internationalen Ölkonzernen und den Staaten, deren Bodenschätze sie aufgrund von Verträgen wirtschaftlich nutzen, gelten überhaupt als Musterbeispiel für die hier erörterten Probleme.

Nach dem oben dargestellten System unterfallen diese Verträge den Regeln des IPR desjenigen Staates, auf dessen Gebiet die Erdölfelder liegen. Da es sich in den meisten Fällen um nichtindustrialisierte Staaten handelt, verfügen sie oft nicht einmal über ein IPR-System, so daß von vornherein eine Rechtslücke besteht. Aber selbst dann, wenn ein einschlägiges IPR vorhanden ist, sind die internationalen Ölkonzerne bisher nicht bereit gewesen, sich dem Risiko zu unterwerfen, daß das anzuwendende IPR den Standort der Förderungs- und Produktionsstätten als Anknüpfungspunkt verwendet und damit den ganzen Vertrag unter die Geltung der Rechtsordnung des Rohstofflandes bringt. Dies beruht wiederum darauf, daß die Rechtsordnung eines nichtindustrialisierten Landes, das zudem einem anderen Kulturkreis angehört und ein anderes Verfassungssystem aufweist als die westlichen Demokratien (man denke vor allem an die Eigentumsgarantie, den Schutz von Betriebsgeheimnissen usw.), die Probleme einer international verflochtenen modernen Großindustrie nicht zu lösen vermag.

So kam es, daß jene Verträge das herkömmliche System durchbrachen und sich sowohl der Rechtsordnung der Rohstoffländer als auch derjenigen des Sitzes der Konzerne entzogen. Diese Schaffung von autonomen Rechtsordnungen wurde von den Rohstoffländern in zunehmendem Maße als Mißbrauch einer Machtposition der internationalen Konzerne betrachtet. Die Völkerrechtswissenschaft erkannte diese Probleme lange vor Ausbruch der Erdölkrise des Jahres 1973. Bereits im Frühjahr 1963 widmete die Deutsche Gesellschaft für Völkerrecht ihre Jahrestagung dem Thema „Verträge zwischen staatlichen und nichtstaatlichen Partnern".[3] In der

[3] Berichte der Deutschen Gesellschaft für Völkerrecht, Heft 5, Karlsruhe 1964, S. 133 ff., mit Referaten von Heinrich Kipp und Konrad Zweigert. Vgl. a. Wilhelm Wengler, Neue Aspekte in der Problematik der Verträge zwischen Staat und ausländischen Privatpersonen, in: Fs Miaja de la Muela, Madrid 1979, S. 1013 ff.

Diskussion hierüber wurde argumentiert, jede „Flucht aus den nationalen Rechtsordnungen" müsse zwangsläufig ins Völkerrecht führen. Aber die Zuweisung der Verträge zwischen Völkerrechtssubjekten und privaten Rechtsträgern an das Völkerrecht stößt auf dogmatische Schwierigkeiten. Noch weniger Anklang fand die Auffassung, jeder dieser Verträge schaffe eine autonome Rechtsordnung, die weder dem innerstaatlichen noch dem internationalen Recht angehört. So kristallisierte sich im weiteren Verlauf der wissenschaftlichen Kontroverse der Begriff des „Privatvölkerrechts" heraus, d.h. einer Rechtsordnung, die zwischen dem Völkerrecht und dem nationalen Recht steht und gewisse Verankerungen in beiden findet.[4] Diese Bezeichnung ist in sich selbst widersprüchlich und hat sich noch keineswegs durchgesetzt. Eher neigt die Völkerrechtswissenschaft dazu, Ansatzpunkte für ein „transnationales Wirtschaftsrecht" zu sehen, und sich im übrigen vorerst darum zu bemühen, völkerrechtliche Bindungen des Staates durch Verträge mit ausländischen Privatunternehmen zu konstruieren.[5]

Zu den „verwandten Disziplinen" gehören aber nicht nur Einzelgebiete der Rechtswissenschaft, sondern auch andere Wissenschaftszweige, die sich bemühen, den gegenwärtigen Zustand der Welt von seinen geistigen, sozialen, wirtschaftlichen und politischen Komponenten her zu beschreiben und Entwicklungstendenzen aufzuspüren, wie Philosophie, Geschichte, Wirtschaftswissenschaft, Geographie, Soziologie und Politikwissenschaft.

In ihrem Verhältnis zum Völkerrecht sind sie mehr als nur Hilfswissenschaften im herkömmlichen Sinn. Sie ragen in die Völkerrechtswissenschaft hinein und werden insoweit

4 So insbesondere Hans-Werner Rengeling, Privatvölkerrechtliche Verträge, Berlin 1971, vor allem S. 192 ff.

5 So Karl-Heinz Böckstiegel, Der Staat als Vertragspartner ausländischer Privatunternehmen, Frankfurt/Main 1971, S. 145 ff. Böckstiegel betont, „daß man zwar vielleicht einen Prozeß in Richtung auf ein separates transnationales Wirtschaftsrecht annehmen kann, daß aber jedenfalls z.Zt. dieser Porzeß noch nicht soweit gediehen ist, um schon jetzt de lege lata die Existenz einer solchen Rechtsordnung annehmen zu können" (aaO. S. 142).

von ihr absorbiert. Dies gilt sogar für die Sprachwissenschaft, weil ja die Sprache als Kommunikationsmittel zwischen den zum völkerrechtlichen Handeln Befugten verschiedener Zunge eine weitaus wichtigere Rolle spielt als etwa in den Rechtsbeziehungen innerhalb eines Landes, in dem eine einzige Nationalsprache zugelassen ist.[6] Einige der verwandten Disziplinen sind so tief in die Völkerrechtswissenschaft eingedrungen, daß ihre von dieser absorbierten Teile spezielle Bezeichnungen erhalten haben, in denen die Verschmelzung der Disziplinen zum Ausdruck kommt, wie z.B. Völkerrechtsphilosophie,[7] Völkerrechtsgeschichte,[8] Völkerrechtssoziologie.[9] Vieles von dem, was als „Völkerrechtssoziologie" bezeichnet wird, ist allerdings in Wirklichkeit eine Soziologie der

6 Hierzu Walter Rudolf, Die Sprache in der Diplomatie und internationalen Verträgen, Frankfurt a.M. 1972; Mala Tabory, Multilingualism in international law and institutions, Alphen a.d. Rijin 1980.

7 Rudolf Laun, Naturrecht und Völkerrecht, Göttingen 1954; Johannes Messner, Völkerrechtslehre und Geschichtsphilosophie, in: Festschrift Verdross, Salzburg 1971, S. 293 ff.; Helmut Rumpf, Der „Nomos der Erde" und der Geist des Völkerrechts, AVR 1953/54 (Bd. 4), S. 189 ff.; Wilhelm Sauer, Völkerrechtspolitik und Staatsethos, Festschrift für Herbert Kraus, Kitzingen 1954, S. 172 ff.; Giorgio del Vecchio, Das Naturrecht als Basis für eine Theorie der Weltgesellschaft, Archiv für Rechts- und Sozialphilosophie 1962 (Band 48), S. 289 ff.; Theodor Veiter, Naturrecht und Rechtspositivismus im Völkerrecht der Gegenwart, in: Fs. f. Adolf Kindermann, München 1969, S. 75 ff.; Alfred Verdross, Die Idee der Staatengemeinschaft in der christlichen Rechtsphilosophie, Festschrift Schätzel, Düsseldorf 1960, S. 505 ff.; Alfred Verdross, Statisches und dynamisches Naturrecht, Freiburg 1971; Alfred Verdross, Die Wertgrundlagen des Völkerrechts, AVR 1953/54 (Bd. 4), S. 129 ff.

8 Hierzu die unten zu Kapitel 2 angegebene Literatur.

9 Hierzu Karl B. Baum, Die soziologische Begründung des Völkerrechts als Problem der Rechtssoziologie, Jahrbuch für Rechtssoziologie und Rechtstheorie 1970, S. 257 ff.; Edda Blenk-Knocke, Zu den soziologischen Bedingungen völkerrechtlicher Normenbefolgung: die Kommunikation von Normen, Ebelsbach 1979; P.E. Corbett, Social basis of a law of nations, RdC 1954/I (Bd. 85), S. 467 ff.; Paul Guggenheim, Die soziologischen Grundlagen des Völkerrechts, Friedenswarte 1929 (Bd. XXIX), S. 38 ff.; Max Huber. Die soziologischen Grundlagen des Völkerrechts, Berlin 1928; Bart Landheer, Contemporary sociological

internationalen Beziehungen, und auch diese erweist sich bei näherer Betrachtung als eine Theorie der internationalen Beziehungen, wie im folgenden Kapitel zu zeigen sein wird. Immerhin ist es bedeutsam, daß die Völkerrechtler sich früher als andere Juristen mit den soziologischen Grundlagen derjenigen Rechtsordnung befaßt haben, die ihren Forschungsgegenstand darstellt. Schon vor nahezu einem halben Jahrhundert schrieb Rudolf Laun: „Der Staat ist eine unter vielen Arten und Formen des gesellschaftlichen Zusammenlebens, eine gesellschaftliche Ganzheit, und als solche Gegenstand wirklichkeitswissenschaftlicher, soziologischer Betrachtung. Die Tatsachen, von denen er abhängt, und die soziale Gesetzmäßigkeit, unter der er steht, beeinflussen das innerstaatliche Recht, das er schafft, und das Völkerrecht, an dessen Schöpfung er teilnimmt."[10]

Besser kann die Forschungsaufgabe der Völkerrechtssoziologie auch heute nicht umschrieben werden. Dagegen mag es für denjenigen, der die Formen und Inhalte der Völkerrechtsnormen noch nicht genau kennt, verwirrend sein, wenn dem „juristischen Völkerrechtsbegriff" ein „soziologischer Völkerrechtsbegriff" gegenübergestellt wird.[11] Letztlich geht es dabei nur um die Tatsache, daß die geltende Völkerrechts-

theories and international law, RdC 1957/I (Bd. 91), S. 1 ff.; Bart Landheer, On the sociology of international law and international society, Den Haag 1966; Bart Landheer, Sociological theory and international law. Annales Universitatis saraviensis 1954, S. 180 ff.; Marcel Merle, Sociologie des relations internationales, 2. Aufl. Paris 1976; Ralph Pettman, State and class: a sociology of international affairs, New York 1979; Georg Schwarzenberger, International law and society, The Year Book of World Affairs 1947, S. 159 ff.; Julius Stone, Problems confronting sociological enquiries concerning international law, RdC 1956/I (Bd. 89), S. 61 ff.; Julius Stone, Of sociological inquiries concerning international law, in: Festschrift Spiropoulos, Bonn 1957, S. 411 ff.; Alfred Verdross, Die gesellschaftswissenschaftlichen Grundlagen der Völkerrechtstheorie, Archiv für Rechts- und Wirtschaftsphilosophie 1925 (Bd. 18), S. 413 ff.

10 Rudolf Laun, Der Wandel der Ideen Staat und Volk als Äußerung des Weltgewissens, Barcelona–Berlin 1933, S. 371.

11 So z.B. Wilhelm Wengler, Völkerrecht Band I, Berlin–Göttingen–Heidelberg 1964, S. 70 ff.

ordnung nicht statisch ist, sondern nur in der Wechselwirkung mit soziologisch analysierbaren Gegebenheiten begriffen werden kann. Diese Wechselwirkung wird im folgenden Kapitel zu untersuchen sein. Schon hier sei aber angemerkt, daß es falsch wäre, einen „juristischen" neben einen „soziologischen" Völkerrechtsbegriff zu stellen, als handle es sich um zwei verschiedene Rechtsbegriffe. Das Völkerrecht ist eine Rechtsordnung, und der Völkerrechtsbegriff ist daher zwangsläufig ein juristischer Begriff, und zwar ein einheitlicher; denn wie jede Rechtsordnung muß auch das Völkerrecht, wenn es Bestand haben soll, als Einheit begriffen werden. Die gedanklichen Assoziationen, die sich mit dem Wort „soziologischer Völkerrechtsbegriff" verbinden, müssen in die Grundauffassung vom Wesen des Völkerrechts mit einbezogen werden.

Zu den Gegebenheiten, die das Völkerrecht sowohl von seiner Entstehung her als auch bezüglich seiner Zielsetzung und Funktion bestimmen, gehören aber nicht nur die soziologisch analysierbaren Fakten – d.h. die Einzelmenschen und die menschlichen Verbände und Organisationen –, sondern gehört auch der Raum, d.h. die geographische Lage der Staaten und Staatenverbände, die als Völkerrechtssubjekte das Völkerrecht gestalten und vollziehen. Im vorstehenden ist die Geographie als eine der verwandten Disziplinen der Völkerrechtswissenschaft erwähnt worden, und es bedarf sicher keiner Betonung, daß jeder, der als Diplomat oder internationaler Beamter tätig ist, ein überdurchschnittliches Wissen auf diesem Gebiet besitzen muß, und sei es auch nur ein Grundwissen, das er je nach den Erfordernissen der zeitweiligen Beschäftigung entsprechend vertiefen kann. Aber auch die Geographie ragt tiefer in die Völkerrechtswissenschaft hinein, und zwar in Form einer Spezialwissenschaft, in der sie sich mit der Wissenschaft von den internationalen Beziehungen verschmolzen hat: der Geopolitik.

Ausgehend von der Raumgebundenheit der politischen Vorgänge, erforscht die Geopolitik die Wechselwirkungen zwischen der Staatenpraxis und den geographischen Gegebenheiten. Zu Unrecht ist sie durch den Mißbrauch, den die nationalsozialistische Literatur mit ihr, und insbesondere dem von ihr geprägten Begriff des „Lebensraumes", getrieben hat, in

Verruf geraten.[12] Es läßt sich aber nicht leugnen, daß ihre Lehren nur mit großer Vorsicht in die politische Praxis umgesetzt werden können, und daß hierbei gerade in Deutschland verhängnisvolle Fehler gemacht worden sind. Dies gilt bereits für die Zeit vor dem Ersten Weltkrieg, als die Theorien der Geopolitiker über die Seegeltung[13] dazu verwendet wurden, die unselige Flottenrüstung des Deutschen Reiches wissenschaftlich zu begründen. In der Tat hatte einer der führenden deutschen Geopolitiker, Friedrich Ratzel, gesagt: „Das Meer ist eine Quelle politischer Kraft für jedes Volk, das sich ihm anvertraut."[14] Aber unter Hinweis auf das antike Athen, das durch den Aufbau einer starken Flotte zur Großmacht geworden war, warnte er auch: „Solche Erfolge täuschen über die Unfähigkeit des Meeres, dauernd eine große Macht allein zu tragen, und führen zu der gefährlichen Verlegung des Schwerpunktes in das Meer."[15]

[12] Bereits mehr als drei Jahrzehnte vor Hitlers Machtergreifung erschien das Werk eines der Hauptvertreter der deutschen Geopolitik, Friedrich Ratzel, Der Lebensraum, Tübingen 1901. Sein zweibändiges Grundwerk „Anthropogeographie", war bereits 1882 und 1891 in Stuttgart erschienen.

[13] Vgl. Friedrich Ratzel, Das Meer als Quelle der Völkergröße, München und Leipzig 1900; ähnlich der Amerikaner A.T. Mahan, Der Einfluß der Seemacht auf die Geschichte (Dt. Übersetzung), 2 Bände, Berlin 1898/99.

[14] Ratzel, aaO., S. 45.

[15] Ratzel, aaO. S. 58. In Deutschland ist neben dem bereits zitierten Friedrich Ratzel vor allem Karl Haushofer zu nennen, der in der Tat viele Nationalsozialisten beeindruckt hat. Vgl. Karl Haushofer, Geopolitik der Pan-Ideen, Berlin 1931; Karl Haushofer, Die geopolitische Lage Deutschlands, Leipzig 1933; Karl Haushofer, Hrsg., Macht und Erde, 3 Bände, Leipzig und Berlin 1932–1934. Friedrich Ratzels Hauptwerk „Politische Geographie" erschien in 3. Aufl. 1923 in München und Berlin. Zusammenfassend noch Adolf Grabowsky, Raum als Schicksal. Das Problem der Geopolitik, Berlin 1933. Im Ausland ist es vor allem der Schwede Rudolf Kjellén, der als eigentlicher Begründer der Geopolitik gilt. Vgl. Rudolf Kjellén, Der Staat als Lebensform, deutsche Übersetzung, Berlin 1924; Rudolf Kjellén, Die Großmächte vor und nach dem Weltkrieg. 24. Aufl. Leipzig 1933 (von Haushofer als Band 1 in sein Werk „Macht und Erde" geschlossen übernommen). Neben dem bereits oben (Anm. 13) zitierten Amerikaner Mahan sind ferner der Engländer Halford J. Mackimder und der Franzose Jacques Ancel zu nennen.

Da die großen Theoretiker der Geopolitik aus dem 19. Jahrhundert stammen, auch wenn ihre Werke erst zu Beginn des 20. Jahrhunderts Verbreitung fanden, wird es notwendig sein, die Geopolitik zu modernisieren.

Literatur

Richard Baxter, International law and other disciplines. PASIL 1977, S. 87 ff.

Edda Blenk-Knocke, Interdisziplinäre Zusammenarbeit zwischen Völkerrecht und Internationalen Beziehungen, NJW 1979, S. 472 ff.

Dieter Blumenwitz, Rechtsvergleichung und Völkerrecht, in: Hans F. Zacher, Hrsg., Sozialrechtsvergleich im Bezugsrahmen internationalen und supranationalen Rechts, Berlin 1978, S. 75 ff.

William E. Butler, International law in comparative perspective, Alphen 1980.

Günther B. Krause-Ablass, Civil law and the law of nations, Law and State 1977, S. 112 ff.

Andreas F. Lowenfeld, Public law in the international arena, RdC 1979/II (Bd. 163), S. 311 ff.

Karl Matthias Meessen, Kollisionsrecht als Bestandteil des allgemeinen Völkerrechts: völkerrechtliches Minimum und kollisionsrechtliches Optimum, in: Fs f. F.A. Mann, München 1977, S. 227 ff.

H. Neuhold, Völkerrecht und andere Sozialwissenschaften: Konkrete Ansätze zu einem Brückenschlag, FW 1975, S. 213 ff.

F. Rigaux, Droit public et droit privé dans les relations internationales, Paris 1977.

Bruno Simma, Völkerrechtswissenschaft und Lehre von den internationalen Beziehungen, ÖZöR 1972, S. 293 ff.

Bruno Simma, Bemerkungen zur Methode der Völkerrechtswissenschaft, Fs f. Ernst Kolb, Innsbruck 1971, S. 339 ff.

1.4 Völkerrecht und internationale Politik

Das Verhältnis des Völkerrechts zur internationalen Politik ist nur ein Teilaspekt des allgemeinen Verhältnisses von Recht und Politik. Wer Völkerrecht studiert, hat sich in der Regel bereits vorher eine Meinung über jenes grundsätzliche Verhältnis gebildet, ganz gleich, ob er sich dem Problem als Jurist oder als Politologe genähert hat. Ganz offensichtlich ist die Skala der Möglichkeiten für eine solche Meinungsbildung sehr breit und reicht von der isolierten Betrachtungsweise von Politik und Recht bis zur vollständigen Unterordnung des Rechts unter die Politik. Viele Theoretiker der Politik betrachten die Macht als Grundkategorie des Politischen, woraus dann geschlossen wird, daß Politik und Recht sich in einem widersprüchlichen Verhältnis gegenüberstehen: einerseits sei die Politik „auf Schaffung von Recht angelegt“[1], andererseits könne eine von dem Phänomen der Macht beherrschte menschliche Tätigkeit wie die Politik niemals Recht hervorbringen.[2]

Aber Macht und Recht sind keine Gegensätze; sie gehören sogar begrifflich zusammen. Eine rechtlose Macht wird zur nackten Gewalt, ein machtloses Recht zur bloßen Farce. Allerdings muß bedacht werden, daß das Recht seine Macht nicht aus sich selbst schöpfen kann, sondern nur aus dem Willen derjenigen, die Recht anwenden und befolgen. Leider wird diese Tatsache häufig unterschätzt. Man glaubt, die Zwangsdurchsetzung gehore zum Wesen des Rechts und vergißt dabei, daß sie in Wirklichkeit stets nur eine Randerscheinung ist. Kein Staat der Erde wäre in der Lage, in einem gegebenen Augenblick mehr als 5 bis 10% der von ihm gesetzten Rechtsnormen mit Zwangsgewalt durchzusetzen. Bei Polizeistaaten liegt der Prozentsatz nicht wesentlich höher als bei liberalen Rechtsordnungen. Das Völkerrecht, dem die Möglichkeiten der Zwangsdurchsetzung noch weitgehend fehlen, ist in noch höherem Maße darauf angewiesen, daß seine Normen freiwillig befolgt werden.

Die Forderung, die Realität des Rechts durch politisches Handeln aufrechtzuerhalten, ist selbstverständlich letztlich ein ethisches Postulat, hinter dem sich die Überzeugung verbirgt, daß ohne Recht ein Zusammenleben der Menschen un-

[1] Folke Schuppert, Die verfassungsgerichtliche Kontrolle der auswärtigen Gewalt, Baden-Baden 1973, S. 121, unter Berufung auf Dieter Grimm, Recht und Politik, Juristische Schulung 1969, S. 501 ff., der dort (S. 502) geschrieben hat: „Recht heißt heute nichts anderes als geronnene Politik.“

[2] Dies ist eines der Hauptargumente der „Völkerrechtsleugner“, das deutlich zutage tritt in Sterling E. Edmunds, Das Völkerrecht – ein Pseudeorecht, Berlin und Leipzig 1933.

möglich ist.[3] Dieser Gedankengang wird gelegentlich als „legalistische Konzeption“ bezeichnet, die im Rahmen einer „Realpolitik“ unbrauchbar sei.[4] Aber die Tatsache, daß es auf das bewußte Handeln der Menschen ankommt, auf die Einstellung der zur Entscheidung Berufenen und derjenigen, die diese Berufung aussprechen oder legitimieren, bedeutet nicht, daß dieses Postulat irreal wäre oder daß ein natürlicher Gegensatz zwischen Recht und Wirklichkeit bestünde. Im Gegenteil: die demokratische Staatslehre betont, daß die normative Kraft der Verfassung aus dem Willen des Volkes fließt, die Rechtssoziologie bestätigt ihr, daß die normative Kraft aller innerstaatlichen Rechtsregeln letztlich auf dem Willen der Rechtsunterworfenen beruht, und auch das Völkerrecht verliert seine Rechtsqualität und Realität nicht dadurch, daß seine normative Kraft sich aus dem Willen seiner Rechtssubjekte ableitet.[5] Treffend formuliert Reibstein: „So betrachtet, ist das Völkerrecht nichts anderes als die juristische Deutung und Formulie-

3 Vgl. Otto Kimminich, Macht, Recht, Ethos, München 1982, S. 22 ff.

4 Das Wort „Realpolitik“ ist so eng mit der deutschen Denkungsart verbunden, daß es im ausländischen Schrifttum – ähnlich wie die Worte „Sauerkraut“, „Kindergarten“ und „Weltanschauung“ – stets in der Ursprache verwendet wird. Es stammt von Ludwig August von Rochau, der es in seinem Werk „Grundsätze der Realpolitik, angewandt auf die staatlichen Zustände Deutschlands“, Stuttgart 1853, (Neudruck Frankfurt a.M.–Berlin–Wien 1972) zum ersten Mal gebrauchte. In der erweiterten 2. Aufl. des Jahres 1859 erläutert Rochau, einer massiven Kritik entgegnend (die u.a. auch von Constantin Frantz vorgetragen worden war), den Begriff Realpolitik und verwahrt sich dagegen, sie als „politischen Materialismus“ aufzufassen. (Vgl. Neudruck, S. 206.) In der Folgezeit wurde der Begriff jedoch in diesem Sinne verwendet, so daß sich z.B. im Herder-Lexikon (7. Bd. Freiburg i.Br. 1955, Sp. 877) die Bemerkung findet: „Dieser dem Wesen jeder Politik widersprechende Begriff wurde seit der Bismarckzeit in Deutschland üblich für jede Art von Machtpolitik (bei Stresemann als: der fremden Macht Rechnung tragend); bei Hitler galt Bindungslosigkeit der Politik an Prinzipien, die außerhalb der brutalen Gewalt lagen, als Realpolitik.“

5 Friedrich Berber, Lehrbuch des Völkerrechts, 1. Bd., 2. Aufl., München 1975, S. 16 ff., spricht deshalb vom „genossenschaftlichen Charakter“ des Völkerrechts.

rung eines politischen Sachverhalts: Mein Staat ist nicht allein auf der Welt; er existiert inmitten einer Vielzahl anderer Staaten, zwar aus eigenem Recht und insofern unabhängig von ihnen, aber doch nicht so, daß er sie einfach ignorieren oder sich von ihnen vollständig abschließen könnte.“[6]

Die Gemeinschaftsbezogenheit, die zum Wesen jeder Rechtsordnung gehört, findet sich daher auch beim Völkerrecht. Nur das Objekt der Gemeinschaftsbezogenheit ist beim Völkerrecht ein anderes als beim innerstaatlichen Recht: es ist die „internationale Gemeinschaft“, d.h. die Gemeinschaft der Völkerrechtssubjekte. Einer der hervorragenden Kenner des Problems der Macht in den internationalen Beziehungen, der zugleich als Völkerrechtsskeptiker bezeichnet werden kann, hält es für das „entscheidende Problem“, die gegenwärtige Staatenwelt „in eine internationale Gemeinschaft unter effektiver Herrschaft des Rechts“ zu verwandeln.[7] Aber nicht erst seit dem Zweiten Weltkrieg bekennt sich die Völkerrechtswissenschaft zu dieser Zielsetzung des Völkerrechts. Schon ein Jahrzehnt vorher fragte Viktor Bruns: „Ist nun aber wirklich die Macht das Gesetz der Völker und das Recht bloßes Mittel, bloße Funktion der Politik?“ und gab die Antwort: „Wer so denkt, geht von dem Grundsatz des Eigennutzes aus und kann darum in der Staatenwelt nur ein Nebeneinander und Gegeneinander, aber keine Gemeinschaft erblicken.“ Er konnte sich dabei auf die Worte eines großen Völkerrechtlers des 18. Jahrhunderts berufen, Emeric de Vattel: „Kein Staat darf mächtig genug werden, um die Unabhängigkeit

6 Ernst Reibstein, Völkerrecht. Eine Geschichte seiner Ideen in Lehre und Praxis, Bd. 1, Freiburg–München 1958, S. 3.

7 Georg Schwarzenberger, Über die Machtpolitik hinaus?, Hamburg 1968, S. 52. Das Grundwerk, auf dem diese Studie aufbaut, ist das vom gleichen Autor stammende Buch „Power Politics. A Study of World Society, 3. Aufl. London 1964; dt. Übersetzung der 2. Aufl. unter dem Titel „Machtpolitik“, Tübingen 1960. Der Frage nach dem Aufbau einer Weltgemeinschaft geht Schwarzenberger auch in seiner Abhandlung „Civitas Maxima?“, Tübingen 1973, S. 9 ff., nach.

8 Viktor Bruns, Völkerrecht und Politik, Berlin 1934, S. 10 f.

Völkerrechts angesprochen, der sämtliche völkerrechtlichen Beziehungen beherrscht: das Prinzip der Gegenseitigkeit. Es ist letztlich nichts anderes als die Anwendung des allgemeinen Rechtsprinzips der Gleichheit vor dem Recht auf die internationalen Beziehungen. In ihm kommt der Unterschied zu einer vom Recht losgelösten Politik besonders deutlich zum Ausdruck.

Die Betonung des Grundsatzes der Gegenseitigkeit als völkerrechtliche Grundnorm der internationalen Beziehungen überwindet nicht nur die verschiedenen Wertvorstellungen, die sich mit den einzelnen Völkerrechtsnormen verbinden – und sowohl bei ihrer Erzeugung als auch bei ihrer Handhabung eine Rolle spielen –, sondern zeigt auch den Unterschied zwischen Recht und Politik auf. Der amerikanische Völkerrechtler Quincy Wright weist auf den Positivismus und das Naturrecht als die beiden fundamental gegensätzlichen Richtungen des gesamten Rechtsdenkens hin, die auch im Völkerrechtsdenken zu erkennen sind: während die Positivisten die Souveränität der Staaten betonen, betrachten die Naturrechtler die Prinzipien der Gerechtigkeit als Hauptquellen des Völkerrechts. Dann fährt Wright fort: „Die Unterschiede zwischen diesen beiden Richtungen werden in der Regel überschätzt. Das wesentliche Kennzeichen des Völkerrechts besteht darin, daß es eine objektive Betrachtungsweise und logische Analyse in den Vordergrund stellt. Jede völkerrechtliche Regel findet stets gleichmäßige Anwendung auf alle Völkerrechtssubjekte; mit anderen Worten: das Prinzip der Gegenseitigkeit ist das Wesensmerkmal eines juristischen Anspruchs. Insofern unterscheidet sich das Völkerrecht von der internationalen Politik, die nur die Interessenbehauptung einzelner Staaten oder anderer Einheiten zum Gegenstand hat, ohne sich darum zu kümmern, ob das Geforderte auch dann gewährt werden würde, wenn sich die Parteien in umgekehrter Position gegenüberstünden.“[9]

[9] Quincy Wright, Contemporary international law: A balance sheet, 2. Aufl, 7. Nachdruck New York 1968, S. 2.

Damit ist der Kern des Unterschiedes zwischen Recht und Politik in den internationalen Beziehungen klar herausgeschält. Zugleich erkennt man, daß in einer auf die internationale Zusammenarbeit angewiesenen Welt die rein „politische" Betrachtungsweise der internationalen Beziehungen verhängnisvoll ist, weil sie nur den augenblicklichen Machtverhältnissen Rechnung trägt, nicht aber die allen menschlichen Phänomenen innewohnende Dynamik berücksichtigt, die einen Wechsel der Positionen innerhalb kürzester Zeit bewirken kann. Das komplizierte Ineinandergreifen der Faktoren der durch eine wohlfunktionierende Weltwirtschaft und viele andere Kommunikationsmittel miteinander verbundenen politischen, sozialen, kulturellen und wirtschaftlichen Einheiten auf globaler Ebene erfordert ein System, das durch die strenge Beachtung des Rechtsprinzips der Gegenseitigkeit das ordnungsgemäße Weiterfunktionieren auch in Zeiten des stärksten Wandels garantiert. Nur so kann die internationale „Gemeinschaft", die von allen Völkerrechtlern – und nicht nur von ihnen – als Voraussetzung für Frieden und Fortschritt auf der ganzen Welt, ja sogar für das Überleben der Menschheit, angesehen wird, geschaffen und erhalten werden.

Angesichts der Tatsache, daß das Völkerrecht heute mehr denn je eine Schlüsselrolle in den internationalen Beziehungen spielt, ist es bedauerlich, daß ein Teil der politikwissenschaftlichen Literatur zu den internationalen Beziehungen das Völkerrecht fast ganz ignoriert. Von einem Politikwissenschaftler stammt die folgende Beurteilung der angelsächsischen Literatur: „Das Völkerrecht pflegt nach dem Motto „Alles oder nichts" behandelt zu werden. Die Autoren, die über internationale Politik schreiben, vertrauen entweder die gesamten Probleme von Frieden und Sicherheit dem Völkerrecht an, oder sie behaupten, daß die überwältigende Größe der politischen Macht in den internationalen Beziehungen das Völkerrecht zur Bedeutungslosigkeit verurteilt. Die Mehrheit der Lehrbücher tendiert zur letzteren, der ‚realistischen' Anschauung. Einige Bücher erwähnen das Völkerrecht überhaupt nicht, während es viele nur am Rande behandeln, als würde es lediglich eine periphere Rolle zur Regelung gewisser zwischenstaatlicher Beziehungen spielen."[10] Einer der Hauptvertreter der „Realistischen Schule", der Amerikaner Hans J. Morgenthau, glaubt feststellen zu können: „Eine wachsende Zahl von Schriftstellern vertritt den Standpunkt, daß es kein Völkerrecht gebe. Eine kleine Zahl von Beobachtern glaubt, daß das Völkerrecht durch seine eigene innere Kraft zwar nicht zu einem Ersatz, so doch zumindest zu einem begrenzenden Faktor des Machtkampfes auf der internationalen Bühne werden könnte, wenn es regelrecht kodifiziert und zu Verhaltensnormen für die zwischenstaatlichen politischen Beziehungen erweitert würde."[11] Solche Pauschalurteile sind bedauerlich, vor allem dann, wenn sie ohne Kenntnis des Völkerrechts, seiner Quellen, Inhalte und Funktionen, gefällt werden. Die Notwendigkeit einer engeren Verflechtung der Völkerrechtswissenschaft und der Wissenschaft von den internationalen Beziehungen ist offenkundig.[12] Die beiden Disziplinen müssen sich gegenseitig durchdringen. Dem Studenten des Völkerrechts aber wird die Lektüre der politikwissenschaftlichen Literatur auf jeden Fall empfohlen, auch wenn diese – wie dies gegenwärtig noch der Fall ist – weitgehend das Völkerrecht mit Geringschätzung behandelt.

10 Herbert J. Spiro, World politics: the global system, Homewood 1966, S. 161.

11 Hans J. Morgenthau, Macht und Frieden, Gütersloh 1963, S. 243.

12 Hierzu Otto Kimminich, Völkerrecht und internationale Beziehungen, AVR 1974 (16. Bd.), S. 129 ff.; Bruno Simma, Völkerrechtswissenschaft und Lehre von den internationalen Beziehungen, ÖZöR 1972 (Bd. 23), S. 293 ff.

Literatur

Charles Boasson, Approaches to the Study of International Relations, 2. Aufl. Assen 1972.

Walter Bühl, Transnationale Politik. Internationale Beziehungen zwischen Hegemonie und Interdependenz, Stuttgart 1978.

Hedley Bull, The Anarchical Society. A study of order in world politics, London 1977.

J.W. Burton, International Relations – A General Theory, Cambridge 1967.

Meggy Busse-Steffens, Systemtheorie und Weltpolitik. Eine Untersuchung systemtheoretischer Ansätze im Bereich internationaler Beziehungen, München 1980.

Barry Buzan und R.J. Barry Jones, Hrsg., Change and the Study of International Relations. The evaded dimension, London 1981.

Edda Blenk-Knocke, Völkerrecht und Internationale Beziehungen, NJW 1975, S. 487.

Ernst-Otto Czempiel, Hrsg., Die Lehre von den internationalen Beziehungen, Darmstadt 1969.

Ernst-Otto Czempiel, Internationale Politik. Ein Konfliktmodell, Paderborn 1981.

Karl Wolfgang Deutsch, The Analysis of International Relations, Englewood Cliffs, N.J. 1968.

Günther Doeker, Völkerrecht und internationale Politik, Frankfurt/M. 1979.

Günther Doeker, Internationale Beziehungen und Völkerrecht als Gegenstand der Forschung und Lehre. Bemerkungen zur Interdependenzanalyse, AVR 1981 (Bd. 19), S. 401 ff.

James E.S. Fawcett, Law and power in international relations, London 1982.

Charles G. Fenwick, Foreign Policy and International Law, Dobbs Ferry, N.Y. 1968.

Robert Finnegan, Robert Junn und Clifton Wilson, Law and politics in the international system: Case studies in conflict resolution, Washington, D.C. 1979.

Joseph Frankel, International Politics – Conflict and Harmony, London 1969.

Joseph Frankel, International Relations in a Changing World, 3. Aufl. Oxford 1979.

Daniel Frei, Hrsg., Theorien der internationalen Beziehungen, München 1973.

Christoph Gusy, Politik und Völkerrecht bei der Stabilisierung der internationalen Beziehungen, ZP 1982, S. 150 ff.

Helga Haftendorn, Hrsg., Theorie der internationalen Politik. Gegenstand und Methode der Internationalen Beziehungen, Hamburg 1975.

Louis Henkin, How nations behave, 2. Aufl. New York 1979.

Morton A. Kaplan, Hrsg., New Approaches to International Relations, New York 1968.
Gottfried Karl Kindermann, Hrsg., Grundelemente der Weltpolitik. Eine Einführung, 2. überarb. Aufl. München 1981.
Klaus Knorr und James N. Rosenau, Hrsg., Contending Approaches to International Politics, Princeton 1969.
Ekkehart Krippendorf, Hrsg., Internationale Beziehungen, Köln 1973.
Ekkehart Krippendorf, Internationale Beziehungen als Wissenschaft, Frankfurt/M. 1977.
Erich Kussbach, Der Kampf um die Herrschaft des Rechts in den internationalen Beziehungen. Dag Hammarskjölds Vermächtnis, Berlin-New York 1982.
Werner Levi, Law and politics in the international society, Beverly Hills 1976.
Reinhard Meyers, Die Lehre von den internationalen Beziehungen. Ein entwicklungsgeschichtlicher Überblick, Königstein 1981.
Ernest B.F. Midgley, The Natural Law Tradition and the Theory of International Relations, London–New York 1975.
Patrick M. Morgan, Theories and Approaches to International Politics. What are we to think?, 3. Aufl. New Brunswick 1981.
William C. Olson, David S. McLellan und Fred A. Sondermann, The Theory and Practice of International Relations, 5. Aufl. Englewood Cliffs, N.J. 1979.
Ralph Pettmann, Human Behavior and World Politics. A transdisciplinary introduction, London 1975.
Albrecht Randelzhofer, Völkerrecht und Internationale Beziehungen, FW 1975, S. 252 ff.
Helmut Rumpf, Die Theorie der Internationalen Beziehungen, Außenpolitik 1967 (Bd. 18), S. 16 ff.
Kenneth N. Waltz, Theory of International Politics, Reading, Mass. 1979.
Charles Zorgbibe, Les relations internationales, Paris 1975.

1.5 Normen und Fakten

Völkerrechtswissenschaft und Politikwissenschaft weisen eine grundlegende Gemeinsamkeit auf: wenn sie unter den Bedingungen der Gegenwart „realistisch“ bleiben wollen, müssen sie demjenigen Phänomen Rechnung tragen, von dem das 20. Jahrhundert geprägt ist: der Dynamik aller Entwicklungen. Freilich hat es zu keiner Zeit auf dieser Erde einen Stillstand der Entwicklungen gegeben. Historiker und Kulturanthropologen sind sich darüber einig, daß der Wandel eine Erscheinung ist, welche die Menschheitsgeschichte von ihren Anfängen bis zur Gegenwart begleitet hat. Die Diskussion darüber, ob der Wandel in gewissen Zeiten langsamer oder schneller vor sich ging, interessiert hier nicht. Wichtig ist allein die allgemein anerkannte Tatsache, daß er seit Beginn der ersten industriellen Revolution mit einer wachsenden Beschleunigungsrate zunimmt und daher mathematisch mit Hilfe einer Exponentialkurve dargestellt werden kann, die für alle quantitativ erfaßbaren Kulturmerkmale das gleiche Wachstum zeigt. Diese Erscheinung wird als „historische Akzeleration" oder „Gesetz der kulturellen Beschleunigung" bezeichnet.[13] Die dynamische Entwicklung der Kulturphänomene prägt das Gesicht unserer Zeit in einem so starken Maße, daß der Unterschied zu früheren Epochen nicht lediglich quantitativ gesehen werden kann – d.h. im Sinne eines stärkeren Wachstums –, sondern auch qualitativ, d.h. im Sinne einer fundamentalen Andersartigkeit der Gegenwart. Auch wenn stets davor gewarnt werden muß, vorschnell über einen derartigen dialektischen Umschlag von der Quantität zur Qualität zu urteilen, weil jede Ortsbestimmung der Gegenwart schwierig ist, wird doch von den Experten einhellig die Meinung vertreten, daß die Beschleunigung der kulturellen Entwicklung im letzten Drittel des 20. Jahrhunderts so stark zugenommen hat, daß die Andersartigkeit gegenüber früheren Epochen nicht mehr geleugnet werden kann. Hans Freyer bezeichnet die Gegenwart sogar als „zweite Genesis".[14]

Wenn das Recht eine Funktion der sozialen Gegebenheiten ist, so muß es sich in Übereinstimmung mit dem Wandel der sozialen Gegebenheiten verändern. Deshalb genügt es nicht, die Geltung der Rechtsordnung als Statik, ihre Erzeugung aber als Dynamik zu sehen.[15] Betrachtet man eine einzelne Norm

13 Vgl. Gaston Berger, Die Akzeleration der Geschichte und ihre Folgen für die Erziehung, Arbeitsgemeinschaft für Forschung des Landes Nordrhein-Westfalen, Heft 95, Köln und Opladen 1963, S. 25 ff.; Hornell Hart, Die Beschleunigung der kulturellen Entwicklung, in: Sozialer Wandel, hrsg. von Hans Peter Dreitzel, Berlin–Neuwied 1967, S. 250 ff.

14 Hans Freyer, Schwelle der Zeiten, Stuttgart 1965, S. 163.

15 Hans Kelsen, Allgemeine Staatslehre, Berlin 1925.

des positiven Rechts, so mag man sich mit dieser Vorstellung begnügen; denn die gesetzte Rechtsnorm kann, soweit sie nicht interpretationsfähig ist, in der Tat nur durch einen neuen rechtsetzenden Akt verändert werden. Betrachtet man aber die Rechtsordnung in ihrer Gesamtheit, so sieht man, daß sie einem ständigen Wandlungsprozeß unterliegt. Im Völkerrecht ist diese Betrachtungsweise seit langem üblich. Bereits vor dem Zweiten Weltkrieg leitete Bourquin in seiner Abhandlung über Stabilität und Bewegung in der internationalen Rechtsordnung die Forderung nach einem dynamischen Normendenken aus der Tatsache ab, daß das Recht sich nicht auf die den unveränderlichen Gesetzen der Natur unterliegenden Phänomene, sondern auf die von einem „unablässigen Dynamismus" beherrschten sozialen Phänomene bezieht.[16] Und bereits vor ihm hatte Kunz den Unterschied zwischen statischem und dynamischem Völkerrecht an dem Beispiel des vor und nach dem Ersten Weltkrieg geltenden Völkerrechts demonstriert. Dabei hatte er ausgeführt: „Das Problem des dynamischen Völkerrechts ist das Problem der Verrechtlichung der politisch-historischen Entwicklung mit Ausschluß des Selbsthilfeverfahrens des Krieges."[17]

Nun kann die Berücksichtigung der sozialen Tatsachen, die das Recht bei seiner Entstehung vorfindet, in verschiedener Weise erfolgen. Auf der einen Seite steht die völlige Übereinstimmung der Normen mit den Fakten, auf der anderen Seite die beabsichtigte Andersartigkeit der Normen, die allerdings nur durch einen Gesetzgeber bewirkt werden kann, der die vorgefundenen Sozialstrukturen zerschlagen will. Zwischen diesen beiden Extremfällen liegt ein breites Spektrum der Möglichkeiten für die Modifizierung und Veränderung der Sozialstrukturen und Sozialbeziehungen durch Rechtsnormen. Wo

16 Maurice Bourquin, Stabilité et mouvement dans l'ordre juridique international, Receuil des Cours 1938/II (Bd. 64), S. 347 ff.

17 Josef L. Kunz, Statisches und dynamisches Völkerrecht, in: Festschrift für Hans Kelsen, hrsg. von Alfred Verdross, Wien 1931, unveränderter Nachdruck Frankfurt 1967, S. 248. In neuerer Zeit hierzu vor allem Georg Schwarzenberger, The Dynamics of International Law, Milton 1976, S. 5 ff.

– wie im Völkerrecht – der Prozeß der Rechtserzeugung auf genossenschaftlicher Basis erfolgt, d.h. auf der Grundlage eines Konsenses der gleichberechtigten Rechtsgenossen, drükken die Rechtsnormen in stärkerem Maße bestehende oder im Entstehen begriffene Fakten aus als im innerstaatlichen Recht, wo Diktatoren oder Parlamentsmehrheiten bestimmte Fakten und Entwicklungstendenzen über mehr oder minder lange Zeiträume hinweg ignorieren oder sogar bekämpfen können.

Zu Unrecht wird jedoch daraus geschlossen, das Völkerrecht werde von dem Prinzip der „normativen Kraft des Faktischen" beherrscht. Wohl gilt für bestimmte Sachverhalte das Prinzip der Effektivität,[18] durch das leere Rechtsbehauptungen im Interesse des allgemeinen Rechtsfriedens überwunden werden sollen. Aber dieses auf ein sorgfältig definiertes Anwendungsgebiet begrenzte Prinzip hat nichts zu tun mit einem allgemeinen Prinzip der normativen Kraft des Faktischen, wie es häufig in der popularwissenschaftlichen Literatur interpretiert wird: das Tatsächliche, d.h. die politische Macht, als bestimmender Faktor der internationalen Beziehungen. Am leichtesten läßt sich diese Mißdeutung des Schlagwortes von der normativen Kraft des Faktischen widerlegen, wenn man denjenigen, der es in die wissenschaftliche Diskussion eingeführt hat, nämlich Georg Jellinek, selbst zu Worte kommen läßt: „Würde bloß das Tatsächliche als normativ anerkannt werden, so käme es in jeder geschichtlichen Epoche

[18] L. T. Bouchez, The concept of effectiveness as applied to territorial sovereignty, Nederlands Tijdschrift voor International Recht 9 (1962), S. 151 ff; Monique Chemillier-Gendreau. A propos de l'effectivité en droit international, RBDI 1975, S. 38 ff.: Herbert Krüger, Das Prinzip der Effektivität oder: Über die besondere Wirklichkeitsnähe des Völkerrechts, Festschrift für Jean Spiropoulos, Bonn 1957, S. 265 ff.; Louis B. Sohn, The effectiveness of international law, in: Festschr. f. Krishna Rao, Leiden 1976, S. 58 ff.; Jean Touscoz, Le principe d'effectivité dans l'ordre international, Paris 1964; Robert W. Tucker, The principle of effectiveness in international law, Los Angeles 1953; Charles de Visscher, Les effectivités du droit international public, Paris 1967; J. Wildemann, The philosophical background of effectiveness, NILR 1977, Special Issue Essays in honour of A.J.P. Tammes, S. 335 ff.

zu einem Punkte, wo vermöge der Umänderung der gesellschaftlichen Verhältnisse der Rechtscharakter des Tatsächlichen entschwände, ohne daß etwas Neues an die Stelle zu treten vermöchte. Lange Zeiträume wilder Anarchie wären die notwendige Folge."[19] Das Tatsächliche ist also für Jellinek nur ein Element in dem Prozeß der Schaffung von Rechtsnormen. Die Richtigkeit dieser Auffassung zeigt sich, wenn man der Frage nach der Schaffung von Völkerrechtsnormen (vgl. unten 5.1) nachgeht. Aber erneut sei betont, daß die Wechselwirkung zwischen Normen und Fakten keine Besonderheit des Völkerrechts ist, sondern sich im Völkerrecht nur etwas deutlicher zeigt als in den innerstaatlichen Rechtsordnungen, wo sie häufig durch komplizierte Gesetzgebungsvorgänge verschleiert wird.

Die Wechselwirkung zwischen Normen und Fakten ist schwer zu verstehen und noch schwerer darzustellen; denn sie bedeutet eine gleichzeitig wirkende gegenseitige Beeinflussung. Während bestehende Normen das Verhalten der Rechtsunterworfenen und auch der am Gesetzgebungsprozeß Beteiligten mitformen (normative Kraft der Normen!), üben die gegebenen Fakten ebenfalls ihren Einfluß aus, der sich sowohl für als auch gegen die Normen stellen kann. Im Innern der Staaten kann ein gegen bestehende Rechtsnormen gerichteter Trend in den verschiedensten Formen zum Ausdruck kommen, angefangen von erfolglosen Verfassungsbeschwerden, über Bürgerinitiativen, Gesetzesentwürfe, abweichende Meinungen bei kollegialen Entscheidungen bis zur Revolution. Im Völkerrecht, dessen Erzeugung und Anwendung sich nicht in einem so formalisierten Schema abspielt, wie es die Ordnung eines Staates darstellt, sind die Ausdrucksformen der tatsächlich vorhandenen Tendenzen noch viel mannigfaltiger. Sie sind einerseits schwerer zu erfassen, finden aber andererseits rascher ihren Niederschlag in der Staatenpraxis.

[19] Georg Jellinek, Allgemeine Staatslehre, 3. Aufl. Neudruck Bad Homburg v.d.H. 1966, S. 359.

Wichtig ist dabei vor allem, daß zu den „Fakten" nicht nur deutlich sichtbare Größen, wie militärische und wirtschaftliche Macht der Staaten, gehören, sondern auch weniger greifbare Größen, wie die Beurteilung der Macht anderer Staaten, die Vorstellung von den Absichten ihrer politischen Führung usw. Ob derartige Beurteilungen und Einschätzungen objektiv richtig oder falsch sind, spielt nicht die geringste Rolle. Zutreffend sagt Harold Lasswell von der Wechselwirkung, deren Verständnis auch er für die wichtigste „Gemeinsamkeit des Völkerrechts und der Sozialwissenschaft" hält: „Die Handelnden stoßen nicht aneinander wie Billardbälle; vielmehr modifizieren sie ihr Verhalten durch die gegenseitige Beeinflussung ihrer Einschätzung vergangener, gegenwärtiger und künftiger Ereignisse."[20]

Einem Juristen, der es gewohnt ist, immer nur mit Gesetzestexten, Gerichtsentscheidungen und stichhaltigen Beweismitteln zu hantieren, mag eine Rechtsordnung, welche die gesamte Fülle des menschlichen Lebens einschließlich seiner Irrationalität von vornherein mit in das Normdenken einbaut – nicht erst später, wenn es um mildernde Umstände bei der Bestrafung eines Rechtsbrechers oder um dessen Motivation geht –, zunächst schwer verständlich erscheinen.

Nichtjuristische Studenten des Völkerrechts mögen es hier leichter haben. Für sie besteht aber die Gefahr, daß sie die Normativität des Völkerrechts unterschätzen. Wer sich intensiver mit dem Völkerrecht beschäftigt, erkennt bald, daß diese Rechtsordnung die moderne Welt in erstaunlich hohem Maße mitgeprägt hat.

20 Harold D. Lasswell, Einführung zu: Wesley L. Gould und Michael Barkun, International law and the social sciences, Princeton, N.J. 1970, S. XV/XVI. Hierzu neben dem im vorstehenden genannten Werk auch Michael Barkun, International norms as facts and ideals, PASIL 1972, S. 39 ff.

Literatur

Ian Brownlie, The reality and efficacy of international law, BYIL 1981, S. 1 ff.

Fritz Münch, La force normative des faits, in: Fs f. Miaja de la Muela, Madrid 1979, S. 251 ff.

Jean J.A. Salmon, Les contradictions entre fait et droit en droit international, in: Fs f. Miaja de la Muela, Madrid 1979, S. 337 ff.

Jean J.A. Salmon, Le fait dans l'application du droit international, RdC 1982/III (Bd. 175), S. 257 ff.

2. Entfaltung und gegenwärtiger Stand des Völkerrechts

2.1 Eingrenzungsprobleme

Eine Völkerrechtsgeschichte im engeren Sinn gibt es erst seit dem 17. Jahrhundert; denn erst damals wurde der Begriff „Völkerrecht" geprägt. Zwar ist eine rückschauende Anwendung eines später entstandenen Begriffs durchaus möglich, aber im Falle des Völkerrechts kommt eine weitere Schwierigkeit hinzu: Viele Historiker vertreten die Auffassung, daß erst nach dem Entstehen des modernen Staatsbegriffs von einer völkerrechtlichen Ordnung gesprochen werden kann.[1] Dem wird nicht nur entgegengehalten, daß Herrschaftsverbände, welche die Bezeichnung „Staat" verdienen, bereits in der Antike und Urgeschichte vorhanden waren, sondern auch, daß es die im vorhergehenden Kapitel aufgezeigte Verflechtung zwischen Völkerrecht und internationalen Beziehungen verbietet, die historische Betrachtung des Völkerrechts an einen formalen Begriff zu knüpfen, der eine offenbar ziemlich starre Institution (den Staat) bezeichnet. Um den Wandel des Völkerrechts zu begreifen, so wird argumentiert, müsse die ganze Vielgestaltigkeit der Beziehungen zwischen organisierten menschlichen Verbänden in die Betrachtung einbezogen werden. Neben dem Territorialstaat der Neuzeit wird dadurch auch der Personenverband des Mittelalters und noch früherer Zeiten bis zurück zum wandernden Nomadenstamm Gegenstand der Völkerrechtsgeschichte. Immer bleiben aber die innerhalb eines größeren Verbandes geregelten Gruppenbeziehungen (z.B. zwischen Sippen oder Familien des gleichen Stammes oder Staates) aus der völkerrechtlichen Betrachtungsweise ausgeschlossen. Niemals kann sich also die Völkerrechts-Geschichtsschreibung ganz von der Vorstellung lösen, daß das Völkerrecht die Beziehungen zwischen Staaten oder zumindest größeren Einheiten regelt. Letztlich bleibt daher jene

1 Vgl. Ernst Wolgast, Grundriß des Völkerrechts, Hannover 1950, S. 72 ff.

rückschauende Betrachtungsweise vom Zeitpunkt des Entstehens des Völkerrechtsbegriffs – in dem Staat und Völkerrecht untrennbar miteinander verbunden waren – erhalten.

Literatur

A.M. Connelly, The History of International Law: A Comparative Approach, YBWA 1978 (Bd. 32), S. 303 ff.

Arthur Nussbaum, Geschichte des Völkerrechts in gedrängter Darstellung, München–Berlin 1960.

Wolfgang Preiser, Die Völkerrechtsgeschichte, ihre Aufgabe und ihre Methode, Wiesbaden 1964.

Wolfgang Preiser, Macht und Norm in der Völkerrechtsgeschichte, Baden-Baden 1978.

Ernst Reibstein, Völkerrecht. Eine Geschichte seiner Ideen in Lehre und Praxis, 2 Bände, Freiburg–München 1958–1963.

Georg Schwarzenberger, Towards a Comparative History of International Law, in: Fs f. Krishna Rao, Leiden 1976, S. 92 ff.

Georg Schwarzenberger, Historical models of international law, in: Georg Schwarzenberger, The Dynamics of International Law, Milton 1976, S. 32 ff.

Georg Schwarzenberger, Historical models of international law: towards a comparative history of international law, in: W.E. Butler, Hrsg., Int. Law in Comparative Perspective, Alphen 1980, S. 227 ff.

Georg Stadtmüller, Geschichte des Völkerrechts, Teil 1: Bis zum Wiener Kongreß (1815), Hannover 1951.

Stephan Verosta, Regionen und Perioden der Geschichte des Völkerrechts, ÖZöRV 1979, S. 1 ff.

Arthur Wegner, Geschichte des Völkerrechts, Stuttgart 1936.

2.2 Vorformen des Völkerrechts in der Antike

Das Vorhandensein völkerrechtlicher Beziehungen zwischen organisierten Verbänden in uralten Zeiten wird aus Verträgen geschlossen, die aus jenen Zeiten stammen. Der Nachweis solcher Verträge ist von archäologischen Funden abhängig, die trotz aller Wissenschaftlichkeit der Suche stets als zufällig bezeichnet werden müssen, so daß weder über den zeitlichen Beginn eines „Völkerrechts" noch über seinen räumlichen und materiellen Regelungsbereich Aussagen möglich sind. Immerhin kann auf einen Vertrag aus dem Jahre 3100 v.Chr. zwischen zwei mesopotamischen Stadtstaaten (Lagasch und Umma) hingewiesen werden. Nussbaum, der seine Völkerrechtsgeschichte mit diesem Vertrag beginnen läßt, fügt allerdings mit Recht hinzu, die Bezeichnung „Staat" für die beiden beteiligten Gemeinschaften sei „etwas gewagt".[1] Stärkere Beachtung hat in der Literatur eine Gruppe von Verträgen gefunden, die zwischen ägyptischen Pharaonen und hethitischen Königen im zweiten Jahrtausend v. Chr. abgeschlossen wurden, insbesondere der Vertrag zwischen dem Pharao Ramses II. und dem Hethiter-König Hattuschil aus dem Jahre 1270 v. Chr.[2] Es handelt sich um Freundschaftsverträge, in denen u.a. auch die Auslieferung geregelt wird. Solche Verträge sind auch für die Beziehungen zwischen den Hethitern und anderen kleinasiatischen Königreichen nachweisbar.

Die Frage, ob durch den Abschluß jener Verträge eine Rechtsordnung zustandekam, die als Völkerrecht bezeichnet werden könnte, ist bisher noch nicht mit wissenschaftlicher Genauigkeit beantwortet worden. Max Huber hat die Meinung vertreten, die historische Entwicklung des Völkerrechts verlaufe zwangsläufig „vom rechtsgeschäftlichen Vertrag zur Ausbildung objektiver Verkehrsnormen und zur vertragsmäßigen Vereinbarung partikulärer, kollektiver und universeller Normen",[3] aber er kommt zu dem Schluß: „Die Völker des

[1] Arthur Nussbaum, Geschichte des Völkerrechts in gedrängter Darstellung, München und Berlin 1960, S. 2.

[2] Nussbaum, aaO., datiert den Vertrag auf das Jahr 1279 v. Chr., fügt aber in einer Anmerkung hinzu, daß die Datierungen der Verträge um etwa 20 Jahre differieren. Auch die Schreibweise der Namen ist unterschiedlich. So schreibt Nussbaum „Hattusili", Mettgenberg dagegen „Chattuschil". (Wolfgang Mettgenberg, Vor mehr als 3000 Jahren. Ein Beitrag zur Geschichte des Auslieferungsrechts, Zeitschrift für Völkerrecht 1939, Bd. 23, S. 23 ff.) Von größerer Bedeutung ist ein anderer Unterschied: einige Gelehrte schreiben den Vertrag nicht Hattuschil II., sondern Hattuschil III. zu; vgl. Max Loehr, Das Asylwesen im Alten Testament, Halle 1930, S. 178 ff.

[3] Max Huber, Die soziologischen Grundlagen des Völkerrechts, Berlin 1928, S. 25.

antiken, das Mittelmeer umschließenden Kulturkreises haben kein gemeinschaftliches Recht hervorgebracht, wiewohl zwischen allen vereinzelte Rechtsverhältnisse bestanden."[4] Hiervon ist eine Ausnahme zu machen, auf die Huber selbst hinweist: die griechischen Stadtstaaten.

Zwischen den politischen Einheiten der hellenischen Welt, die in der Regel als „Stadtstaaten" bezeichnet werden, entwickelte sich durch Verträge und Gewohnheit eine völkerrechtsähnliche Rechtsordnung. Ihr Entstehen wurde dadurch begünstigt, daß griechische Stadtstaaten, auch wenn sie weit entfernt von Griechenland lagen, doch der gleichen Kultur entstammten. Außerdem scheint die gemeinsame Benutzung eines großen, nicht unter der Herrschaft eines einzigen Staates stehenden Gemeinschaftsraumes, wie ihn das Meer oder ein Meeresteil darstellt, die Herausbildung von Rechtsregeln, sei es für Seehandel oder für Seekrieg, zu fördern. Zahlreich waren die Bündnisverträge, die Koalitionen vor den Kriegen und die Friedensschlüsse nach ihnen. Eine andere Gruppe von Verträgen regelte die Rechtsstellung der Fremden. Hier brachten die Griechen ein Rechtsinstrument hervor, das sehr modern anmutet: den Isopolitievertrag, durch den die Bürger der am Vertrag beteiligten Staaten im Ausland eine weitgehende Gleichstellung mit den Bürgern des Gastlandes erlangten. Der Schutz der Ausländer wurde durch eigens dafür bestellte Beamte, die proxenoi, wahrgenommen. Die Institution des Schutzes von Ausländern, die „Proxenie", ist wohl eher staatsrechtlicher als völkerrechtlicher Natur, aber sie ist häufig in Staatsverträge aufgenommen worden.[5] Aus der öffentlichrechtlich institutionalisierten Gastfreundschaft ging auch das völkerrechtliche Asyl hervor, dessen zweite Wurzel allerdings im religiös-sakralen Bereich, nämlich im Tempelasyl, lag.

Sobald Rom seine Herrschaft über die Mittelmeerländer ausdehnte, zeigte sich ein grundlegender Wandel der Rechtsauffassung bezüglich der Beziehungen zu fremden Völkern: sie wurden nicht als gleichberechtigt anerkannt. Zwar schlossen die Römer in sämtlichen Entwicklungsstadien des An-

[4] Huber, aaO. S. 26.
[5] Vgl. Hans von Frisch, Das Fremdenrecht, Berlin 1910, S. 17.

wachsens ihrer Macht zahlreiche Verträge mit ihren Nachbarn. Aber auf diese Verträge wurde der Grundsatz „pacta sunt servanda", der die Grundlage der römischen Privatrechtsordnung – wie jeder Rechtsordnung – war, nicht angewendet. Sie blieben Mittel der Politik und wurden bedenkenlos beiseitegeschoben, wenn Rom stark genug war, sie zu brechen. Rom wollte nicht nur keine höhere Macht über sich anerkennen, sondern auch keine gleichgeordnete Macht. Damit ging es weit über das Souveränitätsdenken hinaus, von dem die Neuzeit beherrscht werden sollte. Roms Streben richtete sich darauf, die gesamte Welt zu beherrschen. Wer noch außerhalb des römischen Herrschaftsbereichs lebte, war Barbar, nicht aber tatsächlicher oder potentieller Rechtsgenosse.

Freilich trieben die Römer auch Handel mit Barbaren und mußten zu diesem Zweck eine Rechtsordnung schaffen, der die Verträge zwischen römischen Bürgern und Fremden (peregrini) zugerechnet werden konnten: das ius gentium. Da die Gelehrten zu Beginn der Neuzeit, als der Begriff „Völkerrecht" juristisch definiert wurde, ihre Werke in lateinischer Sprache schrieben und diejenige Rechtsordnung, die wir in moderner Ausdrucksweise Völkerrecht nennen, als „ius gentium" bezeichneten, entstand die Meinung, auch die Römer hätten bereits ein Völkerrecht gekannt.[6] Aber das ius gentium der Römer war alles andere als ein Völkerrecht. Es leitete seine Geltung allein aus dem rechtsschöpferischen Willen des römischen Imperiums ab und galt nicht für den Verkehr zwischen Rom und anderen Staaten, sondern nur für den Rechtsverkehr zwischen den römischen Bürgern und den nichtrömischen Privatpersonen auf dem Gebiet des römischen Imperiums. Es war auch kein Kollisionsrecht oder Normengrenzrecht wie das moderne IPR; denn es regelte nicht die Frage, welches Recht auf die genannten Beziehungen anzuwenden sei(mit der Möglichkeit, daß nichtrömisches Recht zur Anwendung kommen könnte),

6 Besonders einflußreich war in dieser Beziehung das Werk des Engländers Coleman Phillipson, The international law and custom of ancient Greece and Rome, 2 Bände, London 1911. Auf einen anderen Fehler Phillipsons, der die griechische Geschichte betrifft, weist Wolfgang Preiser, Die Völkerrechtsgeschichte, Wiesbaden 1964, S. 44 ff., Anm. 2, hin.

sondern enthielt materiellrechtliche Regelungen. Es könnte daher am ehesten als Fremdenrecht bezeichnet werden, obwohl auch diese Kennzeichnung nicht ganz zutreffend ist, weil das ius gentium nicht die gesamte Rechtsstellung des auf römischem Gebiet weilenden Fremden regelte, sondern nur die Beziehungen des Fremden zu römischen Bürgern und zum römischen Staat.

Für die Handhabung dieses Rechts war der praetor peregrinus bestellt, der insbesondere auch die Rechtsstreitigkeiten, die aus solchen Beziehungen entstanden, zu schlichten hatte. Da die Fremden außerhalb der römischen Rechtsordnung standen, konnte der Prätor in diesem Fall das ius civile nicht direkt anwenden, sondern höchstens analog, und hatte dadurch die Möglichkeit, rechtsschöpfend zu wirken. So kam es, daß das ius gentium häufig moderner war als das überlieferte römische Recht und Gedanken enthielt, die der Prätor aus allgemeinen, rationalen Überlegungen ableitete. Dies verleitete eineinhalb Jahrtausende später die Rechtsgelehrten dazu, das ius gentium als eine Art Naturrecht zu betrachten. Sie meinten, es umfasse „jene Einrichtungen rechtlichen Charakters, die bei den verschiedenen Völkern die gleichen sind, weil sie von der ratio nahegelegt werden."[7] Da die Gelehrten dies zu Beginn der Neuzeit schrieben, als der Begriff des Völkerrechts feste Formen annahm, übten ihre Meinungen eine langanhaltende Wirkung auf die Völkerrechtsliteratur aus. (Man pflegt diese Gelehrten sogar als „Väter des Völkerrechts" zu bezeichnen.) Ihr Irrtum trug wesentlich zu der Fehlbezeichnung des von ihnen beschriebenen und in der Staatenpraxis der Folgezeit geschaffenen Rechtssystems bei. Die Ausdrücke „Völkerrecht", „law of nations", „droit des gens" deuten sämtlich auf ein von den Staatsordnungen unabhängiges Recht der Völker hin. Gerade ein solches aber ist das klassische Völkerrecht ganz gewiß nicht gewesen, und selbst das gegenwärtige Völkerrecht zeigt hiervon noch sehr wenig.

[7] Josef Soder, Francisco Suárez und das Völkerrecht, Frankfurt a.M. 1973, S. 109.

Die Mißverständnisse, zu denen die Fehlbezeichnung „Völkerrecht“ bis zum heutigen Tag geführt hat, lassen es angezeigt erscheinen, mit Nachdruck darauf hinzuweisen, daß das römische ius gentium, auf welches jene Fehlbezeichnung zurückgeführt wird, keine Ähnlichkeit mit dem Völkerrecht – weder in seiner klassischen noch in seiner gegenwärtigen Form – aufwies und auch nicht etwa aus rational-naturrechtlichen Grundlagen der späteren Völkerrechtsordnung abgeleitet wurde. Hinter ihm stand „weder ein Eingehen auf die überkommenen völkischen Besonderheiten des nichtrömischen Individuums noch der Gedanke einer Völkergemeinschaft.“ Es war vielmehr „eine geschickte Behandlung der übrigen Welt, ihrer Menschen, sofern man ihnen überhaupt ein Personalstatut, die Rechtsfähigkeit, zubilligte.“[8]

Literatur

Roberto Ago, Die pluralistischen Anfänge der internationalen Gemeinschaft, in: Fs f. Stephan Verosta, Berlin 1980, S. 25 ff.

Hermann Bengtson, Hrsg., Die Staatsverträge des Altertums, 2 Bände, München 1962.

Maarten Bos, Old Germanic law analogies in international law, NILR 1978, S. 51 ff.

Hartwig Bülck, Von den Ursprüngen des Völkerrechts, in: Festschrift f. Eberhard Menzel, Berlin 1975, S. 215 ff.

Werner Dahlheim, Struktur und Entwicklung des römischen Völkerrechts im dritten und zweiten Jahrhundert vor Christus, München 1968.

Peter Klose, Die völkerrechtliche Ordnung der hellenistischen Staatenwelt in der Zeit von 280–168 v.Chr. Ein Beitrag zur Geschichte des Völkerrechts, München 1972.

Harold Nicolson, Die Anfänge der Diplomatie. Griechenland und Rom, Außenpolitik 6 (1955), S. 209 ff.

Wolfgang Preiser, Die Epochen der antiken Völkerrechtsgeschichte, JZ 1956, S. 737 ff.

Wolfgang Preiser, Zum Völkerrecht der vorklassischen Antike, AVR 4 (1953/54), S. 257 ff.

[8] Artur Wegner, Geschichte des Völkerrechts, Stuttgart 1936, S. 54.

Wolfgang Preiser, Frühe völkerrechtliche Ordnungen der außereuropäischen Welt, Wiesbaden 1976.
Georg Stadtmüller, Byzanz in der Völkerrechtsgeschichte, Festschrift f. Rudolf Laun, Hamburg 1953, S. 35 ff.
Stephan Verosta, International Law in Europe and Western Asia between 100 and 650 A. D., RdC 1964/III (Bd. 113), S. 491 ff.

2.3 Die abendländische Rechtsgemeinschaft im Mittelalter

Solange das Römische Weltreich bestand, war ein Völkerrecht im oben beschriebenen Sinn, d.h. eine Rechtsordnung für gleichberechtigte, unabhängige Staaten, undenkbar. Würde sich die Geschichte nach Gesetzen der Logik entfalten, so müßte sich an den Untergang des Römerreichs eine Periode des Völkerrechts anschließen. In der Tat berichten die Chroniken über zahlreiche Verträge, die von germanischen Heerführern und Königen untereinander oder mit Resten der römischen Staatsgewalt in einzelnen Territorien des zerbröckelnden Weltreichs geschlossen wurden. Aber kein Wissenschaftler hat diese Verträge jemals dem Völkerrecht zugeordnet oder den Versuch gemacht, aus ihnen ein Völkerrechtssystem zu konstruieren. Die Tatsache, daß ein Zeitraum von mehr als tausend Jahren, in denen die Geschichte nicht stillstand, in denen Kriege geführt und Frieden geschlossen, Reiche gegründet und vernichtet wurden, ein großräumiger Handel sogar über die Grenzen Europas hinweg und ein nicht zu unterschätzender Kulturaustausch stattfanden, in der Historiographie des Völkerrechts fast völlig ignoriert wird, mutet auf den ersten Blick seltsam an. Aber diese Einschätzung des gesamten Zeitraums, der vom Untergang des Römischen Reiches bis zum Ende des 16. Jahrhunderts reicht, ist in der Geschichtsschreibung und Völkerrechtswissenschaft einhellig. Allenfalls werden die geistesgeschichtlichen Wurzeln der völkerrechtlichen Lehren der Neuzeit bis in das späte Mittelalter verfolgt oder bestimmte Akte jener Zeit als erste Ansätze späterer Rechtsinstitutionen (wie z.B. der Souveränität) gedeutet. Aber daß in den ganzen tausend Jahren nicht von einer Völkerrechtsordnung gesprochen werden kann, wird allgemein akzeptiert.

Die Erklärung für dieses Phänomen liegt in der Definition des Völkerrechts als einer Rechtsordnung zwischen unabhängigen, gleichberechtigten Staaten. Die Herrschaft des römischen Imperiums hatte eine solche Rechtsordnung deshalb ausgeschlossen, weil die wenigen an der Peripherie des Imperiums existierenden Staaten (in der Zeit der Hochblüte der römischen Weltherrschaft blieb nur das Perserreich unerobert) nicht als gleichberechtigt anerkannt wurden. In den darauffolgenden Jahrhunderten war das Entstehen einer Völkerrechtsordnung deshalb unmöglich, weil die Herrschaftsverbände, die das römische Erbe übernahmen, nicht als Staaten angesprochen werden konnten und weil sie zudem noch an dem Gedanken der Einheit des Imperiums festhielten.

Die Verträge, die zwischen germanischen Heerführern, Herzögen und Königen geschlossen wurden, schufen persönliche Rechtsbeziehungen zwischen diesen Personen und erzeugten weitere Rechtswirkungen nur kraft der persönlichen Treueverhältnisse zwischen den Führern und ihren Gefolgsleuten (in späterer Zeit: Lehensträgern). Hieraus erklärt sich die überragende Bedeutung von Treue, Treuebruch und Verrat im germanischen Recht. Ein allgemeines Rechtssystem aber kann sich aus solchen persönlichen Beziehungen, die naturgemäß spätestens mit dem Tod der Vertragschließenden enden, nicht entwickeln. Allenfalls kann die allgemeine Achtung des Grundsatzes der Heiligkeit der Verträge angenommen werden. Dieser Grundsatz ist jedoch nicht aus der Vertragspraxis entstanden, sondern bildet deren Voraussetzung. Gerade das Abstellen auf Einzelpersonen und deren Verhalten bringt ferner alle Probleme des Vertragsrechts in überspitzter Form mit sich (Wegfall der Geschäftsgrundlage durch „Treubruch", Zielerreichung, Veränderung der äußeren Umstände usw.). Und schließlich erschwerte die Institution des Wahlkönigtums, die sich noch bis ins hohe Mittelalter fortsetzte, die Herausbildung einer jeglichen Rechtskontinuität in den äußeren Beziehungen.

Der zweite Grund, warum Beziehungen zwischen den mittelalterlichen Herrschaftsverbänden nicht als völkerrechtliche Ordnung betrachtet werden, ist schwerer zu verstehen, weil er dem ersten zu widersprechen scheint. Die germanischen Völker lehnten die römische Staatsauffassung bewußt ab und hielten an der personenverbandsrechtlichen Struktur fest. Gleichzeitig aber lebte in ihnen die Idee des Römischen Reiches fort. Gerade die Schrecknisse der Völkerwanderungszeit und des Zusammenbruchs des römischen Imperiums verstärkten die Sehnsucht nach Ordnung, Frieden und Einheit. Die Glanzzeit des römischen Weltreichs, die sie selbst nur vom Hörensagen kannten, erschien den Germanen als der erstrebenswerte Zustand der Welt. Nur so läßt es sich erklären, daß Jahrhunderte nach dem endgültigen Zusammenbruch des römischen Imperiums ein neues römisches Reich errichtet wurde, dessen Kaiser zwar einem germanischen Volksstamm angehörte und seine Länder nach germanischer Tradition – unter Fortgeltung der alten Volksrechte – regierte, sich aber als Nachfolger der römischen Cäsaren und damit als Wahrer von Recht und Frieden auf dem ganzen bekannten Erdkreis fühlte. Es wäre sicher verfehlt, die Reichsidee „supranational" zu nennen; denn etwas Supranationales kann erst bestehen, wenn Nationen vorhanden sind, über die das Überwölbende gespannt werden kann. Noch weniger war sie international, da die Reichsidee nicht lediglich den Verkehr zwischen verschiedenen Einheiten vermitteln, sondern tatsächlich eine höhere Einheit darstellen sollte. Am ehesten läßt sich daher der Ausdruck „universal" verwenden, obwohl Bedenken dagegen schon wegen der räumlichen Begrenzung des Reiches – es erfaßte kaum die Hälfte des alten Römerreichs – erhoben werden müssen.

Doch muß bei alledem berücksichtigt werden, daß das Reich stets eine ideale Struktur darstellte, so daß es besser ist, von der „Reichsidee" zu sprechen. Die Reichsidee war nicht an die Grenzen eines territorialen Herrschaftsbereichs gebunden, sondern sogar darauf angelegt, Grenzen zu überwinden, also im echten Sinne universal zu sein. Diese Universalität der Reichsidee, die zugleich den Einmaligkeitsanspruch des Reichsgedankens begründete, liegt wiederum in der Erinnerung an das Römische Reich begründet, das nicht ein Reich unter vielen gewesen war, sondern *das* Reich schlechthin. Die Selbstverständlichkeit, mit der die Römer alle außerhalb ihres Herrschaftsbereichs lebenden Völker als Objekte ihrer Expansionspolitik betrachteten, fand nun ihr

Gegenstück in der Selbstverständlichkeit, mit der die Vertreter der Reichsidee davon ausgingen, daß es auf der ganzen Welt nur ein Reich und einen Kaiser geben könne. Verstärkt wurde diese Vorstellung dadurch, daß der Kaiser zugleich als Schirmherr des Christentums auftrat, das eben diesen Universalitätsanspruch auf weltanschaulich-religiösem Gebiet erhob und seine Realisierung mit allen Kräften erstrebte. Wie der Kaiser war auch der Papst Sinnbild der Einheit des christlichen Abendlandes, und er blieb es sogar in einer Zeit, als die politische Schwäche des Kaisertums längst offenkundig war: die neuen politischen Einheiten, die innerhalb des Reiches und neben ihm entstanden, sagten sich zuerst von der Befehlsgewalt des Kaisers los, während sie noch Jahrhunderte danach ein Schiedsrichteramt des Papstes in gewissem Umfang anerkannten. Ja sogar die Völkerrechtssubjektivität des Heiligen Stuhles, die heute noch besteht (vergl. unten 3.4), hat in jenen Zeiten ihren Ursprung.

Auch sonst ist das Mittelalter nicht ganz ohne Interesse für die Völkerrechtsgeschichte. Neben der bereits erwähnten Schiedsgerichtsbarkeit und dem Beitrag, den die Hanse zur Schaffung der Grundlagen eines modernen Seerechts leistete,[1] gehören insbesondere die Lehren der Scholastiker über den gerechten und den ungerechten Krieg und die Überlegungen, die im Zuge der Auseinandersetzung zwischen Kaiser und Papst, der Loslösung der weltlichen Gewalt von der geistlichen und dem Streben der Territorialherren nach Unabhängigkeit von Kaiser und Papst angestellt wurden, zu denjenigen Gebieten, die wir zumindest in rückschauender Betrachtungsweise dem Völkerrecht zuordnen können. Nur in diesem akademischen Sinn kann von einem ,,Völkerrecht des Mittelalters" gesprochen werden. Nussbaum sieht im Mittelalter die ,,ersten Keime des Völkerrechts" und meint, dem Völkerrecht sei ,,trotz der hemmenden Wirkung des spuranationalen und feudalen Rechts" doch ,,ein gewisser Spielraum" geblieben.

[1] Wegner, aaO. S. 128, nennt das Seerecht ,,ein Erzeugnis des Mittelalters", gibt aber zu, daß die Rechtsbücher, Richtersprüche und Gesetze der Hanse und der großen Seemächte England und Spanien ein ,,zu großem Teil noch ungehobener Schatz" sind.

Er fügt jedoch hinzu, daß sich solches Recht hauptsächlich „zwischen Ländern wie England, Frankreich, Kastilien, Aragon, Portugal, Schweden und Venedig entwickeln“ konnte, weil sie nicht zum Reich gehörten. „Das Reich als solches ging selten internationale Verpflichtungen ein.“[2] Es ist interessant, daß Nussbaum nur einen einzigen derartigen Fall eines internationalen Vertrages des Reichs erwähnt, nämlich den Vertrag von Joppa aus dem Jahre 1229 zwischen Kaiser Friedrich II. und dem Sultan El Kamil während des fünften Kreuzzugs. Hier war in der Tat das Reich an die Grenzen seines Universalitätsanspruchs gelangt. Nicht von ungefähr brachte die Berührung des mittelalterlichen Europas mit dem Islam, obwohl sie in der Form einer kriegerischen Auseinandersetzung stattfand, neue Impulse in das christliche Abendland, die als Vorboten der Neuzeit gedeutet werden können.

In der historischen Literatur ist häufig gefragt worden, wie sich die Reichsidee über Jahrhunderte hinweg behaupten konnte, obwohl doch relativ früh zu erkennen war, daß sie kaum in die politische Praxis umgesetzt werden konnte. Rückschauend mußte es so scheinen, als hätten sich die Vorkämpfer der Reichsidee – d.h. in erster Linie die Kaiser selbst sowie die Mehrzahl ihrer Berater – immer weiter von der Wirklichkeit entfernt. Dabei wird häufig der Vorwurf erhoben, die für die Geschicke des Reichs Verantwortlichen hätten jahrhundertelang einem Traumgebilde nachgejagt und in dem sinnlosen Bestreben, den idealen Universalstaat zu schaffen, die besten Kräfte des deutschen Volkes vergeudet. Der über diese Frage zwischen den Verfassungshistorikern geführte Streit braucht hier nicht entschieden zu werden. Jedoch ist auf einen Umstand hinzuweisen, der in der bisherigen Literatur stark vernachlässigt worden ist und der wohl dazu beitragen kann, das Festhalten an einer scheinbar irrealen Konstruktion zu erklären. Es ist die Friedensfunktion von Kaiser und Reich auf der einen Seite, die Friedenssehnsucht der mittelalterlichen Menschen auf der anderen. Der Universalitätsanspruch von Kaiser und Reich bestand, wie bereits ausgeführt, nicht um seiner

[2] Arthur Nussbaum, Geschichte des Völkerrechts, München und Berlin 1960, S. 26.

selbst willen. Er war nicht Ausdruck eines expansiven Imperialismus, sondern eines Strebens nach Einheit, Ordnung und Frieden. Eine große Zahl von kaiserlichen Erlassen und Gesetzen zeigt, daß die Kaiser schon sehr bald die ursprünglich allein von der Kirche getragene Idee des „Gottesfriedens" übernahmen und den Schutz des Friedens im Reich als ihre Hauptaufgabe betrachteten. Bereits im Jahre 1085 wurde in Anwesenheit Kaiser Heinrichs IV. der Gottesfriede für das ganze Reich vom Mainzer Erzbischof verkündet.[3] Bezeichnenderweise waren es bis zum Ende des alten Reiches (1806) die kleinen „Reichsstände", d.h. die auf dem Reichstag vertretenen Städte, Ritterschaften, geistlichen und weltlichen Herrschaften, die sich zum Kaiser und zur Reichsidee bekannten, weil sie darin einen Schutz für Recht, Freiheit, Frieden und Unabhängigkeit erblickten. Und man geht wohl nicht fehl in der Annahme, daß die Friedenssehnsucht des ganzen Volkes im Mittelalter außerordentlich groß war und sich auf den Kaiser als Symbol des Friedens konzentrierte. Hier entfaltete die Reichsidee tatsächlich eine nicht zu unterschätzende Wirkung. Das Festhalten an der Reichsidee erscheint unter diesem Aspekt nicht ganz so irreal und töricht, wie es zuweilen dargestellt wird.

Ferner hat sich am Problem des Friedens die erste wissenschaftliche Diskussion entzündet, die als Völkerrechtstheorie bezeichnet werden könnte. In Anknüpfung an Augustinus (354–430) entwickelte Thomas von Aquin (1225–1274) die Lehre vom gerechten Krieg weiter und stellte sie hinein in das strenge Gedankengebäude der Scholastik, das die Grundprinzipien des wissenschaftlichen Denkens schuf. Auf dieser

[3] Hierzu Viktor Achter, Über den Ursprung des Gottesfriedens, Krefeld 1955; Joachim Gernhuber, Die Landfriedensbewegung in Deutschland zum Mainzer Reichslandfrieden von 1235, Bonn 1952; Hartmut Hoffmann, Gottesfriede und Treuga Dei, Stuttgart 1964; August Kluckhohn, Geschichte des Gottesfriedens, Neudruck Aalen 1966. Verbindungslinien zum Völkerrecht älterer Zeiten sind durchaus zu ziehen. Vgl. Paulus A. Hausmann, Die Spuren der treuga dei im Völkerrecht oder Vom Wandel des Friedensverständnisses, in: Frieden und Völkerrecht, hrsg. von Georg Picht und Constanze Eisenbart, Stuttgart 1973, S. 235 ff.

Grundlage konnten die Aussagen des Kirchenrechts[4] und der Moraltheologie neu durchdacht und wissenschaftlich begründet und formuliert werden. Diejenigen, die dies taten, werden deshalb mit einer gewissen Berechtigung als „Väter des Völkerrechts" bezeichnet, obwohl sie der akademischen Herkunft nach Moraltheologen waren. Die wichtigsten von ihnen sind: Franciscus de Vitoria (1480–1546), Domingo Soto (1494–1560), Balthasar Ayala (1548–1584), Franciscus Suàrez (1548–1617) und Alberico Gentili (1552–1608).

Während Augustinus und die Scholastiker den gerechten Krieg allein daran erkennen wollten, ob er aus gerechtem Grund (ex iusta causa) und mit rechter Absicht (intentio recta) geführt wurde, unterschied bereits Vitoria zwischen schuldhaftem und schuldlosem („objektivem") Unrecht. Der objektiv zwar das Recht verletzende Gegner, der sich subjektiv in gutem Glauben oder in Unkenntnis der Rechtswidrigkeit befinde, dürfe wohl niedergerungen werden, eine Bestrafung aber könne nur gegenüber dem schuldigen Feind in Frage kommen. Vitorias Nachfolger auf dem Lehrstuhl in Salamanca, Domingo Soto, baute die Lehre vom gerechten Krieg weiter aus und verlangte die Erfüllung von drei Voraussetzungen: auctoritas, causa, forma iuris. Einen Schritt weiter ging Suàrez, der klar herausstellte, daß nach christlicher Auffassung der Krieg nur zulässig ist als Verteidigungskrieg gegen objektives Unrecht und als Strafkrieg gegen einen schuldigen Feind. Zum Unrecht des Krieges muß hier allerdings noch das wirkliche Erforderlichsein der kriegerischen Gewalt hinzukommen. Der letztere Gedanke findet sich bereits bei Augustinus und taucht bei Soto und Suàrez wieder auf. Er ist eine erste Ausprägung des Prinzips, das heute noch das ganze Völkerrecht beherrscht: das Prinzip der Verhältnismäßigkeit von Zweck und Mitteln.

Die Beschäftigung mit der Situation des gutgläubig handelnden, aber objektiv im Unrecht befindlichen Kriegführenden, warf eine völlig neue Frage auf: kann der Krieg auf beiden Seiten gerecht sein? Es war Alberico Gentili, der diese

[4] Das Decretum Gratiani (um 1140) erklärt in pars 2 causa 23, daß der gerechte Krieg keine Sünde ist.

Frage schließlich bejahte und den Begriff des bellum iustum ex utraque parte, des beiderseits gerechten Krieges, prägte. Dieser Begriff offenbart einen Epochenabschluß in der Geschichte des Völkerrechtsdenkens und leitet über zum Beginn jener Periode, die im allgemeinen als „klassisches Völkerrecht" bezeichnet und von vielen als der Anfang des Völkerrechts überhaupt angesehen wird. Der Grund für diese Beurteilung ist offenkundig: wenn der Krieg für beide Seiten gerecht sein kann, so wird er moralisch indifferent, es kann die Rechtsfigur der Neutralität entstehen, also die Annahme einer Pflicht zu unparteiischem Verhalten gegenüber beiden Kriegsführenden. Eine solche Haltung aber war nur möglich, weil die Einheit des christlichen Abendlandes zerbrochen war und es keine Instanz mehr gab, die moralisches Recht oder Unrecht feststellen konnte. Der Begriff der Souveränität sprengte dann die letzten Fesseln und begründete für jeden Staat das „Recht zum Kriege" (ius ad bellum). Mit der rechtlichen Fixierung dieser beiden Begriffe war die erste Phase der europäischen Staatengeschichte endgültig abgeschlossen, und es begann die Epoche des „klassischen Völkerrechts".

Literatur

José Luis de Azcàrrage, Die Theorie des „Gerechten Krieges" in der spanischen Völkerrechtslehre, Annales Universitatis Saraviensis 1952, S. 202 ff.

Kurt-Georg Cram, Iudicium belli. Zum Rechtscharakter des Krieges im dt. Mittelalter, Münster 1955.

Johann Georg Helm, Der Schutz der Zivilbevölkerung im abendländischen Kriegs- und Fehderecht bis zum ausgehenden 13. Jahrhundert, FamRZ 1959, S. 9 ff.

Johann Georg Helm, Der Schutz der Zivilbevölkerung im abendländischen Kriegsrecht des 14. bis 16. Jahrhunderts, FamRZ 1960, S. 42 ff.

Friedrich August v.d. Heydte, Völkerrecht im Mittelalter, Das Parlament 1953, Beilage Nr. 17.

Robert Holtzmann, Der Weltherrschaftsgedanke des mittelalterlichen Kaisertums und die Souveränität der europäischen Staaten, Tübingen 1953.

Heinrich Kipp, Völkerordnung und Völkerrecht im Mittelalter, Köln 1950.

Ernst Reibstein, Das Völkerrecht der deutschen Hanse, ZaöRV 17 (1956/57), S. 38 ff.
Ernst Reibstein, Völkerrechtliches bei Althusius, AVR 12 (1964/65), S. 129 ff.
Walter Schätzel, Hrsg., Franciscus de Vitoria: De Indis recenter inventis et de iure belli Hispanorum in barbaros Relictiones, Tübingen 1952.
Hans Ulrich Scupin, Die heutige Bedeutung der Lehren zum Seerecht aus dem frühneuzeitlichen Völkerrecht, in: Gedächtnisschrift f. Friedrich Klein, München 1977, S. 483 ff.
Josef Soder, Die Idee der Völkergemeinschaft. Francisco de Vitoria und die philosophischen Grundlagen des Völkerrechts, Frankfurt a.M. 1955.
Josef Soder, Francisco Suárez und das Völkerrecht, Frankfurt a.M. 1973.
Josef Soder, Franz Suárez und der Begriff des Völkerrechts, Festschrift Schätzel, Düsseldorf 1960, S. 453 ff.
Francisco Suárez, Ausgewählte Texte zum Völkerrecht, Lateinischer Text mit deutscher Übers., hrsg. von Josef de Vries, Tübingen 1965.
Arthur F. Utz, Die Völkerrechtslehre des hl. Thomas von Aquin, in: Ethik und Politik 1969, S. 209 ff.
Erich Weise. Internationale Schiedsgerichte zur Zeit des Konstanzer Konzils, Zeitschrift für Ostforschung 1967, S. 482 ff.

2.4 Das „klassische Völkerrecht"

Es ist kein Zufall, daß die europäische Staatengeschichte aufs engste mit der Völkerrechtsgeschichte verknüpft ist. Die Völkerrechtstheorie, die dem „klassischen Völkerrecht" zugrundelag, war eine Frucht europäischen Denkens. Mit Recht ist noch in der zweiten Hälfte des 19. Jahrhunderts das Völkerrecht schlechthin als „europäisches öffentliches Recht" (ius publicum europaeum) bezeichnet worden, obwohl damals bereits außereuropäische Mächte wie die Vereinigten Staaten von Amerika und südamerikanische Staaten gleichberechtigte Mitglieder der Völkerrechtsordnung waren; sie galten als „europäische" Staaten, weil sie dem europäischen Kulturkreis entstammten. In dieser Umschreibung der Völkerrechtsgemeinschaft lebte die alte Vorstellung vom christlichen Abendland fort, und die Aufnahme von außerhalb des christlich-abendländischen Kulturkreises stehenden Mächten erfolgte ausdrücklich als „Aufnahme in das europäische öffentliche Recht".[1] Erst im 20. Jahrhundert, als die Epoche des klassischen Völkerrechts zu Ende ging, wurde der Kreis der Völkerrechtssubjekte neu definiert und begann der Prozeß der echten Globalisierung des Völkerrechts (vgl. unten 2.5.5).

Jener Abschnitt der europäischen Staatengeschichte, der mit der Epoche des klassischen Völkerrechts zusammenfällt, ist gekennzeichnet durch den Begriff der Souveränität. Da der Westfälische Frieden von 1648 das erste völkerrechtliche Dokument ist, in dem die Souveränität ausdrücklich bestätigt wird, läßt die Historiographie des Völkerrechts die Epoche des klassischen Völkerrechts mit dem Jahr 1648 beginnen. Aber selbstverständlich lassen sich Beginn und Ende einer Epoche nicht so genau festlegen. Auch der Begriff der Souveränität ist wesentlich älter als der Westfälische Frieden. Er findet sich bei spätmittelalterlichen Autoren[2] und läßt sich als Triebkraft der Bemühungen um die Unabhängigkeit von Kaiser und Papst nachweisen. Zusammen mit dem modernen Staatsbegriff, den die Umwandlung des Personenverbandes in eine territoriale Herrschaft kennzeichnete, entstand der Begriff der Souveränität als Kennzeichnung der Unabhängigkeit nach außen und nach innen. Die Formel vom Fürsten, „der keinen Höheren über sich anerkennt", die jahrhundertelang zuerst heimlicher Wunsch, dann offener Schlachtruf der Territorialherren in Auflehnung gegen Kaiser und Papst gewesen war, wurde jetzt zur juristischen Definition ihrer Stellung, die in ihrer Gesamtheit durch den Begriff „Souveränität" beschrieben wurde. So war die Souveränität zunächst eine Eigenschaft der unabhängigen Fürsten, der „Souveräne". Das Recht des Verkehrs zwischen den Souveränen als unabhängigen, gleichberechtigten Herrschern, die keinen Höheren über sich anerkennen, wurde in Anlehnung an das römische ius gentium (vgl. oben 2.2) als „Völkerrecht" bezeichnet,

1 So ausdrücklich Art. 7 des Pariser Friedensvertrages von 1856, durch den die Türkei als Völkerrechtssubjekt anerkannt wurde.

2 Vgl. Friedrich August Frhr. von der Heydte, Die Geburtsstunde des souveränen Staates, Regensburg 1952.

obwohl jedermann wußte, daß von Rechten der Völker keineswegs die Rede war.

Mit voller Berechtigung gilt die Souveränität als tragende Säule des gesamten Systems des klassischen Völkerrechts. Diese Grunderkenntnis bildet den Schlüssel für das Verständnis zahlreicher Institutionen und Regeln des klassischen Völkerrechts, wie des Grundsatzes der Staatengleichheit, der Einstimmigkeit bei internationalen Beschlüssen, des Interventionsverbots usw. Vor allen Dingen aber fließt aus der Souveränität das Recht zum Kriege (ius ad bellum). Die von den „Vätern des Völkerrechts" geführte Kontroverse über den gerechten Krieg war damit endgültig abgebrochen: jeder Krieg, zu dem ein Souverän (bzw. ein souveräner Staat) sich entschloß, war rechtens. Dieses Prinzip galt bis zum Ende der Epoche des klassischen Völkerrechts in unserem Jahrhundert. Als der deutsche Kaiser nach verlorenem Weltkrieg im November 1918 in das neutrale Holland flüchtete, verlangten die Siegermächte seine Auslieferung, um ihn als Verursacher des ganzen Krieges zur Rechenschaft zu ziehen. Das kleine Holland wies den Antrag der Großmächte zurück, ohne die Kriegsschuld des Kaisers geprüft zu haben. Die Begründung lag in dem damals noch geltenden Völkerrecht, nach dem kein Souverän wegen des Schreitens zum Kriege zur Rechenschaft gezogen werden konnte. Mit der gleichen Selbstverständlichkeit hatte Ludwig XIV. auf die Geschütze seiner Armeen schreiben lassen: ultima ratio regum. Ob der König die Waffen wirklich als letztes Hilfsmittel einsetzte, nachdem er alle anderen Mittel zur Beilegung eines Konflikts vergeblich eingesetzt hatte, konnte allerdings nicht nachgeprüft werden. Der Krieg war auch rechtlich die Fortsetzung der Politik mit anderen Mitteln, wie Clausewitz[3] schrieb. Wohl bemühten sich die Herrscher noch immer, ihre Entscheidung für einen Krieg mehr oder minder sorgfältig zu begründen, aber für die rechtliche Beurteilung dieser Entscheidung war dies belanglos. Nichts kennzeichnet die Situation besser als der Befehl Friedrichs II. von Preußen an seinen Staatskanzler Podewils am

[3] Carl v. Clausewitz, Vom Kriege, 16. Aufl. Bonn 1952, S. 108

Vorabend des Siebenjährigen Krieges, eine Rechtfertigungsschrift auszuarbeiten. Der König fügte hinzu: „Aber beeile Er sich; denn die Ordres an die Armee sind schon hinaus."

So war es ganz selbstverständlich, daß das klassische Völkerrecht ohne moralische oder politische Wertung zwischen zwei Rechtszuständen des zwischenstaatlichen Verkehrs unterschied: Krieg und Frieden. Es ist kein Zufall, daß derjenige, der wie kein anderer zur Herausbildung der Theorie des klassischen Völkerrechts beigetragen hat und deshalb in bewußter Absonderung von den spanischen Moraltheologen als „Vater des Völkerrechts" bezeichnet wird, der Holländer Hugo Grotius (1583–1645), sein umfassendes Hauptwerk betitelte „De iure belli ac pacis libri tres" – drei Bücher vom Recht des Krieges und des Friedens. Es erschien 1625 und beschrieb bereits dasjenige System, das wenig später durch den Westfälischen Frieden rechtlich verankert wurde. Allerdings glaubte Grotius noch immer, zwischen der „gerechten" und der „ungerechten" Sache unterscheiden zu können und ermahnte die Neutralen, nichts zu tun, was den Verteidiger der schlechten Sache stärken könnte.[4] Aber seine Interpreten weisen mit Recht darauf hin, daß die Unterscheidung zwischen gerechtem und ungerechtem Krieg zur Illusion geworden war und im System des klassischen Völkerrechts „die vorhandenen Konflikts- und Kriegsstoffe nicht vermindern, sondern vermehren" würde, was insbesondere von der Forderung gelte, „daß der Neutrale aufgrund eines moralischen Werturteils, das in Wirklichkeit doch immer durch sein Interesse, seine Staatsräson dirigiert zu werden drohte, Partei ergreifen sollte."[5]

Bald hatte das Völkerrecht die letzten Fesseln des mittelalterlich-scholastischen Denkens abgestreift und war ein wertneutrales Gefüge von Rechtsnormen für den Verkehr von Souveränen und Staaten in Krieg und Frieden auf der Grundlage der gegenseitigen Achtung der territorialen Unversehrtheit

[4] Hugo Grotius, De iure belli ac pacis libri tres, III. Buch, XVII. Kap., § III.

[5] Friedrich Meinecke, Die Idee der Staatsräson, 1. Aufl. München 1924, S. 262 f.

und Unabhängigkeit. So betrachtet, erscheint das System des klassischen Völkerrechts als „Souveränitätsanarchie“, die der freien Entfaltung der politischen und militärischen Macht keine Grenzen setzte und im 18. Jahrhundert das Zeitalter der Kabinettskriege, im 19. dasjenige des Imperialismus hervorbrachte und trug. Zwischen diesen beiden Epochen liegt eine der erstaunlichsten Begebenheiten der Weltgeschichte: die absolute Einflußlosigkeit der Französischen Revolution auf das System des klassischen Völkerrechts. Wenn die Souveränität von ihrem Ursprung her eine Eigenschaft der Souveräne war, d.h. der von Kaiser und Papst unabhängigen Landesherren, so hätte man meinen müssen, daß sie von derjenigen Weltbewegung, welche die Herrschaft der Fürsten zu stürzen suchte, aufs heftigste bekämpft würde. Aber nichts dergleichen geschah. An die Stelle der Fürstensouveränität trat im Inneren die Volkssouveränität, nach außen hin aber die Staatssouveränität. Auf der völkerrechtlichen Ebene trat der republikanische Staat das gesamte Erbe der Monarchien an. Die Souveränität blieb als tragender Pfeiler des klassischen Völkerrechts unangetastet und entfaltete ihre spannungs- und kriegsverursachende Wirkung nach der Französischen Revolution in unverminderter Weise. Es gibt sogar Autoren, die erst das 19. Jahrhundert als das Jahrhundert des klassischen Völkerrechts betrachten.

Aus einem anderen Blickwinkel fällt das Urteil über das klassische Völkerrecht milder aus. Bei aller Skepsis gegenüber dem Begriff der Souveränität, die im 20. Jahrhundert mehr denn je angebracht ist, muß dennoch zugegeben werden, daß erst dieser Begriff den Realitäten des auseinandergefallenen christlichen Abendlandes Rechnung trug. Die Wertneutralität, die bis zum gegenwärtigen Zeitpunkt ein Wesensmerkmal des Völkerrechts geblieben ist, ermöglichte den Verkehr zwischen verschiedenen Staaten über alle politischen, wirtschaftlichen und ideologischen Gegensätze hinweg. So ist es ein nicht zu unterschätzender Erfolg des klassischen Völkerrechts, daß schon wenige Jahre nach der Französischen Revolution monarchische und republikanische Staaten am Verhandlungstisch sitzen konnten. Auch der Krieg nahm andere Formen an, sobald er nicht mehr als Kampf zwischen Gut und Böse betrachtet wurde; denn nun entfiel für den Sieger die Berechtigung – und Notwendigkeit –, den Besiegten zu strafen. Wohl war die Annexion, d.h. der Gebietserwerb durch einseitige Erklärung des Siegers nach völliger militärischer Niederringung des Gegners, vom Völkerrecht anerkannt; sie war sogar häufig die Motivation zum Krieg. Aber mit derartigen Verschiebungen der Gebietshoheit waren grundsätzlich keine Nachteile für die Bewohner des betreffenden Gebietes verbunden. Völkermord, Vertreibung und Konfiskation von Privateigentum waren in diesem System undenkbar. Den Vorwand der Kollektivschuld eines Volkes oder Volksteiles an einem Krieg gab es nicht.

Durch das Bestreben, den unbeteiligten Bürger von den Wirkungen der Kriegshandlungen möglichst zu verschonen, war ein erster Ansatz für die Humanisierung des Kriegsführungsrechts gegeben. Während einerseits das ius ad bellum den Souveränen bzw. den souveränen Staaten das Recht gab, nach freier Entscheidung zum Kriege zu schreiten, entstand andererseits ein ius in bello, ein Recht im Kriege, für das sich in Literatur und Staatenpraxis die Bezeichnung „Kriegsrecht" durchsetzte. Noch bis in die Mitte des 20. Jahrhunderts hinein bestanden die Völkerrechtslehrbücher aus zwei ungefähr gleich großen Teilen: 1. Friedensrecht, 2. Kriegsrecht. So unterwarf das klassische Völkerrecht zwar nicht den Krieg als solchen, wohl aber die einzelnen Kriegshandlungen einer rechtlichen Nachprüfung und schuf damit die Grundlagen für das humanitäre Völkerrecht, das sich tatsächlich noch während der Geltung des klassischen Völkerrechts im Bereich des Kriegsrechts herausbildete. Auf den ersten Blick mutet es widersinnig an, daß der Gedanke der Menschlichkeit im Völkerrecht ausgerechnet bei der Normierung derjenigen Vorgänge, welche die größten Unmenschlichkeiten mit sich zu bringen pflegen, seinen ersten Niederschlag fand. Aber bei näherer Betrachtung erweist sich, daß die Entwicklung absolut folgerichtig ist. Wieder ist es die Wertneutralität des Völkerrechts und die kühle Behandlung von Krieg und Frieden als zwei prinzipiell unterschiedlichen Rechtszuständen, die es erlaubt, den Zustand des Krieges ohne Rücksicht auf Kriegsschuld und gerechten Kriegsgrund rechtlich zu normieren, um Unbeteiligte zu schützen und die Wirkung der Kriegshandlungen möglichst einzudämmen.[6]

Kriegsrecht und Recht zum Kriege weisen daher zwar einen notwendigen dogmatischen Zusammenhang auf,[7] haben aber unterschiedliche Bedeutung: das Recht zum Kriege ist ein Recht im subjektiven Sinn, d.h. die Berechtigung des Souveräns bzw. des souveränen Staates, zum Kriege zu schreiten; das Kriegsrecht ist Recht im objektiven Sinn, d.h. die Summe aller Rechtsregeln, welche die Kriegsführung und die Neutralität betreffen.

Das Problem des Friedens wurde vom klassischen Völkerrecht keineswegs völlig außer acht gelassen. Das „Friedensrecht" des klassischen Völkerrechts war zwar kein Kriegsverhütungsrecht im Sinne des geltenden Völkerrechts, aber es enthielt zahlreiche Regeln und Institutionen, die der Lösung von Streitigkeiten und Konflikten dienten, wie z.B. Vermittlung, gute Dienste und Schiedsgerichtsbarkeit usw. Auch wirkte sich das gesamte Friedensvölkerrecht insofern kriegsverhütend aus, als es den zwischenstaatlichen Verkehr in formalisierte Bahnen lenkte. Kriegsbeginn und Kriegsende waren durch Rechtsregeln formalisiert, die dem Kriegsrecht angehörten und von der Kriegserklärung bis zum Friedensschluß reichten. Der Friedensvertrag selbst aber gehörte dem Friedensrecht an und bedeutete daher die Überleitung der Beziehungen der ehemaligen Kriegsgegner aus dem Rechtszustand des Krieges in denjenigen des Friedens.

Aber dennoch muß immer wieder betont werden, daß das klassische Völkerrecht keine allgemeinen Rechtsnormen kannte, die den Staaten die Pflicht auferlegten, den Frieden zu erhalten, wie dies im gegenwärtigen Völkerrecht der Fall ist. In diesem Sinne war das klassische Völkerrecht keine Friedenskraft. Die Kritiker des Völkerrechts befinden sich daher in einem fundamentalen Irrtum, wenn sie dem Völkerrecht vorwerfen, es sei ihm dreihundert Jahre lang nicht gelungen, den

6 Hierzu Otto Kimminich, Humanitäres Völkerrecht – Humanitäre Aktion, München–Mainz 1972, S. 13 ff.

7 Vgl. Lothar Kotzsch, The concept of war in contemporary history and international law, Genf 1956, S. 84 ff.

Krieg aus der internationalen Politik zu verbannen. Tatsache ist, daß das Völkerrecht drei Jahrhunderte hindurch – nämlich während seiner ganzen „klassischen" Periode – gar nicht den Versuch unternahm, den Krieg als solchen aus dem Völkerleben zu verbannen. Es wollte ihn vielmehr lediglich „hegen"[8], d.h. eingrenzen. Der epochale Wandel von der Kriegsfreiheit zum Kriegsverbot trat erst im 20. Jahrhundert ein und markierte das Ende des klassischen Völkerrechts.

Das Ende des klassischen Völkerrechts bahnte sich mit dem Ersten Weltkrieg an, der seinerseits den Epochenabschluß in der politischen Geschichte anzeigte. Der Erste Weltkrieg war der deutlich sichtbare Beweis dafür, daß das System des europäischen Konzerts, das der Wiener Kongreß errichtet hatte, nicht mehr funktionierte. Damit war die politische Umwelt, in der das klassische Völkerrecht noch einmal einen Höhepunkt erlebt hatte, endgültig zerstört. Allerdings waren die Voraussetzungen für das Funktionieren des Systems bereits in den letzten Jahrzehnten des 19. Jahrhunderts entfallen. Die Hauptakteure auf der politischen Bühne hatten es aber nicht bemerkt oder wollten es nicht wahrhaben, und versuchten, das weltpolitische Spiel nach den alten Regeln weiterzuspielen, was nach der einhelligen Meinung der Historiker unweigerlich zur Katastrophe von 1914 führte.

Die Spielregeln des europäischen Konzerts waren einfach: eine Pentarchie von Großmächten (England, Frankreich, Preußen, Österreich, Rußland) garantierte einvernehmlich den Frieden in Europa und damit in der ganzen Welt. Das zentrale Prinzip dieses Systems war demnach das „Mächtegleichgewicht" – ein Prinzip, das die englische Außenpolitik bereits im 18. Jahrhundert auf den europäischen Kontinent anzuwenden versuchte. Die Erhaltung des Gleichgewichts zwischen fünf Mächten von so unterschiedlicher Größe, Lage, Verfassung und Interessenausrichtung über einen längeren Zeitraum hinweg, in dem naturgemäß erhebliche Veränderungen vor sich gehen, ist ein schwieriges Problem. Das vom Wiener Kongreß (1815) ge-

[8] Der Ausdruck „gehegter Krieg" stammt von Carl Schmitt, Der Nomos der Erde im Völkerrecht des Jus Publicum Europaeum, Köln 1950.

schaffene „Europäische Konzert" versuchte, dieses Problem auf folgende Art zu lösen: zwischen den beteiligten Mächten bestand Einigkeit darüber, daß jeder Machtzuwachs der einen Großmacht durch einen entsprechenden Machtzuwachs aller anderen Großmächte auszugleichen wäre. Dabei ist es selbstverständlich, daß keine der beteiligten Mächte einen Machtzuwachs auf Kosten irgendeiner anderen am europäischen Konzert beteiligten Macht anstrebt; denn dies hätte zur Zerstörung des Systems geführt. Voraussetzung für das Funktionieren dieses Kompensationsspiels war daher das Vorhandensein geographischer und machtpolitischer Räume außerhalb Europas. Diese Voraussetzung war zu Beginn des 19. Jahrhunderts, als das europäische Konzert entstand, durchaus gegeben: Afrika und Asien boten hinreichend Gelegenheit zur Expansion. England und Frankreich betätigten sich vorwiegend in Afrika und Südasien, Rußland im nördlichen Asien (Sibirien). Reibungen traten dabei nicht auf. Rußland stieß zwar an die Grenzen Chinas und überschritt sie, aber China war zu schwach, um sich zu wehren. Zusammenstöße zwischen England und Frankreich ereigneten sich erst im späten 19. Jahrhundert (z.B. im Sudan) und führten nicht zu größeren Konflikten. Österreich fand auf dem Balkan eine Art kolonialer Ersatzbefriedigung auf Kosten des sterbenden Ottomanischen Reichs. Deutschland, das nach 1871 die Nachfolge Preußens in der Pentarchie angetreten hatte, wandte sich erst in den letzten Jahrzehnten des 19. Jahrhunderts dem Kolonialismus zu und versuchte, an dem weltpolitischen Kompensationsspiel teilzunehmen, ohne zu merken, daß die Voraussetzungen für das Funktionieren des ganzen Systems um diese Zeit bereits weitgehend weggefallen waren, und daß es selbst dazu beigetragen hatte, das Gleichgewicht des Systems zu stören.[9]

Neben dem Vorhandensein von Kompensationsräumen war die Parallelität der Interessen der Großmächte eine weitere Grundvoraussetzung für das Funktionieren des Systems. Selbstverständlich konnte eine Übereinstimmung sämtlicher Interessen der beteiligten Mächte nicht erwartet werden. Vielmehr

[9] Vgl. Otto Kimminich, Deutsche Verfassungsgeschichte, Frankfurt 1970, S. 317, S. 466.

ging es um den Konsens bezüglich einiger Grundprinzipien. Als solche betrachteten die Schöpfer des europäischen Konzerts (der österreichische Staatskanzler Metternich, der französische Außenminister Talleyrand und der englische Diplomat Castlereagh) vor allem die Erhaltung des Friedens in Europa, die Bewahrung der durch den Wiener Kongreß errichteten Ordnung und den weiteren Ausbau eben jenes „europäischen öffentlichen Rechts“, von dem im vorstehenden bereits die Rede war. Alle diese Ziele waren in dem insbesondere von Metternich propagierten „Legitimitätsprinzip“ enthalten, das von den Kritikern Metternichs fälschlicherweise als bloße Stützung der Fürstenherrschaft betrachtet wurde.

Man wird den Absichten und Leistungen der Schöpfer des Europäischen Konzerts nicht gerecht, wenn man dieses System als rein konservatives, starres Macht- und Ordnungssystem begreift. Es war durchaus auf Veränderung und Fortschritt angelegt und stellte gerade deshalb ein flexibles Prinzip – nämlich dasjenige des Mächtegleichgewichts, das für alle beteiligten Mächte nicht eine feste Größe, sondern nur eine feststehende Relation einsetzt – in den Mittelpunkt. Der Erfolg des Europäischen Konzerts ist unbestreitbar: es sicherte den Frieden in Europa fast ein ganzes Jahrhundert lang, und zwar in einer Zeit stürmischer Entwicklungen auf politischem, wirtschaftlichem, kulturellem und sozialem Gebiet. Freilich wurden auch in dieser Zeit zahlreiche Kriege geführt; aber die meisten von ihnen lagen außerhalb Europas oder an dessen Rand. Nur die Kriege, an denen Preußen beteiligt war (der Dänische Krieg 1864, der deutsch-österreichische Krieg von 1866 und der deutsch-französische Krieg von 1870/71) spielten sich im Herzen Europas ab und wurden mit Recht als empfindliche Störungen des Europäischen Konzerts betrachtet, weswegen Preußen/Deutschland in der Beurteilung der anderen Völker – die sich auch in der völkerrechtlichen Literatur jener Zeit niederschlug und noch im 20. Jahrhundert nachwirkte – als der Friedensstörer par excellence erschien.

Aber in rückschauender Betrachtungsweise kann auch gesagt werden, daß der Frieden in Europa auf Kosten außereuropäischer Völker erreicht wurde. Im vorstehenden ist dargestellt worden, daß das Europäische Konzert, gestützt vom Völkerrecht (dem „europäischen öffentlichen Recht") den Kolonialismus begünstigte, weil das Kompensationsspiel die Machtpolitik der Mitglieder des Europäischen Konzerts außerhalb Europas geradezu erforderte. Dieses Spiel mußte in dem Augenblick aufhören, in dem keine freien Kompensationsräume mehr zur Verfügung standen und daher die weitere kolonialistische und imperialistische Betätigung der europäischen Mächte zu direkten Reibungen zwischen ihnen führte. Hinzu kam die Störung des Mächtegleichgewichts durch die Einigung Deutschlands. Nach dem Konzept Bismarcks trat das geeinte Deutschland einfach an die Stelle Preußens in der Pentarchie. Bismarck hatte jedoch nicht bedacht, daß dieser Machtzuwachs eines Mitglieds des Europäischen Konzerts durch entsprechende Machtvergrößerungen der übrigen Mitglieder kompensiert werden mußte, um das Mächtegleichgewicht aufrechtzuerhalten. Statt dessen schwächte er sogar die Macht eines benachbarten Mitglieds (Frankreich) durch die Annexion von zwei wertvollen Provinzen (Elsaß und Lothringen), deren Rückgewinnung vierzig Jahre lang das erklärte Hauptziel jener Großmacht blieb, und führte das von ihm geschaffene Deutschland – wenn auch widerwillig – in die Ära des Kolonialismus. Durch diese Außenpolitik, aber auch durch zahlreiche innenpolitische Entwicklungen in sämtlichen Großmächten, wurde die zweite Grundvoraussetzung für das Funktionieren des Systems zerstört, nämlich die Parallelität der Interessen der Großmächte.

Gegen Ende des Jahrhunderts waren alle Grundvoraussetzungen für das Funktionieren des Europäischen Konzerts weggefallen, und es wäre nötig gewesen, neue Instrumente und Methoden zu entwickeln, um mit den Riesenkräften, die das 19. Jahrhundert auf allen Gebieten, nicht zuletzt im Bereiche der Waffentechnik und der Kommunikation, hervorgebracht hatte, fertig zu werden. Statt dessen versuchte man, auf dem Boden des klassischen Völkerrechts und mit den Methoden der Diplomatie des 18. Jahrhunderts die Zukunft zu meistern. Genährt wurde dieser blinde Optimismus durch den Fortschrittsglauben des 19. Jahrhunderts, auf dessen Grundlage insbesondere das Vertrauen zu Faktoren entstand, die man als friedensfördernd betrachtete, wie z.B. den internationalen Handel, der in der Tat in den Jahren vor dem

Ersten Weltkrieg einen unerhörten Aufschwung nahm. Man war überzeugt, daß diese Faktoren, wenn ihre Entwicklung rational gesteuert würde, automatisch den Weltfrieden herbeiführen würden, ohne daß es dazu einer grundlegenden Neuorientierung des Völkerrechts bedurfte.

Literatur

Johann Caspar Bluntschli, Die Organisation des europäischen Staatenvereins, Darmstadt 1962.

Ernst-Wolfgang Böckenförde, Der Westfälische Frieden und das Bündnisrecht der Reichsstände, Der Staat 8 (1969), S. 449 ff.

Maurice Bourquin, Le „Concert européen" au XIXe siècle, Festschrift Wehberg, Frankfurt/M. 1956, S. 89 ff.

Fritz Dickmann, Der Westfälische Frieden, 3. Aufl. Münster 1972.

Wilhelm Euler, Hrsg., Emer de Vattel. Das Völkerrecht oder Grundsätze des Naturrechts, angewandt auf das Verhalten und die Angelegenheiten der Staaten und Staatsoberhäupter 1758, Tübingen 1959.

Karl Griewank, Der Wiener Kongreß und die europäische Restauration 1814/15, Leipzig 1954.

Alfred Hanke, Friedenspläne und Friedensorganisationen. Vom Dreißigjährigen Krieg bis zu den Vereinten Nationen, Düsseldorf 1957.

Johann Georg Helm, Der Schutz der Zivilbevölkerung im europäischen Kriegsrecht in der Zeit vom 17. Jahrhundert bis zum 1. Weltkrieg, FamRZ 1962, S. 234 ff.

Friedrich August Frhr. von der Heydte, Die Geburtsstunde des souveränen Staates, Regensburg 1952.

F.H. Hinsley, International law and international organization in the development of international relations since the 18th century, NILR 1979, S. 37 ff.

Wilhelm Janssen, Die Anfänge des modernen Völkerrechts und der neuzeitlichen Diplomatie, Stuttgart 1965.

Wolfgang Martens, Völkerrechtsvorstellungen der Französischen Revolution in den Jahren 1789–1793, Der Staat 1964, S. 295 ff.

Karl A. Frhr. von Martini, Erklärung der Lehrsätze über das allgemeine Staats- und Völkerrecht, 1791, Neudruck Aalen 1969.

Karl A. Frhr. von Martini, Lehrbegriff des Natur-, Staats- und Völkerrechts, 1783, Neudruck Aalen 1969.

Johann Jacob Moser, Grundsätze des Völkerrechts, aus „Versuch des neuesten Europäischen Völker-Rechts in Friedens- und Kriegszeiten" 1777, Frankfurt a.M. 1959.

Cornelius F. Murphy, The Grotian vision of world order, AJIL 1982, S. 477 ff.

Samuel von Pufendorf, De jure naturae et gentium, 2 Bände, Nachdruck Frankfurt a.M. 1967.

Albrecht Randelzhofer, Völkerrechtliche Aspekte des Heiligen Römischen Reiches nach 1648, Berlin 1967.

Ernst Reibstein, Das „Europäische Öffentliche Recht" 1648–1815, AVR 1959/60 (Bd. 8), S. 385 ff.

Ernst Reibstein, Die Dialektik der souveränen Gleichheit bei Vattel, ZaöRV 1958 (Bd. 19), S. 607 ff.

Ernst Reibstein, Deutsche Grotius-Kommentatoren bis zu Christian Wolff, ZaöRV 15 (1953/54), S. 76 ff.

Ernst Reibstein, Von Grotius zu Bynkershoek, AVR 4 (1953/54), S. 1 ff.

Robert Rie, Das Legitimitätsprinzip des Wiener Kongresses, AVR 1955/56 (Bd. 5), S. 272 ff.

Robert Rie, Der Wiener Kongreß und das Völkerrecht, Bonn 1957.

Robert Rie, Westfälischer Friede von 1648, Wörterbuch des Völkerrechts, 2. Aufl., hrsg. von Hans-Jürgen Schlochauer, Berlin 1960–62, Bd. III, S. 839–841.

Francis St. Ruddy, International Law in the Enlightenment, Dobbs Ferry 1975.

Walter Schätzel, Hrsg., Hugo Grotius: De iure belli ac pacis libri tres, Klassiker des Völkerrechts Bd. 1, Tübingen 1950.

K.R. Simmonds, Hugo Grotius and Alberico Gentili, JIR 1959 (Bd. 8), S. 85 ff.

Georg Stadtmüller, Die Anfänge der neuzeitlichen Natur- und Völkerrechtswissenschaft, JR 1951, S. 100 ff.

Hans Wehberg, Die Unterscheidung zwischen Natur- und Völkerrecht in der Lehre von Hugo Grotius, Fs f. Herbert Kraus, Kitzingen 1954, S. 227 ff.

Hans Wehberg, Hugo Grotius, Wiesbaden 1956.

2.5 Das moderne Völkerrecht

2.5.1 Epochenabschluß

Der Erste Weltkrieg riß Europa und die ganze Welt aus den Träumen eines fortschrittsgläubigen Friedensoptimismus. Unwiderleglich hatte sich erwiesen, daß die Souveränität unter den Bedingungen der Industriekultur zur tödlichen Gefahr für die ganze Völkerrechtsgemeinschaft geworden war. Zwischen dem Krieg und dem Industrialismus besteht ein doppelter Zusammenhang. Einerseits ermöglichte der Industrialismus die Massenproduktion von Waffen, ließ ihre Vernichtungskraft stetig wachsen und führte kraft der ihm innewohnenden Expansionstendenzen zur quantitativen Zunahme der Rüstungsproduktion, wodurch die äußeren Voraussetzungen für Rüstungswettläufe gegeben waren. Andererseits ist das industrielle System ein kompliziertes Zusammenwirken hochspezialisierter Einheiten und Vorgänge, für das jeder gewaltsame Eingriff verhängnisvoll ist. Die naive Auffassung, eine Wirtschaft könne durch Rüstungsproduktion angekurbelt oder in Schwung gehalten werden, ist längst ebenso widerlegt wie die übrigen ökonomischen Argumente, mit denen angebliche Vorteile des Krieges bewiesen werden sollen – etwa, daß Krieg und Kriegsvorbereitung wesentliche Impulse auch für den nichtmilitärischen Bereich mit sich bringen oder sogar, daß der Wiederaufbau selbst nach einem verlorenen Krieg sich letztlich positiv für die Wirtschaft des betreffenden Landes auswirkt, weil die Industrie zur Modernisierung gezwungen ist.[1] Es steht unumstößlich fest, daß ein mit modernen Mitteln geführter Krieg so große materielle und immaterielle Verwüstungen mit sich bringt, daß die These von der Funktionalität des Krieges absolut unhaltbar wird. Alle Funktionen, die der Krieg möglicherweise jemals in früheren Zeiten besessen hat, können heute ohne ihn erfüllt werden.

Der Krieg ist aber nicht nur überflüssig und dysfunktional geworden, er bringt nicht nur in der Gesamtbilanz einen negativen Erfolg. Mit der zunehmenden Vernichtungswirkung der Waffen ist vielmehr auch die Gefahr gewachsen, daß der Krieg – in der Form des globalen Nuklearkrieges – die Bedingungen des Lebens überhaupt vernichtet. Diese letztere Gefahr wurde im Ersten Weltkrieg noch nicht akut, aber sie zeichnete sich immerhin ab und trug zu der großen Erschütterung bei, die schließlich die Wende des Völkerrechts herbeiführte. Ein neues Völkerrecht konnte freilich nicht über Nacht entstehen, sondern mußte in mühseliger Arbeit geschaffen werden. Diese Zeit des Bauens an einer neuen Ordnung ist noch nicht vorüber. Noch immer kann gesagt werden, daß die Gegenwart für das

1 Zu den angeblichen wirtschaftlichen Vorteilen der Waffenproduktion vgl. Otto Kimminich, Rüstung und politische Spannung, Gütersloh 1964, S. 97 ff.

Völkerrecht eine Zeit des Umbruchs ist. Was das im einzelnen für manche der noch zu lösenden Probleme bedeutet, wird im folgenden zu zeigen sein.

2.5.2 Partielles Kriegsverbot

Das erste Dokument, das von dem großen Umbruch des Völkerrechts Zeugnis gibt, ist die Satzung des Völkerbunds. Unter den Prinzipien, die in ihrer Präambel genannt werden, nimmt das Versprechen der Staaten, „bestimmte Verpflichtungen zu übernehmen, nicht zum Kriege zu schreiten", den ersten Platz ein. Die Satzungsbestimmungen, die der Einlösung dieses Versprechens dienten, wurden in der juristischen Literatur schon sehr bald unter der Überschrift „Kriegsverhütungsrecht" zusammengefaßt. Dies bedeutete mehr als nur eine neue Terminologie. Bisher hatte sich das mit dem Krieg zusammenhängende Recht auf das Recht der Kriegführung und die Formalitäten von Kriegsbeginn und Kriegsende beschränkt. Dadurch, daß das Recht nunmehr einen Bereich zu regeln begann, der noch vor dem Kriegsbeginn lag und über das Kriegsende hinaus reichte, brachte es einen Grundzug der Völkerrechtsentwicklung zum Ausdruck, der bereits im 19. Jahrhundert begonnen hatte und im 20. zum vorherrschenden Kriterium wurde: die Tendenz zur Ausweitung des Wirkungsbereichs des Völkerrechts.[2]

Das Kriegsverhütungsrecht der Völkerbundssatzung besteht aus drei Teilen: Abrüstung (Art. 8,9), Schiedssprechung (Art. 11–15), Sicherheit (Art. 10,16). Abrüstung und Sicherheit waren die beiden Themen, denen sich die Literatur bald ebenso zuwendete wie die öffentliche Meinung.[3] Besonders deutlich aber zeigte sich die epochale Wendung in einem Artikel,

2 Vgl. Ulrich Scheuner, 50 Jahre Völkerrecht, in: Fünfzig Jahre Institut für internationales Recht an der Universität Kiel, Hamburg 1965, S. 64 ff.

3 Dies gilt insbesondere für Deutschland. Der Versailler Vertrag hatte dem Deutschen Reich Abrüstungsmaßnahmen und Rüstungsbeschränkungen auferlegt, die den Beginn einer allgemeinen Abrüstung darstellen sollten. Unter Berufung auf dieses Versprechen verlangten

der zunächst wenig Beachtung fand, nämlich Art. 11 Abs. 1: „Ausdrücklich wird hiermit festgestellt, daß jeder Krieg und jede Bedrohung mit Krieg, mag davon unmittelbar ein Bundesmitglied betroffen werden oder nicht, eine Angelegenheit des ganzen Bundes ist, und daß dieser die zum wirksamen Schutz des Völkerfriedens geeigneten Maßnahmen zu ergreifen hat. Tritt ein solcher Fall ein, so beruft der Generalsekretär unverzüglich auf Antrag irgendeines Bundesmitglieds den Rat."[4]

Damit war der Grundpfeiler des klassischen Völkerrechts, nämlich die Souveränität und das aus ihr fließende Recht der souveränen Staaten zum Krieg (ius ad bellum) zum Einsturz gebracht worden. Die Entscheidung für den Krieg, die im klassischen Völkerrecht allein Sache des zum Krieg schreitenden Staates gewesen war, wurde jetzt ausdrücklich zur Angelegenheit der organisierten Völkerrechtsgemeinschaft erklärt. Der Völkerbund sollte nicht das Europäische Konzert des 19. Jahrhunderts wiederaufleben lassen, sondern er sollte eine echte Weltorganisation sein, was unter anderem durch die baldige Aufnahme der ehemaligen Feindstaaten in den Völkerbund dokumentiert wurde. In Wirklichkeit hat der Völkerbund die von ihm erstrebte Universalität nie erreicht. Aber das ist unerheblich für die Tatsache, daß die Bestimmungen der Völkerbunds-

die Staatsmänner der Weimarer Republik unablässig die allgemeine Abrüstung und die Gleichbehandlung Deutschlands. So sah die deutsche Völkerrechtswissenschaft beide Probleme zunächst hauptsächlich unter dem Aspekt der Gleichberechtigung. Vgl. Viktor Böhmert, Die Rechtsgrundlagen für Deutschlands Recht auf Abrüstung seiner Vertragsgegner, Berlin 1931; Viktor Bruns, Deutschlands Gleichberechtigung als Rechtsproblem, Berlin 1934; K. Perels, Hat Deutschland einen Rechtsanspruch auf Abrüstung der Anderen? Mitteilungen der Deutschen Gesellschaft für Völkerrecht, Heft 11 (1932), S. 26 ff.; W. Regendanz und A. Werth-Regendanz, Deutschlands militärische Gleichberechtigung, Berlin 1932; Richard Schmidt und Adolf Grabowsky, Hrsg., Deutschlands Kampf um Gleichberechtigung, Berlin 1934. Aus einem wesentlich weiteren Gesichtswinkel betrachtete Berber diese Probleme. Vgl. Friedrich Berber, Sicherheit und Gerechtigkeit. Eine gemeinverständliche Einführung in die Hauptprobleme der Völkerrechtspolitik, Berlin 1934.

4 Hierzu Otto Göppert, Der Völkerbund, Stuttgart 1938, S. 207 ff.

satzung im Lichte des von Anfang an erhobenen Universalitätsanspruchs interpretiert werden müssen. Das bedeutet, daß in Art. 11 Abs. 1 der Völkerbundssatzung keineswegs ein Interventionsrecht eines Großmächtekonzerts normiert wird, sondern die Herausnahme einer bestimmten bisher als rein politische Entscheidung begriffenen Aktion aus dem Bereich der ausschließlichen Zuständigkeit des Staates. Im klassischen Völkerrecht hatte die Entscheidung über Krieg und Frieden konkrete Rechtsfolgen; sie selbst aber war eine politische, von keiner höheren Instanz nachprüfbare Entscheidung. Jetzt wurde sie zur Rechtsfrage, die einer Nachprüfung durch eine internationale Instanz unterworfen war.

Ein generelles Kriegsverbot war weder in Art. 11 noch in anderen Bestimmungen der Satzung enthalten. Aber die Feststellung, daß die Entscheidung für den Krieg nicht mehr nur Sache des souveränen Staates sei, bedeutete eine eindeutige Absage an das Prinzip des ius ad bellum. So bewirkte die Völkerbundssatzung nicht nur eine quantitative Ausdehnung des Wirkungsbereichs der völkerrechtlichen Normen und eine Intensivierung ihrer Regelungseffizienz, sondern einen qualitativen Umschlag. Das neue Völkerrecht ist nicht nur ausgedehnter und intensiver, sondern es ist wesensmäßig anders. Über den Inhalt der Andersartigkeit verschaffte sich die Völkerrechtswissenschaft erst allmählich Klarheit. Während man zunächst meinte, das ius ad bellum sei durch die Völkerbundssatzung nur eingeschränkt worden, setzte sich im Laufe der Zeit die Auffassung durch, daß das ius ad bellum überhaupt nicht mehr bestand, weil der Krieg nicht mehr allein Sache des zum Kriege schreitenden Staates war. In der Praxis ist der Unterschied dieser Auffassung unerheblich, weil beide jedenfalls den grundlegenden Wandel erkennen lassen.

Selbstverständlich zeigt sich auch bei diesem Wandel die bereits im vorstehenden Kapitel erörterte Wechselwirkung zwischen Normen und Fakten. In verbaler Darstellung, die diese Wechselwirkungen nacheinander zu beschreiben hat, kann entweder der eine oder der andere Wirkungsfaktor zuerst genannt werden. Man kann also entweder sagen, die Beseitigung des ius ad bellum habe den Begriff der Souveränität verändert, oder man kann sagen, der Wandel des Souveränitätsbegriffs habe dem ius ad bellum die Grundlage entzogen.[5] Entsprechend wird im politikwissenschaftlichen Schrifttum entweder ausgeführt, die Souveränität habe ihren Begriffsinhalt verändert, oder es wird die Meinung vertreten, in der Gegenwart seien auch die mächtigsten Staaten der Erde nicht mehr souverän.

In der diplomatischen Praxis des Völkerbunds ist von den Möglichkeiten, welche die Satzung im Bereich der Kriegsverhütung und des friedlichen Wandels bot, leider nur wenig Gebrauch gemacht worden. Die Gründe für dieses Versäumnis hängen mit den fundamentalen Schwächen des Völkerbundes zusammen, die ihrerseits teils im Völkerbund und seiner Satzung selbst, zum Teil in seiner politischen Umwelt begründet liegen. Es wäre verfehlt, den Völkerbund – ebenso wie gegenwärtig die UNO – nur danach zu beurteilen, in welchem Grade es ihm gelungen ist, die in seiner Satzung proklamierten Ziele zu erreichen.[6] Wie alle Rechtsnormen wirken auch die Bestimmungen der Satzung einer internationalen Organisation weitgehend unsichtbar, indem sie das Verhalten der Mitglieder so formen, daß die Mechanismen der Zwangsdurchsetzung nicht zur Anwendung gebracht werden müssen, während andererseits die Staatenpraxis der Mitglieder die Interpretation der Satzungsbestimmungen beeinflußt und im Laufe der Zeit auch Veränderungen der Zielvorstellungen bewirken kann.

[5] Es bedarf kaum einer Erwähnung, daß auch der Souveränitätsbegriff sich nicht erst im 20. Jahrhundert plötzlich wandelte, sondern seit seiner Entstehung in einem Wandel begriffen war, wie jüngst wieder Helmut Quaritsch, Staat und Souveränität, Bd. 1, Frankfurt a.M. 1970, nachgewiesen hat. Hierzu ferner Jürgen Dennert, Ursprung und Begriff der Souveränität, Stuttgart 1964; Hans Kelsen, Das Problem der Souveränität und die Theorie des Völkerrechts, 2. Aufl. Tübingen 1928, Neudruck Aalen 1960.

[6] Zutreffend schreibt Stanley Hoffmann: „Es ist gefährlich, internationale Organisationen so zu behandeln, als wären sie ausschließlich Exponenten der Weltordnung; sie sind auch Instrumente der Außenpolitik der einzelnen Staaten. Ebenso gefährlich ist es aber, in den Staaten nur Kräfte zu sehen, die dem nationalen Interesse dienen; denn sie sind auch Exponenten verschiedener Arten der internationalen Ordnung." Stanley Hoffmann, International relations, in: E. O. Czempiel, Hrsg., Die Lehre von den internationalen Beziehungen, Darmstadt 1969, S. 221.

Das unmittelbare Ziel von Art. 11 der Völkerbundssatzung war bescheiden. Es bestand keineswegs in der materiellen Regelung der friedensgefährdenden Streitigkeit, sondern nur in Vorbeugungsmaßnahmen gegen den Krieg und andere Störungen der guten Beziehungen zwischen den Staaten sowie in Maßnahmen zur schnellen Beendigung des Krieges, falls er bereits ausgebrochen war. Es gibt Beispiele dafür, wie Art. 11 durch die Handlungen der Mitglieder des Völkerbunds in seiner Wirkung abgeschwächt wurde, in anderen Fällen aber leisteten die Völkerbundsmitglieder die von ihnen geforderte Unterstützung, wie z.B. im Chaco-Konflikt, der zwischen Bolivien und Paraguay ausgebrochen war. Da keine der Streitparteien über eine Rüstungsindustrie verfügte, konnte der Krieg durch ein vollständiges Waffenembargo des Völkerbunds, an dem auch Nichtmitglieder teilnahmen, rasch unterdrückt werden. Diese Maßnahme ging sogar über das hinaus, was Art. 11 vorsah.

Art. 12 der Völkerbundssatzung verpflichtete die Bundesmitglieder, jede zwischen ihnen entstehende Streitfrage, die zu einem Bruch führen könnte, entweder der Schiedsgerichtsbarkeit oder dem gerichtlichen Verfahren oder einer Prüfung durch den Rat zu unterbreiten. Ferner durfte vor Ablauf von drei Monaten nach dem Spruch der Schiedsrichter, der gerichtlichen Entscheidung oder dem Bericht des Völkerbundrates auf keinen Fall zum Kriege geschritten werden. Der erlassene Schieds- oder Urteilsspruch muß nach Treu und Glauben ausgeführt werden. Gegen ein Bundesmitglied, das sich dem Schiedspruch oder Urteil fügte, durfte unter keinen Umständen Krieg geführt werden. Alle diese Vorschriften hatten in ihrer Gesamtheit die rechtliche Wirkung eines partiellen Kriegsverbots: verboten war jeder Krieg, dem kein Versuch einer friedlichen Streitbeilegung vorangegangen war (Art. 12 Abs. 1 der VB-Satzung), ferner jeder Krieg gegen einen Staat, der eine einstimmige Empfehlung des Völkerbundrats zur Beilegung des Streites angenommen hatte (Art. 15, Abs. 6), jeder Krieg gegen einen Staat, der sich dem in dem Streitfall ergangenen Schiedsspruch oder Gerichtsurteil unterworfen hatte (Art. 13, Abs. 4) und jeder Krieg, der vor Ablauf von drei Monaten nach dem Scheitern der Vermittlung des Rates unternommen wurde (Art. 12 Abs. 1).

2.5.3 Generelles Kriegsverbot

Der Völkerbund bemühte sich, das in seiner Satzung enthaltene partielle Kriegsverbot zu stärken und auszudehnen. Nach dem Genfer Protokoll vom 2. Oktober 1924 sollte jeder Angriffskrieg eines Signatarstaates des Protokolls gegen einen anderen Staat, der sich bereiterklärt hatte, den Verpflichtungen des Protokolls zu entsprechen – gleichgültig, ob er das Protokoll unterzeichnet hatte oder nicht – verboten sein. Der Angriffskrieg wurde sogar ausdrücklich als „internationales Verbrechen" bezeichnet.[7] Das Protokoll trat jedoch nicht in Kraft.

Die Ausweitung des partiellen Kriegsverbots der Völkerbundssatzung zu einem generellen Kriegsverbot gelang im Briand-Kellogg-Pakt, der am 27. August 1928 von 15 Staaten in Paris unterzeichnet wurde und ein Jahr später in Kraft trat.[8] In ihm erklärten die vertragschließenden Staaten, „daß sie den Krieg als Mittel zur Lösung internationaler Streitfälle verurteilen und auf ihn als Werkzeug nationaler Politik in ihren gegenseitigen Beziehungen verzichten." In der Literatur wird dieser Vertrag oft als „Kriegsächtungspakt" bezeichnet. Er läßt das Recht eines jeden souveränen Staates auf Selbstverteidigung und die Pflicht der Mitglieder des Völkerbunds zur Beteiligung an Sanktionen gegen einen Aggressor unberührt. Aber diese beiden rechtlichen Möglichkeiten der Führung eines Krieges bedeuten keine Durchbrechung des generellen Kriegsverbots, sondern eher eine Bestätigung desselben.

7 Hierzu Hans Wehberg, Das Genfer Protokoll betreffend die friedliche Erledigung internationaler Streitigkeiten, Berlin 1927.

8 Dt. Text in RGBl. 1929 II, S. 97. Hierzu G. Cohn, Kellogg-Vertrag und Völkerrecht, ZVR 1930 (Bd. 15), S. 169 ff.; Karl Strupp, Der Kellogg-Pakt im Rahmen des Kriegsvorbeugungsrechts, Leipzig 1928; Hans Wehberg, Krieg und Eroberung im Wandel des Völkerrechts, Frankfurt 1953.

Die völkerrechtliche Selbstverteidigung entspricht der strafrechtlichen Notwehr, die Beteiligung an Sanktionskriegen der Weltorganisation entspricht der strafrechtlichen Nothilfe. Ebenso wie im innerstaatlichen Recht Notwehr und Nothilfe nur die in der speziellen Situation gesetzten Akte rechtfertigen, nicht aber die Strafbarkeit der objektiv verwirklichten Tatbestände als solche aufheben, sind individuelle und kollektive Selbstverteidigung im Völkerrecht alles andere als ein Beweis dafür, daß der Krieg noch immer zulässig ist. Man wird der Bedeutung des Briand-Kellogg-Paktes nicht gerecht, wenn man betont, nur der Angriffskrieg sei verboten, der Krieg als solcher aber bleibe unter bestimmten Voraussetzungen zulässig. Zwar ist dies die praktische Wirkung; denn wenn individuelle und kollektive Selbstverteidigung gegen einen bewaffneten Angriff zulässig sind, so ist tatsächlich „nur" der Angriffskrieg verboten. Aber nur um ihn ging es letztlich bei dem ius ad bellum des klassischen Völkerrechts. Zur Abwehr eines Angriffs bedurfte es keiner Berufung auf das ius ad bellum. Der klare Rechtsinhalt des Briand-Kellogg-Paktes besteht daher darin, daß der Krieg als solcher geächtet, d.h. als völkerrechtswidrig gebrandmarkt, wird. Wenn gleichzeitig die individuelle und kollektive Selbstverteidigung für zulässig erklärt wird, so ist dies gerade eine Konsequenz aus der Pönalisierung des Krieges, d.h. aus der Erklärung des Krieges zum internationalen Verbrechen; denn nur gegen strafbare Handlungen sind Notwehr und Nothilfe zulässig.

Insgesamt traten dem Briand-Kellogg-Pakt 63 Staaten bei, d.h. die ganz überwiegende Mehrheit der Staaten der Völkerbundsära. (Der Pakt trat am 24. Juli 1929 in Kraft.) Von den Mitgliedern des Völkerbundes fehlten nur vier südamerikanische Staaten, die aber durch den am 10. Oktober 1933 in Rio de Janeiro unterzeichneten Saavedra-Lamas-Vertrag (der am 13. November 1935 in Kraft trat) in ähnlicher Weise gebunden waren wie durch den Briand-Kellog-Pakt. In der Völkerrechtsliteratur wird daher fast einhellig die Meinung vertreten, daß das Kriegsverbot bereits vor Ausbruch des Zweiten Weltkriegs Bestandteil des allgemeinen Völkerrechts geworden war. Auf dieser Rechtsgrundlage konnten am Ende des Zweiten Weltkriegs deutsche und japanische Politiker und Militärs wegen der Vorbereitung und Führung eines Angriffskriegs zur Rechenschaft gezogen werden.[9]

2.5.4 Generelles Gewaltverbot

Hatte der Briand-Kellogg-Pakt das partielle Kriegsverbot der Völkerbundssatzung zum generellen Kriegsverbot ausgeweitet, so brachte die am 26. Juni 1945 in San Francisco unterzeichnete Satzung der Vereinten Nationen die Ausweitung des Kriegsverbots zum allgemeinen Gewaltverbot. Auch diese Rechtsnorm gilt heute unbestritten als Bestandteil des allgemeinen Völkerrechts, ist also nicht auf die Mitglieder der Vereinten Nationen beschränkt. Angesichts der nahezu vollständigen Universalität der UNO-Satzung ist dieses Problem kaum von aktueller Bedeutung. Aber es ist wichtig, daß das Gewaltverbot, so wie es in Art. 2 Ziff. 4 der UNO-Satzung formuliert ist, unabhängig von der UNO-Satzung gilt und daher seine Geltung auch dann beibehalten würde, wenn die UNO nicht mehr bestünde. Die einzelnen Konsequenzen, die sich aus dem Gewaltverbot ergeben, werden im folgenden noch zu erörtern sein. Hier ist lediglich darauf hinzuweisen, daß die Schaffung des Gewaltverbots eine konsequente Fortsetzung derjenigen Tendenzen ist, die seit dem Ende des Ersten Weltkriegs auf der Ebene des positiven Völkerrechts wirken.

Gewaltverbot und Friedenssicherungspflicht sind diejenigen Prinzipien, die am deutlichsten zeigen, daß sich das Völkerrecht der Gegenwart in einem Umbruch befindet. Es ist ganz selbstverständlich, daß eine Rechtsordnung, die 300 Jahre lang gegolten hat und sich in dieser Zeit ausdehnte und festigte, nicht plötzlich grundlegend verändert werden kann. Es ist das Kennzeichen einer Epoche des Umbruchs, daß sie Altes und Neues nebeneinander bestehen läßt. Die völkerrechtswissenschaftliche Diskussion darüber, welche Normen verän-

[9] Zwar schlossen die Alliierten das Londoner Abkommen über die Verfolgung und Bestrafung der Hauptkriegsverbrecher erst nach Beendigung der Kampfhandlungen in Europa, nämlich am 8.8.1945, aber dieses Abkommen ist für die Völkerrechtswidrigkeit des Angriffskrieges nicht konstitutiv. Die Prozesse fanden 1946 in Nürnberg und Tokio statt. Hierzu unten S. 490 f.

dert werden müssen, damit sie in den Gesamtrahmen des Völkerrechts der UNO-Ära passen, welche neuen Normen geschaffen und welche alten Normen beseitigt werden müssen, ist noch lange nicht abgeschlossen. Noch unsicherer ist die Staatenpraxis. In einer solchen Situation haben es die Kritiker und Skeptiker leicht. Diejenigen, die dem Völkerrecht überhaupt jede Realität und jede realitätsformende Kraft absprechen, brauchen hier nicht mehr berücksichtigt zu werden. Aber auch im Kreise der Völkerrechtler selbst sind die Meinungen geteilt. Die einen warnen vor „gefährlichen Illusionen über den bereits erreichten Fortschritt“[10] und befürchten, daß das Gewaltverbot die Rechtsdurchsetzung nicht stärken, sondern schwächen wird. Die anderen setzen dem die Hoffnung entgegen, daß die planvolle Förderung der gegenwärtigen Entwicklungstendenzen schließlich doch zu den von der UNO-Satzung erstrebten Zielen führt. So meint Stanley Hoffmann: „Das Völkerrecht, das die Gewalt als Mittel der internationalen Politik verbietet, ist offensichtlich den Tatsachen weit vorausgeeilt. Wenn aber die Überzeugung wächst, so mag es nicht töricht sein zu hoffen, daß die Tatsachen sich allmählich (zweifellos nicht geradlinig) in Richtung auf das Recht bewegen.“[11] Alle aber beobachten mit großer Sorge die Praxis der Staaten.

Das Gewaltverbot und die gewandelte Position der Staaten haben Auswirkungen auf zahlreichen Gebieten, die weit entfernt von den Grundproblemen von Krieg und Frieden liegen. So muß z.B. dem Gewaltverbot im Bereich des internationalen Vertragsrechts Rechnung getragen werden, die Stellung des einzelnen im Völkerrecht ist heute anders als vor einem halben Jahrhundert. Auf diese Fragen wird bei der Darstellung der Inhalte der völkerrechtlichen Regelungen eingegangen werden. Nur auf einige allgemeine Grundzüge des geltenden Völkerrechts ist bereits an dieser Stelle hinzuweisen.

10 Georg Schwarzenberger, Das Völkerrecht in der modernen Staatenwelt, in: Krieg und Frieden in der modernen Staatenwelt, hrsg. von Uwe Nerlich, Gütersloh 1966, S. 52.

11 Stanley Hoffmann, The state of war, New York 1965, S. 276.

2.5.5 Globalisierung des Völkerrechts und Entkolonisierung

Das klassische Völkerrecht war, wie im vorstehenden ausgeführt, ein europäisches Recht, das die europäischen Staaten im Zuge ihrer kolonialen Eroberungen auf die ganze Welt ausdehnten. Da die Kolonialgebiete nicht selbständig waren, handelte es sich in Wirklichkeit stets um die Beziehungen zwischen europäischen Staaten, auch wenn sich diese in fremden Kontinenten gegenüberstanden. Mit der Aufnahme der Türkei und Japans in den Kreis der Völkerrechtsgemeinschaft begann in der Mitte des 19. Jahrhunderts die Ausweitung des Völkerrechts über den christlich-abendländischen Kulturkreis hinaus. Die neue Formel, die den Kreis der Völkerrechtssubjekte umschrieb, fand ihren Niederschlag in Art. 38 Abs. 1 c des Statuts des Ständigen Internationalen Gerichtshofes, der nach dem Ersten Weltkrieg errichtet wurde: der Gerichtshof sollte danach unter anderem „die von den zivilisierten Staaten anerkannten allgemeinen Rechtsgrundsätze" anwenden. Ein Vierteljahrhundert später war auch die Sicherheit geschwunden, mit der man zwischen „zivilisierten" und „nichtzivilisierten" Staaten unterschied. Die Satzung der Vereinten Nationen verzichtete daher auf dieses Unterscheidungskriterium und eröffnete die Mitgliedschaft in der Weltorganisation allen „friedliebenden" Staaten.

An diesen drei Formeln für die Umschreibung des Kreises der Völkerrechtssubjekte – christlich-abendländische Staaten im ius publicum europaeum bis zur Mitte des 19. Jahrhunderts, zivilisierte Staaten bis zur Mitte des 20. Jahrhunderts und friedliebende Staaten in der UNO-Ära – erkennt man deutlich den Prozeß der Globalisierung des Völkerrechts, d.h. der Aufnahme aller unabhängigen Staaten in die Rechtsgemeinschaft des Völkerrechts, die nach wie vor durch die Prinzipien der Gleichheit und Gegenseitigkeit gekennzeichnet ist. Auch sieht man auf den ersten Blick, daß eine echte Globalisierung des Völkerrechts erst im Zuge derjenigen Entwicklung eintrat, die zu den wichtigsten weltpolitischen Ereignissen des 20. Jahrhunderts gehörte, nämlich der Entkolonisierung. Nach einer kurzen Kontroverse in der Völkerrechtswissenschaft setzte sich die Meinung durch, daß die jungen

Staaten Asiens und Afrikas nicht automatisch, sondern nur kraft eigenen Willens an das allgemeine Völkerrecht gebunden werden können.[12] Man mag einwenden, daß die Freiwilligkeit einer solchen Akzeptierung des bisher geltenden Völkerrechts zweifelhaft ist, da die jungen Staaten kaum die politische Macht hätten, eine etablierte Rechtsordnung, die von allen Industrienationen gestützt wird, abzulehnen. Aber die meisten der jungen Staaten arbeiten nun schon seit über einem Jahrzehnt in völliger Gleichberechtigung an der Fortentwicklung des Völkerrechts mit, ohne daß dies zu einer grundsätzlichen Negierung des Völkerrechts geführt hätte. Ferner muß es als

12 Vgl. R.P. Anand, The role of the „new" Asian-African countries in the present international legal order, AJIL 1962 (Bd. 56), S. 383 ff.; R.P.Anand, Attitude of the Asian-African states towards certain problems of international law, ICLQu 1966 (Bd. 15), S. 55 ff.; J.P. Colin, Le rôle des états nouveaux dans l'évolution du droit international, Annuaire du Tiers Monde 1975, S. 375 ff.; T. O. Elias, Africa and the development of international law, Leiden 1972; Richard A. Falk, The new states and international legal order, RdC 1966/II (Bd. 118), S. 1 ff.; A.A. Fatouros, Participation of the „new" states in the international legal order of the future, in: Falk-Black, Hrsg., The future of the international legal order, Bd. I: Trends and patterns, Princeton, J.J. 1969, S. 365 ff.; David A. Kay, The new nations in the United Nations, 1960 – 1967, New York 1970; Edward McWhinney, The „new" countries and the „new" international law: The United Nations' special conference on friendly relations and cooperation among states, AJIL 1966 (Bd. 60), S. 1 ff.; Felix Chuks Okoye, International law and the new African states, London 1972; Walter Rudolf, Neue Staaten und Völkerrecht, AVR 1976 (Bd. 17), S. 1 ff.: Walter Rudolf, New states and international law. Law and State 1980 (Bd. 21), S. 47 ff.: AbdillahiSaid Osman, The attitude of newly independent states towards international law, Nord TIR 1979, S. 15 ff.; Hans-Jürgen Schlochauer, Zur Frage Neustaaten und Völkerrecht, AVR 1981, S. 368 ff.; Michael Schweitzer, Das Völkergewohnheitsrecht und seine Geltung für neuentstehende Staaten, Bad Homburg v.d.H. 1969; Dieter Schröder, Die Dritte Welt und das Völkerrecht, Frankfurt/M.–Berlin 1970; S. Prakash Sinha, New nations and the law of nations, 2. Aufl. Leiden 1969; S. Prakash Sinha, Perspective of the newly independent states on the binding quality of international law, ICLQu 1965 (Bd. 14), S. 121 ff.; Okon Udokang, The role of the new states in international law, AVR 1971/72, S. 145 ff.; Okon Udokang, Succession of new states to international treaties, Dobbs Ferry, N.Y. 1972, S. 15 ff.

Erfolg des Völkerrechts und der UNO gewertet werden, daß diese gewaltige Umwälzung, die in der Weltgeschichte keine Parallele findet, innerhalb weniger Jahre fast völlig unblutig vollzogen wurde. Obwohl die Resolutionen der Generalversammlung der Vereinten Nationen keine unmittelbare Bindungswirkung erzeugen, hat die UNO doch auf diesem Wege nicht nur moralischen Druck auf die Kolonialmächte ausgeübt, sondern auch Rechtsnormen verstärkt und entwickelt, die wesentlich zur Auflösung des Systems des Kolonialismus beitrugen, so daß es gerechtfertigt erscheint, von einer „Entkolonisierung durch Resolutionen“ zu sprechen.[13]
Die Entwicklung begann mit der am 14. Dezember 1960 von der Generalversammlung mit 89 gegen 0 Stimmen bei 9 Enthaltungen angenommenen Resolution 1514 (XV), die als „Entkolonisierungs-Resolution“ in die Geschichte eingegangen ist. Sie trägt die offizielle Bezeichnung „Erklärung über die Gewährung der Unabhängigkeit an Kolonialländer und -völker“. In ihr verkündeten die Vereinten Nationen „feierlich die Notwendigkeit, den Kolonialismus in allen Erscheinungsformen schnell und bedingungslos zu beenden“ und forderten zu diesem Zweck „alsbaldige Schritte“. Auf diese Resolution beriefen sich in der Zukunft alle Organe der Vereinten Nationen, die durch ihre Tätigkeit im Rahmen ihrer Kompetenz zum Prozeß der Entkolonisierung (häufig auch Dekolonisierung oder Entkolonialisierung genannt) beitrugen. Auch die Generalversammlung ließ weitere Beschlüsse folgen. Bereits während der darauf folgenden Sitzungsperiode, am 27.11.1961, errichtete sie einen Sonderausschuß (durch Resolution 1654/XVI), dem 24 Staaten angehören und der deshalb als „24er-Ausschuß“ oder „Entkolonialisierungs-Ausschuß“ bezeichnet wird. In ihm haben Asien und Afrika je 7 Sitze. Der Ausschuß hat ein Berichtssystem aufgebaut und gibt dem Wirtschafts- und Sozialrat ebenso wie dem Treuhandrat Empfehlungen.

13 So Bert V. A. Röling, The role of law in conflict resolution, in: Conflict in society, hrsg. von Anthony de Reuck und Julie Knight, London 1966, S. 346. Vgl. insbes. die Resolution 1514 (XV) vom 14.12.1960.

Das *Treuhandsystem* ist im XII. Kapitel der Satzung der Vereinten Nationen (Art. 75 ff.) geregelt. Als Treuhandgebiete kommen gemäß Art. 77 drei Kategorien in Betracht: 1. Gebiete, die im Zeitpunkt des Inkrafttretens der Satzung unter Mandat standen (das Mandatssystem stammt aus der Zeit des Völkerbunds und wurde für die ehemaligen deutschen Kolonien errichtet); 2. „Hoheitsgebiete, die infolge des Zweiten Weltkriegs von Feindstaaten abgetrennt werden" (hierbei dachten die Schöpfer der SVN in erster Linie an die damaligen italienischen Kolonien sowie japanische Besitzungen); 3. Gebiete, die von einem Staat freiwillig unter das Treuhandsystem gestellt worden sind. Die Hoffnung, daß Kolonialmächte freiwillig ihre Kolonien dem Treuhandsystem der Vereinten Nationen unterstellen würden, erfüllte sich nicht. Daher gab es zu keiner Zeit Treuhandgebiete der dritten Kategorie. Die unter die beiden ersten Kategorien fallenden Gebiete erhielten im Zuge der Entkolonisierung fast ausnahmslos ihre Unabhängigkeit. Zu Beginn des Jahres 1983 gab es nur noch eine einzige derartige Ausnahme: die von den USA verwalteten pazifischen Inseln, die ehemals Mandatsgebiet Japans gewesen waren.

Bezüglich eines anderen Gebiets war die Rechtslage unklar: *Namibia*, das als „Deutsch-Südwestafrika" ein Völkerbundsmandat der Republik Südafrika gewesen war. In mehreren Resolutionen erklärte die Generalversammlung in den Jahren 1946/47, daß Südwestafrika ein Treuhandgebiet der Vereinten Nationen sei. Die Republik Südafrika verneinte dies. Der Internationale Gerichtshof stellte in seinem Gutachten vom 11.7.1950[14] fest, daß das Mandat auch nach Auflösung des Völkerbundes fortbestehe und daß Südafrika verpflichtet sei, der Generalversammlung der Vereinten Nationen jährliche Berichte über den materiellen und sozialen Fortschritt der Bewohner vorzulegen, daß aber Südafrika nicht verpflichtet sei, das Gebiet dem Treuhandsystem der Vereinten Nationen zu unterstellen. Die Kontrollfunktion der Vereinten Nationen sei

[14] ICJ Report 1950, S. 128 ff.

begrenzt und gehe nicht über das Maß der vom Völkerbund ausgeübten Kontrolle hinaus. In zwei weiteren Rechtsgutachten vom 7.6.1955[15] und vom 1.6.1956[16] erläuterte der IGH das erste Gutachten in seinen Auswirkungen für die Praxis der Generalversammlung.

Südafrika kam diesen Verpflichtungen nicht nach und bestritt die Zuständigkeit der Vereinten Nationen. Daraufhin beschloß die Generalversammlung am 27. Oktober 1966 die Resolution 2145 (XXI), in der unter Berufung auf die Entkolonisierungs-Resolution 1514 (XV) das Völkerbundsmandat für erloschen erklärt und der Republik Südafrika das Recht abgesprochen wurde, das Gebiet zu verwalten. Durch die Resolution 2372 (XXII) vom 12. Juni 1968 gab die Generalversammlung dem Gebiet offiziell die Bezeichnung „Namibia". Gleichzeitig stellte die Generalversammlung in der Resolution fest, daß die weitere Besetzung des Gebietes durch Südafrika „eine schwere Bedrohung des Friedens und der internationalen Sicherheit" sei. Seit 1969 beschäftigte sich daraufhin der Sicherheitsrat wiederholt mit Namibia und forderte Südafrika immer wieder auf, das Gebiet freizugeben. Auch der IGH wurde erneut mit der Namibiafrage befaßt und bestätigte in seinem Gutachten vom 21. Juni 1971 die Auffassung des Sicherheitsrats.[17]

Die zahlreichen Stellungnahmen von Organen und Gremien der Vereinten Nationen zur Namibiafrage – durch die Resolution der Generalversammlung vom 19. Mai 1967[18] wurde auch ein „Rat" für Namibia eingerichtet; die Menschenrechtskommission der Vereinten Nationen bildete einen Sachverständigen-Ausschuß, der seine Tätigkeit 1967 aufnahm – trugen zur Klärung der Rechtsgrundlagen des gesamten Entkolonisierungsvorgangs und der Grundeinstellung der Vereinten Nationen

15 ICJ Report 1955, S. 67 ff.
16 ICJ Report 1956, S. 23 ff.
17 ICJ Report 1971, S. 16 ff.
18 Resolution 2248 (S – V).

bei.[19] Insofern geht die Bedeutung des Namibiakonflikts weit über die Treuhand-Frage hinaus. Sie hängt auch mit der Verurteilung der *Apartheid*-Politik der Republik Südafrika zusammen, und diese Verurteilung ist ihrerseits ein markantes Beispiel für den Kampf der Vereinten Nationen gegen die Rassendiskriminierung, der wiederum ein Teil der Menschenrechtspolitik der Vereinten Nationen (vgl. unten 10.3.1) ist. Solche Zusammenhänge sind im Zuge der Entkolonisierung häufig aufgetaucht. Sie zeigen, daß die einzelnen Aspekte der neuen Völkerrechtsordnung nicht isoliert betrachtet werden können. Gewaltverbot, Selbstbestimmungsrecht, Entwicklungshilfe, Frieden und Zusammenarbeit – um nur die wichtigsten Merkmale zu nennen – sind Elemente der neuen Völkerrechtsordnung, die sich gegenseitig bedingen und stützen.

Von den Treuhandgebieten abgesehen, bezog sich der Entkolonisierungsprozeß auf die in Kap. XI der Satzung der Vereinten Nationen genannten „Hoheitsgebiete ohne Selbstregierung". Die Schöpfer der UNO-Satzung vermieden es schamhaft, von Kolonialgebieten zu sprechen und scheuten sich offenbar, den Kolonialismus als mit der neuen Völkerrechtsordnung unvereinbar zu brandmarken. Jedoch kann diese einfache Wahrheit nicht verschwiegen werden, auch wenn die UNO-Satzung sie diskret umschreibt. Art. 73 SVN bezeichnet es als „heiligen Auftrag" (sacred trust) derjenigen Mitglieder der Vereinten Nationen, „welche die Verantwortung für die Verwaltung von Hoheitsgebieten haben, deren Völker noch nicht die volle Selbstregierung erreicht haben" (im Klartext: der Kolonialmächte), das Wohl der Einwohner dieser Gebiete „aufs äußerste zu fördern" und zu diesem Zweck unter anderem „die Selbstregierung zu entwickeln". Hierauf gründen sich alle Entkolonisierungsreso-

[19] Vgl. Felix Ermacora, Namibia – Südwestafrika, München 1981; Christopher Kienle, Der völkerrechtliche Status Südwestafrikas/Namibias, FW 1980/1982 (Bd. 63), S. 68 ff.; Adolf R.H. Schneider, Die Süd-West-Afrika-Frage vor den Organen der Vereinten Nationen, Würzburg 1980; Michael Silagi, Von Deutsch-Südwest zu Namibia, Ebelsbach a.M. 1977; Ralph Zacklin, The problem of Namibia in international law, RdC 1981/II (Bd. 171), S. 225 ff.

lutionen, angefangen von der berühmten Resolution 1514 (XV) vom 14. Dezember 1960. Trotz der Schwierigkeiten, die sich in zahlreichen Einzelfällen ergaben, ist der mit Inkrafttreten der UNO-Satzung in Gang gesetzte Entkolonisierungsprozeß – mit der oben erwähnten Ausnahme von Namibia – erfolgreich abgeschlossen worden.[20] Das moderne Völkerrecht hat damit eine seiner ersten Bewährungsproben bestanden.

2.5.6 Bewahrung der Einheit des Völkerrechts

Eine andere Bewährungsprobe hat das Völkerrecht angesichts desjenigen Phänomens bestanden, das neben der Globalisierung und Entkolonisierung die Weltpolitik in der Mitte des 20. Jahrhunderts prägte, nämlich der Ost-West-Spaltung. Dabei ist die geographische Bezeichnung irreführend. Als Gegensatz zwischen Osten und Westen wurde früher der Gegensatz zwischen christlich-abendländischer und fernöstlicher Kultur betrachtet. Dagegen ist der Ost-West-Konflikt in der Mitte des 20. Jahrhunderts eine Auseinandersetzung zwischen zwei Ideologien, die beide westlichen Ursprungs sind und gemeinsame kulturhistorische Wurzeln haben: Kapitalismus und Sozialismus sind gemeinsam auf dem Boden der Industriekultur gewachsen. Die Einteilung in einen „Osten" und einen „Westen" in der bipolaren Welt der Nachkriegszeit beruhte nur auf der geographischen Lage der Hegemonial-

[20] Aus der umfangreichen Literatur hierzu seinen genannt: Franz Ansprenger, Auflösung der Kolonialreiche, 3. Aufl. München 1977; Jean Bonnet, Les drames de la décolonisation 1900–1975, Paris 1975; Yassin El-Ayouty, The United Nations and Decolonization, Den Haag 1971; Atle Grahl-Madsen, Decolonization: The Modern Version of a „Just War", GYIL 1979, S. 255 ff.; Eckart Klein, Nationale Befreiungskämpfe und Dekolonisierungspolitik der Vereinten Nationen, ZaöRV 1976, S. 618 ff; Franz Nuscheler, Die Entkolonisierungsbilanz der Vereinten Nationen VN 1981, S. 195 ff.; Walter Schümperli, Die Vereinten Nationen und die Dekolonisation, Bern 1970; Ignaz Seidl-Hohenveldern, Dekolonisierung, in: Evangelisches Staatslexikon, Stuttgart–Berlin 1966, Sp. 359 f. Weitere Literaturangaben in: United Nations, Doc.No.ST/LIB/SER.B/31, Granting of independence to colonial countries and peoples. A selective bibliography, 1960–1980, New York 1981.

mächte der beiden Blöcke, die sich nach dem Ende des Zweiten Weltkriegs herausgebildet hatten.

Der unleugbare Gegensatz zwischen dem „westlichen" und dem „östlichen" Lager verleitete viele Völkerrechtler dazu, die Einheit des Völkerrechts in Frage zu stellen und von einem „westlichen" und einem „sozialistischen" Völkerrecht zu sprechen, als wären es zwei völlig verschiedene Völkerrechtssysteme, die unabhängig voneinander um die Vorherrschaft in der Welt ringen. Diese Betrachtungsweise kann heute als überwunden gelten.

Die Entwicklungsstadien seit der Oktoberrevolution von 1917 bis zur Gegenwart, in der sich die herrschende Meinung der Völkerrechtswissenschaft in Ost und West zur Einheit des Völkerrechts bekennt, werden im westlichen Schrifttum allerdings unterschiedlich dargestellt. So unterscheidet Boris Meissner vier Phasen der sowjetischen Völkerrechtslehre, die sich nach der Zeit des Übergangs von der traditionellen zur marxistisch-leninistischen Völkerrechtslehre entfalteten: 1. das Völkerrecht als begrenztes Kompromißrecht (1924–1930), 2. das Völkerrrecht als Kampfinstrument (1931–1938), 3. das Völkerrecht als Mittel des Kampfes und der Zusammenarbeit (1938–1955), 4. das Völkerrecht als langfristiges Koexistenzrecht (seit 1955/56).[21] Bracht unterscheidet drei Phasen nach „dem Völkerrecht der Übergangszeit": 1. „die Phase des Völkerrechtsnihilismus" (bis 1937), 2. eine auf die „sozialistische Gesetzlichkeit" gegründete Völkerrrechtslehre von 1937–1950, 3. eine neue sowjetische Völkerrechtslehre seit 1950, die „ein allgemein verbindliches Völkerrecht grundsätzlich anerkennt", den Gedanken der friedlichen Koexistenz in den Vordergrund stellt und der Realität der beiden Machtblöcke durch folgende Prinzipien Rechnung trägt: „Unter Beibehaltung der grundlegenden Bedeutung der staatlichen Souveränität sollen die Normen dieses Völkerrechts in erster Linie durch übereinstimmenden und

21 Boris Meissner, Die Entwicklung der sowjetischen Völkerrechtslehre, in: Sowjetunion und Völkerrecht 1917–1962. Eine bibliographische Dokumentation, hrsg. von Boris Meissner, Köln 1963, S. 33 ff.

gegenseitig bedingten Willen von Staaten beider Mächtegruppen zustandekommen und damit für sie verbindlich sein. Daneben wird aber auch den allgemein anerkannten Normen des Völkerrechts rechtsverpflichtende Bedeutung zugestanden."[22] Übereinstimmung herrscht darin, daß weder die sowjetische Völkerrechtspraxis noch die sowjetische Völkerrechtstheorie seit den fünfziger Jahren versucht, die Einheit des Völkerrechts zu sprengen oder das Vorhandensein eines allgemeinen, globalen Völkerrechts zu leugnen.[23] Jede objektive Untersuchung wird sogar zugeben müssen, daß die neuere sowjetische Völkerrechtslehre den grundlegenden Wandel des modernen Völkerrechts von der Kriegsfreiheit zum Kriegsverbot besser erfaßt hat als ein Großteil der westlichen Völkerrechtslehre.

Häufig wird jedoch der Ausdruck „sozialistisches Völkerrecht" zur Bezeichnung der Gesamtheit derjenigen Rechtsnormen verwendet, die sich für den Verkehr der sozialistischen Staaten untereinander entwickelt haben. Vom Standpunkt der Völkerrechtsdogmatik handelt es sich hierbei um partikuläres Völkerrecht, d.h. um Rechtsnormen, die nur für einen begrenzten Kreis von Völkerrechtssubjekten gelten (vgl. unten 5.1). Zwar ist es keiner Gruppe von Staaten gestattet, durch derartiges partikuläres Völkerrecht die Regeln des geltenden allgemeinen Völkerrechts für den Verkehr mit

[22] Hans Werner Bracht, in: Sowjetsystem und demokratische Gesellschaft. Eine vergleichende Enzyklopädie, Bd. VI, Freiburg–Basel–Wien 1972, Sp. 719–722.

[23] Zur sowjetischen Völkerrechtslehre vgl. Karl Becher, Die Grundprinzipien des demokratischen Völkerrechts und ihre Bedeutung für das Völkerrechtssystem, Deutsche Außenpolitik 1982/1, S. 90 ff; R.J. Erickson, International Law and the revolutionary state: a case study of the Soviet Union and International Law, New York 1972; Dietrich Frenzke, Die Entwicklung der rumänischen Völkerrechtsehre seit dem Zweiten Weltkrieg, FW 1978, S. 129 ff; Dietrich Frenzke, Zur Entwicklung der sowjetischen Völkerrechtsliteratur OER 1979, S. 262 ff; Dietrich Frenzke. Die Völkerrechtslehre in der ungarischen Volksrepublik, Berlin 1979; Herbert Kröger, Aspects of the Study and Development of International Law in the Socialist States, NILR 1976, S. 63 ff; Herbert Kröger, Sozialistische Staatengemeinschaft und Völkerrecht, Berlin (Ost) 1979; Boris Meissner, Dietrich Frenzke und E. Chilecki, Hrsg., Sowjetunion und Völkerrecht 1962–1973, Köln 1977.

Staaten außerhalb der Gruppe zu modifizieren. Aber für den Verkehr innerhalb der Gruppe kann im Wege der normalen völkerrechtlichen Rechtserzeugungsvorgänge (d.h. durch Vertrag und Gewohnheit, vgl. unten 5.2 und 5.3) partikuläres Völkerrecht entstehen, das von den allgemeinen Regeln abweicht. Insofern stellt die Gemeinschaft der sozialistischen Staaten keine völkerrechtliche Besonderheit dar. Eine solche könnte allenfalls darin gesehen werden, daß das einigende Band zwischen ihnen nicht eine internationale Organisation oder ein einzelner Integrationspakt ist, sondern ein Prinzip, zu dessen Ausfüllung allerdings zahlreiche internationale Organisationen und Verträge innerhalb des sozialistischen Lagers geschaffen worden sind: das Prinzip des sozialistischen Internationalismus.[24] Auf ihm beruht auch die sogenannte Bresch-

[24] Jens Hacker, Die Prinzipien des proletarischen und sozialistischen Internationalismus in der Sicht der DDR, ROW 1973, S. 185 ff.; Werner Hänisch und Gerhard Herder, Der proletarische Internationalismus, Staat und Recht 1959, S. 789 ff.; E. Korowin, Proletarischer Internationalismus und Völkerrecht, in: Gegenwartsprobleme des Völkerrechts, Berlin 1962, S. 67 ff.; Joachim Krüger, Einheit von sozialistischem Patriotismus und proletarischem Internationalismus, Dt. Außenpolitik 1979/7, S. 17 ff.; A. Martin, Der sozialistische Internationalismus als Grundprinzip der völkerrechtlichen Beziehungen zwischen den sozialistischen Staaten, Dt. Außenpolitik 1958, S. 273 ff.; Boris Meissner, Die interparteilichen Beziehungen im Ostblock u. das Prinzip des „proletarisch-sozialistischen Internationalismus" IRuD 1961, S. 147 ff.; Boris Meissner, Die sowjetische Konzeption des „proletarisch-sozialistischen Internationalismus" und das „sozialistische Völkerrecht", ROW 1975, S. 1 ff.; Hans Walter Möller, Der völkerrechtliche Gehalt des Prinzips des sozialistischen Internationalismus, Diss. Würzburg 1970; Siegmar Quilitzsch, Joachim Krüger u.a., Sozialistische Staatengemeinschaft, Berlin (Ost) 1972; Gerhard Powik und Johannes Zelt, Aktuelle Probleme des proletarischen Internationalismus, Dt. Außenpolitik 1978/2, S. 37 ff.; Theodor Schweisfurth, Moskauer Doktrin und sozialistischer Internationalismus, Außenpolitik 1968, S. 710 ff.; Günter Steltner, Die Beziehungen zwischen den Ländern der sozialistischen Staatengemeinschaft seit dem XXIV. Parteitag der KPdSU, Dt. Außenpolitik 1973, S. 18 ff.; S. Titarenko, Der sozialistische Internationalismus – die Ideologie der Freundschaft der Völker, Ostpolitik 1955, S. 1372 ff.

new-Doktrin.[25] Es gilt nur für die Beziehungen der sozialistischen Staaten untereinander. Für die Beziehungen dieser Staaten zu den Staaten außerhalb des sozialistischen Lagers gilt dagegen das Prinzip der friedlichen Koexistenz.

Trotzdem darf nicht verkannt werden, daß die Teilnahme der sozialistischen Staaten am Völkerrechtsverkehr außerhalb des sozialistischen Lagers durchaus die Entwicklung des allgemeinen Völkerrechts beeinflussen kann. Wie im folgenden noch zu zeigen sein wird (vgl. unten Kap. 5), entsteht das Völkerrecht durch die völkerrechtlich relevante Staatenpraxis. Nach Umfang und Gewicht ist die Praxis der einzelnen Staaten von unterschiedlicher Bedeutung. Schon allein aufgrund der Tatsache, daß ein großes Land, das aktiv am Welthandel teilnimmt, viel mehr Verträge abschließen wird als ein armes, unbedeutendes Land, kann das erstere einen

[25] Curt Gasteyger, Sozialistischer Internationalismus und Integration, JOR 1963 (Hbbd. 1), S. 117 ff.; Bohdan T. Halajczuk, Osteuropäische Regionalordnung nach der Breschnew-Doktrin, JOR 1970 (Bd. 11/1), S. 173 ff.; S. Kowaljow, Die Souveränität und die internationalen Verpflichtungen der sozialistischen Länder, SU heute 1968 (Bd. 13, 21/22), S. 22 ff.; Hans H. Mahnke, Die politischen und völkerrechtlichen Konsequenzen der sowjetischen Interventionsdoktrin, Recht und Politik 1969 (Bd. 5), S. 53 ff.; Alexander Martin, Der sozialistische Internationalismus als Grundprinzip der völkerrechtlichen Beziehungen zwischen den sozialistischen Staaten, Dt. Außenpolitik 1958, S. 273 ff.; Boris Meissner, Hrsg., Die Breschnew-Doktrin, Dokumentation, Köln 1969; Boris Meissner, Die „Breschnew-Doktrin", Osteuropa 1969 (Bd. 19), S. 621 ff.; Dieter Schröder, Die Idee der kollektiven Regionalintervention. Rechtsvergleichende Betrachtungen zur Breschnew-Doktrin, ROW 1969 (Bd. 13), S. 203 ff.; V. M. Schurschalow, Die völkerrechtlichen Prinzipien der Zusammenarbeit der sozialistischen Staaten, Staat und Recht 1963, S. 384 f.; Theodor Schweisfurth, Breschnjew-Doktrin als Norm des Völkerrechts? Außenpolitik 1970 (Bd. 21), S. 523 ff.; Theodor Schweisfurth, Moskauer Doktrin und sozialistischer Internationalismus, Außenpolitik 1968 (Bd. 19), S. 710 ff.; Hans Günter Stürmann, Der Zusammenhalt im kommunistischen Lager, Diss. Köln 1965; Alexander Uschakow, Die Rechtsbeziehungen der Sowjetunion zu den Ostblockländern, in: Bilanz der Ära Chruschtschow, Stuttgart 1966, S. 210 ff.; J.T. Ussenko, Die völkerrechtlichen Grundprinzipien der Zusammenarbeit der sozialistischen Staaten, Sowjetwiss (Ges. Abt.) 1961, S. 749 ff.

größeren Einfluß auf die Entwicklung des Völkerrechts nehmen als das letztere. Andere Faktoren sind die geographische Lage (Berührungspunkte mit zahlreichen Nachbarn, Verstrikkung in weltpolitische Vorgänge), die militärische Stärke (Teilnahme an Kriegen, Friedensschlüssen, Allianzen, Sicherheitssystemen und Organisationen zur Bewahrung des Friedens), aber auch international wirkende kulturelle Größe. Aufgrund dieser Faktoren haben in der Periode des klassischen Völkerrechts vor allem England und Frankreich die Entwicklung des Völkerrechts in hohem Maße beeinflußt. Im Zuge der Globalisierung sind immer neue Einflüsse in das Völkerrecht eingedrungen. Sogar die südamerikanischen Staaten brachten – obwohl sie mit Recht dem europäischen Kulturkreis und damit dem ius publicum europaeum zugerechnet wurden – durch ihre Staatenpraxis ein nur in Südamerika geltendes partikuläres Völkerrecht hervor und befruchteten die Lehre und Praxis des allgemeinen Völkerrechts durch zustimmende wie auch ablehnende Stellungnahmen außerhalb des südamerikanischen Völkerrechtskreises.[26] Der tatsächliche oder potentielle Einfluß

26 Vgl. W.E. Butler, Latin American approaches to international law, IJP 1976, S. 3 ff. Ein Beispiel für südamerikanisches partikuläres Völkerrecht ist das diplomatische Asyl, das außerhalb Südamerikas nicht als Institut des Völkerrechts anerkannt wird. Vgl. C. Neale Ronning, Diplomatic asylum, Den Haag 1965; Werner Ungerer, Das diplomatische Asyl in deutschen Vertretungen Lateinamerikas, Hamburg 1955. Als Beispiel für die Auseinandersetzung mit südamerikanischen Völkerrechtslehren mag der Streit um die Drago-Doktrin gelten, mit der die südamerikanischen Staaten den Interventionsanspruch anderer Mächte aufgrund völkerrechtswidriger Behandlungen von deren Staatsangehörigen zurückweisen wollten. Obwohl es den südamerikanischen Staaten nicht gelang, die Anerkennung der Drago-Doktrin als allgemeinen Grundsatz des Völkerrechts durchzusetzen, war doch der damit zusammenhängenden Calvo-Klausel, durch die ausdrücklich auf die Geltendmachung des diplomatischen Schutzes verzichtet wird, auch über Südamerika hinaus Erfolg beschieden. Vgl. Donald R. Shea, The Calvo clause, Minneapolis 1955, S. 61, S. 121 ff.

außereuropäischer Kulturkreise auf die Weiterentwicklung des Völkerrechts ist noch wenig untersucht worden. Das gilt sogar für so bedeutende Bereiche wie die islamische Rechtstradition[27] und China.[28]

2.5.7 Regionalismus

Die Ausdrücke „Globalisierung" und „universales Völkerrecht" dürfen nicht zu der Auffassung verleiten, alle Entwicklungstendenzen verliefen auf der ganzen Welt gleichmäßig. Hierfür sind die Bestimmungsgrößen der einzelnen Staaten, vor allem ihre Vergangenheit und ihre gegenwärtige Interessenlage, allzu verschieden. Bestenfalls lassen sich die Staaten mit ungefähr gleicher Entwicklungstendenz und Interessenlage zu großen Gruppen („Regionen") zusammenfassen. In diesem Sinne wird der Ausdruck „Regionalismus" in der völkerrechtlichen Literatur verwendet. Als solche Regionen behandelt man z.B. den westeuropäisch-atlantischen Bereich, den Sowjetblock, Südamerika, Südostasien, die arabische Welt, Schwarz-Afrika.

Die UNO versucht, die positiven Aspekte des Regionalismus auszunutzen, um Rechtsentwicklungen, die auf globaler Ebene nicht oder noch nicht mit Erfolg gefördert werden kön-

27 Hierzu Mohammad Talaat al Ghunaimi, The Muslim conception of international law and the Western approach, Den Haag 1968; Hans Kruse, Islamische Völkerrechtslehre, 2. Aufl., Bochum 1979; Majid Khadduri, War and peace in the law of Islam, Baltimore 1955.

28 Hierzu Gerd Kaminski, Chinesische Positionen zum Völkerrecht, Berlin 1973, Oskar Weggel, China und das Völkerrecht: 21 Jahre Vertragspraxis, VRÜ 1972, S. 379 ff.; Jeanette Greenfield, China and the law of the sea, air, and environment, Alphen 1979; Gerd Kaminski, Hrsg., China und das Völkerrecht, Hamburg 1982; Samuel Kim, China, the United Nations and world order, Princeton 1979; Samuel Kim, The People's Republic of China and the Charter-Based International Legal Order, AJIL 1978 (Bd. 72), S. 317 ff.; Werner Pfeifenberger, Die Völkerrechtspolitik der Volksrepublik China im Rechtsausschuß der Generalversammlung der Vereinten Nationen, AVR 1977 (Bd. 17), S. 181 ff.; Harro von Senger, Völkerrechtliche Begriffe in chinesischer Sicht, GYIL 1978 (Bd. 21), S. 387 ff.

nen, wenigstens auf regionaler Ebene zu vollziehen.[29] Jedoch hat der Regionalismus auch negative Aspekte, weil er, sofern er genügend vertieft wird, die Einheit des Völkerrechts ernstlich gefährden könnte. Wie im folgenden zu zeigen sein wird, ist aber die Einheit des Völkerrechts die Grundvoraussetzung dafür, daß das Völkerrecht die Friedensfunktion erfüllen kann, die ihm seit dem Ende der Epoche des klassischen Völkerrechts zukommt. Unter diesem Blickwinkel ist die Überbetonung gemeinsamer Interessen bestimmter Staatengruppen (z. B. der Entwicklungsländer oder der arabischen Länder) besorgniserregend.

2.5.8 Wandlungen der Souveränität

Ebenso uneinheitlich sind die Entwicklungen im Bereich desjenigen Begriffs, der im Mittelpunkt des „klassischen" Völker-

[29] M.A. Ajomo, Regional Economic Organizations – the African Experience, ICLQ 1976, S. 58 ff.; B. Andemicael, Regionalism and the United Nations, Dobbs Ferry, N.Y. 1979; R.D. Bond, Regionalism in Latin America: prospects for the Latin American economic system, IO 1978, S. 401 ff.; Louis J. Cantori und Steven L. Spiegel, The International Politics of Regions, Englewood Cliffs, N.J. 1970; Günther Doeker und Friedrich Veitl, Regionalismus und regionale Integration, 2 Bde., Frankfurt/M. und Bern 1980/1981; Fried Esterbauer, Regionalismus – ideologische Wurzel, Begriffsfeld, Funktionen, Inf. z. Raumentw. 1980, S. 255 ff.; Fried Esterbauer, Der europäische Regionalismus, BayVBl. 1979, S. 328 ff.; Hector Gros Espiell, Le système interaméricain comme régime régional de protection internationale des droits de l'homme, RdC 1975/II (Bd. 145), S. 1 ff.; Rudolf Grulich, Volksgruppenrecht und Regionalismus, Europa Ethnica 1979, S. 2 ff.; Nancy K. Hetzel, Environmental cooperation among industrialized countries; the role of regional organizations, Washington D.C. 1980; Winfried Lang. Der internationale Regionalismus, Wien–New York 1982; Eberhard Menzel, Universalismus und Regionalismus in den Vereinten Nationen, in: Frieden und Völkerrecht, hrsg. von Georg Picht und Constanze Eisenbart, Stuttgart 1973, S. 485 ff.; Société Française pour le Droit International, Régionalisme et universalisme dans le droit international contemporain, Paris 1977; F. Przetacznik, The law-making process by regional international organizations, RdI 1976, S. 199 ff.; Endre Ustor, Regional Legal Cooperation and the Development of International Law, in: Fs f. Krishna Rao, Leiden 1976, S. 252 ff.

rechts stand: der Souveränität. Im vorstehenden ist dargestellt worden, daß in den Industrieländern seit dem Ersten Weltkrieg die Tendenz zur Einschränkung oder Umformung der Souveränität, ja sogar zu deren teilweiser Preisgabe, zu beobachten ist. Alle großen Wandlungsvorgänge des gegenwärtigen Völkerrechts – insbesondere die Beseitigung des ius ad bellum, die Änderung der Position des einzelnen im Völkerrecht, die Stärkung der Menschenrechte, die Intensivierung der internationalen Zusammenarbeit – beruhen letztlich auf dieser Bereitschaft, die Souveränität in den Hintergrund treten zu lassen oder inhaltlich zu verändern. Zwanzig Jahre lang galt dieser Souveränitätswandel als die wichtigste und hoffnungsvollste Entwicklungstendenz des modernen Völkerrechts. Schlagwortartig wurde er mit der Formel „von der Souveränität zur Permeabilität des Staates“[30] umrissen.

Aber die jungen Staaten in Afrika und Asien, die ihre Unabhangigkeit erst in diesem Jahrhundert, in den meisten Fällen sogar erst nach dem Zweiten Weltkrieg, erlangt hatten, schätzten die Souveränität höher ein. Sie befanden sich insoweit in einer Position, die derjenigen der europäischen Staaten zu Beginn der Epoche des klassischen Völkerrechts ähnelte. Ein Gut, das man erst nach langen, mühevollen Kämpfen und unter großen Opfern errungen hat, gibt man nicht leichten Herzens wieder preis. Die europäischen Staaten brauchten drei Jahrhunderte, um zu erkennen, daß die Souveränität des klassischen Völkerrechts abgebaut werden müsse. Von den jungen Staaten in Afrika und Asien wurde erwartet, daß sie in wesentlich kürzerer Zeit zu dieser Erkenntnis gelangen und sich der globalen Tendenz anschließen würden. Aber es erwies sich, daß Entwicklungsphasen zwar auf kurze Zeiträume zusammengedrängt, aber nicht ganz übersprungen werden können.

30 Eberhard Menzel, Das Völkerrecht und die politisch-sozialen Grundstrukturen der modernen Welt, in: Frieden und Völkerrecht, hrsg. v. C. Eisenbart u. G. Picht, Stuttgart 1973, S. 410.

Noch während die meisten Staaten der „Dritten Welt", auch „Entwicklungsländer" genannt,[31] sich in demjenigen Stadium befanden, in dem die Souveränität naturgemäß eine große Rolle spielt, setzten globale Gegentendenzen ein, die ebenfalls eine Renaissance der Souveränität begünstigten. Sie lassen sich im wesentlichen auf drei Faktoren zurückführen: das Bevölkerungswachstum, die Umweltbedrohung und die zunehmende Rohstoffknappheit. Der Zusammenhang dieser drei Faktoren ist ebenso offenkundig wie die Tatsache, daß die Bevölkerungsexplosion das Zentralproblem darstellt; denn zusammen mit dem Streben nach einem unablässig steigenden Lebensstandard ist die Bevölkerungsvermehrung dafür verantwortlich, daß die Umweltbelastung stetig zunimmt und die Rohstoffe immer knapper werden. Leider hat das Völkerrecht nur geringe Möglichkeiten, zur Lösung jenes Grundproblems beizutragen.[32]

2.5.9 Frieden und Zusammenarbeit

Durch die Erhebung des Friedens zum überragenden Ziel der Völkerrechtsordnung ist der Begriff des Friedens neu definiert worden. Wenn früher der Frieden völkerrechtlich definiert war als der nichtkriegerische Zustand der zwischenstaatlichen Beziehungen, der von selbst eintrat, sobald ein Krieg durch einen formalisierten völkerrechtlichen Willensakt (in der Regel einen Friedensvertrag) beendet worden war, so ist jetzt die

31 Die Bezeichnung „unterentwickelte Länder", die den Sachverhalt besser wiedergibt, ist nur kurze Zeit verwendet worden, weil sie von den Betroffenen als diskriminierend empfunden wurde. Der Ausdruck „Dritte Welt" erklärt sich nur aus dem Ost-West-Gegensatz und ist schon deshalb wenig glücklich gewählt. Ein weiterer Nachteil ist es, daß zur „Dritten Welt" Staaten in verschiedenen Teilen der Erde gehören, die nach der oben erwähnten Regionalismus-Theorie zu verschiedenen völkerrechtlichen Regionen, aber auch zu verschiedenen Kulturkreisen und Wirtschaftssystemen gehören. Trotzdem wird immer wieder der Versuch gemacht, die Dritte Welt als eine Einheit zu begreifen. Vgl. Peter Worsley, The Third World. A vital new force in international affairs, 2. Aufl. London 1973.

32 Vgl. Richard A. Falk, World population and international law, AJIL 1969 (Bd. 63), S. 514 ff.

Pflicht zur Erhaltung des Friedens die Grundnorm der gesamten Völkerrechtsordnung, und der Friede selbst ist kein Zustand, der durch eine Entscheidung für ihn oder gegen den Krieg automatisch herbeigeführt wird, sondern eher ein permanenter Vorgang, für den alle Kräfte des Staates zu jeder Zeit eingesetzt werden müssen. Das schwierige Problem der Definition des Friedens[33] kann hier nicht in voller Breite aufgerollt werden. Jedoch sei darauf hingewiesen, daß jeder Student des Völkerrechts die Bemühungen und Ergebnisse der Friedensforschung kennen sollte.

Wie bereits im vorstehenden (Kap. 2.5) ausgeführt, ist im gegenwärtigen Völkerrecht das Kriegsverbot zum allgemeinen Gewaltverbot ausgeweitet worden. Als wichtigstes Prinzip für die Gestaltung der Beziehungen zwischen den Staaten wird es im folgenden (Kap. 7.1) noch näher zu erörtern sein. Wenn Skeptiker und „Realisten" darauf hinweisen, daß die internationalen Beziehungen der Gegenwart noch immer weit von der Welt der Gewaltlosigkeit entfernt sind, wie sie den Schöpfern der UNO-Satzung vorschwebte, so sei daran erinnert, daß die bitteren Tatsachen der großen Spannungen und Konflikte, Rechtsbrüche und Gewalttaten die normative Kraft des Gewaltverbots nicht mindern. Auch wenn das Völkerrecht mit dem Gewaltverbot „den Tatsachen vorausgeeilt" ist,[34] so bedeutet dies nicht, daß das Gewaltverbot reine Illusion ist. Völkerrechtsnormen entstehen nicht durch diktatorischen Akt einer höheren Macht, sondern nur durch den Konsens der Rechtsgenossen. Die Existenz des Gewaltverbots als Norm des allgemeinen Völkerrechts bekundet daher zumindest einen Konsens der Völkerrechtssubjekte dahingehend, daß sie sich verpflichtet fühlen, nach der Unterdrückung der Gewalt in der internationalen Politik zu streben. Diese Rechtsnorm darf aber nicht isoliert betrachtet werden. Sie ist der

[33] Hierzu Otto Kimminich, Der normative Gehalt des Friedensbegriffs und seine Erforschung, IRuD 1972, S. 93 ff.; Albrecht Randelzhofer, Der normative Gehalt des Friedensbegriffs im Völkerrecht der Gegenwart, in: Jost Delbrück, Hrsg., Völkerrecht und Kriegsverhütung, Berlin 1979, S. 13 ff.

[34] Vgl. oben S. 92.

Angelpunkt in der gesamten Neuorientierung der Funktion und Zielsetzung des Völkerrechts; denn die Festlegung auf den Frieden als Ziel bedingt eine entsprechende Gestaltung der Mittel.

Zugleich muß die Ausweitung des Friedensbegriffs berücksichtigt werden. Wenn der Frieden ein permanenter Vorgang ist, der durch bewußte Anstrengungen aufrechterhalten und dem stetigen Wandel angepaßt werden muß, so bedeutet die Friedenssicherungspflicht viel mehr als nur das Unterlassen kriegerischer oder anderer gewaltsamer Handlungen: sie bedeutet auch eine Pflicht zur Zusammenarbeit. Es ist also kein Zufall, daß im Zuge der Globalisierung des Völkerrechts, die ihrerseits aufs engste mit dem Prozeß der Entkolonisierung zusammenhängt, auch der Gedanke aufgetaucht ist, ein „internationales Sozialstaatsprinzip" zu verkünden, d.h. ein allgemeines Prinzip der Zusammenarbeit und Hilfeleistung, das insbesondere die entwickelten Länder verpflichtet, den unterentwickelten Ländern bei der Lösung ihrer wirtschaftlichen und sozialen Probleme zu helfen.[35]

[35] Zu den völkerrechtlichen Problemen der Entwicklungshilfe vgl. Jürgen Becker, Entwicklungskooperation in einem sich wandelnden Weltsystem, Frankfurt 1982; Klaus Billerbeck, Reform der Entwicklungshilfe, Hamburg 1961; Albert Bleckmann, Anspruch auf Entwicklungshilfe?, VRÜ 1979, S. 5 ff.; Detlev Dicke, Die administrative Organisation der Entwicklungshilfe durch die Vereinten Nationen, Frankfurt 1972; René-Jean Dupuy, Hrsg., The Right to Development at the International Level, Alphen 1980; Maurice Flory, Souveraineté des États et coopération pour le développement, RdC 1974/I (Bd. 141), S. 255 ff.; Hector Gros Espiell, Thr right of development as a human right, TILJ 1981, S. 189 ff.; Kurt Hesse, Das System der Entwicklungshilfen, Berlin 1969; G. Honadle und R. Klaus, Hrsg., International development administration, London 1979; Harald Hohmann, Recht auf Entwicklung in der internationalen Diskussion, VN 1982, S. 59 ff.; Üner Kirdar, The structure of United Nations economic aid to underdeveloped countries. Den Haag 1966; E.I. Nwogugu, The legal problems of foreign investment in developing countries, Manchester 1965; Paul G. de La Pradelle, Développement et droit international, NILR 1975, S. 269 ff.; Gerd Leonhardt, Handelsförderung für Entwicklungsländer, VN 1980, S. 47 ff.; Peter Mutharika, Hrsg., The international law of development: basic documents, 4 Bde., Dobbs-Ferry 1978; Assad U. Omer, Le financement international public du développement, Genf 1979;

Wolfgang Friedmann, der den Ausdruck „Völkerrecht der Zusammenarbeit" geprägt hat, stellt daneben das „Völkerrecht der Koexistenz".[36] Damit ist zunächst nichts anderes gemeint, als daß nicht alle Normen des geltenden Völkerrechts der internationalen Zusammenarbeit gewidmet sind. Es wird auch in Zukunft stets Rechtsnormen geben, die das bloße Nebeneinander der Staaten, ihren gegenseitigen Verkehr, regeln. Auch diese Rechtsnormen sind in den letzten Jahrzehnten weiterentwickelt worden. Das Markante an der Völkerrechtsentwicklung in der Mitte des 20. Jahrhunderts ist aber nicht die Verfeinerung des Rechts des gegenseitigen Verkehrs, sondern die Herausbildung und rasche Intensivierung des Rechts der Zusammenarbeit. Diese Entwicklung hat dem geltenden Völkerrecht

Alain Pellet, Le droit international du développement, Paris 1978; E.U. Petersmann, „Entwicklungsvölkerrecht", „Droit International du Développement", „International Economic Development Law": Mythos oder Wirklichkeit?, JIR 1975, S. 145 ff.; Dennis A. Rondinelli, International assistance policy and development project administration: the impact of imperious rationality, IO 1976, S. 573 ff.; Martin Ruge, Der Beitrag von UNCTAD zur Herausbildung des Entwicklungsvölkerrechts, Frankfurt 1976; Oscar Schachter, The Evolving International Law of Development, CJTL 1976, S. 1 ff.; Michael Schröder, Die völkerrechtliche Problematik vertraglicher Leistungsgewährung an Entwicklungsländer, AVR 1972 (Bd. 15), S. 303 ff.; Ignaz Seidl-Hohenveldern, Investitionen in Entwicklungsländern und das Völkerrecht, Köln–Berlin 1963; Jyotsana Seth, The structural evolution of the United Nations Development Programme, IJIL 1980, S. 596 ff.; Wil D. Verwey, Economic development, peace and international law, Assen 1972; K. de Vey Mestdagh, The right to development, NILR 1981, S. 30 ff.; Thomas Wälde, The evolution of international economic development law: legal process and institutional consideration, GYIL 1980, S. 59 ff.; Hermann Weber, Der Anspruch auf Entwicklungshilfe und die Veränderungen des internationalen Wirtschaftsrechts, VRÜ 1978, S. 5 ff.; Gerd Wiegand, Organisatorische Aspekte der Internationalen Verwaltung von Entwicklungshilfe, Berlin–München 1978; R. Zacklin, The right to development at the international level: some reflections on its sources, content and formulation, in: Le droit au développement au plan international: colloque, Alphen 1980, S. 115 ff.; Hans Zwiefelhofer, Die internationale Gemeinschaft am Beginn der Dritten Entwicklungsdekade, VN 1981, S. 41 ff.

36 Wolfgang Friedmann, The changing structure of international law, London 1964, S. 60 ff.

ihren Stempel ebenso aufgeprägt wie die Betonung der Menschenrechte, mit der sie sowohl rechtsdogmatisch als auch in der praktischen Tätigkeit zusammenhängt.

Der Ausdruck „Koexistenz“ hat aber noch eine speziellere Bedeutung: er kennzeichnet das friedliche Nebeneinander von Staaten mit verschiedener Verfassung, Wirtschafts- und Gesellschaftsordnung. Wie im vorstehenden ausgeführt, war das Völkerrecht schon in seiner klassischen Periode zumindest seit der Französischen Revolution ein Koexistenzrecht. Voraussetzung für die Erfüllung dieser Funktion ist die Wertfreiheit des Völkerrechts. Sie bedeutet nicht, daß das Völkerrecht von der Ethik losgelöst ist. Im Gegenteil: zu den ethischen Werten, die das Völkerrecht bereits in seiner klassischen Periode zu schützen suchte, vor allem die Menschlichkeit, ist im „neuen“ Völkerrecht noch der Frieden als überragender Wert getreten. Die Wertfreiheit oder Wertneutralität des Völkerrechts besteht vielmehr darin, daß seine Normen den Verkehr und die Zusammenarbeit zwischen Staaten ermöglichen, deren Bevölkerung bzw. herrschende Schichten jeweils unterschiedliche Grundauffassungen bezüglich ethischer Werte vertreten. Erst recht ist die Staatsform kein Unterscheidungsmerkmal für die Anwendung völkerrechtlicher Normen, die Ausübung völkerrechtlicher Rechte oder die Teilnahme am Völkerrechtsverkehr.

Als in den fünfziger Jahren unseres Jahrhunderts der Begriff der „friedlichen Koexistenz“ von der sowjetischen Völkerrechtslehre – amtlichen Proklamationen folgend – in den Vordergrund gestellt wurde, galt dies zunächst als Erklärung dafür, daß die Länder des sozialistischen Lagers normale diplomatische Beziehungen mit denjenigen Ländern pflegten, von denen sie sich nach der stalinistischen Einkreisungstheorie bedroht fühlten. So entstand der Eindruck, als sei der Begriff der friedlichen Koexistenz nur ein Instrument der sowjetischen Politik im Rahmen eines „Völkerrechts der Übergangszeit“.[37] Dies trifft nur insofern zu, als die friedliche Koexi-

[37] Vgl. Boris Meissner, Hrsg., Sowjetunion und Völkerrecht 1917–1962, Köln 1963, S. 57 ff.

stenz nicht den gewaltlosen Wettkampf der Ideen ausschließt, so daß die sowjetischen Ideologen nach wie vor der Hoffnung Ausdruck geben können, daß eines Tages die ganze Welt dem sozialistischen Lager angehören wird. Ist dieser Zustand erreicht, verliert das Prinzip der friedlichen Koexistenz seine Bedeutung, da es – aus dem Blickwinkel der Sowjetunion – nur die Beziehungen zwischen Staaten des sozialistischen Lagers und dritten Staaten regelt, während für die Beziehungen innerhalb des sozialistischen Lagers das Prinzip des sozialistischen Internationalismus gilt. Jedoch ist dies eine Betrachtungsweise, welche die rechtliche Bedeutung des Prinzips der friedlichen Koexistenz nicht schmälert. Sehr bald betonten auch sowjetische Völkerrechtler, daß die friedliche Koexistenz zu den permanenten Eigenschaften der neuen Völkerrechtsordnung in der Ära der Vereinten Nationen gehört, und daß sie mehr beinhaltet als nur das bloße Nebeneinander von Staaten.[38] So mündet letztlich auch das Koexistenzrecht in das

[38] So vor allem Grigori Tunkin, Grundlagen des modernen Völkerrechts, in: Drei sowjetische Beiträge zur Völkerrechtslehre, hrsg. vom Institut für internationales Recht an der Universität Kiel, Hamburg 1969, S. 37 ff. Zur friedlichen Koexistenz als Völkerrechtsprinzip vgl. ferner: Vaclav David, Für eine Kodifikation der Prinzipien der Koexistenz, Deutsche Außenpolitik 1963, S. 161 ff.; W. Durdenjewski und M. Lasarew, Für den Frieden zwischen den Völkern. Die 5 Prinzipien der friedlichen Koexistenz, Berlin (Ost) 1959; V. Kartashkin, Human Rights and peaceful coexistence, RdH 1976, S. 5 ff.; J. Korowin, Die fünf Prinzipien als Grundlage der friedlichen Koexistenz der Völker und Staaten, Sowjetwiss. (Ges. Abt.) 1956, S. 1004 ff.; H. Kröger und H. Wünsche, Friedliche Koexistenz und Völkerrecht, Berlin (Ost) 1975; Herbert Krüger, Koexistenz und Völkerrecht, Moderne Welt 1959, S. 13 ff.; Günther Kühne, Lenins Ideen von der friedlichen Koexistenz, Dt. Außenpolitik 1977/12, S. 12 ff.; Karl Heinz Kunzmann, Die „friedliche Koexistenz" im sowjetischen Völkerrecht, EA 1962, S. 741 ff.;

Karl Heinz Kunzmann, Friedliche Koexistenz oder freundschaftliche Beziehungen?, Vereinte Nationen 1964, S. 202 ff.; Manfred Lachs, Die Charta der Vereinten Nationen als Grundlage der friedlichen Koexistenz, NJ 1956, S. 353 ff.; I. Lapenna, The legal aspects and political significance of the Soviet concept of co-existence, ICLQu 1963, S. 737 ff.; Hans Heinrich Mahnke, Das Problem der Einheit der Völkerrechtsgemeinschaft und die Organisation der internationalen Sicherheit, Berlin 1965; Paul Markowski, Die gemeinsame Außenpolitik der sozialistischen Staatengemeinschaft und die friedliche Koexistenz, Deutsche Außenpolitik 1973, S. 773 ff.; Leo Mates, Peaceful coexistence in a changing and multinodal world, in: Festschr. f. Bert Röling, Leiden 1977, S. 25 ff.; Edward McWhinney, „Peaceful Coexistence" and Soviet-Western International Law, Leiden 1964; Boris Meissner, Die friedliche Koexistenz in sowjetischer Sicht, Europ. Rundschau 1974/2, S. 57 ff.; Fritz Münch, Die Koexistenz im Völkerrecht, Vereinte Nationen 1964, S. 207 ff.; Roger Pinto, International law and coexistence, Journal du Droit International 1955 (Bd. 82), S. 307 ff.; Gerhard Powik und Johannes Zelt, Realer Sozialismus, friedliche Koexistenz und sozialer Fortschritt, Dt. Außenpolitik 1979/8, S. 20 ff.; Pietro Quaroni, Koexistenz zwischen Freiheit und Diktatur, Frankfurt a.M. 1961; Bernard A. Ramundo, Peaceful Coexistence, Baltimore 1967; G.P. Sadoroshny, Die völkerrechtlichen Prinzipien des friedlichen Nebeneinanderbestehens der Staaten, RID 1956, S. 121; Ernst Sauer, „Competitive Coexistence" vom Standpunkt des Völkerrechts, JIR 1959/60, S. 3 ff.; Ursula Schmiederer, Zur sowjetischen Theorie der friedlichen Koexistenz, Frankfurt 1968; Joachim Schulz, Zur Behandlung der friedlichen Koexistenz in der westdeutschen Völkerrechtsliteratur, Deutsche Außenpolitik 1962, S. 693 ff.; Peter Alfons Steiniger, Das Recht der friedlichen Koexistenz, Festschrift zum 40. Jahrestag der Großen Sozialistischen Oktoberrevolution, Berlin (Ost) 1957, S. 102 ff.; Peter Alfons Steiniger, Friedliche Koexistenz – Grundgesetzt der internationalen Beziehungen zwischen Staaten mit unterschiedlicher Gesellschaftsordnung in der Übergangsperiode, Staat und Recht 1961, S. 189 ff.; Stoil I. Sukmandjieff, Die Möglichkeit der friedlichen Koexistenz des Kapitalismus und des Sozialismus, Berlin (Ost) 1955; Grigori I. Tunkin, Co-Existence and international law, RdC 1958/III (Bd. 95), S. 5 ff.; Grigori I. Tunkin, Die völkerrechtlichen Prinzipien der friedlichen Koexistenz, Blätter für deutsche und internationale Politik 1972, S. 1057 ff.; Grigori I. Tunkin, Die friedliche Koexistenz und das Völkerrecht, Sowjetwiss. (Ges. Abt.) 1957, S. 325 ff.; Henn-Jüri Uibopuu, Die sowjetische Doktrin der friedlichen Koexistenz als Völkerrechtsproblem, Wien 1971; Gustav A. Wetter, Die sowjetische Konzeption der Koexistenz, Bonn 1959; Graham D. Vernon, Controlled conflict: Soviet perceptions of peaceful coexistence, Orbis 1979 (Bd. 23), S. 271 ff.

Recht der friedlichen Zusammenarbeit, das den Staaten entsprechende Pflichten auferlegt.[39]

Der Wandel des Begriffs der friedlichen Koexistenz von einem Recht des Verkehrs zu einem Recht der Zusammenarbeit ist zugleich Ausdruck einer weiteren Grundtendenz der gegenwärtigen Völkerrechtsentwicklung: der Tendenz zur Ausweitung und Intensivierung der Völkerrechtsnormen. Immer mehr Bereiche werden vom Völkerrecht erfaßt. Dadurch verengt sich der Raum der ausschließlichen Kompetenz der souveränen Staaten, während sich der Raum der internationalen Zusammenarbeit ausweitet.

Literatur

a) zur Völkerbundsära

Georges Andrassy, La souveraineté et la Société des Nations, RdC 1937/III (Bd. 61), S. 637 ff.

G. Butler, A handbook to the League of Nations, London 1925.

Edouard Descamps, Le droit international nouveau, RdC 1930/I (Bd. 31), S. 399 ff.

Otto Göppert, Der Völkerbund, Stuttgart 1938.

Paul Guggenheim, Der Völkerbund, Leipzig 1932.

R. B. Henig, Hrsg., The League of Nations, Edinburgh 1973.

Christian Meurer, Die Grundlagen des Versailler Friedens und der Völkerbund, Würzburg 1920.

Felix Morley, The Society of Nations, London 1932.

Denys P. Myers, Handbook of the League of Nations, Boston 1935.

Alfred Pfeil, Der Völkerbund, Darmstadt 1976.

William E. Rappard, Vues rétrospectives sur la Société des Nations, RdC 1947/II (Bd. 71), S. 111 ff.

Heinrich Rauchberg, Les obligations juridiques des membres de la Société des Nations pour le maintien de la paix, RdC 1931/III (Bd. 37), S. 83 ff.

Victor-Henri Rutgers, La mise en harmonie du Pacte de la Société des Nations avec le Pacte de Paris, RdC 1931/IV (Bd. 38), S. 1 ff.

Walther Schücking, Le développement du Pacte de la Société des Nations, RdC 1927/V (Bd. 20), S. 349 ff.

39 Vgl. Hanspeter Neuhold, Die Pflicht zur Zusammenarbeit zwischen den Staaten: Moralisches Postulat oder völkerrechtliche Norm? in: Festschrift f. Alfred Verdross, Berlin 1980, S. 575 ff.

Walther Schücking und Hans Wehberg, Die Satzung des Völkerbunds. Kommentar, 2. Aufl. Berlin 1924, 3. Aufl. (nur Bd. I) Berlin 1931.
Georges del Vecchio, La Société des Nations au point de vue de la philosophie du droit international, RdC 1931/IV (Bd. 38), S. 541 ff.
C.A. Webster, The League of Nations in theory and practice, London 1933.

b) zur Fortentwicklung in der UN-Ära

F.A.M. Alting von Geusau, From Yalta to Helsinki: developments in international law, NYIL 1977, S. 35 ff.
Cyril E. Black und Richard A. Falk, Hrsg., The Future of the International Legal Order, 4 Bde, Princeton 1969–72.
Erik Castren, What We Expect of International Law, in: Fs. f. Krishna Rao, Leiden 1976, S. 42 ff.
Edward Collins, Hrsg., International law in a changing world, New York 1970.
William D. Coplin, The functions of international law, Chicago 1966.
Percy E. Corbett, The growth of world law, Princeton, N.J. 1971.
Jost Delbrück, Zum Funktionswandel des Völkerrechts der Gegenwart im Rahmen einer universalen Friedensstrategie: Menschenrechtsschutz und internationales Wirtschafts- und Sozialrecht, FW 1975, S. 240 ff.
Karl Doehring, Verfassungsrecht und Völkerrecht als Friedensordnungen, in: Fs f. F.A. Frhr. v.d. Heydte, Berlin 1977, S. 133 ff.
Edward Dumbauld, Independence under International Law, AJIL 1976, S. 425 ff.
Taslim O. Elias, New Horizons in International Law, Alphen 1979.
Richard A. Falk, The status of law in international society, Princeton, N.J. 1970.
Wolfgang Friedmann, The changing structure of international law, London 1964.
Allan Ezra Gottlieb, The impact of technology on the development of contemporary international law, RdC 1981/I (Bd. 170), S. 115 ff.
Atle Grahl-Madsen, International law at the crossroads, Scandinavian Studies in Law 1980, S. 175 ff.
Wilhelm G. Grewe, Über den Gesamtcharakter der jüngsten Epoche der Völkerrechtsgeschichte, in: Fs f. H.-J. Schlochauer, Berlin 1981, S. 301 ff.
Wilhelm G. Grewe, Vom europäischen zum universellen Völkerrecht, ZaöRV 1982, S. 449 ff.
Gerhard Hoffmann, Von der Brauchbarkeit des Völkerrechts in unserer Zeit, in: Fs für H.-J. Schlochauer, Berlin 1981, S. 363 ff.
Eduardo Jiménez de Arechaga, International Law in the Past Third of a Century, RdC 1978/I (Bd. 159), S. 3 ff.

Otto Kimminich, Das Problem der Friedenssicherung im Völkerrecht des 20. Jahrhunderts, in: Frieden und Völkerrecht, hrsg. von Georg Picht und Constanze Eisenbart, Stuttgart 1973, S. 295 ff.

Otto Kimminich, Völkerrecht im Atomzeitalter, Freiburg i.Br. 1969.

Otto Kimminich, Entwicklungstendenzen des gegenwärtigen Völkerrechts, München 1976.

Hersch Lauterpacht, The function of law in the international community, New York–London 1973.

Myres S. McDougal, International Law, Power and Policy, a contemporary conception, RdC 1953/I (Bd. 82), S. 137 ff.

Myres S. McDougal und Florentino P. Feliciano, Law and minimum world public order, New Haven und London 1961.

Myres S. McDougal u.a., Studies in World Public Order, New Haven und London 1960.

Edward McWhinney, Conflict and compromise. International law and world order in a revolutionary age, Alphen 1981.

Edward McWhinney, International law antinomies of an era of transition, in: Fs f. Miaja de la Muela, Madrid 1979, S. 403 ff.

Saul H. Mendlovitz, Legal and political problems of world order, New York 1962.

Ingo von Münch, Bewahrung und Veränderung im Völkerrecht, AVR 1982, S. 265 ff.

Franz Nuscheler, Die Entkolonisierungsbilanz der Vereinten Nationen, VN 1981, S. 195 ff.

Dietrich Rauschning, Einfluß technischer Entwicklung auf das Völkerrecht, in: Rechtswissenschaft und Rechtsentwicklung, hrsg. von Ulrich Immenga, Göttingen 1980, S. 107 ff.

Bert Röling, International law in an expanded world, Amsterdam 1960.

Ulrich Scheuner, Solidarität unter den Nationen als Grundsatz in der gegenwärtigen internationalen Gemeinschaft, in: Fs f. Eberhard Menzel, Berlin 1975, S. 251 ff.

Georg Schwarzenberger, The Dynamics of International Law, Milton 1976.

Bruno Simma, Völkerrecht in der Krise?, ÖZA 1980, S. 273 ff.

Bo Johnson Theutenberg, Changes in the norms guiding the international legal system, NordTIR 1981, S. 20 ff.

Gregory I. Tunkin, International law: the contemporary and classic, in Fs. f. Krishna Rao, Leiden 1976, S. 48 ff.

Gregory I. Tunkin, The new system of international law, in: Gedächtnisschrift für Wolfgang Friedmann, Den Haag 1979, S. 338 ff.

Gregory I. Tunkin, International law in the international system, RdC 1975/IV (Bd. 147), S. 1 ff.

Guenter Weissberg, United Nations Movements toward world law, ICLQ 1975, S. 460 ff.

Wilhelm Wengler, Public international law. Paradoxes of a legal order, RdC 1977/V (Bd. 158), S. 9 ff.

Luzius Wildhaber, Wo steht das Völkerrecht heute? – Versuch einer Standortbestimmung, SchJIR 1980, S. 75 ff.

c) zum Wandel des Souveränitätsbegriffs

Emmanuel G. Bello, The doctrine of state sovereignty: Some notes on its relevance to the developing countries, EuGRZ 1977, S. 210 ff.

Albert Bleckmann, Nationales und europäisches Souveränitätsverständnis, in: Georg Ress, Hrsg., Souveränitätsverständnis in den Europäischen Gemeinschaften, Baden-Baden 1980, S. 33 ff.

Francine Demichel, Le rôle de la souveraineté dans les relations internationales contemporaines, Fs f. Georges Burdeau, Paris 1977, S. 1053 ff.

George Elian, Le principe de la souveraineté sur les ressources nationales et les incidences juridiques sur le commerce international, RdC 1976/I (Bd. 149), S. 1 ff.

Thomas Fleiner, Das Völkerrecht und die Souveränität der Staaten, Universitas 1982, S. 307 ff.

Maurice Flory, Souveraineté des États et coopération pour le développement, RdC 1974/I (Bd. 141), S. 255 ff.

Wilhelm Karl Geck, Internationaler Schutz von Freiheitsrechten und nationale Souveränität, JZ 1980, S. 73 ff.

Wilhelm Karl Geck, International protection of fundamental freedoms and national sovereignty, Law and State 1980 (Bd. 21), S. 7 ff.

Bernhard Graefrath, Zur neuen Qualität des Souveränitätsprinzips, NJ 1980, S. 395 ff.

Otto Kimminich, Gegenwärtiger Stand und Entwicklungstendenzen der Souveränitätslehre und Souveränitätspraxis, in: Eduard Kroker, Hrsg., Rechtspositivismus, Menschenrechte und Souveränitätslehre in verschiedenen Rechtskreisen, Wien–Stuttgart 1976, S. 97 ff.

Eelco Nicolaas van Kleffens, Sovereignty in international law, RdC 1953/I (Bd. 82), S. 1 ff.

Marek S. Korowicz, Some Present Aspects of Sovereignty in International Law, RdC 1961/I (Bd. 102), S. 1 ff.

Karl Loewenstein, Souveränität und zwischenstaatliche Zusammenarbeit, AöR 1955, S. 1 ff.

Franz Matscher, Über die Grenzen der territorialen Souveränität, deren Verletzung und deren befugte Überschreitung, ÖZöRV 1977, S. 131 ff.

Boris Meissner, Der Souveränitätsgedanke in der sowjetischen Völkerrechtslehre, in: Eduard Kroker, Hrsg., Rechtspositivismus, Menschenrechte und Souveränitätslehre in verschiedenen Rechtskreisen, Wien–Stuttgart 1976, S. 110 ff.

Roland Meister, Studie zur Souveränität, Berlin (Ost) 1981.

Georg Ress, Hrsg., Souveränitätsverständnis in den Europäischen Gemeinschaften, Baden-Baden 1980.

W. Riphagen, Some reflections on „functional sovereignty", NYIL 1975, S. 121 ff.

Michael Silagi, Territoriale Integrität abhängiger Gebiete und Entkolonisierung, ÖZöR 1979, S. 235 ff.

Werner von Simson, Die Souveränität im rechtlichen Verständnis der Gegenwart, Berlin 1965.
Alfred Verdross, Die völkerrechtliche und politische Souveränität der Staaten, in: Fs f. F.A. Frhr. von der Heydte, Berlin 1977, S. 703 ff.
Alfred Verdross, Bruno Simma und Rudolf Geiger, Territoriale Souveränität und Gebietshoheit, Bonn 1980.
Alfred Verdross, Bruno Simma und Rudolf Geiger, Territoriale Souveränität und Gebietshoheit, ÖZöR 1980, S. 223 ff.
Luzius Wildhaber, Entstehung und Aktualität der Souveränität, in: Fs f. Kurt Eichenberger, Basel 1982, S. 131.

3. Die Völkerrechtssubjekte und ihre Organe

3.1 Definitionen

Rechtssubjektivität bedeutet die Fähigkeit, Träger von Rechten und Pflichten zu sein. Völkerrechtssubjektivität ist daher die Fähigkeit, Träger von *völkerrechtlichen* Rechten und Pflichten zu sein. Im klassischen Völkerrecht wurde diese Fähigkeit grundsätzlich nur souveränen Staaten zugestanden. Lange Zeit bildete der Heilige Stuhl die einzige Ausnahme von diesem Grundsatz. Im 20. Jahrhundert hat sich die Zahl der Völkerrechtssubjekte, die nicht souveräne Staaten sind, jedoch dermaßen erhöht, daß das Regel-Ausnahmeverhältnis fraglich erscheint. Es sind vor allen Dingen die internationalen Organisationen, die seit der Zeit des Völkerbunds sowohl zahlenmäßig als auch in ihrer Bedeutung ständig zunehmen.[1] Daher pflegen die neueren Lehrbücher bei der Umschreibung des Kreises der Völkerrechtssubjekte eine Formulierung zu verwenden, in der der souveräne Staat nicht mehr als das Regel-Völkerrechtssubjekt erscheint. So wird etwa gesagt, Völkerrechtssubjekte seien alle „Menschenverbände mit eigener rechtlicher Ordnung der inneren Verhältnisse, vor allem in Gestalt von Staaten, Staatenverbindungen, Staatsteilen und staatsähnlichen Organisationen."[2]

Bei einer so weiten Formulierung lassen sich kaum allgemeine Aussagen über die Völkerrechtssubjekte machen. Vielmehr ist es notwendig, die einzelnen Kategorien von Völkerrechtssubjekten gesondert zu betrachten: souveräne Staaten, internationale Organisationen, andere Gebilde. Daneben gewinnt die Diskussion über die mögliche Völkerrechtssubjektivität des Einzelmenschen immer größere Bedeutung. Diesem Problem wird daher im folgenden ein besonderer Abschnitt gewidmet.

[1] Vgl. Hermann Mosler, Die Erweiterung des Kreises der Völkerrechtssubjekte, ZaöRV 1962 (Bd. 22), S. 1 ff.

[2] Wilhelm Wengler, Völkerrecht, Bd. I, Berlin–Göttingen–Heidelberg 1964, S. 155.

Wenn eine Gattung aus zahlreichen Einheiten besteht, welche die verschiedensten Eigenschaften aufweisen, so läßt sie sich stets unter verschiedenen Gesichtspunkten in Kategorien einteilen. Jeder Student des Völkerrechts kann eine solche Kategorisierung für sich selbst vornehmen, sobald er einen Überblick über die tatsächlich vorhandenen Völkerrechtssubjekte und deren rechtliche Eigenschaften besitzt. Als Beispiel sei auf die Kategorisierung von Verdross hingewiesen. Verdross unterscheidet: a) Pflichtsubjekte und Berechtigungssubjekte, b) aktive und passive Völkerrechtssubjekte, c) dauernde und vorübergehende Völkerrechtssubjekte, d) ursprüngliche und später aufgenommene Völkerrechtssubjekte, e) Völkerrechtssubjekte mit und ohne Selbstregierung, f) Unterschiede in der völkerrechtlichen Rechts- und Handlungsfähigkeit, g) allgemeine und partikuläre Völkerrechtssubjekte, h) Völkerrechtssubjekte und internationale Privatrechtssubjekte.[3] Die letztere Unterscheidung bedarf nach dem oben Gesagten[4] keiner näheren Erläuterung. Die übrigen werden erst verständlich, wenn man die rechtlichen Eigenschaften der einzelnen Völkerrechtssubjekte, die Arten und den Inhalt der Völkerrechtsnormen kennt.

Zur Unterscheidung zwischen Pflichtsubjekten und Berechtigungssubjekten bemerkt Verdross selbst, daß in der Regel alle Völkerrechtssubjekte zugleich Träger von Rechten *und* Pflichten sind. Nur dies entspricht dem Wesen einer echten Rechtsordnung; denn die Auferlegung von Pflichten ohne gleichzeitige Zuerkennung von Rechten ist stets ein Indiz für tyrannische Herrschaft. Diese aber ist im Völkerrecht undenkbar, weil das Völkerrecht definitionsgemäß ein Recht unter Gleichen ist. Die Verschiedenheit der Machtpositionen, die naturgemäß zu unterschiedlichen Rechten und Pflichten auf Grund bestehender Verträge führt, bleibt davon unberührt, obwohl das Völkerrecht durch den Grundsatz der Staatengleichheit (vgl. unten 8.1) auch solchen Ungleichheiten eine Grenze setzt. Beim Begriff des „Pflichtsubjekts" handelt es sich um etwas anderes, nämlich darum, daß ein bestimmtes Völker-

3 Alfred Verdross, Völkerrecht, 5. Aufl., Wien 1964, S. 188 ff.
4 Vgl. oben S. 31 ff.

rechtssubjekt von vornherein nur Träger von Pflichten, nicht aber von Rechten sein kann. Verdross nennt hier nur die Einzelmenschen, die für die von ihnen begangenen Völkerrechtsverletzungen verantwortlich sind. Dieses Problem wird im folgenden in Kap. 14.4 erörtert werden. Als einziges Beispiel für „bloße Berechtigungssubjekte" nennt er „jene Individuen, denen durch einen Staatsvertrag ein Klagerecht vor einem völkerrechtlichen Gerichte (Schiedsgerichte) eingeräumt wurde".[5] Solche Individuen werden von der herrschenden Völkerrechtslehre jedoch grundsätzlich nur als Begünstigte betrachtet. Hierzu unten 4.3.

Die Einteilung in aktive und passive Völkerrechtssubjekte hat überhaupt nichts mit der Völkerrechtssubjektivität zu tun, sondern betrifft lediglich die Befugnis der Völkerrechtssubjekte, an der Setzung völkerrechtlicher Normen teilzunehmen (hierzu unten Kap. 6). Nach Verdross haben diese Befugnis „grundsätzlich nur die souveränen Staaten, einige Staatenverbindungen und teilweise auch der Heilige Stuhl". Nur sie sind aktive Völkerrechtssubjekte. Das bedeutet aber, daß zu den passiven Völkerrechtssubjekten nur einige internationale Organisationen und die als Völkerrechtssubjekte anerkannten Aufständischen (vgl. unten 4.2) gehören. In steigendem Maße nehmen aber internationale Organisationen an der rechtsetzenden Tätigkeit im Bereich des Völkerrechts teil.

Auch die Kategorie der „vorübergehenden Völkerrechtssubjekte" – im Gegensatz zu den „dauernden" – hat nur geringe praktische Bedeutung. In erster Linie sind es die anerkannten Aufständischen sowie internationale Organisationen, die wieder aufgelöst werden. Die Praxis zeigt aber, daß gerade diejenigen internationalen Organisationen, die mit der Völkerrechtssubjektivität ausgestattet sind, eine langdauernde Existenz haben. Ferner wird die Unterscheidung dadurch fragwürdig, daß auch Staaten – die in dieser Unterscheidung von vornherein zu den dauernden Völkerrechtssubjekten gezählt werden – untergehen können.

Die Unterscheidung zwischen ursprünglichen und später aufgenommenen Völkerrechtssubjekten ist bereits terminolo-

[5] Verdross aaO., S. 188.

gisch zweifelhaft. Der Ausdruck „später aufgenommen" läßt auf eine historische Betrachtungsweise schließen, etwa in dem Sinne, daß die Subjekte des klassischen Völkerrechts als ursprüngliche und die seit dem Ersten Weltkrieg hinzugekommenen als „später aufgenommene" Völkerrechtssubjekte gelten. Der Satz „Ursprüngliche Völkerrechtssubjekte waren nur die souveränen Staaten und der Heilige Stuhl"[6] legt diese Auslegung nahe. Jedoch beschränkt sich diese Unterscheidung nicht auf das Kriterium des Zeitpunkts der Aufnahme in den Kreis der Völkerrechtssubjekte, sondern umfaßt auch die Art der Entstehung: „Hingegen verdanken die *anderen* Völkerrechtssubjekte ihren völkerrechtlichen Status einem Staatsvertrag oder einseitigen Rechtsgeschäften." Würde diese Unterscheidung nur dazu verwendet, die souveränen Staaten von den Staatenverbindungen und internationalen Organisationen abzugrenzen, so wäre sie eindeutig. Offenbar sollen aber auch die zu einem späteren Zeitpunkt unabhängig gewordenen jungen Staaten als „andere Völkerrechtssubjekte" gekennzeichnet werden, weil sie durch einen Staatsvertrag zwischen dem ehemaligen Mutterland und der ehemaligen Kolonie oder durch ein einseitiges Rechtsgeschäft (Unabhängigkeitserklärung) den Status eines Völkerrechtssubjektes erlangt haben. Der Sinn dieser Unterscheidung ist unklar, weil auch manche der „ursprünglichen" Völkerrechtssubjekte in dieser Weise souverän geworden sind und daher die Wahl des Zeitpunkts, der für jene Unterscheidung maßgebend sein soll, sorgfältig begründet werden müßte.

Die Unterscheidung zwischen Völkerrechtssubjekten mit und ohne Selbstregierung führt in das weite Feld der Abhängigkeiten. Auf dem Wege von der kolonialen oder sonstigen Unterdrückung bis zur Freiheit und umgekehrt auf dem Wege von der Freiheit zur Auslöschung der staatlichen Existenz können die Völker und Staaten die verschiedensten Zwischenstadien durchlaufen, von denen einige mit dem Attribut der Souveränität vereinbar sind, andere nicht. Die Formen der Abhängigkeit sind mannigfaltig und entziehen sich jeder Typolo-

6 Verdross aaO., S. 189.

gie.[7] Die herrschende Lehre stellt daher allein auf die Souveränität ab und betrachtet einen abhängigen Staat dann als Völkerrechtssubjekt, wenn er bereits (oder noch) souverän ist. Die grundlegende Problematik wird dadurch in den Bereich der Souveränitätsdefinition abgeschoben. Aber der Grundsatz, daß von den Staaten nur die *souveränen* Staaten Völkerrechtssubjekte sind, bleibt doch unangetastet. Hingegen ist das Kriterium der Selbstregierung für die Völkerrechtssubjektivität unerheblich: nicht alle Staaten mit Selbstregierung sind souverän und damit völkerrechtsfähig; andererseits können ausnahmsweise auch fremdregierte Staaten Völkerrechtssubjekte sein. Die Unterscheidung in Völkerrechtssubjekte mit und ohne Selbstregierung ist daher nur von akademischem Wert.

Von größter Bedeutung ist dagegen die Unterscheidung zwischen völkerrechtlicher Rechtsfähigkeit und Handlungsfähigkeit. Völkerrechtssubjektivität bedeutet völkerrechtliche Rechtsfähigkeit. Wie im bürgerlichen Recht ist davon die Handlungsfähigkeit zu unterscheiden. Ein wichtiges Beispiel für Völkerrechtssubjekte, deren Handlungsfähigkeit eingeschränkt ist, enthält bereits der vorstehende Absatz: souveräne Staaten, die in die Abhängigkeit von anderen Mächten geraten sind bzw. Staaten auf dem Wege zur vollen Unabhängigkeit. Ein weiteres wichtiges Beispiel für handlungsunfähige Völkerrechtssubjekte sind die nach einem Krieg von Besatzungsmächten verwalteten besiegten Staaten. In dieser Weise wird noch heute der Rechtsstatus des Deutschen Reiches umschrieben: es ist als Völkerrechtssubjekt nicht am Ende des Zweiten Weltkrieges untergegangen, hat aber seine völkerrechtliche Handlungsfähigkeit dadurch verloren, daß die Alliierten die oberste Regierungsgewalt in Deutschland durch die Erklärung vom 5. Juni 1945 übernahmen.[8]

7 Zu den Schwierigkeiten der Typenbildung bezüglich der Abhängigkeit im Völkerrecht vgl. Friedrich Berber, Lehrbuch des Völkerrechts, I. Bd., 2. Aufl. München 1975, S. 148 ff.

8 Vgl. das Urteil des Bundesverfassungsgerichts vom 31.7.1973, BVerfGE 36, 1. Nachweis der bis Ende 1977 erschienenen Literatur zur völkerrechtlichen Lage Deutschlands bei Georg Ress, Die Rechtslage Deutschlands nach dem Grundlagenvertrag vom 21. Dezember

Die Unterscheidung zwischen allgemeinen und partikulären Völkerrechtssubjekten wird nur verständlich auf dem Hintergrund des Rechtsinstituts der Anerkennung. Partikuläre Völkerrechtssubjekte sind solche, die nur von einigen Staaten anerkannt sind. Diese Definition darf jedoch nicht dazu ver-

1972, Berlin-Heidelberg-New York 1978, S. 417 ff. Danach vgl. Dieter Blumenwitz, Die Darstellung der Grenzen Deutschlands in kartographischen Werken, Bonn 1980; Karl Doehring, Die Wiedervereinigung Deutschlands und die europäische Integration als Inhalte der Präambel des Grundgesetzes, DVBl. 1979, S. 633 ff.: Karl Doehring, Die Wiedervereinigung Deutschlands und die europäische Integration, NJW 1982, S. 2209 ff.: Günther Doeker und Jens Brückner, Hrsg., Federal Republic of Germany and German Democratic Republic in International Relations, 3 Bde., Dobbs Ferry, N.Y. 1978–79; Reinhard Fenner, Recht oder Politik? Die deutsche Frage vor dem Bundesverfassungsgericht, Diss. Bonn 1980; Jochen A. Frowein, Die deutschen Grenzen in völkerrechtlicher Sicht, EA 1979, S. 591 ff.; Ludwik Gelberg, The Warsaw Treaty of 1970 and the Western Boundary of Poland, AJIL 1982 (Bd. 76), S. 119 ff.; Gerhard Hoffmann, Zur Frage der Staatsangehörigkeit in Deutschland, AVR 1981, S. 257 ff.; Otto Kimminich, Deutsche Staatsangehörigkeit nach dem Grundvertrag, DDR-Report 1978, S. 661 ff.; Eckart Klein, Deutsche Staatsangehörigkeit und Inlandbegriff, DVBl. 1978, S. 876 ff.; Eckart Klein, Aktuelle Bedeutung des Deutschland-Vertrages, Außenpolitik 1980, S. 394 ff.; Rainer Lagoni, Ländergrenzen in der Elbemündung und der Deutschen Bucht, Berlin-München 1982; Walter Lewald, Die deutsche Frage, Frankfurt/M. 1980; Hans-Peter Vonhoff, Hrsg., Grenzdarstellungen in Schulatlanten, Frankfurt/M. 1980; Helmut Rumpf, Vom Niemandsland zum deutschen Kernstaat, Hamburg 1979; Ulrich Scheuner, Die deutsche einheitliche Staatsangehörigkeit: ein fortdauerndes Problem der deutschen Teilung, EA 1979, S. 345 ff.; Alfred Schickel, Deutsche Grenzen, DPM 1982, Heft 204, S. 55 ff.; Karin Schmid, Die deutsche Frage im Staats- und Völkerrecht, Baden-Baden 1980; Wolfgang Seiffert, „Deutsche" und „DDR-Bürger", DA 1978, S. 1271 ff.; Klaus Stern, Die deutsche Staatsangehörigkeit, DVBl. 1982, S. 165 ff.; Ulrich Storost, Alliierte Kommandantur und Bundesverfassungsgericht, Der Staat 1982, S. 113 ff.; Henn-Jüri Uibopuu u.a., Die Auslegung der Ostverträge und Fragen der gesamtdeutschen Staatsangehörigkeit der Ostdeutschen, Bonn 1980; Alexander Uschakow, Das Problem der Einmischung im zweigeteilten Deutschland, Köln 1982; Gerald Wolf, Die Deutschen. Eine Untersuchung ihres Status nach innerstaatlichem Recht der Bundesrepublik Deutschland und Völkerrecht, Mainz 1978; Gottfried Zieger, Hrsg., Fünf Jahre Grundvertragsurteil des Bundesverfassungsgerichts, Köln–Berlin 1979; Ernst-Renatus Zivier, Zur Rechtslage Deutschlands nach dem Grundlagenvertrag, RuP 1979, S. 188 ff.

leiten, die Anerkennung als Voraussetzung für die Völkerrechtssubjektivität zu betrachten (vgl. unten 3.2.2).

Die meisten Lehrbücher unterscheiden ferner noch zwischen unbeschränkter und beschränkter (partieller) Völkerrechtssubjektivität. Eine partielle Völkerrechtssubjektivität kann auch bei den „Völkerrechtsubjekten ohne Selbstregierung" vorliegen. Die wichtigsten Beispiele für eine partielle Völkerrechtssubjektivität sind jedoch die internationalen Organisationen: die Grenzen ihrer völkerrechtlichen Rechtsfähigkeit werden in ihrer Satzung beschrieben und richten sich jeweils nach den Aufgaben der internationalen Organisation. Ähnliches gilt für einige Sonderfälle der Völkerrechtssubjektivität, wie z.B. den Heiligen Stuhl und das Internationale Komitee vom Roten Kreuz (vgl. unten 3.4 und 3.6).

Literatur

Julio A. Barberis, La personalidad juridica internacional, in: Festschrift f. Hermann Mosler, Heidelberg 1983, S. 25 ff.

C.Th. Eustathiades, Les sujets du droit international et la responsabilité internationale, RdC 1953/III (Bd. 84), S. 397 ff.

Hermann Mosler, Réflexions sur la personnalité juridique en droit international public, in: Festschr. f. Henri Rolin, Paris 1964, S. 228 ff.

Hermann Mosler, Die Erweiterung des Kreises der Völkerrechtssubjekte, ZaöRV 1962, S. 1 ff.

Chris N. Okeke, Controversial Subjects of Contemporary International Law, Rotterdam 1974.

Paul Schoen, Zur Lehre von den Subjekten des Völkerrechts, ZVR 1939 (Bd. 23), S. 411 ff.

M. Seara Vazquez, The subjects of international law, IJP 1976, S. 133 ff.

Wilhelm Wengler, Der Begriff des Völkerrechtssubjektes im Lichte der politischen Gegenwart, FW 1952 (Bd. 51), S. 113 ff.

3.2 Die souveränen Staaten

3.2.1 Der Staat im Völkerrecht

Die theoretischen Probleme, die mit dem Begriff „Staat" zusammenhängen, werden von der Allgemeinen Staatslehre und der Staatsphilosophie analysiert. Die rechtliche Ordnung und Organisation der einzelnen Staaten obliegt dem Verfassungsrecht eben dieser Staaten. Es gibt Auskunft darüber, was ihre Organe innerhalb des eigenen Staatsgebiets tun dürfen bzw. müssen, und welche Organe hierfür zuständig sind. Das Dürfen und Müssen im zwischenstaatlichen Bereich richtet sich dagegen nach dem Völkerrecht. So stellt das Völkerrecht sozusagen eine Begrenzung für das staatliche Handeln dar, andererseits bildet es die Ermächtigungs- bzw. Verpflichtungsgrundlage für dieses Handeln. Hierauf wird bei der Erörterung des Verhältnisses von Völkerrecht und innerstaatlichem Recht (vgl. unten Kap. 6) zurückzukommen sein.

Die wesentliche Erkenntnis ist, daß das Völkerrecht nur für das staatliche Handeln auf der internationalen Ebene gilt, d.h. für Rechtsakte, die fremde Staaten oder fremde Staatsangehörige oder internationale Organisationen, internationale Gemeinschaftsräume oder internationale Gemeinschaftsaufgaben betreffen. So erklärt es sich, daß das Völkerrecht den Staat nicht definiert, sondern mit ihm als einer vorgefundenen Größe operiert. Das Völkerrecht enthält keine detaillierten Vorschriften darüber, wie die einzelnen Staaten ihre Verfassung gestalten oder ihre Staatsangehörigen behandeln sollen; es normiert nur völkerrechtliche, d.h., zwischenstaatliche Verpflichtungen und überläßt es den einzelnen Völkerrechtssubjekten, wie sie diese Verpflichtungen erfüllen. Im Zuge des Ausbaus der Menschenrechte und des Menschenrechtsschutzes (vgl. unten Kap. 10) ist allerdings die Skepsis gegenüber diesem Grundprinzip gewachsen. Ferner steht es den souveränen Staaten selbstverständlich frei, entsprechende Pflichten durch Vertrag zu übernehmen. Aber noch immer beruht das Völkerrecht auf dem Grundsatz der souveränen Gleichheit der Staaten (vgl. Art. 2 Ziff. 1 der UNO-Satzung), aus dem nicht zuletzt auch das Interventionsverbot fließt (vgl. unten Kap. 8.3), auf das sich die Staaten mit Erfolg berufen können, wenn andere Staaten oder internationale Organisationen in ihre inneren Angelegenheiten eingreifen wollen. Das Interventionsverbot gilt gemäß Art. 2 Ziff. 7 der UNO-Satzung sogar gegenüber der Organisation der Vereinten Nationen.

Es ist klar, daß der Souveränitätswandel, von dem der Umbruch des Völkerrechts im 20. Jahrhundert ausgelöst und geprägt worden ist, nicht nur zahlreiche überkommene Völkerrechtsprinzipien beseitigt hat (wie z.B. das Recht der souveränen Staaten zum Kriege), sondern auch eine Modifizierung vieler anderer Völkerrechtsnormen erfordert. Der Begriff der Souveränität selbst ist unklar geworden. Das belastet die Allgemeine Staatslehre und hat auch Auswirkungen auf die Völkerrechtswissenschaft, aber in der Völkerrechtspraxis sind die Probleme weniger gravierend, weil in der Regel unstreitig ist, welcher Staat als Völkerrechtssubjekt am internationalen Verkehr teilnimmt und welcher nicht.

3.2.2 Die Anerkennung

Um alle Zweifel in dieser Hinsicht zu zerstreuen, bedienen sich die Staaten des Rechtsinstituts der Anerkennung. Von vornherein ist klar, daß die Anerkennung nur dort praktiziert wird, wo Zweifel an der Völkerrechtssubjektivität eines Staates bestehen. Wo dies nicht der Fall ist, taucht die Anerkennung in der Staatenpraxis überhaupt nicht auf. Wenn zwei Staaten seit Jahrhunderten normale diplomatische Beziehungen miteinander pflegen, so besteht kein Anlaß, eine Anerkennung als Staat auszusprechen, wenn etwa in einem der beiden Staaten eine Regierung wechselt oder eine Verfassungsänderung stattgefunden hat. Nicht einmal eine erfolgreiche Revolution bietet einen solchen Anlaß, sofern nicht das neue Regime die Rechtskontinuität des Staates verleugnet. Bricht ein Krieg zwischen den beiden Staaten aus, so werden die diplomatischen Beziehungen abgebrochen und nach Beendigung des Kriegszustandes wieder aufgenommen. Selbst in diesem Fall bedarf es nicht einer ausdrücklichen Anerkennung.

Mit Absicht ist im vorstehenden nicht gesagt worden, im Falle des Zweifels an der Völkerrechtssubjektivität eines Staates sei eine Anerkennung *notwendig*. Sie ist nur üblich. Notwendig wäre sie dann, wenn die Anerkennung konstitutive Wirkung für die Völkerrechtssubjektivität hätte oder die anderen Staaten zu ihr verpflichtet wären. Beides ist nicht der Fall. Die Anerkennung ist eine völkerrechtliche Willenserklärung, die eine konstitutive Wirkung nur insofern bewirkt, als sie den Willen des anerkennenden Staates zum Ausdruck bringt, mit dem nunmehr anerkannten Staat normale diplomatische Beziehungen zu pflegen. Oder noch allgemeiner: vom Zeitpunkt der Anerkennung an muß der anerkennende Staat den anerkannten Staat als Völkerrechtssubjekt behandeln. Hingegen besagt die Anerkennung nichts darüber, ob der anerkannte Staat tatsächlich ein Staat im Sinne der Definition der Allgemeinen Staatslehre ist. Es ist daher durchaus möglich, daß ein Nichtstaat von anderen Staaten anerkannt wird und von ihnen deshalb als Völkerrechtssubjekt behandelt werden muß. Allerdings kann es sein, daß die anerkennenden Staaten dadurch die Rechte eines dritten Völkerrechtssubjekts (z.B. des Staates, von dem sich das anerkannte Gebilde durch einen Bürgerkrieg losgesagt hat) verletzen. Sie geraten dann in eine völkerrechtliche Haftung (vgl. unten 14.3).

Umgekehrt ist es für die Völkerrechtssubjektivität eines Staates unerheblich, ob er von anderen Staaten anerkannt wird oder nicht bzw. wie groß die Zahl der ihn anerkennenden Staaten ist. Grundsätzlich steht es den Staaten frei, mit anderen Staaten diplomatische Beziehungen zu pflegen oder nicht. Nur die völlige Abkapselung eines Staates von jeglichem völkerrechtlichen Verkehr wird als Verstoß gegen die allgemeine Pflicht zur Teilnahme am völkerrechtlichen Verkehr gewertet. Derartige Fälle sind im 19. Jahrhundert noch vorgekommen (z.B. die Abkapselung einiger Himalaya-Staaten), gehören heute aber der Geschichte an. Heute unterhält jeder Staat diplomatische Beziehungen mit einer größeren oder kleineren Zahl von anderen Staaten.

Für das Wesen der Anerkennung ergibt sich daraus folgendes: Die Anerkennung ist für die Frage der Staatsqualität völlig unerheblich. Weder kann die Anerkennung einen Nichtstaat zum Staat machen, noch kann die Nichtanerkennung einen vorhandenen Staat beseitigen.[1] Gemeint ist selbstverständlich der souveräne Staat; denn nur um ihn geht es im Völkerrecht. Mit der völkerrechtlichen Staatsqualität ist die Völkerrechtssubjektivität untrennbar verknüpft. Die vorstehenden Aussagen gelten daher auch, wenn man den Ausdruck „Staat" durch den Ausdruck „Völkerrechtssubjekt" ersetzt. Ein souveräner Staat bleibt Völkerrechtssubjekt, auch wenn alle anderen Staaten die diplomatischen Beziehungen zu ihm abgebrochen haben.

Die Anerkennung ist eine völkerrechtliche Willenserklärung. Sie kann sowohl ausdrücklich als auch stillschweigend, d.h. durch konkludentes Handeln, erfolgen.[2] Ein solches konkludentes Handeln ist z.B. der Abschluß eines völkerrechtlichen Vertrages mit einem bisher nicht anerkannten Staat. Solange die Bundesrepublik Deutschland die DDR nicht anerkannt hatte, mußte sie bei jeder völkerrechtlichen Handlung, die als stillschweigende Anerkennung der DDR hätte gewertet werden können, eine ausdrückliche Erklärung abgeben, aus der sich ihr entgegengesetzter Wille ergab. Solche Erklärungen wurden jeweils in der Form eines Vorbehalts (vgl. unten 13.2.3) bei der Ratifizierung von multilateralen Verträgen abgegeben, denen die DDR beigetreten war oder beizutreten beabsichtigte, wie z.B. dem Atomteststoppvertrag vom 5. August 1963. In Art. 3 Abs. 2 des Moskauer Vertrags vom 12. August 1970 hat die Bundesrepublik Deutschland die Grenzen aller Staaten in Europa, „einschließlich der Grenzen zwischen der Bundesrepublik Deutschland und der Deutschen Demokratischen Republik" anerkannt. Durch eine im Bulletin des Presse- und Informationsamtes der Bundesregierung vom 14. August 1970

[1] Friedrich Klein, Zur Praxis der Anerkennung neuer Staaten durch die Bundesrepublik Deutschland, Festschrift für Herbert Kraus, Würzburg 1964, S. 191 ff.; Michael Kohl, Die Bedeutung der völkerrechtlichen Anerkennung für die Rechtsstellung neuer Staaten und Regierungen, Staat und Recht 1956, S. 286 ff.; Ernst R. Zivier, Die Nichtanerkennung im modernen Völkerrecht, Probleme staatlicher Willensäußerung, 2. Aufl. Berlin 1969.

[2] Hierzu Bettina Juliane Meissner, Formen stillschweigender Anerkennung im Völkerrecht, Köln–Berlin 1966.

veröffentlichte Erklärung wurde jedoch auch in diesem Fall klargestellt, daß eine stillschweigende Anerkennung der DDR nicht beabsichtigt war. Dagegen verpflichtet der Vertrag über die Grundlagen der Beziehungen zwischen der Bundesrepublik Deutschland und der Deutschen Demokratischen Republik („Grundvertrag")[3] die Bundesrepublik, die DDR als Völkerrechtssubjekt zu behandeln, wie sich aus Art. 1 (Entwicklung „normaler gutnachbarlicher Beziehungen zueinander auf der Grundlage der Gleichberechtigung"), Art. 3 Abs. 2 (Bekräftigung der Unverletzlichkeit der Grenzen zwischen der BRD und der DDR und gegenseitige Verpflichtung „zur uneingeschränkten Achtung ihrer territorialen Integrität"), Art. 4 (kein Handeln des einen deutschen Staates für den anderen oder im Namen des anderen), und Art. 6 (ausdrückliche Beschränkung der Hoheitsgewalt jedes der beiden Staaten auf sein Staatsgebiet, Respektierung der „Unabhängigkeit und Selbständigkeit jedes der beiden Staaten in seinen inneren und äußeren Angelegenheiten)" ergibt. In diesem Fall war daher weder ein Vorbehalt noch eine sonstige Erklärung eines entgegenstehenden Willens möglich.

Der Unterschied zwischen ausdrücklicher und stillschweigender Anerkennung darf nicht verwechselt werden mit dem Unterschied zwischen de jure- und de facto-Anerkennung. Ebenso falsch wäre es, die de jure-Anerkennung als „rechtliche" und die de facto-Anerkennung lediglich als „tatsächliche" Anerkennung zu werten. Vielmehr ist die de jure-Anerkennung endgültig und vollständig, während die de facto-Anerkennung nur vorläufige Rechtswirkungen erzeugt und deshalb unter bestimmten Voraussetzungen wieder zurückgenommen werden kann.[4] Die de facto-Anerkennung empfiehlt sich bei unklaren Situationen, in denen sich der anerkennende Staat noch einen Weg zum politischen Rückzug für den Fall sichern will, daß sich die Verhältnisse anders entwickeln. Bei der Anerkennung als Staat ist diese Situation

[3] BGBl. 1973 II, S. 423.

[4] Vgl. Rudolf L. Bindschedler, Die Anerkennung im Völkerrecht, Berichte der Deutschen Gesellschaft für Völkerrecht Heft 4, Karlsruhe 1961, S. 5.

seltener gegeben, weil vorsichtige Regierungen im Falle einer Staatsneubildung ohnehin abzuwarten pflegen, bis die Verhältnisse geklärt sind. So erfolgte die Anerkennung der Sowjetunion durch die Vereinigten Staaten von Nordamerika erst im Jahre 1934, d.h. 17 Jahre nach der Oktoberrevolution.

Neben der Anerkennung von Staaten kennt das Völkerrecht noch folgende Arten der Anerkennung:

1. Anerkennung von Aufständischen als Kriegführende; die Kriegführenden erhalten dadurch eine partielle Völkerrechtssubjektivität zum Zwecke der Anwendung des Kriegsrechts, durch das die Schrecknisse des Krieges gemildert werden sollen (vgl. unten Kap. 12.2).

2. Die Anerkennung von Nationalkomitees als Vorstufe der Anerkennung einer Exilregierung (vgl. unten 3.2.8).

3. Die Anerkennung eines Gebietserwerbs; sie ist nur deklaratorisch, da der Gebietserwerb in der Regel durch eine Einigung zwischen dem erwerbenden und dem abtretenden Staat zustandekommt.

4. Die Anerkennung von Regierungen. Wie im vorstehenden ausgeführt, ist die Anerkennung von Regierungen unnötig. Fällt aber der Regierungswechsel mit einer Revolution zusammen, so kann es fraglich sein, ob in dem betreffenden Land überhaupt noch eine Regierung besteht, mit der diplomatische Beziehungen möglich sind. Diese Frage wird durch die ausdrückliche Anerkennung der Regierung geklärt. Eine derartige Anerkennung hat nichts mit der Anerkennung als Staat zu tun, solange die Kontinuität des Völkerrechtssubjekts, in dem die Revolution stattgefunden hat, nicht zur Debatte steht. Ferner bedeutet die Anerkennung einer Regierung kein Urteil über die innerstaatliche Legitimität oder Legalität der anerkannten Regierung. Voraussetzung für die Anerkennung einer Regierung ist vielmehr lediglich deren effektive Herrschaft. Ist die Lage nach einer erfolgreichen Revolution eindeutig und gibt die neue Regierung zu erkennen, daß die Staatskontinuität gewahrt bleiben soll, so bedarf es überhaupt keines Anerkennungsaktes, um die diplomatischen Beziehungen aufrechtzuerhalten. Hat eine revolutionäre Regierung einen Teil des Staatsgebiets unter ihre Herrschaft gebracht, so können die Aufständischen als Kriegführende anerkannt werden, wenn

der Bürgerkrieg andauert. Finden keine Kampfhandlungen mehr statt, so daß die Anerkennung als Kriegführende nicht in Frage kommt, so kann das Revolutionsregime als „de facto-Regierung" anerkannt werden. Auch diese Anerkennung ist noch keine Anerkennung als Staat, bedeutet aber einen ersten Schritt in diese Richtung.[5]

Bezüglich ihrer Anerkennungspraxis sind die Staaten grundsätzlich frei. Die sogenannte Tobar-Doktrin, die 1907 von dem damaligen Außenminister von Ecuador verkündet worden war und die Staaten aufforderte, keine Regierungen anzuerkennen, die illegal an die Macht gekommen war, hat sich nicht durchgesetzt. Trotzdem ist die Anerkennung von neuen Staaten ebenso wie die Anerkennung von de facto-Regierungen und die Anerkennung von Aufständischen als Kriegführende mit einem Risiko behaftet. Setzt sich nämlich die legale Regierung im Endergebnis durch, so hat der Staat, der die Anerkennung vorschnell ausgesprochen hat, unfreundliche Reaktionen und unter Umständen sogar die Erhebung von Schadensersatzansprüchen seitens des Staates, auf dessen Gebiet der Bürgerkrieg stattgefunden hat, zu erwarten. Deswegen empfiehlt es sich, mit derartigen Anerkennungen zu warten, bis die Situation geklärt ist, oder in der Zwischenzeit nur eine de facto-Anerkennung auszusprechen.

3.2.3 Die Elemente des Staatsbegriffs

Die Frage, unter welchen Voraussetzungen von einem Staat gesprochen werden kann, beantwortet die Völkerrechtstheorie in Anlehnung an die Allgemeine Staatslehre, in der sich seit Beginn des 20. Jahrhunderts die sogenannte Dreielementenlehre durchgesetzt hat. Danach besteht ein Staat dann, wenn die drei Elemente Volk, Gebiet und Staatsgewalt in einem entsprechenden Zusammengehörigkeitsverhältnis vorhanden sind. So könnte z.B. ein Nomadenstamm niemals als Staat anerkannt werden, weil ihm ein festes Gebiet fehlt. Ein menschenleeres Gebiet kann ebenfalls keinen Staat dar-

5 Hierzu Jochen A. Frowein, Das de facto-Regime im Völkerrecht, Köln 1968.

stellen. Die Rechtsmacht einer internationalen Organisation kann selbst dann, wenn sie stärker ist als diejenige der meisten Staaten, nicht zur Charakterisierung der betreffenden Organisation als Staat führen, weil die Elemente „Volk" und „Gebiet" fehlen. Wichtig ist schließlich die Zusammengehörigkeit der drei Elemente. Es muß sich um die Staatsgewalt des auf dem betreffenden Gebiet lebenden Volkes handeln. Andernfalls existiert dort kein Staat, sondern eine Fremdherrschaft, wie im Falle einer Kolonie. Jedoch darf das Erfordernis der Zusammengehörigkeit der drei Elemente des Staatsgebiets nicht als Legitimitätsforderung mißverstanden werden. Das Völkerrecht ist, wie bereits mehrfach ausgeführt, wertneutral und läßt Demokratien wie Diktaturen an seiner Rechtsgemeinschaft teilhaben. Wichtig ist lediglich, daß die Staatsgewalt, die auf einem bestimmten Gebiet ausgeübt wird, keine Gewalt eines fremden Staates ist. Dagegen ist es unerheblich, in welcher Staats- und Regierungsform diese Staatsgewalt ausgeübt wird.

Wie sich aus der Darstellung der Anerkennungsproblematik ergibt, hat die Dreielementenlehre nur geringe praktische Bedeutung. Denn wenn ein Nichtstaat als Staat anerkannt wird, so erzeugt diese Willenserklärung für den anerkennenden Staat die normalen Wirkungen einer Anerkennungserklärung. Werden dadurch die Rechte eines anderen Völkerrechtssubjekts verletzt, so entsteht eine völkerrechtliche Haftung. Jedoch bietet die Dreielementenlehre der Völkerrechtstheorie ein handliches Einteilungsschema für alle Probleme, die mit dem Völkerrechtssubjekt „Staat" zusammenhängen. In den meisten Völkerrechtslehrbüchern werden die personalrechtlichen, die gebietsrechtlichen und die hoheitsrechtlichen Völkerrechtsprobleme in dieser Reihenfolge behandelt.

3.2.4 Das Selbstbestimmungsrecht der Völker

Die Beschäftigung mit dem Staatsbegriffselement „Volk" gibt zunächst wieder Anlaß zu der Feststellung, daß das Volk oder die Nation nicht Völkerrechtssubjekt ist. Da somit die Völker nicht Träger von völkerrechtlichen Rechten und Pflichten sind, ist die Bezeichnung „Völkerrecht" falsch. Seit dem Inkrafttreten der UNO-Satzung muß jedoch diese Aussage mit einer Einschränkung versehen werden: die Satzung der Vereinten Nationen nennt an zwei Stellen das *Selbstbestimmungsrecht der Völker* als eine der Grundlagen der Beziehungen zwischen den Staaten (Art. 1 Abs. 2 und Art. 55). Der englische Text der UNO-Satzung spricht zwar nur vom „principle of self-determination", woraus viele Autoren schließen, daß das Selbstbestimmungsrecht noch kein Recht im eigentlichen Sinne ist, sondern nur ein „Prinzip". Im französischen Text der UNO-Satzung, der ebenso authentisch ist wie der englische, heißt es aber „droit des peuples de disposer d'eux-memes".

Der Streit um die Rechtsnatur des Selbstbestimmungsrechts wird erst auf dem Hintergrund der historischen Entwicklung verständlich. Es ist kein Zufall, daß das Selbstbestimmungsrecht genau in jenem Zeitpunkt auf der völkerrechtlichen Ebene in Erscheinung trat, in dem der große Umbruch des Völkerrechts begann, nämlich am Ende des Ersten Weltkriegs. Vorher waren die Fragen des Selbstbestimmungsrechts nur im Hinblick auf die innere Ordnung von Vielvölkerstaaten, wie z.B. der österreichisch-ungarischen Monarchie, erörtert worden.[6] In den Vereinigten Staaten machte sich Präsident Woodrow Wilson zum Vorkämpfer der Selbstbestimmungs-Idee und proklamierte sie seit 1917 in zahlreichen öffentlichen Reden. Auf die internationale Ebene gelangte die

6 Vgl. Karl Renner, Das Selbstbestimmungsrecht der Nationen, 2. Aufl. Leipzig–Wien 1918. Die 1. Aufl. dieses Buches war 1902 in Wien unter dem Pseudonym „R. Springer" und mit dem Titel „Der Kampf der österreichischen Nationen um den Staat" erschienen. Es war das erste wissenschaftliche Werk über das Selbstbestimmungsrecht. Zwischen der 1. und 2. Aufl. dieses Buches erschien ferner das Werk des Österreichers Otto Bauer, Die Nationalitätenfrage und die Sozialdemokratie, Wien 1907. Um diese Werke und das ganze Nationalitätenproblem in Österreich zu studieren, wurde im Jahre 1913 der junge Josef Dschugaschwili, der spätere Stalin, nach Wien gesandt. Er hielt sich dort einige Zeit auf und berichtete später in einer Artikelserie in der Zeitschrift Prosweschtschenje über seine Erfahrungen. Sowjetrußland bekannte sich dann ausdrücklich zum Selbstbestimmungsrecht als „Grundlage der sowjetischen Föderation" (Andrej Wyschinsky, The law of the Soviet State, New York 1954, S. 249).

Diskussion über das Selbstbestimmungsrecht erst nach Errichtung des Völkerbundes, und zwar im Zusammenhang mit der Aland-Frage. Die im Bottnischen Meerbusen gelegenen Alandinseln, die zum zaristischen Rußland gehört hatten, wurden von dem nach der Oktoberrevolution errichteten finnischen Staat in Anspruch genommen, obwohl sie von einer schwedischsprachigen Bevölkerung bewohnt waren. Der Völkerbundsrat, an den sich die Streitparteien gewandt hatten, beauftragte eine internationale Juristenkommission mit der Erstellung eines Gutachtens. Diese kam zu dem Ergebnis, das Prinzip der Selbstbestimmung der Völker habe zwar bereits Eingang in die internationale Politik gefunden, könne aber mangels einer ausdrücklichen Erwähnung in der Völkerbundsatzung noch nicht als Recht im subjektiven Sinne bezeichnet werden.[7] Seither ist die Rechtsentwicklung weitergegangen. Nicht nur erwähnt die UNO-Satzung das Recht (bzw. Prinzip) der Selbstbestimmung der Völker, sondern auch die beiden internationalen Menschenrechtspakte vom 19. Dezember 1966 erklären in ihrem Artikel 1 übereinstimmend: „Alle Völker haben das Recht auf Selbstbestimmung". In einer Reihe von Beschlüssen der UNO-Generalversammlung ist der Begriff „Selbstbestimmungsrecht" verwendet worden. In den Durchführungsabkommen zu den internationalen Menschenrechtspakten vom Dezember 1966 wird das Selbstbestimmungsrecht definiert als Recht der Völker, „frei über ihren politischen Status zu bestimmen und frei ihre wirtschaftliche, gesellschaftliche und kulturelle Entwicklung zu verfolgen".[8]

In der „Erklärung über Völkerrechtsgrundsätze betreffend die freundschaftlichen Beziehungen und die Zusammenarbeit zwischen den Staaten gemäß der Satzung" vom 24. Oktober 1970 (Resolution der Generalversammlung Nr. 2625 – XXV) wurde diese Definition noch verfeinert. Danach haben kraft der Selbstbestimmung „alle Völker das Recht, ohne Eingriff von außen über ihren politischen Status zu entscheiden und

7 Hierzu Hermann Raschhofer, Selbstbestimmung und Völkerbund, Köln 1969.

8 Zit. nach United Nations Yearbook 1966, S. 419 ff.

ihre wirtschaftliche, gesellschaftliche und kulturelle Entwicklung frei zu verfolgen, und jeder Staat ist verpflichtet, dieses Recht in Übereinstimmung mit den Satzungsvorschriften zu achten". Ferner heißt es in der Erklärung: „Die Errichtung eines souveränen und unabhängigen Staates, die freie Vereinigung oder Verschmelzung mit einem unabhängigen Staat oder der Übergang zu irgendeinem anderen, vom Volk frei bestimmten politischen Status stellen Verwirklichungen des Selbstbestimmungsrechts durch das betreffende Volk dar. Jeder Staat ist verpflichtet, von Gewaltmaßnahmen Abstand zu nehmen, die vorerwähnte Völker daran hindern, den hier in Rede stehenden Grundsatz ihres Rechts auf Selbstbestimmung, Freiheit und Unabhängigkeit zu verwirklichen. Solche Völker sind, wenn sie dergleichen Gewaltmaßnahmen in Verfolgung der Ausübung ihres Selbstbestimmungsrechts Widerstand leisten, berechtigt, in Übereinstimmung mit den Ziel- und Grundbestimmungen der Satzung Unterstützung zu erbitten und zu erhalten." Dann aber fährt die gleiche Erklärung fort: „Nichts in den vorhergehenden Absätzen darf dahin ausgelegt werden als solle dadurch irgendeine Handlung gerechtfertigt oder begünstigt werden, welche die Unversehrtheit des Gebiets oder die politische Einheit souveräner oder unabhängiger Staaten gänzlich oder teilweise zerstören oder antasten würde, wenn diese Staaten sich dem Grundsatz der Gleichberechtigung und Selbstbestimmung der Völker entsprechend verhalten und dementsprechend über eine Regierung verfügen, die das gesamte zum Gebiet gehörige Volk ohne Unterschied der Rasse, des Glaubens oder der Hautfarbe vertritt."

Skeptiker vertreten nach wie vor die Meinung, daß das Selbstbestimmungsrecht der Völker noch immer „kein durchnormiertes, unstrittiges und festgelegte Ansprüche verleihendes Recht" sei.[9] Andere vorsichtige Autoren betrachteten aber das Selbstbestimmungsrecht der Völker schon vor längerer Zeit als

9 Jörg M. Mössner, Einführung in das Völkerrecht, München 1977, S. 207.

eine „werdende Völkerrechtsnorm".[10] Auch die Formulierung, daß „der Satz vom Selbstbestimmungsrecht der Völker mit dem Anspruch auf Allgemeingültigkeit ins positive Völkerrecht eingedrungen" ist,[11] spiegelt die Vorsicht wider, mit der die Völkerrechtslehre bis in die jüngste Zeit hinein die Entwicklung des Selbstbestimmungsrechts beurteilt hat. Dagegen führte eine fast gleichzeitig abgeschlossene Analyse der Staatenpraxis zu folgendem Ergebnis: „Die Verwendung der Begriffe Selbstbestimmung und Selbstbestimmungsrecht in zweiseitigen und mehrseitigen Verträgen läßt den Schluß zu, daß mit ihr im Zweifel eine rechtliche Verpflichtung zum Ausdruck gebracht werden soll. Da die Selbstbestimmung in der Charta der UN als Grundsatz enthalten ist, kann angenommen werden, daß ihre Beachtung eine rechtliche Pflicht darstellt und nicht nur auf einem politischen oder moralischen Programm beruht. Das Gleiche gilt für die Erwähnung des Selbstbestimmungsrechts in den Entwürfen der Menschenrechtskonventionen der UN."[12]

Aber auch die Erhöhung des Grundsatzes der Selbstbestimmung zum positiven Rechtssatz ändert nichts an der Tatsache, daß das Volk als solches nicht Völkerrechtssubjekt ist. Eine

[10] Friedrich Klein, Der Rechtscharakter des Selbstbestimmungsrechts der Völker, in: Heinz Kloss, Hrsg., Beiträge zu einem System des Selbstbestimmungsrechts der Völker Bd. 2, Wien 1970, S. 28.

[11] Kurt Rabl, Das Selbstbestimmungsrecht der Völker, 2. Aufl. Köln–Wien 1973, S. 478.

[12] Karl Doehring, Das Selbstbestimmungsrecht der Völker als Grundsatz des Völkerrechts, Berichte der Deutschen Gesellschaft für Völkerrecht Heft 14, Karlsruhe 1974, S. 47 f.; Jost Delbrück, Selbstbestimmung und Völkerrecht, JIR 1967, S. 180 ff.; Günter Decker, Das Selbstbestimmungsrecht der Nationen, Göttingen 1955; Clyde Eagleton, Self-Determination in the United Nations, AJIL 1953, S. 88 ff.; R. Emerson, Self-Determination, AJIL 1971, S. 459 ff.; Felix Ermacora, Ursprung und Wesen des Selbstbestimmungsrechts der Völker und seine Entwicklung bis zum 2. Weltkrieg, in: Studien und Gespräche über Selbstbestimmung und Selbstbestimmungsrecht, Bd. 1, München 1964, S. 50 ff.; Friedrich August v.d. Heydte, Zur jüngsten Entwicklung des Selbstbestimmungsrechts, in: Festschrift für Herbert Kraus, Würzburg 1964, S. 137 ff.; Harold S. Johnson, Self-Determination within the community of nations, Leiden 1967; Alfred Jüttner, Das Selbstbestimmungsrecht der Völker, Politische

Teilnahme am völkerrechtlichen Verkehr ist den Völkern nicht möglich. Ähnliches gilt für die Volksgruppen und ethnischen Minderheiten, die durch spezielle Völkerrechtsnormen geschützt werden. Ihre internationale Rechtsstellung äußert sich jedoch nicht nur in der Situation des Staatsverfalls und der Staatsneugründung, sondern ist permanent. Hierzu unten 10.3.6.

3.2.5 Probleme der Staatsangehörigkeit und Staatenlosigkeit

Das Vorhandensein von ethnischen Minderheiten beweist, daß das Staatsbegriffselement „Volk" nicht homogen sein muß. Die Entscheidung darüber, wer zum Staatsvolk gehört, richtet sich nicht nach ethnischen, biologischen, kulturellen oder sprachlichen Merkmalen, sondern nach einem rein juristischen Begriff, nämlich dem der *Staatsangehörigkeit*. Seine Entstehung hängt mit der Entwicklung des modernen Staates zusammen. Solange der Staat als Personenverband begriffen wurde, konnte von vornherein nicht von einer „Staatsangehörigkeit" gesprochen werden. Vielmehr bestand ein weitverzweigtes, verschachteltes System von gegenseitigen Treueverhältnissen. Im Staat der Neuzeit gab es zunächst nur Untertanenverhältnisse. Erst als die absolute Monarchie der konstitutionellen Monar-

Studien 1957, S. 186 ff.; Heinz Kloss, Das Selbstbestimmungsrecht in zwei UN-Dokumenten, Vereinte Nationen, Bd. 10, S. 75 ff.; Heinz Kloss, Hrsg., Beiträge zu einem System des Selbstbestimmungsrechts, 2. Bde., Wien 1970; Paul Kluke, Selbstbestimmung – der Weg einer Idee durch die Geschichte, Göttingen 1963; Herbert Kraus, Das Selbstbestimmungsrecht der Völker, in: Das östliche Deutschland, hrsg. vom Göttinger Arbeitskreis, Würzburg 1959, S. 57 ff.; Rudolf Laun, Le droit des peuples de disposer d'eux-mêmes, IRuD 1958, S. 136 ff.; Boris Meissner, Sowjetunion und Selbstbestimmungsrecht, Köln 1962; Boris Meissner und Theodor Veiter, Das Selbstbestimmungsrecht nach sowjetischer und westlicher Lehre, Wien 1967; Eberhard Menzel, Die Vereinten Nationen und das Selbstbestimmungsrecht der Völker, JIR 1962, S. 270 ff.; T.S. Rama Rao, The right of self-determination: its status and role in international law, IRuD 1968, S. 19 ff.; Hermann Raschhofer, Das Selbstbestimmungsrecht in westlicher Sicht, IRuD 1962, S. 13 ff.; Hermann Raschhofer, Das Selbstbestimmungsrecht. Sein Ursprung und seine Bedeutung, 2. Aufl. Bonn 1960.

chie zu weichen begann, d.h. erst im 19. Jahrhundert, gewann der moderne Begriff der Staatsangehörigkeit seine rechtliche Gestalt.[13]

Das Völkerrecht stellt es jedem Staat frei, die Bedingungen für den Erwerb und Verlust seiner Staatsangehörigkeit durch innerstaatliches Recht zu regeln. Jedoch zieht es dieser Befugnis insofern eine Grenze, als die innerstaatliche Regelung der Staatsangehörigkeit nicht in die Rechte dritter Staaten eingreifen darf.[14] Das bedeutet vor allem, daß kein Staat seine Staatsangehörigkeit willkürlich auf die Angehörigen anderer Staaten ausdehnen darf.

Der Erwerb der Staatsangehörigkeit erfolgt hauptsächlich durch zwei Vorgänge: Geburt und Einbürgerung. Hinsichtlich des Erwerbs der Staasangehörigkeit durch Geburt sind zwei Grundprinzipien möglich: ius soli und ius sanguinis. Nach dem ius-soli-Prinzip erwirbt der Neugeborene die Staatsangehörigkeit desjenigen Landes, in dessen Staatsgebiet die Geburt erfolgt, unabhängig von der Staatsangehörigkeit der Eltern. Nach dem ius-sanguinis-Prinzip erwirbt der Neugeborene die Staatsangehörigkeit der Eltern oder eines Elternteils ohne Rücksicht auf den Ort der Geburt. Die meisten Staaten der Erde bekennen sich gegenwärtig zum ius-sanguinis-Prinzip. Nur einige südamerikanische Staaten halten an dem ius-soli-Prinzip fest. Es eignet sich vor allem für dünn besiedelte Einwanderungsländer, die ein Interesse daran haben, daß die Kinder der Einwanderer an die neue Heimat gebunden werden, auch wenn sich ihre Eltern noch nicht dazu entschlossen haben, die Staatsangehörigkeit des Einwanderungslandes anzunehmen.

Für das ius-soli-Prinzip ist der Ausdruck „Territorialitätsprinzip“ gebräuchlich, für das ius-sanguinis-Prinzip der Ausdruck „Personalitätsprinzip“. Daß das Völkerrecht beide Prinzipien zulassen muß, ergibt sich aus einer einfachen Überlegung. Wie im vorstehenden ausgeführt, lehnt sich das Völkerrecht an die Dreielementenlehre an. Neben dem Volk sind also

[13] Vgl. Rolf Grawert, Staat und Staatsangehörigkeit, Berlin 1973.

[14] Vgl. Clive Parry, The duty to recognise foreign nationality laws, ZaöRV 1958/59 (Bd. 19), S. 337 ff.; Walter Schätzel, Internationales Staatsangehörigkeitsrecht, Bonn 1962.

Gebiet und Staatsgewalt die Begriffselemente des Staates, die das Völkerrecht respektiert. Jeder Staat übt die Hoheitsgewalt auf seinem Gebiet aus. Er ist daher befugt, alle Vorgänge, die sich auf seinem Staatsgebiet abspielen, rechtlich zu regeln. Die Geburt eines Kindes ist ein solcher Vorgang. Diese Regelungsbefugnis findet ihre Grenzen an den völkerrechtlichen Rechten anderer Staaten, z.B. dem Gesandtschafts- und Konsularrecht. Die Staatsgewalt aber hat neben der territorialen Seite auch eine personale: jeder Staatsangehörige behält seine Rechte und Pflichten gegenüber seinem Heimatstaat, wenn er sich ins Ausland begibt. Freilich untersteht er im Ausland der Territorialhoheit desjenigen Staates, auf dessen Staatsgebiet er sich befindet, d.h. er muß die Gesetze des Gastlandes beachten und wird vom Gastland zur Rechenschaft gezogen, wenn er dies nicht tut. (Auch in dieser Beziehung bestehen gewisse Ausnahmen zugunsten der Personen mit Diplomatenstatus.) Gleichzeitig unterliegt er aber weiterhin den Gesetzen seines Heimatstaates. Zwar kann sein Heimatstaat während seines Auslandsaufenthalts keine Zwangsmaßnahmen gegen ihn ergreifen, aber das kann nach der Rückkehr ins Heimatland nachgeholt werden. Im Wege der internationalen Rechtshilfe können ferner auch Rechtsakte im Ausland gesetzt werden, vor allem die Zustellung von Ladungen, die Einvernehmung von Zeugen usw. (Ein großer Teil der Rechtshilfe betrifft allerdings das Privatrecht, z.B. die Eröffnung von Testamenten, die Übersendung von Gerichtsentscheidungen und dergl.). Eine solche Rechtshilfe ist jedoch nur auf der Grundlage eines Vertrages zwischen den beteiligten Staaten möglich.

Verweigert der im Ausland befindliche Staatsangehörige die Rückkehr in das Land seiner Staatsangehörigkeit, so kommt seine *Auslieferung* in Betracht. Die früher in der Völkerrechtswissenschaft vertretene Auffassung, es bestünde eine allgemeine Pflicht der Staaten zur Auslieferung von Verbrechern,[15] entspricht nicht mehr dem geltenden Völkerrecht. Danach kann eine Auslieferungspflicht stets nur durch einen völkerrechtlichen Vertrag begründet werden. Der Ausliefe-

[15] Vgl. Heinrich Lammasch, Auslieferungspflicht und Asylrecht, Leipzig 1887.

rungsvertrag umschreibt die „auslieferungsfähigen" Delikte, d.h. diejenigen Delikte, deren Begehung eine Auslieferungspflicht für den Staat begründet, auf dessen Gebiet sich der Täter aufhält. Die Entscheidung darüber, ob der Tatbestand eines solchen Delikts erfüllt ist oder nicht, steht dem Staat zu, an den sich das Auslieferungsbegehren richtet (sogenannte Qualifikationskompetenz). Wird dem Auslieferungsbegehren stattgegeben, so erfolgt die Auslieferung stets nur zum Zwecke der Untersuchung und Ahndung desjenigen Delikts, auf welches das Auslieferungsbegehren gestützt worden ist. Nur wegen dieses Delikts darf der Täter nach der Auslieferung vor Gericht gestellt werden (Grundsatz der Spezialität der Auslieferung).[16] In jedem Fall kann einem Auslieferungsbegehren die Berufung auf das Asylrecht entgegengehalten werden; denn das Asyl ist auf der Ebene des Völkerrechts ein Recht des Zufluchtsstaates.

Aus dem Nebeneinander von Territorialhoheit und Personalhoheit der Staaten ergeben sich zahlreiche Probleme, die um so schwieriger sind, je dichter die internationalen Verflechtungen werden, aus denen sich Auslandsaufenthalte von Einzelmenschen und die Gründung von Niederlassungen juristischer Personen im Ausland ergeben. Um Härten zu mildern, die sich aus der gleichzeitigen Anwendung der Gesetze des Aufenthaltslandes (bzw. des Landes der Niederlassung) und des Heimatlandes ergeben,[17] schließen die Staaten völkerrechtliche Verträge (Aufenthalts- und Niederlassungsverträge, Freundschaftsverträge, Handelsverträge, Doppelbesteuerungsabkommen usw.), die einen Bestandteil des Fremdenrechts der einzelnen Staaten bilden. Daneben gibt es noch ein allgemeines völkerrechtliches Fremdenrecht. Hierzu unten 4.3.

16 Vgl. Karl Becker, Zum Spezialitätsprinzip der Auslieferungsverträge, ZVR 1920 (Bd. 11), S. 230 ff.; Heinrich Meyer, Die Einlieferung, Bonn 1953, S. 108 ff.

17 Bei juristischen Personen tritt an die Stelle der Staatsangehörigkeit die Rechtsfähigkeit nach dem innerstaatlichen Recht eines bestimmten Landes, die durch die Eintragung in ein Register des betreffenden Landes manifestiert wird.

Wenn es in der Welt Staaten gibt, die sich zum ius-soli-Prinzip bekennen, und andere Staaten, die das ius-sanguinis-Prinzip anwenden, so führt das Nebeneinander der beiden Prinzipien manchmal zur Staatenlosigkeit, manchmal zur Doppelstaatigkeit. Staatenlosigkeit entsteht dann, wenn Eltern aus einem ius-soli-Land sich im Zeitpunkt der Geburt in einem ius-sanguinis-Land aufhalten. Doppelstaatigkeit entsteht, wenn Eltern aus einem ius-sanguinis-Land sich im Zeitpunkt der Geburt ihres Kindes in einem ius-soli-Land aufhalten; denn dann erwirbt das Kind mit der Geburt sowohl die Staatsangehörigkeit des Heimatlandes der Eltern als auch diejenige des Landes, in dem sich der Geburtsort befindet. Die Doppelstaatigkeit hat Vor- und Nachteile. Dagegen ist die Staatenlosigkeit ein bitteres Los. Ein russisches Sprichwort sagt: „Der Mensch besteht aus Leib, Seele und Paß." Ein Staatenloser erhält keinen Paß und demzufolge kein Visum, keine anderen Dokumente, keine Arbeitserlaubnis usw. Um das Los der Staatenlosen zu mildern, ist auf Anregung der UNO die Konvention über den Status der Staatenlosen vom 28. September 1954 geschlossen worden, die am 6. Juni 1960 in Kraft getreten ist.[18] Viele Staatenlose sind aber zugleich Flüchtlinge im Sinne der Flüchtlingskonvention vom 28. Juli 1951 (hierzu unten 4.3).

Die Staatenlosigkeit entsteht nicht nur durch ein unglückseliges Zusammenwirken der beiden Prinzipien für den Erwerb der Staatsangehörigkeit und durch „Vererbung" (denn die Kinder von Staatenlosen sind in einem ius-sanguinis-Land ebenfalls staatenlos), sondern vor allem durch Ausbürgerung und durch freiwilligen Verzicht auf die Staatsangehörigkeit. Oft wird ein solcher Verzicht vom Heimatland des Verzichtenden nicht anerkannt. Will der Verzichtende die Auslieferung an sein Heimatland verhindern, so muß er um politisches Asyl bitten und ist dann ein „de-facto-Staatenloser". Die UNO bemüht sich nicht nur, den Rechtsstatus der Staatenlosen zu verbessern, sondern sie versucht auch, das Übel der Staatenlosig-

[18] UNTS Bd. 360, S. 117; BGBl. 1976 II, S. 473.

keit an der Wurzel zu bekämpfen, indem sie ein völkerrechtliches Verbot der Ausbürgerung fordert. Art. 15 der Allgemeinen Erklärung der Menschenrechte vom 10. Dezember 1948 lautet: „Jeder Mensch hat Anspruch auf eine Staatsangehörigkeit. Niemandem darf seine Staatsangehörigkeit willkürlich entzogen noch ihm das Recht versagt werden, seine Staatsangehörigkeit zu wechseln." Die Allgemeine Erklärung der Menschenrechte hat zwar keine bindende Kraft, aber viele Staaten haben das Verbot der Ausbürgerung in ihre Verfassungen aufgenommen, darunter auch die Bundesrepublik Deutschland (Art. 16 Abs. 1 GG). Der internationale Pakt über bürgerliche und politische Rechte vom 19. Dezember 1966 bestimmt in Art. 24 Abs. 3: „Jedes Kind hat das Recht, eine Staatsangehörigkeit zu erwerben."

Erfolgt der Staatsangehörigkeitserwerb durch Geburt nach den Gesetzen eines Landes, so ist ein weiterer Hoheitsakt nicht nötig. In einem späteren Zeitpunkt ist dagegen zum Erwerb der Staatsangehörigkeit ein Hoheitsakt erforderlich, nämlich die Einbürgerung. Mit der oben erwähnten Einschränkung – Beachtung der Rechte anderer Staaten – gestattet das Völkerrecht den einzelnen Staaten, die Voraussetzungen für die Einbürgerung durch innerstaatliches Recht zu regeln. Völkerrechtswidrig sind zwei Arten der Einbürgerung: 1. die aufgezwungene Einzeleinbürgerung, 2. die willkürliche Masseneinbürgerung.

Die Einzeleinbürgerung setzt stets einen Antrag des Einzubürgernden voraus. Früher war dies die einzige vom Völkerrecht geforderte Voraussetzung. In einem Urteil vom 6. April 1955 entschied aber der Internationale Gerichtshof, daß die Staaten auch auf Antrag keine beliebigen Einbürgerungen vornehmen dürfen. Zur Begründung führte der Gerichtshof aus: „Die Staatsangehörigkeit ist ein rechtliches Band, das die Tatsache einer sozialen Zugehörigkeit, einer echten Verbundenheit von Existenz, Interessen und Empfindungen sowie des Bestehens gegenseitiger Rechte und Pflichten zur Grundlage hat. Sie ist sozusagen der juristische Ausdruck der Tatsache, daß die Einzelperson, der sie – entweder unmittelbar vom Gesetz oder durch Hoheitsakt – verliehen wird, wahrhaft eine engere Verbindung mit der Bevölkerung des die Staatsangehörigkeit verleihenden Staates hat als mit der eines jeden anderen Staates."[19]

Masseneinbürgerungen sind nur auf Grund eines völkerrechtlichen Vertrages zulässig, wie er im Falle eines Gebietswechsels zwischen dem gebietserwerbenden und dem gebietsabtretenden Staat abgeschlossen zu werden pflegt. In der Völkerrechtswissenschaft wird allerdings auch die Meinung vertreten, daß bereits der Abtretungsvertrag den Wechsel der Staatsangehörigkeit zur Folge hat.[20] Einige Autoren betonen lediglich die Verpflichtung des gebietserwerbenden Staates, den Bewohnern erworbener Gebiete seine Staatsangehörigkeit zu verleihen.[21] Seit der Mitte des 19. Jahrhunderts sind aber bei allen Gebietsveränderungen die staatsangehörigkeitsrechtlichen Probleme entweder in dem die Gebietshoheit ändernden Vertrag selbst (in der Regel ein Zessionsvertrag oder ein Friedensvertrag) oder in einem auf seiner Grundlage geschlossenen eigenen Vertrag geregelt worden.[22] Dabei war es selbstverständlich, daß die auf dem erworbenen Gebiet lebenden Menschen ihre Wohnsitze behielten und die Staatsangehörigkeit des gebietserwerbenden Staates verliehen bekamen, so-

19 International Court of Justice, Report of Judgements, Advisory Opinions and Orders 1955, S. 23; hierzu Heribert Golsong, Nationalité et protection diplomatique; A propos de l'affaire Nottebohm, JIR 1957/58 (Bd. 8), S. 258 ff.; Erwin Loewenfeld, Der Fall Nottebohm. Ein Beitrag zur Rechtsprechung des Internationalen Gerichtshofes im Haag, AVR 1955/56 (Bd. 5), S. 387 ff.; Jacques Maury, L'arrêt Nottebohm et la condition de nationalité effective, RabelsZ 1958 (Bd. 23), S. 515 ff.; Alexander N. Makarov, Das Urteil des Internationalen Gerichtshofs im Fall Nottebohm, ZaöRV 1955/56 (Bd. 16), S. 407 ff. Der Fall betraf die Einbürgerung eines in Guatemala lebenden Deutschen im Fürstentum Liechtenstein.

20 Vgl. Hansjörg Jellinek, Der automatische Erwerb und Verlust der Staatsangehörigkeit durch völkerrechtliche Vorgänge, Berlin 1951 (Beiträge zum ausländischen öffentlichen Recht und Völkerrecht, Heft 27), S. 66; Alexander N. Makarov, Staatsangehörigkeit, WVR III, S. 328.

21 So Erich Kaufmann, Règles générales du droit de la paix, RdC 1935/IV (Bd. 54), S. 373.

22 Vgl. Alexander N. Makarov, Allgemeine Lehren des Staatsangehörigkeitsrechts, 2. Aufl. Stuttgart 1962, S. 141.

fern sie keinen entgegenstehenden Willen bekundeten. Eine derartige Willensbekundung wird „Option" genannt. Das Optionsrecht, d.h. das Recht, sich entweder für die Beibehaltung der bisherigen Staatsangehörigkeit oder den Erwerb der Staatsangehörigkeit des neuen Inhabers der Gebietshoheit zu entscheiden, ist seit der Mitte des 19. Jahrhunderts in allen gebietsverändernden Verträgen (darunter auch den Friedensverträgen nach dem Ersten Weltkrieg, durch die große Gebietsveränderungen bewirkt wurden) normiert worden. In der Regel war allerdings die Entscheidung für die Beibehaltung der alten Staatsangehörigkeit mit der Pflicht verbunden, den angestammten Wohnsitz zu verlassen und sich in das Restgebiet des alten Heimatstaates zu begeben.

Die *Option* ist eine individuelle Entscheidung über die Beibehaltung der alten Staatsangehörigkeit im Falle eines Gebietswechsels. Sie wird von den Einzelpersonen auf Grund und nach Maßgabe eines darüber geschlossenen völkerrechtlichen Vertrages ausgeübt. Hiervon zu unterscheiden ist das *Plebiszit*, d.h. die Abstimmung der ganzen Bevölkerung eines bestimmten Gebiets darüber, ob ein Gebietswechsel stattfinden soll oder nicht. Entscheidet sich die Mehrheit der Bevölkerung für den Gebietswechsel, so ist damit noch keineswegs der Gebietswechsel eingetreten. Hierzu bedarf es vielmehr eines völkerrechtlichen Vertrages zwischen dem abtretenden und dem erwerbenden Staat, der dann seinerseits Bestimmungen über die Staatsangehörigkeit und das Optionsrecht enthält oder einen Staatsangehörigkeits- und Optionsvertrag vorbereitet.[23]

Erwerb und Verlust von *Staatsgebiet* haben in der Völkerrechtsgeschichte eine große Rolle gespielt. Gerade auf diesem wichtigen Gebiet hat der Wandel des Völkerrechts von der Kriegsfreiheit zum Kriegsverbot bedeutsame Veränderungen hervorgebracht. Bevor aber die völkerrechtlichen Regeln über Erwerb und Verlust von Staatsgebiet behandelt werden, muß Klarheit über die allgemeinen völkerrechtlichen Regeln bezüg-

23 Vgl. Josef L. Kunz, Die völkerrechtliche Option, Breslau, Bd. 1, 1925, S. 91 ff.; Josef L. Kunz, L'option de nationalité, RdC 1930/I (Bd. 31), S. 107 ff.; Hans Wehberg, Plebiszit und Optionsklausel, München-Gladbach 1915.

lich der Ausdehnung des Staatsgebiets geschaffen werden. Zu unterscheiden sind drei Räume: Land, Meer und Luftraum. Zum Landgebiet gehören auch die Binnengewässer (Flüsse und Seen).

3.2.6 *Das Staatsgebiet*

Die Ausdehnung des Staatsgebiets auf dem *Land* ist am Verlauf der Grenze zu erkennen. Im Grunde genommen handelt es sich dabei allerdings nur um die Sichtbarmachung der Grenze; denn die Grenze selbst ist ein juristischer Begriff. Ihre Funktion ist nicht die Trennung von Menschen und Dingen, sondern die Trennung der räumlichen Anwendungsbereiche zweier Normensysteme. Diese Trennung wird auf der Erdoberfläche als Linie markiert; sie setzt sich jedoch unterhalb derselben theoretisch bis zum Erdmittelpunkt sowie im Luftraum („Luftgrenze") fort. Auch im physischen Sinn ist daher die Grenze keine Linie, sondern eine Fläche.

Der durch die Luftgrenzen umschlossene Luftraum gehört zum Staatsgebiet. Das gesamte Staatsgebiet ist somit keine Fläche, sondern ein Raum. In den Anfangsjahren der Fliegerei hatte man versucht, in Anlehnung an das Prinzip der Meeresfreiheit auch die Luftfreiheit im Völkerrecht durchzusetzen. Aber bereits die erste internationale Regelung der Luftfahrt, die Pariser Konvention von 1919, bekannte sich zu dem Grundsatz, daß jeder Staat „vollständige und ausschließliche Staatsgewalt im Luftraum über seinem Gebiet" ausübt. Dieses Prinzip, das sich trotz anfänglicher Gegenströmungen bald durchsetzte, bereitet der internationalen Luftfahrt erhebliche Schwierigkeiten; denn jedes Flugzeug benötigt zum Überfliegen (juristisch exakter: zum Durchfliegen) einer jeden internationalen Grenze eine Genehmigung. Die Erteilung dieser Genehmigungen wird erleichtert durch Luftfahrtabkommen für bestimmte Linien oder einen genau bezeichneten Charterverkehr. Den Rahmen für das dichte Netz der Luftfahrtabkommen, das heute die Erde umspannt, bildet ein aus fünf Konventionen bestehendes Vertragswerk, das im Jahre 1944 in Chikago ausgearbeitet wurde. Die beiden wichtigsten dieser völkerrechtlichen Verträge sind das Abkommen über die internationale Zivilluftfahrt[24] und die Vereinbarung über den Durchflug im internationalen Fluglinienverkehr.[25] Die Begrenzung des Luftraums nach oben ist noch immer problematisch. Jedoch besteht Einigkeit darüber, daß der Weltraum nicht zum Gebiet irgendeines Staates gehört. (Vgl. unten 11.3)

Vom *Meer* gehört nur ein kleiner Teil zum Staatsgebiet, nämlich das sogenannte Küstenmeer oder die Küstengewässer. Die Staatsgrenze eines an das Meer grenzenden Staates verläuft nicht am Strand, sondern in einer gewissen Entfernung vom Ufer im Meer selbst. Zwischen dieser Grenze und dem Festlandufer liegen die Küstengewässer. Sobald ein Schiff in die Küstengewässer einfährt, befindet es sich im Gebiet des Uferstaates. Dieser Augenblick ist mit Hilfe der modernen Navigationsgeräte leicht festzustellen, obwohl die Markierung der Staatsgrenze im Wasser kaum möglich ist.

Über die Ausdehnung der Küstengewässer gibt es im Völkerrecht keine einheitliche Regelung. Traditionell beanspruchten die meisten Uferstaaten nur die sogenannte „Dreimeilenzone" als Staatsgebiet. Es handelt sich dabei allerdings um Seemeilen (1,85 km). Nach der Konvention vom 29.4.1958[26] dürfen die Küstengewässer bis zu 12 Seemeilen ausgedehnt werden. Dasselbe bestimmt Art. 3 des Entwurfs der neuen Seerechtskonvention (vgl. unten 11.1). Von der Küste aus wird die Distanz nach dem tiefsten Stand bei Tiefebbe berechnet. Flußmündungen und Buchten bis zu einer Breite von 24 Seemeilen werden nicht mitgerechnet; sie gehören – neben Binnengewässern und Häfen – zu den sogenannten Eigengewässern. Ist eine Inselkette der Küste so vorgelagert, daß sie die Küstenlinie bezeichnet, so gilt diese Linie als Ausgangspunkt für die Berechnung der Ausdehnung der Küstengewässer. Liegt eine Insel oder Inselgruppe weiter vom Ufer entfernt, so besteht um sie herum ein entsprechendes Küstengewässer als Teil des Staatsgebiets, das aber durch einen Streifen hohen Meeres (vgl. unten 11.1) von dem übrigen Staatsgebiet getrennt ist.

24 BGBl. 1956 II, S. 411.
25 BGBl. 1956 II, S. 442.
26 Konvention vom 29.4.1958 über das Küstenmeer und die Anschlußzone, UNTS, Bd. 516, S. 205.

Es ist anerkannt worden, daß die Uferstaaten ein besonderes Interesse an einer weiteren Meereszone haben können (Fischereirechte, Bekämpfung des Schmuggels, Umweltschutz). Deshalb gestattet Art. 24 Abs. 2 der Konvention vom 29. April 1958 die Errichtung einer „Anschlußzone" von einer Breite bis zu 12 Seemeilen, beginnend an der Basislinie, von der aus die Breite der Küstengewässer gemessen wird. Diejenigen Staaten, die ihre Küstengewässer bis zu 12 Seemeilen ausgedehnt haben, können daher keine weitere Anschlußzone errichten. Sind die Küstengewässer 3 Seemeilen breit, so bleiben für die Anschlußzone noch 9 Seemeilen. Jedoch sind die Staaten nur berechtigt, nicht aber verpflichtet, eine Anschlußzone zu errichten.[27]

Häufig führen internationale Schiffahrtswege durch Küstengewässer. Da diese zum Staatsgebiet der Uferstaaten gehören, müßten an sich Einzel- oder Sammelgenehmigungen für die durchfahrenden Schiffe beantragt und erteilt werden. Zur Erleichterung der internationalen Schiffahrt hat sich jedoch im allgemeinen Völkerrecht das „Recht der friedlichen Durchfahrt" herausgebildet. Es gibt den Schiffen, die auf der Reise zwischen zwei Ländern durch die Küstengewässer eines dritten Landes fahren, ohne einen Hafen dieses Landes anzulaufen, das Recht, die Küstengewässer ohne besondere Genehmigung zu benutzen. Der Ausdruck „friedliche" Durchfahrt erklärt sich daraus, daß dieses Recht nur für solche Schiffe gilt, die sich nicht auf der Fahrt zu einem Kriegsschauplatz oder zu einer Gefechtsübung befinden oder gar die Küstengewässer selbst als Kriegsschauplatz oder Schauplatz einer Gefechtsübung benutzen wollen. Dies gilt für Kriegsschiffe ebenso wie für Handelsschiffe.

Der *Luftraum* über den Küstengewässern gehört zum Staatsgebiet. Mit einem Recht des friedlichen Durchflugs ist er nicht belastet.

Vor einigen Küsten, darunter insbesondere die Küsten Nordamerikas und Europas, senkt sich der Meeresboden

27 Vgl. Max Ivers Kehden, Die Inanspruchnahme von Meereszonen und Meeresbodenzonen durch Küstenstaaten, 2. Aufl. Frankfurt/M. – Berlin 1971.

nicht steil zur Tiefsee ab, sondern bleibt zunächst noch relativ flach. Diese Landmasse, die unter dem hohen Meer liegt, also außerhalb des Staatsgebiets, wird *Kontinentalsockel* oder *Festlandsockel* genannt. In Anlehnung an das englische Wort „continental shelf" findet sich auch manchmal der Ausdruck „Kontinentalschelf". Über seinen Rechtsstatus machte sich niemand Gedanken, solange nicht bekannt war, daß er Bodenschätze (vor allem Öl und Erdgas) birgt, die mit den vorhandenen Mitteln der Technik gefördert werden können.

Seitdem die USA in der „Schelfproklamation" vom 28. September 1945 ihre Gebiethoheit auf den vor ihren Küsten liegenden Festlandsockel ausgedehnt haben, hat sich im Völkerrecht der Grundsatz durchgesetzt, daß der Festlandsockel zum Staatsgebiet der Uferstaaten gehört. Einzelheiten regelt die Genfer Konvention über den Festlandsockel vom 29. April 1958[28]. Als Festlandsockel gilt nach Art. 1 der Konvention der Meeresboden und Meeresuntergrund überall dort, wo die Wassertiefe über dem Meeresboden 200 Meter nicht übersteigt oder soweit eine Ausbeutung der Naturschätze technisch möglich ist. Das schwierigste Problem stellte die Aufteilung des Festlandsockels unter die verschiedenen Uferstaaten dar. Dort, wo der Festlandsockel vor einer langgestreckten Küste liegt und dann zur Tiefsee abfällt (wie vor der Küste Nordamerikas), ist die Abgrenzung der Anteile der Uferstaaten leicht: sie folgt einer Linie, die im rechten Winkel von dem Punkt ausgeht, an dem die Grenze zwischen den beiden Ländern das hohe Meer berührt. Schwieriger ist die Lage bei einem Binnenmeer oder einem Meeresteil mit gegenüberliegenden Ufern verschiedener Staaten.[29] Hier muß außer der seitlichen

28 UNTS Bd. 499, S. 311.

29 Vgl. S.H. Amin, Law of the continental shelf delimitation: the Gulf example, NILR 1980, S. 335 ff.; R.L. Anderson, Jurisdiction and the politics of restrictive interpretation: the Aegean Sea continental shelf case, Greece v. Turkey, Cambridge (Mass.) 1980; M.D. Blecher, Equitable Delimitation of Continental Shelf, AJIL 1979 (Bd. 73), S. 60 ff.; A.E. Boyle, The law of treaties and the anglo-french continental shelf arbitration, ICLQ 1980, S. 498 ff.; E.D. Brown, The anglo-french continental shelf case, YBWA 1979, S. 304 ff.; Eckart Busch,

Begrenzung auch eine Endbegrenzung des Festlandsockel-Anteils der einzelnen Uferstaaten festgelegt werden.

Vor diesem Problem standen die Uferstaaten der Nordsee, die sich nahezu vollständig über dem europäischen Kontinentalsockel befindet. (Nur vor der norwegischen Küste ragt ein

Der Festlandsockel im Schnittpunkt von Meeresfreiheit und Staatensouveränität, IRuD 1967, S. 79 ff.; David A. Colson, The United Kingdom – France Continental Shelf Arbitration, AJIL 1978 (Bd. 72), S. 95 ff.; David A. Colson, The United Kingdom – France Continental Shelf Arbitration: Interpretive Decision of March 1978, AJIL 1979 (Bd. 73), S. 112 ff.; Bernhard Erkki, Der Festlandsockel im Recht der Europäischen Gemeinschaften, München 1982; Ludwik Gelberg, Rechtsfragen des Festlandsockels in der Ostsee, in: Fs f. Eberhard Menzel, Berlin 1975, S. 519 ff.; Leo Gross, The dispute between Greece and Turkey concerning the continental shelf in the Aegean, AJIL 1977 (Bd. 71), S. 31 ff.; Ulf-Dieter Klemm, Die seewärtige Grenze des Festlandsockels, Berlin–Heidelberg–New York 1976; D.M. McRae, Delimitation of the continental shelf between the United Kingdom and France: the Channel Arbitration, CYIL 1977, S. 173 ff.; M.K. Nawaz, The North Sea continental shelf cases revisited, IJIL 1975, S. 506 ff.; Karin Oellers-Frahm, Die Entscheidung des Internationalen Gerichtshofes im griechisch-türkischen Streit um den Festlandsockel in der Aegaeis, AVR 1979, S. 377 ff.; Jean-Pierre Quéneudec, L'affaire de la délimitation du Plateau Continental entre la France et le Royaume-Uni, RGDIP 1979, S. 53 ff.; Sang Myon Rhee, Sea Boundary Delimitation between states before World War II, AJIL 1982 (Bd. 76), S. 555 ff.; Francis Rigaldies, L'affaire de la délimitation du plateau continental entre la République française et le Royaume-Uni de Grande-Bretagne et d'Irlande du Nord, JDI 1979, S. 506 ff.; R.T. Robol, The Aegean Sea Continental Shelf Case, HILJ 1977, S. 649 ff.; Bernd Rüster, Die Rechtsordnung des Festlandsockels, Berlin 1977; Bernd Rüster, Das britisch-französische Schiedsverfahren über die Abgrenzung des Festlandsockels: Die Entscheidungen vom 30. Juni 1977 und vom 14. März 1978, ZaöRV 1980, S. 803 ff.; F. Schröer, Staatliche Gebietshoheit und die verfassungsrechtlichen Verhältnisse am deutschen Festlandsockel, RIW 1978, S. 507 ff.; H. Uskio, A study on the formative process of the legal regime of the continental shelf, JLP 1980, S. 77 ff.; Wilhelm Wengler, Abgrenzung des Festlandsockels zwischen benachbarten Staaten, NJW 1969, S. 965; Wilhelm Wengler, Der Internationale Gerichtshof und die Abgrenzung des Meeresbodens im Mittelmeer, NJW 1982, S. 1198 f. Heinz Bodo Wilke, Abgrenzung des Festlandsockels der Nordsee, Essen 1980; E. Zoller, L'affaire de la délimitation du plateau continental entre la Republique Française et le Royaume-Uni de Grande-Bretagne et d'Irlande du Nord: décision du 30 juin 1977, AFDI 1977, S. 359.

Tiefseegraben in die Nordsee hinein, der Norwegen vom Festlandsockel abschneidet. Die Uferstaaten waren sich aber darin einig, daß es unbillig wäre, Norwegen von der Verteilung des Festlandsockels auszuschließen.)

In Art. 6 der Genfer Konvention vom 29. April 1958 über den Festlandsockel wurde das sogenannte Äquidistanzprinzip zur Grundlage der Aufteilung gemacht. Danach sind vom geographischen Mittelpunkt der Nordsee jeweils Linien zu denjenigen Punkten zu ziehen, an denen die Grenzen der Uferstaaten das hohe Meer erreichen. Der zwischen diesen Linien entstehende Sektor bildet die „Äquidistanzfläche", d.h. den Anteil des betreffenden Uferstaates am Festlandsockel unter der Nordsee. Durch dieses Prinzip wurde die Bundesrepublik Deutschland benachteiligt, weil ihre Nordseeküste sich nach innen wölbt, so daß ihr Sektor im Verhältnis zur Gesamtlänge der deutschen Nordseeküste sehr klein ist, während die Anteile von Dänemark und Holland wegen der günstigeren Küstenlinie dieser Staaten entsprechend größer ausfielen. Da eine gütliche Einigung nicht zu erzielen war, legten die drei genannten Staaten die Streitfrage dem Internationalen Gerichtshof im Haag vor, der mit Urteil vom 20. Februar 1969 entschied, daß die Anwendung des Äquidistanzprinzips nicht zwingend vorgeschrieben sei, und die Parteien anwies, die Abgrenzung „in Übereinstimmung mit den Prinzipien der Billigkeit durchzuführen, wobei alle wesentlichen Umstände in der Weise zu berücksichtigen sind, daß jeder Partei soweit wie möglich alle Teile des Festlandsockels überlassen werden, die eine natürliche Verlängerung ihres Landgebietes in oder unter der See darstellen, soweit dies ohne Beeinträchtigung der natürlichen Fortsetzung des Landgebietes einer anderen Partei möglich ist".[30] In Ausführung dieses Urteils schloß die BRD am 28.

[30] Text des Urteils in JIR 1969 (Bd. 14), S. 13 ff.; hierzu F.M. Auburn, The North Sea Continental Shelf Boundary Settlement, Archiv des Völkerrechts 1973, S. 28 ff.; Etienne Grisel, The lateral boundaries of the Continental Shelf and the judgment of the International Court of Justice in the North Sea Continental Shelf Cases, AJIL 1970 (Bd. 64), S. 562 ff.; R. Y. Jennings, The limits of Continental Shelf jurisdiction: some possible implications of the North Sea case judgment, ICLQu 1969,

Januar 1971 in Kopenhagen bilaterale Verträge mit Dänemark, Großbritannien und den Niederlanden über die Abgrenzung ihres Anteils am Festlandsockel unter der Nordsee[31] und konnte dadurch ihr Staatsgebiet erheblich vergrößern.

3.2.7 Erwerb und Verlust von Staatsgebiet

Das gegenwärtige Völkerrecht kennt drei Arten des Gebietserwerbs: Okkupation, Ersitzung (Präskription) und Zession.

Unter *Okkupation* versteht man die Inbesitznahme eines Gebietes, das bisher nicht die Rechtsqualität von Staatsgebiet hatte. Diese Form des Gebietserwerbs praktizierten die europäischen Staaten noch im 19. Jahrhundert in Afrika und Asien. Im 20. Jahrhundert wurden, wie oben dargelegt, die den Kontinenten vorgelagerten Festlandsockel von den Uferstaaten

S. 819 ff.; Eberhard Menzel, Der Festlandsockel der Bundesrepublik Deutschland und das Urteil des Internationalen Gerichtshof vom 20. Februar 1969, JIR 1969 (Bd. 14), S. 13 ff. Zur Gesamtproblematik einschließlich der Vorgeschichte des Rechtsstreits vgl. Viktor Böhmert, Natur und Umfang der der Bundesrepublik Deutschland am Kontinentalschelf zustehenden Rechte, IRuD 1967, S. 101 ff.; Wolfgang Friedmann, The North Sea Continental Shelf Cases-A Critique, AJIL 1970 (Bd. 64), S. 229 ff.; Jochen A. Frowein, Verfassungsrechtliche Probleme um den deutschen Festlandsockel, ZaöRV 1965 (Bd. 25), S. 1 ff.; Eberhard Menzel, Der deutsche Festlandsockel in der Nordsee und seine rechtliche Ordnung, AöR 1965 (Bd. 90), S. 1 ff.; Fritz Münch, Akte über den Festlandsockel in Nord- und Ostsee, ZaöRV 1964 (Bd. 24), S. 167 ff.: Fritz Münch, Weitere Akte über den Festlandsockel in Nord- und Ostsee, ZaöRV 1964 (Bd. 24), S. 625 ff.; Fritz Münch, Die Anrufung des Internationalen Gerichtshofs durch die Bundesrepublik Deutschland und ihre Nachbarn in Fragen der Abgrenzung des Festlandsockels in der Nordsee, ZaöRV 1967 (Bd. 27), S. 725 ff.; Fritz Münch, Das Urteil des Internationalen Gerichtshofes vom 20. Februar 1969 über den deutschen Anteil am Festlandsockel in der Nordsee, ZaöRV 1969 (Bd. 29), S. 455 ff.; Ingo v. Münch, Die Ausnutzung des Festlandsockels vor der deutschen Nordseeküste, AVR 1963/64 (Bd. 11), S. 393 ff.; Dedo v. Schenck, Die Festlandsockel-Proklamation der Bundesregierung vom 20. Januar 1964, Festschrift Peter Pfeiffer, Düsseldorf–Wien 1965, S. 485 ff; Dedo v. Schenck, Die vertragliche Abgrenzung des Festlandsockels unter der Nordsee zwischen der Bundesrepublik Deutschland, Dänemark und den Niederlanden nach dem Urteil des IGH vom 20.2.1969, JIR 1971 (Bd. 15), S. 370 ff.

[31] BGBl. 1972/II, S. 881.

durch Okkupation erworben. Die einzige Okkupationsmöglichkeit auf der Erdoberfläche würde die Antarktis bieten, für die in der Vergangenheit mehrere Staaten Gebietsansprüche angemeldet hatten. Durch den Antarktisvertrag vom 1. Dezember 1959[32] ist aber die Okkupation von Staatsgebiet in der Antarktis verboten worden. Dieser Kontinent soll vielmehr allein der friedlichen, wissenschaftlichen Nutzung vorbehalten bleiben.

Die *Ersitzung* von Staatsgebiet hat noch zu keiner Zeit eine bedeutende Rolle gespielt. Da sich in der Regel leicht feststellen läßt, zu welchem Staat ein bestimmtes Gebiet gehört, sind Fälle, in denen ein Staat gutgläubig ein fremdes Gebiet als sein Staatsgebiet behandelt, äußerst selten. Einige Fälle dieser Art haben sich in unwegsamen südamerikanischen Urwaldgebieten ereignet, in denen die Grenzlinie auf den vorhandenen Karten unrichtig eingetragen war oder die örtlichen Behörden den Verlauf der Grenze nicht kannten. In Schiedsgerichtsurteilen über diese Fälle ist die auf Grotius zurückgehende Formel vom „Besitz seit unvordenklicher Zeit" verwendet worden. Wichtig ist, daß es sich um einen gutgläubigen Besitz handelt. Die Gutgläubigkeit wird dadurch ausgeschlossen, daß derjenige Staat, zu dessen Gebiet der betreffende Teil der Erdoberfläche gehört, gegen die widerrechtliche Ausübung der Gebietshoheit durch den anderen Staat protestiert.

Gebietsstreitigkeiten wegen unklaren Sachverhalts sind deshalb in der modernen Staatenwelt selten geworden. Einer dieser seltenen Fälle ist der Streit um die Falkland-Inseln (Malvinen), der im Frühjahr 1982 sogar zu einem bewaffneten Konflikt zwischen Argentinien und Großbritannien führte. Die Inseln waren am 5. April 1764 von dem französischen Seefahrer de Bougainville aus St. Malo (deshalb die Bezeichnung „Les Malouines") für Frankreich in Besitz genommen worden. Spanien beanspruchte sie jedoch auf Grund seines Monopolanspruchs im Südatlantik. Um weiteren diplomatischen Verwicklungen zu entgehen, verkaufte Frankreich die Inseln 1767 an Spanien. In der Zwischenzeit, nämlich am 17. Januar 1765, waren aber auch Engländer auf den Inseln gelandet und hatten

[32] UNTS Bd. 402, S. 71. BGBl. 1978 II, S. 1517.

dort eine Siedlung errichtet. Vergeblich versuchte Spanien nach dem Kaufvertrag mit Frankreich, Großbritannien zur Anerkennung seiner Souveränität über die Falkland-Inseln zu veranlassen. Als 1816 Argentinien von der spanischen Kolonialmacht unabhängig wurde, übernahm es auch den Souveränitätsanspruch bezüglich der Falkland-Inseln und errichtete 1820 auf den Inseln, von denen sich die Engländer 1774 wieder zurückgezogen hatten – ohne ihre Gebietsansprüche formell aufzugeben –, eine argentinische Verwaltung. Kurz danach begann auch eine argentinische Siedlungstätigkeit, die aber alsbald auf britischen Protest stieß. Am 2. Januar 1833 verschaffte sich eine englische Streitmacht gewaltsam Zutritt zu den Inseln und zwang den von Argentinien (damals noch „Vereinigte Provinzen vom Rio de la Plata") eingesetzten Gouverneur zwei Tage später, die Inseln zu verlassen. Seither besiedelte und verwaltete Großbritannien die Inseln, zuletzt mit dem Status einer Kronkolonie. Argentinien protestierte dagegen in regelmäßigen Abständen. Am 2. April 1982 besetzte eine argentinische Streitmacht die Inseln, die zu diesem Zeitpunkt von etwa 1800 britischen Einwohnern bewohnt war (der Zuzug von Argentiniern war von Großbritannien stets verboten worden). Wenige Wochen später wurde die Insel von britischen Truppen erobert, die den vor der argentinischen Besetzung bestehenden Zustand wiederherstellten. Die Rechtsfragen der rechtmäßigen Gebietshoheit über die Inseln und der Konsequenzen aus der Anwendung des Selbstbestimmungsrechts wurden damit nicht gelöst.[33]

[33] Dieter Blumenwitz, Falkland oder Malvinas?, ZP 1982, S. 318 ff.; Houchang E. Chehabi, Die Falkland-Affäre – ein Einzelfall?, in „Aus Politik und Zeitgeschichte" B 46/82, 1982, S. 33 ff.; Detlev Chr. Dicke, Der Streit um die Falkland-Inseln oder Malvinen, in: Fs f. H.U. Scupin, Berlin 1983, S. 429 ff; Dokumente zum Konflikt um die Falkland-Inseln, EA 1982, S. D 473 ff.; Julius Goebel, The Struggle for the Falkland Islands. A study in legal and diplomatic history, Washington–London 1971; Bernd Hillekamps, Der Streit um die Falklandinseln, Köln 1978; Lutz Jasper, Das Völkerrecht und die Falklandinseln, MDR 1982, S. 812 ff.; R. Johnson, The future of the Falkland Islands, World Today 1977 (Bd. 33), S. 223 ff.; Raphael Perl, Hrsg., The Falkland Islands Dispute in International Law

Die weitaus wichtigste Rechtsgrundlage des Gebietserwerbs ist die *Zession*, d.h. der Erwerb durch einen völkerrechtlichen Vertrag mit demjenigen Staat, von dem das Gebiet erworben wird. Der erwerbende Staat ist der Zessionar, der das Gebiet abtretende Staat ist der Zedent. Der ganze Vorgang wird häufig auch als „Gebietsabtretung" bezeichnet.

Gebietsabtretungen können in den verschiedensten Verträgen vereinbart werden. Einfache Kaufverträge – wie etwa der Verkauf Alaskas an die USA durch das zaristische Rußland – sind allerdings selten geworden. Häufiger sind Gebietsabtretungen im Zuge von Grenzbereinigungen. Am häufigsten aber finden sich Zessionsbestimmungen in Friedensverträgen. Nach bisher herrschender Lehre sind auch Friedensverträge, obwohl sie unter extrem ungleichen Machtverhältnissen zustande kommen, normale völkerrechtliche Verträge, die von den Vertragspartnern loyal zu erfüllen sind. Unter der Geltung des Gewaltverbots kann jedoch den unter Zwang zustande gekommenen Verträgen keine Gültigkeit zugesprochen werden (vgl. unten 13.2.5). Dies muß auch für den Friedensvertrag gelten, den ein siegreicher Aggressor dem Besiegten aufzwingt.

Scharf von der Zession zu unterscheiden ist die *Annexion*. Sie ist ein einseitiger Rechtsakt eines Staates, durch den dieser fremdes Staatsgebiet zu seinem eigenen macht. Unter der Geltung des klassischen Völkerrechts (vgl. oben 2.4) stand den souveränen Staaten das Recht der Annexion zu, wenn sie in einem Krieg den Gegner militärisch völlig niedergerungen und seine Staatsgewalt vernichtet hatten. Die Herbeiführung dieser Situation war häufig der eigentliche Kriegsgrund. Die „Annexionsfreiheit" war daher untrennbar mit der „Kriegsfreiheit", d.h. dem ius ad bellum, verknüpft. Als Folge des grundlegenden Wandels im Völkerrecht des 20. Jahrhunderts (vgl. oben

and Politics. A Documentary Sourcebook, Dobbs Ferry 1983; Seymour J. Rubin, The Falklands (Malvinas), International Law, and the OAS, AJIL 1982 (Bd. 76), S. 594 f.; Wolfgang Wagner, Der Konflikt um die Falkland-Inseln, EA 1982, S. 509 ff.; Hermann Weber, „Falkland-Islands" oder „Malvinas"? Der Status der Falklandinseln im Streit zwischen Großbritannien und Argentinien, Frankfurt/M. 1977; Hermann Weber, Recht und Gewalt im Südatlantik. Der Streit um die Falklandinseln (Malwinen) als Völkerrechtsproblem, VN 1982, S. 77 ff.

2.5) ist die Annexion als Gebietserwerbstitel beseitigt worden. Wie früher aus der Kriegsfreiheit die Annexionsfreiheit folgte, folgt heute aus dem Kriegsverbot das Annexionsverbot. Um klarzustellen, daß Ausnahmen vom Annexionsverbot nicht zulässig sind, fügt ein Autor hinzu: „Und dieses Annexionsverbot muß allgemein gelten und darf nicht nur gegen den ursprünglichen Angreifer gerichtet sein. Mit anderen Worten: das Kriegsverbot muß von einem generell wirkenden Annexionsverbot begleitet sein. Das bedeutet wiederum, daß die Annexion als legitimer Gebietserwerbstitel nicht mehr besteht.“[34]

Zehn Jahre später prägte derselbe Autor den Begriff der „Gegen-Annexion“, die er zwar nicht ausdrücklich für zulässig erklärte, aber als „Abschreckungsmittel gegen Aggressionen“ empfahl.[35] Als Gegen-Annexion bezeichnete er die von einem siegreich gebliebenen Angegriffenen nach Kriegsende gegen den besiegten Staat erklärte Annexion. Ihre Problematik hat in der Erörterung der Ostverträge (d.h. des Moskauer Vertrags vom 12. August 1970 und des Warschauer Vertrags vom 7. Dezember 1970) eine gewisse Rolle gespielt,[36] weil ein Teil der Interpreten die territorialen Bestimmungen dieser Verträge als Anerkennung einer Annexion betrachten wollten. Jedoch fand die Lehre von der Gegen-Annexion keine Zustimmung. Da die abschreckende Wirkung auf den potentiellen Aggressor auch durch die Tatsache erreicht wird, daß er im Falle einer Niederlage zu einer Zession verpflichtet werden kann, ist nicht einzusehen, warum ausgerechnet dasjenige Rechtsinstrument, das am engsten mit dem System der Kriegsfreiheit zusammenhängt, wiederaufleben sollte.

Zweifelhaft ist ferner die Bedeutung der *Adjudikation* als Gebietserwerbstitel. Unter Adjudikation im engeren Sinn ver-

[34] Eberhard Menzel, Völkerrecht, München und Berlin 1962, S. 178, so auch E. Wehser in Menzel-Ipsen, Völkerrecht, 2. Aufl. München 1979, S. 159 f.

[35] Eberhard Menzel, Verfassungswidrigkeit der Ostverträge von 1970?, DÖV 1971, S. 374 f.

[36] Vgl. Otto Kimminich, Der Moskauer Vertrag, 2. Aufl. Hamburg 1973, S. 47 ff.; Eberhard Menzel, Verfassungswidrigkeit der Ostverträge von 1970?, DÖV 1971, S. 374 f.

steht man die Entscheidung eines internationalen Gerichts oder Schiedsgerichts. Normalerweise treffen internationale Gerichte oder Schiedsgerichte in Gebietsstreitigkeiten nur Feststellungen über den bestehenden Rechtszustand. Die Entscheidungen sind keine Gebietserwerbstitel, sondern nur Bestätigungen oder Zurückweisungen von Ansprüchen, die auf andere Gebietserwerbstitel gestützt werden. Ausnahmsweise können aber zwei Staaten ein internationales Gericht oder Schiedsgericht damit beauftragen, die Zuteilung eines strittigen Gebiets nach Billigkeit auszusprechen. In diesem Fall wäre der Gerichtsentscheid ein völkerrechtlicher Gebietserwerbstitel. Fälle dieser Art haben sich jedoch in der Zeit nach dem Ersten Weltkrieg nicht ereignet.

Im weiteren Sinn wird unter Adjudikation die Entscheidung einer Großmächtekonferenz über eine Gebietsabtretung verstanden. Im 19. Jahrhundert, als die Großmächte im europäischen Konzert für sich das Recht in Anspruch nahmen, über das Schicksal der kleineren Staaten zu entscheiden, waren derartige Adjudikationen keine Seltenheit. Die Völkerrechtsordnung des 20. Jahrhunderts aber kennt eine solche Vorrangstellung der Großmächte nicht mehr. Zwar tragen sie auf Grund ihrer militärischen und wirtschaftlichen Stärke eine besondere Verantwortung für den Weltfrieden, aber sie sind nicht befugt, ohne Mitwirkung der beteiligten Staaten über die Abtretung von Gebieten zu entscheiden. Allerdings wird gelegentlich darauf hingewiesen, daß die in Friedensverträgen enthaltenen Vereinbarungen über Gebietsabtretungen in Wirklichkeit verhüllte Adjudikationen sind.

3.2.8 Der Grundsatz der Gebietsausschließlichkeit

Die völkerrechtlichen Probleme des dritten Elements des Staatsbegriffs, der *Staatsgewalt*, hängen mit denjenigen des Staatsgebiets zusammen; denn Staatsgewalt darf jeder Staat grundsätzlich nur auf seinem eigenen Gebiet ausüben. Das bedeutet aber gleichzeitig, daß auf einem Staatsgebiet stets nur ein einziger Staat seine Gebietshoheit entfalten darf. Alle anderen Staaten sind hiervon ausgeschlossen. Dieser Grundsatz heißt „Grundsatz der Undurchdringlichkeit der Staatsgewalt“ oder „Grundsatz der Gebietsausschließlichkeit“.

Jede Setzung eines Hoheitsakts eines Staates auf fremdem Staatsgebiet ist daher – wenn nicht eine der im folgenden aufgezählten Ausnahmesituationen vorliegt – völkerrechtswidrig. Das gleiche gilt für den Fall, daß ein Hoheitsakt zwar formell auf dem Gebiet des einen Staates gesetzt wird, sich aber materiell im fremden Staatsgebiet auswirkt. Ein solcher Hoheitsakt liegt z.B. vor, wenn ein Polizist über die Grenze schießt.

Die folgenden Rechtsinstitute stellen völkerrechtlich anerkannte Ausnahmen vom Grundsatz der Gebietsausschließlichkeit dar:

1. Die Staatsservituten

In Anlehnung an die Definition der Dienstbarkeiten des bürgerlichen Rechts (§ 1018 BGB) werden als Staatsservituten die Völkerrechtsverhältnisse bezeichnet, die einem Staat das Recht geben, hoheitliche Handlungen auf dem Gebiet eines anderen Staates vorzunehmen oder die Unterlassung von hoheitlichem Handeln des Gebietsstaates zu verlangen. Als Hauptanwendungsfall der Staatsservituten trat in der Völkerrechtsgeschichte das Verbot der Befestigung bestimmter Teile des Staatsgebiets auf, das in zahlreichen Verträgen (insbesondere Friedensverträgen) enthalten war. Auch die Belastung des Küstenmeeres mit dem Recht der friedlichen Durchfahrt wird als eine allgemeine Servitut betrachtet. Bei ihr handelt es sich allerdings um einen Sonderfall, da sie auf einer Regel des allgemeinen Völkerrechts beruht, während sonst die Staatsservituten nur durch völkerrechtlichen Vertrag begründet werden können.

2. Durchmarschrecht und Stationierungsrecht

Durch völkerrechtliche Verträge kann fremden Truppen ein Durchmarschrecht zu bestimmten Zwecken eingeräumt werden. Dies ist häufig die Voraussetzung für den militärischen Wert eines Bündnisvertrages mit einem dritten Staat. Auf Grund des Durchmarschrechts dürfen die fremden Truppen mit Ausrüstung und Hoheitszeichen das Staatsgebiet des fremden Staates in bestimmter Weise (z.B. auf bestimmten Straßen sowie Luftkorridoren und Wasserwegen) benutzen.

Eine Weiterentwicklung des Durchmarschrechts ist das im gegenwärtigen Völkerrecht häufiger praktizierte Stationierungsrecht. Insbesondere im Zusammenhang mit den grossen Systemen der kollektiven Verteidigung (z.B. NATO und Warschauer Pakt) hat sich die Notwendigkeit ergeben, Truppen auf fremdem Staatsgebiet zu stationieren. Die Rechtsstellung der fremden Truppen muß in besonderen Stationierungsverträgen festgelegt werden.[37]

3. Internationalisierte Gewässer

Wie im vorstehenden ausgeführt, gehören die Binnengewässer zum Staatsgebiet. Verläuft die Staatsgrenze durch ein Binnengewässer, z.B. durch einen Fluß, so gehört das Gewässer zum Teil dem einen, zum Teil dem anderen Staat. Die im nichtjuristischen Schrifttum häufig anzutreffende Aussage, ein Fluß bilde die Staatsgrenze zwischen zwei Staaten, ist juristisch falsch. Die Grenze ist ein rein juristischer Begriff und die Markierung der Grenzlinie hat keine räumliche Ausdehnung. Es gibt keinen Punkt der Erdoberfläche, der „auf der Grenze" liegt. Alle Punkte liegen vielmehr entweder auf der einen oder auf der anderen Seite der Grenze. Für den normalen Verlauf einer Staatsgrenze in einem Fluß hat das allgemeine Völkerrecht folgende Regeln entwickelt: Bei nicht schiffbaren Flüssen verläuft die Grenze stets genau in der Mitte („Mittellinie"), bei schiffbaren Flüssen in der Mitte der Fahrtrinne („Talweg"). Selbstverständlich kann der Grenzverlauf im einzelnen hiervon abweichen. Jedoch müssen solche Abweichungen durch völkerrechtliche Verträge oder zwischen den Uferstaaten geltendes Gewohnheitsrecht begründet sein.

Die Tatsache, daß verschiedene Teile eines Grenzflusses zu verschiedenen Staaten gehören, macht den Grenzfluß noch nicht zum internationalisierten Fluß. Jeder Staat ist berechtigt, die zu seinem Gebiet gehörenden Teile des Grenzflusses

[37] Für den Bereich der NATO sind diese Regelungen im NATO-Truppenstatut (BGBl. 1961/II, S. 1190, mit deutschem Ausführungsgesetz vom 18.8.1961, BGBl. II, S. 1183) enthalten. Einzelheiten sind in Zusatzabkommen geregelt, wie z.B. im Abkommen über die Einrichtung und den Betrieb internationaler militärischer Hauptquartiere vom 13.3.1967, BGBl. 1969/II, S. 2009.

für alle Zwecke der Schiffahrt, des Fischfangs und der Wassernutzung zu nutzen. In der Regel sind die Uferstaaten eines Flusses allerdings gezwungen, für die gemeinsame Benutzung eines Grenzflusses Verträge abzuschließen. Diese betreffen einzelne oder alle Nutzungsarten und schmälern die Gebietshoheit der Uferstaaten nicht.

Internationalisierte Flüsse sind dagegen solche, die ganz oder teilweise zum Gebiet eines Staates gehören, auf denen dieser Staat aber nicht die ausschließliche Gebietshoheit ausüben darf, sondern andere Staaten daran beteiligen muß. Eine solche Internationalisierung kann nur durch völkerrechtliche Verträge erfolgen. Allgemeine Bestimmungen dieser Art enthielt bereits die Wiener Kongreßakte vom 9. Juni 1815, die in ihren Art. 108–117 allgemeine Richtlinien für die von den Staaten abzuschließenden Verträge aufstellte. In der BRD sind es drei Schiffahrtswege, die in dieser Weise internationalisiert worden sind: der Rhein, die Donau und der Kieler Kanal (Nord-Ostsee-Kanal). Der Rhein wurde bereits durch die Rheinschiffahrtsakte von 1831 dem internationalen Schiffahrtsverkehr geöffnet. Heute gilt noch immer die sogenannte Mannheimer Rheinschiffahrtsakte von 1868, ergänzt durch die Art. 354–362 des Versailler Vertrages.[38] Die Internationalisierung der Donau war bereits in Art. 15 des Pariser Friedens von 1856 vorgesehen, wurde aber erst im Londoner Vertrag vom 2. November 1865 ausgeführt. Heute gilt für die Donau

[38] Gesetz-Sammlung für die Königlich-Preußischen Staaten 1869, S. 798, geändert durch Vereinbarung vom 14.12.1922 (RGBl. 1925/II, S. 147), Übereinkommen vom 20.11.1963 zur Revision der am 17.10.1868 in Mannheim unterzeichneten Revidierten Rheinschiffahrtsakte, Gesetz vom 6.7.1966, BGBl. 1966/II, S. 560; Bekanntmachung der Neufassung des deutschen Wortlauts vom 11.3.1969, BGBl. II, S. 597. Zusatzprotokoll vom 25.10.1972, BGBl. 1974 II, S. 1385. Hierzu Roland Hoederath, Großbritannien und das internationale Rheinregime, Berlin und München 1981; Jean François Hostie, Le statut international du Rhin, RdC 1929/III (Bd. 28), S. 105 ff.; Ulrich Scheuner, Das internationale Recht der Rheinschiffahrt und der nationale Binnenverkehr, Duisburg 1954; Karl Schilling, Die Freiheit der Rheinschiffahrt, Festschrift für Herbert Kraus, Kitzingen 1954, S. 207 ff.; Bela Vitanyi, La modification récente du régime de navigation du Rhin et la question de régime objectif, RTDC 1981, S. 279 ff.

die Belgrader Konvention vom 18.8.1948.[39] Der Kieler Kanal wurde durch die Art. 380 ff. des Versailler Vertrages internationalisiert.[40] Auf internationalisierten Wasserwegen dürfen alle Staaten ihre Flagge zeigen, d.h. Schiffe verkehren lassen, die in ihren Staaten registriert sind.[41] Der Ufer-

[39] Georg Martius, Die Entwicklung des zwischenstaatlichen Donauschiffahrtsrechts, AVR 1948/49 (Bd. 1), S. 233 ff.; Franz Pichler, Die Donaukommission und die Donaustaaten: Kooperation und Integration, Wien–Stuttgart 1973; Karl Rau, Deutschland und die Donaukonvention 1948, Außenpolitik 1960 (Bd. 11), S. 516 ff.; Ignaz Seidl-Hohenveldern, Die Belgrader Donaukonvention von 1948, AVR 1958/59 (Bd. 7), S. 253 ff.; A. Tinschmidt, Donau-Konvention und Europäische Zusammenarbeit, Staat u. Recht 1978, S. 1102 ff.; Lujo Toncic-Sorinj, Die Geschichte der Internationalisierung der Donau, Südosteuropa-Jahrbuch 1961, S. 86 ff.; Hermann Volle, Die Belgrader Donaukonferenz von 1948, EA 1948, S. 1641 ff. und 1705 ff.; Wilhelm Wegener, Die internationale Donau. Völkerrechtliche Bemerkungen zum Belgrader Donau-Schiffahrtsabkommen von 1948, Göttingen 1951. Die Westmächte haben die Konvention von 1948, die das Mitspracherecht donaufremder Staaten beseitigte, nicht anerkannt und halten an der Weitergeltung der Pariser Konvention vom 23.7.1921 fest; unklar ist ferner, ob der (Ende 1982 noch nicht fertiggestellte) Rhein-Main-Donau-Kanal, der sog. „Europa-Kanal", an der Internationalisierung der beiden durch ihn verbundenen Wasserwege teilhaben wird. Vgl. M. Bazex, Les problèmes juridiques soulevés par la liaison fluviale Rhin-Main-Danube, Annuaire de Droit Maritime et Aérien 1979, S. 179 ff.; Hugo J. Hahn, Der Rhein-Main-Donau-Schiffahrtsweg und das Völkerrecht, Schiffahrt und Strom 1972, Folge 31/32; Kurt W. Kippels, Der völkerrechtliche Status des zukünftigen Europakanals und seine Auswirkungen auf das Rhein und Donauregime, Berlin–München 1978; Hans-Jürgen Schlochauer, Rechtsfragen grenzüberschreitender Wasserstraßen am Beispiel des Rhein-Main-Donau-Schiffahrtsweges, in: Fs f. Hermann Mosler, Berlin–Heidelberg–New York 1983, S. 839 ff.; Bela Vitanyi, Legal problems in connection with the deep-draught Rhine-Main-Danube navigable waterway after the additional protocol to the Act of Mannheim, ZaöRV 1981, S. 731 ff.; Karl Zemanek, Die Schiffahrtsfreiheit auf der Donau und das künftige Regime der Rhein-Main-Donau-Großschiffahrtsstraße, Wien 1976.

[40] Vgl. Viktor Böhmert, Zur völkerrechtlichen Lage des Kieler Kanals, IRuD 1958, S. 170 ff.

[41] Viktor Böhmert. Zur völkerrechtlichen Lage der der internationalen Seeschiffahrt dienenden Wasserstraßen, Außenpolitik 1956, S. 734 ff.; Georg Roth, Territoriale und funktionale Elemente europäischer Flußschiffahrtskommissionen, AVR 1963/64 (Bd. 11), S. 168 ff.

staat ist nicht berechtigt, die Benutzung des internationalisierten Wasserweges selbständig zu regeln.

4. Die Nacheile

Durch völkerrechtliche Verträge kann das Recht bestimmter Staatsorgane, auf frischer Tat ertappte Rechtsbrecher über die Staatsgrenze hinweg zu verfolgen, begründet werden. Ein allgemeines Recht der Nacheile zu Land besteht jedoch nicht. (Anders ist die Rechtslage bezüglich der Nacheile auf die hohe See. Hierzu unten Kap. 11.1) In der Regel beschränkten sich die Nacheileverträge auf bestimmte Delikte wie Zollvergehen und Forstfrevel in den Grenzwäldern. In neuerer Zeit sind keine Nacheileverträge mehr geschlossen worden, weil die internationale Amtshilfe besser funktioniert und Auslieferungsverträge die Bestrafung des geflüchteten Verbrechers sicherstellen. Da im Falle der Auslieferung derjenige Staat, in dem sich der Gesuchte befindet, die Qualifikationskompetenz besitzt, besteht ferner die Möglichkeit, zwischen gemeinen Verbrechern und politischen Flüchtlingen zu unterscheiden und die letzteren wirksam zu schützen.

5. Das Kondominium

Das Kondominium bedeutet definitionsgemäß eine Abweichung vom Grundsatz der Gebietsausschließlichkeit. Es ist nämlich dadurch gekennzeichnet, daß zwei Staaten auf ein und demselben Gebiet gemeinsam die Staatsgewalt ausüben. Solche Kondominien kamen früher insbesondere in Kolonialgebieten vor, wenn sich die Kolonialmächte nicht über die endgültige Aufteilung eines Gebietes einigen konnten. (Beispiel: das englisch-ägyptische Kondominium über den Sudan bis 1956.) Das einzige heute noch bestehende Kondominium ist die Republik Andorra, über die kraft alten Rechts das französische Staatsoberhaupt und der Bischof von Urgel (Spanien) gemeinsam die Gebietshoheit ausüben.[42]

42 James Crawford The international legal status of the valleys of Andorra, RDI 1977, S. 258 ff..

6. *Die Exilregierung*

Auch im Falle einer Exilregierung werden gleichzeitig zwei Staatsgewalten auf ein und demselben Staatsgebiet ausgeübt. Die Exilregierung setzt auf dem Staatsgebiet des Gastlandes Hoheitsakte, verwendet ihre Staatssymbole, zieht von ihren ebenfalls im Exil befindlichen Staatsangehörigen Steuern ein, übt die Gerichtsbarkeit über sie durch eigene Gerichtsorgane aus und verfügt häufig sogar über eigene Truppen. Das alles kann nur mit Genehmigung des Gastlandes geschehen.

Das Völkerrecht gibt eine klare Antwort auf die Frage, ob und unter welchen Bedingungen eine derartige Genehmigung zulässig ist: nur im Rechtszustand des Krieges. In Friedenszeiten ist die Duldung einer Exilregierung auf dem eigenen Staatsgebiet völkerrechtswidrig. Politische Flüchtlinge dürfen sich zwar auch in Friedenszeiten in ihrem Gastland politisch betätigen, soweit die Gesetze des Gastlandes dies erlauben. Das Völkerrecht setzt einer solchen Erlaubnis aber gewisse Grenzen, zu denen auch die Bildung einer Exilregierung gehört.[43] Während des Zweiten Weltkrieges amtierten zahlreiche Exilregierungen von Staaten, die von deutschen Truppen besetzt waren, in London. Da Großbritannien sich ebenfalls im Kriegszustand mit dem Deutschen Reich befand, war die Duldung dieser Exilregierungen völkerrechtsgemäß. Wie streng sich Großbritannien an die völkerrechtlichen Regeln hielt, zeigt der Fall Äthiopien. Nach dem italienischen Überfall auf dieses Land im Jahre 1936 flüchtete Kaiser Haile Selassie nach England und wollte dort eine Exilregierung errichten. Dies wurde ihm verweigert, solange sich Großbritannien nicht mit Italien im Kriegszustand befand. Als aber Italien im Juni 1940 in den Krieg eintrat, erfolgte unverzüglich die Anerkennung Kaiser Haile Selassies als Chef einer in London amtierenden äthiopischen Exilregierung.

Keine Ausnahme von dem Grundsatz der Gebietsausschließlichkeit ist die Tätigkeit und Rechtsstellung der Diplomaten in den jeweiligen Gastländern.

43 Vgl. Otto Kimminich, Völkerrechtsfragen der exilpolitischen Betätigung, AVR 1962, S. 132 ff.

3.2.9 Die Staatensukzession

Das Einrücken eines Staates in die völkerrechtlichen Rechtspositionen eines anderen Staates wird als Staatensukzession (Staatennachfolge) bezeichnet. Ein Fall der Staatensukzession ist bereits im vorstehenden erwähnt worden: die Gebietsabtretung. Wird nur ein Teil des Staatsgebiets an einen anderen Staat abgetreten, so findet eine Staatensukzession vom Zedenten zum Zessionar nur bezüglich des abgetretenen Gebietsteils statt. Wird das gesamte Staatsgebiet einem oder mehreren anderen Staaten zugeteilt, so geht der Staat unter, weil er nicht mehr über das Staatsbegriffselement „Gebiet" verfügt. Unter der Geltung der Annexionsfreiheit konnten siegreiche Staaten auf diese Weise den rechtlichen Untergang besiegter Staaten bewirken. Seit der Geltung des Annexionsverbots könnte der Verlust des gesamten Staatsgebietes nur noch durch einen von dem Staat selbst geschlossenen Abtretungsvertrag herbeigeführt werden, was aber in der Praxis noch nie vorgekommen ist und voraussichtlich auch nicht vorkommen wird. Dagegen sind Fälle des Staatsuntergangs durch freiwillige Verschmelzung mit einem anderen Staat, durch Zusammenschluß mehrerer Staaten zu einem neuen Staat oder durch Revolution mit anschliessender Staatsneugründung und Unterbrechung der rechtlichen Kontinuität nicht nur theoretisch denkbar, sondern haben sich auch im 20. Jahrhundert häufig ereignet.

Der Fall der Staatensukzession nach einem Staatsuntergang ist scharf von dem Fall der rechtlichen Kontinuität eines Völkerrechtssubjekts zu unterscheiden.[44] Bevor die Frage beantwortet werden kann, ob Staatensukzession oder rechtliche Kontinuität (deren stärkste Form die rechtliche Identität ist) vorliegt, muß daher festgestellt werden, ob das alte Völkerrechtssubjekt untergegangen ist. Ist dies nicht der Fall, wie z.B. bezüglich des Völkerrechtssubjekts „Deutsches Reich"[45], so liegt keine Staatensukzession vor. Dementsprechend ist die Bundesrepublik Deutschland nicht die Rechtsnachfolgerin des Deutschen Reiches, sondern rechtlich identisch mit dem letzte-

[44] Vgl. Wilfried Fiedler, Das Kontinuitätsproblem im Völkerrecht, Freiburg 1978.

[45] Vgl. oben S. 125 f.

ren, d.h. sie ist, wie auch ihr Name zum Ausdruck bringt, Deutschland im Rechtssinne. Hieran ändert auch die Tatsache nichts, daß das Staatsgebiet der BRD nicht identisch ist mit dem Gebiet des Deutschen Reiches nach dem Stande vom 31. Dezember 1937. Die rechtliche Identität hat nichts mit einer geographischen Identität zu tun.

Sowohl im Falle der Teilsukzession bei Gebietsabtretungen als auch im Falle der Gesamtsukzession nach einem Staatsuntergang (die sich ihrerseits auf verschiedene neue und/oder alte Staaten verteilen kann) rückt der Nachfolgestaat nicht automatisch in alle Rechtspositionen des bisherigen Trägers der Gebietshoheit ein. Vielmehr gilt der Grundsatz der „Spezialsukzession".

Beruht die Sukzession auf vertraglicher Grundlage, so pflegen zumindest die wichtigsten Sukzessionsprobleme in dem Gebietsabtretungsvertrag oder darauf beruhenden Nachfolgeverträgen geregelt zu werden. Von einer wichtigen Frage, nämlich der Staatsangehörigkeit der auf dem abgetretenen Gebiet lebenden Bevölkerung, ist bereits im vorstehenden[46] die Rede gewesen. Andere Fragen betreffen die Fortgeltung des alten bzw. die Inkraftsetzung neuen Rechts, die Staatsschulden, den Übergang von Staatseigentum, die Geltung von alten völkerrechtlichen Verträgen. Hinsichtlich des letzteren Problems gilt der „Grundsatz der beweglichen Vertragsgrenzen". Er besagt, daß Verträge, die der bisherige Träger der Gebietshoheit mit Wirkung für sein ganzes Staatsgebiet geschlossen hat, nach der Abtretung weitergelten, aber in ihrer Wirkung auf das restliche Staatsgebiet beschränkt bleiben. Etwas anderes gilt nur, wenn die Vertragserfüllung ausdrücklich von der Zugehörigkeit des nunmehr abgetretenen Gebietsteils zum vertragsschließenden Staat abhängig ist oder wenn der Vertrag sich von vornherein nur auf den nunmehr abgetretenen Gebietsteil bezog (sog. „radizierter Vertrag").

Komplizierter ist die Lage bei der Staatensukzession nach einem Staatsuntergang. Da die Völkerrechtssubjektivität erlischt, sind die von dem betreffenden Staat geschlossenen völkerrechtlichen Verträge beendet. Aber auch die inner-

[46] Vgl. oben S. 146 f.

staatlichen Regelungen verlieren im Augenblick des Staatsuntergangs ihre Gültigkeit. Dem neuen Staat steht es frei, nach seinem Ermessen neue Regelungen zu erlassen. Das gegenwärtige Völkerrecht enthält nur wenige Rechtsnormen, die den Staat hinsichtlich der Gestaltung seines innerstaatlichen Rechts binden. Sie betreffen vor allem die Behandlung der Ausländer und des ausländischen Vermögens. Die Regelung aller weiteren Einzelheiten muß durch völkerrechtliche Verträge erfolgen, die der neue Staat mit den betroffenen anderen Staaten abschließt.

Im Zuge der Entkolonisierung sind zahlreiche neue Staaten entstanden, so daß Verträge zur Regelung der durch die Staatensukzession aufgeworfenen Fragen besonders häufig vorkamen. In der Literatur bürgerte sich hierfür die Bezeichnung „Devolutionsabkommen" ein. Gerade bei ihnen zeigte sich aber, daß die geltenden Regeln der Staatensukzession keineswegs so klar waren, wie die älteren Lehrbücher gemeint hatten. Die nunmehr einsetzende intensive wissenschaftliche Beschäftigung mit den Fragen der Staatensukzession brachte eine ganz andere Erkenntnis zutage: „Ein großer Teil der Literatur ist fragmentarisch und kontrovers. Die Staatenpraxis zeichnet sich in höchstem Maß durch Ungereimtheiten und Widersprüche aus."[47] Die Völkerrechtskommission der Vereinten Nationen hatte das Recht der Staatensukzession bereits 1949 für kodifikationsfähig erklärt, es aber zunächst zurückgestellt. Erst 1962 nahm die Kommission das Problem in ihr Arbeitsprogramm auf und beschloß 1967, es in drei Teilgebiete zu zerlegen: 1. Sukzession in bezug auf Verträge; 2. Sukzession in bezug auf andere Gegenstände; 3. Sukzession in bezug auf die Mitgliedschaft in internationalen Organisationen. Der letztgenannte Punkt wurde alsbald erneut zurückgestellt, für den ersten Punkt legte die Kommission 1974 einen Konventionsentwurf vor, der auf einer diplomatischen Konferenz 1977/78 in Wien beraten wurde. Das Ergebnis der Beratungen ist die „Wiener Konvention über Staatensukzession in bezug auf Ver-

47 P.K. Menon, Vienna Convention of 1978 on Succession of states in respect of treaties, RDI 1981, S. 3.

träge" vom 22. August 1978.[48] Sie betrifft ausdrücklich nur die „Staatensukzession in Übereinstimmung mit dem Völkerrecht und insbesondere mit den in der Satzung der Vereinten Nationen enthaltenen Völkerrechtsprinzipien" (Art. 6). Die Konvention beantwortet also im Einzelfall nicht die Frage, ob eine Staatensukzession vorliegt, sondern regelt nur gewisse Rechtsfolgen der Staatensukzession, sofern diese zu bejahen ist.

Im Mittelpunkt der Wiener Konvention von 1978 steht deren Art. 8. Danach werden die im Zeitpunkt der Staatensukzession bestehenden vertraglichen Rechte und Pflichten des Vorgängerstaates durch ein Devolutionsabkommen nicht automatisch zu Rechten und Pflichten des Nachfolgestaates. Dasselbe gilt für die einseitige Erklärung eines Nachfolgestaates (Art. 9). Für die im Zuge der Entkolonisierung neu entstandenen Staaten stellt Art. 16 die Grundregel auf, daß der neue Staat nicht verpflichtet ist, in die vom ehemaligen Mutterland abgeschlossenen Verträge einzutreten. Jedoch kann er bei multilateralen Verträgen durch eine notifizierte Willenserklärung den Status einer Vertragspartei erlangen (Art. 17). Bei bilateralen Verträgen hängt die Weitergeltung für den Nachfolgestaat von der Einigung zwischen diesem und dem anderen Vertragspartner ab. Diese Einigung kann entweder ausdrücklich oder stillschweigend erfolgen (Art. 24). Die Einzelheiten sind zum Teil recht kompliziert. So war z.B. auch die Frage zu regeln, was zu gelten hat, wenn ein neuer Staat aus Gebieten gebildet worden ist, die früher zu verschiedenen Mutterländern gehörten (Art. 30) oder welche Rechtsfolgen die Vereinigung oder Aufteilung von Staaten nach sich zieht (Art. 31 ff.). Bezüglich des zweiten Bereichs der Staatensukzession, der durch eine Konvention geregelt werden soll („andere Materien als Verträge"), hat die Völkerrechtskommission beschlossen, eine weitere Eingrenzung auf folgende Gegenstände vorzunehmen: Staatsvermögen, Staatsarchive und Staatsschulden. Dement-

48 UN Doc. A/CONF 80/31, International Legal Materials 17 (1978), S. 1488. Die Konvention tritt 30 Tage nach der Ratifikation durch 15 Staaten in Kraft. Diese Voraussetzung war am 31.1.1983 noch nicht erfüllt.

sprechend wurde die Überschrift des Konventionsentwurfs nach der zweiten Lesung in der Völkerrechtskommission geändert.[49]

Das gesamte Kodifikationswerk der Vereinten Nationen in Bezug auf die Staatensukzession ist in der Literatur kritisiert worden, weil „erhebliche Teile beider Konventionen auf eine Staatenpraxis zugeschnitten sind, die in der von der Kodifikation vorausgesetzten spezifischen Weise nicht mehr oder nur noch in geringem Umfang auftreten kann".[50] Gemeint ist das starke Abstellen auf die Probleme der Entkolonisierung, die als der Vergangenheit angehörig betrachtet werden. So ist es nicht verwunderlich, daß im Zusammenhang mit der Diskussion über die Kodifizierung des Rechts der Staatensukzession wiederholt betont wurde, daß die Entkolonisierung ein „historisches Phänomen" sei, das der Vergangenheit angehört.[51]

Literatur

Zu 3.2.1

Giorgio Cansacchi, Identité et continuité des sujets internationaux, RdC 1970/II (Bd. 130), S. 1 ff.

I. Delupis, International Law and the Independent State, Epping 1974.

Gustav Fochler-Hauke, Im Zeitalter der Staatengründung. Möglichkeiten und Versäumnisse, VN 1977, S. 1 ff.

49 „Draft Convention on Succession of States in Respect of State Property, Archives and Debts", UN Doc. A/36/428 vom 24. August 1981. Vgl. a. Report of the International Law Commission, GAOR 36th session, Supplement no. 10 (A 36/10).

50 Wilfried Fiedler, Die Konventionen zum Recht der Staatensukzession. Ein Beitrag der ILC zur Entwicklung eines „modern international law"?, GYIL Bd. 24 (1981), S. 24.

51 Der Hinweis stammt aus der Zeit der Vorbereitung der Wiener Konvention, und zwar von Daniel P. O'Connell, Recent problems of state succession in relation to new states, RdC 1970 II (Bd. 130), S. 103.

Stephan Jaschek, Zum Namensrecht der Staaten, VN 1977, S. 133 ff.

Eckart Klein, Die Stellung des Staates in der internationalen Rechtsordnung, Z.f. vgl. RechtsWiss 1978, S. 79 ff.

A. Marazzi, La place de l'état dans l'ordre juridique international, in: International Congress of Comparative Law, 10th Budapest 1978, Rapports nationaux italiens, Mailand 1978, S. 109 ff.

Helmut Rumpf, Betrachtungen über Staatsnamen, in: Thesaurus Acroasium Bd. IV (1977), = Fs f. D.S. Constantopoulos, Thessaloniki 1980, S. 187 ff.

Gregor Schirmer, Zur Völkerrechtssubjektivität der Staaten und zum Problem ihrer völkerrechtlichen Rechtmäßigkeit, Staat und Recht 1963, S. 647 ff.

Henn-Jüri Uibopuu, Gedanken zu einem völkerrechtlichen Staatsbegriff, in: Christoph Schreuer, Hrsg., Autorität und internationale Ordnung, Berlin 1979, S. 87 ff.

Joe Verhoeven, L'État et l'ordre juridique international. Remarques. Rapports belges au Xe Congrès international de droit comparé, Brüssel 1978, S. 61 ff.

Zu 3.2.2

H. Ambros, Nonrecognition: its development in international law and application by the United Staates with particular reference to the Baltic states, Ann Arbor 1980.

A.C. Bundu, Recognition of revolutionary authorities: Law and practice of States, ICLQ 1978, S. 18 ff.

V. Duculesco, Effet de la reconnaissance de l'état de belligérance par les tiers, y compris les Organisations internationales, sur le statut juridique des conflits armés à caractère non international, RGDIP 1975, S. 125

Georges Fischer, La non-reconnaissance du Transkei, AFDI 1976, S. 63 ff.

L. Harding, Unabhängigkeit der Transkei: zur völkerrechtlichen und politischen Problematik, dargestellt an der Frage der diplomatischen Anerkennung der Transkei durch die Bundesrepublik Deutschland, Hamburg 1976.

Heinz Klarer, Schweizerische Praxis der völkerrechtlichen Anerkennung, Zürich 1981.

Eckart Klein, Die Nichtanerkennungspolitik der Vereinten Nationen gegenüber den in die Unabhängigkeit entlassenen südafrikanischen homelands, ZaöRV 1979, S. 469 ff.

Bernd Loudwin, Die konkludente Anerkennung im Völkerrecht, Berlin 1983.

Bettina Juliane Meissner, Formen stillschweigender Anerkennung im Völkerrecht, Köln–Berlin 1966.

Zaim Nedjati, Acts of unrecognised governments, ICLQ 1981, S. 388ff.

Christoph Graf von Plettenberg, Die Anerkennung eines Staates durch die Paraphierung eines Vertrages, Diss. Würzburg 1975.

Michael W. Reisman und Eisuke Suzuki, Recognition and social change in international law: A prologue for decisionmaking, in: Michael Reismann und Burns H. Weston, Toward world order and human dignity, New York–London 1976, S. 403 ff.

J.T. Sherwood, State recognition doctrine in the People's Republic of China, RDPMG 1978, S. 413 ff.

Keith D. Suter, The Australian Government's policy of recognition and diplomatic relations, AQu 1975, S. 67 ff.

Joe Verhoeven, La reconnaissance internationale dans la pratique contemporaine, Paris 1975.

Colin Warbrick, The new British policy on recognition of governments, ICLQu 1981, S. 568 ff.

Merrie Faye Witkin, Transkei: An analysis of the practice of recognition – political or legal?, HILJ 1977, S. 605 ff.

Ernst R. Zivier, Die Nichtanerkennung im modernen Völkerrecht, 2. Aufl. Berlin 1969.

Charles Zorgbibe, Les origines de la reconnaissance de belligérance, RICR 1977, S. 127 ff.

Zu 3.2.3

G. Arangio-Ruiz, L'état dans le sens du droit des gens et la notion du droit international, ÖZöR 1975, S. 3 ff. und ÖZöR 1976, S. 265 ff.

James Crawford, The criteria for statehood in international law, BYIL 1978, S. 93 ff.

James Crawford, The Creation of States in International Law, Oxford 1979.

Edward Dumbauld, Independence under international law, AJIL 1976, S. 425 ff.

Philip C. Jessup, The birth of nations, New York 1974.

Ch. E. Tilly, Hrsg., The formation of national states in Western Europe, Princeton 1975.

Henn-Jüri Uibopuu, International Legal Personality of Union Republics of USSR, ICLQ 1975, S. 811 ff.

Henn-Jüri Uibopuu, Die Völkerrechtssubjektivität der Unionsrepubliken der UdSSR, Wien–New York 1975.

M.P. Vorster, The international legal personality of nasciturus states, SAYIL 1978, S. 1 ff.

Zu 3.2.4

Yonah Alexander und Robert A. Friedlander, Hrsg., Self-Determination. National, regional and global dimensions, Boulder 1980.

Winrich Frhr. von Blittersdorf, Das internationale Plebiszit, Hamburg 1965.

L.C. Buchheit, Secession: the legitimacy of self-determination, New Haven 1978.

S. Calogeropoulos-Stratis, Le droit des peuples à disposer d'eux-mêmes, Brüssel 1973.

Antonio Cassese, Political self-determination: old concepts and new developments, in: Antonio Cassese, Hrsg., UN law; fundamental rights, Alphen 1979, S. 137 ff.

Antonio Cassese, The Helsinki Declaration and self-determination, in: Thomas Buergenthal, Hrsg., Human Rights, International Law and the Helsinki Accord, Montclair, N.J.-New York 1979, S. 83 ff.

Subrata Roy Chowdhury, The Status and Norms of Self-Determination in Contemporary International Law, NILR 1977 (Bd. XXIV Special Issue 1/2), S. 72 ff.

Roger S. Clark, Self-determination and free association – should the United Nations terminate the Pacific Islands trust?, HILJ 1980, S. 1 ff.

V.D. Comras, Self-determination and the partition of states in international law, Cambridge (Mass.) 1975.

Aureliu Cristescu, The right to self-determination, New York 1981.

Günter Decker, Das Selbstbestimmungsrecht der Nationen, Göttingen 1955.

Jost Delbrück, Selbstbestimmung und Völkerrecht, JIR 1967, S. 180 ff.

Jost Delbrück, Das Selbstbestimmungsrecht der Völker im Völkerrecht der Gegenwart, VN 1977, S. 6 ff.

Yoram Dinstein, Collective human rights of peoples and minorities, ICLQ 1976, S. 102 ff.

Karl Doehring, Das Selbstbestimmungsrecht der Völker aus der Sicht der herrschenden Völkerrechtslehre der DDR, Der Staat 1967, S. 355 ff.

Karl Doehring, Das Selbstbestimmungsrecht der Völker als Grundsatz des Völkerrechts, Karlsruhe 1974 (BerDGV Heft 14).

Clyde Eagleton, Self-Determination and the United Nations, AJIL 1953, S. 88 ff.

Rupert Emerson, Self-Determination, AJIL 1971, S. 459 ff.

J.F. Engers, From Sacred Trust to Self-Determination, NILR 1977, (Bd. XXIV), Special Issues 1/2, S. 85 ff.

Felix Ermacora u.a., Ursprung und Wesen des Selbstbestimmungsrechts der Völker und seine Entwicklung bis zum 2. Weltkrieg, in: Studien und Gespräche über Selbstbestimmung und Selbstbestimmungsrecht, Bd. 1, München 1964, S. 50 ff.

Felix Ermacora, Menschenrechte und Selbstbestimmung unter Berücksichtigung der Ostdeutschen, Bonn 1980.

Eyassu Gayim, The United Nations law on self-determination and indigenous peoples, NordTIR 1982, S. 53 ff.

Hector Gros Espiell, Self-determination and jus cogens, in: Antonio

Cassese, Hrsg., UN law; fundamental rights, Alphen 1979, S. 167 ff.
Hector Gros Espiell, The right to self-determination: Implementations of the United Nations resolutions, New York 1980.
Hector Gros Espiell, Der Begriff des Selbstbestimmungsrechts der Völker in heutiger Sicht, VN 1982, S. 54 ff.
Jean-Francois Guilhaudis, Le droit des peuples a disposer d'eux-mêmes, Grenoble 1976.
Jens Hacker, Selbstbestimmung, Freizügigkeit und Meinungsfreiheit nach dem Inkrafttreten der UN-Menschenrechtspakte, VN 1976, S. 77 ff.
F.A.Frhr. von der Heydte, Selbstbestimmungsrecht und moderne Demokratie, in: Fs f. Hermann Raschhofer, Kallmünz 1977, S. 77 ff.
F.A.Frhr. von der Heydte, Zur jüngsten Entwicklung des Selbstbestimmungsrechts, in: Fs f. Herbert Kraus, Würzburg 1964, S. 137 ff.
Hu Chou-Young, Das Selbstbestimmungsrecht als eine Vorbedingung des völligen Genusses aller Menschenrechte, Zürich 1972.
Harold S. Johnson, Self-determination within the community of nations, Leiden 1967.
Alfred Jüttner, Das Selbstbestimmungsrecht der Völker, Politische Studien 1957, S. 186 ff.
Otto Klöden, Zum Problem des Selbstbestimmungsrechts in Ost-Mitteleuropa seit dem Ersten Weltkrieg, Stuttgart 1973.
Heinz Kloss, Das Selbstbestimmungsrecht in zwei UN-Dokumenten, VN 1962, S. 75 ff.
Heinz Kloss, Hrsg., Beiträge zu einem System des Selbstbestimmungsrechts, 2 Bde., Wien 1970.
Paul Kluke, Selbstbestimmung – Der Weg einer Idee durch die Geschichte, Göttingen 1963.
W. Kodjoe-Ofuatey, The principle of self-determination in international law, New York 1977.
Herbert Kraus, Das Selbstbestimmungsrecht der Völker, in: Das östliche Deutschland, hrsg. vom Göttinger Arbeitskreis, Würzburg 1959, S. 57 ff.
H. Kröger, Das Selbstbestimmungsrecht der Völker und die bürgerliche Völkerrechtsdoktrin, NJ 1980, S. 290 ff.
Rudolf Laun, Le droit des peuples de disposer d'eux-mêmes, IRuD 1958, S. 136 ff.
Marco G. Marcoff, Le droit des peuples à disposer d'eux-mêmes, principe structurel du droit international public, in: Gedächtnisschrift f. Peter Jäggi, Freiburg 1977, S. 413 ff.
Yoshiro Matsui, Problems of „divided" state and the right to self-determination in the case of Vietnam, JAIL 1976, S. 17 ff.
Boris Meissner, The Soviet concept of nation and the right of national self-determination, IJ (Toronto) 1976, S. 56 ff.
Boris Meissner, Sowjetunion und Selbstbestimmungsrecht, Köln 1962.
Boris Meissner und Theodor Veiter, Das Selbstbestimmungsrecht nach sowjetischer und westlicher Lehre, Wien 1967.

Eberhard Menzel, Die Vereinten Nationen und das Selbstbestimmungsrecht der Völker, JIR 1962 (Bd. 11), S. 270 ff.
P.K. Menon, The right to self-determination: a historical appraisal, RDI 1975, S. 183 ff. und S. 272 ff.
Ernest Petrić, The principle of the right of peoples to self-determination, in: The saurus Acroasium Bd. 2, Thessaloniki 1976, S. 337 ff.
Michla Pomerance, Self-Determination in Law and Practice, Den Haag 1982.
Michla Pomerance, The United States and self-determination: perspectives on the Wilsonian conception, AJIL 1976, S. 1 ff.
Kurt Rabl, Das Selbstbestimmungsrecht der Völker, 2. Aufl. Köln-Wien 1973.
Hermann Raschhofer, Selbstbestimmungsrecht und Völkerbund, Köln 1969.
Hans Reinhard; Rechtsgleichheit und Selbstbestimmung der Völker in wirtschaftlicher Hinsicht, Berlin 1980.
A. Rigo Sureda, The Evolution of the Right of Self-Determination, Leiden 1973.
Dov Romen, The Quest for Self-Determination, New Haven 1979.
J.N. Saxena, Self-Determination, Bombay 1978.
Karl Schlögel, Überdetermination und Selbstbestimmung. Berichte des Bundesinstituts f. Ostwissenschaftl. und Int. Studien, Bd. 23, Köln 1982.
Daniel Thürer, Das Selbstbestimmungsrecht der Völker, Bern 1976.
Denis Touret, Le principe de l'égalité de droits des peuples et de leur droit à disposer d'eux-mêmes, RDI 1975, S. 241 ff.
Denis Touret, La Déclaration Universelle des Droits des Peuple, RDI 1977, S. 288 ff.
Oji Umozurike, Self-Determination in International Law, Hamden, Conn. 1972.
Theodor Veiter, Die neuere Entwicklung des Selbstbestimmungsrechts der Völker, in: Fs f. F.A. Frhr. v.d. Heydte, Berlin 1977, S. 675 ff.
Theodor Veiter, Das Selbstbestimmungsrecht als Menschenrecht, in: Fs f. Hans Klecatsky, Wien 1980, S. 967 ff.
Robin C.A. White, Self-Determination: Time for a re-assessment?, NILR 1981, S. 147 ff.

Zu 3.2.5

Günter Breunig, Zur rechtlichen Problematik der mehrfachen Staatsangehörigkeit, DVBl. 1975, S. 758 ff.
Y. Burckhardt-Erne, Die Rechtsstellung der Staatenlosen im Völkerrecht und schweizerischen Landesrecht, Bern 1977.
J. de Burlet, De l'importance d'un droit international coutumier de la nationalité, Révue Critique de Droit International Privé 1978, S. 305 ff.

Eugen D. Graue, Domicile, Nationality and the Proper Law of the Person, GYIL 1976 (Bd. 19), S. 254 ff.
Hellmuth Hecker, Hrsg., Staatsangehörigkeit und Völkerrecht in Deutschland, Hamburg 1977.
A. Peter Mutharika, The Regulation of Statelessness under International and National Law, Loseblatt-Sammlung, Dobbs Ferry, N.Y. (seit 1977).
Olaf Reermann, Das UN-Übereinkommen über die Verminderung der Staatenlosigkeit, VN 1977, S. 40 ff.
Paul Weis, Staatsangehörigkeit und Staatenlosigkeit im gegenwärtigen Völkerrecht, Berlin 1962.
Paul Weis, Nationality and Statelessness in International Law, 2. Aufl. Alphen 1979.
Paul Weis, Effective nationality, in: Fs f. Adolf Schnitzer, Genf 1979, S. 501 ff.
Wilhelm Wengler, Betrachtungen zum Begriff der Staatsangehörigkeit, in: Fs f. Walter Schätzel, Düsseldorf 1960, S. 545 ff.

Zu 3.2.6

Joachim Bentzien, Der unerlaubte Einflug von Luftfahrzeugen in fremdes Staatsgebiet in Friedenszeiten und seine Rechtsfolgen, Berlin 1982.
Itamar Bernstein, Delimination of International Boundaries, Genf 1974.
Ottobert L. Brintzinger, Versuch über Exklaven und Enklaven, in: Fs f. Eberhard Menzel, Berlin 1975, S. 487 ff.
Claude-Albert Colliard, Evolution et aspects actuels du régime juridique des fleuves internationaux, RdC 1968/III (Bd. 125), S. 337 ff.
Ludwik Dembinski, Le territoire et le développement du droit international, SchJIR 1975, S. 121 ff.
A.M. Fahmi, The degree of effectiveness of international law as regards international rivers, ÖZöR 1977, S. 291 ff.
S.P. Jagota, Maritime Boundary, RdC 1981/II, S. 81 ff.
Paul de La Pradelle, Notions de territoire et d'espace dans l'aménagement des rapports internationaux contemporains, RdC 1977/IV (Bd. 157), S. 419 ff.
D.G. Le Marquand, International Rivers: The Politics of Cooperation, Vancouver 1977.
Geoffrey Marston, The evolution of the concept of sovereignty over the bed and subsoil of the territorial sea, BYIL 1976/77 (Bd. 48), S. 321 ff.
Ingo v. Münch, Karten im Völkerrecht, in: Gedächtnisschrift f. Friedrich Klein, München 1977, S. 335 ff.
Curt Rühland, Probleme der Staatsgrenzen im Lichte des Völkerrechts, in: Fs f. Walter Schätzel, Düsseldorf 1960, S. 419 ff.

B.K.J. Vitanyi, The regime of navigation on international waterways, NYIL 1976 (Bd. 7), S. 3 ff.

Wilhelm Wengler, Nichtanerkennung völkerrechtswidriger Ausübung von Gebietshoheit, NJW 1971, S. 1493 f.

Zu 3.2.7

Jochen A. Frowein, Der Eingliederungsvertrag im Völkerrecht und im Staatsrecht, ZaöRV 1970 (Bd. 30), S. 1 ff.

Lon L. Fuller, Forms and Limits of Adjudication, Cambridge, Mass. 1959.

R.Y. Jennings, The Acquisition of Territory in International Law, Dobbs Ferry, N.Y. 1963.

Boris Meissner, Die sowjetische Stellung zur Annexion und zur Ersitzung, IRuD 1964, S. 96 ff.

I. Sagay, Non-recognition of the illegal occupation of territory, IJIL 1976, S. 219 ff.

Walter Schätzel, Die Annexion im Völkerrecht, AVR 1950, S. 1 ff.

Christian Starck, Zum Annexionsproblem im Völkerrecht, in: Fs f. Günther Küchenhoff, Berlin 1972, S. 851 ff.

Gerhard Zimmer, Gewaltsame territoriale Veränderungen und ihre völkerrechtliche Legitimation, Berlin 1971.

Zu 3.2.9

Mohammed Bedjaoui, Problèmes récents de succession d'Etats dans les Etats nouveaux, RdC 1970/II (Bd. 130), S. 455 ff.

Ernst H. Feilchenfeld, Public Debts and State Succession, New York 1972.

Wilfried Fiedler, Die Konventionen zum Recht der Staatensukzession, GYIL 1981 (Bd. 24), S. 9 ff.

Wilfried Fiedler, Das Kontinuitätsproblem im Völkerrecht, Freiburg 1978.

Wilfried Fiedler, Entwicklungen des Völkerrechts: Die Kontinuität der Staaten in veränderten Lagen, Universitas 1980, S. 1031 ff.

Wilfried Fiedler, Staats- und völkerrechtliche Probleme des Staatsuntergangs, ZP 1973, S. 150 ff.

Volker J. Geers, Vereinigung von Staaten und völkerrechtliche Verträge, Frankfurt/M. 1973.

Reiner Goerdeler, Staatensukzession in multilaterale Verträge, Berlin 1970.

Kenneth J. Keith, Succession to bilateral treaties by seceding States, AJIL 1967, S. 521 ff.

Johannes Kirsten, Einige Probleme der Staatennachfolge, Berlin (Ost) 1962.

Erich Kordt, Gegenwärtige Fragen der Staatensukzession, BerDGV Heft 5, Karlsruhe 1964, S. 1 ff.

Krystyna Marek, Identity and Continuity of States in Public International Law, 2. Aufl. Genf 1968.

P.K. Menon, Vienna Convention of 1978 on Succession of States in respect of treaties, RDI 1981, S. 1 ff.

Werner Morvay, Souveränitätsübergang und Rechtskontinuität im Britischen Commonwealth, Berlin 1974.

Hermann Mosler, Wirtschaftskonzessionen bei Änderung der Staatshoheit, Stuttgart 1948.

Daniel P. O'Connell, State Succession in Municipal Law and International Law, 2 Bde., Cambridge 1967.

Daniel P. O'Connell, Recent problems of State succession in relation to new States, RdC 1970/II (Bd. 130), S. 95 ff.

Daniel P. O'Connell, Reflections on the State Succession Convention, ZaöRV 1979, S. 725 ff.

Walter und Christel Poeggel und Rolf Meissner, Staatennachfolge in Verträge, Berlin (Ost) 1980.

Dietrich Rauschning, Das Schicksal völkerrechtlicher Verträge bei der Änderung des Status ihrer Partner, Hamburg 1963.

H.G. Schermers, Succession of States and international organizations, NYIL 1975, S. 103 ff.

Ian Sinclair, Some reflections on the Vienna convention on succession of States in respect of treaties, in: Fs f. Erik Castrén, Helsinki 1979, S. 149 ff.

Hans D. Treviranus, Die Konvention der Vereinten Nationen über Staatensukzession bei Verträgen. ZaöRV 1979, S. 259 ff.

Okon Udokang, Succession of New States to International Treaties, Dobbs Ferry, N.Y. 1972.

Mustafa Yasseen, La convention de Vienne sur la succession d'Etats en matière de traités, AFDI 1978, S. 59 ff.

Karl Zemanek, Gegenwärtige Fragen der Staatensukzession. BerDGV Heft 5, Karlsruhe 1964, S. 56 ff.

Karl Zemanek, State succession after decolonization, RdC 1965/III (Bd. 116), S. 181 ff.

Karl Zemanek, Die Wiener Konvention über die Staatennachfolge in Verträge, in: Fs f. Alfred Verdross, Berlin 1980, S. 719 ff.

3.3 Staatenverbindungen

3.3.1 Definitionen

In einem weiteren Sinn werden als Staatenverbindungen alle auf eine gewisse Dauer angelegten Rechtsverhältnisse zwischen zwei oder mehreren Staaten bezeichnet. In der Regel verwendet aber die Literatur für bloße vertragliche Rechtsbeziehungen höchstens den Ausdruck „Vertragsgemeinschaft" und reserviert den Ausdruck „Staatenverbindung" für eine organisierte, d.h. institutionell verfestigte Gemeinsamkeit zweier oder mehrerer Staaten. Auch dieser Begriff ist noch sehr weit. Er umfaßt nämlich nicht nur die paritätischen, sondern auch die unparitätischen Vereinigungen, d.h. die verschiedenen Formen der Abhängigkeit, wie z.B. das Protektorat, bei dem der protegierte Staat die Völkerrechtsfähigkeit behält, aber in seiner völkerrechtlichen Handlungsfähigkeit beschränkt ist, und die Suzeränität oder Vasallität, die allerdings der Vergangenheit angehört, obwohl sie noch im 19. Jahrhundert häufiger vorkam (z.B. das Vasallenverhältnis Ägyptens gegenüber der Türkei von 1840–1882, Bulgariens gegenüber der Türkei von 1840–1908, Koreas gegenüber China bis zum Jahre 1895).

Im engeren Sinne ist der Ausdruck „Staatenverbindungen" für paritätische, organisierte und auf Dauer angelegte Zusammenschlüsse von Staaten reserviert. Dabei werden zwei große Kategorien unterschieden: Bundesstaat und Staatenbund. Der Bundesstaat ist eine staatsrechtliche Staatenverbindung, bei der die einzelnen Glieder des Bundes keine eigene Völkerrechtssubjektivität besitzen. Schließen sich souveräne Staaten zu einem Bundesstaat zusammen oder schließen sie sich einem vorhandenen Bundesstaat an, so verlieren sie ihre Völkerrechtssubjektivität im Augenblick des Zusammenschlusses bzw. Anschlusses. Nur der Bund selbst ist Völkerrechtssubjekt. Er nimmt am völkerrechtlichen Verkehr wie jeder andere souveräne Staat teil. Die völkerrechtlichen Rechte und Pflichten eines Bundesstaates unterscheiden sich in keiner Weise von denjenigen eines Einheitsstaates. Nur die Umsetzung von Völkerrecht in innerstaatliches Recht ist für den Bundesstaat in der Regel schwieriger als für den Einheitsstaat. Doch liegt dieses Problem nicht auf der völkerrechtlichen, sondern allein auf der staatsrechtlichen Ebene.[1]

1 Die BRD ist gem. Art. 20 Abs. 1 GG ein Bundesstaat. Folgerichtig überträgt Art. 59 Abs. 1 GG die völkerrechtliche Vertretung dem Bundespräsidenten, der im Namen des Bundes die Verträge mit auswärtigen Staaten schließt und die Gesandten empfängt und beglaubigt. Unmißverständlich sagt ferner Art. 32 Abs. 1 GG: „Die Pflege der Beziehungen zu auswärtigen Staaten ist Sache des Bundes." Wenn Art. 32 Abs. 3 GG den Ländern die Befugnis gibt, mit Zustimmung der Bundesregierung Verträge mit auswärtigen Staaten auf denjenigen Gebieten zu

Der Staatenbund ist eine völkerrechtliche Staatenverbindung, d.h. er kommt durch einen völkerrechtlichen Vertrag zustande. Seine Mitglieder behalten ihre Völkerrechtssubjektivität und pflegen untereinander völkerrechtliche Beziehungen, die aber durch besondere Rechte und Pflichten gekennzeichnet sind. Im klassischen Völkerrecht, das den souveränen Staaten noch das Recht zum Kriege einräumte, bestand das hervorstechende Merkmal des Staatenbundes darin, daß seine Mitglieder verpflichtet waren, gegeneinander keine Kriege zu führen. Der Ausbruch eines Krieges zwischen Mitgliedern eines Staatenbundes bedeutete regelmäßig das Ende des Bundes.

Der Staatenbund verfügt über eigene, von den Mitgliedstaaten getrennte Organe zur Erfüllung der gemeinsamen Aufgaben. Er besitzt die Völkerrechtssubjektivität und kann deshalb auf der völkerrechtlichen Ebene auftreten wie ein Einheitsstaat. Jedoch werden seine Befugnisse durch den Bundesvertrag (die Bundesakte) umschrieben. Je nach dem Inhalt dieses Vertrags besitzt der Staatenbund eine unbegrenzte oder begrenzte Völkerrechtssubjektivität. In jedem Fall aber tritt die Völkerrechtssubjektivität des Bundes neben die fortbestehende Völkerrechtssubjektivität der einzelnen Mitglieder. Ein solcher Staatenbund war der Deutsche Bund von 1815–1866.

3.3.2 Internationale Organisationen

An sich können die internationalen Organisationen ohne große Schwierigkeiten den Staatenbünden zugerechnet werden. Sie sind völkerrechtliche Staatenverbindungen, beruhen auf einem multilateralen völkerrechtlichen Vertrag und verfügen über eigene Organe. Trotzdem werden sie in der Literatur von den Staatenbünden, ja sogar von den Staatenverbindungen insgesamt, abgehoben. Diese Unterscheidung rechtfertigt sich da-

schließen, auf denen sie die Gesetzgebungskompetenz besitzen, so bedeutet dies nicht, daß die Länder insofern Völkerrechtssubjekte sind. Die Länder besitzen auch keine partielle Völkerrechtssubjektivität. Sie haben lediglich durch innerstaatliches Recht die Befugnis erhalten, auf bestimmten Gebieten Verträge zu schließen, sofern der Bund im Einzelfall zustimmt.

durch, daß der Zweck von internationalen Organisationen weniger umfassend ist als der Zweck von Staatenverbindungen der herkömmlichen Art.

Nicht alle internationalen Organisationen besitzen die Völkerrechtssubjektivität. Die Staaten, die eine internationale Organisation gründen, haben es in der Hand, über die Völkerrechtsfähigkeit der von ihnen geschaffenen Organisation zu entscheiden. Ob und in welchem Umfang die einzelne internationale Organisation die Völkerrechtssubjektivität besitzt, ergibt sich jeweils aus der Satzung. Diese ist ein multilateraler Vertrag, der von den Gründungsmitgliedern ausgearbeitet und in Kraft gesetzt wird. Je nachdem, ob in der Satzung die Möglichkeit zum Beitritt anderer Staaten eröffnet wird oder nicht, spricht man von einer offenen oder von einer geschlossenen Organisation. Der Beitritt zur Satzung ist gleichbedeutend mit dem Beitritt zu Organisation.

Besitzt die internationale Organisation die Völkerrechtsfähigkeit, so richtet sich deren Umfang nach der Zielsetzung der Organisation, die ebenfalls aus der Satzung ersichtlich ist. Da alle internationalen Organisationen im Vergleich zum souveränen Staat nur eine begrenzte Zielsetzung aufweisen, kommt für sie grundsätzlich nur eine partielle Völkerrechtssubjektivität in Frage.

Nach dem räumlichen Geltungsbereich der Satzung – oder mit anderen Worten: nach dem Kreis ihrer Mitglieder – wird zwischen globalen (universalen) und regionalen Organisationen unterschieden. Die ersteren sind für den Beitritt aller Staaten der Erde geöffnet, die letzteren erfüllen ihre Zwecke nur im Rahmen einer bestimmten Region.[2] Die volle Universalität (Globalität) haben von Anfang an nur der Völkerbund und die Organisation der Vereinten Nationen erstrebt. Während vom Völkerbund die Erreichung dieses Ziels schon wegen des Nichtbeitritts der USA unmöglich war, hat es die UNO praktisch erreicht. Innerhalb der UNO entwickelt sich jedoch ein immer stärker ausgeprägter Regionalismus. Er führt nicht zu

2 Zum Begriff der Region im Völkerrecht vgl. oben S. 105.

einer Aufspaltung der UNO, sondern lediglich zu einer Zusammenfassung regionaler Kräfte zur Bewältigung regionalspezifischer Aufgaben.[3]

Da die internationalen Organisationen ihrem Wesen nach völkerrechtliche Staatenverbindungen sind, bleibt die Völkerrechtssubjektivität ihrer Mitglieder ungeschmälert erhalten. Die völkerrechtliche Handlungsfähigkeit kann allerdings entsprechend der Satzung insofern eingeschränkt sein, als gewisse Funktionen, die herkömmlicherweise von den souveränen Staaten in eigener Verantwortung erfüllt werden, vom Zeitpunkt der Gründung der Organisation an von dieser – bzw. von deren Organen – wahrgenommen werden. Jedoch wirken die Mitgliedstaaten an der Tätigkeit der Organisation satzungsgemäß mit, und zwar nicht nur bei der Schaffung der Organe, sondern auch bei deren Willensbildung.

Auf der Grundlage des Prinzips der Staatengleichheit (vgl. unten Kap. 8.1) wird das geltende Völkerrecht von dem Grundsatz der Stimmengleichheit beherrscht, d.h. jeder Mitgliedsstaat einer internationalen Organisation hat nur eine Stimme, ohne Rücksicht auf seine Größe, sein militärisches Potential, seine Wirtschaftsmacht, sein weltpolitisches Gewicht. Von diesem Prinzip kann jedoch auch abgewichen werden, wenn die Mitgliedstaaten ihren diesbezüglichen Willen in der Satzung der Organisation bekundet haben. An die Stelle des Prinzips der Stimmengleichheit tritt dann das Prinzip der Stimmenwägung: die Mitgliedstaaten der Organisation erhalten je nach ihrer Bedeutung für die spezielle Aufgabe der Organisation eine Anzahl von Stimmen zugeteilt. Dies kann entweder so geschehen, daß den einzelnen Staaten jeweils eine feste Stimmenzahl zusteht, oder so, daß bestimmte Staatenkategorien innerhalb der Organisation über eine festgelegte Gesamtzahl von Stimmen verfügen, oder so, daß die Anzahl der Stimmen von einer Bezugsgröße abhängt, die in Verbindung mit der speziellen Aufgabe der Organisation steht (z.B. Truppenstärke, Bevölkerungszahl, Produktionsvolumen, finanzielle Beteiligung usw.), was zur

[3] Vgl. oben 2.5.7.

Folge hat, daß sich das Stimmengewicht der einzelnen Staaten verändern kann.[4]

Die Gesamtzahl aller internationalen Organisationen auf der ganzen Welt kann nicht mit Sicherheit angegeben werden, da alle Weltstatistiken mit großer Verzögerung publiziert werden und im Augenblick ihrer Veröffentlichung meist überholt sind. Die allgemeine Tendenz zur Vermehrung der internationalen Organisationen ist jedoch unverkennbar. Die „Hypertrophie internationaler Organisationen", die bereits vor Jahrzehnten beklagt worden ist,[5] nimmt stetig zu. Aber das Phänomen sollte nicht ausschließlich negativ beurteilt werden. Das „Völkerrecht der Zusammenarbeit" erfordert ein Mindestmaß an Institutionalisierung. Zugleich bewirkt die Ausdehnung des Wirkungsbereichs des Völkerrechts ein Anwachsen der materiellen Aufgaben internationaler Organisationen.[6]

3.3.3 Insbesondere: Die Organisation der Vereinten Nationen

Zumindest eine internationale Organisation muß der Student des Völkerrechts bereits vor seinem Examen in den Grundzügen kennen: die Organisation der Vereinten Nationen (United Nations Organization, UNO). Ihre Bedeutung für die allgemeine Entwicklung des Völkerrechts ist bereits mehrfach angedeutet worden. Mit Recht wird die gegenwärtige Epoche des Völkerrechts auch als „UNO-Ära" bezeichnet. Mit dem Vorläufer der UNO, dem Völkerbund (Satzungsunterzeichnung am 28. Juni 1919, Inkrafttreten der Satzung am 10. Januar 1920, Auflösung am 19. April 1946), endete die Epoche des klassi-

[4] Jerzy Kranz, Le vote pondéré dans les organisations internationales, RGDIP 1981, S. 313 ff.; Hans Albrecht Schwarz-Liebermann von Wahlendorf, Mehrheitsentscheid und Stimmenwägung, Tübingen 1953; E. McIntyre, Weighted voting in international organizations, International Organization 1954 (Bd. 8), S. 484 ff.; Hanna Newcombe, Christopher Young u. Elia Sinaiko, Alternative pasts: a study of weighted voting at the United Nations, Internat. Organization 1977, S. 579 ff.

[5] Rudolf L. Bindschedler, Internationale Organisation (Grundfragen), WVR, 2. Bd., Berlin 1961, S. 71.

[6] Vgl. die Aufzählung bei Ignaz Seidl-Hohenveldern, Das Recht der internationalen Organisationen einschließlich der Supranationalen Gemeinschaften, 3. Aufl. Köln–Berlin 1979, S. 313 ff.

schen Völkerrechts und begann das „neue Völkerrecht", das gegenwärtig noch immer im Werden ist. Die UNO ist nicht Rechtsnachfolgerin des Völkerbunds. Eine Zeitlang bestanden die beiden Weltorganisationen sogar nebeneinander (24.10.1945–19.4.1946).

Die Satzung der UNO ist auf der Konferenz von San Francisco im Frühjahr 1945 ausgearbeitet und am 26. Juni 1945 unterzeichnet worden. Sie trat am 24. Oktober 1945 in Kraft. Die eigentliche Arbeit der UNO begann mit dem Zusammentritt der ersten Generalversammlung (Vollversammlung) am 10. Januar 1946. Diese Generalversammlung tagte in London. Durch Beschluß der Generalversammlung vom 14. Dezember 1946 wurde der Sitz der UNO nach New York verlegt.

An der Konferenz von San Francisco hatten 46 Staaten teilgenommen, die unter der Bezeichnung „Vereinte Nationen" den Krieg gegen die Achsenmächte (vor allem das Deutsche Reich und Japan) führten. Von ihrem Ursprung her gesehen war daher die UNO ein Kriegsbündnis. Ihre Hauptaufgabe lag aber von vornherein jenseits des Krieges; denn satzungsgemäß soll sie in erster Linie den Weltfrieden sichern. Gleichrangig mit diesem Ziel aber ist der soziale Fortschritt. So erklärt die Präambel der Satzung, es sei Ziel der UNO, „künftige Geschlechter vor der Geißel des Krieges zu bewahren" und „den sozialen Fortschritt und einen besseren Lebensstandard in größerer Freiheit zu fördern". Zwischen diesen beiden Formulierungen steht das Bekenntnis zu den Menschenrechten und zu dem Ziel, „Bedingungen zu schaffen, unter denen Gerechtigkeit und die Achtung vor den Verpflichtungen aus Verträgen und anderen Quellen des Völkerrechts gewahrt werden können". Die Fortentwicklung des Völkerrechts auf der Basis des Kriegsverbots und des allgemeinen Gewaltverbots gehört daher ebenfalls zu den erklärten Hauptzielen der UNO.

Aus diesen Gründen mußte die UNO von vornherein die Universalität erstreben, obwohl sie ursprünglich ein Kriegsbündnis war.[7] Im Gegensatz zum Völkerbund, dessen Satzung in die Friedensverträge nach dem Ersten Weltkrieg aufgenommen

[7] Vgl. Walter Schätzel, Die Universalität der Weltorganisation, in: Festschrift für Hans Wehberg, Frankfurt a.M. 1956, S. 350.

worden war, wurde daher die UNO nicht mit der Liquidation der Kriegsfolgen belastet. Sie mußte allerdings den Siegermächten des Zweiten Weltkriegs die Möglichkeit geben, diese Kriegsfolgeprobleme zu lösen und ein Wiederaufleben der Aggression zu verhindern. Zu diesem Zweck gestattet die Satzung in Art. 53 Abs. 1 ausnahmsweise Zwangsmaßnahmen gegen einen „Feindstaat" auf Grund regionaler Abmachungen oder seitens regionaler Einrichtungen ohne Ermächtigung des Sicherheitsrats. Gemäß der Legaldefinition in Art. 53 Abs. 2 SVN bezeichnet dabei der Ausdruck „Feindstaat" jeden Staat, der während des Zweiten Weltkriegs Feind eines Unterzeichnerstaates der Satzung (d.h. eines Gründungsmitgliedes der UNO) war. Art. 107 SVN gibt generell den Siegermächten des Zweiten Weltkriegs die Befugnis, im Zuge der Friedensregelungen Maßnahmen gegen die Feindstaaten ohne Rücksicht auf die UNO-Satzung zu treffen. Eine solche Freistellung war erforderlich, damit nicht die Maßnahmen zur Verhinderung der Wiederaufnahme der Kriegspolitik am Gewaltverbot der UNO-Satzung scheiterten.

Jedoch ist zweierlei zu berücksichtigen: Erstens bedeutet die Freistellung von der UNO-Satzung nicht zugleich eine Freistellung vom allgemeinen Völkerrecht. Die Gründungsmitglieder der UNO konnten und wollten die Siegermächte des Zweiten Weltkriegs nicht von der Pflicht befreien, die Regeln des allgemeinen Völkerrechts auch bei den Maßnahmen gegen die besiegten Staaten zu beachten. Zweitens sind die Bestimmungen der Art. 53 Abs. 1 und 107 SVN nur Übergangsregelungen. Art. 53 Abs. 1 SVN bestimmt ausdrücklich, daß die dort normierte Ausnahme nur gilt „bis der Organisation auf Ersuchen der beteiligten Regierungen die Aufgabe zugewiesen wird, neue Angriffe eines solchen Staates zu verhüten". (Hinzu kommt, daß weder in Europa noch in Asien eine regionale Organisation gegen einen Feindstaat im Sinne des Art. 53 Abs. 2 errichtet worden ist, so daß die Voraussetzungen für die Anwendung des Art. 53 Abs. 1 SVN schon aus diesem Grunde nicht gegeben sind.) Art. 107 SVN aber steht ausdrücklich unter der Überschrift „Übergangsbestimmungen betreffend die Sicherheit". In der völkerrechtlichen Literatur besteht Übereinstimmung darüber, daß die Übergangszeit, in der das Sonderrecht des Art. 107 SVN gilt, auf jeden Fall mit dem Abschluß eines Friedensvertrags beendet ist. Als aber der Friedensvertrag mit Deutschland immer länger auf sich warten ließ, wurde auch die Frage erörtert, ob die Übergangszeit nicht bereits vorher beendet sein könnte.[8] Im Hinblick auf das unbestreitbare Streben der UNO nach der Universalität der in ihrer Satzung enthaltenen Prinzipien wurde überwiegend die Meinung vertreten, daß die Feindstaatenartikel bereits vor Abschluß eines Friedensvertrags nicht mehr gegen die beiden deutschen Staaten angewendet werden dürfen. Als spätester Zeitpunkt für das Außerkrafttreten der Feindstaatenklauseln wurde der Beitritt der beiden deutschen Staaten zur UNO angenommen. Die früher vertretene Meinung, daß nach einem Beitritt des ehemaligen Feindstaates zur UNO nur dieser Staat, nicht aber die Siegermächte an die Prin-

[8] Vgl. Armin Albano-Müller, Die Deutschland-Artikel in der Satzung der Vereinten Nationen, Stuttgart 1967; Dieter Blumenwitz, Feindstaatenklauseln, München 1972; Heinz Brill, Ist eine Revision der UNO-Satzung möglich? Ein Beitrag zum Feindstaatenproblem, Europ. Wehrkunde 1982, S. 156 ff.; Vojin Dimitrijevic, Die Befugnisse der Regionalabkommen gegenüber ehemaligen Feindstaaten nach der Satzung der Vereinten Nationen, Osteuropa-Recht 1970, S. 157 ff.; Georg Ferdinand Duckwitz, Gewaltverzicht und Interventionsrecht, Außenpolitik 1968, S. 526; Dietrich Frenzke, Gewaltverzicht und Feindstaatenklauseln, Europa-Archiv 1970, S. 55; Dietrich Frenzke, Jens Hacker und Alexander Uschakow, Die Feindstaatenartikel und das Problem des Gewaltverzichts der Sowjetunion im Vertrag vom 12.8.1970, Berlin 1971; P. Fuhrmann, Das Ausnahmerecht der UN-Satzung für die Besiegten des Zweiten Weltkrieges, Politische Studien 1964, S. 551; Jens Hacker, Zur Frage der Befreiung von den Feindstaatenklauseln der UN-Satzung, Vereinte Nationen 1971, S. 41 ff.; Otto Kimminich, Der Moskauer Vertrag, 2. Aufl. Hamburg 1973, S. 17 ff.; Walter Pflüger, Die Deutschland- und Berlinfrage und die Feindstaatenartikel der UN-Charta, in: Gottfried Zieger, Hrsg., Deutschland und die Vereinten Nationen, Köln 1981, S. 73 ff.; Hannes C. Schneider, Die Charta der Vereinten Nationen und das Sonderrecht für die im Zweiten Weltkrieg unterlegenen Nationen, Bonn 1967; Josef Soder, Die Stellung der „ehemaligen Feindstaaten" in der UN-Satzung, Vereinte Nationen 1965, S. 18; Gertrud Stoevesandt, Überholtes Freund-Feind-Schema der UN-Charta, Politische Studien 1969, S. 21; Werner Trützschler v. Falkenstein, Die sich ändernde Bedeutung der Feindstaatenartikel für Deutschland, Bern 1975.

zipien der Satzung gebunden seien,[9] hat sich im westlichen Schrifttum nicht durchgesetzt; denn man erkannte, daß die Universalität der Prinzipien der UNO-Satzung in Frage gestellt wäre, wenn die Satzung zweierlei Recht für verschiedene Staatengruppen normierte und gleichsam den Kriegszustand verewigte.[10] In der Praxis haben die Feindstaatenklauseln noch keine Rolle gespielt. Als einziges Land hat die Sowjetunion im Sommer 1968 die Behauptung aufgestellt, die Feindstaatenklauseln seien noch in Kraft.[11] Eine ausdrückliche Berufung auf die Feindstaatenklauseln zur Rechtfertigung konkreter Maßnahmen erfolgte jedoch zu keiner Zeit.[12] Mit dem Beitritt der Bundesrepublik Deutschland zur UNO kann diese Frage als endgültig geklärt angesehen werden.

Die Bundesrepublik Deutschland ist der UNO mit Wirkung vom 7. Juni 1973 beigetreten. Sie war aber bereits vorher Mitglied zahlreicher Spezialorganisationen der UNO und hatte ihre aktive Mitarbeit im Frühjahr 1950 begonnen, als zum ersten Mal Vertreter der Bundesregierung an den Konferenzen der Internationalen Arbeitsorganisation (ILO) teilnahmen.

ILO 1950

9 Vgl. Hans Kelsen, The law of the United Nations, London 1951, S. 813; Josef Soder, Die Stellung der „ehemaligen Feindstaaten" in der UN-Satzung, Vereinte Nationen 1965, S. 18.

10 Auch der Versuch, die Feindstaatenklauseln der UNO-Satzung in „antifaschistische Klauseln" umzumünzen und allein gegen die BRD fortgelten zu lassen, ist nicht weiter verfolgt worden. Vgl. Bernhard Graefrath, Die antifaschistischen Klauseln der UN-Charta und der Gewaltverzicht, Neue Justiz 1968, S. 686 ff.; Peter Alfons Steiniger, Die antifaschistischen Klauseln der Charta von San Francisko, Neue Justiz 1955, S. 355 ff.; ders., Deutschland und die Vereinten Nationen, Deutsche Außenpolitik 1959, S. 856.

11 Hierzu das Weißbuch der Bundesregierung „Die Politik des Gewaltverzichts", hrsg. vom Presse- und Informationsamt der Bundesregierung, Bonn 1968; Dietrich Frenzke, Welche Ostblockstaaten erheben Ansprüche aus den Feindstaatenklauseln?, Vereinte Nationen 1969, S. 134ff.

12 Auf Anfrage der Bundesregierung erklärten die Regierungen der drei Westmächte in ihren Noten vom 16./17./20.9.1968 übereinstimmend, „daß weder Art. 107 noch Art. 53 noch die beiden Artikel zusammen der Sowjetunion und den übrigen Mitgliedern des Warschauer Pakts irgendein Recht geben, gewaltsame, einseitige Interventionen in die Angelegenheiten der Bundesrepublik Deutschland vorzunehmen". Vgl. Keesings Archiv der Gegenwart 1968, S. 14200.

1951 wurde die BRD in die Weltgesundheitsorganisation, die Internationale Arbeitsorganisation und die UNESCO aufgenommen, 1952 in die Internationale Fernmeldeunion, den Weltwährungsfonds und die Internationale Bank für Wiederaufbau und Entwicklung, 1954 in die Weltorganisation für Meteorologie, 1955 in den Weltpostverein, 1956 in die Internationale Zivilluftfahrt-Organisation und die Internationale Finanz-Corporation, 1957 in die Internationale Atomenergie-Organisation, 1959 in die Zwischenstaatliche Beratende Seeschiffahrts-Organisation und 1960 in die Internationale Entwicklungs-Organisation. Dem Allgemeinen Zoll- und Handelsabkommen (GATT) war die BRD bereits am 1. Oktober 1951 beigetreten. Seit 1952 zahlt die BRD Beiträge zum Weltkinderhilfswerk (UNICEF), zum Etat des Hohen Flüchtlingskommissars (UNHCR) und zum Hilfswerk der Vereinten Nationen für die arabischen Flüchtlinge aus Palästina (UNRWA).[13]

Gegenwärtig (1.1.1983) zählt die UNO 157 Mitglieder. Sie alle besitzen je eine Stimme in dem Hauptorgan der UNO, der Generalversammlung, die alljährlich im Herbst in New York zusammentritt. Nach Art. 10 SVN ist die Generalversammlung grundsätzlich für alle Angelegenheiten zuständig, die unter die Kompetenz der UNO fallen; jedoch soll sie gemäß Art. 12 SVN keine Empfehlung über einen Gegenstand erlassen, solange der Sicherheitsrat im Rahmen seiner Zuständigkeit mit einer Angelegenheit befaßt ist. Allerdings hat die

[13] Einen Überblick über die finanziellen Beiträge der BRD zur Arbeit der UNO in der Zeit von 1960–1970 enthält das Werk „Die auswärtige Politik der Bundesrepublik Deutschland", hrsg. vom Auswärtigen Amt, Köln 1972, S. 944 ff. Für diesen lange vor dem Beitritt der BRD zur UNO liegenden und 11 Haushaltsjahre umfassenden Zeitraum beträgt die Gesamtsumme 84 097 487 US-Dollar. Zur UNO-Arbeit vor dem Beitritt vgl. Heinz Dröge, Fritz Münch und Ellinor v. Puttkamer, Die Bundesrepublik Deutschland und die Vereinten Nationen, München 1966; Ulrich Scheuner und Beate Lindemann, Hrsg., Die Vereinten Nationen und die Mitarbeit der Bundesrepublik Deutschland, München–Wien 1973; Die Bundesrepublik Deutschland Mitglied der Vereinten Nationen, hrsg. im Auftrag des Presse- und Informationsamtes der Bundesregierung, Bonn–Wien–Zürich 1973.

Generalversammlung während der Koreakrise im Beschluß „Uniting for Peace" vom 3. November 1950[14] festgestellt, sie habe das Recht, auch die vor dem Sicherheitsrat schwebenden Angelegenheiten zu behandeln, wenn der Sicherheitsrat infolge der Uneinigkeit seiner ständigen Mitglieder handlungsunfähig ist. Zur Vorbehandlung der Angelegenheiten bestehen 7 Ausschüsse, in denen ebenfalls jeweils alle Mitglieder vertreten sind. Kleinere Ausschüsse können für besondere Aufgaben gebildet werden. Ferner kann die Generalversammlung Nebenorgane einsetzen (Art. 22 SVN). Zur Kodifikation und Weiterentwicklung des Völkerrechts hat die Generalversammlung die Völkerrechtskommission (International Law Commission) gebildet.[15].

Neben der Generalversammlung bezeichnet Art. 7 SVN noch folgende Organe als „Hauptorgane" der UNO: Sicherheitsrat, Wirtschafts- und Sozialrat, Treuhandrat, Internationaler Gerichtshof und Sekretariat. Das politisch wichtigste Gremium ist der *Sicherheitsrat*. Seit der Resolution vom 17. Dezember 1963 besteht er aus 15 Mitgliedern, von denen 5 ständig im Sicherheitsrat vertreten sind (Volksrepublik China, Frankreich, UdSSR, Großbritannien, USA); die übrigen werden von der Generalversammlung für die Dauer von zwei Jahren gewählt. Im Gegensatz zur Generalversammlung, die nur Empfehlungen (in Form von Resolutionen) aussprechen kann, hat der Sicherheitsrat die Möglichkeit, im Rahmen der ihm zur Wahrung des Friedens und der internationalen Sicherheit

14 Resolution 377 A (V). Hierzu Harry Reicher, The Uniting for Peace Resolution on the thirtieth anniversary of its passage, CJTL 1981, S. 1 ff.

15 Thomas M. Franck und Mohamed El Baradei, The Codification and Progressive Development of International Law: A UNITAR Study of the Role and Use of the International Law Commission, AJIL 1982, S. 630 ff.; S.P. Jagota, The role of the International Law Commission in the development of international law, IJIL 1976, S. 459 ff.; R.S. Pathak, The Role of the International Law Commission in the Codification and Progressive Development of International Law, IJIL 1977, S. 1 ff.; B.G. Ramcharan, The International Law Commission, Den Haag 1977; B.G. Ramcharan, The International Law Commission, YBWA 1975, S. 283 ff.

eingeräumten Befugnisse (Art. 39 ff. SVN) seine Beschlüsse mit bindender Wirkung auszustatten. Es steht ihm allerdings frei, auch Empfehlungen auszusprechen.

Im Falle einer Friedensgefährdung hat der Sicherheitsrat zunächst festzustellen, ob eine Bedrohung oder ein Bruch des Friedens oder eine Angriffshandlung vorliegt (Art. 39 SVN), bevor er Empfehlungen beschließt oder Maßnahmen trifft. Zu den zulässigen Maßnahmen gehören auch militärische Aktionen. Infolge des Ost-West-Konflikts ist allerdings das von der UNO vorgesehene System der kollektiven Sicherheit noch nicht zur Entfaltung gelangt (hierzu unten 7.3). Der in Art. 47 SVN vorgesehene Generalstabsausschuß ist nicht gebildet worden. Der einzige Fall, in dem eine UN-Streitmacht auf Grund eines Beschlusses gem. Art. 39 SVN einen Krieg gegen den als Aggressor gebrandmarkten Staat geführt hat, ist der Korea-Krieg (1950–53). Die diesbezüglichen Beschlüsse des Sicherheitsrats waren in Abwesenheit der Sowjetunion gefaßt worden. Da Art. 27 Abs. 3 SVN bestimmt, daß alle Beschlüsse des Sicherheitsrats, die nicht bloße Verfahrensfragen betreffen, der Zustimmung von 9 Mitgliedern einschließlich sämtlicher ständiger Mitglieder bedürfen, hat über die rechtliche Beurteilung des Eingreifens von UN-Streitkräften (vorwiegend mit Kontingenten aus USA, Großbritannien, Australien, Türkei) „von Anfang an Streit geherrscht".[16]

In der Praxis der Vereinten Nationen hat sich eine andere Art des militärischen Eingreifens entwickelt, deren Rechtsgrundlage von Fall zu Fall durch Resolutionen der Generalversammlung und des Sicherheitsrats geschaffen worden ist. Die Aufgaben und Befugnisse der jeweils aus Kontingenten der einzelnen Mitgliedstaaten bestehenden UNO-Streitkräfte sind unterschiedlich und ergeben sich jeweils aus den Rechtsakten, die zu ihrer Schaffung gesetzt wurden. Nach der bisherigen Praxis haben sich zwei Hauptfunktionen ergeben: Beobachtung und Kontrolle. Dementsprechend wird zwischen Be-

[16] Norbert J. Prill, in: Handbuch Vereinte Nationen, München 1977, S. 425.

obachtern (observer missions) und ,,Friedenstruppen im engeren Sinn" (peacekeeping forces) unterschieden. Da jedoch beide unter den Oberbegriff der friedenssichernden Tätigkeiten (peacekeeping operations) fallen, wird die Bezeichnung „Friedenstruppe" häufig auch für bloße Beobachtermissionen angewendet.

Die „peacekeeping operation" wird definiert als eine ,,unter Verwendung von Streitkräften durchgeführte Aktion in der Situation eines internationalen bewaffneten Konflikts auf der Grundlage der Zustimmung aller beteiligten Parteien und – von den Zwecken der Selbstverteidigung abgesehen – ohne Anwendung von Waffengewalt".[17] Da die von der Generalversammlung und vom Sicherheitsrat gesetzten Rechtsakte ihrerseits einer Rechtsgrundlage in der Satzung der Vereinten Nationen bedürfen, ist diese die letztliche Grundlage für die Schaffung und Tätigkeit aller UN-Friedenstruppen. Die Beschlüsse der UN Organe haben es bisher vermieden, einzelne Satzungsbestimmungen zu nennen. In der Literatur ist häufig auf Art. 40 SVN hingewiesen worden, der dem Sicherheitsrat die Befugnis gibt, „vorläufige Maßnahmen" zu treffen und deren Befolgung zu verlangen. ,,Wird den vorläufigen Maßnahmen nicht Folge geleistet, so trägt der Sicherheitsrat diesem Vorgang gebührend Rechnung" (Art. 40 Satz 3 SVN). Andere Autoren halten die Vorschriften des Kapitels VI der Satzung (Art. 33 ff., friedliche Beilegung von Streitigkeiten) für die einschlägige Rechtsgrundlage. Bezüglich der Generalversammlung werden entsprechende Befugnisse in den Art. 11 und 14 gesehen, die der Generalversammlung Befugnisse im Zusammenhang mit der Wahrung des Weltfriedens und der internationalen Sicherheit einräumen. Die meisten Kommentatoren vertreten jedoch die Auffassung, daß als Rechtsgrundlage der UN-Friedenstruppe nicht so sehr einzelne Satzungsbestimmungen, sondern die Gesamtheit aller Satzungsbestimmungen in Frage komme, in denen der Hauptzweck der UNO-

17 Erik Suy, United Nations peacekeeping system, in: Bernhardt (Hrsg.), Encyclopedia of Public International Law, instalment 4 (1982), S. 259.

Satzung, nämlich Erhaltung des Weltfriedens und der internationalen Sicherheit, zum Ausdruck kommt.[18]

Die erste Beobachtertruppe wurde 1948 in den Nahen Osten entsandt, um den Waffenstillstand zwischen Israel und seinen Nachbarn zu beobachten (UN Truce Supervision Organization in Palestine, UNTSO); 1949 folgte eine ähnliche Mission nach Indien und Pakistan (UN Military Observer Group in India and Pakistan, UNMOGIP) und 1958 im Libanon (UN Observer Group in Libanon, UNOGIL). Mehrere Jahre waren Beobachter im Jemen (UN Yemen Observer Mission, UNYOM, 1963–64) und auf dem indischen Subkontinent (UN India and Pakistan Observer Mission, UNIPOM, 1965–66) tätig.

Die erste UN-Friedenstruppe im engeren Sinn wurde 1956 an den Suezkanal entsandt.[19] Sie wurde als United Nations Emergency Force (UNEF) bezeichnet und blieb bis 1967 tätig. Ihr folgte 1973 eine weitere Friedenstruppe in demselben Gebiet mit derselben Bezeichnung (UNEF II; seither heißt die erste Friedenstruppe UNEF I)[20]. 1979 beendete sie ihre Tätigkeit. Eine der umfangreichsten militärischen Operationen der UNO war das Eingreifen im Kongo im Jahre 1960. Damals ermächtigte der Sicherheitsrat den Generalsekretär, die notwendigen Maßnahmen zu ergreifen.[21] Es entstand die Opération des Nations Unies pour le Congo (ONUC), die bis 1964 tätig war. 1962–63 operierte eine „Sicherheitstruppe“ (UN Security Force, UNSF) in West-Irian, bevor dieses Gebiet an Indonesien übergeben wurde.[22] Im Jahre 1964 wurde ferner eine UN-Friedenstruppe nach Zypern entsandt (UN Force in Cyprus, UNFICYP).[23] Zu Beginn des Jahres 1983 war

[18] Vgl. Erik Suy, aaO. (Anm. 17), S. 260.

[19] Resolution der Generalversammlung vom 5. November 1956, Res. 1000 (ES – 1) und vom 7. November 1956, Res. 1001 (ES – 1).

[20] Resolution des Sicherheitsrats vom 25.10.1973, UN SC Res. 340.

[21] Resolution vom 14. Juli 1960, UN SC Res. 143.

[22] Grundlage: Resolution der Generalversammlung vom 21. September 1962, UN EA Res. 1752 (XVII).

[23] Grundlage: Resolution des Sicherheitsrats vom 4. März 1964, UN SC Res. 186.

sie noch immer in Zypern stationiert. Das gleiche gilt für eine Beobachtertruppe auf den Golan-Höhen (UN Disengagement Observer Force, UNDOF)[24] und für die 1978 geschaffene Friedenstruppe im Libanon (UN Interim Force in Libanon, UNIFIL)[25]. Zu betonen ist, daß in allen Fällen die Beobachter- oder Friedenstruppe der Vereinten Nationen nur mit Zustimmung derjenigen Länder tätig werden darf, auf deren Gebiet sich ihre Operationen erstrecken.[26]

[24] Grundlage: Resolution des Sicherheitsrats vom 31. Mai 1974, UN SC Res. 350.

[25] Grundlage: Resolution des Sicherheitsrats vom 19. März 1978, UN SC Res. 425 und 426.

[26] Vgl. Georges Abi-Saab, The United Nations operation in the Congo 1960–1964, Oxford 1978; Michael Bothe, Streitkräfte internationaler Organisationen, Köln 1968; D.W. Bowett, United Nations
Congo 1960–1964, Oxford 1978; Michael Bothe, Streitkräfte inter-
keeping. Legal Essays, Alphen 1978; Poeliu Dai, The United Nations Interim Force in Lebanon and Canadian Participation, CYIL 1979, S. 304 ff.; Jost Delbrück, Peacekeeping by the UN and the rule of law, in: Fs f. Bert Röling, Leiden 1977, S. 73 ff.; Philippe Dewast, Quelques Aspects du statut des Casques Bleus, RGDIP 1977, S. 1007 ff.; Hansjörg Döpp, Die Finanzierung von Friedenssicherungsaktionen der Vereinten Nationen. Die rechtliche Problematik, Diss. Köln 1976; Larry L. Fabian, Soldiers without Enemies. Preparing the United Nations for Peacekeeping, Washington 1971; Dieter Fleck, UN-Friedenstruppen: Erfolgszwang und Bewährung, VN 1979, S. 99 ff.; Dietrich Franke, Die UN Operation im Kongo, Diss. Bonn 1978; Dietrich Franke, Streitkräfte der Vereinten Nationen, AVR 1979 (Bd. 18), S. 149 ff.; J.I. Garvey, United Nations peacekeeping and host State consent, AJIL 1970, S. 241 ff.; M. Harbottle, The impartial soldier, New York 1970; Rosalyn Higgins, United Nations Peacekeeping. Documents and Commentary, 4 Bde., London 1969–1981; Alan James, Recent developments in UN peacekeeping, YBWA 1977, S. 75 ff.; Hans Peter Kaul, UN-Friedenstruppen: Versuch einer Bilanz, VN 1983, S. 1 ff.; J.O. de Lange, Peacekeeping operations of the UN and public international law. Some legal aspects in the Netherlands, NILR 1981, S. 182 ff.; Jean-Claude Martinez, Le financement des opérations de maintien de la paix de l'organisation des Nations Unies, RGDIP 1977, S. 102 ff.; Jean-Claude Martinez, La force intérimaire des Nations Unies au Libanon, AFDI 1978, S. 479 ff.; Eberhard Menzel, Die militärischen Einsätze der Vereinten Nationen zur Sicherung des Friedens, JIR 1971, S. 11 ff.; C.R. Mitchell, Peacekeeping: The Police Function, YBWA 1976, S. 150 ff.; Peter Pernthaler und Fried

Der *Wirtschafts- und Sozialrat* besteht aus 54 Mitgliedern, die von der Generalversammlung für drei Jahre gewählt werden (Art. 61 SVN). Er ist für die Förderung der in Art. 55 SVN genannten Ziele der UNO verantwortlich: Verbesserung des Lebensstandards, Vollbeschäftigung, wirtschaftlicher und sozialer Fortschritt, Lösung internationaler Probleme wirtschaftlicher, sozialer und medizinischer Art, internationale Zusammenarbeit auf dem Gebiet der Kultur und der Erziehung, Verwirklichung der Menschenrechte. Er kann nur Empfehlungen abgeben, Konventionen entwerfen, Konferenzen im Rahmen seiner Zuständigkeit einberufen, Vereinbarungen mit Spezialorganisationen abschließen und die Tätigkeit der Spezialorganisationen koordinieren. Zusammen mit den Spezialorganisationen hat er insbesondere ein umfassendes Berichtssystem aufgebaut.

Esterbauer, Die Entsendung österreichischer Einheiten zur Hilfeleistung in das Ausland auf Ersuchen internationaler Organisationen, JIR 1973, S. 81 ff.; Yves Sandoz, L'application du droit humanitaire par les forces armées de l'Organisation des Nations Unies, RICR 1978, S. 274 ff.; Josef Schärli, Friedenserhaltende Aktionen der Vereinten Nationen – Aspekte der Teilnahme für einen dauernd neutralen Staat, St. Gallen 1974; Dietrich Schindler, United Nations Forces and International Humanitarian Law, International Institute of Humanitarian Law, VIII Round Table, San Remo, 8.–11. September 1982; Finn Seyersted, United Nations Forces in the Law of Peace and War, Leiden 1966; R.C.R. Siekmann, A Survey of the Judicial Decisions in Pursuance of the Dutch Participation in the UN Peace-Keeping Force in Lebanon, NILR 1980, S. 194 ff.; Ensio Sülasvuo, Der unerfüllbare Auftrag, VN 1982, S. 185 ff.; Erik Suy, United Nations peacekeeping system, in: Rudolf Bernhardt, Hrsg., Encyclopedia of Public International Law, Instalment 4 (1982), S. 258 ff.; Brian E. Urquhart, Peace-keeping operations – experience and outlook, ÖZA 1977, S. 250 ff.; M.G. Woerlee, A standing peacekeeping force?, NILR 1981, S. 171 ff.; T. Yamashita, Conditions imposed upon the United Nations peacekeeping forces by the host countries and the participant states, Cambridge 1980; A.L.M. Zeidan, The United Nations emergency force 1956–1967, Stockholm 1976; Elisabeth Zoller, Le principe de la répartition géographique dans la composition des forces des Nations Unies, AFDI 1975, S. 503 ff.; Jochen Zwecker, Die Sezession Katangas und das Eingreifen der Vereinten Nationen, Diss. Marburg 1967.

Der *Treuhandrat* (Art. 86 SVN) besteht aus den Mitgliedern, die Treuhandgebiete verwalten, den ständigen Mitgliedern des Sicherheitsrats und so vielen weiteren von der Generalversammlung für je drei Jahre gewählten Mitgliedern, wie erforderlich sind, damit der Treuhandrat aus einer gleichen Anzahl von Treuhändern und Nichttreuhändern besteht. Treuhandgebiete sind die ehemaligen Mandatsgebiete des Völkerbunds, die abgetrennten Kolonien der ehemaligen Feindstaaten und alle sonstigen Gebiete, die dem Treuhandsystem der UNO unterstellt werden. Durch die Entkolonisierungswelle der sechziger Jahre (vgl. oben 2.5.5) ist das Treuhandsystem der UNO fast völlig obsolet geworden: es gilt nur noch für einen Teil Neuguineas und einige Südseeinseln.

Das *Sekretariat* besteht aus einem Generalsekretär und den sonstigen Bediensteten (Art. 97 SVN). Der Generalsekretär wird auf Empfehlung des Sicherheitsrats von der Generalversammlung für die Dauer von fünf Jahren gewählt. Er darf von keiner Regierung eines Landes Weisungen annehmen oder erbitten.

Der *Internationale Gerichtshof*, der in Art. 7 SVN ebenfalls als Hauptorgan der UNO genannt wird, ist im folgenden in Kap. 15.2 zu behandeln.

Art. 57 SVN gestattet die Errichtung von *Sonderorganisationen*, „die auf den Gebieten der Wirtschaft, des Sozialwesens, der Kultur, der Erziehung, der Gesundheit und auf verwandten Gebieten" die in ihrer jeweiligen Satzung umschriebenen Aufgaben zu erfüllen haben. Gegenwärtig existieren die folgenden Sonderorganisationen, die gelegentlich auch als „Spezialorganisationen" bezeichnet werden: Zwischenstaatliche Beratende Organisation für Seeschiffahrt/Internationale Schiffahrtsorganisation (IMCO), Internationale Atomenergie-Organisation (IAEA), Internationale Zivilluftfahrt-Organisation (ICAO), Weltpostverein (UPU), Organisation für Erziehung, Wissenschaft und Kultur (UNESCO), Ernährungs- und Landwirtschaftsorganisation (FAO), Internationale Arbeitsorganisation (ILO), Internationale Bank für Aufbau und Entwicklung/Weltbank (IBRD), Internationale Entwicklungsorganisation (IDA), Internationale Finanzkorporation (IFC), Internationale Fernmelde-Union (ITU), Weltgesundheitsorganisation (WHO), Weltorganisation für Meteorologie (WMO), Internationaler Währungsfonds/Weltwährungsfonds (IMF). Daneben gibt es folgende Unterorganisationen: Organisation für industrielle Entwicklung (UNIDO), Entwicklungsprogramm der Vereinten Nationen (UNDP), Hilfswerk für die arabischen Flüchtlinge aus Palästina (UNRWA), Welthandelskonferenz (UNCTAD), Wirtschaftskommissionen für einzelne Regionen (für Europa: ECE, für Asien und den fernen Osten: ECAFE, für Lateinamerika: ECLA, für Afrika: ECA), Weltkinderhilfswerk (UNICEF), Hoher Flüchtlingskommissar (UNHCR), Ausbildungs- und Forschungsinstitut (UNITAR), World Intellectual Property Organization (WIPO).

An sämtlichen Organisationen (mit Ausnahme der nicht für Europa zuständigen regionalen Wirtschaftskommissionen) ist die Bundesrepublik Deutschland beteiligt und hat in ihnen seit den fünfziger Jahren aktiv mitgearbeitet.

3.3.4 Supranationale Organisationen

Auch die supranationalen Organisationen sind völkerrechtliche Staatenverbindungen. Ihre Integration ist dichter als die der internationalen Organisationen, ohne jedoch die des Bundesstaates zu erreichen. Die Verwendung des Eigenschaftsworts „supranational" ist deshalb gerechtfertigt, weil die Exekutivorgane dieser Organisationen über selbständige Entscheidungsbefugnisse verfügen. Wie internationale Organisationen entstehen auch die supranationalen durch einen multilateralen völkerrechtlichen Vertrag (Gründungsvertrag), in dem die Mitgliedstaaten einen Teil ihrer Hoheitsrechte auf die Organisation übertragen. In diesem teilweisen Übergang von Souveränitätsrechten sehen manche Autoren das wesentliche Kriterium der supranationalen Organisation. Andere nehmen die Eigenschaften der Organe der Gemeinschaften zum Maßstab, vor allem die Unabhängigkeit gegenüber den Mitgliedstaaten und die Möglichkeit, verbindliche Beschlüsse zu fassen. Mit Recht ist dagegen eingewendet worden, daß alle diese Eigenschaften im Bereich des völkerrechtlichen Organisationsrechts nicht neuartig sind, und daß sich deshalb „der supranationale Charakter einer Staatenverbindung nur aus der Intensität und Kumulation dieser Eigenschaften ergeben" kann.[27] Als Hauptbeispiel der supranationalen Organisation gelten die Europäischen Gemeinschaften.[28]

Literatur

Zu 3.3.1

Peter Fahrni, Die Assoziation von Staaten mit anderen Staaten, Zürich 1967.

Friedrich August Frhr. v.d.Heydte, Großmächte und Staatenverbindungen in dem sich wandelnden Völkerrecht unserer Zeit, in: Fs f. Alfred Verdross, Berlin 1980, S. 445 ff.

Günther Jaenicke, Staatenverbindungen, HdSW Bd. 9 (1956), S. 729 ff.

Josef L. Kunz, Die Staatenverbindungen, Stuttgart 1929.

Johann Mokre, Staatenverbindungen zwischen Staatsrecht und Völkerrecht, ÖZöR 1956, S. 228 ff.

Zu 3.3.2

H.T. Adam, Les organismes internationaux spécialisés, 4 Bde., Paris 1965–1977.

Alexine Atherton, International Organizations, Detroit 1976.

Gunter Baer u.a., Internationale Wirtschaftsorganisationen, JuS 1976, S. 634 ff., 705 ff., 779 ff.; 1977, S. 9 ff., 297 ff., 367 ff., 433 ff., 506 ff., 648 ff.

Hans Ballreich, Die Interdependenz internationaler Organisationen, AVR 1981, S. 121 ff.

Alvin LeRoy Bennet; International Organizations: Principles and Issues, 2. Aufl. Englewood Cliffs 1980.

Rudolf L. Bindschedler, Rechtsakte der internationalen Organisationen in: Berner Festgabe zum Schweizerischen Juristentag, Bern 1979, S. 361 ff.

Albert Bleckmann, Zur Verbindlichkeit des allgemeinen Völkerrechts für internationale Organisationen, ZaöRV 1977, S. 107 ff.

Maarten Bos, The interpretation of decisions of international organizations, NILR 1981, S. 1 ff.

[27] Günther Jaenicke, Supranationale Organisation, WVR, 3. Bd., Berlin 1962, S. 425.

[28] Das Recht der Europäischen Gemeinschaften („Europarecht") ist zu einer selbständigen Disziplin geworden und wird hier nicht behandelt.

D.W. Bowett, The Law of International Institutions, 4. Aufl. New York 1982.

René-Jean Dupuy, Le droit des relations entre les organisations internationales, RdC 1960/II (Bd. 100), S. 457 ff.

Jochen A. Frowein, Der Beitrag der internationalen Organisationen zur Entwicklung des Völkerrechts, ZaöRV 1976, S. 147 ff.

Pierre Gerbet, Les organisations internationales, Paris 1979.

Konrad Ginther, Die völkerrechtliche Verantwortlichkeit internationaler Organisationen gegenüber Drittstaaten, Wien 1969.

Marjo Hoefnagels, Growth of international organizations since 1945, in: Rüdiger Jütte und Annemarie Grosse-Jütte, Hrsg., The Future of International Organization, London 1981, S. 14 ff.

David A. Ijalaye, The Extension of Corporate Personality in International Law, Dobbs Ferry N.Y. 1978.

Harold K. Jacobson, Networks of Interdependence: International Organizations and the Global Political System, New York 1979.

Rüdiger Jütte, Future Prospects for International Organizations, London 1980.

F.L. Kirgis, Jr., International Organizations in their Legal Setting, St. Paul 1977.

Zbigniew Klepacki, The Organs of International Organizations, Alphen 1978.

Karl-Heinz Köppinger, Der Weg der UNIDO in die Selbständigkeit. Untersuchungen zum Recht der internationalen Organisationen. Diss. Köln 1981.

Marc-Stanislas Korowicz, Organisations internationales et souveraineté des états membres, Paris 1961.

Winfried Lang, Das Wiener Übereinkommen über die Vertretung von Staaten in ihren Beziehungen zu internationalen Organisationen universellen Charakters, ZaöRV 1977, S. 43 ff.

Elihu Lauterpacht, The development of the law of international organization by the decisions of international tribunals, RdC 1976/IV (Bd. 152), S. 377 ff.

Evan Luard, International Agencies: The Emerging Framework of Interdependence, London 1979.

Gert Meier, Das Recht internationaler Organisationen zur Schaffung und Bevollmächtigung eigener Organe, AVR 1964/65, (Bd. 12), S. 14 ff.

Werner Meng, Das Recht der internationalen Organisationen, eine Entwicklungsstufe des Völkerrechts, Baden-Baden 1979.

Herbert Miehsler, Zur Autorität von Beschlüssen internationaler Institutionen, in: Christoph Schreuer, Hrsg., Autorität und internationale Ordnung, Berlin 1979, S. 35 ff.

Riccardo Monaco, Les principes régissant la structure et le fonctionnement des organisations internationales, RdC 1977/III (Bd. 156), S. 83 ff.

Felice Morgenstern, Legality in international organizations, BYIL 1976–77, S. 241 ff.

Hermann Mosler, Die Aufnahme in internationale Organisationen, ZaöRV 1958 (Bd. 19), S. 275 ff.

Hermann Mosler, Remarques sur la superposition du droit des organisations internationales au droit des gens interétatique, in: Fs. f. Miaja de la Muela, Madrid 1979, S. 429 ff.

G.E. do Nascimiento e Silva, Privileges and immunities of permanent missions to international organizations, GYIL 1978 (Bd. 21), S. 9 ff.

I.A. Obaid, The Historical Evolution of the Legal Status of International Organizations, Ann Arbor 1980.

Amos J. Peaslee, International Governmental Organizations, Constitutional Documents, 5 Bde. 3. Aufl. Den Haag 1974–79.

Georg Ress, Die Bedeutung der Rechtsvergleichung für das Recht internationaler Organisationen, ZaöRV 1976, S. 227 ff.

Paul Reuter, Sur quelques limites du droit des organisations internationales, in: Fs f. Rudolf Bindschedler, Bern 1980, S. 491 ff.

R. Reuterswärd, The legal nature of international organizations, Nor TIR 1980, S. 14 ff.

Henry G. Schermers, International Organizations as members of other international organizations, in: Fs f. Hermann Mosler, Berlin–Heidelberg–New York 1983, S. 823 ff.

Henry G. Schermers, International Institutional Law, 2. Aufl. Alphen 1980.

Bernhard Schlüter, Die innerstaatliche Rechtsstellung der internationalen Organisationen, Köln–Berlin 1972.

Michael Schweitzer, Bearb., Internationale Organisationen, Bad Homburg v.d.H. 1969.

Ignaz Seidl-Hohenveldern, Der Zugang internationaler Organisationen zum Internationalen Gerichtshof, FW 1957, S. 16 ff.

Ignaz Seidl-Hohenveldern, Rechtsbeziehungen zwischen internationalen Organisationen und den einzelnen Staaten, AVR 1953/54 (Bd. 4), S. 30 ff.

Ignaz Seidl-Hohenveldern, Der Rückgriff auf die Mitgliedstaaten in internationalen Organisationen, in: Fs f. Hermann Mosler, Berlin–Heidelberg–New York 1983, S. 881 ff.

Ignaz Seidl-Hohenveldern, Die Immunität internationaler Organisationen in Dienstrechtsstreitfällen, Berlin 1981.

Ignaz Seidl-Hohenveldern, Das Recht der internationalen Organisationen einschließlich der supranationalen Gemeinschaften, 3. Aufl. Köln–Berlin 1979.

Finn Seyersted, Objective international personality of intergovernmental organizations, Kopenhagen 1963.

Heinhard Steiger, Zur Struktur der Kontroll- und Durchsetzungsverfahren gegenüber Mitgliedstaaten in internationalen Organisationen, in: Fs f. H.-J. Schlochauer, Berlin 1981, S. 649 ff.

Erik Suy, The status of observers in international organizations, RdC 1978/II (Bd. 160), S. 79 ff.

Christian Tomuschat, Die Beitragsverweigerung in internationalen Organisationen, in: Fs f. F.A. Mann, München 1977, S. 439 ff.

Rüdiger Wolfrum, Neue Elemente im Willensbildungsprozeß internationaler Wirtschaftsorganisationen, VN 1981, S. 50 ff.

Stephen Zamora, Voting in international economic organizations, AJIL 1980, S. 566 ff.

Gerda Zellentin, Les missions permanentes auprès des organisations internationales, Brüssel 1976.

Karl Zemanek, Das Vertragsrecht der internationalen Organisationen, Wien 1957.

Zu 3.3.3

Sydney D. Bailey, The Procedure of the UN Security Council, Oxford 1975.

James Barros, Hrsg., The United Nations: Past, Present and Future, New York 1972.

Rudolf L. Bindschedler, La délimitation des compétences des Nations Unies, RdC 1963/I (Bd. 108), S. 305 ff.

Matthias Brinkmann, Majoritätsprinzip und Einstimmigkeit in den Vereinten Nationen, Frankfurt/M. 1978.

Matthias Brinkmann, Einstimmigkeit und Konsensverfahren, VN 1979, S. 201 ff.

Bengt Broms, The Special Committee on the Charter of the United Nations and the strengthening of the role of the Organization, GYIL 1977 (Bd. 20), S. 77 ff.

Jost-Dietrich Busch, Dienstrecht der Vereinten Nationen: das common system, Köln 1981.

Hanns Engelhardt, Das Vetorecht im Sicherheitsrat der Vereinten Nationen, AVR 1962/63 (Bd. 10), S. 377 ff.

Gundolf Fahl, Der UNO-Sicherheitsrat, Berlin 1978.

Blanche Finley, The Structure of the UN General Assembly, 3 Bde; Dobbs Ferry N.Y. 1977.

Leland M. Goodrich, Edvard Hambro und Anne P. Simons, Charter of the United Nations. Commentary and Documents, 3. Aufl. New York–London 1969.

Leland M. Goodrich, The United Nations in a Changing World, New York 1976.

Kay Hailbronner, Das Recht der Vereinten Nationen, JA 1981, S. 375 ff., 437 ff.

Peter I. Hajnal, Guide to United Nations Organization, Documentation and Publishing, Dobbs Ferry, N.Y. 1978.

Philip C. Jessup, To form a more perfect United Nations, RdC 1970/I (Bd. 129), S. 1 ff.

Goronwy Jones, The United Nations and the Domestic Jurisdiction of States, Cardiff 1979.

Johan Kaufman, United Nations Decision Making, Den Haag 1979.

Wilhelm A. Kewenig, Die Problematik der Bindungswirkung von Entscheidungen des Sicherheitsrates, in: Fs f. Ulrich Scheuner, Berlin 1973, S. 259 ff.

Wilhelm A. Kewenig, Hrsg., Die Vereinten Nationen im Wandel, Berlin 1975.

Michael Krökel, Bindungswirkung von Resolutionen des Sicherheitsrates der Vereinten Nationen gegenüber den Mitgliedstaaten, Berlin 1977.

Min-Chuan Ku, Hrsg., A comprehensive Handbook of the United Nations, 2 Bde. New York 1978/79.

Manfred Lachs, The decision-making powers and the judiciary within the United Nations, in: Fs f. Stephan Verosta, Berlin 1980, S. 389 ff.

Jean-Marc Lavieille, La procédure de suspension des droits d'un Etat membre des Nations-Unies, RGDIP 1977, S. 431 ff.

Georg Lennkh, Willensbildung im Sicherheitsrat der Vereinten Nationen, ÖZA 1978, S. 5 ff.

Evan Luard, A History of the United Nations, Bd. I., London 1982.

Evan Luard, The United Nations: how it works and what it does, New York 1979.

Jean-Luc Mathieu, Les institutions specialisées des Nations Unies, Paris 1977.

Moses Moskowitz, The Roots and Reaches of United Nations Actions and Decisions, Alphen 1980.

H.G. Petersmann, Die Revision der Charta der Vereinten Nationen, VN 1976, S. 108 ff.

Werner Pfeifenberger, Die Vereinten Nationen. Ihre politischen Organe in Sicherheitsfragen, Salzburg–München 1971.

Franciszek Przetacznik, The double veto of the Security Council of the United Nations: A new appraisal, RDI 1980, S. 153 ff.

M.S. Rajan, The Expanding Jurisdiction of the United Nations, Dobbs Ferry, N.Y. 1981.

K. Venkata Raman, Hrsg., Dispute Settlement through the United Nations, Dobbs Ferry, N.Y. 1977.

Michael Schaefer, Gedanken zur Effektivierung des Sicherheitsrats, VN 1981, S. 199 ff.

Oscar Schachter, The crisis of legitimation in the United Nations, Nor TIR 1981, S. 3 ff.

Wolfgang Spröte und Harry Wünsche, Die Vereinten Nationen und ihre Spezialorganisationen, 18 Bde. Berlin (Ost) 1974/82.

Christian Tomuschat, Tyrannei der Minderheit? Betrachtungen zur Verfassungsstruktur der Vereinten Nationen, JIR 1976 (Bd. 19) S. 278 ff.

Rüdiger Wolfrum, Norbert Prill und Jens Brückner, Hrsg., Handbuch Vereinte Nationen, München 1977.

Antoine H. Zarb, Les institutions spécialisées du système des Nations Unies et leurs membres, Paris 1980.

Gottfried Zieger, Die Vereinten Nationen, Hannover (Nds. Landeszentrale f. Pol. Bildung) 1976.

Gottfried Zieger, Hrsg., Deutschland und die Vereinten Nationen, Köln 1981.

Zu 3.3.4

Hermann Mosler, Die Entstehung des Modells supranationaler und gewaltenteilender Staatenverbindungen in den Verhandlungen über den Schuman-Plan, in: Fs f. Walter Hallstein, Frankfurt/M. 1966, S. 355 ff.

3.4 Der Heilige Stuhl

Als Ausnahme von dem Grundsatz, daß nur souveräne Staaten Völkerrechtssubjekte sind, war bereits im klassischen Völkerrecht der Hl. Stuhl als Völkerrechtssubjekt anerkannt. Der Hl. Stuhl ist das Oberhaupt der katholischen Kirche, d.h. der Papst. Im Grunde genommen handelt es sich also um die Völkerrechtssubjektivität einer Einzelperson, aber diese Einzelperson wird nicht als solche gewertet, sondern nur in ihrer Stellung als Oberhaupt der katholischen Kirche. Von einer Völkerrechtssubjektivität des Papstes wird nicht gesprochen.

Solange die Kirche auch über eine weltliche Macht in Form des Kirchenstaates verfügte, trat die Völkerrechtssubjektivität des Hl. Stuhles nicht in Erscheinung. Sie zeigte sich aber in der Zeit, in welcher dem Oberhaupt der katholischen Kirche kein Staatsgebiet zur Verfügung stand (1870–1929), in der aber dennoch zahlreiche Staaten, darunter auch nichtchristliche, diplomatische Beziehungen mit dem Hl. Stuhl unterhielten. Durch die am 11. Februar 1929 zwischen dem Hl. Stuhl und Italien abgeschlossenen Lateranverträge wurde der Staat der Vatikanstadt geschaffen. Dieser Staat weist alle Elemente des Staatsbegriffs (Volk, Gebiet und Staatsgewalt) auf und ist daher – auch wenn es sich um einen Zwergstaat handelt – ein normaler souveräner Staat und als solcher Völkerrechtssubjekt. Sein verfassungsmäßiges Oberhaupt ist der Papst. Trotz dieser personellen Verbindung ist die Völkerrechtssubjektivität des Hl. Stuhles streng von der Völkerrechtssubjektivität des Staates der Vatikanstadt zu unterscheiden.

Die Völkerrechtssubjektivität des Hl. Stuhles ist nur historisch zu erklären, und zwar aus der Rolle, die das Oberhaupt der katholischen Kirche im Mittelalter spielte (vgl. oben 2.3). Nicht alle Staaten anerkennen die Völkerrechtssubjektivität des Hl. Stuhles und unterhalten diplomatische Beziehungen zu ihm. Deshalb ist der Hl. Stuhl nur ein partikuläres Völkerrechtssubjekt (vgl. oben 3.1). Ferner muß seine Rechtsstellung schon deshalb von derjenigen der souveränen Staaten verschieden sein, weil ihm alle drei Begriffselemente des Staates fehlen. Wie die internationale Organisationen besitzt er daher nur eine beschränkte (partielle) Völkerrechtsfähigkeit. Er ist aber keine internationale Organisation, sondern ein Völkerrechtssubjekt eigener Art. Im Rahmen seiner traditionellen, durch das Kirchenrecht umschriebenen Aufgabe nimmt er am völkerrechtlichen Verkehr teil und besitzt insoweit die Völkerrechtssubjektivität, die sich qualitativ nicht von der Rechtsfähigkeit anderer Völkerrechtssubjekte unterscheidet. Wie diese unterzeichnet und ratifiziert daher der Hl. Stuhl die völkerrechtlichen Verträge. Unter ihnen nehmen die Konkordate, d.h. die Verträge zwischen dem Hl. Stuhl und einzelnen Staaten über Kirchen- und Religionsangelegenheiten auf dem Territorium der betreffenden Staaten, eine Sonderstellung ein. An der Weiterentwicklung des Völkerrechts durch die Kodifikation von Teilgebieten nimmt der Hl. Stuhl besonderen Anteil. So hat er alle großen Konventionen und multilateralen Verträge der UNO-Ära mitgestaltet und unterzeichnet, darunter auch solche, die niemals praktische Auswirkungen für ihn haben können, wie z.B. den Atomsperrvertrag und den Atomteststoppvertrag. Doch unterscheidet sich auch insofern der Hl. Stuhl nicht von anderen Völkerrechtssubjekten, z.B. kleinen und armen Staaten, die ebenfalls nicht in der Lage sind, eine Atomrüstung zu betreiben, aber trotzdem die vorgenannten Verträge unterzeichnet haben, um die darin enthaltenen Völkerrechtsprinzipien zu stärken.

Literatur

Agostino Casaroli, Der Heilige Stuhl und die Völkergemeinschaft, Berlin–München 1981.

Hyginus Eugene Cardinale, The Holy See and the International Order, Gerrards Cross 1976.

Friedrich August Frhr. v.d.Heydte, Die Stellung und Funktion des Hl. Stuhls im heutigen Völkerrecht, ÖZöR 1950, S. 572 ff.

Heribert Franz Köck, Die völkerrechtliche Stellung des Heiligen Stuhls, Berlin 1975.

Josef L. Kunz, The status of the Holy See in international law, AJIL 1952, S. 308 ff.

Heinrich Oechslin, Die Völkerrechtssubjektivität des Apostolischen Stuhls und der Katholischen Kirche, Freiburg i.Ü. 1974.

Josef Rabas, Hrsg., Der Hl. Stuhl im Dienste der internationalen Völkergemeinschaft, München 1978.

H. Wagnon, La personnalité du Saint-Siège en droit international, Studia Diplomatica 1977, S. 321 ff.

3.5 Der Malteserorden

Auch der Malteserorden ist ein partikuläres Völkerrechtssubjekt mit partieller Völkerrechtssubjektivität. Auch er ist weder Staat noch internationale Organisation. Im Gegensatz zum Hl. Stuhl, der zu keiner Zeit mit den Elementen des Staatsbegriffs ausgestattet war, verfügte jedoch der Malteserorden (früher: Johanniterorden) noch bis 1798 über ein Staatsgebiet (Malta). Seit dem 19. Jahrhundert residiert er in Rom und konzentriert sich auf humanitäre Tätigkeit. Noch in der Völkerbundszeit nahm er auch aktiv an der Fortbildung des humanitären Völkerrechts teil. Als der Völkerbund im Jahre 1927 eine Konferenz zum Zwecke eines „Welthilfsverbands" einberief, wurde auch der Malteserorden eingeladen und erhielt in dem von der Konferenz ausgearbeiteten Status die Rechtsstellung einer „internationalen Hilfsorganisation". In der UNO-Ära arbeitet der Malteserorden nicht mehr an der Fortbildung des Völkerrechts mit, sondern beschränkt sich auf humanitär-karitative Tätigkeiten. Nur an den internationalen Rot-Kreuz-Konferenzen nimmt er noch teil. Er verfügt über Lazarettschiffe, Rettungsflugzeuge und andere Einrichtungen für die Krankenpflege und den Katastrophenhilfsdienst. In der Völkerrechtslehre gilt die Völkerrechtssubjektivität des Ordens nach wie vor als gesichert. In der Praxis richtet sich seine Rechtsstellung nach der Haltung der einzelnen Staaten. Vor allem die katholischen Länder Südeuropas und Lateinamerikas unterhalten diplomatische Beziehungen zum Malteserorden. Die Malteser-Hilfsdienste in den einzelnen Ländern sind private Organisationen, deren Rechtsstellung sich nach dem innerstaatlichen Recht der betreffenden Länder richtet.

Literatur

Alfred C. Breycha-Vauthier, Der Malteser-Orden im Völkerrecht, ÖZöR 1950, S. 401 ff.

Alfred C. Breycha-Vauthier, L'Ordre S. M. Jérosolymitain de Malte, ZaöRV 1955/56 (Bd. 16), S. 500 ff.

Alfred C. Breycha-Vauthier, Betrachtungen zur Erneuerung des Malteser-Ordens, Festschrift für Alfred Verdross, Wien 1960, S. 77 ff.

Alfred Breycha-Vauthier und Michael Potulicki, The Order of St. John in international law, AJIL 1954 (Bd. 48), S. 554 ff.

Béat de Fischer, L'Ordre souverain de Malte, RdC 1979/II (Bd. 163), S. 5 ff.

Béat de Fischer, The sovereign order of Malta today, IRRC 1975, S. 3 ff.

Georg Bernhard Hafkemeyer, Der Malteser-Ritter-Orden, Hamburg 1956.

Robert Prantner, Malteserorden und Völkergemeinschaft, Berlin 1974.

3.6 Das Internationale Komitee vom Roten Kreuz

Häufig findet sich in popularwissenschaftlichen Schriften die Aussage, das Internationale Rote Kreuz sei völkerrechtsfähig. Diese Feststellung muß juristisch dahingehend präzisiert werden, daß nur einem einzigen Organ des Internationalen Roten Kreuzes, nämlich dem Internationalen Komitee vom Roten Kreuz, die Völkerrechtssubjektivität zugestanden wird. Daher muß die Organisation des Roten Kreuzes kurz dargestellt werden.

Die Organisation des Roten Kreuzes besteht aus drei Teilen, die auf drei verschiedenen Ebenen stehen: Internationale

Rot-Kreuz-Konferenz, nationale Rotkreuzgesellschaften, Internationales Komitee vom Roten Kreuz. Der juristische Aufbau wird am ehesten verständlich, wenn bei den nationalen Rotkreuzgesellschaften begonnen wird, obwohl gerade sie nicht auf völkerrechtlicher Ebene stehen. Ihre Rechtsstellung richtet sich vielmehr nach dem innerstaatlichen Recht derjenigen Staaten, auf deren Gebiet sie organisiert sind. Ihre Position innerhalb des Internationalen Roten Kreuzes aber hängt von der Anerkennung durch das Internationale Komitee vom Roten Kreuz (IKRK) ab sowie von der Anerkennung der Regierung ihres eigenen Landes als Hilfsdienst des militärischen Sanitätsdienstes. Die Anerkennung durch das Internationale Komitee erfolgt auf Grund von Art. VI des Organisationsstatuts des IKRK. Die Anerkennung durch den jeweiligen Staat ist ein Hoheitsakt, der nach dem Recht des betreffenden Staates gesetzt wird, aber völkerrechtliche Wirkungen hat; denn gem. Art. 26 des Genfer Abkommens zur Verbesserung des Loses der Verwundeten und Kranken der Streitkräfte im Felde vom 12. August 1949 wird das Personal „der von ihrer Regierung in gehöriger Form anerkannten und ermächtigten nationalen Gesellschaften des Roten Kreuzes“ dem durch diese Konvention geschützten Sanitätspersonal gleichgestellt.

Die Voraussetzungen für die Anerkennung einer nationalen Rotkreuzgesellschaft durch das IKRK sind bereits auf der Rotkreuzkonferenz von 1887 in Karlsruhe festgelegt worden. Heute gelten die auf der Rotkreuzkonferenz von 1948 in Stockholm aufgestellten Regeln.

Die nationalen Rotkreuzgesellschaften sind in der Liga der Rotkreuzgesellschaften zusammengefaßt. Diese verfügt zwar über selbständige Organe, die sich aus Mitgliedern verschiedener Staaten zusammensetzen, aber sie ist kein Völkerrechtssubjekt, sondern eine nichtstaatliche internationale Organisation.

Als „oberstes Organ“ des Internationalen Roten Kreuzes pflegt die Rotkreuzkonferenz bezeichnet zu werden, die in unregelmäßigen Abständen zusammentritt, um Vorschläge für die Abänderung der Genfer Konventionen und der übrigen Rotkreuzverträge zu machen. Zur Konferenz gehören die Delegierten aller nationalen Rotkreuzgesellschaften, der Signatarstaaten der Genfer Konventionen und der Liga der Rotkreuzgesellschaften sowie das IKRK. Es ist in der gegenwärtigen Völkerrechtsordnung einmalig, daß in einem Organ die Vertreter nichtstaatlicher Organisationen gleichberechtigt mit den Vertretern souveräner Staaten zusammenarbeiten. Die Rotkreuzkonferenz besitzt ebenfalls keine Völkerrechtssubjektivität. Sie kann keine Konventionen abschließen oder in Kraft setzen, sondern nur anregen und vorbereiten. Die praktische Wirkung dieser Tätigkeit darf aber nicht unterschätzt werden. Von der Rotkreuzkonferenz kamen wesentliche Impulse für die großen Genfer Konventionen von 1929 und 1948 sowie für die Zusatzprotokolle von 1977 (hierzu unten 12.2.2.).

Ganz anders ist die Stellung des IKRK. Ihm wird Völkerrechtssubjektivität zugebilligt. Das erscheint paradox, weil gerade das IKRK in Wirlichkeit nicht international ist, sondern sich ausschließlich aus Schweizer Bürgern zusammensetzt und Rechtsfähigkeit nach schweizerischem Privatrecht besitzt. Diese Tatsache hat gelegentlich Anlaß zu Kritik gegeben. Jedoch gewährleistet gerade die Beschränkung auf Schweizer Bürger eine enge Verbindung zwischen dem IKRK und der schweizerischen Neutralität, die ihrerseits das internationale Wirken des Roten Kreuzes in sämtlichen militärischen Konflikten ermöglicht hat. Während die Liga der Rotkreuzgesellschaften in Kriegszeiten funktionsunfähig wird, weil ihre Angehörigen in Staaten leben, die sich im Kriegszustand miteinander befinden, was zugleich auch ein Zusammentreten einer Internationalen Rotkreuzkonferenz während großer Kriege unmöglich macht, kann das IKRK, gestützt auf die schweizerische Neutralität, weiter tätig bleiben. Denkt man an die gewaltigen Aufgaben, die dem IKRK in jedem internationalen Konflikt gestellt sind, so mag man beschämt sein, daß diese ungeheure Verantwortung allein auf einer kleinen Zahl von Schweizer Bürgern lastet. Aber bis jetzt hat die Menschheit noch keinen besseren Hort der humanitären Idee gefunden.

Literatur

Giuseppe Barile, Caractère du Comité International de la Croix Rouge, Rivista di Diritto Internazionale 1979, S. 111 ff.

David P. Forsythe, Humanitarian Politics: The International Committee of the Red Cross, Baltimore und London 1977.

David P. Forsythe, The Red Cross as transnational movement, IO 1976, S. 607 ff.

Alexander Hay, Die Tätigkeit des Internationalen Roten Kreuzes im Spannungsfeld internationaler Krisen, EA 1982, S. 639 ff.

Hans Haug, Rotes Kreuz. Werden, Gestalt, Wirken, Bern-Stuttgart 1966.

Max Huber, Völkerrechtliche Grundsätze, Aufgaben und Probleme des Roten Kreuzes, SchJIR 1944, S. 11 ff.

Richard Perruchoud, Les résolutions des conferences internationales de la Croix-Rouge, Genf 1979.

Jean Pictet, Commentary on the fundamental principles of the Red Cross, IRRC 1979, S. 130 ff., 184 ff., 255 ff., 301 ff.; 1980, S. 29 ff., 70 ff., 129 ff., 193 ff., 250 ff.

Paul Ruegger, L'organisation de la Croix-Rouge internationale sous ses aspects juridiques, RdC 1953/I (Bd. 82), S. 373 ff.

Yves Sandoz, Le droit d'initiative du Comité international de la Croix-Rouge, GYIL 1979 (Bd. 22), S. 352 ff.

Peter Schneider, Zur Rechtsstellung des Internationalen Roten Kreuzes, AVR 1955/56 (Bd. 5), S. 257 ff.

Wilhelm von Starck, Internationale und nationale Rechtsstellung des Roten Kreuzes, JIR 1967 (Bd. 13), S. 210 ff.

Giorgio del Vecchio, Zur Geschichte des Roten Kreuzes, ÖZöR 1967, S. 321 ff.

4. Sonderstellungen

4.1 Nichtstaatliche internationale Organisationen

Die internationalen und supranationalen Organisationen sind als Staatenverbindungen gekennzeichnet worden. Es gibt jedoch auch internationale Organisationen, die nicht aus Staaten bestehen, sondern aus natürlichen und jruistischen Personen verschiedener Länder. Sie werden als „nichtstaatliche internationale Organisationen" (international nongovernmental organizations, NGO) bezeichnet. Wie der Name sagt, handelt es sich um Organisationen, die nicht von den Staaten gegründet worden sind und deren Wirkungsbereich infolge des Mitgliederkreises oder der Funktion über das Gebiet eines einzigen Staates hinausreicht. Die herrschende Lehre im Völkerrecht fügt ein drittes Merkmal hinzu, das aus dem Namen nicht ersichtlich ist: es muß sich um Organisationen nichtgewerblicher Art handeln. Dadurch werden die internationalen („multinationalen") Industriekonzerne und Handelsgesellschaften aus dem Begriff der NGO ausgeschieden.

Da die NGO ihre Existenz nicht von Staaten oder anderen Völkerrechtssubjekten ableiten, sondern von natürlichen oder juristischen Personen nach innerstaatlichem Recht, kann ihnen keine Völkerrechtssubjektivität zugesprochen werden. Ihre Zahl wächst jedoch ständig (bereits 1969 waren es nahezu 2000), und die Bedeutung ihrer Aktivitäten nimmt laufend zu. Sie betätigen sich auf den Gebieten der Wohlfahrt, Erziehung, Jugendfürsorge, Medizin und Gesundheitswesen, Wirtschaft und Finanzen, Handel und Industrie, Wissenschaft, Landwirtschaft und zahlreicher anderer Berufs- und Interessengruppen. Das Internationale Olympische Komitee (IOC) gehört hierzu ebenso wie der Weltkirchenrat, die Internationale Juristenkommission und der Weltgewerkschaftsbund. In zunehmendem Maße beschäftigt sich die Völkerrechtswissenschaft mit der Problematik dieser Organisationen. Die Forderung Moslers, allen „Wirkungseinheiten, die nach dem jeweiligen Stand der gesellschaftlichen Entwicklung unmittelbar an der Ordnungs- und Ausgleichsfunktionen des Völkerrechts teilnehmen“, die Völkerrechtssubjektivität zuzugestehen,[1] ist bisher noch nicht erfüllt worden. Auch die von Morozov geforderte Konvention über die Rechtsstellung der nichtstaatlichen internationalen Organisationen[2] ist noch nicht zustandegekommen.

Eine Reihe von internationalen nichtstaatlichen Organisationen genießt einen Konsultativstatus gemäß Art. 71 SVN. Dieser Artikel gibt dem Wirtschafts- und Sozialrat das Recht, Abmachungen mit nichtstaatlichen Organisationen zur Beratung in Angelegenheiten zu treffen, die zur Zuständigkeit des Wirtschafts- und Sozialrats gehören. So gibt der Konsultativstatus den betreffenden nichtstaatlichen Organisationen zwar gewisse Anhörrechte im Rahmen der UNO, aber eine Völkerrechtssubjektivität ist daraus nicht abzuleiten. Durch Resolution vom 27. Februar 1950[3] hat der Wirtschafts- und Sozialrat der UNO Kriterien für die Gewährung des Konsultativstatus aufgestellt.

In einer späteren Resolution präzisierte der Wirtschafts- und Sozialrat die Definition der NGO (Private Internationale Vereinigung und Organisation, die nicht durch zwischenstaatlichen Vertrag errichtet worden ist) und reformierte die Einteilung der NGOs für die Zwecke der UNO-Satzung.[4] Die NGOs der Kategorie I haben das Recht, zu allen Sitzungen des Wirtschafts- und Sozialrats Beobachter zu entsenden sowie Anträge und Materialien bis zu einem Höchstumfang von 2000 Worten an alle Mitgliedstaaten zu versenden, Sachfragen auf die vorläufige Tagesordnung des Wirtschafts- und Sozialrats setzen zu lassen und auf Antrag oder Aufforderung förmlich konsultiert zu werden. Auch in den Ausschüssen und Kommissionen des Wirtschafts- und Sozialrats haben sie auf Antrag oder Aufforderung Rede- und Anhörungsrecht. Dieses Recht

1 Hermann Mosler, Die Erweiterung des Kreises der Völkerrechtssubjekte, Berichte der Deutschen Gesellschaft für Völkerrecht, Heft 4, Karlsruhe 1961, S. 77.

2 G. I. Morozov, Les organisations internationales non gouvernementales et le droit international, Associations Internationales 1969, S. 138.

3 ECOSOC Res. 288 B(X).

4 ECOSOC Res. 1296(XLIV) vom 23.5.1968.

haben auch die Organisationen der Kategorie II, ebenso wie das Recht, zu allen Sitzungen des Wirtschafts- und Sozialrats Beobachter zu entsenden. Anträge und Materialien (bis zu einer Höchstgrenze von 500 Worten) dürfen die NGOs der Kategorie II aber nur auf Antrag von mindestens einem Mitgliedstaat versenden. Weitere Rechte stehen den Organisationen der Kategorie II nicht zu.

In die Kategorie I werden diejenigen NGO aufgenommen, deren grundsätzliches Interesse sich auf fast alle Tätigkeitsbereiche und Aufgabengebiete des Wirtschafts- und Sozialrats erstreckt und die den Nachweis erbringen, daß sie in der Lage sind, auf den Gebieten Sozialwesen, Kultur, Erziehung, Gesundheit, Wissenschaft, Technologie und Menschenrechte wesentliche Beiträge für die Arbeit der Weltorganisation leisten zu können. Als weiteres Erfordernis tritt die Repräsentation von größeren Bevölkerungsteilen in einer Vielzahl von Ländern hinzu. Für die Aufnahme in die Kategorie II genügt ein spezifisches Interesse für partielle Aufgabenbereiche des Wirtschafts- und Sozialrats, internationale Anerkennung als qualifizierte Fachorganisation des betreffenden Fachgebiets sowie eine repräsentative Vertretung des jeweiligen Fachgebietes.

NGO, die nicht die Voraussetzungen für die Aufnahme in eine der beiden Kategorien erfüllen, können auf Antrag in ein Register (roster) aufgenommen werden, das der Wirtschafts- und Sozialrat führt. Voraussetzung hierfür ist, daß die betreffende nichtstaatliche internationale Organisation nach Meinung des Wirtschafts- und Sozialrats oder des Ausschusses für nichtstaatliche Organisationen in einzelnen Problemkreisen und Sachfragen einen nützlichen Beitrag für die Arbeit der Vereinten Nationen leisten kann. Die in das Register aufgenommenen NGO dürfen Beobachter entsenden, haben aber Anhörungs- und Konsultationsrechte nur in den Ausschüssen, und auch dort nur auf Antrag und Aufforderung.

Seit der Reform der Zulassungsbedingungen werden die Vorschriften vom Wirtschafts- und Sozialrat restriktiv gehandhabt. Zur Kategorie I gehörten Ende 1982 nur die folgenden NGO: Internationale Handelskammer (deutsches Mitglied: Deutscher Industrie- und Handestag), Internationaler Bund freier Gewerkschaften (deutsches Mitglied: Deutscher Gewerkschaftsbund), Internationaler Genossenschaftsverband, Internationaler Rat für Sozialarbeit, Internationaler Verband landwirtschaftlicher Erzeuger (deutsches Mitglied: Deutscher Bauernverband), Internationale Arbeitgeber-Organisation (deutsches Mitglied: Bundesvereinigung der deutschen Arbeitgeberverbände), Internationaler Gemeindeverband (deutsche Mitglieder: Deutscher Städtetag, Deutscher Landkreistag usw.), Internationale Vereinigung der offiziellen Fremdenverkehrsorganisationen, Interparlamentarische Union, Liga der Rotkreuz-Gesellschaften, Weltbund der Partnerstädte, Internationaler demokratischer Frauenbund, Weltverband der Arbeitnehmer (deutsches Mitglied: Christlicher Gewerkschaftsbund Deutschlands), Weltgewerkschaftsbund (in der Bundesrepublik Deutschland nicht vertreten), Weltverband der Gesellschaften für die Vereinten Nationen (deutsches Mitglied: Deutsche Gesellschaft für die Vereinten Nationen), Weltfrontkämpferverband (Mitglieder in der Bundesrepublik Deutschland: Verband der Kriegs- und Wehrdienstopfer, Behinderten und Sozialrentner; Reichsbund der Zivil- und Kriegsgeschädigten, Sozialrentner und Hinterbliebenen). Zur Kategorie II gehören knapp 150 NGO, darunter 16 Arbeitgeberverbände, 15 Frauenvereinigungen, 23 Organisationen für Handel und Wirtschaft, 10 für Verkehr und Transportwesen, 8 für Menschenrechte, 9 für Familie und Jugend, 13 für Soziales und Wohlfahrt.

Literatur

M.R. Berman und J.E. Johnson, Unofficial diplomats, New York 1977.

Jens A. Brückner, Das Verhältnis der nichtstaatlichen Organisationen zur UNO, VN 1973, S. 48 ff.

Antonio Cassese, How could Nongovernmental Organizations use U.N. bodies more effectively?, Universal Human Rights 1979 (No. 4), S. 73 ff.

Peter Klein, Nichtstaatliche Organisationen und Abrüstung, Dt. Außenpolitik 1978/5, S. 114 ff.

Josef Lador-Lederer, International Non-Governmental Organizations, Leiden 1963.

Josef Lador-Lederer, Nichtstaatliche Organisationen und die Frage der Erweiterung des Kreises der Völkerrechtssubjekte, ZaöRV 1963, S. 657 ff.

Virginia Leary, A new Role for Non-Governmental Organizations in Human Rights, in: Antonio Cassese, Hrsg., UN Law/ Fundamental Rights. Two Topics in International Law, Alphen 1979, S. 197 ff.

Jon McLin, Are there alternative to public international agencies?, IJ 1980 (Bd. 35), S. 357 ff.

L.H. Horace Perera, Der Weltverband der Gesellschaften für die Vereinten Nationen, VN 1973, S. 53 ff.

Ulrich Scheuner, Nichtstaatliche Organisationen und Gruppen im soziologischen und rechtlichen Aufbau der heutigen internationalen Ordnung, Jahrb. d. Landesamts f. Forschung des Landes Nordrhein-Westfalen 1966, S. 584 ff.

Erika Schulze-Herrmann, Nichtstaatliche internationale Organisationen im Kampf um Abrüstung und Entspannung, Dt. Außenpolitik 1980 (Heft 8), S. 127 ff.

Kjell Skjelsbaek, The growth of international Nongovernmental Organisation, IO 1971, S. 420 ff.

B.D. Stosic, Les organisations non gouvernementales et les Nations Unies, Genf 1964.

Andreas von Weiss, Die nichtstaatlichen Organisationen in der Globalpolitik der Sowjetunion, ZP 1982, S. 185 ff.

4.2 Die Aufständischen

Aufständische erlangen eine partielle Rechtssubjektivität, wenn sie als Kriegführende oder als Insurgenten anerkannt werden. Die letztere Form der Anerkennung läßt sich nur in der amerikanischen Praxis nachweisen. Sie unterscheidet sich nicht wesentlich von der Anerkennung als Kriegführende.

Durch die Anerkennung der Aufständischen als Kriegführende wird der bewaffnete Konflikt zum Krieg im völkerrechtlichen Sinn. Das bedeutet, daß das humanitäre Recht Anwendung findet. Nur in diesem Umfang erlangen die als Kriegführende anerkannten Aufständischen eine begrenzte Völkerrechtsfähigkeit. Sie kommt in erster Linie den Verwundeten und Kriegsgefangenen des Konflikts – und zwar sowohl auf seiten der Aufständischen als auch auf seiten der Regierung, gegen die sich der Aufstand richtet – zugute. Diese „Humanisierung" des Konflikts bietet der legalen Zentralregierung einen Anreiz, die Anerkennung der Aufständischen als Kriegführende auszusprechen. Eine Anerkennung als Staat ist damit nicht verbunden. Trotzdem schrecken die legalen Regierungen von einer deratigen Anerkennung zurück. So lassen sich im 20. Jahrhundert keine solchen Fälle mehr nachweisen.

Von der Völkerrechtslehre wird darauf hingewiesen, daß die Anerkennung der Aufständischen seitens der legalen Regierung auch Rechtswirkungen für dritte Staaten hat: sie erwerben die Rechte und Pflichten von Neutralen (hierzu unten 12.4). Sprechen dritte Staaten die Anerkennung von Aufständischen als Kriegführende aus, so tritt jene Wirkung nur für sie selbst ein, d.h. die anerkennenden Staaten erlangen die Rechtsposition von Neutralen. Dies bedeutet vor allem, daß sie sich jeder Unterstützung der Kampfhandlungen enthalten müssen. Fragt man, warum sich unter diesen Umständen ein dritter Staat dazu entschließt, die Aufständischen als Kriegführende anzuerkennen, so ergibt sich eine einfache Erklärung: vor der Anerkennung der Aufständischen als Kriegführende sind dritte Staaten wegen des Interventionsverbots gehindert, die Aufständischen in irgendeiner Weise zu unterstützen. Sie dürfen nur der legalen Regierung auf deren Bitte militärische oder nichtmilitärische Hilfe leisten. Sobald aber ein dritter Staat infolge der Anerkennungserklärung die Position eines Neutralen erworben hat, darf er keiner Seite mehr – also auch nicht der legalen Regierung – militärische Hilfe gewähren; dagegen darf er beiden Seiten humanitäre Hilfe angedeihen lassen. Die legale Regierung kann es von nun an dem dritten Staat nicht mehr verwehren, die Aufständischen mit nichtmilitärischen Mitteln zu unterstützen, sofern sie selbst die gleiche Unterstützung von dem betreffenden dritten Staat erhält. (Die Gleichbehandlung gehört zu den Pflichten des Neutralen.)

Literatur

Eibe H. Riedel, Recognition of Insurgency, in: Bernhardt (ed), EPIL, Instalment 4 (1982), S. 171 ff.

Eibe H. Riedel, Recognition of Belligerency, in: Bernhardt (ed), EPIL, Instalment 4 (1982), S. 167 ff.

4.3 Der Einzelmensch

Im klassischen Völkerrecht tauchte der einzelne überhaupt nicht auf der völkerrechtlichen Ebene auf. Er war durch seinen Staat „mediatisiert". Die Völkerrechtslehre verweigerte nicht nur dem einzelnen die Position eines Völkerrechtssubjekts, sondern betrachtete ihn sogar als reines Objekt der Völkerrechtsnormen. Diese „Objekttheorie" kann heute als überwunden gelten.[1] Immer häufiger wird die Meinung vertreten, daß in jeder Rechtsordnung letztlich nur der Mensch Rechtssubjekt sein kann, und daß auch die Staaten und internationalen Organisationen ihre Rechtssubjektivität in der Ordnung des Völkerrechts von Einzelmenschen ableiten. Bereits kurz nach dem Zweiten Weltkrieg beurteilte ein deutscher Völkerrechtler den Stand der Rechtsentwicklung folgendermaßen: „Die Anerkennung von Einzelmenschen als Subjekten des Völkerrechts liegt also auf der Linie der neuzeitlichen Entwicklung der internationalen Beziehungen überhaupt, und es dürfte nicht zuviel gesagt sein, wenn behauptet wird, daß wir in der Entwicklung an dem Punkt angelangt seien, an dem der Einzelmensch nicht nur in Einzelfällen Träger völkerrechtlicher Rechte und Pflichten ist."[2]

Aber alle speziellen Rechtsentwicklungen, die zur Begründung einer Völkerrechtssubjektivität der Einzelperson angeführt wurden, erwiesen sich als nicht stichhaltig. Bereits in der Zeit nach dem Ersten Weltkrieg war dieses Thema diskutiert worden, und zwar unter Hinweis auf das damals im Entstehen begriffene Minderheitenrecht. Die Völkerrechtslehre kam zu dem Ergebnis, daß von einer Völkerrechtsfähigkeit des einzelnen nicht gesprochen werden könne, weil das Minderheitenrecht nur den Völkerbund und die Staaten berechtigte und verpflichtete, so daß die einzelnen nur als Begünstigte, nicht aber als eigene Rechtsträger auftraten.[3] Später war es der

1 Vgl. George Manner, The object theory of the individual in international law, AJIL 1952 (Bd. 46), S. 428 ff.

2 Karl Josef Partsch, Die Einzelperson im Völkerrecht, Friedenswarte 1949, S. 256.

3 Vgl. Alfred Verdross, Die Verfassung der Völkerrechtsgemeinschaft, Wien und Berlin 1926, S. 162.

begrenzte Zutritt von Einzelpersonen zu internationalen Gerichten, der den Gedanken nahelegte, die Einzelperson als partielles Völkerrechtssubjekt zu betrachten. Auch hier blieben aber die Staaten die eigentlichen Träger der Rechte, und die Meinung der Völkerrechtswissenschaft war einhellig: „Die Staaten sind die Herren der Sache geblieben."[4]

Nach dem Zweiten Weltkrieg ließ das Problem der Kriegsverbrecher die Diskussion wieder aufleben. Aber hier erscheint die Einzelperson nur als völkerrechtliches Haftungssubjekt oder „Pflichtsubjekt", nicht als prinzipielles Rechtssubjekt. Die herrschende Meinung schloß sich daher im wesentlichen der Formulierung des Schweizer Völkerrechtlers Guggenheim an: „Individuen können Unrechtstatbestände setzen, die zur Folge haben, daß die Unrechtsfolgen unmittelbar gegen sie (und nicht gegen den Staat, dem sie angehören) gerichtet sind. Solche Individuen sind keine Träger von Rechten, sondern ausschließlich von Pflichten."[5] Rechtssubjektivität bedeutet die Fähigkeit, Träger von Rechten und Pflichten zu sein. Beschränkte (partielle) Völkerrechtssubjektivität bedeutet, daß diese Fähigkeit nur für einen bestimmten Bereich menschlicher Tätigkeiten gegeben ist. Die Beschränkung auf Pflichten unter Ausschluß der Rechte aber ist keine beschränkte Völkerrechtssubjektivität, sondern eine reine Deliktsfähigkeit. Das Auseinanderfallen von Rechtsfähigkeit und Deliktsfähigkeit bezeichnet Guggenheim als „eine Eigenart aller primitiven Rechtsordnungen".[6]

Eine andere Erscheinung, die ebenfalls nach dem Zweiten Weltkrieg bisher nie gekannte Ausmaße erreichte, führte die Diskussion über die Völkerrechtssubjektivität des einzelnen einen entscheidenden Schritt weiter. Es war (und ist) das Problem des Flüchtlings. Bereits in der Zeit zwischen den beiden Weltkriegen hatten Millionen von Menschen, die in

4 Erich Kaufmann, Règles générales du droit de la paix, RdC 1935/IV (Bd. 54), S. 424.

5 Paul Guggenheim, Lehrbuch des Völkerrechts, Bd. I, Basel 1948, S. 201; ebenso Artur Wegner, Die Stellung der Einzelperson im gegenwärtigen Völkerrecht, Festschrift für Rudolf Laun, Hamburg 1953, S. 359.

6 Guggenheim, aaO. S. 202.

ihren Heimatländern politisch verfolgt wurden oder das politische Regime dieser Länder nicht mehr ertragen konnten, Schutz in anderen Ländern gesucht. Sobald sie dort die Staatsangehörigkeit erworben hatten, waren sie wieder in das Völkerrechtssystem eingeordnet und wurden durch ihren neuen Heimatstaat mediatisiert. Solange sie aber keine neue Staatsangehörigkeit erwarben, blieben sie ohne Mediatisierung und ohne Schutz durch ein Völkerrechtssubjekt. Der Völkerbund bemühte sich seit 1921, als der Norweger Fridtjof Nansen zum Hochkommissar für Flüchtlinge ernannt wurde, um die Verbesserung des Loses dieser Menschen durch den Abschluß von internationalen Vereinbarungen.[7]

Nach dem Zweiten Weltkrieg nahm das Flüchtlingsproblem erneut zu. Zwar wurden – nicht zuletzt dank der Bemühungen der UNO, die zunächst eine internationale Flüchtlingsorganisation (International Refugee Organization, IRO)[8] und 1951 das Amt des UN-Hochkommissars für Flüchtlinge[9] geschaffen hatte – laufend Flüchtlinge in neue Heimatländer integriert und verloren dadurch den Flüchtlingsstatus. Aber ohne Unterbrechung entstanden neue Flüchtlingsströme.[10] War zwischen den beiden Weltkriegen und unmittelbar nach dem Zweiten Weltkrieg Europa der Mittelpunkt der Flüchtlingsbewegungen (die z.B. nach dem ungarischen Aufstand vom Herbst 1956 noch einmal einen Höhepunkt erlebten), so verlagerte sich der Schwerpunkt in den darauffolgenden Jahren nach Afrika.[11]

Mit der Internationalen Flüchtlingskonvention vom 28. Juli 1951,[12] die ursprünglich nur für die europäischen Flücht-

[7] Vgl. Otto Kimminich, Der internationale Rechtsstatus des Flüchtlings, Köln–Berlin 1962, S. 215 ff.

[8] Hierzu Louise W. Holborn, The International Refugee Organization, London 1956.

[9] Hierzu Louise W. Holborn, Refugees: A Problem of Our Time, 2 Bde, Metuchen 1975.

[10] Vgl. Otto Kimminich, Die Entwicklung des internationalen Flüchtlingsrechts, AVR 1982, S. 369 ff.

[11] Vgl. Otto Kimminich, Der Schutz der politischen Flüchtlinge in Afrika, Verfassung und Recht in Übersee 1970, S. 443 ff.

[12] BGBl. 1953 II, S. 560.

linge galt, später aber auf Flüchtlinge in der ganzen Welt ausgedehnt wurde,[13] gelang die Schaffung eines internationalen Instruments, das den Flüchtlingen auf der Ebene des Völkerrechts zwar noch immer kein subjektives Recht auf Asylgewährung einräumt, ihnen aber einen internationalen Rechtsstatus gibt, der durch ein internationales Organ, nämlich den UN-Hochkommissar für Flüchtlinge, garantiert und überwacht wird.

Selbstverständlich kann auch diese völkerrechtliche Position des Flüchtlings so gedeutet werden, daß der Einzelmensch nur Begünstigter von völkerrechtlichen Regeln ist. Aber es bleibt eine Tatsache, daß der international geschützte Flüchtling nicht mehr durch einen Staat mediatisiert wird, sondern unter dem direkten Schutz der organisierten Völkerrechtsgemeinschaft steht. So ist es zu verstehen, daß ein Experte des Flüchtlingsrechts zu dem Ergebnis kommt: „Infolgedessen ist der Flüchtling das klassische Beispiel eines Völkerrechtssubjekts."[14]

Obwohl andere Autoren gerade unter dem Eindruck der quantitativen Größe des Flüchtlingsproblems, die es verbietet, die Rechtsstellung des Flüchtlings als eine vorübergehende Ausnahmeerscheinung zu behandeln, ebenfalls die Meinung vertreten, daß die souveränen Staaten nicht mehr grundsätzlich als die alleinigen Völkerrechtssubjekte betrachtet werden können, wird von der herrschenden Völkerrechtslehre die Völkerrechtssubjektivität des einzelnen nach wie vor abgelehnt. So bleibt nicht nur die völkerrechtlich gesicherte Stellung des vom UN-Hochkommissar geschützten Flüchtlings unerklärt, sondern es ergibt sich eine Diskrepanz zu den Entwicklungstendenzen des „neuen Völkerrechts". Bezüglich des Rechtsstatus des Einzelmenschen ist das Völkerrecht inmitten des allgemeinen Wandlungsprozesses auf dem halben Weg von

13 Protokoll über die Rechtsstellung der Flüchtlinge vom 31.1. 1967, BGBl. 1969 II, S. 1293.

14 Frank E. Krenz, The refugee as a subject of international law, ICLQu 1966, S. 115.

der Objekttheorie zur vollen Anerkennung der Einzelmenschen als Völkerrechtssubjekt stehengeblieben.[15]

Solange der einzelne nicht als (partielles) Völkerrechtssubjekt anerkannt ist, kann er auf völkerrechtlicher Ebene grundsätzlich nur durch seinen Heimatstaat – d.h. den Staat, dessen Staatsangehörigkeit er besitzt – geschützt werden. Der internationale Schutz von Einzelpersonen durch internationale Organe wie den UN-Hochkommissar für Flüchtlinge bleibt eine Ausnahme von dieser Regel. Der völkerrechtliche Schutz des einzelnen durch seinen Heimatstaat wird „diplomatischer Schutz" genannt. Völkerrechtlich gesehen, ist der diplomatische Schutz ein Recht des souveränen Staates gegenüber anderen Völkerrechtssubjekten.

Zum diplomatischen Schutz im weiteren Sinn gehört auch der konsularische Schutz. Zu den Mitteln des diplomatischen Schutzes gehören alle Maßnahmen, die ein Staat im Rahmen der diplomatischen und konsularischen Beziehungen ergreifen kann, sowie alle anderen völkerrechtlich erlaubten Mittel des zwischenstaatlichen Verkehrs, vor allem die Anrufung eines internationalen Gerichts.[16] Das bedeutet zugleich, daß die Anwendung von Gewalt im Rahmen des diplomatischen Schutzes grundsätzlich verboten ist.[17]

Auf der innerstaatlichen Ebene kann der diplomatische Schutz eine Pflicht des Staates gegenüber seinen Bürgern sein. Ob dies der Fall ist, hängt von der Verfassung des betreffen-

15 Vgl. Otto Kimminich, Der internationale Schutz des Einzelnen, AVR 1972 (15. Band), S. 402 ff.

16 Mehrere berühmte Entscheidungen des IGH und des StIGH gehen auf die Ausübung dieses Rechts zurück. Vgl. Mavrommatis-Fall, PCIJ, SER. A, no. 2,12; Panevezys-Fall, PCIJ, SER. A/B, no. 76, 16; Nottebohm-Fall, ICJ Rep. 1955, S. 23; Barcelona-Traction-Fall, ICJ Rep. 1970, S. 44. Hierzu Herbert W. Briggs, Barcelona Traction. The Jus Standi of Belgium, AJIL 1971, S. 327 ff.; Richard B. Lillich, Two perspectives on the Barcelona Traction Case, AJIL 1971, S. 522 ff.; Ignaz Seidl-Hohenveldern, Der Barcelona-Traction-Fall, ÖZöR 1971 (Bd. 22), S. 255 ff.; Ignaz Seidl-Hohenveldern, Actio popularis im Völkerrecht?, in: Fs f. Gaetano Morelli, Mailand 1975, S. 803 ff.

17 Vgl. Michael Akehurst, The use of force to protect nationals abroad, IR 1977, S. 3 ff.

den Staates ab. Dabei ist allerdings zu berücksichtigen, daß eine solche Pflicht, aus der für den Bürger zumindest ein Reflexrecht entsteht, auch zu den ungeschriebenen Verfassungsregeln zählen kann, wie in der Bundesrepublik Deutschland, deren Grundgesetz den diplomatischen Schutz nicht ausdrücklich als Grundrecht nennt.[18]

Bei der Ausübung des diplomatischen Schutzes zugunsten eines seiner Staatsangehörigen oder eines Fremden, für den der betreffende Staat als Schutzmacht auftritt,[19] macht der schutzausübende Staat nicht ein Recht des Einzelmenschen, sondern ein Recht des Staates geltend. Hierin äußert sich wieder die Mediatisierung des einzelnen durch seinen Staat auf völkerrechtlicher Ebene.

Literatur

Georg Dahm, Die Stellung des Menschen im Völkerrecht unserer Zeit, Tübingen 1961.

Peter Fischer, Die Privatperson als völkerrechtlicher Vertragspartner des Staates, ÖZöR 1973, S. 339.

Jochen A. Frowein, Das Individuum als Rechtssubjekt im Konsularrecht, in: Festschrift f. F.A. Mann, München 1977, S. 367 ff.

Mario Grassi, Die Rechtsstellung des Individuums im Völkerrecht, Winterthur 1955.

Friedrich August v.d. Heydte, L'individu et les Tribunaux internationaux, RdC 1962/III (Bd. 107), S. 287 ff.

18 Vgl. Dieter Blumenwitz, Die deutsche Staatsangehörigkeit und die Schutzpflicht der Bundesrepublik Deutschland, in: Fs f. Murad Ferid, München 1978, S. 439 ff.; Karl Doehring, Die Pflicht des Staates zur Gewährung diplomatischen Schutzes, Köln–Berlin 1959, S. 45 ff.; Wilhelm Karl Geck, Der Anspruch des Staatsbürgers auf Schutz gegenüber dem Ausland nach deutschem Recht ZaöRV 1956/57 (Bd. 17), S. 476 ff.; Kay Hailbronner, Deutsche Staatsangehörigkeit und diplomatischer Schutz durch die BRD, JZ 1975, S. 596 ff.; Eckart Klein, Diplomatischer Schutz und grundrechtliche Schutzpflicht, DÖV 1977, S. 704 ff.; Karlheinz Oberthür, Der Anspruch des deutschen Staatsangehörigen auf diplomatischen und konsularischen Schutz gegenüber anderen Staaten, Diss. Köln 1965; Hans D. Treviranus, Nochmals: Diplomatischer Schutz und grundrechtliche Schutzpflicht, DÖV 1979, S. 35 ff.

19 Vgl. unten S. 347.

Otto Kimminich, Der internationale Schutz des Einzelnen, AVR 1972 (Bd. 15), S. 402 ff.

Marek St. Korowicz, The Problem of the International Personality of Individuals, AJIL 1956 (Bd. 50), S. 533 ff.

Elihu Lauterpacht und John G. Collier, Hrsg., Individual Rights and the State in Foreign Affairs, New York 1977.

Hermann Mosler, Das Institut de Droit International und die völkerrechtliche Stellung der menschlichen Person, in: Fs. zum 100 jährigen Bestehen des Institut de Droit International, Berlin 1974, S. 77 ff.

Clive Parry, Some considerations upon the protection of individuals in international law, RdC 1956/II (Bd. 90), S. 653 ff.

Karl Josef Partsch, Die Einzelperson im Völkerrecht, Friedenswarte 1949, S. 249 ff.

Rosalind S. Pollack, The individual's rights and international organization, Northampton (Mass.) 1966.

Jacqueline Rochette, L'individu devant le droit international, Paris 1956.

Giuseppe Sperduti, L'individu et le droit international, RdC 1956/II (Bd. 90), S. 727 ff.

Arthur Wegner, Die Stellung der Einzelperson im gegenwärtigen Völkerrecht, Festschrift für Rudolf Laun, Hamburg 1953, S. 341 ff.

5. Völkerrechtsquellen

5.1 Einteilung der Völkerrechtsnormen nach Ursprung und Geltungsbereich

Die Frage nach dem Geltungsgrund des Völkerrechts ist letztlich eine rechtsphilosophische Frage. Deshalb ist die Lehre von den Völkerrechtsquellen mit den Problemen belastet, die sich aus der unterschiedlichen „rechtstheoretischen Ausgangsposition der Autoren“ ergeben.[1] Manche Lehrbücher umgehen die Frage nach dem letztlichen Geltungsgrund der Völkerrechtsnormen und entwickeln die Lehre von den Völkerrechtsquellen allein aus Art. 38 Abs. 1 des Statuts des Internationalen Gerichtshofs, wobei die Frage auftaucht, warum auch Staaten, die an das IGH-Statut nicht gebunden sind, ebenfalls die dort enthaltene Aufzählung der Völkerrechtsquellen akzeptieren, die ihrerseits ein Rechtsquellenproblem ist. Beantwortet man diese Frage dahingehend, daß sich die Anerkennung der in Art. 38 Abs. 1 des IGH-Statuts enthaltenen Liste aus der „Völkerrechtspraxis“ als „Ausdruck allgemeiner Auffassung im Völkerrecht“ ergibt,[2] so beruft man sich bereits auf eine der dort angegebenen Rechtsquellen. Die genannte Liste führt nämlich drei Völkerrechtsquellen auf: 1. völkerrechtliche Verträge, 2. Völkergewohnheitsrecht, 3. die allgemeinen Rechtsgrundsätze.

Berücksichtigt man, daß völkerrechtliche Verträge auf dem Willen der Staaten beruhen, und daß Völkergewohnheitsrecht naturgemäß nur durch die Praxis eben jener Staaten entstehen kann, so ist man geneigt, in der Staatenpraxis, d.h. der Gesamtheit der von den einzelnen Staaten gesetzten Rechtsakte des zwischenstaatlichen Verkehrs, den letztlichen Geltungsgrund der Völkerrechtsnormen zu sehen. Wäre dies richtig, so hätten diejenigen recht, die das Völkerrecht als bloßen Ausdruck der Machtverhältnisse ansehen. Auch die Berufung auf die dritte

1 Günther Jaenicke, Völkerrechtsquellen, WVR III, S. 767.

2 Vgl. Ingo v. Münch, Völkerrecht in programmierter Form, Berlin 1971, S. 50 ff.

Völkerrechtsquelle, die „allgemeinen Rechtsgrundsätze" führt nicht aus diesem Dilemma heraus. Abgesehen davon, daß die Bedeutung dieser Rechtsquelle in der Praxis äußerst gering ist,[3] bedürfen auch die allgemeinen Rechtsgrundsätze, wenn sie als Völkerrechtsnormen wirken sollen, der Anerkennung durch die „zivilisierten Nationen", was wiederum einen rechtserzeugenden Willen – wenn auch auf anderer Ebene, nämlich innerhalb der Staaten – voraussetzt.

Jedoch ist dieses Dilemma keine Besonderheit des Völkerrechts. Jede Rechtsordnung verdankt ihre Existenz einem rechtserzeugenden Willen. Im innerstaatlichen Recht kann es der Wille einer parlamentarischen Mehrheit oder – im Falle der unmittelbaren Demokratie – der Mehrheit des Volkes sein, es kann aber auch der Wille eines Monarchen, einer herrschenden Klasse, der Führungsschicht einer Partei oder eines sonstigen Gesetzgebers sein. Es gibt viele Verfassungs- und Regierungsformen. Aber damit beginnen erst die Probleme. Die Frage lautet nämlich: Ist das von einem durch die Verfassung dazu ermächtigten Gesetzgeber gesetzte Recht tatsächlich Recht im Sinne der materiellen und formellen Gerechtigkeit? An diese Frage knüpft sich die ganze Problematik der Nachprüfung von innerstaatlichen Rechtsnormen, des Widerstandsrechts gegen bestehende Gewalten, der unveräußerlichen Menschenrechte und des Naturrechts. Das Völkerrecht, das keinen Tyrannen, keine herrschende Klasse und keine Parteidiktatur kennt, bleibt von dem Großteil dieser Probleme verschont. Es ist definitionsgemäß ein Recht unter Gleichen und entsteht durch die Handlungen der Rechtsgenossen: es hat einen „genossenschaftlichen Charakter".[4] Aber letztlich taucht dann doch wieder die Frage auf, warum das genossenschaftliche Recht nicht genossenschaftliches Unrecht ist, bzw. wie das Abgleiten des Völkerrechts in ein allgemeines Unrechtssystem verhindert werden kann. Gerade weil auf der internationalen Ebene die Zentralgewalt fehlt und dem Völkerrecht kein internationaler Gesetzgeber zur

[3] Vgl. unten S. 245.

[4] Friedrich Berber, Lehrbuch des Völkerrechts, 1. Band, 2. Aufl. München 1975, S. 16.

Verfügung steht, liegt bei ihm „die Gewähr der Rechtseinhaltung weitgehend in sittlichen Momenten“, wie derselbe Autor betont, der den genossenschaftlichen Charakter des Völkerrechts an erster Stelle nennt.[5]

Auch mit dieser Feststellung sind noch nicht die letzten Tiefen des Problems erreicht. Wie im vorstehenden gezeigt, unterliegen die Völkerrechtsnormen einem ständigen Wandel, der bei großen Epochenabschlüssen zumindest in der Rückschau als grundlegende Abkehr von früher allgemein akzeptierten Rechtsnormen begriffen wird. Also sind offenbar auch die ethischen Normen, die das System der Rechtsnormen stützen, nicht unwandelbar. Auch sie fließen aus einem Konsens der Völkerrechtssubjekte. Allerdings handelt es sich sozusagen um einen heimlichen Konsens; denn fände er Ausdruck in der Staatenpraxis, so läge bereits wieder Völkergewohnheitsrecht oder Vertragsrecht vor.

Von einem solchen unausgesprochenen Konsens war das System des klassischen Völkerrechts getragen. Die Gegenwart, die im vorstehenden als eine Zeit des „Völkerrechts im Umbruch“ gekennzeichnet worden ist, leidet darunter, daß ein allgemeiner Konsens bezüglich des Gesamtsystems des Völkerrechts noch nicht lückenlos vorhanden ist. Immerhin lassen sich einige Grundzüge erkennen, und angesichts der gewaltigen Spannungen und Spaltungen auf globaler Ebene ist der bisher erreichte Konsens sogar erstaunlich groß.

Diejenigen Normen, die sozusagen das Gerüst des gesamten Völkerrechtssystems einer Epoche darstellen, nennt Verdross „originäre Verfassungsgrundsätze“ und betont, daß sie „zwar auf ungeschriebenem Recht, nicht aber auf völkerrechtlichem Gewohnheitsrecht“ beruhen. „Wir müssen also zwischen dem originären Verfassungsrecht und den von ihm abhängigen Normen des förmlichen Vertragsrechts und Völkergewohnheitsrechts klar unterscheiden. Gleichwohl bilden jene Verfassungsnormen kein bloß hypothetisches, sondern ein dem Völkergewohnheitsrecht und dem förmlichen Ver-

5 Berber, aaO., S. 32.

tragsrecht *tatsächlich* zugrunde liegendes Normengebilde."[6] Daher fehlt ein wichtiges Element im Verständnis des Völkerrechts, wenn man die Rechtsquellenlehre erst mit den drei in Art. 38 Abs. 1 des IGH-Status genannten Rechtsquellen beginnen läßt.

Auf einer anderen Ebene liegt die Unterscheidung zwischen universellem (globalem) und partikulärem Völkerrecht. Das universelle Völkerrecht wird auch „allgemeines Völkerrecht" genannt. Es gilt auf der ganzen Welt. Das partikuläre Völkerrecht gilt dagegen nur für den Verkehr zwischen bestimmten Völkerrechtssubjekten, z.B. den Staaten einer Region, den Mitgliedern eines Bündnisses oder einer internationalen Organisation, oder auch nur zwischen zwei oder mehreren Staaten. Die Unterscheidung zwischen allgemeinem und partikulärem Völkerrecht liegt auf einer anderen Ebene als die Unterscheidung zwischen Völkergewohnheitsrecht und Vertragsrecht. Die letztere Unterscheidung gibt Auskunft über die Entstehung der Völkerrechtsnormen, die erstere über den Geltungsbereich. Allerdings setzt die Erzeugung von allgemeinem Völkerrecht durch Vertrag voraus, daß tatsächlich alle Staaten der Erde dem Vertrag beitreten. Dieser Zustand wird bei den großen internationalen Konventionen[7] nahezu vollständig erreicht. Soweit aber einzelne Staaten den Konventionen nicht beigetreten sind, können sie an die in den betreffenden Konventionen enthaltenen Prinzipien nur kraft Gewohnheitsrecht gebunden werden, sofern es sich nicht um die von Verdross erwähnten originären ,,Verfassungsgrundsätze" der gegenwärtigen Staatengemeinschaft handelt. In der Regel beruht daher das allgemeine Völkerrecht auf Gewohnheit und übereinstimmender Rechtsüberzeugung, das partikuläre Völkerrecht auf Verträgen. Aber das kann den theoretischen Unterschied nicht verwischen. Ferner ist es auch in der Praxis nicht ungewöhnlich, daß Völkergewohnheitsrecht nur für eine begrenzte Anzahl von Völkerrechtssubjekten gilt. Sogar zwischen zwei Staaten kann sich partikuläres Völkerge-

6 Alfred Verdross, Die Quellen des universellen Völkerrechts, Freiburg i.Br. 1973, S. 20 f. Hervorhebung im Original.

7 Vgl. unten S. 233.

wohnheitsrecht herausbilden. Daher ist festzuhalten: es gibt universelles und partikuläres Völkergewohnheitsrecht ebenso wie es universelles und partikuläres Völkervertragsrecht gibt. Geltungsbereich und Erzeugungsart der Völkerrechtsnormen müssen unterschieden werden.

Eine weitere Unterscheidung, die im kontinentaleuropäischen innerstaatlichen Recht seit eh und je eine Rolle spielt, hat sich im Völkerrecht erst in jüngster Zeit durchgesetzt: die Unterscheidung zwischen ius dispositivum und ius cogens, d.h. zwischen abwandlungsfähigem, „nachgiebigem", und zwingendem Recht. Eine zum ius dispositivum gehörende Völkerrechtsnorm steht zur Disposition der Partner eines völkerrechtlichen Vertrages bzw. der Völkerrechtssubjekte, die durch ihre Staatenpraxis Völkergewohnheitsrecht hervorbringen. Noch bis in die jüngste Zeit hinein wurde die Auffassung vertreten, daß ein völkerrechtlicher Vertrag jeden beliebigen Inhalt haben könne, d.h. daß das Völkerrecht kein zwingendes Recht kenne.[8] Im Zuge der Diskussionen, die dem Abschluß der Wiener Konvention über das Recht der Verträge (Vertragsrechtskonvention) vom 23. Mai 1969 vorangingen, setzte sich aber der Gedanke des ius cogens durch.[9] Nach Art. 53 der Vertragsrechtskonvention ist ein Vertrag, der im Zeitpunkt seines Abschlusses gegen eine zwingende Norm des allgemeinen Völkerrechts verstößt, von Anfang an nichtig. Eine solche zwingende Norm des allgemeinen Völkerrechts liegt nach der genannten Bestimmung dann vor, wenn eine Völkerrechtsregel „von der Gesamtheit der internationalen Staatengemeinschaft als eine Norm akzeptiert und anerkannt wird, von der keine Abweichung zulässig ist".

Welche Völkerrechtsnormen ius-cogens-Charakter besitzen, wird in der Vertragsrechtskonvention nicht angegeben. Verdross definiert sie als Normen, „die im Interesse der ganzen Staatengemeinschaft bestehen und tief im allgemeinen Rechts-

[8] Vgl. Paul Guggenheim, Traité de droit international public, Band 1, Genf 1953, S. 57, 2. Aufl. 1967, S. 127 ff.

[9] Vgl. Stephan Verosta, Die Vertragsrechtskonferenz der Vereinten Nationen 1968/69 und die Wiener Konvention über das Recht der Verträge, ZaöRV 1969 (Bd. 29), S. 654 ff.

bewußtsein verankert sind".[10] Diese Formulierung darf aber nicht zu dem Irrtum verleiten, das völkerrechtliche ius cogens sei identisch mit dem allgemeinen Völkerrecht. Im Gegenteil: nur die wenigsten Normen des allgemeinen (universellen) Völkerrechts sind zwingendes Recht. Das gilt sowohl für Völkergewohnheitsrecht als auch für die „allgemeinen Rechtsgrundsätze" im Sinne von Art. 38 Abs. 1 c des IGH-Statuts.[11] Umgekehrt aber widerstrebt es dem genossenschaftlichen Charakter des Völkerrechts, die Erzeugung von zwingendem Recht in das Belieben einzelner Vertragspartner zu stellen. Die unverbrüchliche Pflicht eines Vertragspartners, den von ihm geschlossenen Vertrag zu erfüllen, ergibt sich aus dem Grundsatz pacta sunt servanda, der seinerseits zwingendes Recht ist, aber – wie im folgenden zu zeigen sein wird – nicht durch die Vertragspraxis entstanden ist. Zwar könnte gesagt werden, daß unter der Geltung des Grundsatzes pacta sunt servanda die in einem Vertrag enthaltenen Rechtsnormen zwingendes Recht sind, solange der Vertrag besteht. Aber diese verpflichtende Kraft der Vertragsnormen ist etwas anderes als die ius-cogens-Eigenschaft bestimmter Rechtsnormen, die sich gerade darin ausdrückt, daß sie den möglichen Inhalt völkerrechtlicher Verträge begrenzen.

Ius-cogens-Normen gelten für alle Völkerrechtssubjekte. Mit Recht zählt sie Verdross zu den „unentbehrlichen Verfassungsgrundsätzen" der Völkerrechtsgemeinschaft.[12] Ius co-

[10] Alfred Verdross, Die Quellen des universellen Völkerrechts, Freiburg i.Br. 1973, S. 27; ausführlicher Alfred Verdross, Jus dispositivum and jus cogens in international law, AJIL 1966 (Bd. 60), S. 55 ff.

[11] Vgl. unten S. 243 ff.

[12] Alfred Verdross, Die Quellen des universellen Völkerrechts, Freiburg i. Br. 1973, S. 21. Zum jus cogens vgl. ferner: Levan Alexidze, Legal nature of jus cogens in contemporary international law, RdC 1982/III (Bd. 172), S. 219 ff.; Carnegie Endowment for International Peace (European Centre), Hrsg., The concept of jus cogens in international law, Genf 1967; Aziza M. Fahmi, Peremptory norms as general rules of international law, ÖZöR 1971 (Bd. 22), S. 383 ff.; Giorgio Gaja, Jus cogens beyond the Vienna Convention, RdC 1982/III (Bd. 172), S. 270 ff. Gode Hartmann, Gewohnheitsrecht und jus cogens im Völkerrecht, JA 1978, S. 81 ff.; Krystyna Marek, Contribution a l'étude du

gens ist also stets universelles Völkerrecht, aber nur ein kleiner Teil des universellen Völkerrechts ist ius cogens. Welche Rechtsnormen zum ius cogens gehören, richtet sich nach der Struktur und Zielsetzung des Völkerrechtssystems der jeweiligen Epoche. Im gegenwärtigen Völkerrecht sind es daher vor allem diejenigen Normen, die sich aus dem Gewaltverbot und der Friedenssicherungspflicht ergeben. Sofern sich die im vorstehenden (vgl. 2.5.9) aufgezeigten Tendenzen fortsetzen, werden eines Tages auch die Normen des „Völkerrechts der Zusammenarbeit“, des Menschenrechtsschutzes und des humanitären Völkerrechts zum ius cogens gehören. Der gegenwärtige Rechtszustand ist davon noch weit entfernt.

jus cogens en droit international, in: Recueil d'études de droit international. En Hommage à Paul Guggenheim, Genf 1968, S. 426 ff.; Jens Martensen, Jus cogens im Völkerrecht, Diss. Hamburg 1971; Hermann Mosler, jus cogens im Völkerrecht, Schweizer. Jahrb. für Internat. Recht 1968 (Bd. XXV), S. 9 ff.; Fritz Münch, Bemerkungen zum ius cogens, in: Festschr. f. Hermann Mosler, Berlin–Heidelberg–New York 1983, S. 617 ff.; Rolando Quadri, Le fondement du caractère obligatoire du droit international public, RdC 1952/I (Bd. 80), S. 579 ff.; Heinrich Bernhard Reimann, Jus cogens im Völkerrecht, Zürich 1971; Stefan A. Riesenfeld, Jus dispositivum and jus cogens in international law, AJIL 1966 (Bd. 60), S. 511 ff.; Christos Rozakis, The concept of jus cogens in the law of treaties, Amsterdam–New York 1976; Michael Schweitzer, Jus cogens im Völkerrecht, AVR 1971 (Bd. 15), S. 197 ff; Egon Schwelb, Some aspects of international jus cogens as formulated by the International Law Commission, AJIL 1967 (Bd. 61), S. 946 ff.; J. Sztucki, Jus cogens and the Vienna Convention on the Law of Treaties, New York 1974; Henn-Jüri Uibopuu, Neue Wendung im sowjetischen jus-cogens-Konzept, ROW 1971, S. 135 ff.; Alfred Verdross, Jus Dispositivum and Jus cogens in international law, AJIL 1966 (Bd. 60), S. 55 ff.; Charles de Visscher, Positivisme et „jus cogens“, RGDIP 1971 (Bd. 75, 1), S. 5 ff.; Marjorie M. Whiteman, Jus cogens in international law, with a projected list, GJICL 1977, S. 609 ff.

Literatur

Michael Akehurst, The hierarchy of the sources of international law, BYIL 1974–75, S. 273 ff.

Giuseppe Barile, La structure de l'ordre juridique international, RdC 1978/III (Bd. 161), S. 13 ff.

Rudolf Bernhardt, Ungeschriebenes Völkerrecht, ZaöRV 1976, S. 50 ff.

Maarten Bos, The hierarchy among the recognized manifestations („sources") of international law, NILR 1978, S. 334 ff.

Maarten Bos, The recognized manifestations of international law. A new theory of „sources", GYIL 1977 (Bd. 20), S. 9 ff.

Hartwig Bülck, Universelles Völkerrecht – Anspruch und Wirklichkeit, Der Staat 1980, S. 260 ff.

Rudolf Geiger, Die zweite Krise der völkerrechtlichen Rechtsquellenlehre, ÖZöRV 1979, S. 215 ff.

Robert Y. Jennings, What is international law and how do we tell it when we see it?, SchJIR 1981, S. 59 ff.

Manfred Lachs, The threshold in law-making, in: Fs f. Hermann Mosler, Berlin–Heidelberg–New York 1983, S. 493 ff.

H. Meijers, How is international law made? NYIL 1978, S. 3 ff.

Riccardo Monaco, Observations sur la hiérarchie des sources du droit international, in: Fs f. Hermann Mosler, Berlin–Heidelberg–New York 1983, S. 599 ff.

Nicholas G. Onuf, Hrsg., Law making in the global community, Durham, N.C. 1981.

R.S. Pathak, The generaltheory of the sources of contemporary international law, IJIL 1979, S. 483 ff.

H.H.G. Post, Classification of the rules of international law according to spheres of validity, NYIL 1976, S. 157 ff.

Christoph Schreuer, Recommendations and the traditional sources of international law, GYIL 1977 (Bd. 20), S. 103 ff.

Georg Schwarzenberger, The problem of international constitutional law in international judicial perspective, in: Fs f. Eberhard Menzel, Berlin 1975, S. 241 ff.

Helmut Strebel, Quellen des Völkerrechts als Rechtsordnung, ZaöRV 1976, S. 301 ff.

Grigory I. Tunkin, Soviet theory of sources of international law, in Fs f. Stephan Verosta, Berlin 1980, S. 67 ff.

Grigory I. Tunkin, General theory of sources of international law, IJIL 1979, S. 474 ff.

Alfred Verdross, Die Quellen des universellen Völkerrechts, Freiburg i.Br. 1973.

Michel Virally, The sources of international law, in: Max Sorensen, Manual of Public International Law, New York 1968, S. 116 ff.

5.2 Verträge

Die Tatsache, daß der Vertrag nicht nur ein Rechtsverhältnis zwischen zwei oder mehreren Parteien schafft, sondern auch eine Rechtsquelle ist, kennzeichnet das Völkerrecht und hebt es vom Privatrecht ab. Zwar können unter der Geltung des Grundsatzes der Vertragsfreiheit auch im Privatrecht atypische Verträge abgeschlossen werden; aber der Vertragsabschluß bleibt doch stets ein Rechtsgeschäft. Der Vertrag begründet subjektive Rechte (Berechtigungen) und Pflichten der Partner, aber er erzeugt kein Recht im objektiven Sinne. Dagegen ist der völkerrechtliche Vertrag eine Rechtsquelle, sein Abschluß ist kein bloßes Rechtsgeschäft, sondern rechtsetzendes Handeln. Der völkerrechtliche Vertrag bringt nicht nur subjektive Rechte und Pflichten der Vertragspartner zum Entstehen, sondern auch Recht im objektiven Sinn.

In der älteren Völkerrechtslehre ist der Versuch gemacht worden, zwischen rechtsetzenden und rechtsgeschäftlichen Verträgen (law-making treaties und contract-treaties) zu unterscheiden. Heute herrscht die Auffassung, „daß jeder völkerrechtliche Vertrag Recht schafft".[1] Das Recht, das ein völkerrechtlicher Vertrag zum Entstehen bringt, ist selbstverständlich partikuläres Völkerrecht, da es nur für den Verkehr zwischen den Vertragspartnern gilt. Nur dann, wenn einem Vertrag alle Staaten der Erde beigetreten sind, wird das Vertragsrecht zum universellen Völkerrecht. Dieser Fall ist jedoch rein theoretisch, weil es in der Praxis noch nicht gelungen ist, alle Staaten ausnahmslos zum Beitritt zu einem bestimmten Vertrag zu bewegen.

Nach der Zahl der an einem völkerrechtlichen Vertrag beteiligten Vertragspartner unterscheidet man zwischen bilateralen und multilateralen Verträgen. An einem bilateralen (zweiseitigen) Vertrag sind nur zwei Völkerrechtssubjekte beteiligt,

[1] Friedrich Berber, Lehrbuch des Völkerrechts, 1. Band, 2. Aufl. München 1975, S. 63 unter Berufung auf Hans Kelsen, Principles of international law, New York 1952, S. 319 f.; Erich Kaufmann, Das Wesen des Völkerrechts und die clausula rebus sic stantibus, Tübingen 1911, S. 160 ff.

an einem multilateralen (mehrseitigen) Vertrag sind mehr als zwei Völkerrechtssubjekte beteiligt. Die Vertragspartner eines Vertrages werden „Signatarstaaten" genannt. Die alte Völkerrechtsregel, daß ein völkerrechtlicher Vertrag mit der Unterschrift der dazu bevollmächtigten Staatenvertreter in Kraft tritt, wird allerdings häufig durch die sog. Ratifikationsklausel durchbrochen. Haben die Vertragspartner die Ratifikationsklausel in den Vertrag aufgenommen, so bedeutet dies, daß der betreffende Vertrag erst nach der Ratifikation (genauer: nach dem Austausch oder der Hinterlegung der Ratifikationsurkunden) in Kraft tritt. Die Ratifikation ist die an den Vertragspartner gerichtete Mitteilung darüber, daß der Vertrag innerstaatlich in Kraft gesetzt ist (hierzu unten Kap. 6). Bei bilateralen Verträgen pflegt der Austausch der Ratifikationsurkunden vereinbart zu werden, bei multilateralen wird ein Ort festgelegt, an dem alle Vertragspartner die Ratifikationsurkunden hinterlegen müssen. In der Regel sehen multilaterale Verträge eine Mindestzahl von hinterlegten Ratifikationsurkunden als Voraussetzung für das völkerrechtliche Inkrafttreten vor. Solange diese Mindestzahl nicht erreicht ist, tritt daher auch für diejenigen Staaten, die bereits ratifiziert haben, die völkerrechtliche Bindung nicht ein. Enthält ein Vertrag keine Bestimmungen über die Ratifikation, so verbleibt es bei der Regel, daß die völkerrechtliche Bindung mit der Unterschrift der bevollmächtigten Vertreter entsteht. Die Ratifikationsklausel ist jedoch heute so häufig, daß sie eigentlich die Regel darstellt, während die Verpflichtung durch bloße Unterschrift zur Ausnahme geworden ist.

Der Kreis der Partner multilateraler Verträge kann, wenn die ursprünglichen Signatarstaaten dies im Vertragstext vorgesehen haben, durch Beitritte erweitert werden. Der Beitritt erfolgt durch einseitige Erklärung eines Völkerrechtssubjekts, das nicht am Abschluß des Vertrages beteiligt war. Will man möglichst viele Staaten zum Beitritt ermuntern, so gibt man ihnen im Vertragstext die Möglichkeit, Vorbehalte zu einzelnen Punkten zu erklären. Näheres hierzu unten 13.2.3.

Von den multilateralen Verträgen zu unterscheiden sind diejenigen völkerrechtlichen Verträge, an denen eine größere Zahl von Staaten in der Weise beteiligt ist, daß auf jeder Seite eine Staatengruppe steht, wie z.B. bei den Friedensverträgen, die nach Koalitionskriegen geschlossen werden. Trotz der Vielzahl von beteiligten Staaten sind solche Verträge ihrem Wesen nach bilaterale Verträge. Weil sie aber gemeinsam ausgehandelt und unterzeichnet werden, nennt man sie auch „Halbkollektivverträge" (Beispiele: die Friedensverträge von Versailles, St. Germain und Trianon 1919).

Der Ausdruck „Kollektivvertrag" hat die gleiche Bedeutung wie der Ausdruck „multilateraler Vertrag". Die Wiener Schlußakte vom 9. Juli 1815 gilt als erster Kollektivvertrag in der Geschichte des Völkerrechts. Im Zuge der Intensivierung der völkerrechtlichen Regelungen kam es immer häufiger dazu, daß die Staaten sich bereit fanden, bestimmte allgemeine Rechtsregeln für den gegenseitigen Verkehr in multilateralen Verträgen festzulegen. Diese Verträge heißen „Konventionen". In ihnen werden jeweils für ein bestimmtes Gebiet völkerrechtliche Normen aufgestellt. Sie erfüllen daher im internationalen Bereich die Funktion der Gesetzgebung (Beispiele unten 5.6.). Der rechtsetzende Willensakt liegt in der Beteiligung am Abschluß der Konvention oder im Beitritt zu ihr. Der räumliche Wirkungsbereich dieser Normsetzung ist auf den Kreis der Konventionspartner beschränkt. Wenn jedoch die überwiegende Mehrzahl der Völkerrechtssubjekte Partner einer Konvention sind, so kann sie leicht zur Grundlage der Staatenpraxis und damit des Völkergewohnheitsrechts werden.[2]

Völkerrechtliche Verträge – bilaterale ebenso wie multilaterale – können auch Rechtsnormen des bereits geltenden allgemeinen Völkerrechts enthalten. Der Vertrag wirkt dann insoweit nur deklaratorisch; in diesem Umfang ist er keine Rechtsquelle. So wiederholt z.B. die Satzung der Vereinten Nationen – die ihrer Natur nach ein multilateraler Vertrag ist, den die Gründungsmitglieder abgeschlossen haben und dem die später aufgenommenen Mitglieder beigetreten sind – bereits vorher geltende Sätze des allgemeinen Völkerrechts, wie

2 Vgl. M. Lachs, Evolution des Kollektivvertrags, JIR 1959 (Bd. 8), S. 23 ff.; Shabtai Rosenne, United Nations Treaty Practice, RdC 1954/II (Bd. 86), S. 281 ff.

etwa das in Art. 51 SVN anerkannte Recht der individuellen und kollektiven Selbstverteidigung.

Verträge können aber auch über sich hinauswachsen und neuem allgemeinen Völkerrecht den Boden bereiten. Häufig beruft sich die völkerrechtliche Literatur und Rechtsprechung auf das Vorhandensein gleichlautender Vertragsbestimmungen, um eine diesen Vertragsbestimmungen entsprechende Regel des allgemeinen Völkerrechts nachzuweisen. (Beispiel: Grundsatz der Nichtauslieferung politischer Flüchtlinge, der sich seit dem Beginn des 19. Jahrhunderts in fast allen Auslieferungsverträgen findet.) Jedoch ist die bloße Existenz übereinstimmender Verträge noch kein ausreichender Nachweis für eine einhellige Rechtsüberzeugung der Völkerrechtssubjekte. Vielmehr kann gerade die Tatsache, daß solche Verträge bestehen, darauf schließen lassen, daß noch keine allgemeine Rechtsüberzeugung vorhanden ist und die Parteien daher eine ausdrückliche vertragliche Regelung für notwendig halten. Multilaterale Verträge bieten eher die Grundlage für die Entwicklung eines entsprechenden Gewohnheitsrechts über den Kreis der Signatarstaaten hinaus; denn sie geben bereits die Rechtsauffassung einer größeren Zahl von Völkerrechtssubjekten wieder. Dies gilt insbesondere für die Konventionen.

Aber auch ohne daß es zur Bildung von Gewohnheitsrecht kommt, kann ein Vertrag eine objektive, allgemein geltende Ordnung errichten. In der Literatur werden drei Kategorien von Verträgen unterschieden, die diese Rechtswirkung hervorbringen: Verfügungsverträge, institutionelle Verträge und Statusverträge.

Der *Verfügungsvertrag* findet seine Parallele im privatrechtlichen Vertrag über dingliche Rechte, der ebenfalls Wirkungen gegenüber Dritten erzeugt. (So begründet z.B. der Eigentumserwerb des Käufers einer Sache dessen Rechtsstellung als Eigentümer nicht nur gegenüber dem Partner des Kaufvertrags, sondern auch gegenüber jedem Dritten.) Im Völkerrecht kommen hierfür vor allem die Gebietsabtretungsverträge (Zessionsverträge) in Frage. Hat der Staat A ein bestimmtes Gebiet an den Staat B abgetreten, so haben es auch dritte Staaten als Gebiet des Staates B zu behandeln. Andererseits ist der Staat B nicht nur gegenüber A, sondern auch gegenüber dritten Staaten im Rahmen der völkerrechtlichen Haftung (vgl. unten 14.3) für das verantwortlich, was auf dem abgetretenen Territorium geschieht.

Als *institutionelle Verträge* werden diejenigen völkerrechtlichen Verträge bezeichnet, die internationale Organisationen oder andere Institutionen begründen. Sofern die betreffende internationale Organisation nach dem Gründungsvertrag oder ihrer Satzung Völkerrechtssubjektivität besitzt (vgl. oben 3.3.2), ist diese Rechtsstellung auch von den am Gründungsvertrag nicht beteiligten Staaten zu respektieren.

Statusverträge beschreiben die Rechtsstellung eines Staates, eines Gebietes oder einer internationalen Verkehrsstraße als eine für alle verbindliche Ordnung. Wird diese von der Mehrheit der übrigen Völkerrechtssubjekte anerkannt, weil die durch den Vertrag begründete Ordnung für den Frieden der Welt oder einer bestimmten Region oder für internationale Gemeinschaftsaufgaben von Bedeutung ist, so wird die ursprünglich vertragliche Regelung zum Bestandteil der allgemeinen internationalen Rechtsordnung und ist dem Willen der Vertragsstaaten entzogen. Die Signatarstaaten des Vertrages können die ursprünglich von ihnen geschaffene Ordnung nicht mehr ändern; andererseits besteht die Ordnung auch weiter, wenn die Vertragsstaaten untergegangen sind. Ein Beispiel hierfür ist der Suezkanal, dessen internationaler Rechtsstatus durch einen multilateralen Vertrag vom 29. Oktober 1888 festgelegt wurde. Zu den neun Signatarstaaten gehörte auch das Deutsche Reich; sieben weitere Staaten traten später bei. Der Vertrag garantiert in Art. 1 die freie Durchfahrt durch den Suezkanal für Handelsschiffe und Kriegsschiffe aller Flaggen in Kriegs- und Friedenszeiten und verbietet jegliche Kriegshandlung gegen den Kanal und seine Nebenanlagen. Nach dem Konflikt von 1956 hat Ägypten den Vertrag von 1888 in einer Erklärung vom 24. April 1957[3] erneut ausdrück-

[3] UNTS Band 265, S. 300 ff. Zu den damit zusammenhängenden Problemen vgl. Erik Brüel, Die völkerrechtliche Stellung des Suezkanals und die Nationalisierung der Kanalgesellschaft, AVR 1958/59 (Bd. 7), S. 24 ff.; Ruth Lapidoth, The Suez Canal, the Gulf of Suez, and the 1979 treaty of peace between Egypt and Israel, in: Fs f. Rudolf Bindschedler, Bern 1980, S. 617 ff.

lich anerkannt. Auch alle anderen Staaten sind aber verpflichtet, die internationale Rechtsstellung des Suezkanals anzuerkennen, weil der Vertrag von 1888 als Statusvertrag eine allgemeine internationale Ordnung errichtet hat. Die Kampfhandlungen Israels und Ägyptens am Suezkanal in den Jahren 1967 und 1973 waren daher auf jeden Fall völkerrechtswidrig. (Im übrigen hängt die Völkerrechtswidrigkeit militärischer Aktionen davon ab, ob sie sich auf das nach wie vor geltende Recht der Selbstverteidigung stützen können oder nicht.)

In der Literatur werden die Statusverträge gelegentlich als „Ordnungsverträge" oder „normative Verträge" bezeichnet. Der letztere Ausdruck ist wenig glücklich gewählt, weil er zu dem Irrtum verleiten könnte, nur die Statusverträge seien Rechtsquellen.

Grundlage der verbindlichen Kraft der Verträge – sowohl in ihrer rechtsgeschäftlichen Wirkung als auch in ihrer Wirkung als Rechtsquellen – ist der Satz „pacta sunt servanda", auch „Grundsatz der Heiligkeit der Verträge" genannt. Dieser Grundsatz ist nicht durch die Vertragspraxis entstanden, sondern setzt sie voraus. Die völkerrechtlichen Verträge könnten keine rechtserzeugende Wirkung entfalten, wenn der Grundsatz der Heiligkeit der Verträge sich erst allmählich als Völkergewohnheitsrecht durchgesetzt hätte, was zugleich bedeuten würde, daß er durch entsprechendes derogierendes Völkergewohnheitsrecht wieder beseitigt werden könnte. In der Völkerrechtslehre wird allgemein anerkannt, daß der Satz pacta sunt servanda jeder Beeinträchtigung durch die Staatenpraxis entzogen ist und daß „bereits die ersten völkerrechtlichen Vertragsabschlüsse von der Geltung jener Norm abhängig waren".[4] Die Aufnahme dieses Grundsatzes in Art. 26 der Wiener Vertragsrechtskonvention hat nur deklaratorische Bedeutung.

Völkerrechtliches Vertragsrecht steht, wenn es für die gleichen Völkerrechtssubjekte gilt, im gleichen Rang wie völkerrechtliches Gewohnheitsrecht. Hieraus ist zu schließen, daß nach dem Grundsatz „lex posterior derogat legi priori" – das jüngere Gesetz verdrängt das ältere – späteres Gewohnheits-

4 Alfred Verdross, Die Quellen des universellen Völkerrechts, Freiburg i. Br. 1973, S. 24.

recht früheres Vertragsrecht abändern oder aufheben kann. Dies bedeutet jedoch keine Durchbrechung des Grundsatzes der Heiligkeit der Verträge. Bei der Anwendung des Satzes „lex posterior derogat legi priori“ ist nämlich stets mit größter Sorgfalt auf die absolute Identität der beteiligten Völkerrechtssubjekte zu achten. Besteht z.B. völkerrechtliches Gewohnheitsrecht für alle westeuropäischen Staaten (regionales, partikuläres Völkergewohnheitsrecht), so können Belgien und Frankreich keinen davon abweichenden Vertrag schließen, ohne gegen dieses Gewohnheitsrecht zu verstoßen. Hingegen sind die westeuropäischen Staaten nicht gehindert, einen multilateralen Vertrag zu schließen, der von dem alten Gewohnheitsrecht abweicht. Umgekehrt können die Vertragspartner eines bilateralen oder multilateralen Vertrages durch später entwickeltes Gewohnheitsrecht von dem Vertrag abweichen. Haben etwa die westeuropäischen Staaten einen multilateralen Vertrag geschlossen, so können sie durch ein zwischen ihnen entstandenes Gewohnheitsrecht (vgl. unten 5.3) von diesem Vertrag abweichen. Dies setzt jedoch voraus, daß tatsächlich alle Vertragspartner an der Bildung des Gewohnheitsrechts beteiligt sind. Würde ein einzelner Staat oder eine bestimmte Gruppe von Vertragspartnern versuchen, eine mit dem Vertrag nicht in Einklang stehende Staatenpraxis durchzusetzen, so würden sie völkerrechtswidrig handeln. Neues Völkergewohnheitsrecht könnte durch eine derartige Staatenpraxis nicht entstehen.

Literatur

Richard R. Baxter, Treaties and custom, RdC 1970/I (Bd. 129), S. 25 ff.

Volker Büchner, Die Bestandskraft völkerrechtlicher Verträge, Düsseldorf 1979.

B. Conforti, Le rôle de l'accord dans le système des Nations Unies, RdC 1974/II (Bd. 142), S. 203 ff.

Karl Doehring, Gewohnheitsrecht aus Verträgen, ZaöRV 1976, S. 77 ff.

Wilhelm Karl Geck, Völkerrechtliche Verträge und Kodifikation, ZaöRV 1976, S. 96 ff.

Robert Y. Jennings, Treaties as legislation, in: Fs f. Wolfgang Friedmann, Den Haag 1979, S. 159 ff.

Eckart Klein, Statusverträge im Völkerrecht, Berlin 1980.

Roberto Lavalle, About the alleged customary law nature of the rule pacta sunt servanda, ÖZöRV 1982, S. 9 ff.

Ernst Martens, Probleme der Entwicklung des Völkerrechts durch multilaterale internationale Verträge und Kodifikationen, FW 1976, S. 189 ff.

Ulrich Scheuner, Internationale Verträge als Elemente der Bildung von völkerrechtlichem Gewohnheitsrecht, in: Fs f. F.A. Mann, München 1977, S. 409 ff.

S.P. Sharma, Treaties as a source of international law, IJIL 1979, S. 500 ff.

Krysztof Skubiszewski, Les techniques d'élaboration des grandes conventions multilatérales et des normes quasi-législatives internationales, Annuaire 1977 (Bd. 57/II), S. 36 ff.

Kelvin Widdows, What is an agreement in international law?, BYIL 1979, S. 117 ff.

5.3 Gewohnheitsrecht

Wie das innerstaatliche Gewohnheitsrecht ist auch das völkerrechtliche Gewohnheitsrecht ein ungeschriebenes, weder durch einen Gesetzgeber noch durch ausdrückliche Vereinbarung zwischen den Rechtsgenossen gesetztes Recht. Die „Gewohnheit", durch die es entsteht, muß selbstverständlich eine Gewohnheit von Völkerrechtssubjekten sein, d.h. in erster Linie eine solche der Staaten. Hierfür verwendet das Völkerrecht den Ausdruck „Staatenpraxis". Aber die bloße Wiederholung von Akten der Staatenpraxis genügt nicht, um Völkergewohnheitsrecht entstehen zu lassen. Die Gewohnheit muß vielmehr von einer Rechtsüberzeugung getragen sein. So fordert die Völkerrechtslehre die Erfüllung zweier Voraussetzungen für den Nachweis des Vorhandenseins einer gewohnheitsrechtlichen Völkerrechtsnorm: 1. objektive Voraussetzung: wiederholte oder regelmäßige, einheitliche Übung (je nach der räumlichen Ausdehnung dieser Übung entsteht bei gleichzeitigem Vorliegen der zweiten Voraussetzung entweder universelles oder partikuläres Völkergewohnheitsrecht); 2. subjektive Voraussetzung: die Überzeugung, rechtlich zu diesem Verhalten verpflichtet zu sein.

Liegt nur die objektive Voraussetzung vor, so entsteht durch die wiederholte oder regelmäßige, einheitliche Übung kein Völkergewohnheitsrecht, sondern nur Völkercourtoisie (Völkersitte). Es sind Regeln, die nicht als Rechtsverpflichtung anerkannt werden, sondern auf Sitte, Höflichkeit, Anstand, Ritterlichkeit beruhen. Die Ritterlichkeit hat insbesondere im Kriegsrecht von jeher eine große Rolle gespielt und dort Regeln hervorgebracht, die als „Kriegsmanier" bezeichnet werden. Im Gegensatz zu den Regeln des Kriegsrechts muß allerdings die Kriegsmanier den Erfordernissen der Notwendigkeit weichen („Kriegsräson geht vor Kriegsmanier"). Auch das Seerecht und das Diplomatenrecht enthalten noch zahlreiche Regeln der Courtoisie.

Liegt nur die subjektive Voraussetzung vor, handelt also ein Völkerrechtssubjekt in der irrigen Annahme, gewohnheitsrechtlich zu solchem Verhalten verpflichtet zu sein, so ist der konkrete Rechtsakt zwar wirksam, aber er trägt nicht zur Bildung von Gewohnheitsrecht bei.

Ein Teil der Völkerrechtsliteratur fügt den beiden genannten Bedingungen noch eine dritte hinzu, nämlich die widerspruchslose Hinnahme der Gewohnheit seitens der anderen Völkerrechtssubjekte. Dieses Erfordernis wird in der älteren Literatur, die sich auf zwei Voraussetzungen beschränkt, dadurch angedeutet, daß eine „einheitliche" Übung gefordert wird. Danach genügt nicht einmal eine stillschweigende Duldung, sondern es bedarf einer ausdrücklichen Zustimmung. In der Gegenwart, die durch einen raschen Wandel aller Phänomene gekennzeichnet ist, wird nicht nur die Zeitdauer kürzer bemessen, die für notwendig erachtet wird, damit von einer „wiederholten oder regelmäßigen Übung" gesprochen werden kann,[1] sondern es kann auch nicht mehr verlangt werden, daß sich alle in Betracht kommenden Völkerrechtssubjekte auch tatsächlich an der Übung beteiligen. Deshalb will die herrschende Völkerrechtslehre ausdrücklich eine bloße Duldung seitens der nicht an der Übung beteiligten Staaten genügen lassen.

1 Vgl. Karl Doehring, Die Wirkung des Zeitablaufs auf den Bestand völkerrechtlicher Regeln, Jahrbuch der Max-Planck-Gesellschaft 1964, S. 69 ff.

Andererseits sind die klassischen Voraussetzungen für die Entstehung von Völkergewohnheitsrecht in das Schußfeld einer fundamentalen Kritik geraten. Man meint, „diese stark auf der Analogie zur vergleichsweise idyllischen Atmosphäre des innerstaatlichen (und hier wieder insbesondere des bürgerlichen) Rechts basierende Konzeption“[2] genüge nicht mehr den Erfordernissen der Gegenwart. Das bedächtige Heranreifen einer Völkerrechtsnorm durch langdauernde, von der Rechtsüberzeugung getragene Übung entspricht nicht den Vorstellungen einer schnellebigen Welt. So hat die „Theorie der spontanen Rechtserzeugung“, nach der das Völkergewohnheitsrecht allein aus der Rechtsüberzeugung fließt und die Übung nur deren Bestätigung darstellt,[3] großen Anklang gefunden.

Andere haben auf einen inhärenten Widerspruch der traditionellen Lehre vom Gewohnheitsrecht hingewiesen: wenn Völkergewohnheitsrecht nur durch die gleichzeitige Erfüllung der objektiven und der subjektiven Voraussetzung entsteht, so muß die Überzeugung, rechtlich zu diesem Handeln verpflichtet zu sein, bereits bei dem ersten Akt der diesbezüglichen Staatenpraxis vorliegen. Es kann sich dabei aber nur um einen Rechtsirrtum handeln, da ja in diesem Augenblick noch keine Rechtsnorm vorhanden ist, die zu diesem Verhalten verpflichtet. Da ferner eine „einheitliche Übung“ verlangt wird, kann eine Rechtsnorm überhaupt erst entstehen, nachdem zahlreiche Völkerrechtssubjekte wiederholt oder regelmäßig derartige Akte gesetzt haben. Alle diese Akte aber müssen zwangsläufig – da ja die Völkerrechtsnorm noch nicht entstanden ist – auf einem Rechtsirrtum beruhen.[4] Um diesem Einwand zu begegnen, hat Verdross darauf hingewiesen, „daß neue Rechtsbehauptungen selten im rechtsleeren Raum auftre-

[2] Bruno Simma, Das Reziprozitätselement in der Entstehung des Völkergewohnheitsrechts, München–Salzburg 1970, S. 26.

[3] Vgl. Roberto Ago, Der Begriff des positiven Rechts in der Völkerrechtstheorie, AVR 1956/57 (Bd. 6), S. 257 ff.; ders., Science juridique et droit international, RdC 1956/II (Bd. 90), S. 849 ff.

[4] Vgl. Josef L. Kunz, The nature of customary law, AJIL 1953 (Bd. 47), S. 662 ff.

ten, sondern sich in der Regel auf irgendein allgemeines Rechtsprinzip oder eine andere Rechtsnorm berufen und aus ihnen konkrete Normen des Völkerrechts ableiten. ... Solche Rechtsbehauptungen können die Initialzündung zur allmählichen Herausbildung einer Norm des allgemeinen Völkergewohnheitsrechts werden, indem sie sich in der Staatenpraxis durchsetzen."[5] Die subjektive Voraussetzung (Überzeugung, rechtlich zu diesem Verhalten verpflichtet zu sein) ist daher auch dann erfüllt, wenn die Überzeugung vorhanden ist, „eine im Werden befindliche Norm zu beobachten".[6]

Aus der Definition des Völkerrechts als Recht des zwischenstaatlichen Verkehrs ergibt sich, daß die Staatenpraxis, die zur Bildung von Gewohnheitsrecht führt, nicht einseitig sein darf. Sie muß eine gegenseitige, inhaltlich übereinstimmende Praxis sein. Wiederholt ein einzelner Staat einseitige Rechtsakte, so entsteht hieraus ohne Rücksicht auf die Dauer einer solchen Praxis oder die Rechtsüberzeugung, von der sie getragen wird, kein Völkergewohnheitsrecht, ja nicht einmal eine Selbstbindung des betreffenden Staates für die Zukunft.

Der Begriff „Staatenpraxis" (neuerdings gelegentlich auch: Staatspraxis) umfaßt alle Akte, die auf der Ebene des zwischenstaatlichen Verkehrs von den dafür zuständigen Organen eines Völkerrechtssubjekts gesetzt worden sind. Der Ausdruck entstand in einer Zeit, als außer dem Hl. Stuhl nur Staaten Völkerrechtssubjekte waren. Er gilt aber heute unverändert fort. Ein besonderer Ausdruck für die anderen Völkerrechtssubjekte hat sich nicht herausgebildet. Man spricht daher auch von der Staatenpraxis internationaler Organisationen.

Wichtig ist, daß die Staatenpraxis, wenn sie zur Bildung von Völkergewohnheitsrecht beitragen soll, unmittelbar die Regelung zwischenstaatlicher Beziehungen betreffen muß. Innerstaatliche gesetzliche Regelungen tragen selbst dann nicht zur Bildung von Völkergewohnheitsrecht bei, wenn sie sich auf

5 Alfred Verdross, Die Quellen des universellen Völkerrechts, Freiburg i.Br. 1973, S. 106 f.

6 Alfred Verdross, Entstehungsweisen und Geltungsgrund des universellen völkerrechtlichen Gewohnheitsrechts, ZaöRV 1969 (Bd. 29), S. 640.

internationale Zusammenhänge beziehen. So auferlegten z.B. amerikanische Gesetze aus den Jahren 1935/37 den US-Bürgern weitergehende Pflichten im Rahmen der amerikanischen Neutralität, als das Völkerrecht erforderte. Einen Beitrag zur Änderung des geltenden Neutralitätsrechts konnte diese innerstaatliche Gesetzgebung jedoch nicht leisten. Das gleiche gilt für die Entscheidungen innerstaatlicher Gerichte in Völkerrechtsfragen. Sie können ein wertvolles Hilfsmittel für den Nachweis gewohnheitsrechtlicher Regeln sein, sind aber niemals eine Völkerrechtsquelle.

Enthalten innerstaatliche positive Rechtsnormen allgemeine Rechtsgrundsätze im Sinne des Art. 38 Abs. 1 c des IGH-Statuts (vgl. unten 5.4), so gelten diese Rechtsgrundsätze als solche auf völkerrechtlicher Ebene. Von einer gewohnheitsrechtsbildenden Kraft der innerstaatlichen Gesetzgebung kann daher auch in diesem Fall nicht gesprochen werden. Ebenso unerheblich ist es, wenn zwei Staaten gleichlautende innerstaatliche Rechtssätze zur Regelung eines bestimmten Sachverhalts anwenden. Völkergewohnheitsrecht entsteht nur durch eine der oben aufgezeigten subjektiven und objektiven Voraussetzung entsprechende zwischenstaatliche Übung (Staatenpraxis). Allerdings können zwei oder mehrere Staaten ausdrücklich die Anwendung identischer innerstaatlicher Rechtsnormen im zwischenstaatlichen Verkehr (z.B. zur Beilegung von Streitigkeiten) vereinbaren. In diesem Fall entsteht die völkerrechtliche Norm jedoch nicht durch das bloße Vorhandensein identischer innerstaatlicher Normen, sondern allein durch den völkerrechtlichen Vertrag. Entwickelt sich zwischen zwei oder mehreren Staaten ein Gewohnheitsrechtssatz des Inhalts, daß identische innerstaatliche Rechtsnormen auf die Beziehungen zwischen den betreffenden Staaten anzuwenden sind, so beruht die Anwendung des gleichlautenden innerstaatlichen Rechts auf eben jenem Völkergewohnheitsrechtssatz. Auch in diesem Fall liegt daher keine gewohnheitsrechtsbildende Wirkung identischer innerstaatlicher Rechtsnormen vor.

Zur gewohnheitsrechtsbildenden Wirkung völkerrechtlicher Verträge vgl. oben Kap. 5.2.

Literatur

Michael Akehurst, Custom as a source of international law, BYIL 74–75, S. 1 ff.
Albert Bleckmann, Zur Feststellung und Auslegung von Völkergewohnheitsrecht, ZaöRV 1977, S. 504 ff.
Albert Bleckmann, Völkergewohnheitsrecht trotz widersprüchlicher Praxis?, ZaöRV 1976, S. 374 ff.
Albert Bleckmann, Die Praxis des Völkergewohnheitsrechts als konsekutive Rechtsetzung, in: Fs f. Hermann Mosler, Berlin–Heidelberg–New York 1983, S. 89 ff.
Anthony A.D'Amato, The Concept of Custom in International Law, Ithaca–London 1971.
Karl Doehring, Gewohnheitsrecht aus Verträgen. ZaöRV 1976, S. 77 ff.
Rudolf Geiger, Zur Lehre vom Völkergewohnheitsrecht in der Rechtsprechung des Bundesverfassungsgerichts, AöR 103 (1978), S. 382 ff.
Herbert Günther, Zur Entstehung von Völkergewohnheitsrecht, Berlin 1970.
Gode Hartmann, Gewohnheitsrecht und jus cogens im Völkerrecht, JA 1978, S. 81 ff.
T.S. Rama Rao, International custom, IJIL 1979, S. 515 ff.
Michael Schweitzer, Das Völkergewohnheitsrecht und seine Geltung für neu entstehende Staaten, Bad Homburg 1969.
Bruno Simma, Das Reziprozitätselement in der Entstehung des Völkergewohnheitsrechts, München–Salzburg 1970.
Brigitte Stern, La coutume au coeur du droit international, in: Fs f. Paul Reuter, Paris 1981, S. 479 ff.
H.W.A. Thirlway, International Customary Law and Codification, Leiden 1972.
R.-Fidelio Unger, Völkergewohnheitsrecht – objektives Recht oder Geflecht bilateraler Beziehungen?, München 1978.

5.4 Die allgemeinen Rechtsgrundsätze

Art. 38 Abs. 1 c des IGH-Statuts nennt als dritte Völkerrechtsquelle „die von den Kulturvölkern anerkannten allgemeinen Rechtsgrundsätze“. Im vorstehenden ist erwähnt worden, daß diese Formel die Ausweitung des Kreises der Völkerrechtssubjekte erkennen läßt, die sich seit der Mitte des 19. Jahrhunderts vollzog.[1] Hatte sich in den ersten Jahrhunderten des

[1] Vgl. oben S. 93.

klassischen Völkerrechts die Völkerrechtsgemeinschaft auf den Kulturkreis des christlichen Abendlandes beschränkt, so waren es nunmehr die „zivilisierten Staaten", die als Mitglieder dieser Rechtsgemeinschaft anerkannt wurden. Dementsprechend mußte auch die Definition der Völkerrechtsquellen formuliert werden. Heute wagt es niemand mehr, zwischen zivilisierten und unzivilisierten Staaten zu unterscheiden. Alle „friedliebenden Staaten" werden in die UNO aufgenommen (Art. 4 Abs. 1 SVN), und bisher ist noch niemals die Aufnahme eines Staates in die UNO an mangelnder Friedensliebe bzw. mangelnder Überzeugung von der Friedensliebe des betreffenden Staates gescheitert. Die Völkerrechtsgemeinschaft ist tatsächlich universal (global). Deshalb verwendet die Völkerrechtsliteratur heute nur den Ausdruck „allgemeine Rechtsgrundsätze" und verzichtet auf den Zusatz „von den Kulturvölkern anerkannte ...", der sich nach wie vor in Art. 38 des IGH-Statuts findet. Der Internationale Gerichtshof, der die Nachfolge des Ständigen Internationalen Gerichtshofs des Völkerbunds antrat, übernahm auch dessen Statut. Nur so ist jene Formulierung, die in das Völkerrechtssystem der Gegenwart nicht mehr paßt, zu erklären.

Aber auch nach dieser von der herrschenden Völkerrechtslehre vorgenommenen Korrektur bleibt die Bedeutung des Begriffs „allgemeine Rechtsgrundsätze" unklar, und je mehr Staaten bei der Herauskristallisierung allgemeiner Rechtsgrundsätze berücksichtigt werden müssen, desto schwieriger wird diese Aufgabe. Einhellig sind die Völkerrechtstheoretiker nur zu dem Ergebnis gelangt, daß die allgemeinen Rechtsgrundsätze keine Detailregelungen darstellen, sondern das Verhalten der Völkerrechtssubjekte nur in groben Umrissen andeuten. Die praktische Bedeutung der allgemeinen Rechtsgrundsätze ist deshalb gering. Die Juristenkommission des Völkerbunds, die das Statut des StIGH entwarf, war aber der Meinung, daß das Völkerrecht, wenn es auf Vertragsrecht und Gewohnheitsrecht beschränkt bliebe, den Richter häufig ohne die Möglichkeit lasse, eine Sachentscheidung zu treffen. Dagegen ist mit Recht eingewendet worden, daß jeder Streit auch ohne allgemeine Rechtsgrundsätze entschieden werden könnte, da ein Anspruch, der weder im Vertragsrecht noch im Gewohnheitsrecht eine Grundlage findet, vom Gericht abgewiesen werden müßte. Umgekehrt ergibt sich aber gerade daraus die Bedeutung von Art. 38 Abs. 1 c des IGH-Statuts: die Vorschrift ermächtigt den Gerichtshof, unter Berufung auf allgemeine Rechtsgrundsätze einem Anspruch stattzugeben, der bei der ausschließlichen Anwendung von Vertrags- und Gewohnheitsrecht abgewiesen werden müßte.

Mit der zunehmenden Verdichtung des internationalen Vertragsrechts, insbesondere der Kodifizierung des Völkerrechts durch Konventionen, nimmt die Bedeutung der allgemeinen Rechtsgrundsätze weiter ab. Gleichzeitig ermöglichen es die verfeinerten Methoden der Rechtsvergleichung, das Vorhandensein identischer Vorschriften in den verschiedenen Rechtsordnungen nachzuweisen. Aber nicht alle in sämtlichen großen Rechtssystemen nachzuweisenden innerstaatlichen Rechtssätze sind zugleich allgemeine Rechtsgrundsätze im Sinne des Art. 38 Abs. 1 c des IGH-Statuts. In das Völkerrecht können nur solche Rechtssätze Aufnahme finden, die eine Lösung für ein Problem liefern, das im Völkerrecht analog besteht. Das Völkerrecht ist kein „großgeschriebenes Privatrecht".[2] Seine Rechtssubjekte sind anders definiert als diejenigen des Privatrechts, viele der von ihm geregelten Sachverhalte unterscheiden sich grundlegend von denjenigen Sachverhalten, die das Privatrecht regelt. So gibt es viele Institutionen des innerstaatlichen Rechts, die keine Parallele im Völkerrecht haben und umgekehrt. Ferner ist zu beachten, daß nicht Rechtssätze des innerstaatlichen Rechts als solche in das Völkerrecht übernommen werden, sondern nur die von den Rechtssätzen des innerstaatlichen Rechts abgeleiteten allgemeinen Prinzipien.

Zum Unterschied vom Völkergewohnheitsrecht bedürfen die allgemeinen Rechtsgrundsätze nicht des Nachweises in der internationalen Staatenpraxis. Im Gegenteil: sobald sich eine regelmäßige Staatenpraxis nachweisen läßt, die den Erfordernissen der Bildung von Völkergewohnheitsrecht entspricht, verlieren die betreffenden Prinzipien ihren Charakter als allgemeine Rechtsgrundsätze und werden zum Völkergewohnheitsrecht. Da sich dieser Vorgang der Herausbildung von

[2] T.E. Holland, Studies in international law. Oxford 1898, S. 152.

Völkergewohnheitsrecht im ständigen Fluß befindet, ist die Unterscheidung zwischen Völkergewohnheitsrecht und allgemeinen Rechtsgrundsätzen oft schwierig. In der Völkerrechtslehre herrscht daher hinsichtlich der Aufzählung der allgemeinen Rechtsgrundsätze eine große Unsicherheit.

Ein schwerer Fehler wäre es, die in Art. 25 GG erwähnten „allgemeinen Regeln des Völkerrechts" mit den allgemeinen Rechtsgrundsätzen im Sinne von Art. 38/1 c des IGH-Statuts zu verwechseln. Hierzu unten Kap. 6.

Literatur

Michael Akehurst, Equity and general principles of law, ICLQu 1976, S. 801 ff.

Roland A. Billib, Die allgemeinen Rechtsgrundsätze gemäß Artikel 38 I c des Statuts des IGH, Göttingen 1972.

M. Bogdan, General principles of law and the problem of lacunae in the law of nations, Nor TIR 1977, S. 37 ff.

A. Favre, Les principes généraux du droit, fonds commun du droit des gens, in: Fs f. Paul Guggenheim, Genf 1968, S. 366 ff.

Gerald Fitzmaurice, The general principles of international law, considered from the standpoint of the rule of law, RdC 1957/II, (Bd. 92), S. 1 ff.

Johan G. Lammers, General principles of law recognized by civilized nations, in: Gedächtnisschrift f. Haro van Panhuys, Alphen 1980, S. 53 ff.

Philippe Manin, Le juge international et la règle générale, RGDIP 1976, S. 7 ff.

Arnold McNair, The general principles of law recognized by civilized nations, BYIL 1957, S. 1 ff.

Karl Matthias Meessen, Zur Theorie allgemeiner Rechtsgrundsätze des internationalen Rechts: Der Nachweis allgemeiner Rechtsgrundsätze des Europäischen Gemeinschaftsrechts, JIR 1974, S. 283 ff.

Alfred Verdross, Les principes généraux du droit applicables aux rapports internationaux, RGDIP 1938, S. 44 ff.

Bela Vitanyi, La signification de la „généralité" des principes de droit, RGDIP 1976, S. 536 ff.

Bela Vitanyi, Les positions doctrinales concernant le sens de la notion de „principes généraux de droit reconnus par les nations civilisees", RGDIP 1982, S. 48 ff.

5.5 Hilfsmittel zur Feststellung von Völkerrechtsnormen

Art. 38 des IGH-Statuts zählt auf, was der Gerichtshof bei der Entscheidung der ihm unterbreiteten Streitigkeiten anzuwenden hat. Neben den drei im vorstehenden behandelten Völkerrechtsquellen erwähnt Art. 38 Abs. 1 unter Punkt d „die richterlichen Entscheidungen und die Lehren der anerkanntesten Autoren der verschiedenen Völker". Dies darf aber nicht zu dem Irrtum verleiten, daß auch die richterlichen Entscheidungen und die Völkerrechtslehre eine Völkerrechtsquelle darstellten. Art. 38 Abs. 1 d fährt nämlich fort: „ ... als Hilfsmittel zur Feststellung der Rechtsnormen."

Die Urteile von internationalen und innerstaatlichen Gerichten entfalten keine Präzedenzwirkung. Art. 59 des IGH-Statuts bestimmt ausdrücklich: „Die Entscheidung des Gerichtshofs ist nur für die Parteien und nur in bezug auf diesen bestimmten Fall bindend." Als Rechtserkenntnismittel hat die Rechtsprechung des IGH, so lückenhaft und spärlich sie wegen des geringen Umfangs seiner Tätigkeit sein mag, große Bedeutung erlangt. Selbst die innerstaatliche Rechtsprechung auf völkerrechtlichem Gebiet, die häufig in eigenen Sammlungen zusammengefaßt wird,[1] findet starke Beachtung bei der Prüfung des Vorhandenseins und Inhalts von Völkerrechtsnormen.[2]

Die wissenschaftliche Durchdringung dieser Probleme leistet ihrerseits gute Dienste bei der Feststellung der Völkerrechtsnormen. Aus diesem Grunde hat Art. 38 Abs. 1 d des IGH-Statuts die Völkerrechtslehre als Hilfsmittel der Rechtserkenntnis hervorgehoben. In der Tat zeigt die Lektüre der Entscheidungen internationaler Gerichte, daß die Völkerrechtswissenschaft in der völkerrechtlichen Praxis eine große Rolle spielt. Auch in der Tätigkeit zahlreicher Völkerrechtler

[1] Vgl. oben S. 25 ff.

[2] Diese Frage ist ihrerseits nicht nur für internationale Gerichte von Interesse, sondern auch für innerstaatliche Gerichte, die Völkerrecht anzuwenden haben. Vgl. Roland Wenig, Die gesetzeskräftige Feststellung einer allgemeinen Regel des Völkerrechts durch das Bundesverfassungsgericht, Berlin 1971. Hierzu unten Kap. 6.

als Richter an internationalen Gerichten oder Schiedsgerichten, als Delegierte bei internationalen Konferenzen, insbesondere Kodifikationskonferenzen, und als Beamte in internationalen Organisationen, kommt die enge Verzahnung zwischen Völkerrechtswissenschaft und Völkerrechtspraxis zum Ausdruck.

Literatur

Albert Bleckmann, Die Funktionen der Lehre im Völkerrecht, Köln 1981.

Igor P. Blishchenko, Judicial decisions as a source of international humanitarian law, in: Antonio Cassese, Hrsg., The New Humanitarian Law of Armed Conflict, Neapel 1979, S. 41 ff.

T. Starzhina, Auxiliary sources of international law, IJIL 1979, S. 522 ff.

5.6 Die Kodifikation des Völkerrechts

Die Unsicherheit über Existenz und Inhalt völkerrechtlicher Normen, die sich aus dem im vorstehenden geschilderten System der Völkerrechtsquellen zwangsläufig ergibt, wird gerade im Zuge der Tendenzen der Gegenwart (vgl. oben 2.5) zu denen insbesondere die zunehmende Verdichtung der Völkerrechtsnormen, die Ausweitung ihres Wirkungsbereichs und die Vertiefung ihrer Regelungsintensität gehören, als unbefriedigend empfunden. Da ein internationaler Gesetzgeber nicht vorhanden ist, kann die Kodifikation des geltenden Völkerrechts nur durch multilaterale Verträge (Konventionen) erfolgen. Solche Konventionen wiederholen häufig vertragliches Völkerrecht, noch häufiger aber formulieren sie bereits vorher geltendes Völkergewohnheitsrecht. Mit Inkrafttreten der Konvention verlieren die betreffenden Rechtsnormen ihren Charakter als Völkergewohnheitsrecht und leiten ihre verbindliche Kraft aus der Konvention ab. Das hat den Vorteil, daß der schwierige Nachweis des Vorhandenseins einer Regel des Völkergewohnheitsrechts (vgl. oben 5.3) nicht mehr erforderlich ist. Allenfalls kann die Interpretation der Konventionsbestimmungen noch Probleme bieten. Davon abgesehen aber ist die Existenz der Rechtsnormen durch ihre Aufnahme in die Konvention, ihr Inhalt durch den Konventionstext dargelegt.

An der Kodifikation des Völkerrechts wird seit dem Beginn des 20. Jahrhunderts intensiv gearbeitet. Einen ersten Erfolg stellt die Kodifikation des Kriegsrechts durch die Haager Landkriegsordnung von 1907 dar. Im südamerikanischen Raum bemühen sich die „panamerikanischen Konferenzen" um die Kodifikation des für Südamerika geltenden regionalen Völkerrechts. Die insbesondere auf den Konferenzen von Havanna (1928) und Montevideo (1933) ausgearbeiteten Kodifikationsentwürfe wurden allerdings nur zum Teil ratifiziert.

Die Satzung der Vereinten Nationen verpflichtet in ihrem Art. 13 die Generalversammlung unter anderem, sich um die Kodifikation des Völkerrechts zu kümmern. In Erfüllung dieser Pflicht setzte die Generalversammlung die Völkerrechtskommission (International Law Commission) ein, deren Statut in Art. 15 eine klare Unterscheidung zwischen der Feststellung schon bestehenden Rechts und seiner Fortbildung (die ebenfalls zu den Aufgaben der Generalversammlung gemäß Art. 13 SVN gehört) macht. Die Kommission begann ihre Tätigkeit am 12. April 1949. Unverzüglich begann sie damit, eine Liste derjenigen Völkerrechtsgebiete aufzustellen, die „kodifikationsreif" sind. Hierzu gehörten vor allem die folgenden Rechtsgebiete: Anerkennung von Staaten und Regierungen, Staatensukzession, Staatsimmunitäten, extraterritoriale Strafgerichtsbarkeit, hohes Meer, Küstengewässer, Staatsangehörigkeit, Fremdenrecht, Asylrecht, Vertragsrecht, Recht der Diplomatie und Konsularrecht, Staatshaftung, Schiedsverfahren. Auf einer Reihe diplomatischer Konferenzen, die unter den Auspizien der UNO nach intensiver Vorbereitung durch die Völkerrechtskommission stattfanden, wurden mehrere dieser Rechtsgebiete in großen Konventionen kodifiziert.

Den oben erwähnten Vorteilen der Kodifikation des Völkerrechts steht ein gewichtiger Nachteil gegenüber. Will man einer geplanten Konvention die allgemeine Zustimmung sichern, so muß man die Normierungen auf der Minimalebene des allgemeinen Konsens halten, was oft bedeutet, daß die Kodifikation für viele Staaten, deren Praxis bereits ein höheres Stadium der Rechtsentwicklung widerspiegelt, einen Rückschritt darstellt. Immer wieder stehen die Schöpfer solcher

Konventionen vor der Entscheidung, entweder den Entwicklungsstand der fortschrittlichen Staaten zum Maßstab zu nehmen und damit zu riskieren, daß die Konvention erst spät oder überhaupt nicht oder nur für einen kleinen Kreis von Staaten in Kraft tritt, oder weit hinter dem Entwicklungsstand der fortschrittlichen Staaten zurückzubleiben, um die Konvention rascher und mit größerer Annäherung an die stets erstrebte Universalität in Kraft treten zu lassen. Fast immer entscheidet man sich für die letztere Alternative, was zu der Kritik Anlaß gibt, daß die wohlgemeinten Kodifikationsversuche letztlich nicht zur zeitgemäßen Fortentwicklung des Völkerrechts beitragen. Eine noch fundamentalere Kritik äußert Berber: „Im gegenwärtigen Stadium der völkerrechtlichen Entwicklung hat man sich von der systematischen wissenschaftlichen Arbeit und der organisch sich erweiternden Ausarbeitung konkreter Verträge mehr zu versprechen als von einer auf dem Gedanken des Fortschritts im technischen Sinn basierenden, stürmisch vorwärts drängenden Kodifikation weitester Bericht des Völkerrechts."[1]

Literatur

Albert Bleckmann, Innerstaatliche Probleme des Kodifikationsvertrags, DÖV 1977, S. 490 ff.

Hanna Bokor-Szegö, The role of the United Nations in international legislation, Amsterdam 1978.

Herbert W. Briggs, Reflections on the codification of international law by the International Law Commission and by other agencies, RdC 1969/I (Bd. 126), S. 233 ff.

Wilhelm Karl Geck, Völkerrechtliche Verträge und Kodifikation, ZaöRV 1976, S. 96 ff.

Wilhelm Karl Geck, The codification of international law in the United Nations, Law and State 1978, S. 21 ff.

Krystyna Marek, Thoughts on codification, ZaöRV 1971, S. 489 ff.

Ernst Martens, Probleme der Entwicklung des Völkerrechts durch multilaterale internationale Verträge und Kodifikationen, FW 1976, S. 189 ff.

[1] Friedrich Berber, Lehrbuch des Völkerrechts, 1. Band, 2. Aufl., München 1975, S. 91.

R.S. Pathak, The role and means of codification and progressive development of international law, IJIL 1977, S. 137 ff.
Dietrich Rauschning, Abschluß allgemeiner völkerrechtlicher Konventionen unter gegenwärtigen Bedingungen, DÖV 1975, S. 772 ff.
Nagendra Singh, Codification and progressive development of international law: the role of the International Court of Justice, IJIL 1978, S. 1 ff.
Louis B. Sohn, Voting procedure in international conferences for the codification of international law, 1864–1930, in: Gedächtnisschrift f. Wolfgang Friedmann, Den Haag 1979, S. 278 ff.
Louis B. Sohn, Voting procedures in United Nations conferences for the codification of international law, AJIL 1975, S. 310 ff.
Wolfgang Graf Vitzthum, Verfahrensgerechtigkeit im Völkerrecht. Zu Erfolgsbedingungen internationaler Rechtsschöpfungskonferenzen, in: Fs f. Hans-Jürgen Schlochauer, Berlin 1981, S. 739 ff.
Wolfgang Graf Vitzthum, Friedlicher Wandel durch völkerrechtliche Rechtsetzung, in: Jost Delbrück, Hrsg., Völkerrecht und Kriegsverhütung, Berlin 1979, S. 123 ff.
Helmut Steinberger, Bemühungen zur Kodifizierung und Weiterbildung des Völkerrechts im Rahmen der Organisation der Vereinten Nationen, ZaöRV 1968, S. 617 ff.
Karl Zemanek, Die Bedeutung der Kodifizierung des Völkerrechts für seine Anwendung, in: Fs f. Alfred Verdross, München 1971, S. 565 ff.

5.7 Die Resolutionen der Generalversammlung der UNO

Wie im vorstehenden bemerkt, haben die Resolutionen der Generalversammlung der UNO die Fortentwicklung des Völkerrechts nicht unwesentlich beeinflußt.[1] Ihre Einordnung in das System der Völkerrechtsquellen fällt jedoch schwer. Soweit sie nur bestehendes Völkergewohnheitsrecht wiedergeben, haben sie von vornherein nur deklaratorische Wirkung. Als Verträge kann man sie selbst dann nicht werten, wenn die Stimmabgabe der einzelnen Mitglieder der Generalversammlung auf vertraglichen Vereinbarungen beruhen sollte; denn die Resolution selbst ist stets eine Willensäußerung der Generalversammlung. Gelegentlich sind die Resolutionen als Hilfsmittel zur Feststellung von Völkerrechtsnormen im Sinne von

1 Vgl. oben S. 95 ff.

Art. 38 Abs. 1 d bezeichnet worden.[2] Aber auch hiergegen ist eingewendet worden: „Da die Generalversammlung, die die Resolution erläßt, weder einem Gericht entspricht, noch aus Völkerrechtsgelehrten besteht, ist es nicht einzusehen, warum dann ihre Beschlüsse unter Art. 10–14 SVN plötzlich die Qualität einer Hilfsquelle haben sollen."[3]

Ermacora unterscheidet bei der Prüfung dieser Frage zwei sachliche Geltungsbereiche der Maßnahmen der UNO: interne Fragen und „operative regulations". Für den ersteren Bereich wird die bindende Wirkung der UNO-Maßnahmen von niemandem bezweifelt. Hinsichtlich der letzteren sind die Meinungen geteilt. Die Maßnahmen, die interne Fragen betreffen, erzeugen ein Gemeinschaftsrecht, das sich nach innen richtet und damit eine Art Anstaltsrecht ist. Dagegen werden die operative regulations mit dem Ziel beschlossen, über die UNO hinaus zu wirken. Die Konstruktionen, mit denen ihre Rechtsnormqualität begründet wird, sind mannigfaltig. Ermacora untersucht sie der Reihe nach und kommt insgesamt zu dem Urteil, daß keinem Theoretiker bisher eine überzeugende Begriffsbildung gelungen ist.[4] Zu dem gleichen Ergebnis kommt Golsong, der die bisherige Diskussion wie folgt zusammenfaßt: Ohne Rücksicht darauf, mit welcher Mehrheit ein Beschluß der Generalversammlung der UNO zustande gekommen ist, stellt dieser keine Völkerrechtsquelle dar. Allenfalls kann die Generalversammlung eine verbindliche Auslegung der UNO-Satzung vornehmen. Nur unter ganz besonderen Umständen kann eine Resolution als Beweis für das Vorliegen einer völkerrechtlichen Gewohnheitsrechtsnorm benutzt werden. Eine Vermutung für das Vorliegen eines neuen allgemeinen Rechtsgrundsatzes im Sinne des Art. 38 Abs. 1 c des IGH-Statuts begründen Entschließungen der Generalversammlung nur dann, wenn sie aus-

2 Vgl. D. H. N. Johnson, The effect of resolutions of the General Assembly of the United Nations, BYIL 1955/56, S. 101 ff.

3 Michael Bohn, Die Kodifikation des Völkerrechts durch die Generalversammlung der Vereinten Nationen, Diss. Bonn 1972, S. 147 f.

4 Felix Ermacora, Das Problem der Rechtsetzung durch internationale Organisationen (insbesondere im Rahmen der UN), Berichte der Deutschen Gesellschaft für Völkerrecht, Heft 10, Karlsruhe 1971, S. 51 ff.

schließlich oder hauptsächlich zu diesem Zweck vorbereitet worden sind und bei oder gelegentlich der Abstimmung von einer großen Mehrheit der Staaten als Ausdruck eines solchen Rechtsgrundsatzes aufgefaßt werden.

In der neuesten Literatur bahnt sich eine Aufweichung des harten Standpunkts gegenüber der rechtlichen Bedeutung von Resolutionen der Generalversammlung an. Man betrachtet die Resolutionen zunehmend als „ein Indiz für eine bestehende Rechtsüberzeugung, aber auch für eine sich anbahnende Änderung der Rechtsüberzeugung. Der Rechtserzeugungsprozeß einer Norm des Völkergewohnheitsrechts kann durch sie eingeleitet oder auch beschleunigt werden".[5] Die Frage, ob überhaupt noch „eine scharfe Unterscheidung zwischen Rechtserzeugung im formellen Sinn und der Anerkennung von neuen Regeln des Völkerrechts" möglich sei,[6] wird gerade im Hinblick auf die immer umfangreicher werdende Tätigkeit der internationalen Organisationen schon seit langem erörtert. Die Resolutionen der Generalversammlung der Vereinten Nationen sind nur ein markantes – und sicher auch das bedeutendste – Beispiel für diese Kategorie von Willensäußerungen, die als „rechtserzeugender internationaler Konsens" gewertet werden können.[7]

Literatur

Gaetano Arangio-Ruiz, The UN declaration on friendly relations and the system of the sources of international law, Alphen 1979.

Obed Y. Asamoah, The Legal Significance of the Declarations of the General Assembly of the United Nations, Den Haag 1966.

Rudolf Bernhardt u.a., Hrsg., 5. deutsch-polnisches Juristen-Kolloquium, Bd. 2, Die Bedeutung der Resolutionen der Generalversammlung der Vereinten Nationen, Baden-Baden 1981.

5 Reinhold Thode, in: Menzel/Ipsen, Völkerrecht, 2. Aufl. München 1979, S. 91.

6 Wolfgang Friedmann, The Changing Structure of International Law, London 1964, S. 137.

7 So Herbert Miehsler, Zur Autorität von Beschlüssen internationaler Institutionen, in: Christoph Schreuer, Hrsg., Autorität und internationale Ordnung, Berlin 1979, S. 42, mit weiteren Nachweisen.

Samuel A. Bleicher, The Legal Significance of Re-Citation of General Assembly Resolutions, AJIL 1969, S. 444 ff.

Jorge Castañeda, Legal effects of United Nations Resolutions, New York 1969.

Jorge Castañeda, Valeur juridique des résolutions des Nations Unies, RdC 1970/I (Bd. 129), S. 205 ff.

Anthony D'Amato u.a., Contemporary views on the sources of international law: the effect of U.N. resolutions on emerging legal norms, PASIL 1979, S. 300 ff.

Felix Ermacora, Das Problem der Rechtsetzung durch internationale Organisationen (insbesondere im Rahmen der UN), BerDGV Heft 10, Karlsruhe 1971, S. 51 ff.

Richard Falk, On the quasi-legislative competence of the General Assembly, AJIL 1966, S. 782 ff.

Jean-François Flauss, Les réserves aux résolutions des Nations Unies, RGDIP 1981, S. 5 ff.

Heribert Golsong, Das Problem der Rechtsetzung durch internationale Organisationen (insbesondere im Rahmen der UN), BerDGV Heft 10, Karlsruhe 1971, S. 1 ff.

Marianne von Grüningen, Die Resolutionen der Generalversammlung der Vereinten Nationen und ihr Einfluß auf die Fortbildung des Völkerrechts, in: Fs f. Rudolf Bindschedler, Bern 1980, S. 187 ff.

Karin Heidenstecker, Zur Rechtsverbindlichkeit von Willensakten der Generalversammlung, VN 1979, S. 205 ff.

F.A. Frhr. v.d. Heydte, Rechtsnatur und Rechtsfolgen der Empfehlungen der Vollversammlung der Vereinten Nationen, in: Fs f. Constantinopoulos, Thessaloniki 1977, S. 219 ff.

J. Lador-Lederer, Legal Aspects of Declarations, IsraelLR 1977, S. 202 ff.

V.S. Mani, The 1970 Declaration on friendly relations: A case study in law creation by the UN General Assembly, Int. Stud. 1979, S. 287 ff.

Herbert Miehsler, Zur Autorität von Beschlüssen internationaler Institutionen, in: Christoph Schreuer, Hrsg., Autorität und Internationale Ordnung, Berlin 1979, S. 35 ff.

Hanna Saba, L'activité quasi-législative des institutions spécialisées des Nations Unies, RdC 1964/I (Bd. 111), S. 607 ff.

Christoph Schreuer, Recommendations and the traditional sources of international law, GYIL 1977, S. 103 ff.

Krzysztof Skubiszewski, Forms of Participation of International Organisations in the Lawmaking Process, IO 1964, S. 790 ff.

Bruno Simma, Zur völkerrechtlichen Bedeutung von Resolutionen der UN-Generalversammlung, in: 5. deutsch-polnisches Juristen-Kolloquium Bd. 2, 1981, S. 45 ff.

Alfred Verdross, Kann die Generalversammlung der Vereinten Nationen das Völkerrecht weiterbilden?, ZaöRV 1966, S. 690 ff.

Michel Virally, La valeur juridique des recommandations des organisations internationales, AFDI 1956, S. 66 ff.

Paul de Visscher, Observations sur les résolutions déclaratives de droit adoptées au sein de l'Assemblée générale de l'Organisation des Nations Unies, in: Fs f. Rudolf Bindschedler, Bern 1980, S. 173 ff.
Eckart Wehser, Die Bindungswirkung der Empfehlungen der Vollversammlung der Vereinten Nationen, in: Thesaurus Acroasium, Bd. 2, Thessaloniki 1976, S. 369 ff.

5.8 Soft Law

Die schwer einzuordnenden „Rechtserzeugungsakte" internationaler Organisationen, vor allem die Flut von Empfehlungen, Beschlüssen, Resolutionen und Deklarationen zahlreicher Gremien, Organe und Sonderorganisationen der UNO und regionaler Einrichtungen haben die Diskussion über das System der völkerrechtlichen Rechtsquellen stark angeregt. In diesem Zusammenhang ist ein neuer Begriff entstanden: soft law (weiches Recht). Er bietet einen bequemen Ausweg aus dogmatischen Schwierigkeiten, wenn eine internationale Organisation oder Konferenz sich zwar nicht auf die Schaffung einer verbindlichen Völkerrechtsnorm einigen kann, aber trotzdem in feierlicher Form eine Prinzipienerklärung verkündet. Die Politiker erklären dann stolz, man habe Zeichen gesetzt und moralische Verpflichtungen begründet, die sogar noch mehr wert seien als „bloße Rechtsbindungen". Wie gefährlich ein solcher Standpunkt sein kann, und wie unsinnig es ist, von einem „Recht ohne Rechtsbindung" zu sprechen, ist in der Fachliteratur häufig dargelegt worden.[1] Von dieser Warte aus betrachtet, erscheint der Begriff des soft law als Symptom einer tiefgreifenden Krise des Völkerrechts.[2] Auch wirkt es geradezu peinlich, wenn derartige Verkündungen zunächst von der Weltöffentlichkeit jubelnd begrüßt werden, anschließend aber die Experten übereinstimmend feststellen, daß keinerlei Rechtsbindung

1 Vgl. Wilhelm Kewenig, Technologietransfer aus völkerrechtlicher Sicht, in: Wilhelm Kewenig, Hrsg., Völkerrecht und internationale wirtschaftliche Zusammenarbeit, Berlin 1978, S. 79; Frieder Roessler, Law, de facto agreements and declarations of principle in international economic relations, GYIL 1978, S. 41; Ignaz Seidl-Hohenveldern, International economic „soft law", RdC 1979/II (Bd. 163), S. 194.

2 Vgl. Bruno Simma, Völkerrecht in der Krise?, ÖZA 1980, S. 273.

entstanden ist. Ein markantes Beispiel hierfür ist die KSZE-Schlußakte vom 1.8.1975.[3]

Der gesamte Problembereich kann aber auch anders gesehen werden. Die in Fachkreisen noch weitgehend zu beobachtende Abneigung gegen den Begriff des soft law beruht zum Teil darauf, daß tatsächlich alle auf eine moralische Wirkung abzielenden Verlautbarungen von Konferenzen und Organisationen bereits als soft law angesehen werden. Tatsache ist, daß der Begriff des soft law nicht die Unterscheidung zwischen Recht und Nichtrecht verwischen soll und darf. Was nur zur Schaffung moralischer Pflichten oder gar nur zu Propagandazwecken verkündet worden ist, kann nicht die Qualität einer Rechtsnorm haben. Soweit es bereits geltendem Recht entspricht, stärkt es bestehende Rechtsnormen, soweit es im Entstehen begriffene Rechtsnormen (d.h. solche in statu nascendi) betrifft, fördert es die Bildung entsprechenden Gewohnheitsrechts und mag dessen Kodifizierung vorbereiten. Auch als Indiz für eine beabsichtigte künftige gewohnheitsrechtsbildende Staatenpraxis mögen derartige Akte von Bedeutung sein. Dagegen gehört soft law bereits der Sphäre des geltenden Rechts an, ist aber nur mit geringerer Durchsetzungskraft versehen.

Solche Unterschiede sind dem Völkerrecht auch früher nicht unbekannt gewesen. So kennt z.B. das Völkerrecht, wie jede Rechtsordnung, seit eh und je den Unterschied zwischen zwingendem und dispositivem (abdingbarem) Recht. Von letzterem dürfen z.B. die Partner eines Vertrages eine Abweichung vereinbaren, sofern sie dadurch nicht die Rechte anderer verletzen. In der Entscheidung im Barcelona-Traction-Fall hat der IGH ferner die Unterscheidung zwischen völkerrechtlichen Verpflichtungen gegenüber der internationalen Gemeinschaft als Ganzer (erga omnes) und Verpflichtungen gegenüber einzelnen Staaten hervorgehoben.[4] Und

3 Vgl. Otto Kimminich, Konferenz über Sicherheit und Zusammenarbeit in Europa und Menschenrechte, AVR 1976/77 (Bd. 17), S. 274 ff.

4 Urt. v. 5. Februar 1970, ICJ Reports 1970, S. 32. Hierzu Jochen A. Frowein, Die Verpflichtungen erga omnes im Völkerrecht und ihre Durchsetzung, in: Fs f. Hermann Mosler, Berlin–Heidelberg–New York 1983, S. 241 ff.

im Vertragsrecht ist seit langem anerkannt, daß es internationale Übereinkommen gibt, die keine Rechtsbindung erzeugen (sog. Gentlemen's Agreements). Bei näherer Betrachtung erweisen sich allerdings auch sie als umstritten, wenn nicht gar „ein wenig bizarr"[5].

Die Autoren, die sich intensiv mit dem soft law beschäftigt haben, weisen darauf hin, daß es mitunter gar nicht so weich sei. Gegenüber Verletzungen des soft law kann die Retorsion (unten 14.2) ergriffen werden. Die Repressalie ist allerdings nicht zulässig.[6] Jedoch kann sich der Staat, dem eine soft-law-Regel entgegengehalten wird, nicht mehr auf entgegenstehendes Völkerrecht berufen oder auf weniger weitreichendes Völkerrecht zurückziehen. Ferner kann eine Verletzung des soft law unfreundliche Akte anderer Staaten vor allem im wirtschaftlichen Bereich nach sich ziehen. In der Weltmeinung wird dem das soft law verletzenden Staat dieses Handeln meist ebenso vorgeworfen wie eine Völkerrechtsverletzung.

Soft law hat sich bisher vor allem im Bereich der wirtschaftlichen Beziehungen zwischen Industriestaaten und Entwicklungsländern herausgebildet. Dort spielen insbesondere sog. Verhaltenskodizes (codes of conduct) eine Rolle.[7] Überall dort, wo die Absicht der an der Bildung von soft-law-Regeln Beteiligten klar ist, stößt die Verwendung dieses Begriffs auf geringere Bedenken. In solchen Fällen ist es wahrscheinlich, daß die soft-law-Regel eines Tages zur echten Völkerrechtsnorm wird. Allerdings muß gleichzeitig gewarnt werden, mit Hilfe des soft-law-Begriffs den Unterschied zwischen dem geltenden Recht und dem „erstrebten Recht" zu verwischen.[8]

5 Kelvin Widdows, What is an agreement in international law, BYIL 1979, S. 141.

6 Albert Bleckmann, Grundprobleme und Methoden des Völkerrechts, Freiburg–München 1982, S. 339.

7 Vgl. Ignaz Seidl-Hohenveldern, International economic soft law, RdC 1979/II (Bd. 163), S. 173 ff.; Ignaz Seidl-Hohenveldern, Völkerrecht, 4. Aufl. Köln–Berlin 1980, S. 110.

8 Vgl. Prosper Weil, Vers une normativité relative en droit international?, RGDIP 1982, S. 45.

So ist das Urteil über das völkerrechtliche soft law nach wie vor zwiespältig. Wengler hat darauf hingewiesen, daß Juristen eine instinktive Abneigung gegen „weiches" Recht im Staat empfinden, während das „weiche" Völkerrecht offensichtlich „eine Parallele in den Konzeptionen einer weichen Völkerrechtswissenschaft" habe. So erhebe sich die Frage, „ob nicht die scharfe Trennung von Rechtlichem und Nichtrechtlichem in einer Geschäftslehre des Völkerrechts in Analogie zum innerstaatlichen Recht überholt oder falsch sein könnte". Eine Abschwächung des Gegensatzes von Recht und Nichtrecht könne aber auch „ein taktisches Mittel im Spiel solcher Kräfte sein, denen letzlich daran liegt, das Wertgefühl für das bisherige Recht als solches auszuhöhlen, um dieses in großem Stil zu verändern."[9]

Literatur

Michael Bothe, Legal and non-legal norms – a meaningful distinction in international relations?, NYIL 1980, S. 65 ff.

René Jean Dupuy, Declaratory Law and Programmatory Law: From Revolutionary Custom to „Soft Law", in: Fs f. Bert Röling, Leiden 1977, S. 247 ff.

Pierre Michel Eisemann, Le Gentlemen's agreement comme source du droit international, JDI 1979, S. 326 ff.

Elihu Lauterpacht, Gentlemen's agreement, in: Fs f. F.A. Mann, München 1977, S. 381 ff.

Karl Matthias Meessen, Internationale Verhaltenskodizes und Sittenwidrigkeitsklauseln, NJW 1981, S. 1131 f..

Fritz Münch, Non-binding agreements, ZaöRV 1969, S. 1 ff.

Frieder Roessler, Law, de facto agreements and declarations of principle in international economic relations, GYIL 1978, S. 27 ff.

Oscar Schachter, The twilight existence of nonbinding international agreements, AJIL 1977, S. 296 ff.

Ignaz Seidl-Hohenveldern, International Economic „Soft Law", RdC 1979/II (Bd. 163), S. 169 ff.

9 Wilhelm Wengler, Rechtsvertrag, Konsensus und Absichtserklärung im Völkerrecht, JZ 1976, S. 197.

Raymond Waldmann, Regulating international business through codes of conduct, Washington, D.C. 1980.

Prosper Weil, Vers une normativité relative en droit international?, RGDIP 1982, S. 5 ff.

Kelvin Widdows, What is an Agreement in International Law?, BYIL 1979, S. 117 ff.

6. Völkerrecht und innerstaatliches Recht

6.1 Die Theorien und ihre praktischen Auswirkungen

Das Völkerrecht ist eine in sich geschlossene Rechtsordnung. Es definiert seine Subjekte und deren Rechte und Pflichten, hat seine eigenen Rechtserzeugungsmethoden, dehnt seine Normierungen auf immer weitere Tätigkeitsbereiche seiner Subjekte aus – wie das bei heranreifenden Rechtsordnungen stets der Fall ist – und verfügt über Verfahrensweisen und Streitschlichtungsmechanismen. Die Frage nach dem Verhältnis dieser in sich geschlossenen – wenn auch noch lange nicht vollständig aufgebauten – Rechtsordnung zu den Rechtsordnungen der einzelnen Staaten läßt sich nicht trennen von der Frage nach dem letztlichen Geltungsgrund des Rechts. Deshalb weisen die Theorien über das Verhältnis zwischen Völkerrecht und innerstaatlichem Recht ebenso viele Spielarten auf wie die Meinungen über den Geltungsgrund. In groben Zügen können aber drei Theorien zum Verhältnis zwischen Völkerrecht und innerstaatlichem Recht unterschieden werden:

1. Die monistische Theorie mit Primat des innerstaatlichen Rechts. Nach ihr ist das Völkerrecht nichts anderes als ein „äußeres Staatsrecht", d.h. reiner Ausdruck des Willens der Staaten. Monistisch ist diese Theorie insofern, als sie nur das innerstaatliche Recht als Grundlage der Rechtsverpflichtung anerkennt. Das Völkerrecht ist nach dieser Theorie keine selbständige, sondern eine abgeleitete Rechtsordnung. Untersucht man aber diese Ableitung näher, so erkennt man, daß es sich hier nicht um eine monistische, sondern um eine pluralistische Theorie handelt; denn die Ableitung des Völkerrechts erfolgt zwangsläufig aus sehr vielen verschiedenen innerstaatlichen Rechtsordnungen. Einer der Hauptvertreter der „monistischen" Theorie hat dies selbst herausgestellt: „Jeder Satz des Völkergewohnheitsrechts hat so viele Geltungsgrün-

de, als sich Staaten zu seiner Geltung bekennen; es ist verankert im staatlichen Recht und ein Stück desselben."[1]

2. Die monistische Theorie mit Primat des Völkerrechts. Nach ihr ist das Völkerrecht die ursprüngliche Rechtsordnung, aus der sich das innerstaatliche Recht ableitet.[2]

3. Die dualistische Theorie. Nach ihr sind Völkerrecht und innerstaatliches Recht autonome Rechtsordnungen, die auf verschiedenen Ebenen stehen, so daß es unmöglich ist, ein theoretisches Über- und Unterordnungsverhältnis zu konstruieren. Vielmehr bestehen Rechte und Pflichten auf beiden Rechtsebenen, und es ist Aufgabe der juristischen Theorie und Praxis, Pflichtenkollisionen zu vermeiden bzw. die daraus entstehenden Konflikte zu lösen.[3]

Noch vor kurzem betrachtete man den Streit zwischen diesen Theorien, der ein halbes Jahrhundert lang die Völkerrechtsdogmatik beunruhigt hatte, als in der Gegenwart praktisch bedeutungslos.[4] Aber gerade in jüngster Zeit ist aus konkreten Anlässen heraus das Verhältnis zwischen innerstaatlichem Recht und Völkerrecht erneut analysiert worden.[5] Dabei wurde auch die gegenwärtige Praxis durchleuchtet und

[1] Heinrich Pohl, Völkerrecht und Außenpolitik in der Reichsverfassung, Berlin 1929, S. 4. Ebenso Max Wenzel, Juristische Grundprobleme I. Der Begriff des Gesetzes, Berlin 1920, S. 387; Albert Zorn, Grundzüge des Völkerrechts, 2. Aufl. Leipzig 1903, S. 300 ff.

[2] Hauptvertreter dieser Theorie ist Hans Kelsen. Vgl. Hans Kelsen, Das Problem der Souveränität und die Theorie des Völkerrechts, 2. Aufl. Tübingen 1928; ders., Die Einheit von Völkerrecht und staatlichem Recht, ZaöRV 1958 (Bd. 19), S. 234 ff.; ders., Vom Geltungsgrund des Rechts, Festschrift für Alfred Verdross, Wien 1960, S. 157 ff.

[3] Hauptvertreter und eigentlicher Begründer der dualistischen Theorie ist Heinrich Triepel. Vgl. Heinrich Triepel, Völkerrecht und Landesrecht, Leipzig 1899.

[4] Vgl. Heinz Wagner, Monismus und Dualismus; eine methodenkritische Betrachtung zum Theorienstreit, AöR 1964 (Bd. 89), S. 212 ff.

[5] Vgl. Karl Josef Partsch, Die Anwendung des Völkerrechts im innerstaatlichen Recht, Berichte der Deutschen Gesellschaft für Völkerrecht, Heft 6, Karlsruhe 1964; Walter Rudolf, Völkerrecht und deutsches Recht, Tübingen 1967.

im Ergebnis mit dem Schlagwort „gemäßigter Dualismus" gekennzeichnet.[6]

Eine Staatenpraxis, die von der wesensmäßigen Verschiedenheit der beiden Rechtsordnungen bei gleichzeitiger Ablehnung eines absoluten Über- und Unterordnungsverhältnisses ausgeht, steht vor der Notwendigkeit, völkerrechtliche Normen in innerstaatliches Recht umzusetzen, wenn sie im innerstaatlichen Bereich vollzogen werden sollen. Auch hierzu sind in der Völkerrechtslehre verschiedene Theorien entwickelt worden, denen sich jeweils die Staatenpraxis einzelner Länder anschloß. Aus England, dessen Völkerrechtspraxis bis zum Ende des 19. Jahrhunderts von überragender Bedeutung für die gesamte Entwicklung des Völkerrechts war, stammt die „Adoptionstheorie", auch „Inkorporationstheorie" genannt. Die auch heute noch im angelsächsischen Bereich oft zitierte Formel „international law is part of the law of the land" geht auf Blackstone zurück.[7] Sie besagt, daß das Völkerrecht automatisch Bestandteil des innerstaatlichen Rechts ist. So haben die britischen Gerichte häufig auf Grund von Völkerrecht entschieden, ohne zu prüfen, ob die betreffende Völkerrechtsnorm in innerstaatliches Recht umgesetzt worden ist. Nur am Rande sei erwähnt, daß durch diesen Grundsatz auch der Einfluß des betreffenden innerstaatlichen Rechts auf das Völkerrecht gestärkt wird; denn es liegt nahe, daß die Gerichte bei der Interpretation von Völkerrechtsnormen das Rechtsverständnis ihres eigenen Landes mit einfließen lassen.[8] Seit dem 19. Jahrhundert hat sich die völkerrechtsfreundliche Haltung der angelsächsischen Praxis allerdings gewandelt. Heute gelten Normen des Völkergewohnheitsrechts nur dann als innerstaatliches britisches Recht, wenn sie britischen Gesetzen nicht widersprechen. Verträge werden erst durch einen Transformationsakt britisches Recht.

[6] Rudolf, aaO., S. 141 ff.

[7] William Blackstone, Commentaries on the laws of England, 1769, Book IV, Chap. 5, Nachdruck London 1966, S. 67. Blackstone selbst gebrauchte allerdings noch nicht die Bezeichnung „International law", sondern sprach vom „Law of Nations".

[8] Hierzu Ulrich Scheuner, L'influence du droit interne sur la formation du droit international, RdC 1939/II (Bd. 68), S. 99 ff.

Der dualistischen Konzeption vom Verhältnis zwischen Völkerrecht und innerstaatlichem Recht entspricht die *Transformationslehre*. Sie besagt, daß die völkerrechtlichen Normen zum Zwecke des innerstaatlichen Vollzugs in das Recht des betreffenden Staates umgewandelt werden müssen und sich dabei wesensmäßig verändern. Diese Veränderung ist es, die den Namen ,,Transformation" rechtfertigt. Es handelt sich nicht um einen bloßen Akt der Verschiebung einer Rechtsnorm von der völkerrechtlichen auf die innerstaatliche Ebene, sondern um eine echte Verwandlung. Gerade hieran hat sich aber der neuerliche rechtsdogmatische Streit entzündet. Mit Skepsis wird gefragt, ob eine solche wesensmäßige Verwandlung von Völkerrecht in innerstaatliches Recht nötig und möglich ist. Eine „gemäßigte" Transformationstheorie will das Kriterium der inhaltlichen Verwandlung der Rechtsnormen in den Hintergrund treten lassen.[9] Daneben erfreut sich die „Vollzugslehre" einer wachsenden Beliebtheit. Diese Theorie verkennt nicht, daß die innerstaatliche Anwendung völkerrechtlicher Normen eines staatlichen Rechtsaktes bedarf, sie sieht aber die Bedeutung dieses Rechtsaktes nur darin, daß er Völkerrecht für innerstaatlich vollziehbar erklärt. Eine Inhaltsänderung der völkerrechtlichen Norm tritt nach dieser Theorie durch den Umsetzungsakt nicht ein.[10]

Die modernen Verfassungen enthalten Vorschriften über das Verhältnis des Völkerrechts zur Rechtsordnung ihres eigenen Landes. Diese Vorschriften des positiven Rechts sind von allen Organen des betreffenden Landes zu beachten, aber sie beenden merkwürdigerweise den Theorienstreit nicht. Auch in der Bundesrepublik Deutschland, über deren einschlägige Verfassungsbestimmungen im folgenden Abschnitt zu sprechen sein wird, streiten sich die Gelehrten darüber, welche Grundauffassung vom Verhältnis zwischen Völkerrecht und innerstaatlichem Recht in diesen Vorschriften zum Ausdruck kommt. Die herrschende Meinung neigt zu der Formel vom „gemäßigten Dualismus". Wie im vorstehenden ausgeführt,

9 So z.B. Rudolf, aaO., S. 159, 164.

10 So Partsch, aaO., S. 22. Partsch referiert über die Ergebnisse einer Studienkommission der Deutschen Gesellschaft für Völkerrecht.

besagt diese Formel jedoch noch nichts darüber, in welcher Weise die auf der Grundlage dieser Theorie notwendige Umsetzung von Völkerrecht in innerstaatliches Recht bewirkt wird. In dieser Beziehung werden die einschlägigen Grundgesetzartikel zum Teil als echte Transformation, zum Teil als Grundlage eines Vollzugsbefehls interpretiert (hierzu unten 6.2).

Das Völkerrecht selbst enthält keine Normen über sein Verhältnis zum innerstaatlichen Recht und über die Art und Weise, wie die Völkerrechtsnormen in innerstaatliches Recht umzusetzen sind, sofern sich die Praxis des betreffenden Staates zur dualistischen Theorie bekennt. Das Völkerrecht kennt nur eine Grundnorm, die von allen Staaten beachtet werden muß: kein Staat darf sich der Erfüllung seiner völkerrechtlichen Pflichten durch den Hinweis auf sein innerstaatliches Recht – einschließlich des Verfassungsrechts – entziehen. Ist also ein Staat zu einem bestimmten Handeln oder Unterlassen völkerrechtlich verpflichtet – sei es auf Grund von Völkergewohnheitsrecht oder sei es auf Grund eines Vertrages –, so hat er seine Pflicht zu erfüllen. Erfordert diese Pflichterfüllung den Erlaß oder die Änderung innerstaatlicher Gesetze oder Rechtsverordnungen, so ist der Staat zu entsprechendem gesetzgeberischen Handeln verpflichtet. Ist er dazu nicht in der Lage, weil die Verfassung den Erlaß solcher Rechtsvorschriften verbietet oder weil der amtierenden Regierung die erforderliche parlamentarische Mehrheit fehlt, so gerät der Staat in die Situation der völkerrechtlichen Haftung. In der Regel enthalten die Verfassungen Vorschriften, die dazu beitragen sollen, diese für den Staat unangenehme Situation zu vermeiden.

Die Umsetzung von Völkerrecht in innerstaatliches Recht ist aber nicht das einzige Problem der Staatenpraxis in bezug auf das Verhältnis von Völkerrecht zu innerstaatlichem Recht. Sie betrifft nur die bewußte Realisierung völkerrechtlicher Pflichten und Rechte auf innerstaatlicher Ebene. Daneben besteht noch das Problem der Beurteilung völkerrechtsrelevanter Akte der Staatsgewalt, insbesondere der Gesetzgebung, die ohne spezielle Zielrichtung auf Transformation oder Vollzug völkerrechtlicher Normen gesetzt werden. Hier sind drei Möglichkeiten zu unterscheiden: 1. völkerrechtskonformes Landesrecht, 2. völkerrechtswidriges Landesrecht, 3. völkerrechtsüberschreitendes Landesrecht.

Das völkerrechtskonforme innerstaatliche Recht bietet keine Schwierigkeiten. Da es mit dem Völkerrecht übereinstimmt, ist ein Konflikt zwischen Rechten oder Pflichten auf der innerstaatlichen und der völkerrechtlichen Ebene ausgeschlossen.

Bei völkerrechtswidrigem Landesrecht kommt der im vorstehenden zitierte Grundsatz zum Tragen: Vorschriften des innerstaatlichen Rechts, die dem Völkerrecht widersprechen, können weder den betreffenden Staat selbst noch die durch sein Recht verpflichteten oder berechtigten Organe und Einzelpersonen von völkerrechtlichen Pflichten entbinden oder ihnen völkerrechtliche Rechte nehmen. Wird ein anderes Völkerrechtssubjekt durch völkerrechtswidriges Landesrecht eines Staates in seinen Rechten verletzt, so kann es die Aufhebung der völkerrechtswidrigen Vorschriften verlangen. Das gleiche gilt für völkerrechtswidrige Verwaltungsakte und Gerichtsentscheidungen.[11] Auch durch Urteile höchster Gerichte, z.B. des Verfassungsgerichts, können völkerrechtliche Pflichten nicht modifiziert werden.[12]

Völkerrechtsüberschreitendes Landesrecht ist dasjenige innerstaatliche Recht, das – ohne gegen zwingende Normen des Völkerrechts zu verstoßen – Völkerrechtssubjekten oder anderen Rechtsträgern eine bessere Rechtsstellung einräumt als das geltende Völkerrecht. Seiner Definition nach kann es niemals völkerrechtswidrig sein. Verstößt nämlich die Einräumung weitergehender Rechte gegen zwingendes Völkerrecht, so fällt die betreffende landesrechtliche Norm unter die zweite der obengenannten Kategorien. Völkerrechtsüberschreitendes

[11] Vgl. Peter Schlosser, Das völkerrechtswidrige Urteil nach deutschem Prozeßrecht, Zeitschrift für Zivilprozeß 1966 (79. Bd.), S.164 ff.

[12] Mit Recht hat daher das Bundesverfassungsgericht stets die Auffassung vertreten, daß es über völkerrechtliche Verträge, die Gegenstand einer Normenkontrolle sind, nur mit innerstaatlicher Wirkung urteilen kann. Vgl. BVerfGE 1, 371; 1, 413; 2, 367; 6, 295; 16, 227. Hierzu Otto Kimminich, Das Völkerrecht in der Rechtsprechung des Bundesverfassungsgerichts, AöR 1968 (93. Bd.), S. 485 ff. (490 ff.).

Landesrecht kann von dem betreffenden Staat beseitigt werden, ohne daß er gegen das Völkerrecht verstößt bzw. in eine völkerrechtliche Haftung gerät.

Literatur

Georges Berlia, Droit public interne et international, Paris 1980.

Rudolf Bernhardt, Der Abschluß völkerrechtlicher Verträge im Bundesstaat, Köln–Berlin 1957.

Albert Bleckmann, Begriff und Kriterien der innerstaatlichen Anwendbarkeit völkerrechtlicher Verträge, Berlin 1970.

Albert Bleckmann, Das Verhältnis des Völkerrechts zum Landesrecht im Lichte der „Bedingungstheorie", AVR 1979 (Bd. 18), S. 257 ff.

Michael Bothe und Raul E. Vinuesa, Hrsg., International Law and Municipal Law – Völkerrecht und Landesrecht, Berlin 1982.

Michael Bothe, Völkerrecht und Bundesstaat, in: Fs f. Hermann Mosler, Berlin–Heidelberg–New York 1983, S. 111 ff.

Wilhelm Karl Geck, Die völkerrechtlichen Wirkungen verfassungswidriger Verträge, Köln–Berlin 1963.

Hans Kelsen, Die Einheit von Völkerrecht und staatlichem Recht, ZaöRV 1958, S. 234 ff.

Georgios Papadimitriu, Die Stellung der allgemeinen Regeln des Völkerrechts im innerstaatlichen Recht, Berlin 1972.

Karl Josef Partsch, Die Anwendung des Völkerrechts im innerstaatlichen Recht, BerDGV Heft 6, Karlsruhe 1964, S. 13 ff.

Jean-Pierre Rougeaux, Les renvois du droit international au droit interne, RGDIP 1977, S. 361 ff.

Walter Rudolf, Völkerrecht und deutsches Recht, Tübingen 1967.

Christoph Schreuer, Die Behandlung internationaler Organakte durch staatliche Gerichte, Berlin–München 1977.

Christoph Schreuer, Decisions of International Institutions before Domestic Courts, Dobbs Ferry, N.Y. 1981.

Ignaz Seidl-Hohenveldern, Transformation or adoption of international law into municipal law, ICLQu 1963, S. 88 ff.

Giuseppe Sperduti, Dualism and Monism: A confrontation to be overcome, in: Fs f. Miaja de la Muela, Madrid 1979, S. 459 ff.

Helmut Strebel, Einwirkungen nationalen Rechts auf das Völkerrecht, ZaöRV 1976, S. 168 ff.

Alfred Verdross, Die doppelte Bedeutung des Ausdrucks „Primat des Völkerrechtes", in: Fs f. Rudolf Bindschedler, Bern 1980, S. 261 ff.

Joe Verhoeven, La notion d'applicabilité directe du droit international, RBDI 1980, S. 243 ff.

Joe Verhoeven, L'état et l'ordre juridique international, RGDIP 1978, S. 749 ff.

Heinz Wagner, Monismus und Dualismus: eine methodenkritische Betrachtung zum Theorienstreit, AöR 1964, S. 212 ff.

6.2 Das Verhältnis von Völkerrecht und innerstaatlichem Recht nach dem Grundgesetz für die Bundesrepublik Deutschland

Das Grundgesetz beschäftigt sich an zwei Stellen mit der Umsetzung von Völkerrecht in deutsches Recht. Art. 25 GG bestimmt: „Die allgemeinen Regeln des Völkerrechts sind Bestandteil des Bundesrechtes. Sie gehen den Gesetzen vor und erzeugen Rechte und Pflichten unmittelbar für die Bewohner des Bundesgebietes." In Art. 59 Abs. 2 GG wird festgelegt, daß Verträge, „welche die politischen Beziehungen des Bundes regeln oder sich auf Gegenstände der Bundesgesetzgebung beziehen", der Zustimmung oder der Mitwirkung der jeweils für die Bundesgesetzgebung zuständigen Körperschaften in der Form eines Bundesgesetzes bedürfen.

Die Formulierung des Art. 25 GG ist mißverständlich. Der Ausdruck „allgemeine Regeln des Völkerrechts" hat in der völkerrechtlichen Terminologie keine fest umrissene Bedeutung. Klar abgrenzbar ist er nur gegen die „allgemeinen Rechtsgrundsätze" im Sinne von Art. 38 Abs. 1 c des IGH-Statuts.[1] Im übrigen neigt die herrschende Meinung dazu, den Art. 25 Satz 1 GG so zu interpretieren, als laute er: „Die Regeln des allgemeinen Völkerrechts sind Bestandteil des Bundesrechts"; denn der Begriff „allgemeines Völkerrecht" ist aus der völkerrechtlichen Rechtsquellenlehre bekannt.[2]

Die Wirkung von Art 25 GG ist vom Bundesverfassungsgericht mit folgenden Worten umschrieben worden: „Diese Bestimmung bewirkt, daß diese Regeln ohne ein Transformationsgesetz, also unmittelbar, Eingang in die deutsche Rechtsordnung finden und dem deutschen innerstaatlichen Recht – nicht dem Verfassungsrecht – im Range vorgehen."[3] Auch in der deutschen Staatsrechts- und Völkerrechtslehre ist die Meinung vorherrschend, daß Art. 25 GG eine generelle Umsetzung der Regeln des allgemeinen Völkerrechts in deutsches Recht bewirkt. Einige Autoren nennen Art. 25 GG einen

1 Vgl. oben S. 243 ff.
2 Vgl. oben S. 226.
3 BVerfGE 6, 363.

„Generaltransformator".[4] Andere bestreiten dies und betonen, daß die Worte „Eingang in die deutsche Rechtsordnung finden" nicht unbedingt im Sinne der Transformationslehre ausgelegt werden müßten.[5]

Die Frage ist nicht ganz so akademisch, wie es auf den ersten Blick scheinen mag. Sie gewinnt nämlich im Zusammenhang mit Art. 25 Satz 2 GG eine gewisse Bedeutung. Wenn es dort heißt, daß die Regeln des allgemeinen Völkerrechts „Rechte und Pflichten unmittelbar für die Bewohner des Bundesgebietes" erzeugen, so handelt es sich dabei wieder um eine irreführende Formulierung. Nicht alle völkerrechtlichen Normen sind geeignet, Rechte und Pflichten für Einzelmenschen zu erzeugen. Im Gegenteil: aus der Natur des Völkerrechts als Rechtsordnung der zwischenstaatlichen Beziehungen ergibt sich, daß sich die Mehrheit der Völkerrechtsnormen an die Staaten richtet. Dies würde sich nicht wesentlich ändern, wenn der einzelne im Zuge der sich anbahnenden Entwicklungen als Völkerrechtssubjekt anerkannt würde. Allgemeines Völkerrecht wird durch Art. 25 GG aber auch dann in innerstaatliches Recht umgewandelt, wenn aus ihm keine Rechte und Pflichten von Einzelmenschen abzuleiten sind. Maßgeblich für die Frage, ob Art. 25 GG eine Umsetzung in innerstaatliches Recht bewirkt oder nicht, ist vielmehr die grundsätzliche innerstaatliche Anwendbarkeit der Völkerrechtsnormen.[6] Wäre es richtig, daß Art. 25 Satz 2 GG Inhalt und Adressaten der Völkerrechtsregel nicht ändert – wie die Vollzugslehre meint –, so wäre ein großer Teil des allgemeinen Völkerrechts innerstaatlich unanwendbar und Art. 25 GG würde seinen Sinn verlieren. Mit Recht wird daher von der herrschenden Meinung angenommen, daß Art. 25 GG eher für die Transformationslehre spricht.

Die durch Art. 25 GG in innerstaatliches Recht transformierten Völkerrechtsnormen gehen den einfachen Gesetzen

4 Rudolf, aaO., S. 262.

5 Vgl. Hermann Mosler, Das Völkerrecht in der Praxis der deutschen Gerichte, Karlsruhe 1957, S. 40.

6 Vgl. Albert Bleckmann, Deutsche Rechtsprechung in völkerrechtlichen Fragen 1969–1970, ZaöRV 1972 (Bd. 32), S. 77.

vor, nicht jedoch der Verfassung selbst. Dies ergibt sich schon daraus, daß Art. 25 GG selbst nicht der Verfassungsänderung entzogen ist. Auch vom Völkerrecht her könnte gegen eine derartige Verfassungsänderung nichts eingewendet werden. Wie bereits im vorstehenden bemerkt, schreibt das Völkerrecht nicht vor, wie die Staaten den innerstaatlichen Vollzug der völkerrechtlichen Normen bewerkstelligen. Bestünde Art. 25 GG nicht, so müßte die Transformation des allgemeinen Völkerrechts in anderer Weise bewirkt werden. Wenn aber die verfassungsrechtliche Transformationsnorm (Art. 25 GG) nicht der Verfassungsänderung entzogen ist, können die durch sie transformierten Völkerrechtsnormen erst recht nicht gleichrangig mit der Verfassung (oder gar höherrangig) sein. Daß sie den einfachen Gesetzen vorgehen, bestimmt Art. 25 GG ausdrücklich. Die in Bundesrecht umgewandelten Regeln des allgemeinen Völkerrechts können daher nicht durch Gesetze der Bundesrepublik Deutschland aufgehoben oder geändert werden.

Alle Völkerrechtsnormen, die nicht generell durch Art. 25 GG transformiert werden, bedürfen zu ihrer Umsetzung in innerstaatliches deutsches Recht eines besonderen Transformationsaktes (Spezialtransformation). Das Grundgesetz sagt an keiner Stelle ausdrücklich, wie diese Spezialtransformation vollzogen wird. Art. 59 Abs. 2 GG bestimmt lediglich, daß Verträge, welche die politischen Beziehungen des Bundes regeln oder sich auf Gegenstände der Bundesgesetzgebung beziehen, der Zustimmung oder der Mitwirkung der jeweils für die Bundesgesetzgebung zuständigen Körperschaften (Bundestag und Bundesrat) in der Form eines Bundesgesetzes bedürfen. Die Formulierungen werden in der Praxis so weit interpretiert, daß die meisten völkerrechtlichen Verträge der Bundesrepublik darunterfallen.

Der verfassungsrechtliche Zweck von Art. 59 Abs. 2 GG ist zwar nur die Garantie der Zustimmung oder Mitwirkung des Parlaments und der Ländervertretung (soweit die Zustimmung der letzteren nach dem GG erforderlich ist), aber nach einhelliger Meinung wird in dem Zustimmungsgesetz zugleich der Transformationsakt gesehen, der notwendig ist, um einen völkerrechtlichen Vertrag innerstaatlich in Kraft zu setzen. Deshalb wird zusammen mit dem Zustimmungsgesetz der Text des Vertrages im Bundesgesetzblatt (Teil II) veröffentlicht. Die verfassungsgerichtliche Normenkontrolle richtet sich zwar formell gegen das Zustimmungsgesetz, erfaßt aber materiell den Inhalt des Vertrages, da nur nach dem Inhalt beurteilt werden kann, ob die Inkraftsetzung des Vertrages verfassungswidrig ist oder wäre. (Ausnahmsweise ist nämlich im Falle der Zustimmungsgesetze zu völkerrechtlichen Verträgen die Normenkontrollklage bereits vor der Ausfertigung des Gesetzes zulässig, sobald das Gesetz vom Bundestag verabschiedet worden ist.[7] Das gleiche gilt für Verfassungsbeschwerden gegen Zustimmungsgesetze.[8])

Aber stets gilt der im vorstehenden erwähnte Grundsatz, daß auch das Bundesverfassungsgericht den Inhalt eines völkerrechtlichen Vertrages nicht ändern kann. Insofern hat die verfassungsgerichtliche Überprüfung eines völkerrechtlichen Vertrages nur dann Sinn, wenn für die Unterhändler der Bundesrepublik Deutschland noch die Möglichkeit besteht, nach Verkündung des Urteils eine Änderung des Vertragstextes im Verhandlungswege herbeizuführen. Dies ist wiederum nur möglich, solange der Vertrag völkerrechtlich noch nicht in Kraft getreten ist; denn vom Zeitpunkt des völkerrechtlichen Inkrafttretens an gilt der Grundsatz „pacta sunt servanda", und die Bundesrepublik Deutschland könnte nur versuchen, einen völlig neuen Vertragsabschluß zu erreichen. Im Urteil vom 31. Juli 1973 (betr. den „Grundvertrag" mit der DDR) hat das Bundesverfassungsgericht auf diese Lage hingewiesen und die Ratifizierung des Vertrages vor Beendigung des verfassungsgerichtlichen Verfahrens ausdrücklich gerügt.[9]

Die Ratifizierung (Ratifikation) ist die an den Partner des völkerrechtlichen Vertrags gerichtete Mitteilung, daß der Vertrag innerstaatlich in Kraft gesetzt worden ist. Sie wird von dem nach der Verfassung zuständigen Staatsorgan abgegeben, für die Bundesrepublik Deutschland gemäß Art. 59 Abs. 1 GG

7 BVerfGE 1, 410.
8 BVerfGE 24, 53.
9 Vgl. BVerfGE 36, 1; hierzu Otto Kimminich, Das Urteil über die Grundlagen der staatsrechtlichen Konstruktion der Bundesrepublik Deutschland, DVBl. 1973, S. 657ff.

vom Bundespräsidenten. Bei den unter Art. 59 Abs. 2 GG fallenden völkerrechtlichen Verträgen darf die Ratifizierung erst nach Abschluß des Gesetzgebungsverfahrens (einschließlich der Ausfertigung und Verkündung im Bundesgesetzblatt) erfolgen. Die meisten völkerrechtlichen Verträge enthalten die „Ratifikationsklausel", d.h. die Bestimmung, daß sie völkerrechtlich erst in Kraft treten, wenn bei bilateralen Verträgen beide Vertragspartner, bei multilateralen Verträgen eine bestimmte Mindestzahl von Signatarstaaten ratifiziert haben (Einzelheiten hierzu unten 13.2.2). Dadurch wird ein Auseinanderklaffen zwischen der völkerrechtlichen und der innerstaatlichen Rechtslage vermieden: die völkerrechtliche Bindung tritt erst ein, wenn sichergestellt ist, daß die durch den Vertrag begründeten Pflichten durch innerstaatliches Recht oder auf Grund von innerstaatlichem Recht erfüllt werden.

Völkerrechtliche Vereinbarungen, die nicht unter Art. 59 Abs. 2 Satz 2 GG fallen, werden gemäß Art. 59 Abs. 2 Satz 2 GG durch einen anderen Transformationsakt in innerstaatliches Recht umgewandelt, der in der Regel durch eine Publikation im Bundesanzeiger kundgemacht wird.

Das vom Grundgesetz geschaffene System für die Umsetzung von Völkerrecht in innerstaatliches Recht ist nicht lückenlos. Das allgemeine Völkerrecht wird, soweit es innerstaatlicher Anwendung fähig ist, durch die Generaltransformation des Art. 25 GG in das Recht der BRD aufgenommen; das Völkervertragsrecht wird durch die Spezialtransformation gemäß Art. 59 Abs. 2 GG in innerstaatliches Recht umgesetzt. Die beiden Kategorien stehen auf verschiedenen Ebenen (vgl. oben Kap. 5.1). Dem allgemeinen (generellen, universellen) Völkerrecht steht das partikuläre (regionale) Völkerrecht gegenüber, dem Völkervertragsrecht das Völkergewohnheitsrecht. Zwar ist ein großer Teil des Völkergewohnheitsrechts allgemeines Völkerrecht, so daß es – seine innerstaatliche Anwendbarkeit vorausgesetzt – durch Art. 25 GG transformiert wird, aber es gibt auch partikuläres Völkergewohnheitsrecht. Dieses wird nach herrschender Meinung nicht von Art. 25 GG erfaßt. Da es nicht Völkervertragsrecht ist, findet aber auch Art. 59 GG keine Anwendung. Hier muß vielmehr die Transformation durch einen anderen, vom Grundgesetz nicht geregelten Akt erfolgen.[10]

Die großzügige generelle Einbeziehung des allgemeinen Völkerrechts in das Bundesrecht mit Vorrang vor den einfachen Gesetzen hat dem Grundgesetz mit Recht den Ruf einer „völkerrechtsfreundlichen" Verfassung eingetragen. Diese Völkerrechtsfreundlichkeit zeigt sich aber auch außerhalb der Regeln über die Umsetzung von Völkerrecht in innerstaatliches Recht. Das Grundgesetz enthält nämlich nicht nur völkerrechtskonformes, sondern auch völkerrechtsüberschreitendes innerstaatliches Recht. Zur ersteren Kategorie zählen die Art. 24 (Möglichkeit der Übertragung von Hoheitsrechten auf zwischenstaatliche Einrichtungen[11], Eröffnung der Möglichkeit des Beitritts zu einem System der kollektiven Sicherheit und Verpflichtung zum Beitritt zu Vereinbarungen über eine allgemeine, umfassende, obligatorische, internationale Schiedsgerichtsbarkeit) und 26 GG (Verbot des Angriffskrieges, der Kriegspropaganda und anderer Handlungen, die das friedliche Zusammenleben der Völker zu stören geeignet sind;[12] Einschränkung der Produktion, Beförderung und Verbreitung von Kriegswaffen[13]). Völkerrechtsüberschreitend ist insbesondere die Ausgestaltung der Menschenrechte für Deutsche und Ausländer. Ein markantes Beispiel ist die Normierung des Asylrechts in Art. 16 Abs. 2 Satz 2 GG. Während nach allgemeinem

10 Vgl. Walter Rudolf, Die innerstaatliche Anwendung partikulären Völkergewohnheitsrechts, in: Festschrift für Alfred Verdross, München/Salzburg 1971, S. 435 ff.

11 Vgl. Klaus Vogel, Die Verfassungsentscheidung des Grundgesetzes für eine internationale Zusammenarbeit, Tübingen 1964.

12 Hierzu Friedrich-Christian Schroeder, Der Schutz des äußeren Friedens im Strafrecht, JZ 1969, S. 41 ff.; Jürgen Stratmann, Das grundgesetzliche Verbot friedensstörender Handlungen, Diss. Würzburg 1971. Götz Frank, Abwehr völkerfriedensgefährdender Presse durch innerstaatliches Recht, Berlin–München 1974.

13 Die Regelung in den Einzelheiten überläßt Art. 26 Abs. 2 GG einem Bundesgesetz. Vgl. das Gesetz über die Kontrolle von Kriegswaffen vom 20.4.1961 (BGBl. I, S. 444), zuletzt geändert durch Art. 2 des Gesetzes vom 31.5.1978 (BGBl. I S. 641), mit Kriegswaffenliste i.d.F. der Bekanntmachung vom 29.8.1973 (BGBl. I S. 1052).

Völkerrecht das Asylrecht ein Recht des asylgewährenden Staates ist, hat das Grundgesetz dem politisch Verfolgten ein subjektives Recht auf Asylgewährung eingeräumt.

Literatur

Hermann-Wilfried Bayer, Die Aufhebung völkerrechtlicher Verträge im deutschen parlamentarischen Regierungssystem, Köln–Berlin 1969.

Rudolf Bernhardt, Verfassungsrecht und internationale Lagen, DÖV 1977, S. 457 ff.

Rudolf Bernhardt, Bundesverfassungsgericht und völkerrechtliche Verträge, in: Festgabe aus Anlaß des 25-jähr. Bestehens des Bundesverfassungsgerichts, 2. Bd., Tübingen 1976, S. 154 ff.

Albert Bleckmann, Die Völkerrechtsfreundlichkeit der deutschen Rechtsordnung, DÖV 1979, S. 309 ff.

Albert Bleckmann, Grundgesetz und Völkerrecht, Berlin 1975.

Gerhard Boehmer, Der völkerrechtliche Vertrag im deutschen Recht, Köln–Berlin 1965.

Wilhelm Karl Geck, Das Bundesverfassungsgericht und die allgemeinen Regeln des Völkerrechts, in: Festgabe aus Anlaß des 25-jähr. Bestehens des Bundesverfassungsgerichts, 2. Bd., Tübingen 1976, S. 125 ff.

Johannes Höppner, Die verfassungsrechtliche Zulässigkeit der Durchführung von völkerrechtlichen Verträgen mittels Verordnungsermächtigungen, Göttingen 1979.

Hermann Jahrreiss, Völkerrecht und Bonner Grundgesetz, in: Fs f. Willibald Apelt, München–Berlin 1958, S. 159 ff.

Franz-Josef Jasper, Die Behandlung von Verwaltungsabkommen im innerstaatlichen Recht. Art. 59 Abs. 2, S. 2 GG, Düsseldorf 1980.

Joseph H. Kaiser, Die Erfüllung völkerrechtlicher Verträge des Bundes durch die Länder, ZaöRV 1957/58, S. 526 ff.

Otto Kimminich, Das Völkerrecht in der Rechtsprechung des Bundesverfassungsgerichts, AÖR 1968 (Bd. 93), S. 485 ff.

Otto Kimminich, Völkerrecht und Verfassung in der deutschen Asylpraxis, JIR 1971 (Bd. 15), S. 296 ff.

Georg Langner, Die Rechtsnatur der Bekanntmachung über das Inkrafttreten völkerrechtlicher Verträge für den Staatsbürger, NJW 1962, S. 228 ff.

Georg Langner, Erfolgt die Verkündung von Vertragsgesetzen noch zeitgemäß? DÖV 1967, S. 413 ff.

F.A. Mann, Zur Wirkung des Zustimmungsgesetzes nach Artikel 59 Abs. 2 des Grundgesetzes, GYIL 1975 (Bd. 18), S. 373 ff.

Eberhard Menzel, Die Geltung internationaler Verträge im innerstaatlichen Recht, Dt. Landesreferate zum VI. Int. Kongreß für Rechtsvergleichung, Tübingen–Berlin 1962, S. 401 ff.

Hermann Meyer-Lindenberg, Zum Begriff der Verträge, die sich auf Gegenstände der Bundesgesetzgebung beziehen (Art. 59 Abs. 2, S. 1 GG), in: Fs f. Hermann Jahrreiss, Köln–Berlin 1964, S. 269 ff.

Dierk Müller, Der Zeitpunkt des innerstaatlichen Inkrafttretens völkerrechtlicher Verträge, DVBl. 1967, S. 477 ff.

Albrecht Randelzhofer, Innerstaatlich erforderliche Verfahren für das Wirksamwerden der von der Exekutive abgeschlossenen völkerrechtlichen Vereinbarungen, Beiheft 1 zu AöR 1974, S. 18 ff.

Georg Ress und Christoph Schreuer, Wechselwirkungen zwischen Völkerrecht und Verfassung bei der Auslegung völkerrechtlicher Verträge, BerDGV Heft 23, Heidelberg 1982, S. 7 ff. bzw. 61 ff.

Walter Rudolf, Völkerrechtliche Verträge über Gegenstände der Landesgesetzgebung, in: Fs f. Hubert Armbruster, Berlin 1976, S. 59 ff.

Reiner Schmidt und Christian Tomuschat, Der Verfassungsstaat im Geflecht der internationalen Beziehungen, VVDStRL Heft 36, Berlin 1978, S. 7 ff. bzw. 65 ff.

Hans Spanner, Zum Schutz gegen Grundrechtsverletzungen durch völkerrechtliche Verträge, DÖV 1966, S. 375 ff.

Gisela Tuschhoff, Die Ratifikation völkerrechtlicher Verträge durch den Bundespräsidenten, Diss Mainz 1976.

Bela Vitanyi, Some reflections on article 25 of the constitution of the German Federal Republic, NILR 1977, S. 578 ff.

Klaus Vogel, Die Verfassungsentscheidung des Grundgesetzes für eine internationale Zusammenarbeit, Tübingen 1964.

Wilhelm Wengler, Die Rechtsnatur der Bekanntmachung über das Inkrafttreten völkerrechtlicher Verträge für den Staatsbürger, NJW 1962, S. 231 ff.

Roland Wenig, Die gesetzeskräftige Feststellung einer allgemeinen Regel des Völkerrechts durch das Bundesverfassungsgericht, Berlin 1971.

Franz-Christoph Zeitler, Verfassungsgericht und völkerrechtlicher Vertrag, Berlin 1974.

Manfred Zuleeg, Zum Standort des Verfassungsstaats im Geflecht der internationalen Beziehungen, DÖV 1977, S. 462 ff.

7. Die völkerrechtliche Hauptpflicht: Erhaltung des Friedens

7.1 Das Kriegs- und Gewaltverbot

Das gegenwärtige Völkerrecht erhält seine gesamte grundlegende Prägung durch das generelle Gewaltverbot. Die welthistorische Entwicklung vom „Recht zum Kriege" des klassischen Völkerrechts zum Gewaltverbot der UNO-Satzung ist im vorstehenden (vgl. oben 2.5.1 – 2.5.4) skizziert worden. Die Satzung der Vereinten Nationen verbietet aber nicht nur die Anwendung, sondern sogar bereits die Androhung von Gewalt. Art. 2 Ziff. 4 SVN lautet: „Alle Mitglieder unterlassen in ihren internationalen Beziehungen jede gegen die territoriale Unversehrtheit oder die politische Unabhängigkeit eines Staates gerichtete oder sonst mit den Zielen der Vereinten Nationen unvereinbare Androhung oder Anwendung von Gewalt".[1] In der Liste der sieben Prinzipien, die gemäß der Resolution der Generalversammlung der Vereinten Nationen vom 24. Oktober 1970[2] die Grundlage der Beziehungen zwischen den Mitgliedstaaten der UNO sein sollen, steht das Gewaltverbot an erster Stelle und wird mit denselben Worten umschrieben wie in Art. 2 Ziff. 4 SVN.

Während das Kriegsverbot, das ebenfalls in dem Gewaltverbot enthalten ist, bereits vor Inkrafttreten der UNO-Satzung

1 Alle Bestimmungen der Satzung der Vereinten Nationen (SVN) sind hier nach der amtlichen deutschen Übersetzung in BGBl. 1973 II, S. 431 ff. zitiert.

2 Resolution 2625 (XXV), GAOR XXV, Supplement 28, S. 121 ff., Declaration on Principles of International Law Concerning Friendly Relations and Co-operation among States in Accordance with the Charter of the United Nations. Hierzu Bernt Graf zu Dohna, Die Grundprinzipien des Völkerrechts über die freundschaftlichen Beziehungen und die Zusammenarbeit zwischen den Staaten, Berlin 1973; Jochen A. Frowein, Freundschaft und Zusammenarbeit unter den Staaten, EA 1973, S.70 ff.; Bernhard Graefrath, Deklaration über die grundlegenden Völkerrechtsprinzipien, Dt. Außenpolitik 1971, S. 476 ff.; Robert Rosenstock, The declaration of principles of international law concerning friendly relations: a survey, AJIL 1971, S. 713 ff.

allgemeines Völkerrecht war, ist das Gewaltverbot erst durch die UNO-Satzung in das Völkerrecht eingeführt worden. Wie bereits oben (Kap. 2.5.4) erwähnt, wird aber das Gewaltverbot heute einhellig als allgemeines Völkerrecht anerkannt. Da fast alle Staaten der Erde Mitglieder der UNO sind und auch die wenigen Nichtmitglieder (die Schweiz, Taiwan, Nord- und Südkorea) das Gewaltverbot nicht bestreiten, hat das Problem keine praktische Bedeutung. Der Charakter des Gewaltverbots als eines von der Satzung unabhängigen Prinzips des allgemeinen Völkerrechts würde erst dann praktische Bedeutung erlangen, wenn die UNO aufgelöst würde und ihre Satzung außer Kraft träte. Hier würde sich erweisen, daß das Gewaltverbot weiterhin in Kraft bliebe.

Nach dem Wortlaut der UNO-Satzung gilt das Gewaltverbot nur für die internationalen Beziehungen der UNO-Mitglieder und nur in bezug auf die territoriale Integrität und die politische Unabhängigkeit der Mitglieder und die Ziele der UNO. Als Satz des allgemeinen Völkerrechts gilt das Gewaltverbot für die internationalen Beziehungen aller Staaten im gleichen Umfang wie Art. 2 Ziff. 4 SVN; denn die Ziele der UNO sind identisch mit den Zielen der Völkerrechtsgemeinschaft des „neuen Völkerrechts". Insgesamt bedeutet dies das Streben nach fast vollständiger Ausschaltung der Gewalt aus den internationalen Beziehungen; denn wenn der Einsatz von Gewalt nur noch dann völkerrechtmäßig ist, wenn er den Zielen der Vereinten Nationen dient, so sind als Maßstab die in der Präambel der Satzung niedergelegten Wertvorstellungen zu beachten, darunter vor allem Gerechtigkeit und Achtung vor den aus Verträgen und anderen Quellen des Völkerrechts fließenden Verpflichtungen und das überragende Ziel, „Duldsamkeit zu üben und als gute Nachbarn in Frieden miteinander zu leben" und die Kräfte der Staaten „zu vereinen, um den Weltfrieden und die internationale Sicherheit zu wahren". Die danach noch zulässige Gewaltanwendung ist in erster Linie die kollektive Gewalt der Organisation selbst, die zur Durchsetzung ihrer Ziele und des dazu geschaffenen Rechts eingesetzt wird, ferner die individuelle und kollektive Selbstverteidigung und eine den Staaten immer noch zur Rechtsdurchsetzung im Wege der Selbsthilfe eingeräumte Befugnis zum Einsatz von Gewaltmitteln weit unterhalb der Schwelle militärischer Macht.[3]

Da die Macht eine Grundkategorie des Politischen ist und auch internationale Politik niemals eine Politik der Machtlosigkeit sein kann, besteht in der Völkerrechtslehre Einmütigkeit darüber, daß der Begriff „Gewalt" einer Präzisierung bedarf, die es gestattet, zwischen dem zulässigen Einsatz der Machtfaktoren in der internationalen Politik und der unzulässigen Gewaltanwendung zu unterscheiden. Fast alle Kommentatoren der UNO-Satzung wollen dieses Problem auf der Ebene der Mittel lösen und als Gewalt im Sinne des Gewaltverbots der UNO-Satzung nur die militärische Gewalt gelten lassen. Dadurch wird aber das Gewaltverbot der UNO-Satzung letztlich auf das Kriegsverbot reduziert, das bereits vorher geltendes Völkerrecht war. Allenfalls kann ein Fortschritt darin gesehen werden, daß nicht nur der formelle durch Kriegserklärung oder konkludentes Handeln der beiden Gegner ausbrechende Krieg im Sinne des herkömmlichen Kriegsrechts, sondern auch der Einsatz militärischer Gewalt ohne Eintritt des Kriegszustandes durch Art. 2 Ziff. 4 SVN verboten wird. Aber die Schöpfer der UNO-Satzung beabsichtigten mit dem Gewaltverbot offenbar mehr. Sie wollten eine Richtschnur für die Bändigung der Gewalt unter den Bedingungen des Industriezeitalters schaffen.

Folgerichtig hat die UNO versucht, die Probleme des Gewaltverbots in voller Breite aufzurollen. In der Resolution 1815 (XVII) vom 18. Dezember 1963 beschloß die Generalversammlung, das Gewaltverbot an die Spitze derjenigen Prinzipien zu setzen, die nach ihrer Meinung bereits kodifikationsreif sind. Eine daraufhin eingesetzte Kommission stellte einmütig fest: 1. Angriffskriege sind internationale Verbrechen; 2. alle Staaten haben sich der Entsendung irregulärer oder freiwilliger Kräfte oder bewaffneter Banden in das Gebiet eines anderen Staates zu enthalten und deren Organi-

[3] Vgl. Wilhelm Kewenig, Gewaltverbot und noch zulässige Machteinwirkung und Interventionsmittel, in: Völkerrechtliches Gewaltverbot und Friedenssicherung, hrsg. von Wilfried Schaumann, Baden-Baden 1971, S. 175 ff. Zu den Mitteln der Rechtsdurchsetzung vgl. unten Kap. 14.2.

sierung auch nicht zu ermuntern; 3. alle Staaten haben sich der Anstiftung, Unterstützung oder Organisierung eines Bürgerkriegs in einem anderen Staat zu enthalten und eine hierauf abzielende organisierte Tätigkeit weder zu dulden noch zu genehmigen, falls sie die Androhung oder Anwendung von Gewalt mit sich bringt. Ein vierter Grundsatz, der das Verbot der Androhung oder Anwendung von Gewalt zur Verletzung bestehender Grenzen als eines Mittels zur Lösung internationaler Streitigkeiten enthalten sollte, war lange Zeit umstritten, weil die Ausübung des Selbstverteidigungsrechts gemäß Art. 51 SVN den rechtmäßigen Gebrauch von Gewalt zur Überquerung einer Grenze voraussetzt.[4]

Fast sechs Jahre lang wurde in dem Expertenausschuß um die Formulierungen gerungen, die in der Resolution vom 24. Oktober 1970 Verwendung fanden. Diese Resolution bekräftigte nicht nur die drei obengenannten Prinzipien (wobei die Aussage bezüglich des Angriffskrieges dahingehend umformuliert wurde, daß er „ein Verbrechen gegen den Frieden darstellt, für das eine völkerrechtliche Verantwortlichkeit besteht"), sondern erläuterte das allgemeine Gewaltverbot noch eingehender. Vor allen Dingen brachte sie zum Ausdruck, daß das Gewaltverbot nicht nur in der Satzung, sondern auch im davon unabhängigen universellen Völkerrecht verankert ist: „Eine derartige Gewaltandrohung oder Gewaltanwendung stellt eine Verletzung des Völkerrechts und der Satzung der Vereinten Nationen dar und darf unter keinen Umständen als Mittel zur Beilegung internationaler Streitigkeiten verwendet werden."

Als weitere Einzelprinzipien, die aus dem allgemeinen Gewaltverbot abzuleiten sind, stellt die Resolution neben dem Verbot der Entsendung bewaffneter Banden in das Gebiet fremder Staaten und der Unterstützung von Bürgerkriegen noch die folgenden Regeln auf: Alle Staaten müssen sich jeder Angriffspropaganda enthalten; sie dürfen keine Gewalt androhen oder anwenden, um die bestehenden Grenzen eines anderen Staates zu verletzen oder um internationale Streitig-

4 Vgl. Edward McWhinney, Friendly relations and co-operation among states, AJIL 1966 (Bd. 60), S. 356 ff.; Dohna, aaO. S. 70 ff.

keiten, einschließlich von Gebiets- und Grenzstreitigkeiten, beizulegen; das gleiche gilt für internationale Demarkationslinien, wie z.B. Waffenstillstandslinien, die durch eine bindende internationale Vereinbarung festgelegt worden sind; sie dürfen keine gewaltsamen Repressalien anwenden; sie dürfen die Gleichberechtigung und das Recht der Selbstbestimmung der Völker nicht gewaltsam unterdrücken; sie dürfen das Gebiet fremder Staaten nicht als Folge einer satzungswidrigen Gewaltanwendung militärisch besetzen; sie dürfen fremdes Staatsgebiet nicht als Folge einer Androhung oder Anwendung von Gewalt erwerben.

Nach durchaus einhelliger Meinung der Völkerrechtslehre in den westlichen Staaten enthält der Text der Prinzipienerklärung vom 24. Oktober 1970 „keinen einzigen Hinweis auf den Tatbestand des wirtschaftlichen Zwangs“, so daß der Einsatz wirtschaftlicher Zwangsmaßnahmen schon tatbestandsmäßig nicht vom völkerrechtlichen Gewaltverbot erfaßt wird.[5] Die Nichterwähnung des wirtschaftlichen Zwangs ist eine unbestreitbare Tatsache. Ebenso unbestreitbar ist es aber, daß der wirtschaftliche Zwang in derselben Prinzipienerklärung als völkerrechtswidrig bezeichnet wird, und zwar im Zusammenhang mit dem Prinzip der Nichteinmischung in die inneren Angelegenheiten eines anderen Staates. Auch im westlichen Schrifttum ist daher bezweifelt worden, ob die Beschränkung des Gewaltverbots auf militärische Mittel sinnvoll ist.[6]

Als weiteres Spezialproblem hat sich die rechtliche Beurteilung der Gewaltanwendung zum Schutze eigener Staatsangehöriger herausgestellt. 1964 unternahm Belgien eine gewaltsame Befreiungsaktion im Kongo, Israel führte 1976 eine gewaltsame Geiselbefreiung auf dem Flughafen von Entebbe durch, die USA versuchten eine ähnliche Aktion 1980 im Iran. Neben Versuchen, derartige Einsätze militärischer Gewalt auf das

5 So Wilhelm Kewenig, Die Anwendung wirtschaftlicher Zwangsmaßnahmen im Völkerrecht, in: BerDGV Heft 22, Heidelberg 1982, S. 13, 11.

6 Vgl. Gaetano Arangio-Ruiz, The UN declaration on friendly relations and the system of the sources of international law, Alphen 1979, S. 99 f.

durch Art. 51 SVN aufrechterhaltene Recht der Selbstverteidigung zu stützen (hierzu unten 7.4) ist auch argumentiert worden, das Gewaltverbot dürfe die Staaten nicht ihres Rechts berauben, ihre eigenen Staatsangehörigen notfalls auch mit Gewalt zu schützen, vor allem dann, wenn die Menschenrechte dieser Staatsangehörigen verletzt worden sind. Diese Auffassung hat sich jedoch nicht durchgesetzt.[7]

Als Ausnahmen vom Gewaltverbot werden in der Literatur drei Fälle anerkannt, die jedoch in Wirklichkeit das Gewaltverbot nicht relativieren, sondern noch bekräftigen. Die erste Ausnahme hat nur noch historische Bedeutung. Es sind die sogenannten Feindstaatenklauseln (Art. 53 und 107 SVN), die in einer Übergangszeit galten und verhindern sollten, daß die Siegermächte des Zweiten Weltkriegs in ihrer Eigenschaft als Gründungsmitglieder der Vereinten Nationen durch die Satzung gehindert wären, wirksame Maßnahmen gegen ein Wiederaufleben des von ihnen besiegten Militarismus zu ergreifen.[8] Die zweite Ausnahme betrifft die militärischen Maßnahmen, die der Sicherheitsrat im Rahmen der ihm zustehenden Befugnisse durchzuführen berechtigt ist. (Hierzu unten 7.3). Und schließlich wird auf das Recht der individuellen und kollektiven Verteidigung hingewiesen, das den Einsatz militärischer Mittel gegen einen ebenfalls mit militärischen Mitteln geführten Angriff zuläßt. (Hierzu unten 7.4). In allen Fällen wird jedoch nicht das Gewaltverbot als solches in Frage gestellt. Am problematischsten war die erste Ausnahme, die jedoch zumindest als Übergangsregelung gerechtfertigt war und heute keine Rolle mehr spielt. Der Einsatz militärischer Gewalt durch die Organisation der Vereinten Nationen selbst geschieht zum Zwecke der Friedenserhaltung unter Beachtung strenger Formvorschriften, die eine Beteiligung der organisierten Völkerrechtsgemeinschaft gewährleisten und sich als Reaktion auf einen Verstoß gegen das Gewaltverbot darstellen. Die Selbstverteidigung kommt im System der Vereinten Nationen nur

[7] Vgl. Albrecht Randelzhofer, Use of force, in: Bernhardt (Hrsg.), EPIL, Instalment 4 (1982), S. 273.

[8] Vgl. hierzu oben 3.3.3 sowie insbes. die dort in Anm. 8 zitierte Literatur.

so lange zum Zuge, bis jene kollektive Reaktion der organisierten Staatengemeinschaft wirksam wird.

Auch zugunsten der Befreiungsbewegungen bzw. der Kämpfer für die Verwirklichung des Selbstbestimmungsrechts hat sich keine Relativierung des Gewaltverbots durchgesetzt. Auf der diplomatischen Konferenz zur Fortentwicklung und Neubestätigung des humanitären Völkerrechts, die von 1974 bis 1977 tagte (vgl. unten 12.2.3) wurde mehrfach der Versuch unternommen, eine derartige Relativierung zumindest anzudeuten. Auch dies wurde abgelehnt. In Art. 1 des I. Zusatzprotokolls, der die Ausdehnung des Geltungsbereichs des humanitären Völkerrechts über den engen Bezirk des Krieges im klassischen Sinne hinaus bezweckt, heißt es, daß bewaffnete Konflikte, in denen Völker in Ausübung ihres Selbstbestimmungsrechts „gegen Kolonialherrschaft, fremde Besetzung und rassistische Regimes kämpfen,"[9] als internationale bewaffnete Konflikte gelten. Dadurch wird nicht etwa den Befreiungsbewegungen ein Recht zum Kriege eingeräumt, sondern es wird lediglich festgestellt, daß die Befreiungskämpfer in den Genuß der Regeln des humanitären Völkerrechts gelangen. In der Literatur ist die Meinung vertreten worden, daß sich die Generalversammlung mit der Erklärung vom 24. Oktober 1970 „wieder auf die alte Rangordnung Gewaltverbot, Nicht-Intervention, Selbstbestimmung besonnen" hat.[10]

Damit klingt aber auch der Vorwurf an, das Gewaltverbot verhindere oder erschwere in manchen Fällen die notwendige Anpassung an gewandelte Verhältnisse. Dem ist entgegenzuhalten, daß das Gewaltverbot nicht isoliert gesehen werden kann. Das Gewaltverbot ist der Mittelpunkt der „neuen" Völkerrechtsordnung, die wiederholt als Völkerrecht der Zusammenarbeit apostrophiert worden ist und nicht nur friedliche Konfliktlösungsmittel, sondern auch Instrumente und Methoden des friedlichen Wandels (hierzu unten 7.2) anbietet. Gerade an dieser Stelle setzt allerdings auch die Kritik am Gewaltverbot ein. Es wird behauptet, das Völkerrecht sei mit dem Gewalt-

9 Deutscher Text des I. Zusatzprotokolls in ZaöRV 1978, S. 86 ff.

10 Helmut Rumpf, UNO-Prinzipien im Widerspruch, in: Fs f. Hans-Jürgen Schlochauer, Berlin–New York 1981, S. 588.

verbot „den Tatsachen vorausgeeilt".[11] Dahinter steckt die Befürchtung, daß das Gewaltverbot gegenwärtig noch wenig Chancen habe, sich in der Welt der politischen Realitäten durchzusetzen. Zwar ist bereits 1963 eine stattliche Liste von völkerrechtlichen Verträgen aufgestellt worden, in denen das Gewaltverbot ausdrücklich anerkannt wird,[12] aber gerade in neuester Zeit sind die Urteile wesentlich härter. Sie reichen von der Behauptung, die Gewaltverbotsnorm sei „längst begraben",[13] bis zu der vorsichtigen Aussage, das völkerrechtliche Gewaltverbot seit „zu generös formuliert" worden.[14]

Literatur

Michael Akehurst, The use of force to protect nationals abroad, IR 1977, S. 3 ff.

Osmo Apunen, Non-Use of Force: A Strategy for Peace in the Nuclear Age, Cooperation and Conflict 1977, S. 171 ff.

Derek Bowett, Reprisals Involving Recourse to Armed Force, AJIL 1972, S. 1 ff.

Ian Brownlie, International law and the use of force by states, Oxford 1963.

Georg Dahm, Das Verbot der Gewaltanwendung nach Art. 2 (4) der UNO-Charta und die Selbsthilfe gegenüber Völkerrechtsverletzungen, die keinen bewaffneten Angriff enthalten, JIR 1962, (Bd. 11), S. 48 ff.

Rolf M. Derpa, Das Gewaltverbot der Satzung der Vereinten Nationen und die Anwendung nichtmilitärischer Gewalt, Bad Homburg 1970.

Thomas M. Franck, Who killed Article 2 (4)? or: Changing norms governing the use of force by States, AJIL 1970, S. 809 ff.

Louis Henkin, The reports of the death of Article 2 (4) are greatly exaggerated, AJIL 1971, S. 544 ff.

Wilhelm Kewenig, Gewaltverbot und noch zulässige Machteinwirkung und Interventionsmittel, in: W. Schaumann, Hrsg., Völkerrechtliches Gewaltverbot und Friedenssicherung, Baden-Baden 1971, S. 175 ff.

[11] Stanley Hoffmann, The State of War, New York 1965, S. 276.

[12] Ian Brownlie, International law and the use of force by States, Oxford 1963, S. 127 ff.

[13] Thomas Franck, Who killed Article 2 (4)?, AJIL 1970, S. 809.

[14] Heinrich B. Reimann, Das völkerrechtliche Gewaltverbot im Wandel, in: Fs f. Rudolf Bindschedler, Bern 1980, S. 561.

Wilhelm A. Kewenig, Die Anwendung wirtschaftlicher Zwangsmaßnahmen im Völkerrecht, BerDGV Heft 22, Heidelberg 1982, S. 7 ff.

Klaus Knorr, On the international uses of military force in the contemporary world, Orbis 1977 (Bd. 21), S. 5 ff.

Jacques Léauté, Violence de guerre et violence de paix, RDPMG 1978, S. 691 ff.

Richard Lillich, Hrsg., The use of force, human rights and general international legal issues, Newport, R.I. 1980.

M.K. Nawaz, Limits of self-defence: Legitimacy of use of force against economic strangulation?, IJIL 1976, S. 252 ff.

Stephan Neuberger, Befreiungskriege und allgemeines Gewaltverbot unter besonderer Berücksichtigung der sowjetischen Auffassung, Diss. Würzburg 1975.

Hanspeter Neuhold, Internationale Konflikte – verbotene und erlaubte Mittel ihrer Austragung, Wien–New York 1977, S. 55 ff.

Frederick S. Northedge, The use of force in international relations, London 1974.

Reinhard Patzina, Zur Bedeutung von Gewaltverbot und Selbstbestimmungsrecht in den Ostverträgen und in der Schlußakte der KSZE, ÖZöR 1978, S. 57 ff.

Heinrich Reimann, Das völkerrechtliche Gewaltverbot im Wandel, in: Fs f. Rudolf Bindschedler, Bern 1980, S. 549 ff.

Bert V.A. Röling, Aspects of the ban on force, NILR 1977, S. 242 ff.

Wilfried Schaumann, Hrsg., Völkerrechtliches Gewaltverbot und Friedenssicherung, Baden-Baden 1971.

Theodor Schweisfurth, Operations to rescue nationals in third States involving the use of force in relation to the protection of human rights, GYIL 1980, S. 159 ff.

Bruno Simma, Völkerrechtliches Gewaltverbot und Friedenssicherung, ÖZöR 1971, S. 363 ff.

Christian Tomuschat, Gewalt und Gewaltverbot als Bestimmungsfaktoren der Weltordnung, EA 1981, S. 325 ff.

Claude H. Waldock, The regulation of the use of force by individual States in international law, RdC 1952/II (Bd. 81), S. 451 ff.

Hans Wehberg, L'interdiction du recours à la force. Le principe et les problèmes qui se posent, RdC 1951/I (Bd. 78), S. 1 ff.

7.2 Die Friedenssicherung

Der grundlegende Wandel von der Kriegsfreiheit des klassischen Völkerrechts zum Kriegs- und Gewaltverbot des geltenden Völkerrechts bewirkte eine drastische Veränderung des Verhältnisses von Zweck und Mitteln in der internationalen Politik. Konnten die Staatenlenker unter der Geltung des klassischen Völkerrechts grundsätzlich frei entscheiden, ob sie die von ihnen gewählten Ziele mit kriegerischen oder friedlichen Mitteln erreichen wollten, so ist im modernen Völkerrecht der Friede für alle Staaten das oberste Ziel, dem die Wahl der Mittel zu entsprechen hat: der Friede muß mit friedlichen Mitteln bereitet, erstrebt und erhalten werden.[1] Einen gerechten Krieg kann es nach heute geltendem Völkerrecht nicht geben.[2] Auch der Präventivkrieg ist verboten. Diese völlige Hinordnung des Völkerrechts auf den Frieden, die zur Begründung der allgemeinen Friedenspflicht der Staaten geführt hat, wirkt nicht nur in den Situationen der unmittelbaren Kriegsgefahr, sondern durchdringt die gesamte Völkerrechtsordnung.

In der Literatur ist gefragt worden, ob nicht das Völkerrecht mit der Erhebung des Friedens zum überragenden Ziel sich selbst untreu geworden ist. Jahrhundertelang erfüllte es seine Funktionen als Koexistenzrecht auf der Grundlage einer strikten Wertneutralität, die den Verkehr zwischen Staaten mit unterschiedlicher Staats- und Regierungsform unabhängig von allen ideologischen und politischen Gegensätzen ermöglichte. Wichtige Institutionen und Prinzipien, die auch im modernen Völkerrecht ihre Gültigkeit behalten haben – wie z.B. die Staatengleichheit, die Neutralität, das Interventionsverbot – sind auf dieser Grundlage entstanden. Ihre Weitergeltung im modernen Völkerrecht wirft erhebliche dogmatische Probleme auf. So ist es z.B. zu verstehen, daß ernsthaft gefragt worden ist, ob heute noch eine Neutralität möglich sei. Die Neutralität setzt ja voraus, daß der Krieg moralisch indifferent ist, so daß unbeteiligte Staaten frei entscheiden können, ob sie eingreifen wollen und wenn ja, auf welcher Seite. Wenn hingegen der An-

1 Vgl. Otto Kimminich, Friede und Gerechtigkeit als Zweck und Mittel, in: Fs zur Eröffnung der Universität Bochum, Bochum 1965, S. 176 ff.; Otto Kimminich, Recht, Politik, Friede, in: Ansgar Paus, Hrsg., Kultur als christlicher Auftrag heute, Graz–Wien–Köln 1981, S. 121 ff.

2 Vgl. Otto Kimminich, Der gerechte Krieg im Spiegel des Völkerrechts, in: Hessische Stiftung Friedens- und Konfliktforschung, Hrsg., Der gerechte Krieg: Christentum, Islam, Marxismus (redigiert von Reiner Steinweg), Frankfurt 1980, S. 206 ff.

griffskrieg ein internationales Verbrechen ist, so kann es keinem Zweifel unterliegen, daß der Angreifer nicht unterstützt werden darf, und daß dem Angegriffenen geholfen werden muß. Dieser Gedanke liegt der Idee der kollektiven Sicherheit (hierzu im einzelnen unten 7.3) zugrunde. Welcher Raum bleibt aber in einem solchen System für die Neutralität? (Hierzu im einzelnen unten 12.4).

So schwierig und letztlich ungelöst die Fragen der rechtsdogmatischen Konsequenzen der allgemeinen Friedenspflicht auch sein mögen, bleibt doch die Tatsache bestehen, daß eine solche Friedenspflicht im geltenden Völkerrecht besteht, und daß sie letztlich die Anerkennung des Friedens als Wert impliziert.[3] Deshalb gehört heute die Friedensforschung zum integrierenden Bestandteil der Völkerrechtswissenschaft.[4] Wer Völkerrecht studieren will, muß sich mit den Zielen und Ergebnissen der Friedensforschung vertraut machen.[5] Die Literatur zur Friedensforschung ist so umfangreich geworden, daß auf ihre Auflistung hier verzichtet werden muß.

Die Satzung der Vereinten Nationen trägt der im geltenden Völkerrecht begründeten allgemeinen Friedenspflicht in mannigfacher Weise Rechnung. Ihr Art. 24 überträgt dem Sicherheitsrat „die Hauptverantwortung für die Wahrung des Weltfriedens und der internationalen Sicherheit". Die Kompetenzen des Sicherheitsrates sind unterschiedlich, je nachdem ob

[3] Vgl. Valentin Zsifkovits, Der Friede als Wert, München–Wien 1973.

[4] Vgl. Otto Kimminich, Peace research and international law, in: Charles Boasson, Hrsg., The Changing International Community, Den Haag 1973, S. 229 ff.; Knud Krakau, Friedensforschung und Völkerrecht, in: Dieter Grimm, Hrsg., Rechtswissenschaft und Nachbarwissenschaften 2, München 1976, S. 192 ff.; Bart Landheer, International Law and Peace Science, in: Fs f. Bert V.A. Röling, Leiden 1977, S. 279 ff.

[5] Hierzu grundlegend Ernst-Otto Czempiel, Schwerpunkte und Ziele der Friedensforschung, Mainz–München 1972; Ernst-Otto Czempiel, Recht und Friede, FW 1975, S. 55 ff.; Manfred Funke, Hrsg., Friedensforschung – Entscheidungshilfe gegen Gewalt, München 1975; Johan Galtung, Die Friedensforschung und ihre Aufgaben heute, Universitas 1981, S. 1155 ff.; Reinhard May, Frieden und die Aufgabe des Rechts, Wiesbaden 1979; Dieter Senghaas, Grundfragen der Friedensforschung und ihre Entwicklung, Universitas 1982, S. 23 ff.

es sich um die friedliche Beilegung von Streitigkeiten handelt (Kap. VI, Art. 33 ff) oder um Maßnahmen bei Bedrohung oder Bruch des Friedens und bei Angriffshandlungen (Kap. VII., Art. 39 ff). (Hierzu unten 7.5. und 7.3) Aus der Gesamtheit der Satzungsvorschriften haben Generalversammlung und Sicherheitsrat ferner die Befugnis zur Aufstellung von „Friedenstruppen" der Vereinten Nationen abgeleitet. (Vgl. oben 3.3.3). Dagegen ist es bisher nicht zu der im VII. Kapitel vorgesehenen Aufstellung von UNO-Streitkräften zur Wahrung des Weltfriedens gekommen. Die Gesamtheit der von der UNO-Satzung und unter ihrer Geltung – zum Teil als regionale Abwandlungen im Sinne von Art. 52 ff SVN – errichteten Friedenssicherungssysteme wird von einem hervorragenden Kenner wie folgt beurteilt: sie „stellen eine bemerkenswerte Verbesserung gegenüber der Vorkriegssituation dar, haben aber noch nicht dasjenige Entwicklungsstadium erreicht, in dem sie tatsächlich den Frieden in allen Lagen garantieren können".[6]

Eine weitgehend vergessene Vorschrift der UNO-Satzung, die der allgemeinen Friedenssicherung dient, ist Art. 14 SVN: „Vorbehaltlich des Art. 12 kann die Generalversammlung Maßnahmen zur friedlichen Bereinigung jeder Situation empfehlen, gleichviel wie sie entstanden ist, wenn diese Situation nach ihrer Auffassung geeignet ist, das allgemeine Wohl oder die freundschaftlichen Beziehungen zwischen Nationen zu beeinträchtigen; dies gilt auch für Situationen, die auf einer Verletzung der Bestimmungen dieser Charta über die Ziele und Grundsätze der Vereinten Nationen entstehen." (Der in dieser Vorschrift erwähnte Art. 12 bestimmt, daß sich die Generalversammlung so lange nicht mit einer Sache befassen darf, als der Sicherheitsrat in der betreffenden Sache die ihm durch die Satzung zugewiesenen Aufgaben wahrnimmt.)

Art. 14 SVN wird nach einhelliger Auffassung als Bekräftigung einer völkerrechtlichen Einrichtung gesehen, die bereits in der Völkerbundssatzung verankert war: des *friedlichen Wandels*. Art. 19 der Völkerbundssatzung hatte bestimmt: „Die Bundesversammlung kann von Zeit zu Zeit die Bundesmit-

6 Louis B. Sohn, Peace, means to safeguard, in: Bernhardt (Hrsg.), EPIL, Instalment 4 (1982), S. 91.

glieder zu einer Nachprüfung der unanwendbar gewordenen Verträge und solcher internationaler Verhältnisse auffordern, deren Aufrechterhaltung den Weltfrieden gefährden könnte.“ Vor allem die Großmächte befürchteten aber, daß unter Berufung auf Art. 19 am Status quo gerüttelt werden könnte. Weitblickende Staatsmänner forderten die Aktivierung des Art. 19 und verurteilten seine Nichtbeachtung, die „bei weitem die größte Schwäche des Völkerbunds“ darstelle.[7] Unmißverständlich erklärte einer der fähigsten Juristen des Völkerbunds, Art. 19 beinhalte „einen Begriff der Gerechtigkeit, der sich nicht auf den engen Begriff der juristischen Rechte beschränkt, sondern eine immanente Gerechtigkeit verwirklicht, deren deutlicher Ausdruck die Aufrechterhaltung des Friedens ist, der dynamische Zustand der Welt.“[8]

In ähnlicher Weise wurde zunächst über Art. 14 SVN geurteilt. In einem ersten Bericht über die Satzung der Vereinten Nationen fand sich bezüglich Art. 14 der Satz: „So werden die weitreichenden Vollmachten, die der Generalversammlung der Vereinten Nationen gegeben worden sind, die Generalversammlung in die Lage versetzen, bei dem schwierigen Prozeß des friedlichen Wandels Hilfe zu leisten.“[9] Die diesbezügliche Praxis der Vereinten Nationen ist jedoch – vom Prozeß der Entkolonisierung abgesehen – ebenso enttäuschend wie die des Völkerbunds. Die Möglichkeiten für den Einsatz der UNO-Satzung zur Förderung des friedlichen Wandels sind offensichtlich noch nicht ausgeschöpft. In einem weiteren Sinn kann allerdings die Konferenztätigkeit der UNO, insbesondere zum Zwecke der Schaffung von Konventionen, als Förderung des friedlichen Wandels angesehen werden.[10]

7 Sir Arthur Salter, The future of the League of Nations, London 1936, S. 68.

8 Ake Hammarskjöld, The Permanent Court and its place in international relations, Journal of the Royal Institute of International Affairs 1930, S. 473.

9 Report to the President on the Results of the San Francisco Conference. State Department Publication 2349, Washington 1945, S. 58 f.

10 Vgl. Otto Kimminich, Völkerrecht im Atomzeitalter, Freiburg i. Br. 1969, S. 373 ff.; Wolfgang Graf Vitzthum, Peaceful change through international lawmaking. As exemplified by the Third United Nations Conference on the Law of the Sea, Law and State 1981 (Bd. 23), S. 7 ff.

Literatur

Joachim Arntz, Der Begriff der Friedensbedrohung in Satzung und Praxis der Vereinten Nationen, Berlin 1975.

Sydney D. Bailey, Cease Fires, Truces, and Armistices in the Practice of the UN Security Council, AJIL 1977, S. 461 ff.

Jost Delbrück, Hrsg., Völkerrecht und Kriegsverhütung, Berlin–München 1979.

Jost Delbrück, Die Adäquanz völkerrechtlicher Kriegsverhütungs- und Friedenssicherungsinstrumente im Lichte der Kriegsursachenforschung, JIR 1974, S. 87 ff.

Detlev C. Dicke und Hans-Werner Rengeling, Die Sicherung des Weltfriedens durch die Vereinten Nationen, Baden-Baden 1975.

Karl Doehring, Verfassungsrecht und Völkerrecht als Friedensordnungen, in: Fs f. F.A. Frhr. v.d.Heydte, Berlin 1977, S. 133 ff.

Felix Ermacora, Frieden und Recht, in: Fs f. Johannes Broermann, Berlin–München 1982, S. 31 ff.

David P. Forsythe, United Nations peacemaking, Proceedings of the Academy of Political Science 1977, S. 206 ff.

Jochen A. Frowein, Friedenssicherung durch die Vereinten Nationen, in: Ulrich Scheuner und Beate Lindemann, Hrsg., Die Vereinten Nationen und die Mitarbeit der BRD, München–Wien 1973, S.45 ff.

Heinrich Kipp, Pax et securitas oder pax et justitia im Völkerrecht, in: Fs f. F.A. Frhr. v.d.Heydte, Berlin 1977, S. 253 ff.

Eckart Klein, Paralleles Tätigwerden von Sicherheitsrat und Internationalem Gerichtshof bei friedensbedrohenden Streitigkeiten, in: Fs f. Hermann Mosler, Berlin–Heidelberg–New York 1983, S. 467 ff.

Andrestinos Papadopoulos, The maintenance of international peace and the United Nations, IR 1975, S. 800 ff.

Vratislav Pechota, Good Offices of the Secretary-General of the United Nations: contemporary theory and practice, in: Fs f. Krishna Rao, Leiden 1976, S. 191 ff.

Bert V.A. Röling, International law and the maintenance of peace, NYIL 1973, S. 1 ff.

Werner von Simson, Die Verteidigung des Friedens, München 1975.

Ilmar Tammelo, International peace as a dream and as a reality, ARS 1982, S. 6 ff.

S. Azadon Tiewul, Binding decisions of the Security Council within the meaning of article 25 of the United Nations Charter, IJIL 1975, S. 195 ff.

Günther van Well, Die Friedensfunktion der Vereinten Nationen heute, VN 1982, S. 92 ff.

7.3 Die kollektive Sicherheit

In der Satzung der Vereinten Nationen werden Frieden und Sicherheit mehrfach nebeneinander erwähnt. Bereits in der Präambel heißt es, daß die „Völker der Vereinten Nationen" sich entschlossen hätten, ihre „Kräfte zu vereinen, um den Weltfrieden und die internationale Sicherheit zu wahren". Bei der Aufzählung der Ziele der Vereinten Nationen in Art 1 Nr. 1 steht an erster Stelle das Ziel, „den Weltfrieden und die internationale Sicherheit zu wahren". Art. 2 Nr. 3 SVN bestimmt: „Alle Mitglieder legen ihre internationalen Streitigkeiten durch friedliche Mittel so bei, daß der Weltfriede, die internationale Sicherheit und Gerechtigkeit nicht gefährdet werden." Diese konsequente Verknüpfung von Frieden und Sicherheit in der Satzung der Vereinten Nationen ist kein Zufall. Sie findet ihre Kulmination in der Bezeichnung und Aufgabenbeschreibung desjenigen Organs, dem die Wahrung des Weltfriedens in erster Linie anvertraut ist: des Sicherheitsrats. So wird im fünften Kapitel der Satzung der Ausdruck „Weltfrieden" immer durch die Hinzufügung „... und internationale Sicherheit" ergänzt. Dasselbe gilt für den Sprachgebrauch der Resolutionen der Generalversammlung.

Frieden und Sicherheit waren bereits in der Völkerbundsära miteinander verknüpft worden, und schon damals stand die Sicherheit so sehr im Mittelpunkt, daß sie als „die beherrschende Idee des neuen Völkerrechts" bezeichnet wurde.[1] Aber der Sicherheitsbegriff wurde allzu statisch gesehen und allzusehr auf die einzelnen Mitglieder des Völkerbunds bezogen. Erst unter der Geltung der Satzung der Vereinten Nationen, zusammen mit der Entfaltung des „Völkerrechts der Zusammenarbeit", setzte sich der Gedanke der kollektiven Sicherheit durch.[2]

Das System der kollektiven Sicherheit, das in der UNO-Satzung insbesondere in den Artikeln 39 ff („Maßnahmen bei

1 Friedrich Berber, Sicherheit und Gerechtigkeit, Berlin 1934, S. 110.

2 Vgl. Gert Krell, Die Entwicklung des Sicherheitsbegriffs, Beiträge zur Konfliktforschung 1980/3, S. 33 ff.

Bedrohung oder Bruch des Friedens und bei Angriffshandlungen") zum Ausdruck kommt, beruht auf der allgemeinen völkerrechtlichen Rechtspflicht zum Frieden, der sich kein Staat entziehen kann. Dasjenige Völkerrechtssubjekt, das gegen diese Rechtspflicht verstößt, muß mit entsprechenden Gegenmaßnahmen aller anderen Mitglieder des kollektiven Sicherheitssystems, d.h. der UNO, rechnen. Der Unterschied zwischen dieser kollektiven Sicherheit und der nationalen Sicherheit vergangener Tage – die häufig ebenfalls kollektiv erstrebt wurde –, ist deutlich erkennbar. Die Allianzen früherer Tage sind Systeme der kollektiven (und präventiven) Verteidigung gewesen. Kennzeichen der kollektiven Verteidigung ist es, daß sich das Bündnis gegen einen von außen kommenden potentiellen Aggressor richtet. Dagegen richtet sich das System der kollektiven Sicherheit gegen jeden potentiellen Aggressor, auch innerhalb des Systems selbst.

Wenn ein System der kollektiven Sicherheit nicht auf globaler Ebene funktioniert und eine Aggression nur von außerhalb erwartet wird, unterscheidet es sich nicht vom klassischen Verteidigungssystem. Aber gerade das wollte die UNO-Satzung vermeiden. Sie erstrebte von Anfang an für ihre Prinzipien die Universalität. Nirgends läßt sich dies überzeugender nachweisen als bei dem Gedanken der kollektiven Sicherheit. Alle friedliebenden Staaten (und nur solche sind gemäß Art. 4 Abs. 1 SVN als Mitglieder der UNO zugelassen) sollen Mitglieder der Vereinten Nationen werden. Es ist logisch, daß sich alle friedliebenden Staaten gegen jeden Aggressor zusammenschließen, um ihn unverzüglich in seine Schranken zu weisen. Ob der Aggressor von innen oder von außen kommt, ist dabei gleichgültig. Kommt er von außen, so funktioniert das System der kollektiven Sicherheit praktisch genauso wie die Verteidigungsbündnisse, die seit eh und je von einzelnen Staaten gegen einen befürchteten Angriff geschlossen worden sind. Kommt er aber von innen, so zeigt sich das Neuartige an dem Gedanken der kollektiven Sicherheit. Wenn nun die Vereinten Nationen eine echte Weltorganisation geworden sind – dieser Zustand ist heute bereits praktisch erreicht –, so kann der Aggressor nur von innen kommen. Hier verlangt der Grundgedanke der kollektiven Sicherheit, daß alle anderen Mitglieder des Systems ohne Rücksicht auf bestehende Verträge oder Absprachen und ohne Rücksicht darauf, ob sie selbst unmittelbar bedroht sind oder nicht, sich gegen den Aggressor stellen und dem Angegriffenen zu Hilfe eilen.[3]

So gehört die schnelle Reaktion auf jeden Akt der Aggression in jedem Teil der Erde zu den Wesensmerkmalen des Systems der kollektiven Sicherheit, wie es den Schöpfern der UNO-Satzung vorschwebte. Voraussetzung hierfür ist eine zentrale Organisation mit funktionsfähigen Leitungsgremien, die rasche Entscheidungen treffen. Deshalb wird als weiterer Unterschied der kollektiven Sicherheit zur kollektiven Verteidigung angeführt, die erstere müsse „ein Mindestmaß von zentraler Leitung und Organisation einer gemeinsamen Aktion, sowie nicht nur das Recht zur Abwehr, sondern auch Pflichten zum gegenseitigen Einstehen“ umfassen.[4] In der Tat sieht die UNO-Satzung eine derartige zentrale Leitung und Organisation in den Bestimmungen des Kap. VII (Art. 39 ff.) vor. Unter den Bedingungen des Ost-West-Konflikts war es jedoch nicht möglich, diesen organisatorischen Aufbau zu bewältigen. Deshalb kommen auch optimistische Beobachter immer wieder zu dem Ergebnis, daß trotz der eindeutig vorhandenen Rechtsgrundlagen in der SVN „eine der grundlegenden Voraussetzungen der kollektiven Sicherheit, nämlich ein hohes Maß an politischer Solidarität, in den ersten Jahren der Existenz der Vereinten Nationen dahinschwand“.[5] Da Beschlüsse des Sicherheitsrats – soweit sie nicht lediglich Verfahrensfragen betreffen – der Zustimmung von neun Mitgliedern einschließlich sämtlicher

[3] Auch der Gedanke der kollektiven Sicherheit in diesem Sinne war bereits in der Völkerbundsära aufgetaucht, konnte sich aber dort nicht entfalten, weil die Siegermächte des Ersten Weltkriegs einen engeren Sicherheitsbegriff vertraten. Der nach allen Seiten offene Begriff der kollektiven Sicherheit, wie er der UNO-Satzung zugrundeliegt, wurde jedoch bereits damals von dem sowjetischen Vertreter im Völkerbundrat, Maxim Litvinov, hervorgehoben. Vgl. Gerhard Hafner, Der sozialistische Begriff der kollektiven Sicherheit, ÖZA 1973, S. 135.

[4] Ulrich Scheuner, Kollektive Sicherheit, WVR II, Berlin 1961, S. 243.

[5] Jost Delbrück, Collective security, in: Bernhardt, Hrsg., EPIL, Instalment 3 (1982), S. 109.

ständigen Mitglieder bedürfen (Art. 27 Abs. 3 SVN), haben die ständigen Mitglieder ein faktisches Veto und können durch ihre Nein-Stimme ein Zustandekommen von Beschlüssen des Sicherheitsrats verhindern, so daß das System der kollektiven Sicherheit lahmgelegt ist. Die Hoffnung, daß diese Lähmung mit Hilfe der „Uniting for Peace"-Resolution vom 3. November 1950[6] überwunden werden könnte, hat sich nicht erfüllt. Die Resolution war unter dem Eindruck der Koreakrise entstanden[7] und hatte der Generalversammlung die Befugnis eingeräumt, bei Versagen des Sicherheitsrats im Falle einer Friedensgefährdung den Mitgliedern „Empfehlungen für Kollektivmaßnahmen zu geben, im Falle des Friedensbruchs oder einer Angriffshandlung auch für den Gebrauch bewaffneter Kräfte". Innerhalb von 24 Stunden sollte zu diesem Zweck eine Notsondersitzung einberufen werden können, und zwar auch gegen die Stimme eines ständigen Sicherheitsrats-Mitglieds. Hiervon ist in der bisherigen Praxis noch nicht Gebrauch gemacht worden. Aber die Rechtsgrundlagen für das System der kollektiven Sicherheit bestehen nach wie vor und können jedenfalls dann zweifelsfrei realisiert werden, wenn sich die ständigen Mitglieder des Sicherheitsrats einig sind und für ihren Vorschlag eine Mehrheit von insgesamt neun Stimmen in diesem Gremium finden. Die Reaktivierung des Systems der kollektiven Sicherheit wird von maßgeblicher Seite befürwortet. In seinem Bericht an die 37. Generalversammlung betonte Generalsekretär Perez de Cuéllar: „Unsere dringlichste Aufgabe scheint mir die Erneuerung des in der Charta enthaltenen Gedankens eines kollektiven Vorgehens für Frieden und Sicherheit zu sein, damit die Vereinten Nationen ihre Hauptaufgaben besser erfüllen können. Das Fehlen eines wirksamen kollektiven Sicherheitssystems beim Völkerbund war einer der Gründe, die zum Zweiten Weltkrieg geführt haben. Auch wenn sich die weltpolitische Situation inzwischen gewaltig verändert hat, brauchen die einzelnen Staaten faktisch mehr denn je ein funk-

6 Resolution 377 (V).
7 Vgl. oben 3.3.3.

tionsfähiges kollektives Sicherheitssystem, auf das sie sich wirklich verlassen können."[8]

Eine der Grundvoraussetzungen für die Funktionsfähigkeit des Systems der kollektiven Sicherheit ist allerdings, daß Klarheit über die Definition des Angriffs herrscht; denn andernfalls kann der Sicherheitsrat nicht feststellen, ob eine Angriffshandlung im Sinne von Art. 39 SVN vorliegt. Nach jahrelanger Vorbereitung verabschiedete die Generalversammlung ohne Abstimmung eine Resolution, die in acht Artikeln eine Aggressionsdefinition versucht.[9] Danach stellt der Ersteinsatz von

[8] Perez de Cuéllar, Bericht an die 37. Generalversammlung, VN 1982, S. 200.

[9] Resolution 3314 (XXIX). Hierzu Michael Bothe, Die Erklärung der Generalversammlung der Vereinten Nationen über die Definition der Aggression, JIR 1975, S. 127 ff.; Bengt Broms, The Definition of Aggression, RdC 1977/I (Bd. 154), S. 301 ff.; C. Lloyd Brown John, The 1974 Definition of Aggression: A Query, CYIL 1977, S. 301 ff.; Thomas Bruha, Die Definition der Aggression, Berlin-München 1980; Dokumente zur Bestimmung des Begriffs der Aggression, FW 1975, S. 96 ff.; Benjamin B. Ferencz, Defining international aggression, 2 Bde., Dobbs Ferry, N.Y. 1975; Bernhard Graefrath, Völkerrechtliche Konsequenzen aus der Anwendung der Aggressionsdefinition durch den Sicherheitsrat, NJ 1976, S. 732 ff.; Wolfgang Heidelmeyer, Die Definition der Aggression, VN 1975, S. 108 ff.; Raimund Jakob, Kritische Bemerkungen zu einer völkerrechtlichen Aggressionsdefinition, ÖZöR 1980, S. 265 ff.; Klaus Kersting, „act of aggression" und „armed attack", NZWehrr 1981, S. 130 ff.; Gert Meier, Der Begriff des bewaffneten Angriffs, AVR 1973–75, S. 375 ff.; Patrick Rambaud, La définition de l'agression par l'Organisation des Nations Unies, RGDIP 1976, S. 835 ff.; Albrecht Randelzhofer, Die Aggressionsdefinition der Vereinten Nationen, EA 1975, S. 621 ff.; Walter Rehm, Was ist eine Aggression?, EuWehrk 1980, S. 330 ff.; A.M. Rifaat, International Aggression, Stockholm 1979; Bert V.A. Röling, Die Definition der Aggression, in: Fs f. Eberhard Menzel, Berlin 1975, S. 387 ff.; Shabtai Rosenne, On the definition of aggression, International Problems, no. 1–2, 1976, S. 25 ff.; Lothar Schultz, Die Definition des Aggressionsbegriffs der Vereinten Nationen und die sowjetische Völkerrechtslehre, OER 1977, S. 1 ff.; Julius Stone, Conflict through consensus: United Nations approaches to aggression, Baltimore 1977; Julius Stone, Hopes and loopholes in the 1974 definition of aggression, AJIL 1977, S. 224 ff.; Wolfgang Watzke, Was ist eine Aggression?, Beiträge zur Konfliktforschung 1978/4, S. 105 ff.; Jaroslav Žourek, Enfin une définition de l'agression, AFDI 1974, S. 9 ff.

Streitkräften den prima facie Beweis für das Vorliegen eines Aggressionsakts dar (Art. 2). Art. 3 der Resolution zählt weitere Sachverhalte auf, die als Aggressionsakte zu werten sind, darunter insbesondere der Einmarsch von Streitkräften eines Staates in das Gebiet eines anderen Staates, die Beschießung fremden Territoriums, die Seeblockade, die Entsendung bewaffneter Banden oder Söldnertruppen durch einen Staat oder im Namen eines Staates.

In der Literatur ist vor einer Überschätzung des Wertes der Aggressionsdefinition durch die Generalversammlung gewarnt worden. Vor allen Dingen sei es nach wie vor möglich, daß sich die Staaten „auf das in seinen Einzelheiten umstrittene Selbstverteidigungsrecht berufen können, um den Einsatz militärischer Mittel zu rechtfertigen. Das Interpretationsproblem dürfte sich also weitgehend bloß von der Aggression zur Selbstverteidigung verschieben."[10] Auch sei die Aggressionsdefinition ohnehin nicht der wahre Grund für das bisherige Versagen des Sicherheitsrats. Auch eine hieb- und stichfeste Aggressionsdefinition könne die tiefgreifenden politischen und ideologischen Gegensätze zwischen einzelnen Mitgliedern des Sicherheitsrats nicht beseitigen. Würden aber diese Gegensätze wegfallen, so könnte der Sicherheitsrat auch ohne eine Aggressionsdefinition die ihm zugedachte Rolle spielen. In der Tat betont die Resolution in ihrem Art. 6 selbst, daß sie alle Rechte und Befugnisse, die durch die SVN begründet werden, unberührt läßt. Der Sicherheitsrat selbst ist also nicht an die Resolution vom 14.12.1974 gebunden.

Da die Funktionsfähigkeit des Systems der kollektiven Sicherheit auf globaler Ebene bisher nicht gewährleistet werden konnte, ist wiederholt der Versuch gemacht worden, gestützt auf die Art. 52 ff. SVN, kollektive Sicherheitssysteme auf regionaler Ebene aufzubauen.[11] Ursprünglich sollte auch die Konferenz für Sicherheit und Zusammenarbeit in Europa

[10] Hanspeter Neuhold, Internationale Konflikte – verbotene und erlaubte Mittel ihrer Austragung, Wien–New York 1977, S. 133.

[11] Hierzu Rüdiger Pernice, Die Sicherung des Weltfriedens durch regionale Organisationen und die Vereinten Nationen, Hamburg 1972.

(KSZE) einem solchen Zweck dienen.[12] Es stellte sich jedoch heraus, daß diese Absicht nicht zu verwirklichen war. Die Hauptbedeutung der KSZE liegt daher in anderen Bereichen, insbesondere in denen der vertrauensbildenden Maßnahmen und der Entspannung. Eine geringere Bedeutung kommt ihr im Bereich der Menschenrechte zu (hierzu unten 10.3.3). Da regionale Systeme der kollektiven Sicherheit leicht die Tendenz zeigen können, sich zu Systemen der kollektiven Verteidigung zurückzuentwickeln, ist das Konzept der kollektiven Sicherheit auf globaler Ebene vorzuziehen.

Literatur

Leonard Beaton, The reform of power, London 1972.

Rudolf Bindschedler, Grundfragen der kollektiven Sicherheit, Fs f. Hans Wehberg, Frankfurt/M. 1956, S. 67 ff.

Maurice Bourquin, Hrsg., La Sécurité Collective, Paris 1934.

D.A. Frolick, The law and practice of collective security in contemporary international relations, Ann Arbor 1980.

Richard B. Gray, Hrsg., International security systems, Itasca, Ill. 1969.

Gerhard Hafner, Der sozialistische Begriff der kollektiven Sicherheit und die Probleme seiner Realisierung in Europa, ÖZA 1973, S. 131 ff.

Gerhard Hafner, Intervention und kollektive Sicherheit, ÖMZ 1973, S. 376 ff.

Otto Kimminich, Kollektive Sicherheit auf globaler und regionaler Ebene, Fs f. Friedrich Berber, München 1973, S. 217 ff.

Fernand van Langenhove, La crise du système de sécurité collective des Nations Unies, Brüssel 1958.

O. Pick und J. Critchley, Collective Security, London 1974.

K.P. Saxena, The United Nations and collective security: a historical analysis, New Delhi 1974.

[12] Remigiusz Bierzanek, European security and the United Nations system of collective security, in: Antonio Cassese, Hrsg., UN law; fundamental rights, Alphen 1979, S. 69 ff.; Gerhard Hafner, Bemerkungen zu den Rechtsprinzipien der kollektiven Sicherheit in Europa, in: Rechtsfragen der Integration und Kooperation in Ost und West, hrsg. von Otto Wolff von Amerongen, Berlin 1976, 307 ff.; Otto Kimminich, Völkerrechtliche Probleme der Sicherheit und Zusammenarbeit, JIR 1974 (Bd. 17), S. 59 ff.

Michael Schaefer, Die Funktionsfähigkeit des Sicherheitsmechanismus der Vereinten Nationen, Berlin–Heidelberg 1981.
Stephan Verosta, L'idéologie de la sécurité collective et le principe de l'équilibre politique, Revue européenne des sciences sociales et Cahiers Vilfredo Pareto, Bd. XVII, 1979, S. 257 ff.
M.W. Zacher, International conflicts and collective security, New York 1979.

7.4 Das Recht auf Verteidigung

Ebenso wie der Briand-Kellogg-Pakt[1] hat auch die Satzung der Vereinten Nationen trotz des in ihr enthaltenen Gewaltverbots das Recht eines jeden Staates auf Verteidigung unberührt gelassen. Art. 51 SVN bezeichnet es als ein „naturgegebenes" Recht und deutet damit an, daß es zum universellen Völkerrecht gehört, das nicht erst durch Verträge oder Gewohnheitsrecht geschaffen wurde. Zwar haben sich die Schöpfer der UNO-Satzung die Sicherung des Friedens so vorgestellt, daß kein angegriffener Staat sich allein wehren muß, aber sie haben neben das System der kollektiven Sicherheit (hierzu oben 7.3) das Recht der individuellen oder kollektiven Verteidigung gesetzt, „bis der Sicherheitsrat die zur Wahrung des Weltfriedens und der internationalen Sicherheit erforderlichen Maßnahmen getroffen hat" (Art. 51 Satz 1 SVN). In wörtlicher Übersetzung des englischen Ausdrucks „self-defence" hat sich im deutschen Sprachraum der Begriff „Selbstverteidigung" durchgesetzt, obwohl er in Bezug auf die „kollektive Selbstverteidigung" sprachlich nicht ganz korrekt ist. Rechtslogisch ist die Formulierung allerdings richtig; denn in kollektiver Selbstverteidigung machen auch diejenigen Staaten, die nicht selbst angegriffen sind, von demselben Recht Gebrauch wie der angegriffene Staat selbst. Im innerstaatlichen Recht entspricht der kollektiven Selbstverteidigung die Nothilfe, während die individuelle Selbstverteidigung mit der Notwehr zu vergleichen ist.

Durch die Mitgliedschaft in der Organisation der Vereinten Nationen wird das Recht eines jeden Staates auf Selbstvertei-

1 Vgl. oben S. 89 f.

digung nicht aufgehoben oder eingeschränkt. Jedoch betont Art. 51 SVN in seinem zweiten Satz, daß die Maßnahmen, die ein Mitglied in Ausübung seines Selbstverteidigungsrechts trifft, in keiner Weise die „Befugnis und Pflicht" des Sicherheitsrates berühren, „Maßnahmen zu treffen, die er zur Wahrung oder Wiederherstellung des Weltfriedens und der internationalen Sicherheit für erforderlich hält". Damit ist die Priorität des kollektiven Handelns der Mitglieder der Völkerrechtsgemeinschaft klargestellt.

Art. 51 SVN gestattet die kollektive Verteidigung nur „im Falle eines bewaffneten Angriffs". Daraus wurde anfänglich geschlossen, daß Verträge über die kollektive Selbstverteidigung erst nach Beginn eines bewaffneten Angriffs zulässig seien.[2] Bald aber bekannte sich die überwiegende Lehrmeinung des Völkerrechts dazu, daß alle präventiven Verteidigungsbündnisse, die NATO ebenso wie der Warschauer Pakt, von Art. 51 SVN gedeckt sind.[3] Jedoch ist erneut zu betonen, daß Art. 51 SVN nur die Rechtsgrundlage für die Verteidigungsbündnisse als solche, d.h. für die Vorbereitung der Verteidigung, darstellt. Auf keinen Fall kann Art. 51 SVN eine präventive Gewaltanwendung rechtfertigen. Art. 51 SVN ist keine Ausnahme vom Gewaltverbot der UNO-Satzung, sondern bestätigt dieses Verbot, so wie im innerstaatlichen Recht die Notwehr keine Ausnahme von der Strafbarkeit derjenigen Handlungen ist, gegen die sie sich richtet, sondern diese Strafbarkeit bekräftigt. Ebenso wie die strafrechtliche Notwehr ist deshalb auch die völkerrechtliche Selbstverteidigung an den Grundsatz der Verhältnismäßigkeit geknüpft.

Sowohl das Gewaltverbot des Art. 2 Ziff. 4 SVN als auch das Recht auf Selbstverteidigung des Art. 51 SVN verbietet den präventiven Einsatz von Streitkräften. Doch wird in der Literatur die Meinung vertreten, daß es Situationen geben könne, in denen ein unmittelbar bevorstehender Angriff so deutlich erkennbar ist, daß die Berufung auf Art. 51 SVN

2 Vgl. Hans Kelsen, Is the North Atlantic Treaty in conformity with the Charter of the United Nations?, ÖZöR 1951, S. 146.

3 Vgl. Knut Ipsen, Rechtsgrundlagen und Institutionalisierung der atlantisch-westeuropäischen Verteidigung, Hamburg 1967, S. 27 ff.

zulässig sei. Dies komme in der von der Generalversammlung der Vereinten Nationen gefundenen Aggressionsdefinition[4] dadurch zum Ausdruck, daß der Ersteinsatz der militärischen Macht nur als prima facie Beweis für das Vorliegen einer Aggression angesehen werde.[5]

Art. 51 SVN beschränkt das Selbstverteidigungsrecht auf diejenigen Fälle, in denen es darum geht, einen bewaffneten Angriff zurückzuschlagen. Er ist nicht anwendbar, wenn ein Völkerrechtsbruch stattgefunden hat, ohne daß ein bewaffneter Angriff vorliegt, also z.B. nicht auf Zwischenfälle zwischen Grenzorganen oder verbotene Einflüge fremder Flugzeuge, soweit sie nicht Kampfflugzeuge sind. Daraus folgt aber nicht, daß die Staaten gegen derartige Rechtsverletzungen wehrlos wären. Verboten ist ihnen lediglich der Einsatz von militärischen Machtmitteln, d.h. Truppenverbänden, Kriegsschiffen und Kampfflugzeugen, die mit scharfer Munition schießen. Polizeiliche Maßnahmen, Warn- oder Ablenkungsmanöver von Schiffen oder Flugzeugen stellen sich als Reaktionen auf Völkerrechtsverletzungen dar, die weder Art. 2 Ziff. 4 noch Art. 51 SVN berühren.[6] Aber es ist unzulässig, Art. 51 SVN über seinen durch den Wortlaut ausgewiesenen Geltungsbereich hinaus auszudehnen. Art. 51 SVN bekräftigt nicht nur das Recht der Selbstverteidigung, sondern zeigt auch dessen Grenzen auf. Wenn Rechtsverletzungen, auf die Art. 51 SVN keine Anwendung findet – wie z.B. rechtswidrige Handlungen gegen Staatsangehörige in fremden Staaten –, nicht im Wege der friedlichen Streiterledigung bereinigt werden können, ist zwar der verletzte Staat zur Selbsthilfe berechtigt, jedoch nicht zum Einsatz militärischer Gewalt.[7]

4 Resolution 3314 (XIX) vom 14.12.1974.

5 Vgl. Brun-Otto Bryde, Self-defence, in: Bernhardt (Hrsg.), EPIL, Instalment 4 (1982), S. 213.

6 So im Ergebnis auch Verdross/Simma, Universelles Völkerrecht, Berlin 1976, S. 241.

7 Bryde, aaO. (Anm. 5), S. 214.

Literatur

D.W. Bowett, Self-Defence in International Law, Manchester 1958.
Brun-Otto Bryde, Self-defence, in: Bernhardt (Hrsg.), EPIL, Instalment 4 (1982), S. 212 ff.
Jost Delbrück, Collective self-defence, in: Bernhardt (Hrsg.), EPIL, Instalment 3 (1982), S. 114 ff.
Reinhard Jorasch, Individuelle und kollektive Selbstverteidigung, NZWehrr 1981, S. 201 ff.
Josef L. Kunz, Individual and Collective Self-Defence in Article 51 of the Charter of the United Nations, AJIL 1947, S. 872 ff.
Hans-Joachim Schütz, Die Ausnahmeklausel der nationalen Verteidigung im Verfahren vor dem Internationalen Gerichtshof: eine exceptio universalis?, in: Christoph Schreuer, Hrsg., Autorität und internationale Ordnung, Berlin 1979, S. 173 ff.
Stephen M. Schwebel, Aggression, Intervention and Self-Defence in Modern International Law, RdC 1972/II (Bd. 136), S. 411 ff.
Robert W. Tucker, Reprisals and Self-Defence: The Customary Law, AJIL 1972, S. 586 ff.
Luzius Wildhaber, Gewaltverbot und Selbstverteidigung, in: Wilfried Schaumann, Hrsg., Völkerrechtliches Gewaltverbot und Friedenssicherung, Baden-Baden 1971, S. 147 ff.

7.5 Die friedliche Streitbeilegung

Die Mittel der friedlichen Streitbeilegung können zum Teil auf eine uralte Geschichte zurückblicken, viele von ihnen haben im klassischen Völkerrecht ihre auch heute noch gültige Ausformung erhalten. Aber unter der Geltung des Gewaltverbots und der allgemeinen Friedenspflicht kommt ihnen eine besondere Bedeutung zu. Sie sind die einzigen Mittel der Konfliktlösung im internationalen Bereich, und es besteht daher eine Pflicht der souveränen Staaten, sich ihrer zu bedienen.

Zu den Mitteln der friedlichen Streitbeilegung im weiteren Sinn gehören auch die Gerichtsbarkeit und die Schiedsgerichtsbarkeit, die im folgenden (Kap. 15) zu behandeln sind.

Dem Gedanken einer Rechtspflicht zur Benutzung friedlicher Mittel der Streitbeilegung liegt das Prinzip „Frieden durch Recht“ zugrunde, das zugleich ein Fundament der modernen Völkerrechtsordnung ist. Das Gewaltverbot wäre sinnlos, wenn das Völkerrecht nicht in der Lage wäre, friedliche Konfliktlösungen auf der Grundlage des Rechts anzubieten. Die konfliktlösende Funktion ist ein Kriterium jeder Rechtsordnung, nicht nur des Völkerrechts. Die Rechtsgeschichte zeigt allerdings, daß jede Rechtsordnung lange Zeiträume benötigt, um diese Funktion zu entfalten und wirkungsvoll zu organisieren. Im innerstaatlichen Bereich hat dieser Vorgang in allen Rechtskreisen viele Jahrhunderte, ja sogar Jahrtausende, gedauert. Im Völkerrecht ist er noch nicht abgeschlossen. Aber die seit dem Ende des Ersten Weltkriegs im Gange befindlichen Entwicklungen (vgl. oben 2.5) haben ihn beschleunigt.[1]

In einer genossenschaftlich organisierten Rechtsordnung, der es definitionsgemäß an einer zentralen Durchsetzungsgewalt fehlt, können die Mittel der außergerichtlichen Streitbeilegung nur schwach ausgebildet sein; denn sie müssen sich auf die genossenschaftlich orientierten Methoden beschränken. In Übereinstimmung damit zählt Art. 33 SVN neben schiedsgerichtlichen und gerichtlichen Entscheidungen die folgenden Mittel der friedlichen Streitbeilegung auf: Verhandlung, Untersuchung, Vermittlung, Vergleich. Die Aufzählung ist nicht abschließend; denn Art. 33 SVN fährt fort: „... oder andere friedliche Mittel eigener Wahl". Die Staaten sind aufgerufen, in Erfüllung der ihnen obliegenden allgemeinen Friedenspflicht neue Methoden der friedlichen Streitbeilegung zu entwickeln. Die Resolution der Generalversammlung der Vereinten Nationen über die Grundprinzipien des Völkerrechts für die freundschaftlichen Beziehungen und die Zusammenarbeit zwischen den Staaten in Übereinstimmung mit der SVN vom 24.10. 1970[2] erwähnt das Prinzip der friedlichen Streitschlichtung an zweiter Stelle unmittelbar nach dem Gewaltverbot.

Die *Verhandlung* ist nicht nur eine Form der Streitbeilegung, sondern auch ein allgemeines Mittel des zwischenstaatlichen Verkehrs, das insbesondere bei der Vorbereitung von

1 Vgl. Otto Kimminich, Die Funktion des Rechts bei der Verhinderung, Verursachung und Beilegung von Konflikten, in: Rudolf Weiler und Valentin Zsifkovits, Hrsg., Unterwegs zum Frieden, Wien–Freiburg–Basel 1973, S. 443 ff.; Quincy Wright, The role of law in controlling international conflict, Fs f. Herbert Kraus, Würzburg 1964, S. 359 ff.

2 Resolution 2625 (XXV), GAOR XXV, Supplement 28, S. 121 ff.

Verträgen Anwendung findet. Soweit sie der Streitschlichtung dient, unterscheidet sie sich von anderen Formen der Streitbeilegung dadurch, daß ihr das Element der neutralen dritten Partei fehlt, das bei anderen Streitschlichtungsmitteln eine wichtige Rolle spielt. Deshalb wird die Verhandlung als das schwächste Streitschlichtungsmittel betrachtet, das bei Schlichtungsklauseln in völkerrechtlichen Verträgen in der Regel nur als erster Schritt des gesamten Konfliktlösungsverfahrens vorgesehen ist.[3] Die Verhandlung wird in den Formen des diplomatischen Verkehrs durchgeführt (hierzu unten Kap. 9). Daß sie nicht zu einem völkerrechtswidrigen Ergebnis führen darf – etwa zu einem Vertrag zu Lasten Dritter oder zu einer Vereinbarung, die gegen zwingende Regeln des Völkerrechts verstößt –, bedarf keiner Erwähnung.

Der Schaffung einer Grundlage für die friedliche Streitbeilegung dient die *Untersuchung* („fact-finding", „inquiry"). Sie wird in der Regel von unparteiischen Beobachtern durchgeführt, insbesondere internationalen Untersuchungskommissionen, die von den Parteien durch eine Vereinbarung eingesetzt worden sind. Die Arbeit einer solchen Untersuchungskommission schließt mit einem Bericht ab, der die Tatsachen feststellt, aber keine bindende Wirkung entfaltet, ja nicht einmal Empfehlungen enthält. Vielmehr sollen die Streitparteien auf der Grundlage des Berichts frei entscheiden, welche endgültigen Schritte sie zur Streitbeilegung unternehmen wollen. Die erste Regelung der Tätigkeit internationaler Untersuchungskommissionen findet sich im Haager Abkommen zur friedlichen Erledigung internationaler Streitigkeiten von 1899, das nur aus 6 Artikeln besteht. Wesentlich umfangreicher (28 Artikel umfassend) ist das Haager Abkommen zur friedlichen Erledigung internationaler Streitigkeiten von 1907. Spätere Verträge gestalteten das Verfahren weiter aus. Hierher gehören insbesondere die sog. „Bryanverträge" von 1913/1914 (benannt nach dem damaligen amerikanischen Außenminister Bryan), die zwischen den USA und einer Reihe anderer Staaten geschlossen wurden. In ihnen verpflichten sich die Signa-

[3] Vgl. Carl August Fleischhauer, Negotiation, in: Bernhardt (Hrsg.), EPIL, Instalment 1 (1981), S. 153.

tarstaaten, alle Streitigkeiten, die nicht auf diplomatischem Wege oder durch Schiedsurteil geschlichtet werden können, einer internationalen Untersuchungskommission vorzulegen und keine weiteren Schritte zu unternehmen, bevor die Kommission ihren (verbindlichen) Bericht erstattet hat.[4] Art. 90 des I. Zusatzprotokolls zu den vier Genfer Abkommen vom 12. Dezember 1977 schafft die Rechtsgrundlage für Untersuchungskommissionen, die nicht nur mit der Tatsachenermittlung beauftragt sind, sondern sogar Empfehlungen aussprechen können. Ähnliches ist im Entwurf der Seerechtskonvention vorgesehen.[5]

Zum Zwecke des *Ausgleichs* pflegen Ausgleichskommissionen gebildet zu werden, die entweder auf den Bericht einer Untersuchungskommission aufbauen oder selbst Tatsachenfeststellungen treffen, in jedem Fall aber ihren Bericht mit Vorschlägen zur Lösung des Konflikts verbinden. Insofern stellt der Ausgleich gegenüber der Untersuchung eine fortgeschrittene Form der Streitbeilegung dar. Jedoch haben die Vorschläge der Ausgleichskommission ebenfalls keine verbindliche Wirkung, sondern sind nur Empfehlungen.

Im neueren Schrifttum werden Ausgleich und *Vermittlung* zusammen behandelt, weil zwischen ihnen keine klare Unterscheidung möglich sei.[6] Das ältere Schrifttum neigte eher dazu, Vermittlung und gute Dienste miteinander in Verbindung zu bringen. Vermittlung und gute Dienste sind früher auch gelegentlich als „wohlwollende Intervention" bezeichnet worden, aber es ist klar, daß sie gerade keine Intervention darstellen (vgl. unten 8.3).

Die *guten Dienste* bestehen darin, daß ein Staat direkte Verhandlungen zwischen zwei im Streit befangenen Völkerrechtssubjekten anregt, vorbereiten hilft und in sonstiger Weise fördert, z.B. dadurch, daß er einen Konferenzort mit entsprechen-

4 Vgl. Hans-Jürgen Schlochauer, Bryan Treaties (1913/1914), in: Bernhardt (Hrsg.), EPIL, Instalment 1 (1981), S. 40 f.

5 Vgl. Karl Josef Partsch, Fact-finding and inquiry, in: Bernhardt (Hrsg.), EPIL, Instalment 1 (1981), S. 61.

6 Rudolf Bindschedler, Conciliation and mediation, in: Bernhardt (Hrsg.), EPIL, Instalment 1 (1981), S. 47.

den technischen Ausrüstungen und Personal zur Verfügung stellt. Bei der *Vermittlung* beschränkt sich der vermittelnde Staat nicht auf diese technische Unterstützung, sondern unterbreitet den im Streit befangenen Parteien eigene Vorschläge und nimmt zu den Vorschlägen der Streitparteien Stellung. Eine solche Vermittlerrolle kann nur auf ausdrücklichen Wunsch der Streitparteien entstehen und setzt eine absolut unparteiische Haltung des Vermittelnden voraus. Jede Vermittlungstätigkeit, die nicht vom Willen der Streitparteien gedeckt ist, oder die über die Grenzen der Vermittlung hinausgeht, stellt eine Intervention dar und ist daher völkerrechtswidrig.

Die Vermittlung hat eine besonders alte Tradition. Sie läßt sich in der europäischen Geschichte „kontinuierlich bis ins Mittelalter zurückverfolgen"[7]. Im System des klassischen Völkerrechts bildeten sich zahlreiche gewohnheitsrechtliche Regeln für die verschiedenen Mittel der friedlichen Streitbeilegung heraus. Noch unter der Geltung dieser Rechtsordnung wurde der Versuch unternommen, das Recht der friedlichen Streitbeilegung zu kodifizieren und darüber hinaus eine internationale Schiedsgerichtsbarkeit zu schaffen. In diesen Bestrebungen können die ersten Ansätze zum Übergang des klassischen Völkerrechts in die neue Völkerrechtsordnung der Gegenwart gesehen werden. Ihr sichtbarer Ausdruck ist das Abkommen zur friedlichen Erledigung internationaler Streitfälle vom 18. Oktober 1901 (I. Haager Abkommen), das auf der zweiten Haager Friedenskonferenz ausgearbeitet wurde.[8] Obwohl damals weder das Kriegsverbot noch das allgemeine Gewaltverbot galt, bekannten sich in Art. 1 dieses Abkommens die Signatarstaaten zu dem Ziel, „die Anrufung der Gewalt so weit wie möglich zu verhüten". Art. 2 des Abkommens begründet eine Rechtspflicht der Signatarstaaten, im Falle einer ernsten Meinungsverschiedenheit oder eines Streites die guten Dienste oder die Vermittlung einer befreundeten

[7] Hanspeter Neuhold, Internationale Konflikte – verbotene und erlaubte Mittel ihrer Austragung, Wien–New York 1977, S. 364, Anm. 27.

[8] Deutscher Text in RGBl. 1910, S. 5.

Macht anzurufen, bevor sie zu den Waffen greifen. Allerdings ist diese Verpflichtung eingeschränkt durch den Zusatz"... soweit sich die Umstände hierfür eignen". Das Recht der anderen Staaten, gute Dienste oder Vermittlung anzubieten, wird ausdrücklich bekräftigt und darf gemäß Art. 3 Abs. 3 des Abkommens unter keinen Umständen als unfreundliche Handlung angesehen werden. Dieses Recht besteht auch nach Ausbruch der Feindseligkeiten weiter. Eine Pflicht zur Einrichtung internationaler Untersuchungskommissionen begründet das Haager Abkommen nicht. Art. 9 des Abkommens bezeichnet die Tätigkeit solcher Untersuchungskommissionen nur unter bestimmten Voraussetzungen als „nützlich und wünschenswert".

Der Völkerbund unternahm den Versuch, das bestehende Gewohnheitsrecht in Bezug auf die friedliche Streitbeilegung zu kodifizieren und die zahlreichen Schiedsvertragsbestimmungen zu vereinheitlichen. Zu diesem Zweck wurde am 26. September 1928 die „Genfer Generalakte" unterzeichnet. Ihrem Wesen nach ist sie ein multilateraler Schieds- und Vergleichsvertrag. 24 Staaten traten ihm bei. Unter anderem sieht die Genfer Generalakte die Schaffung ständiger Vergleichskommissionen vor, die jeweils für die Streitigkeiten zwischen zwei Signatarstaaten der Generalakte zuständig sind. Die Fortgeltung der Generalakte ist umstritten. Nach überwiegender Meinung ist die Akte seit der Auflösung des Völkerbunds nicht mehr in Kraft.[9]

Im geltenden Völkerrecht wird eine Pflicht zur Verwendung der friedlichen Streitbeilegungsmittel durch Art. 2 Nr. 3 SVN für alle Mitglieder der Vereinten Nationen begründet. Angesichts der hohen Mitgliederzahl der Weltorganisation ist es gerechtfertigt, diese Rechtsnorm ebenso wie das Gewaltverbot des Art. 2 Ziff. 4 SVN – das im Grunde genommen die Pflicht zur friedlichen Streitbeilegung impliziert – als allgemeines Völkerrecht zu betrachten.

[9] Vgl. Friedrich August Frhr. von der Heydte, General Act for the Pacific Settlement of International Disputes, in: Bernhardt (Hrsg.), EPIL, Instalment 1 (1981), S. 64.

In regionalen Abkommen sind die Verfahrensweisen und Rechtspflichten der friedlichen Streitbeilegung weiterentwickelt worden. So vertieft der Amerikanische Vertrag über friedliche Streitbeilegung vom 30. April 1948 (der sog. Pakt von Bogota)[10] die in der UNO-Satzung ausgesprochene Pflicht der Staaten zur friedlichen Streitbeilegung für die Mitglieder der Organisation der Amerikanischen Staaten und formalisiert das Verfahren für gute Dienste und Vermittlung ebenso wie für Untersuchung und Ausgleich.

Für die Mitgliedstaaten des Europarats gilt seit dem 30. April 1958 die Europäische Konvention über die friedliche Beilegung von Streitigkeiten vom 29. April 1957.[11] Bei ihr steht die Verpflichtung, alle zwischen den Vertragsstaaten entstehenden völkerrechtlichen Streitigkeiten dem IGH vorzulegen, im Vordergrund. Für die nichtvölkerrechtlichen Streitigkeiten sieht die Konvention ein Vergleichsverfahren vor (Art. 4 – 18), das jedoch nicht obligatorisch ist; denn anstelle des Vergleichsverfahrens können die Parteien die Streitfragen sofort einem Schiedsgericht vorlegen. Die Konvention ist von 12 Mitgliedstaaten des Europarats ratifiziert worden, von denen aber 6 das Kapitel III über die obligatorische Schiedssprechung nicht akzeptiert haben. Die Vorschriften über Ausgleich und Schiedsgerichtsbarkeit haben keine praktische Bedeutung erlangt, aber die Vorschriften über die gerichtliche Beilegung von Streitigkeiten sind wiederholt angewendet worden. Unter anderem bildeten sie die Grundlage für die Anrufung des IGH im Festlandsockelstreit[12] und für die zwischen Italien und Österreich am 17. Juli 1971 geschlossene Vereinbarung über die Zuständigkeit des IGH für Streitigkeiten im Zusammenhang mit der Südtirolfrage.

Die geringe Ausnutzung der Möglichkeiten der Europäischen Konvention über die friedliche Beilegung von Streitigkeiten veranlaßte die Schweiz im Jahre 1974, die Errichtung eines europäischen Schiedsgerichtshofes vorzuschlagen.[13] Die

10 UNTS Bd. 30, S. 55.
11 Text in BGBl. 1961 II, S. 81.
12 Vgl. oben S. 153.
13 Europarat Dokument Nr. 3502 (1974).

Beratende Versammlung nahm die Initiative nicht auf, sondern regte eine Reaktivierung der Konvention von 1957 an.[14] Am 18. September 1973 unterbreitete die Schweiz der Konferenz für Sicherheit und Zusammenarbeit in Europa (KSZE) den Entwurf eines Vertrages über ein europäisches System der friedlichen Streiterledigung.[15] Obwohl die KSZE-Schlußakte vom 1. August 1975 das Prinzip der friedlichen Regelung von Streitfällen bekräftigte und die Absicht verkündete, den schweizerischen Entwurf auf einem Expertentreffen zu erörtern, scheiterte auch dieser Plan. Zwar fand das Expertentreffen in der Zeit vom 31. Oktober bis 11. Dezember 1978 in Montreux statt, aber gerade dort zeigte sich der Widerstand der Ostblockstaaten.[16] Eine umfangreiche wissenschaftliche Diskussion lösten auch die Vorschriften über die friedliche Streitbeilegung im Entwurf der Seerechtskonferenz aus.[17]

14 Empfehlung Nr. 878 (1979) vom 4. Oktober 1979.

15 Text in H. Volle und W. Wagner, KSZE. Beiträge und Dokumente aus dem Europa-Archiv, Bonn 1976, S. 325 ff.

16 Zum Entwurf vgl. Rudolf L. Bindschedler, Der schweizerische Entwurf eines Vertrages über ein europäisches System der friedlichen Streiterledigung und seine politischen Aspekte, EA 1976, S. 57 ff.; Konrad Ginther, Die Grundzüge des schweizerischen Entwurfs eines Vertrages über ein europäisches System der friedlichen Streiterledigung, AVR 1978 (Bd. 17), S. 295 ff.; Fritz Münch, Zur schweizerischen Initiative für die friedliche Beilegung von Streitigkeiten in Helsinki und Montreux, 1973 und 1978, in: Fs f. Rudolf Bindschedler, Bern 1980, S. 385 ff.; Bruno Simma und Dieter Schenk, Friedliche Streiterledigung in Europa. Überlegungen zum schweizerischen KSZE-Vorschlag, EA 1978, S. 419 ff.; Bruno Simma und Dieter Schenk, Der schweizerische Entwurf eines Vertrages über ein europäisches System der friedlichen Streiterledigung, in: Bruno Simma und Edda Blenk-Knocke, Hrsg., Zwischen Intervention und Zusammenarbeit, Berlin 1979, S. 363 ff.

17 A.O. Adede, Law of the Sea – the integration of the system of settlement of disputes under the draft convention as a whole, AJIL 1978, S. 84 ff.; Rudolf Bernhardt, Die Streitbeilegung im Rahmen der Neuordnung des Seerechts, ZaöRV 1978, S. 959 ff.; Rudolf Bernhardt, Law of the sea, settlement of disputes, in: Bernhardt (Hrsg.), EPIL, Instalment 1 (1981), S. 133 ff.; Vladimir Ibler, Einige Bemerkungen zur Beilegung der Abgrenzungsstreitigkeiten in der ICNT, in: Fs f. Stephan Verosta, Berlin 1980, S. 287 ff.

Der UN-Sonderausschuß für die Charta der Vereinten Nationen und die Stärkung der Rolle der Organisation bereitet eine Erklärung der Vereinten Nationen über die friedliche Streitbeilegung vor. Ein Entwurf hierfür ist am 22. Februar 1980 auf der fünften Ausschußtagung in Manila verabschiedet worden und erhielt die Bezeichnung „Draft Manila Declaration". Auf seiner siebenten Tagung verabschiedete der Sonderausschuß am 23. Februar 1982 einen endgültigen Entwurf, den er der Generalversammlung der Vereinten Nationen auf deren 37. Jahrestagung vorlegte.[18]

Literatur

Ljubivoje Acimovic, Peaceful settlement of international disputes – current initiatives and perspectives, in: Fs f. Rudolf Bindschedler, Bern 1980, S. 335 ff.

C.F. Amerasinghe, Dispute settlement machinery in relations between states and multinational enterprises, International Lawyer 1977, S. 45 ff.

Sydney D. Bailey, Peaceful settlement of disputes: Ideas and proposals for research, 3. Aufl. New York 1971.

Tabrizi Bensalah, L'enquête internationale dans le règlement des conflits, Paris 1976.

Karl-Heinz Böckstiegel, Hrsg., Settlement of space law disputes, Köln 1980.

Michael Bothe, Zusammenarbeit statt Grenzziehung, in: Rudolf Bernhardt und Ulrich Beyerlin, Hrsg., Deutsche Landesreferate zum Öffentlichen Recht und Völkerrecht, Heidelberg 1982, S. 247 ff.

V.D. Degan, International conciliation: its past and future, in: Fs f. Stephan Verosta, Berlin 1980, S. 261 ff.

Konrad Ginther, European Convention for the Peaceful Settlement of Disputes, in: Bernhardt (Hrsg.), EPIL, Instalment 1 (1981), S. 56 ff.

Meinhard Hilf, Europäische Gemeinschaften und internationale Streitbeilegung, in: Fs f. Hermann Mosler, Berlin–Heidelberg–New York 1983, S. 387 ff.

Gerhard Hoffmann, Die Grenzen rechtlicher Streiterledigung im Völkerrecht, BerDGV Heft 9, Karlsruhe 1969, S. 1 ff.

[18] Text des Erklärungsentwurfs in UN Doc. A/AC. 182/L. 32/Add. 1. Bericht in VN 1982, S. 143 f. Vgl. a. Report of the Special Committee on the Charter of the United Nations and on the Strengthening of the Role of the Organization, GOAR, 37th Session, Supplement No. 33 (A37/33), S. 9 ff.

Johann Christoph Jessen, Eigenständige friedliche Streitbeilegung durch den Generalsekretär der Vereinten Nationen, Diss. Kiel 1975.
Karl Heinz Kunzmann, Die europäische Konvention über die friedliche Beilegung von Streitigkeiten, EA 1959, S. 125 ff.
Georges Malinverni, Le règlement des différends dans les organisations internationales économiques, Leiden 1974.
Hans von Mangoldt, Tradition in der zwischenstaatlichen Streitbeilegung, in: Fs gewidmet der Tübinger Juristenfakultät, Tübingen 1977, S. 435 ff.
Werner Meng, Streitbeilegung im GATT, ZaöRV 1981, S. 69 ff.
P.K. Menon, Settlement of international boundary disputes, RDI 1979, S. 139 ff.
Herbert Miehsler, The European convention for the peaceful settlement of disputes, in: Fs f. Friedrich August Frhr. v.d. Heydte, Berlin 1977, S. 335.
Jean Monnier, Le règlement pacifique des litiges internationaux, SchJIR 1981, S. 9 ff.
Hanspeter Neuhold, Internationale Konflikte – verbotene und erlaubte Mittel ihrer Austragung, Wien–New York 1977, S. 357 ff.
Karin Oellers-Frahm, Neue Tendenzen im Völkerrecht bei der Beilegung internationaler Grenzstreitigkeiten, in: Rudolf Bernhardt und Ulrich Beyerlin, Hrsg., Deutsche Landesreferate zum Öffentlichen Recht und Völkerrecht, Heidelberg 1982, S. 227 ff.
Edith Oeser, Zum Prinzip der friedlichen Regelung internationaler Streitigkeiten, Dt. Außenpolitik, Beilage, 1964, S. 19 ff.
Edith Oeser, Konsultationen – ein neues Verfahren der friedlichen Streitbeilegung zwischen europäischen Staaten, Dt. Außenpolitik 1979 (Heft 6), S. 57 ff.
Alain Plantey, La négociation internationale, principe et méthodes, Paris 1980.
K. Venkata Raman, Hrsg., Dispute Settlement through the United Nations, Dobbs Ferry, N.Y. 1977.
B.G. Ramcharan, The Good Offices of the United Nations Secretary-General in the Field of Human Rights, AJIL 1982, S. 130 ff.
Ignaz Seidl-Hohenveldern, Grenzen rechtlicher Streiterledigung in internationalen Organisationen, BerDGV Heft 9, Karlsruhe 1969, S. 45 ff.
Louis B. Sohn, Peaceful settlement of disputes, in: Bernhardt (Hrsg.), EPIL, Instalment 1 (1981), S. 154 ff.
Julius Stone, Legal Controls of International Conflict, 2. Aufl. London 1959.
Alexander Uschakow, Die friedliche Beilegung internationaler Streitigkeiten, in: Reinhart Maurach und Boris Meissner, Hrsg., Völkerrecht in Ost und West, Stuttgart 1967, S. 219 ff.
Ugo Villani, Conciliation and consensus in UNCTAD, ItalYIL 1976, S. 61 ff.
P.J. de Waart, The element of negotiation in the pacific settlement of disputes between states, Den Haag 1973.

Hanna Wege, Rechtliche Legitimation eigenständiger streitschlichtender Aktivitäten des UN-Generalsekretärs in friedensbedrohenden Konfliktsituationen, JIR 1976, S. 352 ff.

Hans Wehberg, Die Vergleichskommissionen im modernen Völkerrecht, ZaöRV 1958 (Bd. 19), S. 551 ff.

8. Die Ordnung des zwischenstaatlichen Verkehrs

8.1 Das Prinzip der Staatengleichheit

Seit seinen historischen Anfängen ist das Völkerrecht ein Recht unter Gleichen. Das Prinzip der Staatengleichheit gehörte daher bereits im klassischen Völkerrecht zu den notwendigen Verfassungsgrundsätzen der Völkerrechtsgemeinschaft. Die UNO-Satzung hat es in ihrem Art. 2 Ziff. 1 bekräftigt: „Die Organisation beruht auf dem Grundsatz der souveränen Gleichheit aller ihrer Mitglieder.“

Aus dem Prinzip der Staatengleichheit wird gefolgert, daß die Völkerrechtssubjektivität der Staaten keine Rangordnung kennt. Auch eine partielle Völkerrechtssubjektivität ist bei Staaten nicht möglich. Davon zu unterscheiden ist allerdings die Einschränkung der völkerrechtlichen Handlungsfähigkeit, die bei Staaten nicht selten ist. Umso mehr ist zu betonen, daß auch diejenigen Staaten, die in ihrer völkerrechtlichen Handlungsfähigkeit beschränkt sind, die volle völkerrechtliche Rechtsfähigkeit besitzen.

Aus dem Prinzip der Staatengleichheit wird gefolgert, daß „für jeden Staat neues Recht nur kraft seiner Zustimmung verbindlich werden kann“.[1] In umgekehrter Schlußfolgerung ist dieser Satz auf die neuen Staaten, die im Zuge der Entkolonisierung entstanden sind, angewendet worden: Ihnen wurde das Völkerrecht nicht aufgezwungen, sondern erlangte für sie Verbindlichkeit nur auf Grund ihrer Zustimmung.[2] Jedoch konnten sie das universelle Völkerrecht nicht selektiv übernehmen. Vielmehr galt das universelle (allgemeine) Völkerrecht in seiner Gesamtheit für sie mit ihrem Eintritt in die Völkerrechtsgemeinschaft. Vom Augenblick ihrer Aufnahme in die Völkerrechtsgemeinschaft an konnten sie allerdings durch ihre Staatenpraxis dazu beitragen, neues universelles Völkergewohnheitsrecht zu bilden.

[1] Friedrich Berber, Lehrbuch des Völkerrechts, 1. Bd., 2. Aufl. München 1975, S. 212.

[2] Vgl. oben S. 94.

Ein ähnlicher Sachverhalt hat sich bei der Erörterung des Entstehens von Völkergewohnheitsrecht gezeigt: das Erfordernis der „einheitlichen Übung" wird nicht mehr dahingehend ausgelegt, daß tatsächlich alle Staaten, für die ein Völkerrechtssatz gelten soll (bei universellem Völkerrecht also alle Staaten der Erde), an der Übung beteiligt sein müssen. Immerhin kann ein gegen die Übung opponierender Staat (presistent objector) nicht an einen Völkerrechtssatz gebunden werden, gegen dessen Entstehen er protestiert hat. Auch das ist ein Ausfluß des Prinzips der Staatengleichheit. Aber das „Prinzip der Einstimmigkeit", von dem in den älteren Lehrbüchern des Völkerrechts die Rede war, gilt heute nicht mehr. Für das Entstehen von Völkergewohnheitsrecht begnügt sich die herrschende Völkerrechtslehre mit einer quasi-Einstimmigkeit.

Das aus der Staatengleichheit abgeleitete Prinzip der Einstimmigkeit führte im klassischen Völkerrecht dazu, daß bei völkerrechtlichen Staatenverbindungen Beschlüsse nur einstimmig gefaßt werden konnten. Aber je weiter die Integration in einer internationalen Organisation fortgeschritten ist, desto stärker berücksichtigt sie das Mehrheitsprinzip, das zwar die Überstimmung einzelner Mitglieder ermöglicht (und insofern den Grundsatz der Staatengleichheit außer Kraft setzt), aber das betreffende Organ in die Lage versetzt, rasche Entscheidungen zu fällen. Die UNO verwendet ebenfalls das Mehrheitsprinzip, und zwar ohne Ausnahme in der Generalversammlung, in der ein Überstimmen keine Rechtsfolgen hat, weil die Generalversammlung nur Empfehlungen ausspricht. Im Sicherheitsrat, der auch bindende Beschlüsse fassen kann, gilt insgesamt das Mehrheitsprinzip, für die ständigen Mitglieder aber das Prinzip der Einstimmigkeit, was einem faktischen Vetorecht der ständigen Mitglieder gleichkommt.[3] Die dogmatische Situation ist doppelbödig: einerseits entspricht das Prinzip der Einstimmigkeit der Staatengleichheit, so daß gesagt werden kann, daß für die ständigen Mitglieder die Staatengleichheit gewahrt ist. Andererseits bedeutet die Sonderstellung der ständigen Mitglieder des Sicherheitsrats

3 Vgl. oben S. 190.

im Vergleich zu den übrigen Mitgliedern eine Durchbrechung des Grundsatzes der Staatengleichheit.

Wenn internationale Organisationen das Mehrheitsprinzip nicht nur bei politischen Beschlüssen anwenden, sondern auch bei der Schaffung neuen Rechts, an das die Mitglieder der betreffenden Organisation gebunden sind, so entsteht dadurch praktisch dieselbe Lage wie im Innern von Staaten, in denen ein Parlament Gesetze mit der Mehrheit seiner Mitglieder beschließt. Deshalb wird die Anwendung des Mehrheitsprinzips bei der Schaffung von partikularem Völkerrecht als Kennzeichen der supranationalen Organisationsform gewertet. (Vgl. oben 3.3.3.) Da bei ihr eine generelle Übertragung von Hoheitsrechten der Mitglieder auf die Organisation stattgefunden hat, kann in dem Übertragungsakt eine allgemeine Zustimmung des einzelnen Mitglieds zu dem von den kompetenten Organen der Gemeinschaft gesetzten Recht erblickt werden. Mit einiger Mühe kann daher diese Organisationsform noch als mit dem Prinzip der Staatengleichheit vereinbar betrachtet werden. Es liegt allerdings im Wesen der supranationalen Organisation, daß sie die fortschreitende Integration fördert und die Gemeinschaft aus dem Bereich des Völkerrechts heraus und in den Bereich des Bundesstaates hinein führt.

Eine weitere Schlußfolgerung aus dem Grundsatz der Staatengleichheit ist das Prinzip der Stimmengleichheit auf internationalen Konferenzen, in Organen internationaler Zusammenschlüsse und bei allen sonstigen Gelegenheiten der Stimmenzählung. Das Prinzip besagt, daß jeder Staat ohne Rücksicht auf seine Größe oder sonstige Machtfaktoren, die ihm eigen sind, nur eine Stimme besitzt. Dieses Prinzip ist in der UNO voll verwirklicht. Hingegen bedienen sich zahlreiche internationale Organisationen des Prinzips der Stimmenwagung, um das unterschiedliche Gewicht, das die Mitglieder der Organisation in Bezug auf den speziellen Organisationszweck besitzen, zum Ausdruck zu bringen.[4]

Im Bereich der internationalen Gerichtsbarkeit wird aus dem Grundsatz der Staatengleichheit gefolgert, daß jeder

[4] Jerzy Kranz, Le vote pondéré dans les organisations internationales, RGDIP 1981, S. 313.

Staat vor internationalen Gerichten die gleiche Rechtsstellung besitzt, und daß ihm die gleichen Rechtsmittel zustehen (Prinzip der Waffengleichheit). Vor allen Dingen aber gilt der Grundsatz, daß kein Staat über einen anderen Staat ohne dessen Zustimmung zu Gericht sitzen kann. Hierin äußert sich erneut der genossenschaftliche Charakter des Völkerrechts in Anlehnung an den uralten Rechtsgrundsatz „par in parem non habet iudicium". (Der Gleichgestellte hat kein Recht, über den Gleichgestellten ein Urteil zu fällen.)

Eine weitere, vor allem im angelsächsischen Bereich aus dem Prinzip der Staatengleichheit abgeleitete Doktrin ist dagegen umstritten. Gemeint ist die sog. Act of State Doctrine, welche besagt, „daß Regierungsakte, die eine Regierung hinsichtlich von Personen, Sachen oder Rechten, die sich auf ihrem Staatsgebiet befinden, setzt, von den Organen der inneren Vollziehung eines anderen Staates (Gerichte und Verwaltungsbehörden) als rechtmäßig angesehen werden müssen; und damit auch jene Rechtswirkungen, die die genannten Regierungsakte im Ausland nach sich ziehen".[5] Dem ist entgegenzuhalten, daß im Völkerrecht keine Verpflichtung zur uneingeschränkten Anerkennung der Hoheitsakte eines anderen Staates besteht.[6] In Bezug auf völkerrechtswidrige Hoheitsakte ist zwischen der Verletzung von zwingendem Recht (ius cogens) und nachgiebigem Recht (ius dispositivum) zu unterscheiden. In letzterem Fall wird zugegeben werden können, daß eine Verpflichtung zur Verweigerung der Anerkennung des fremden Hoheitsaktes nicht besteht. Soweit zwingendes Recht verletzt worden ist, würde jedoch die Anerkennung des völkerrechtswidrigen Hoheitsaktes ihrerseits eine Völkerrechtsverletzung darstellen. Hiervon unberührt bleibt nur die Grundregel, daß es jedem Staat unbenommen bleiben muß, einer nur gegen ihn gerichteten Völkerrechtsverletzung freiwillig

5 Peter Fischer und Heribert Franz Köck, Allgemeines Völkerrecht, Eisenstadt 1980, S. 89.

6 Vgl. E. Wehser, in: Menzel/Ipsen, Völkerrecht, 2. Aufl. München 1979, S. 182.

zuzustimmen.[7] Die von der angelsächsischen Völkerrechtslehre geforderte allgemeine Pflicht zur Anerkennung ausländischer Hoheitsakte kann jedoch nicht auf den Grundsatz der Staatengleichheit gestützt werden und wird daher ganz überwiegend abgelehnt.[8] Die Bedeutung der Act of State Doctrine im amerikanischen Recht wird dadurch nicht geschmälert.[9]

Literatur

Boutros Boutros-Ghali, Le principe d'égalité des Etats et les organisations internationales, RdC 1960/II (Bd. 100), S. 1 ff.

Claude-Albert Colliard, Spécificité des Etats, théorie des statuts juridiques particuliers et d'inégalité compensatrice, in: Fs f. Paul Reuter, Paris 1981, S. 153 ff.

P.H. Kooijmans, The Doctrine of the Legal Equality of States, Leiden 1964.

Gerhard Leibholz, Die Gleichheit der Staaten, AVR 1962/63 (Bd. 10), S. 69 ff.

B.G. Ramcharan, Equality and Discrimination in International Economic Law (X): Development and International Economic Cooperation, YBWA 1981, S. 79 ff.

Wilfried Schaumann, Die Gleichheit der Staaten, Wien 1957.

Max Schweizer, Eine ideengeschichtliche Grundlage der Staatengleichheit, Breslau 1936.

James Brown Scott, Le principe de l'égalité juridique dans les rapports internationaux, RdC 1932/IV (Bd. 42), S. 467 ff.

Robert W. Tucker, The inequality of nations, New York 1977.

Wolfgang Graf Vitzthum, Weltnuklearordnung und Staatengleichheit, in: Fs f. Wilhelm Grewe, Baden-Baden 1981, S. 609 ff.

7 Vgl. Stephan Verosta, Zur Anwendung der Regel „volenti non fit injuria" im Völkerrecht, in: Fs f. Alfred Verdross, Berlin 1980, S. 689 ff.

8 Peter Cane, Prerogative acts, acts of state and justiciability, ICLQu 1980, S. 680 ff.; Hans-Ernst Folz, Die Geltungskraft fremder Hoheitsäußerungen, Baden-Baden 1975; Ernst Petersmann, Act of State Doctrine, Political Question Doctrine und gerichtliche Kontrolle der auswärtigen Gewalt, JöR 1976, S. 587 ff.

9 Michael Singer, The Act of State Doctrine of the United Kingdom: An Analysis, with Comparisons to United States Practice, AJIL 1981, S. 283 ff.

8.2 Das Prinzip der Gegenseitigkeit

Nichtjuristen, die sich zum ersten Mal mit der Anwendung des Völkerrechts beschäftigen, sind immer wieder erstaunt darüber, daß die Regeln des Völkerrechts auch ohne internationalen Vollzugsapparat befolgt werden. Jedenfalls ist die Effektivität des Völkerrechts wesentlich größer, als gemeinhin angenommen wird. Über die Gründe für die Befolgung völkerrechtlicher Regeln ist bereits im vorstehenden (Kap. 1.4) gesprochen worden. Zu ihnen gehört auch das Prinzip der Gegenseitigkeit, das die gesamte Völkerrechtsordnung durchzieht.

In der Völkerrechtslehre ist das Bild von den zwei Säulen gebräuchlich, die das Völkerrecht tragen. Die eine ist der Grundsatz der bona fides, der sich in ähnlicher Weise im deutschen Recht als „Grundsatz von Treu und Glauben" findet und sich in zahlreichen Einzelgrundsätzen, z.B. Vertragstreue, Verbot des Rechtsmißbrauchs, Verbindlichkeit einseitiger Versprechungen, Grundsätze der Interpretation usw., konkretisiert.[1] „Die Gegenseitigkeit (Reziprozität) bildet neben der bona fides eine zweite, pragmatischere Säule, auf der das Völkerrecht aufruht".[2]

Die Unterwerfung unter das Prinzip der Gegenseitigkeit grenzt die Normen des Völkerrechts gegenüber den Lehrsätzen der internationalen Politik ab. Am Ende einer Untersuchung über das Verhältnis zwischen Völkerrecht und internationaler Politik finden sich die Sätze: „Ein politischer, wirtschaftlicher oder kultureller Anspruch ist nicht notwendigerweise dem Zwang zur Gegenseitigkeit unterworfen." Und:

1 Manfred Lachs, Some Thoughts on the Role of Good Faith in International Law, in: Fs f. Bert V.A. Röling, Leiden 1977, S. 47 ff.; Jörg M. Mössner, Vertrauen als Prinzip der Völkerrechtsordnung, Politik und Kultur 1979 Heft 3, S. 56 ff.; Jörg M. Mössner, Vertrauen in der internationalen Politik. Völkerrechtliche Aspekte, in: Bruno Simma und E. Blenk-Knocke, Hrsg., Zwischen Intervention und Zusammenarbeit, Berlin 1979, S. 245 ff.; S.L. Paulson, Jus non scriptum and the reliance principle, Michigan Law Review 1976, S. 68 ff.

2 Alfred Verdross und Bruno Simma, Universelles Völkerrecht, Berlin 1976, S. 63.

„Die auf dem Prinzip der Gegenseitigkeit beruhende Betrachtungsweise und die Anwendung logischer oder rationaler Methoden charakterisieren jeden Völkerrechtler."[3]

Trotz dieser fundamentalen Bedeutung des Gegenseitigkeitsprinzips für die Völkerrechtsordnung sind die Aussagen hierzu spärlich. „Eine Betrachtung des völkerrechtswissenschaftlichen Schrifttums zeigt bald, daß die Gegenseitigkeit in ihren verschiedenen Erscheinungsformen und Rollen noch nicht den Grad des Interesses gefunden hat und findet, der ihrer Bedeutung für diesen Rechtszweig entspricht."[4] Vor allen Dingen wird häufig übersehen, daß die Gegenseitigkeit nicht nur beim Normenvollzug, sondern bereits bei der Entstehung von Rechtsnormen eine Rolle spielt. Da das Völkerrecht ein Recht unter Gleichen ist und einen genossenschaftlichen Charakter aufweist, sind die Rechtsunterworfenen zugleich Rechtsgenossen und Rechtsschöpfer. (Vgl. oben Kap. 5.) Sowohl die Verträge als auch die gewohnheitsrechtsbildende Übung beruhen auf der Erwartung der Gegenseitigkeit. Aber noch deutlicher kommt die Gegenseitigkeit im rechtsgeschäftlichen Verkehr der Staaten zum Ausdruck: einseitig anzuwendende Völkerrechtsnormen gibt es nicht. Insofern ist das Prinzip der Gegenseitigkeit eine logische Folge des Prinzips der Staatengleichheit.

Zu warnen ist jedoch vor der Umkehrung des Prinzips der Gegenseitigkeit. Es ist nicht so, daß jedes völkerrechtswidrige Handeln eines Staates die davon betroffenen anderen Mitglieder der Völkerrechtsgemeinschaft von der Pflicht befreit, sich ihrerseits an das Völkerrecht zu halten. Die Völkerrechtsordnung bietet – auch unter der Geltung des Kriegs- und Gewaltverbots – eine Reihe von Möglichkeiten für die Reaktion auf völkerrechtswidriges Handeln, einschließlich der Verwendung von Selbsthilfemitteln, die im normalen zwischenstaatlichen Verkehr nicht erlaubt sind und nur als Reaktion auf völkerrechtswidriges Verhalten eines Partners zulässig werden

[3] Quincy Wright, Contemporary international law: A balance sheet, 2. Aufl., 7. Nachdr. New York 1968, S. 3.

[4] Bruno Simma, Das Reziprozitätselement in der Entstehung des Völkergewohnheitsrechts, München–Salzburg 1970, S. 14.

(vgl. unten 14.2). Aber die Verwendung solcher Mittel ist nicht beliebig. Wäre es anders, so entstünde bei jedem Völkerrechtsbruch die Gefahr einer völligen Rechtsverwilderung.

Im Zusammenhang mit einer der bedeutendsten Entwicklungen des Völkerrechts in neuester Zeit, nämlich der Herausbildung einer neuen Weltwirtschaftsordnung, ist das Prinzip der Gegenseitigkeit zum ersten Mal ernsthaft in Frage gestellt worden. „Das traditionelle Recht der Koexistenz verdankt seine Effektivität hauptsächlich dem Prinzip der Gegenseitigkeit; aber in einer von extremen Ungleichheiten geprägten internationalen Gemeinschaft genügen die Drohungen oder Anreize der Gegenseitigkeit nicht immer."[5] So wird gegenwärtig nach Möglichkeiten gesucht, die normativ fixierte Privilegierung der Entwicklungsländer im neuen „Völkerrecht der Zusammenarbeit" rechtsdogmatisch zu begründen, ohne die Prinzipien der Staatengleichheit und der Gegenseitigkeit preiszugeben. (Hierzu unten 8.4)

Literatur

Emmanuel Decaux, La réciprocité en droit international, Paris 1980.

Bruno Simma, Das Reziprozitätselement in der Entstehung des Völkergewohnheitsrechts, München–Salzburg 1970.

Bruno Simma, Das Reziprozitätselement im Zustandekommen völkerrechtlicher Verträge, Berlin 1972.

Michel Virally, Le principe de réciprocité dans le droit international contemporain, RdC 1967/III (Bd. 122), S. 1 ff.

5 A.A. Fatouros, On the hegemonic role of international functional organization, GYIL 1980, S. 20.

8.3 Das Interventionsverbot

Die Intervention hat die Völkerrechtslehre bereits in der Zeit des klassischen Völkerrechts beschäftigt. Das zynische Wort Talleyrands, die Intervention unterscheide sich durch nichts von der Nichtintervention, enthält einen wahren Kern: eine Großmacht kann den Gang der Ereignisse auch dann beeinflussen, wenn sie sich dazu entschließt, in bestimmten Angelegenheiten nicht zu intervenieren. Das Völkerrecht aber muß die Frage beantworten, ob und unter welchen Bedingungen ein Staat intervenieren darf. Da es sich hierbei um außenpolitische Entscheidungen von größter Tragweite handelt, ist stets die Gefahr gegeben, daß rechtliche und politische Argumente miteinander vermischt werden. Mit einer gewissen Berechtigung zählt daher Dahm die Intervention zu den „dunkelsten und umstrittensten Kapiteln der Völkerrechtslehre."[1]

Die meisten Autoren definieren die Intervention als Eingriff eines Staates in die einem anderen Staat zustehenden Rechte, ohne daß sich der eingreifende Staat auf einen Rechtfertigungsgrund berufen kann. Gelegentlich wird die Intervention so definiert, daß auch Akte, denen ein Rechtfertigungsgrund zur Seite steht, als Intervention bezeichnet werden. Nach dieser Definition ist zwischen der erlaubten und der unerlaubten Intervention zu unterscheiden. Aber nach der herrschenden Meinung bedeutet die Intervention stets einen Eingriff ohne Rechtfertigungsgrund und ist somit prinzipiell verboten: das geltende Völkerrecht bekennt sich zum Interventionsverbot.

Wird eine Intervention mit militärischen Mitteln durchgeführt, so erfüllt sie den Tatbestand des Angriffs und verstößt gegen das Gewaltverbot, das in Art. 2 Ziff. 4 SVN niedergelegt ist, aber auch unabhängig von der Satzung als

[1] Georg Dahm, Völkerrecht, 1. Bd., Stuttgart 1958, S. 201. Nachweise für ähnliche Zitate aus späterer Zeit bei Hanspeter Neuhold, Internationale Konflikte – verbotene und erlaubte Mittel ihrer Austragung, Wien–New York 1977, S. 269.

allgemeines Völkerrecht gilt. Wie im vorstehenden (7.1) ausgeführt, betrifft das Gewaltverbot nur den Einsatz militärischer Machtmittel. Das Interventionsverbot aber erfaßt gerade die nichtmilitärische Gewalt, d.h. die Eingriffe mit diplomatischen, wirtschaftlichen, propagandistischen oder innenpolitischen Mitteln. Die Anwendung dieser Mittel zum Zwecke des Eingriffs in die Rechte eines anderen Staates, um diesen zu einer Handlung zu veranlassen, die er in freier Selbstbestimmung nicht vorgenommen hätte, stellt den Tatbestand der Intervention dar. Die mit innenpolitischen Mitteln durchgeführte Intervention wird als subversive Intervention bezeichnet.

Das Interventionsverbot gilt auch für die UNO in ihrem Verhältnis zu den Mitgliedstaaten. Art. 2 Ziff. 7 SVN verbietet der UNO jedes „Eingreifen in Angelegenheiten, die ihrem Wesen nach zur inneren Zuständigkeit eines Staates gehören."

Eine Einmischung eines anderen Staates oder einer internationalen Organisation in die inneren Angelegenheiten kann jedoch dadurch gerechtfertigt sein, daß der betroffene Staat der Einmischung zustimmt, oder daß das allgemeine Völkerrecht die Einmischung unter bestimmten Voraussetzungen gestattet. Die Zustimmung des betroffenen Staates erfolgt in der Regel durch Vertrag. Solche Verträge können einzelne Rechte betreffen (z.B. das Recht zum Durchmarsch von Truppen, die Errichtung von Stützpunkten, die Stationierung von Streitkräften) oder die Führung der gesamten Außenpolitik einem anderen Staat übertragen (Errichtung eines Protektorats). Auch die vertragliche Beschränkung der außenpolitischen Handlungsfreiheit auf bestimmten Gebieten zugunsten eines fremden Staates ist möglich.

Der Beitritt eines Staates zu einer internationalen Organisation beschränkt die Handlungsfreiheit des betreffenden Staates insofern, als er sich der Satzung der Organisation unterwerfen muß. So stellt z.B. die Verpflichtung der UNO-Mitglieder zur Teilnahme an wirtschaftlichen oder diplomatischen Sanktionen gemäß Art. 41 SVN keine Intervention der UNO dar. Gegenüber solchen Beschlüssen des Weltsicherheitsrats kann sich daher der Mitgliedstaat nicht auf Art. 2 Ziff. 7 SVN berufen. Auch das Eingreifen dritter Staaten in einen internationalen Streitfall durch das Anbieten von guten Diensten oder von Vermittlung (vgl. oben 7.5) ist keine Intervention.

Die Zustimmung des betroffenen Staates zur Einmischung kann auch ohne vorhergehenden Vertrag durch Gestattung oder Ersuchen im Einzelfall erfolgen. So kann eine legale Regierung in einem Bürgerkrieg fremde Hilfe anfordern, ohne daß die auf solcher Grundlage erfolgende Einmischung eine Intervention darstellt.

Alle Akte, die ein Staat im Rahmen des Gesandtschafts- und Konsularrechts gegenüber dritten Staaten setzt, sind vom Völkerrecht gedeckt und können daher den Tatbestand der Intervention nicht erfüllen. Darüber hinaus aber wird die Rechtfertigung einer Einmischung in die Angelegenheiten dritter Staaten unter Berufung auf das allgemeine Völkerrecht nicht mehr anerkannt. Das gilt insbesondere für die sog. „humanitäre Intervention“, die im 19. Jahrhundert noch von den Großmächten praktiziert wurde, insbesondere gegenüber der Türkei. Als Anlaß diente der Schutz der christlichen Minderheiten im Osmanischen Reich. Jedoch wurden stets auch politische Interessen mit der humanitären Intervention verquickt, so daß das gesamte Rechtsinstitut der humanitären Intervention in Verruf geriet.

Im Zuge des Ausbaus des internationalen Menschenrechtsschutzes (vgl. unten Kap. 10) ist das Interesse an der humanitären Intervention wieder erwacht.[2] Dem liegt der Gedanke

[2] Vgl. Ulrich Beyerlin, Humanitarian Intervention, in: Bernhardt (Hrsg.) EPIL, Instalment 3 (1982), S. 211 ff.; Ulrich Beyerlin, Menschenrechte und Intervention, in: Bruno Simma und Edda Blenk-Knocke, Hrsg., Zwischen Intervention und Zusammenarbeit, Berlin 1979, S. 157 ff.; Ulrich Beyerlin, Die humanitäre Aktion zur Gewährleistung des Mindeststandards in nicht-internationalen Konflikten, Berlin–München 1975; Rudolf Bindschedler, Der Schutz der Menschenrechte und das Verbot der Einmischung, in: Fs f. Hans-Jürgen Schlochauer, Berlin 1981, S. 179 ff.; Karl Doehring, Die zwei Freiheitsbegriffe im Völkerrecht, AVR 1978, S. 1 ff.; Felix Ermacora, Geiselbefreiung als humanitäre Intervention im Lichte der UN-Charta, in: Fs f. F.A. Frhr. v.d. Heydte, Berlin 1977, S. 147 ff.; H.S. Fairley, State actors, humanitarian intervention and international law, GJICL 1980, S. 29 ff.; Richard B. Lillich, A United States policy of humanitarian intervention and intercession, in: Donald P. Kommers und G.D.

zugrunde, daß der Menschenrechtsschutz ineffektiv bleiben muß, solange eine internationale Kontrollbehörde nicht besteht und die einzelnen Staaten sich nicht um die Menschenrechtsverletzungen in anderen Staaten kümmern dürfen. Ausgehend von der Feststellung, daß die Förderung der Menschenrechte zu den völkerrechtlichen Pflichten unter der Geltung der UNO-Satzung gehört, ist die Frage gestellt worden, ob die Staaten in Erfüllung dieser Pflicht nicht das Recht haben, sich über die traditionell durch das Interventionsverbot gezogenen Grenzen hinwegzusetzen. Die Frage ist bisher stets verneint worden. Soweit sich Menschenrechtsverletzungen gegen eigene Staatsangehörige richten, ist der Heimatstaat zur Ausübung des diplomatischen Schutzes berechtigt. In allen anderen Fällen bleiben nur diejenigen Möglichkeiten, die entweder das allgemeine Völkerrecht oder diejenigen Verträge, deren Partner die beteiligten Staaten sind, bieten. Nicht verboten sind nach allgemeinem Völkerrecht „die Äußerung von Wünschen, die Besprechung von Problemen irgendwelcher Art, die Vertretung der eigenen Interessen, Kritik an Maßnahmen eines Staates, Ratschläge oder das Angebot guter Dienste".[3] Hat ein Staat einen multilateralen Vertrag zum Schutze von Menschenrechten unterzeichnet und in Kraft gesetzt, so ist er berechtigt, andere Signatarstaaten, die gegen ihre Vertragspflichten verstoßen, auf diesen Verstoß aufmerksam zu machen und die Einstellung des vertragswidrigen Verhaltens zu verlangen. Solche Schritte, die in der Form eines diplomatischen Protests

Loescher, Hrsg., Human rights and American foreign policy, Notre Dame, Ind. 1979, S. 278 ff.; Reinhard Patzina, Zur Bedeutung von Gewaltverbot und Selbstbestimmungsrecht in den Ostverträgen und in der Schlußakte der KSZE, ÖZöRV 1978, S. 57 ff.; Charles E. Ritterband, Universeller Menschenrechtsschutz und völkerrechtliches Interventionsverbot, Bern 1982; Helmut Rumpf, Der internationale Schutz der Menschenrechte und das Interventionsverbot, Baden-Baden 1981; Theodor Schweisfurth, Operations to rescue nationals in third states involving the use of force in relation to the protection of human rights, GYIL 1980, S. 159 ff.

[3] Rudolf L. Bindschedler, Der Schutz der Menschenrechte und das Verbot der Einmischung, in: Fs f. Hans-Jürgen Schlochauer, Berlin 1981, S. 181.

erfolgen, stellen definitionsgemäß keine Intervention dar. Ein echtes Einschreiten gegen die Menschenrechtsverletzung ist jedoch nicht zulässig.

Auch zugunsten des Selbstbestimmungsrechts hat sich keine Sonderregelung in Bezug auf das Interventionsverbot herausgebildet. Trotz der zahlreichen klaren Bekenntnisse zum Selbstbestimmungsrecht, die sich in Resolutionen der Generalversammlung der Vereinten Nationen und in Rechtsakten von Staaten und internationalen Organisationen finden, ist die Rechtslage noch immer so, daß das Interventionsverbot vor dem Selbstbestimmungsrecht rangiert.[4] In den Entwicklungsländern wächst die Unzufriedenheit mit diesem Zustand, zumal dort manche Praktiken der Industriestaaten im Rahmen des internationalen Handels und der Entwicklungshilfe als wirtschaftliche Intervention angesehen werden.[5] In der KSZE-Schlußakte vom 1. August 1975[6] ist das Interventionsverbot durch das Prinzip VI „Nichteinmischung in innere Angelegenheiten" ausdrücklich bekräftigt worden. Eine Ausnahme zugunsten des Menschenrechtsschutzes findet sich auch in der KSZE-Schlußakte nicht.[7]

4 Vgl. Helmut Rumpf, UNO-Prinzipien im Widerspruch, in: Fs. f. Hans Jürgen Schlochauer, Berlin 1981, S. 588.

5 Mohammed Ayoob, Conflict and intervention in the Third World, New York 1980; Henry Bienen, Perspectives on Soviet intervention in Africa, PSQ 1980, S. 29 ff.; Noreen Burrows, Tanzania's intervention in Uganda: Some legal aspects, World Today 1979, S. 306 ff.; B.S. Chimni, Towards a Third World approach to non-intervention: through the labyrinth of Western doctrine, IJIL 1980, S. 243 ff.; Colin Legum, Foreign Intervention in Africa, YBWA 1980, S. 76 ff. und 1981, S. 23 ff.

6 Abgedr. im Bulletin des Presse- und Informationsamtes der Bundesregierung 1975, Nr. 102, S. 968.

7 Vgl. hierzu Gaetano Arangio-Ruiz, Human Rights and Non-Intervention in the Helsinki Final Act, RdC 1977/IV (Bd. 157), S. 199 ff.; Lauri Hannikainen, Human rights and non-intervention in the final act of the CSCE, NordTIR 1979, S. 27 ff.; Otto Kimminich, Die KSZE und die Menschenrechte, AVR 1978, S. 274 ff.

Literatur

Brun-Otto Bryde, Die Intervention mit wirtschaftlichen Mitteln, in: Fs f. Hans-Jürgen Schlochauer, Berlin 1981, S. 227 ff.

Detlev Christian Dicke, Die Intervention mit wirtschaftlichen Mitteln im Völkerrecht, Baden-Baden 1978.

Karl Doehring, Intervention im Bürgerkrieg, in: Fs f. Wilhelm Grewe, Baden-Baden 1981, S. 445 ff.

Paul De Visscher, L'Institut de droit international et le principe de non-intervention dans les guerres civiles, 1900–1975, in: Fs f. Fernand Dehousse, Bd. 1, Paris 1979, S. 39 ff.

J.E.S. Fawcett, Intervention in International Law, RdC 1961/II (Bd. 103), S. 344 ff.

Dietrich Frenzke, Die Einmischung als völkerrechtliches Problem der Ost-West-Beziehungen, Köln 1982.

Wolfgang Friedmann, Intervention and International Law I, in: Louis G.M. Jaquet, Hrsg., Intervention in International Politics, Den Haag 1971, S. 40 ff.

Axel Gerlach, Die Intervention – Versuch einer Definition, Hamburg 1967.

D.R. Gilmour, The Meaning of „Intervene" within Article 2(7) of the United Nations Charter – An Historical Perspective, ICLQu 1967, S. 330 ff.

Jens Hacker, Die Intervention in Theorie und Praxis, in: R. Maurach und B. Meissner, Hrsg., Völkerrecht in Ost und West, Stuttgart 1967, S. 154 ff.

Heinrich Kipp, Zum Problem der gewaltsamen Intervention in der derzeitigen Entwicklungsphase des Völkerrechts, Gedächtnisschrift f. Hans Peters, Berlin–Heidelberg 1967, S. 393 ff.

Philip Kunig, Das völkerrechtliche Nichteinmischungsprinzip, Baden-Baden 1981.

J.H. Leurdijk, Civil War and Intervention in International Law, NILR 1977, S. 143 ff.

J.H. Leurdijk, Civil War and Intervention in International Law, in: Fs f. A.J.P. Tammes, Leiden 1977, S. 143 ff.

Richard Little, Intervention. External Involvement in Civil Wars, London 1975.

Hermann Mosler, Die Intervention im Völkerrecht, Berlin 1937.

Nicholas G. Onuf, The Principle of Nonintervention, the United Nations, and the International System, IO. 1971, S. 209 ff.

Thomas Oppermann, Nichteinmischung in innere Angelegenheiten, AVR 1969/70, S. 321 ff.

Thomas Oppermann, Intervention, in: Bernhardt (Hrsg.), EPIL, Instalment 3 (1982), S. 233 ff.

N.A. Ouchakov, La compétence interne des Etats et la non-intervention dans le droit international contemporain, RdC 1974/I (Bd. 141), S. 1 ff.

Georgius Paschos, Die wirtschaftliche Intervention im Völkerrecht der Gegenwart, Heidelberg 1974.
Lawrence Preuss, Article 2, paragraph 7, of the Charter of the United Nations and matters of domestic jurisdiction, RdC 1949/I (Bd. 74), S. 547 ff.
Ulrich Scheuner, Intervention und Interventionsverbot: das Gebot der Achtung der wirtschaftlichen und politischen Selbständigkeit der Staaten, VN 1980, S. 149 ff.
Alfred Verdross, Le principe de la non-intervention dans les affaires relevant de la compétence nationale d'un Etat et l'article 2 (7) de la Charte des Nations Unies, in: Fs f. Charles Rousseau, Paris 1974, S. 267 ff.
R.J. Vincent, Nonintervention and international order, Princeton 1974.
J.S. Watson, Autointerpretation, competence, and the continuing validity of article 2(7) of the UN Charter, AJIL 1977, S. 60 ff.
Eckart Wehser, Die Intervention nach gegenwärtigem Völkerrecht, in: Bruno Simma und Edda Blenk-Knocke, Hrsg., Zwischen Intervention und Zusammenarbeit, Berlin 1979, S. 23 ff.
Quincy Wright, Is Discussion Intervention?, AJIL 1956, S. 102 ff.

8.4 Die neue Weltwirtschaftsordnung

Zahlreiche bedeutsame Prinzipien der neuen Völkerrechtsordnung, darunter diejenigen der Selbstbestimmung, der Pflicht zur Zusammenarbeit und der internationalen Solidarität, kulminieren in dem Bemühen, eine neue Weltwirtschaftsordnung zu schaffen. Die Vereinten Nationen haben sich dieser Aufgabe so sehr zugewandt, daß ihnen bereits vorgeworfen worden ist, sie hätten „ihr Hauptaugenmerk von Frieden und Sicherheit auf die Organisation der Wirtschaft verlagert".[1] Aber es ist leicht einzusehen, daß die Bemühungen der Vereinten Nationen im wirtschaftlichen Bereich eine logische Folge früherer Tätigkeiten auf anderem Gebiet darstellen, die nicht nur in den Artikeln 55 und 56 SVN normiert sind, sondern auch vom allgemeinen Völkerrecht nach dessen gegenwärtigem Entwicklungsstand gefordert werden.

[1] P.J.I.M. de Waart, Permanent sovereignty over natural resources as a cornerstone for international economic rights and duties, NILR 1977, S. 304.

An der Spitze dieser Bemühungen steht die Erklärung über die Gewährung der Unabhängigkeit an Kolonialländer und Kolonialvölker vom 14. Dezember 1960.[2] Weitere Texte sind die Resolutionen betreffend die Souveränität über die natürlichen Reichtümer[3], die Charta der wirtschaftlichen Rechte und Pflichten der Staaten vom 12. Dezember 1974[4], die Erklärung über Prinzipien des Völkerrechts betreffend freundschaftliche Beziehungen und Zusammenarbeit der Staaten in Übereinstimmung mit der Satzung der Vereinten Nationen vom 24. Oktober 1970[5], die Erklärung über die Unzulässigkeit der Einmischung in die inneren Angelegenheiten von Staaten und den Schutz ihrer Unabhängigkeit und Souveränität vom 21.12. 1965[6] und nicht zuletzt die Resolutionen der Welthandels- und Entwicklungskonferenz (United Nations Conference on Trade and Development, UNCTAD), die durch einen Beschluß des Wirtschafts- und Sozialrats vom 3. August 1962 ins Leben gerufen worden ist und seither in mehrjährigen Abständen regelmäßig zusammentritt.[7] Im Mittelpunkt stehen die Ergebnisse der sechsten Sondersitzung der Generalversammlung der Vereinten Nationen, vor allem die „Erklärung über die Errichtung einer neuen Weltwirtschaftsordnung" und das Aktions-

2 Resolution der Generalversammlung Nr. 1514 (XV).

3 Es handelt sich um die Resolutionen vom 14. Dezember 1962, A/Res/1803 (XVII); vom 25. November 1966, A/Res/2158 (XXI); vom 18. Dezember 1972, A/Res/3016 (XXVII); vom 17. Dezember 1973, A/Res/3171 (XXVIII).

4 A/Res/3281 (XXIV).

5 A/Res/2625 (XXV).

6 A/Res/2131 (XXII).

7 Die UNCTAD ist zugleich ein Spezialorgan der Generalversammlung der UNO. Ihre Satzung ist die GV-Resolution 1995 (XIX) vom 30. Dezember 1964. Hierzu Said El-Naggar, The United Nations Conference on Trade and Development, RdC 1969/III (Bd. 128), S. 241 ff.; B. Gosovic, UNCTAD: Conflict and Compromise, Leyden 1972; Autar Krishan Koul, The legal framework of UNCTAD in world trade, Leiden 1977; Jürgen Rettberg, Die Konferenz der Vereinten Nationen über Handel und Entwicklung (UNCTAD) als Ergänzung der institutionalisierten Weltwirtschaftsregelung von Weltwährungsfonds und Weltbankgruppe, Diss. Göttingen 1982; Martin K. Ruge, Der Beitrag von UNCTAD zur Herausbildung des Entwicklungsvölkerrechts, Frankfurt/M. 1976.

programm für die Errichtung einer neuen Weltwirtschaftsordnung" vom 1. Mai 1974.[8] Ferner sind auch die Menschenrechtspakte der Vereinten Nationen zu erwähnen, deren übereinstimmender Artikel 1 von großer Bedeutung für die Neugestaltung der internationalen Wirtschaftsbeziehungen ist.

Kap. I der Charta der wirtschaftlichen Rechte und Pflichten der Staaten zählt die Grundprinzipien der Wirtschaftsbeziehungen auf: Souveränität, territoriale Unversehrtheit und politische Unabhängigkeit der Staaten; souveräne Gleichheit aller Staaten; Verbot des Angriffskrieges; Interventionsverbot; optimale Nutzung (mutual and equitable benefit); friedliche Koexistenz; gleiche Rechte und Selbstbestimmungsrecht der Völker; friedliche Streitbeilegung; Beseitigung von Ungerechtigkeiten, die durch Gewalt entstanden sind und ein Volk der natürlichen Mittel berauben, die für eine normale Entwicklung notwendig sind; Erfüllung der internationalen Verpflichtungen nach Treu und Glauben; Achtung vor den Menschenrechten und Grundfreiheiten; Verzicht auf das Streben nach Hegemonie und Einflußsphären; Förderung der internationalen sozialen Gerechtigkeit; internationale Zusammenarbeit zum Zwecke der Entwicklung; freier Zugang der Binnenstaaten zum hohen Meer im Rahmen der vorgenannten Prinzipien.[9]

8 Resolutionen 3201 (S – VI) und 3202 (S – VI).

9 Vgl. hierzu Karl Becher, Die Charta der ökonomischen Rechte und Pflichten der Staaten und der Beitrag zur weiteren Ausgestaltung des demokratischen Völkerrechts, Dt. Außenpolitik 1980 (Heft 4), S. 77 ff.; Guy Feuer, Réflexions sur la Charte des droits et devoirs économiques des états, RGDIP 1975, S. 274 ff.; Ignaz Seidl-Hohenveldern, Widersprüche innerhalb und im Umkreis der Charta der wirtschaftlichen Rechte und Pflichten der Staaten, in: 5. deutsch-polnisches Juristen-Kolloquium Bd. 2, Baden-Baden 1981, S. 77 ff.; Harald Stemberg, Die Charta der wirtschaftlichen Rechte und Pflichten der Staaten, Berlin-München 1983; Christian Tomuschat, Die Charta der wirtschaftlichen Rechte und Pflichten der Staaten, ZaöRV 1976, S. 444 ff.; Andrzej Wasilkowski, Die Charta der wirtschaftlichen Rechte und Pflichten der Staaten und die Ost-West-Beziehungen, in: 5. deutsch-polnisches Juristen-Kolloquium Bd. 2, Baden-Baden 1981, S. 87 ff.; Burns H. Weston, The Charter of Economic Rights and Duties of States and the Deprivation of Foreign-Owned Wealth, AJIL 1981, S. 437 ff.

Viele dieser Prinzipien, wie die Souveränität, die Staatengleichheit, das Interventionsverbot, sind bereits im klassischen Völkerrecht vorhanden gewesen. Andere, wie die friedliche Koexistenz, die Pflicht zur friedlichen Streitbeilegung, die Achtung vor den Menschenrechten, das Selbstbestimmungsrecht der Völker, sind das Ergebnis von Anstrengungen, die erst in der Periode des Umbruchs seit dem Ersten Weltkrieg unternommen worden sind. Die Bedeutung des Begriffs „optimale Nutzung", der im Rahmen des internationalen Umweltschutzes geprägt worden ist, bleibt vorläufig noch umstritten. Viele Autoren bringen ihn mit der „internationalen sozialen Gerechtigkeit" in Verbindung, die in der Regel als etwas völlig Neues betrachtet wird. Bei näherer Untersuchung ergibt sich allerdings, daß von internationaler sozialer Gerechtigkeit bereits vor langer Zeit gesprochen worden ist. Schon Vattel meinte, es gebe eine natürliche Pflicht von Staaten, anderen Staaten im Falle von Hungersnot oder anderen Unglücksfällen bis zur Grenze der eigenen Existenzgefährdung zu helfen. Allerdings entspreche dieser Pflicht auf der Seite der Hilfsbedürftigen nur ein „unvollkommenes Recht".[10]

Die neue Weltwirtschaftsordnung ist somit ein integrierender Bestandteil der neuen Völkerrechtsordnung, die sich seit dem Ende des Ersten Weltkriegs entfaltet, und zwar aus Gründen, die weit über den Bereich der Wirtschaft hinausgehen. Die Entwicklung hat bereits ein Stadium erreicht, in dem das Völkerrecht nicht mehr nur die internationalen Beziehungen regelt, sondern auch den Rahmen für eine „internationale öffentliche Ordnung" darstellt.[11] In diesem Rahmen haben alte Prinzipien, die aus der Zeit des klassischen Völkerrechts stammen, eine neue Bedeutung erhalten, während neue Prinzipien entwickelt werden. Zu den letzteren gehört auch das Prinzip der internationalen Solidarität.

Das *Prinzip der internationalen Solidarität* wird in der Charta der wirtschaftlichen Rechte und Pflichten und Staaten nicht ausdrücklich genannt. In einem Teil der Literatur wird es mit

10 Emeric de Vattel, Droit des Gens 1758, Buch II, Kap. 1, § 2.

11 Vgl. Hermann Mosler, The international society as a legal community, RdC 1974/IV (Bd. 140), S. 33.

dem Prinzip der internationalen sozialen Gerechtigkeit gleichgesetzt oder zumindest mit ihm in Verbindung gebracht. Nur gelegentlich ist darauf hingewiesen worden, daß die Charta einen unauflösbaren Widerspruch in sich selbst enthalten würde, wenn sie insgesamt als Ausdruck der internationalen Solidarität zu betrachten wäre; denn im Gegensatz zur internationalen Solidarität ist die staatliche Souveränität in der Charta wiederholt bekräftigt worden, so daß sogar von einer „Überbetonung der nationalen Souveränität" in der Charta gesprochen werden könne.[12] In anderen Zusammenhängen ist der Vorwurf erhoben worden, daß die Bezugnahme auf die internationale Solidarität in völkerrechtlichen Dokumenten nur ein Lippenbekenntnis zu einem überdies vagen Begriff darstelle. Auch und gerade in denjenigen Bereichen, in denen der Begriff der Solidarität zu der Formel „gemeinsames Erbe der Menschheit" verdichtet worden ist, wird gerügt, daß jene Formel „juristisch substanzlos" sei.[13]

Aber die gesamte Satzung der Vereinten Nationen, nicht nur ihr Art. 55, gibt Zeugnis von der Grundauffassung der Schöpfer dieser Satzung, daß die Förderung der internationalen Solidarität zu den Hauptaufgaben der Vereinten Nationen gehört. Art. 56 SVN verpflichtet alle Mitgliedstaaten, mit der Weltorganisation zusammenzuarbeiten, um die in Art. 55 aufgezählten Ziele zu verwirklichen, darunter auch die Lösung internationaler wirtschaftlicher Probleme. Daraus ergibt sich auch eine Rechtspflicht der Mitglieder der Vereinten Nationen

12 P.J.G. Kapteyn, The basis of the new international economic order, NILR 1978, S. 220.

13 Adrian Bueckling, Zur juristischen Substanzlosigkeit des Begriffs: Gemeinsames Erbe der Menschheit, DRiZ 1981, S. 288 ff. Hierzu auch Wilhelm A. Kewenig, Common heritage of mankind – politischer Slogan oder völkerrechtlicher Schlüsselbegriff?, in: Fs. f. Hans-Jürgen Schlochauer, Berlin 1981, S. 385 ff; Wilhelm A. Kewenig, Menschheitserbe, Konsens und Völkerrechtsordnung, EA 1981, S. 1 ff.; Alexandre-Charles Kiss, La notion de patrimoine commun de l'humanité, RdC 1982/II (Bd. 175), S. 99 ff; Wolfgang Graf Vitzhum, Neue Weltwirtschaftsordnung und neue Weltmeeresordnung, EA 1978, S. 455 ff.; Rüdiger Wolfrum, The principle of the common heritage of mankind, ZaöRV 1983, S. 312 ff.

zur Förderung der entsprechenden Fortentwicklung des allgemeinen Völkerrechts.

Die Spannungen, die durch die Betonung der Souveränität über die natürlichen Reichtümer des eigenen Landes in die Bemühungen um die Schaffung eines juristischen Rahmens für die neue Weltwirtschaftsordnung gebracht werden, sind offenkundig. Einerseits erscheinen die Prinzipien der Zusammenarbeit und Solidarität als natürliche und unabdingbar zusammengehörende Teile einer Entwicklung, die, nachdem sie durch den ersten Angriff auf das Bollwerk der Souveränität in der Völkerbundssatzung in Bewegung gesetzt worden ist, logischerweise das gesamte Gebäude der auf die einzelstaatliche Souveränität aufgebauten internationalen Ordnung zum Einsturz bringen müßte. Andererseits haben so gut wie alle Resolutionen der Generalversammlung, die zur Frage der Schaffung einer neuen Weltwirtschaftsordnung gefaßt worden sind, das Prinzip der permanenten Souveränität über die natürlichen Ressourcen bekräftigt. Die Charta der wirtschaftlichen Rechte und Pflichten der Staaten wiederholt das Bekenntnis zu jenem Prinzip in ihrem Art. 2 Abs. 1.[14] Im zweiten Absatz dieses Artikels werden einige Schlußfolgerungen aus dem Grundsatz gezogen, wobei das Recht der Staaten zur Regulierung und Überwachung der ausländischen Investitionen und der multinationalen Unternehmen bekräftigt wird. Insbesondere wird festgestellt, daß jeder Staat das Recht hat, ausländisches Eigentum „zu verstaatlichen, zu enteignen oder zu übertragen", in welchem Fall „angemessene Entschädigungen" zu leisten sind.

Es gibt eine reichhaltige Literatur über die Frage, ob Art. 2 der Charta ein Abgehen von althergebrachten Prinzipien des Völkerrechts darstellt, und ob hierin nicht überhaupt die größ-

[14] George Elian, Le principe de la souveraineté sur les ressources nationales et ses incidences juridiques sur le commerce international, RdC 1976/I (Bd. 149), S. 1 ff.; George Elian, The principle of sovereignty over natural resources, Alphen 1979; Guy Feuer, La théorie de la souveraineté sur les ressources naturelles dans les résolutions des Nations Unies, Algiers 1978, S. 99 ff.; Ria Kemper, Nationale Verfügung über natürliche Ressourcen und die Neue Weltwirtschaftsordnung der Vereinten Nationen, Berlin 1976.

te Bedeutung der neuen Weltwirtschaftsordnung liegt.[15] Nach immer noch herrschender Auffassung verbietet das Völkerrecht die entschädigungslose Enteignung (Konfiskation) ausländischen Eigentums und verlangt „unverzügliche, angemessene und effektive Entschädigung" im Falle der Enteignung.[16]

15 Vgl. F.V. Garcia-Amador, The proposed New International Economic Order: A new approach to the law governing nationalization and compensation, Lawyer of the Americas 1980, S. 1 ff.; Maarten H. Muller, Compensation for Nationalization: A North-South Dialogue, CJTL 1981, S. 35 ff.; Pierre Vellas, Droit de propriété, investissements étrangers et nouvel ordre économique international, JDI 1979, S. 21 ff.; Burns Weston, The charter of economic rights and duties of states and the deprivation of foreign-owned wealth, AJIL 1981, S. 437 ff.

16 Vgl. Karl-Heinz Böckstiegel und Hans-Georg Koppensteiner, Enteignungs- oder Nationalisierungsmaßnahmen gegen ausländische Kapitalgesellschaften, BerDGV Heft 13, Karlsruhe 1974; Maria J. Cieplinska, The legal basis for compensation for nationalized property of aliens, RDI 1982, S. 112 ff.; Rudolf Dolzer, New Foundations of the Law of Expropriation of Alien Property, AJIL 1981, S. 553 ff.; Rudolf Dolzer, Nationale Investitionsversicherung und völkerrechtliches Enteignungsrecht, ZaöRV 1982, S. 480 ff.; Heinrich Gattiker, Behandlung und Rolle von Auslands-Investitionen im modernen Völkerrecht: eine Standortbestimmung, SchJIR 1981, S. 25 ff.; Gode Hartmann, Nationalisierung und Enteignung im Völkerrecht, Berlin–München 1977; Heinrich Jüttner, Rechtsschutz von Investititionen in Entwicklungsländern und Investititionsentscheidung, VRÜ 1976, S. 201 ff.; D.A. Lapres, Principles of compensation for nationalized property, ICLQ 1977, S. 97 ff.; Karl Matthias Meessen, Völkerrechtliches Enteignungsrecht im Nord-Süd-Konflikt, in: Völkerrecht und internationale wirtschaftliche Zusammenarbeit – Referate und Diskussionen, hrsg. von Wilhelm A. Kewenig, Berlin 1978, S. 11 ff.; Karl Matthias Messen, International expropriation law in the conflict between North and South, Law and State 1979 (Bd. 19), S. 106 ff.; Reinhard Patzina, Rechtlicher Schutz ausländischer Privatinvestoren gegen Enteignungsrisiken in Entwicklungsländern, Heidelberg-Hamburg 1981; Dirk M. Polter, Auslandsenteignung und Investitionsschutz, Berlin 1975; R. Ribeiro, Nationalization of foreign property in international law, Washington 1977; M. Sornarajah, Compensation for expropriation: the emergence of new standards, JWTL 1979, S. 108 ff.; Ignaz Seidl-Hohenveldern, Internationales Konfiskations- und Enteignungsrecht, Berlin–Tübingen 1952; Ignaz Seidl-Hohenveldern, Internationales Enteignungsrecht, in: Fs f. Gerhard Kegel, Frankfurt/M. 1977, S. 265 ff.;

Da die Charta der wirtschaftlichen Rechte und Pflichten der Staaten eine Resolution der Generalversammlung der Vereinten Nationen ist, entfaltet sie keine bindende Wirkung. (Hierzu oben 5.7.) Trotzdem ist sie zumindest ein Indiz für die Entwicklungsrichtung des Völkerrechts. Das Prinzip der Solidarität steht nicht in einem inneren Widerspruch zu den Prinzipien der Souveränität und des Schutzes wohlerworbener Rechte. Aber es bedarf noch mancher Anstrengung, um die Reibungsflächen zwischen diesen Prinzipien zu vermindern. Dabei werden auch die Grundsätze der Staatengleichheit und der Gegenseitigkeit den neuen Verhältnissen angepaßt werden müssen. Die neue Weltwirtschaftsordnung bedeutet weder den globalen Wohlfahrtsstaat noch die einseitige Privilegierung der Entwicklungsländer. Aber der Begriff der Gegenseitigkeit wird in dieser neuen Wirtschaftsordnung nicht eng gesehen, sondern im Rahmen einer „kollektiven wirtschaftlichen Sicherheit" auf globaler Ebene. Dabei behalten sowohl die Staaten, die als Gebende zu bezeichnen wären, als auch diejenigen, denen direkt oder indirekt Hilfe gewährt wird, ihre souveräne Gleichheit im Sinne der Satzung der Vereinten Nationen. Deshalb ist die Betonung der unverbrüchlichen Souveränität über natürliche Ressourcen, die sich in so vielen Dokumenten findet, keineswegs anachronistisch.[17] Im Gegenteil: wenn die neue Weltwirtschaftsordnung sowohl das Aufleben des Kolonialismus in neuer Verkleidung als auch die Diktatur eines Weltstaates vermeiden will, muß sie das Prinzip der Souveränität betonen und die letztliche Verantwortlichkeit für die Wohlfahrt eines jeden Volkes dort belassen, wohin sie im Einklang mit dem Selbstbestimmungsrecht der Völker gehört.

Ignaz Seidl-Hohenveldern, The social function of property and property protection in present-day international law, in: Gedächtnisschrift f. H.F. van Panhuys, Alphen 1980, S. 77 ff.; Ignaz Seidl-Hohenveldern, Modernes Völkerrecht und der Schutz ausländischen Eigentums, in: Fs f. Alfred Verdross, Berlin 1980, S. 653 ff.; B.A. Wortley, Some Early but Basic Theories of Expropriation, GYIL 1977, S. 236 ff.

17 Vgl. Ian Brownlie, Legal status of natural resources in international law, RdC 1979/I (Bd. 162), S. 245 ff.

Ein Sonderproblem der neuen Weltwirtschaftsordnung ist der *Technologietransfer*. Für ihn soll ein Verhaltenskodex ausgearbeitet werden. Die Entwicklungsländer fordern, daß die Nutzung und Weiterentwicklung der von ihnen erworbenen Technologie keinen Beschränkungen unterworfen werden dürfe. In diesem Zusammenhang spielt die Frage der wohlerworbenen Rechte in ihrer Zuspitzung auf Patentrechte eine besondere Rolle.[18] Das Völkerrecht kann eine Konfis-

[18] Vgl. Hans W. Baade, The Legal Effects of Codes of Conduct for Multinational Enterprises, GYIL 1979, S. 11 ff.; Hans Ballreich, Technologietransfer als Völkerrechtsproblem. JIR 1981 (Bd. 24), S. 329 ff.; René-François Bizec und Yves Daudet, Un code de conduite pour le transfert de technologie, Paris 1980; Jonathan I. Charney, Technology and International Negotiations, AJIL 1982, S. 78 ff.; Marie-Elisabeth R. Cousin, Le projet de la C.N.U.C.E.D de code international de conduite pour le transfert des techniques, GYIL 1976, S. 199 ff.; A.F. Ewing, Science, Technology and Development, JWTL 1980, S. 119 ff.; Wolfgang Fikentscher, The draft international code of conduct on the transfer of technology, Weinheim 1980; Edgar Gold, The international transfer and promotion of technology, in: The international law and policy of human welfare, hrsg. von Ronald St. John Macdonald, Douglas M. Johnston und Gerald L. Morris, Alphen 1978, S. 549 ff.; Robert Goldscheider, The technology transfer process. A vehicle for continuity and change, VJTL 1981, S. 255 ff.; Susan Holland, Codes of conduct for the transfer of technology: a critique, New York 1976; Norbert Horn, Legal problems of codes of conduct for multinational enterprises, Deventer 1980; Philippe Kahn, Transfert de technologie et division internationale du travail pour une politique juridique, RBDI 1976, S. 451 ff.; Wilhelm A. Kewenig, Technologietransfer aus völkerrechtlicher Sicht, in: Wilhelm Kewenig, Hrsg., Völkerrecht und internationale wirtschaftliche Zusammenarbeit, Berlin 1978, S. 71 ff.; Otto Kimminich, Technology transfer and international law: towards conceptual clarity, GYIL 1982, S. 54 ff.; Alain Langlois, Les Nations Unies et le transfert de technologie, Paris 1980; Andreas F. Lowenfeld u.a., International technology transfer, PASIL 1977, S. 224 ff.; Y. van der Mensbrugghe, Les codes de conduite pour sociétés multinationales, RDIDC 1982, S. 17 ff.; Peter Nanyenya-Takirambudde, Technology transfer and international law, New York 1980; Charles C. Okolie, Legal aspects of the international transfer of technology to developing countries, New York–Washington–London 1975; Norbert Prill, Technologietransfer und Meeresnutzung, ZaöRV 1978, S. 801 ff.; Seymour Rubin, International Code of Conduct on the Transfer of Technology, AJIL 1979, S. 519 f.; Lorenz Stampfli-Medzikijan, Le transfert de technologie. Les efforts actuels pour une réglementation internationale,

kation von Patentrechten ebensowenig zulassen wie die entschädigungslose Enteignung von materiellen Gütern. Jedoch können und müssen die völkerrechtlichen Regeln so reformiert werden, daß die Entwicklungsländer die fortgeschrittenen Technologien zu vernünftigen Bedingungen nutzen können. Auch in diesem Zusammenhang wird das Prinzip der Gegenseitigkeit im Lichte des überragenden Prinzips der internationalen Solidarität interpretiert werden müssen.

In den Umkreis der neuen Weltwirtschaftsordnung gehört auch das Entwicklungsprogramm der Vereinten Nationen (United Nations Development Programme, UNDP), das 1965 gestartet wurde.[19] UNDP ist eine Organisation unter Aufsicht des Wirtschafts- und Sozialrats, die mit den Spezialorganisationen der UNO zusammenarbeitet und ihnen Mittel bewilligt. Im Jahre 1966 wurde die Organisation für industrielle Entwicklung (United Nations Industrial Development Organization, UNIDO) gegründet.[20] Zwar gehört die Neustrukturierung der Weltwirtschaft nicht zu ihren Aufgaben, aber durch ihre Entwicklungsprogramme haben sie doch wesentlich zum Aufbau der neuen Weltwirtschaftsordnung beigetragen.

Dasselbe kann vom Internationalen Währungsfonds (International Monetary Fund, IMF) gesagt werden, der bereits seit 1945 besteht, sich aber erst am 15. April 1948 konstituiert hat. Zu seinen Aufgaben gehört neben der Förderung der internationalen Zusammenarbeit auf dem Gebiet der Währungspolitik auch die Erleichterung der Ausweitung des Welthandels, die Sicherung der Stabilität der Währungen und die

Bern–Frankfurt–Las Vegas 1980; Tullio Treves, Le transfert de technologie et la Conférence sur le droit de la mer, JDI 1977, S. 43 ff.; G.A. Zaphiriou, An international code of conduct on transfers of technology, ICLQu 1977, S. 210 ff.

19 Resolution der Generalversammlung Nr. 2029 (XX) vom 22. November 1965. Als Vorläufer dieses Programms war bereits 1949 ein Programm für technische Hilfe (EPTA) gegründet worden.

20 Resolution der Generalversammlung Nr. 2152 (XXI) vom 17. November 1966.

Kreditgewährung an Mitglieder bei vorübergehenden Zahlungsbilanzschwierigkeiten.[21]

Um die Zusammenarbeit zwischen Industriestaaten und Rohstofflieferanten zu organisieren, berief die UNO im Jahre 1964 zum ersten Mal die sog. Welthandelskonferenz ein (UNCTAD), die eine ständige Einrichtung als Organ der Generalversammlung mit dem aus 68 Mitgliedern bestehenden „Welthandelsrat" als Exekutivorgan geblieben ist.[22] Im Welthandelsrat haben die Entwicklungsländer ein satzungsgemäßes Übergewicht; denn die afro-asiatischen Staaten entsenden in ihn 29 Mitglieder, die westlichen dagegen nur 21, die Ostblockländer 7 (wobei Jugoslawien als Entwicklungsland dem afro-asiatischen Block zugerechnet wird) und die südamerikanischen Staaten 11.

Das Hauptorgan der UNO, zu dessen Aufgaben die Lösung internationaler Probleme wirtschaftlicher und sozialer Art gehört, ist der Wirtschafts- und Sozialrat. Er hat die folgenden „Kommissionen" als seine Unterorgane eingesetzt: für Statistik, für Bevölkerung, für Sozialwesen, für Menschenrechte, für die Rechtsstellung der Frau, für die Unterdrückung des Rauschgifthandels, für den internationalen Rohstoffhandel. Diese Kommissionen sind für die ganze Welt zuständig; ihr Aufgabengebiet ist sachlich abgegrenzt. Deshalb heißen sie „funktionelle Kommissionen". Daneben verfügt der Wirtschafts- und Sozialrat noch über vier regionale Wirtschaftskommissionen: für Europa (Economic Commission for Europe, ECE, gegründet 1947), für Asien und den Fernen Osten (ECAFE, gegründet 1947), für Lateinamerika (ECLA, gegründet 1948) und für Afrika (ECA, gegründet 1958).

21 Joseph Gold, The rule of law in the International Monetary Fund, Washington, D.C. 1980; Joseph Gold, Transformations of the International Monetary Fund, CJTL 1981, S. 227 ff.; Jaques de Larosière, Der Internationale Währungsfonds und die Hauptprobleme der Weltwirtschaft, EA 1981, S. 451 ff.; Axel Wirth, Zwischen Währungspolitik und Entwicklungshilfefinanzierung, Diss. Berlin 1981.

22 Vgl. oben Anm. 7.

Literatur

Mohammed Bedjaoui, Towards a new international economic order, London 1979.

Ian Brownlie, Legal Status of Natural Resources in International Law, RdC 1979/I (Bd. 162), S. 249 ff.

J.F. Dekker, The new international economic order and the legal relevance of structural violence, RBDI 1976, S. 466 ff.

René-Jean Dupuy, Hrsg., Nouvel ordre économique international, Den Haag 1981.

Guy Feuer, Les Nations Unies et le nouvel ordre économique international (1974–1976), JDI 1977, S. 606 ff.

Peter Fischer, Die internationale Konzession, Wien–New York 1974.

Peter Fischer, Das internationale Wirtschaftsrecht, JIR 1976, S. 143 ff.

Anila Graham, Die neue internationale Wirtschaftsordnung – eine schwindende Vision?, VN 1979, S. 162 ff.

Eike v. Hippel, Grundfragen der Weltwirtschaftsordnung, München 1980.

Fred Hirsch, Is there a new international economic order?, IO 1976, S. 521 ff.

Harald Hohmann, Recht auf Entwicklung in der internationalen Diskussion. Notwendige Ergänzung des Konzepts der Neuen Weltwirtschaftsordnung, VN 1982, S. 59 ff.

Kamal Hossain, Hrsg., Legal Aspects of the New International Economic Order, London 1980.

Damian Hubbard, The International Law Commission and the New International Economic Order, GYIL 1979, S. 80 ff.

P.J.G. Kapteyn, The basis of the New International Economic Order, NILR 1978, S. 217 ff.

Ria Kemper, Nationale Verfügung über natürliche Ressourcen und die Neue Weltwirtschaftsordnung der Vereinten Nationen, Berlin 1976.

Wilhelm A. Kewenig, Hrsg., Völkerrecht und internationale wirtschaftliche Zusammenarbeit. Referate und Diskussionen, Berlin 1978.

Rahmatullah Khan, The normative character of the new international economic order – a framework of inquiry, IJIL 1978, S. 294 ff.

Otto Kimminich, Das Völkerrecht und die neue Weltwirtschaftsordnung, AVR 1982, S. 2 ff.

Jerzy Kranz, La prise de décisions dans les organisations internationales et le nouvel ordre économique international, AVR 1982, S. 281 ff.

A. Maniou, Les implications du nouvel ordre économique et le droit international, RBDI 1976, S. 421 ff.

Jerzy Makarczyk, Le rôle du droit international dans l'instauration d'un nouvel ordre économique international, GYIL 1977, S. 217 ff.

Pierre-Marie Martin, Le nouvel ordre économique international, RGDIP 1976, S. 502 ff.

Edward McWhinney, The international law-making process and the New International Economic Order, CYIL 1976, S. 57 ff.

Tawfique Nawaz, The new international economic order: a bibliography, London 1980.
Ernst Petersmann, Die Dritte Welt und das Wirtschaftsvölkerrecht, ZaöRV 1976, S. 492 ff.
Ernst-U. Petersmann, Internationales Recht und Neue Internationale Wirtschaftsordnung, AVR 1980 (Bd. 18), S. 17 ff.
Ernst Petersmann, Zur Inkongruenz zwischen völkerrechtlicher und tatsächlicher Weltwirtschaftsordnung, FW 1976, S. 5 ff.
Oswaldo de Rivero, New economic order and international development law, Oxford 1980.
S.K. Saxena, Select bibliography on the New international economic order, IJIL 1980, S. 125 ff.
Michael Silagi, Entwicklungsvölkerrecht und Neue Weltwirtschaftsordnung, ÖZöRV 1981, S. 177 ff.
Pieter VerLoren van Themaat, Some basic legal issues of a new international economic order: A Western point of view, NILR 1977, S. 509 ff.
Pieter VerLoren van Themaat, Die Aufgabe der Rechtswissenschaft in der Diskussion um eine neue Weltwirtschaftsordnung, RabelsZ. 1979, S. 632 ff.
Pieter VerLoren van Themaat, The changing structure of international economic law, Den Haag 1981.
W.D. Verwey, The establishment of a new international economic order and the realisation of the right to development and welfare – A legal survey, IJIL 1981, S. 1 ff.
Wolfgang Graf Vitzthum, Neue Weltwirtschaftsordnung und neue Weltmeeresordnung, EA 1978, S. 455 ff.
Wolfgang Graf Vitzthum, A new international economic order and a new global maritime regime, Law and State 1979, S. 7 ff.
Gilbert Ziebura, Neue internationale Wirtschaftsordnung und neue internationale Arbeitsteilung – ein unaufhebbarer Widerspruch?, VN 1979, S. 167 ff.
Gottfried Zieger, Völkerrechtliche Fragen einer „Neuen Weltwirtschaftsordnung“, in: Wirtschaft und Technik im Völkerrecht, Studien zum internationalen Wirtschaftsrecht und Atomrecht Bd. 65, Köln–Berlin 1982, S. 121 ff.

9. Die Durchführung des zwischenstaatlichen Verkehrs

9.1 Die diplomatischen Beziehungen

Der normale Verkehr zwischen den Völkerrechtssubjekten wird im Wege der diplomatischen Beziehungen abgewickelt. Die hierfür geltenden Rechtsregeln werden unter dem Begriff „Gesandtschaftsrecht" zusammengefaßt. Daneben steht das Konsularrecht. Die Tätigkeit der Konsuln gehört zur Pflege der internationalen Beziehungen, wird aber von den diplomatischen Beziehungen im engeren Sinn abgegrenzt. Im neueren Schrifttum hat sich der Oberbegriff „Diplomatenrecht" durchgesetzt. In der Praxis sind die Unterschiede deshalb weniger scharf gezogen, weil jede diplomatische Mission auch eine Konsularabteilung umfaßt. Die selbständigen konsularischen Vertretungen sind dagegen grundsätzlich nicht befugt, diplomatische Funktionen wahrzunehmen. Im folgenden werden daher die beiden Tätigkeitsbereiche getrennt dargestellt.

Literatur

Milan Bartoš, Le statut des missions spéciales de la diplomatie ad hoc, RdC 1963/I (Bd. 108), S. 431 ff.

Cherif Bassiouni, Protection of Diplomats under Islamic Law, AJIL 1980, S. 609 ff.

Igor Blischtschenko, Diplomatenrecht, Berlin (Ost) 1975.

Dieter Blumenwitz, Die Errichtung ständiger Vertretungen im Lichte des Staats- und Völkerrechts, Baden-Baden 1975.

Hans von Herwarth, Der diplomatische Dienst in einer sich wandelnden Welt, Politische Studien 1969, S. 541 ff.

Erich Kraske, Handbuch des Auswärtigen Dienstes, Tübingen 1957.

Jean J.A. Salmon, Fonctions diplomatiques, consulaires et internationales, 2 Bde., 3. Aufl. Brüssel 1977.

9.2 Gesandtschaftsrecht

Das *Gesandtschaftsrecht* gehört zu den ältesten Spezialgebieten des Völkerrechts. Bereits in der Antike genossen die Gesandten Vorrechte. Im klassischen Völkerrecht erlebte das Gesandtschaftsrecht eine Hochblüte zusammen mit der Kunst der Diplomatie. Manche Historiker meinen, seit etwa hundert Jahren zeige sich ein unaufhaltsamer Niedergang der Diplomatie, weil die modernen Kommunikationsmittel eine direkte Verbindung zwischen den zur politischen Entscheidung Berufenen ermöglichen, so daß dem im Ausland tätigen Diplomaten nur wenig Spielraum bleibt und er in erster Linie Weisungen der „Zentrale" ausführen muß. Auch die „Konferenzdiplomatie", die von den Regierungschefs selbst („Gipfeltreffen") oder den Außenpolitikern (Außenministern, außenpolitischen Beratern, Sonderbevollmächtigten) betrieben wird, und die „Besuchsdiplomatie", d.h. die häufigen gegenseitigen Besuche von Staatsoberhäuptern und Vertretern des öffentlichen Lebens der beteiligten Staaten haben nach allgemeiner Meinung die Bedeutung der ständig im Gastland residierenden Diplomaten verringert. Die Beschaffung von zuverlässigen Nachrichten, die früher zu den Hauptaufgaben der Diplomaten gehörte, wird heute weitgehend von Nachrichtendiensten und Geheimdiensten, aber auch von wissenschaftlichen Institutionen besorgt. Zwischen Ländern, welche die Presse- und Meinungsfreiheit achten und den freien Informationsfluß nicht behindern, ist der Nachrichtenaustausch ohnehin kein Problem mehr und erfaßt infolge von beabsichtigten („gezielten") oder unbeabsichtigten Indiskretionen auch Bereiche, die früher nur von der Spionage durchdrungen werden konnten.

Trotzdem erscheint es wenig angebracht, von einem Niedergang der Diplomatie zu sprechen. Die Aufgaben der Diplomatie mögen sich gewandelt haben, aber sie sind keineswegs zur Bedeutungslosigkeit herabgesunken. Gerade in Anbetracht der Intensivierung der zwischenstaatlichen Beziehungen, die auf der Grundlage des „neuen Völkerrechts" stattgefunden hat, ist der Tätigkeitsbereich der Diplomaten umfangreicher geworden. Die Verwertung des stark angestiegenen Informationsflusses erfordert Fachkräfte mit praktischer Erfahrung an Ort und Stelle. Die Nutzbarmachung der durch die Konferenz- oder Besuchsdiplomatie erzielten Erfolge (und noch viel mehr die Überwindung der Mißerfolge) bleibt in der Regel dem traditionellen Diplomaten überlassen. Auf vielen Spezialgebieten ist heute die Verantwortung des einzelnen Diplomaten größer als im 18. oder 19. Jahrhundert, der Schutz der Diplomaten aber ist problematischer geworden.[1] Die Diplomatie hat viel von ihrem Glanz verloren, das Protokoll – die Gesamtheit der zeremoniellen Regeln – spielt keine zentrale Rolle mehr. Aber es ist keineswegs abgeschafft, und gerade in einer Zeit, in der von Regierungen und Politikern auch im internationalen Bereich zuweilen harte Töne angeschlagen werden, ist es wohltuend und entspannungsfördernd, daß über der Diplomatie noch immer ein Hauch des 18. Jahrhunderts liegt, der die Umgangsformen verfeinert.

Das diplomatische Zeremoniell ist ein Beispiel für die Entwicklung von Regeln der Courtoisie zu Rechtssätzen. Andere Teile des Gesandtschaftsrechts gehörten früher dem Völkergewohnheitsrecht an. Aber schon im 19. Jahrhundert (z.B. auf dem Wiener Kongreß von 1815 und dem Aachener Kongreß von 1818) versuchte man, das Gesandtschaftsrecht zu kodifizieren. Mit dem Wiener Übereinkommen über diplomatische Beziehungen vom 18. April 1961[2] ist diese Aufgabe für das geltende Gesandtschaftsrecht gelungen. Die „Wiener Diplomatenkonvention" beansprucht ausdrücklich keine Vollständigkeit. Neben den in der Konvention enthaltenen Vorschriften sind daher Regeln des Völkergewohnheitsrechts durchaus möglich. Nicht weniger als 108 Staaten haben die Wiener Diplomatenkonvention unterzeichnet, weitere sind ihr beigetreten. In der Völkerrechtsliteratur wird daher mit

1 Georg Schwarzenberger, Das Völkerrecht in der modernen Staatenwelt, in: Krieg und Frieden in der modernen Staatenwelt, hrsg. von Uwe Nerlich, Gütersloh 1966, S. 43, beklagt dies als eine unerwünschte Folge des Gewaltverbots, das den Staaten die Möglichkeit nimmt, auf Gewaltakte gegen ihre Diplomaten entsprechend zu reagieren.

2 BGBl. 1964 II, S. 958; UNTS Bd. 500, S. 95.

Recht die Meinung vertreten, daß die in der Wiener Diplomatenkonvention aufgezeichneten Rechtssätze allgemeines Völkerrecht sind. Die folgende Übersicht über das geltende Gesandtschaftsrecht nimmt deshalb jeweils auf die einzelnen Artikel dieser Konvention Bezug.

Alle Völkerrechtssubjekte – nicht nur die souveränen Staaten – besitzen das aktive und passive Gesandtschaftsrecht, d.h. das Recht, diplomatische Vertreter an andere Völkerrechtssubjekte zu entsenden und deren diplomatische Vertreter zu empfangen. Der das gesamte Völkerrecht beherrschende Grundsatz der Gegenseitigkeit[3] (Grundsatz der Reziprozität), ist im Gesandtschaftsrecht besonders stark ausgeprägt. Diplomatische Beziehungen werden niemals einseitig gepflogen; alle Vorrechte und Vergünstigungen werden auf der Grundlage der Gegenseitigkeit gewährt.

Die Aufgaben der diplomatischen Missionen werden in der Wiener Diplomatenkonvention nicht erschöpfend aufgezählt. Jedoch ist die in Art. 3 der Konvention enthaltene Liste nahezu vollständig. Danach gehört es zu den Aufgaben einer diplomatischen Mission,

1. den Entsendestaat im Empfangsstaat zu vertreten,
2. die Interessen des Entsendestaates und seiner Angehörigen im Empfangsstaat innerhalb der völkerrechtlich zulässigen Grenzen zu schützen,
3. mit der Regierung des Empfangsstaats zu verhandeln,
4. sich mit allen rechtmäßigen Mitteln über Verhältnisse und Entwicklungen im Empfangsstaat zu unterrichten und darüber an die Regierung des Entsendestaats zu berichten,
5. freundschaftliche Beziehungen zwischen Entsendestaat und Empfangsstaat zu fördern und ihre wirtschaftlichen, kulturellen und wissenschaftlichen Beziehungen auszubauen.

Die Leiter der diplomatischen Missionen (Missionschefs) werden in drei Klassen eingeteilt: 1. Botschafter und Nuntien (Nuntien sind die Botschafter des Hl. Stuhles); 2. Gesandte, Minister und Internuntien; 3. Geschäftsträger. Die beiden ersten Klassen sind beim Staatsoberhaupt des Empfangsstaats beglaubigt, die Geschäftsträger beim Außenminister.

[3] Vgl. oben 8.2.

Nach dem Grundsatz der Reziprozität müssen Staaten, die miteinander diplomatische Beziehungen pflegen, stets gleichrangige Missionschefs austauschen. Es ist daher unzulässig, daß das Land A im Lande B durch einen Botschafter vertreten ist, während das Land B im Lande A nur eine Gesandtschaft unterhält.

Die Wiener Diplomatenkonvention hat daraus den Schluß gezogen, daß die Staaten durch Vereinbarung jeweils die Klasse festzulegen haben, in die ihre Missionschefs einzuordnen sind (Art. 15). Diese Klasseneinteilung hat nur Bedeutung für Fragen der Rangfolge und der Etikette. Innerhalb jeder Klasse richtet sich die Rangfolge der Missionschefs nach Tag und Zeit ihres Amtsantritts, d.h. nach dem Zeitpunkt, in dem sie ihr Beglaubigungsschreiben überreicht haben. Die Reihenfolge der Überreichung von Beglaubigungsschreiben richtet sich ihrerseits nach Tag und Zeit der Ankunft des Missionschefs. So kann es vorkommen, daß infolge einer späteren Ankunft von wenigen Minuten ein Diplomat jahrelang eine niedrigere Rangfolge als ein nur kurz vorher angekommener Kollege erhält. Er steht, geht oder sitzt bei Empfängen und sonstigen offiziellen Anlässen stets hinter diesem. Die Diplomaten-Memoiren sind voll von derlei Ärgernissen. Rechtliche Bedeutung haben sie nicht; denn weder die Rangordnung innerhalb einer Klasse noch die Zugehörigkeit zu einer Klasse rechtfertigt irgendwelche Diskriminierungen.

Die Aufnahme diplomatischer Beziehungen erfolgt durch eine entsprechende Vereinbarung zwischen den beiden Staaten. Bevor aber ein Missionschef ernannt wird, muß sich der Entsendestaat vergewissern, daß die für diesen Posten in Aussicht genommene Person dem Empfangsstaat genehm ist, d.h. von diesem das „Agrément" erhält. Der Empfangsstaat kann das Agrément verweigern, ohne dem Entsendestaat die Gründe hierfür mitzuteilen. Die weiteren Mitglieder des Personals einer Mission bedürfen keines Agréments. Bei Militär-, Marine- und Luftwaffenattachés kann aber der Empfangsstaat verlangen, daß ihm ihre Namen vorher zwecks Zustimmung mitgeteilt werden (Art. 7). Die Mitglieder des diplomatischen Personals einer Mission sollen grundsätzlich Angehörige des Entsendestaats sein. Angehörige des Empfangsstaats dürfen nur mit

dessen Zustimmung zu Mitgliedern des diplomatischen Personals der Mission ernannt werden.
Wird das Agrément für einen Missionschef verweigert, so darf er seinen Posten nicht antreten. Macht sich ein Missionschef während seiner Amtszeit im Empfangsstaat mißliebig, so kann der letztere ihn jederzeit ohne Angabe von Gründen zur „persona non grata" erklären. Der betreffende Diplomat ist dann sofort abzuberufen, oder er muß seine Tätigkeit bei der Mission beenden. Die Erklärung zur persona non grata ist auch möglich, bevor der Diplomat das Hoheitsgebiet des Empfangsstaats betritt. Würde also z.B. ein Diplomat trotz fehlenden Agréments zum Missionschef ernannt, so könnte ihn der Empfangsstaat noch vor seinem Eintreffen zur persona non grata erklären und ihm die Einreise verweigern.

Die Erklärung zur persona non grata ist nicht nur gegenüber dem Missionschef möglich, sondern auch gegenüber den anderen Mitgliedern des diplomatischen Personals der Mission. Auch sie können bereits vor ihrem Eintreffen im Empfangsstaat zur persona non grata erklärt werden. Da sie keines Agréments bedürfen, ist in bezug auf sie die Erklärung zur persona non grata für den Empfangsstaat die einzige Möglichkeit, ihnen die Ausübung ihrer diplomatischen Funktionen zu verwehren.

Der Abbruch der diplomatischen Beziehungen erfolgt durch eine einseitige Willenserklärung des Entsendestaats. Auf Grund des Prinzips der Gegenseitigkeit zieht dies eine entsprechende Erklärung des Empfangsstaats für dessen diplomatische Mission im Entsendestaat nach sich. Sind die diplomatischen Beziehungen abgebrochen, so hat das höhere diplomatische Personal das Land zu verlassen. In den Räumlichkeiten der Mission kann jedoch technisches Personal zurückbleiben.

Nach herkömmlichem Völkerrecht, das den Krieg definiert als „völkerrechtlichen Gewaltzustand unter Abbruch der diplomatischen Beziehungen", hat der Eintritt des Kriegszustandes (dessen Zeitpunkt in einer Kriegserklärung festgelegt zu werden pflegte, und der ohne Kriegserklärung mit dem Zeitpunkt des Beginns der Feindseligkeiten zusammenfällt) automatisch den Abbruch der diplomatischen Beziehungen zur Folge. Im Jahre 1965 führten aber Indien und Pakistan miteinander Krieg, ohne die diplomatischen Beziehungen abzubrechen. Unter der Geltung des Kriegsverbots ist nur der Angegriffene befugt, eine Kriegserklärung abzugeben. Wenn aber der Angriff bereits begonnen hat, so ist der Kriegszustand in dem Moment eingetreten, in dem Kriegshandlungen auf dem Gebiet des angegriffenen Staates gesetzt worden sind (nicht früher; denn eine Verteidigung durch Präventivkrieg ist nicht durch Art. 51 SVN gedeckt).

Bleiben nach dem Abbruch der diplomatischen Beziehungen das Vermögen und die Archive der Mission im Empfangsland, so hat dieses die Räumlichkeiten und Eigentumsobjekte der Mission „zu achten und zu schützen" (Art. 45). Dies gilt auch im Falle eines bewaffneten Konflikts. Der Staat, der die diplomatischen Beziehungen abbricht, hat das Recht, eine Schutzmacht zu ernennen. Diese vertritt während der Dauer des Abbruchs der diplomatischen Beziehungen die Interessen des Entsendestaates und seiner Angehörigen. Auch die Obhut der Räumlichkeiten, des Vermögens und der Archive der Mission pflegt der Schutzmacht übertragen zu werden. Die Schutzmachtstellung kommt sowohl in Kriegs- als auch in Friedenszeiten in Frage. So fungierte Frankreich in den Jahren 1957–1968 als Schutzmacht der Bundesrepublik Deutschland in Jugoslawien, da in diesen Jahren die diplomatischen Beziehungen zwischen der BRD und Jugoslawien abgebrochen waren. Jugoslawien hatte in der gleichen Zeit Schweden mit der Wahrnehmung seiner Interessen in der BRD beauftragt. Als im Jahre 1971 die Beziehungen zwischen der BRD und Guinea abgebrochen wurden, beauftragte die BRD Italien als Schutzmacht in Guinea; Guinea beauftragte Mali als seine Schutzmacht in der BRD.

Ist ein Entsendestaat im Empfangsstaat nicht mehr vertreten, ohne daß die diplomatischen Beziehungen abgebrochen sind, so kann bis zur Wiederherstellung der ordnungsgemäßen Vertretung ein dritter Staat die Schutzmachtfunktion zeitweilig übernehmen (Art. 46).

Kleine Staaten, die mit anderen Staaten zwar diplomatische Beziehungen pflegen wollen, aber nicht bereit oder in der Lage sind, den Aufwand für vollausgestattete diplomatische Missionen in jedem einzelnen Land zu tragen, haben die Möglichkeit, einen einzigen Missionschef bei mehreren Staaten beglaubigen zu lassen. In denjenigen Empfangsstaaten, in denen der Missionschef nicht seinen ständigen Sitz hat, ist eine diplomatische Mission unter der Leitung eines Geschäftsträgers ad interim zu errichten. Umgekehrt können mehrere Staaten dieselbe Person bei einem anderen Staat als Missionschef beglaubigen, sofern der Empfangsstaat dagegen keinen Einspruch erhebt (Art. 6).

Die Grundnorm für die Rechtsstellung des Diplomaten enthält Art. 29 der Wiener Diplomatenkonvention: „Die Person des Diplomaten ist unverletzlich. Er unterliegt keiner Festnahme oder Haft irgendwelcher Art. Der Empfangsstaat behandelt ihn mit gebührender Achtung und trifft alle geeigneten Maßnahmen, um jeden Angriff auf seine Person, seine Freiheit oder seine Würde zu verhindern."

Grundsätzlich wird dem Diplomaten im Empfangsstaat volle Bewegungs- und Reisefreiheit gewährt. Jedoch sind die Empfangsstaaten berechtigt, „aus Gründen der nationalen Sicherheit" verbotene Zonen einzurichten, die die Mitglieder einer Mission nicht betreten dürfen (Art. 26). Es gehörte zu den fast alltäglichen Begleiterscheinungen des kalten Krieges, daß die Bewegungsfreiheit der östlichen und westlichen Diplomaten in den Ländern des jeweils entgegengesetzten Lagers je nach den Kältegraden der Ost-West-Beziehungen eingeschränkt und wieder erweitert wurden. Es gab Zeiten, in denen z.B. die amerikanischen Diplomaten die Umgebung von Moskau kaum verlassen durften, was zur Folge hatte, daß auch die sowjetischen Diplomaten über die Nachbarschaft von Washington nicht hinauskamen. Heute gehören derartige Praktiken der Vergangenheit an. Man wird sagen müssen, daß die willkürliche Festsetzung von verbotenen Zonen völkerrechtswidrig ist.

Der Diplomat genießt Immunität von der Strafgerichtsbarkeit und von weiten Teilen der Zivil- und Verwaltungsgerichtsbarkeit. Ausgenommen sind dingliche Klagen in bezug auf unbewegliches Vermögen im Hoheitsgebiet des Empfangsstaats und Klagen in Erbschaftsangelegenheiten (Art. 31).

Die Räumlichkeiten der Mission sind unverletzlich. Vertreter des Empfangsstaats dürfen sie nur mit Zustimmung des Missionschefs betreten (Art. 22). Das gleiche gilt für die Privatwohnung des Diplomaten. Jedoch ist die Bezeichnung „Exterritorialität" für diesen Rechtsstatus der Dienst- und Wohnräume der Diplomaten falsch. Die Gebietshoheit des Empfangsstaates wird nicht eingeschränkt. Vielmehr handelt es sich bei der Rechtsstellung dieser Räumlichkeiten lediglich um Privilegien, die als Ausfluß der diplomatischen Immunität gewährt werden. Das hat zur Folge, daß ein echtes diplomatisches Asyl, d.h. Asyl für politisch Verfolgte in den Dienst- und Wohnräumen von Diplomaten, nicht gewährt werden darf. Etwas anderes gilt lediglich in Südamerika, wo sich ein entsprechendes, allerdings mit manchen Unklarheiten behaftetes, regionales Völkergewohnheitsrecht der Gewährung von diplomatischem Asyl herausgebildet hat.[4] In allen anderen Teilen der Welt darf nur „vorübergehende Zuflucht" gewährt werden, d.h. Schutz vor unmittelbarer Bedrohung von Leib oder Leben eines Verfolgten. Die Schutzgewährung darf so lange dauern, wie die Gefahr anhält. Das bedeutet, daß der Ausdruck „vorübergehend" nicht wörtlich genommen werden darf. So verbrachte z.B. der ungarische Kardinal Mindszenty, der nach dem ungarischen Aufstand im Herbst 1956 in die amerikanische Botschaft in Budapest geflüchtet war, 15 Jahre in diesem Botschaftsgebäude.

Die diplomatische Immunität von der Gerichtsbarkeit des Empfangsstaates entbindet die Diplomaten nicht, die Gesetze und anderen Rechtsvorschriften des Empfangsstaates zu beachten. Ferner dürfen sich Diplomaten nicht in die inneren Angelegenheiten des Empfangsstaates einmischen. Die Diplomaten dürfen nur jene Rechtshandlungen vornehmen, die vom Gesandtschaftsrecht gedeckt sind. Alle anderen Rechtshandlungen stellen einen Verstoß gegen den Grundsatz der Gebietsausschließlichkeit dar. Die Mission und ihr Chef sind aber berechtigt, die Flagge und das Hoheitszeichen

4 Vgl. C. Neale Ronning, Diplomatic Asylum, Den Haag 1965.

des Entsendestaates an den Räumlichkeiten der Mission einschließlich der Residenz des Missionschefs und an dessen Beförderungsmitteln zu führen.

Literatur

Eileen Denza, Diplomatic Law. Commentary on the Vienna Convention on Diplomatic Relations, Dobbs Ferry 1976.

Farag Moussa, Manuel de Pratique Diplomatique: L'Ambassade, Brüssel 1972.

P.J. O'Keefe, Privileges and immunities of the diplomatic family, ICLQu 1976, S. 329 ff.

Franciszek Przetacznik, International responsibility of the state for failure to afford the special protection for foreign officials, RDI 1974, S. 310 ff. und 1975, S. 29 ff.

Franciszek Przetacznik, Les devoirs de l'agent diplomatique à l'égard de l'état accréditaire, RDI 1975, S. 291 ff. und 1976, S. 57 ff.

Franciszek Przetacznik, Diplomacy by special missions, RDI 1981, S. 109 ff.

Michael H. Ryan, The status of agents on special mission in customary international law, CYIL 1978, S. 157 ff.

Hermann Weber, Wieweit schützt das Völkerrecht den ausländischen Diplomaten im Falle seiner Entführung? VRÜ 1970, S. 309 ff.

Karl Zemanek, Die Wiener Diplomatische Konferenz 1961, AVR 1961/62, S. 398 ff.

9.3 Konsularrecht

Das Konsularrecht ist im Wiener Übereinkommen über konsularische Beziehungen vom 24. April 1963 niedergelegt.[1] In Art. 5 dieser Konvention werden die konsularischen Aufgaben aufgezählt. Sie bestehen u.a. darin, die Entwicklung kommerzieller, wirtschaftlicher, kultureller und wissenschaftlicher Beziehungen zwischen den beiden Staaten zu fördern, Informationen aus den genannten Bereichen zu sammeln und zu erteilen, den Angehörigen des Entsendestaats Pässe und Reiseausweise und – falls vom Entsendestaat vorgesehen – den Ausreisewilligen Sichtvermerke oder entsprechende Dokumen-

[1] BGBl. II 1969, S. 1587, UNTS Bd. 596, S. 261.

te auszustellen. Darüber hinaus haben die Konsuln „den Angehörigen des Entsendestaats, und zwar sowohl natürlichen als auch juristischen Personen, Hilfe und Beistand zu leisten" (Art. 5 c). Ferner üben die Konsuln notarielle, standesamtliche und ähnliche Befugnisse aus.

Auch die Aufnahme konsularischer Beziehungen erfolgt durch Vereinbarung zwischen den beiden Staaten. Die Zustimmung zur Aufnahme diplomatischer Beziehungen beinhaltet aber, sofern nichts Gegenteiliges vereinbart ist, die Zustimmung zur Aufnahme konsularischer Beziehungen. Dagegen hat umgekehrt der Abbruch diplomatischer Beziehungen nicht ohne weiteres den Abbruch konsularischer Beziehungen zur Folge (Art. 2 Abs. 3).

Die Leiter der konsularischen Vertretungen werden in vier Klassen eingeteilt: 1. Generalkonsuln, 2. Konsuln, 3. Vizekonsuln, 4. Konsularagenten. Sie werden durch eine Ermächtigung des Empfangsstaats zugelassen, die als „Exequatur" bezeichnet wird. Ähnlich wie das Agrément des Diplomaten kann das Exequatur vom Entsendestaat ohne Nennung von Gründen verweigert werden. Ähnlich wie ein Diplomat kann auch ein Konsul oder ein anderes Mitglied des konsularischen Personals zur persona non grata erklärt werden. In diesem Fall ist der Konsul bzw. der konsularische Beamte abzuberufen oder seine dienstliche Tätigkeit bei der konsularischen Vertretung zu beenden.

In einem Staat, in dem der Entsendestaat weder eine diplomatische Mission unterhält noch durch eine Schutzmacht vertreten ist, kann mit Zustimmung des Empfangsstaats ein Konsul beauftragt werden, diplomatische Amtshandlungen vorzunehmen. Seine Stellung als Konsul wird hierdurch nicht berührt. Er erhält keinen Anspruch auf diplomatische Vorrechte und Immunitäten.

Damit ist bereits gesagt, daß die Rechtsstellung der Konsuln sich von derjenigen der Diplomaten unterscheidet. Jedoch genießen auch die Konsuln gewisse Vorrechte und Immunitäten. Sie unterliegen keiner Festnahme oder Untersuchungshaft, es sei denn wegen eines schweren Verbrechens und auf Grund einer Entscheidung des zuständigen Gerichts (Art. 14). Sie können wegen Handlungen, die sie in Wahrnehmung konsularischer Aufgaben vorgenommen haben, nicht von den Gerichten und Verwaltungsbehörden des Empfangsstaats zur Verantwortung gezogen werden. Ausnahmen gelten wieder für bestimmte Arten von Zivilklagen. Die schützende Grundnorm ist für die Konsuln die gleiche wie für die Diplomaten im engeren Sinn: „Der Empfangsstaat behandelt die Konsuln mit gebührender Achtung und trifft alle geeigneten Maßnahmen, um jeden Angriff auf ihre Person, ihre Freiheit oder ihre Würde zu verhindern" (Art. 40).

Besondere Regeln gelten für die Wahlkonsuln. Sie stehen nicht im hauptamtlichen konsularischen Dienst des Entsendestaats und sind häufig Angehörige des Empfangsstaats. Ihre Diensträume und Archive werden aber in der gleichen Weise geschützt wie die der ordentlichen Konsuln. Für die Bezüge, die der Wahlkonsul vom Entsendestaat für die Wahrnehmung konsularischer Aufgaben erhält, ist er von allen Steuern und sonstigen Abgaben befreit. Der Empfangsstaat ist ferner verpflichtet, „dem Wahlkonsul den auf Grund seiner amtlichen Stellung erforderlichen Schutz zu gewähren" (Art. 64).

Literatur

Kurt H. Jabloner-Fugger, Die Immunität konsularischer Funktionäre in der Wiener Konvention 1963, NJW 1964, S. 712 ff.

Gottfried Hecker, Handbuch der konsularischen Praxis, München 1982.

Kurt Herndl, Die Wiener Konsularische Konferenz 1963, AVR 1963/64, S. 417 ff.

Klaus Hoffmann, Konsularrecht, Loseblattsammlung, Percha 1982.

Erich Kussbach, Grundzüge des Konsularrechts, Österreichisches Verwaltungsarchiv 1977, S. 67 ff.

Adolfo Maresca, Les relations consulaires et les fonctions du consul en matière de droit privé, RdC 1971/III (Bd. 134), S. 105 ff.

Dagmar Wendler, Die Ausübung hoheitlicher Befugnisse durch Konsuln auf fremdem Staatsgebiet nach der Wiener Konsularkonvention vom 24.4.1963, Frankfurt/M. 1977.

David W. Williams, Consular access to detained persons, ICLQ 1980, S. 238 ff.

Jaroslav Zourek, Le Statut et les Fonctions des Consuls, RdC 1962/II (Bd. 106), S. 357 ff.

10. Der Schutz der Menschenrechte

10.1 Internationaler Menschenrechtsschutz auf globaler Ebene

10.1.1 Das allgemeine Völkerrecht

Die Grundstruktur des klassischen Völkerrechts ließ die Herausbildung allgemeiner Rechtsgrundsätze des internationalen Menschenrechtsschutzes nicht zu. Zwar entfaltete sich die Idee der Menschenrechte durchaus in der Zeit des klassischen Völkerrechts, die bis zum Ende des Ersten Weltkriegs reichte, aber sie drang nicht auf die völkerrechtliche Ebene vor, auf der sie darüber hinaus ohnehin keine Rechte des einzelnen hätte begründen können (vgl. oben 4.3).

Insoweit ist das negative Ergebnis der Bestandsaufnahme einleuchtend. Aber auch für die Zeit nach dem Ende des klassischen Völkerrechts, d.h. für die Gegenwart, ist das Ergebnis nicht anders. Immer noch gilt nur der völkerrechtliche Mindeststandard für die Ausländerbehandlung als allgemeines Völkerrecht unabhängig von Verträgen. Einen Rechtssatz des allgemeinen Völkerrechts mit dem Inhalt, daß jeder Staat verpflichtet ist, seine eigenen Staatsangehörigen in einer bestimmten Weise zu behandeln, gibt es nicht. Allenfalls kann argumentiert werden, daß die zahlreichen Verträge und Erklärungen auf globaler und regionaler Ebene, in denen der Menschenrechtsschutz in mehr oder minder verbindlicher Weise angesprochen worden ist, allmählich die Herausbildung eines Bestandes von Rechtsregeln des allgemeinen Völkerrechts für den Menschenrechtsschutz erkennen lassen. Bisher gibt es nur wenige Völkerrechtler, die zu dieser Auffassung neigen.[1]

10.1.2 Die Satzung der Vereinten Nationen

Auch die Satzung der Vereinten Nationen betont die „souveräne Gleichheit" aller Staaten (Art. 2 Ziff. 1 SVN) und ver-

[1] Bruno Simma, Souveränität und Menschenrechtsschutz nach westlichem Völkerrechtsverständnis, EuGRZ 1977, S. 235 ff.

bietet sogar der Weltorganisation selbst die Einmischung in die inneren Angelegenheiten ihrer Mitglieder (Art. 2 Ziff. 7 SVN). Eine Ausnahme hiervon zugunsten des Menschenrechtsschutzes gibt es nicht. Das Rechtsinstitut der „humanitären Intervention", das unter der Geltung des klassischen Völkerrechts im 19. Jahrhundert erörtert wurde, findet im allgemeinen Völkerrecht der Gegenwart keine Stütze und würde den Strukturprinzipien der UNO widersprechen (vgl. oben 8.3).

Trotzdem gehört der Schutz der Menschenrechte zu den Hauptzielen der Vereinten Nationen. In der Präambel bekräftigen die Mitgliedstaaten ihren „Glauben an die grundlegenden Menschenrechte, an Würde und Wert der menschlichen Persönlichkeit, an die Gleichberechtigung von Mann und Frau". Art. 1 Abs. 3 SVN erklärt die internationale Zusammenarbeit zum Zwecke der Förderung und Festigung der „Achtung vor den Menschenrechten und Grundfreiheiten für alle ohne Unterschied der Rasse, des Geschlechts, der Sprache oder der Religion" zu einem der Ziele der UNO. Art. 13, der sich mit Einzelmaßnahmen zur Förderung der internationalen Zusammenarbeit und der Kodifizierung des Völkerrechts befaßt, verpflichtet die Generalversammlung unter anderem, Untersuchungen zu veranlassen und Empfehlungen abzugeben, um „zur Verwirklichung der Menschenrechte und Grundfreiheiten für alle ohne Unterschied der Rasse, des Geschlechts, der Sprache oder der Religion beizutragen". Dieselbe Formulierung findet sich wieder in Art. 55 c bei der Aufzählung der wirtschaftlichen und sozialen Ziele der UNO. Ausdrücklich spricht dort die Satzung von der „allgemeinen Achtung und Verwirklichung der Menschenrechte". In Art. 56 verpflichten sich die Mitgliedstaaten, „gemeinsam und jeder für sich mit der Organisation zusammenzuarbeiten, um die in Art. 55 dargelegten Ziele zu erreichen".

Ein Teil der Völkerrechtslehre betrachtet diese Satzungsbestimmungen als bloße Grundsatzerklärungen, die rechtlich unverbindlich seien[2]. Dem ist entgegenzuhalten, daß die

[2] So Wilfried Schaumann, Die Menschen- und Freiheitsrechte in der UNO, in: Die Menschenrechte, hrsg. von Theodor Veiter und Friedrich Klein, Wien 1966, S. 22.

Satzung der Vereinten Nationen rechtstechnisch ein multilateraler (mehrseitiger) Vertrag ist, den die Gründungsmitglieder untereinander abgeschlossen haben und dem die weiteren Mitglieder beigetreten sind. Zwar sieht die Satzung kein internationales Organ für den Menschenrechtsschutz vor, das unmittelbar auf Grund der Satzung mit Befugnissen gegenüber den einzelnen Mitgliedstaaten ausgestattet ist, aber es kann keinem Zweifel unterliegen, daß die vorgenannten Satzungsbestimmungen den Mitgliedstaaten die Verpflichtung auferlegen, einzeln und gemeinsam für die Achtung der Menschenrechte einzutreten.

Dabei zeigt sich erneut das Dilemma des internationalen Menschenrechtsschutzes auf der Grundlage des geltenden Völkerrechts: auch soweit die Staaten bereits eine Verpflichtung zur Achtung der Menschenrechte trifft, ist der Vollzug der betreffenden Rechtsnormen den souveränen Staaten anvertraut. Die Bemühungen der Völkerrechtslehre richten sich daher darauf, diese Souveränitätsschwelle zu überwinden.[3] Das Ergebnis, zu dem sie gelangt ist, klingt auf den ersten Blick vielversprechend: die einschlägigen Satzungsbestimmungen „haben rechtlich die Bedeutung, daß die Achtung von Menschenrechten dem Vorbehalt für die ausschließliche Zuständigkeit der Mitgliedstaaten (Art. 2 Ziff. 7) entzogen wird".[4] Aber die darauffolgenden Sätze sind enttäuschend: „Solche Fragen können also in den Organen der Vereinten Nationen erörtert werden. Eine Verletzung von Menschenrechten kann eine Verletzung der Charta jedoch nur darstellen, soweit diese ihren Inhalt schon umreißt."

Auch die sorgfältigste Untersuchung des Satzungstextes wird keinen einzigen Fall zutage fördern, in dem die Satzung den Inhalt eines Menschenrechtes beschreibt. Schon daraus erklärt sich die Skepsis derjenigen Völkerrechtler, die den

[3] Felix Ermacora, Über die völkerrechtliche Verantwortlichkeit für Menschenrechtsverletzungen, in: Fs f. Alfred Verdross, Berlin 1980, S. 357 ff.

[4] Karl Josef Partsch, Menschenrechte, in: Handbuch Vereinte Nationen, hrsg. von Rüdiger Wolfrum, Norbert J. Prill und Jens A. Brückner, München 1977, S. 279.

Wert der Menschenrechtsbestimmungen der Satzung gering achten. Das nahezu vollständige Fehlen von Durchsetzungsmöglichkeiten tritt hinzu. Alle Bemühungen, ein zentrales Organ für die Durchsetzung der Menschenrechte auf globaler Ebene zu schaffen, sind bisher gescheitert. Für den mehrfach in der Generalversammlung der Vereinten Nationen eingebrachten Vorschlag, ein UN-Hochkommissariat für Menschenrechte zu errichten, hat sich niemals eine Mehrheit gefunden.[5]

10.1.3 Resolutionen des Wirtschafts- und Sozialrats

Gemäß Art. 62 SVN kann der Wirtschafts- und Sozialrat „Empfehlungen abgeben, um die Achtung und Verwirklichung der Menschenrechte und Grundfreiheiten für alle zu fördern". Art. 68 SVN gibt ihm die Befugnis zur Einsetzung von Kommissionen zu den dort näher bezeichneten Zwecken, darunter auch „für die Förderung der Menschenrechte". Demgemäß hat der Wirtschafts- und Sozialrat durch eine Resolution vom 16.2.1946 die Menschenrechtskommission gegründet, die seit Januar 1947 tätig ist. Alsbald gingen bei ihr Informationen und Beschwerden über Menschenrechtsverletzungen aus aller Welt ein, auf die aber nicht reagiert werden konnte, so daß das von den Vereinten Nationen errichtete Petitionssystem als „der größte Papierkorb der Welt"[6] gebrandmarkt wurde.

Wiederholt beschäftigte sich der Wirtschafts- und Sozialrat mit den Möglichkeiten, die der von ihm eingesetzten Menschenrechtskommission im Falle von bekanntgewordenen Menschenrechtsverletzungen offenstehen. Immer wieder kam er zu dem Ergebnis, daß die Kommission „keinerlei Befugnisse hat, hinsichtlich von Beschwerden betreffend Menschenrechte irgendeine Maßnahme zu treffen".[7] Jedoch wurde mit der

[5] Vgl. Roger Stenson Clark, A United Nations High Commissioner for Human Rights, Den Haag 1972; Felix Ermacora, Ein UN-Hochkommissar für Menschenrechte?, ÖZA 1966, S. 259 ff; Karin Grasshof, Ein Hoher Kommissar für Menschenrechte bleibt das Ziel, VN 1974, S. 13 ff.

[6] John P. Humphrey, The right of petition in the United Nations, RDH 1971, S. 470.

[7] So noch die Resolution 728 F, XXVIII, vom 30. Juli 1959.

Resolution 728 F vom 30.7.1959 begonnen, wenigstens ein Verfahren zur Behandlung der bei der Kommission einlaufenden Beschwerden aufzubauen. Die Menschenrechtskommission wurde angewiesen, ein ad hoc-Komitee zu ernennen, „das kurz vor ihrer nächsten Tagung zusammentritt, um die von dem Generalsekretär vorbereitete Liste von Mitteilungen zu prüfen und zu empfehlen, welche dieser Mitteilungen der Kommission auf Wunsch im Original zugänglich gemacht werden sollten". Durch die Resolutionen 1235 (XLII) vom 6. Juli 1967 und 1503 (XLVIII) vom 27. Mai 1970 wurde das Verfahren mit weiteren Einzelheiten geregelt.

Die auf Grund dieser Resolutionen durchgeführten Behandlungen von Menschenrechtsbeschwerden durch die Menschenrechtskommission des Wirtschafts- und Sozialrates der Vereinten Nationen werden in der Fachliteratur ebenso wie in der Tagespresse als „1503-Verfahren" bezeichnet. Eine Statistik ist hierüber, soweit ersichtlich, noch nicht veröffentlicht worden Ein Mitglied der Kommission sprach bereits vor mehreren Jahren von „jährlich etwa 70 000 bis 100 000 bei den UN einlangenden Petitionen".[8] Aber das Resultat der Behandlung ist in jedem Fall enttäuschend. Nach sorgfältiger Filterung in einer Arbeitsgruppe und einer Unterkommission bei Einschaltung des betroffenen Mitgliedstaates endet das Verfahren mit einem Bericht an den Wirtschafts- und Sozialrat. Gemäß Art. 7 der Resolution 1503 kann die Menschenrechtskommission auch ein ad hoc-Komitee ernennen, das einen Bericht an die Kommission zu verfertigen hat und sich „während und sogar nach der Untersuchung um freundschaftliche Lösungen" bemüht. Befugnisse gegenüber demjenigen Mitgliedstaat der Vereinten Nationen, dem Menschenrechtsverletzungen vorgeworfen werden, besitzt aber weder das ad hoc-Komitee noch die Menschenrechtskommission noch der Wirtschafts- und Sozialrat, der ebenfalls nur Empfehlungen aussprechen kann.

Auch diejenigen Völkerrechtler, die sämtliche Bestimmungen der SVN und der den Menschenrechtsschutz betreffenden Resolutionen weit auslegen, kommen daher zu dem Ergeb-

[8] Felix Ermacora, Nationalitätenkonflikt und Volksgruppenrecht, Bd. II, München 1978, S. 95.

nis, daß das „1503-Verfahren besser als gar nichts" sei, aber „nicht als wirksames Instrument zur Verhinderung von Menschenrechtsverletzungen angesehen werden kann".[9] Die Aussage ist deshalb von besonderer Bedeutung, weil der vorzitierte Autor in zahlreichen anderen Publikationen die Auffassung vertreten hat, daß die vorgenannten Resolutionen des Wirtschafts- und Sozialrats zumindest ein Indiz dafür seien, daß schwerwiegende und kontinuierliche Menschenrechtsverletzungen durch einen Staat auf jeden Fall die Grenze der inneren Zuständigkeit durchbrechen, so daß sich die Vereinten Nationen mit ihnen beschäftigen können.[10]

Dennoch ist das „1503-Verfahren" nicht ganz bedeutungslos. Zwar „handelt es sich nicht um ein Verfahren zur Untersuchung, Verhinderung oder Beendigung bestimmter einzelner Menschenrechtsverletzungen".[11] Aber es dient doch der „Identifizierung menschenrechtsfeindlicher politischer Systeme".[12]

10.1.4 Die Allgemeine Erklärung der Menschenrechte

Das Wissen um die Tatsache, daß die Menschenrechtsbestimmungen der SVN wirkungslos bleiben müssen, solange die Menschenrechte inhaltlich nicht umrissen sind, bewog die Organisation der Vereinten Nationen frühzeitig, einen Menschenrechtskatalog auszuarbeiten. Bereits am 10. Dezember 1948 wurde die Allgemeine Erklärung der Menschenrechte von der Generalversammlung der Vereinten Nationen verkündet. Sie besitzt keinerlei rechtliche Bindungswirkung, sondern ist, wie alle Resolutionen der Generalversammlung, nur eine Empfehlung. Auf diesen Rechtscharakter haben sich Staaten, wenn ihnen von irgendeiner Seite Menschenrechts-

[9] Bruno Simma, Völkerrechtliche Möglichkeiten der Durchsetzung vertraglich garantierter Menschenrechte für Deutsche gegenüber den Staaten Osteuropas, in: Simma/Steiner/Kriele, Menschenrechte für Deutsche in Osteuropa, Bonn 1980, S. 41.

[10] Bruno Simma, Souveränität und Menschenrechtsschutz nach westlichem Völkerrechtsverständnis, EuGRZ 1977, S. 235 ff.

[11] Simma, aaO. (Anm. 9), S. 39 f.

[12] Hans-Jürgen Bartsch, Die Entwicklung des internationalen Menschenrechtsschutzes, NJW 1977, S. 477.

verletzungen unter Hinweis auf die Allgemeine Erklärung vorgeworfen worden sind, stets berufen.

Über die Allgemeine Erklärung der Menschenrechte kann daher auf zwei Ebenen gesprochen werden. Auf der juristischen Ebene kann sie unter Hinweis auf ihren lediglich empfehlenden Charakter nahezu ganz beiseite geschoben werden. Allenfalls kann argumentiert werden, daß eine solche feierliche Erklärung der in der Generalversammlung der Vereinten Nationen vertretenen Staaten zumindest ein Indiz für die Rechtsüberzeugungen ist, die in Bezug auf die Menschenrechte in allen Teilen der Welt vertreten werden. Aber eine rechtliche Bindungswirkung ist damit noch nicht erreicht. Die zweite Ebene ist die der politisch-moralischen Wirkung. Hier kann in der Tat von einem Meilenstein in der Entwicklung der Menschenrechtsidee gesprochen werden. Aber es fragt sich, ob es sinnvoll ist, bei diesem Aspekt länger zu verweilen. Es hat wenig Zweck, unter Berufung auf die Allgemeine Erklärung der Menschenrechte Hoffnungen zu erwecken, die wegen der fehlenden rechtlichen Bindung nicht erfüllt werden können.

Ergänzend sei darauf hingewiesen, daß die Allgemeine Erklärung der Menschenrechte auch inhaltlich kritisiert werden kann. In der Fachliteratur ist immer wieder darauf hingewiesen worden, daß sie bereits im Zeitpunkt ihrer Verkündung veraltet war. In den Vereinten Nationen waren damals noch relativ wenige Staaten vertreten (63 % der Mitgliedstaaten lagen in Amerika und Europa, nur 6 % in Afrika und 24 % in Asien). Der Inhalt der Erklärung „entspricht weitgehend den klassischen menschenrechtlichen Vorstellungen, wie sie in den Staaten des westlichen Kulturkreises vorherrschten. Es sind das die auf internationale Verhältnisse abgestellten Deklarationen des Jahres 1789!"[13]

10.1.5 Die Menschenrechtskonventionen

Da die Allgemeine Erklärung der Menschenrechte keine Rechtsbindungen erzeugen konnte, bemühten sich die Vereinten Nationen von Anfang an, Rechtsbindungen durch ver-

[13] Felix Ermacora, Menschenrechte in der sich wandelnden Welt, Bd. I. Wien 1974, S. 539.

tragliche Vereinbarungen zu erzeugen. Schon im Jahre 1946 begannen die Arbeiten an einer Menschenrechtskonvention. (Als Konvention wird im Völkerrecht ein multilateraler Vertrag bezeichnet, d.h. ein Vertrag, an dem eine größere Zahl von Staaten beteiligt ist und in dem jeweils für ein bestimmtes Gebiet völkerrechtliche Normen aufgestellt werden. Die Konvention erfüllt daher im internationalen Bereich die Funktion der Gesetzgebung.)

Der erste von der Menschenrechtskommission ausgearbeitete Entwurf einer Konvention über die Menschenrechte wurde im Jahre 1950 von der Generalversammlung der Vereinten Nationen zurückgewiesen. Nach langen Debatten erhielt die Menschenrechtskommission den Auftrag, zwei getrennte Konventionsentwürfe auszuarbeiten, von denen der eine die Freiheitsrechte im engeren Sinn, einschließlich der politischen Rechte, der andere die Wirtschafts- und Sozialrechte enthalten sollte. Bereits 1954 konnten die Entwürfe den Staaten zur Stellungnahme vorgelegt und anschließend der Generalversammlung unterbreitet werden. Aber es dauerte noch zwölf Jahre, bis – am 16. Dezember 1966 – beide Konventionen von der Generalversammlung durch einen Beschluß ohne Gegenstimmen angenommen und zur Ratifikation aufgelegt wurden. Für die beiden Konventionen hatte sich mittlerweile auch der Ausdruck „Menschenrechtspakte" eingebürgert. Wie bei Konventionen üblich, konnten sie erst nach der Ratifikation (d.h. innerstaatlicher Inkraftsetzung) durch eine bestimmte Mindestzahl von Mitgliedstaaten, nämlich 35, völkerrechtlich in Kraft treten. Es dauerte noch über neun Jahre, bis diese Mindestzahl erreicht war: die Konvention über wirtschaftliche, soziale und kulturelle Rechte trat am 23. Januar 1976 in Kraft, die Konvention über bürgerliche und politische Rechte am 23. März 1976. Die Bundesrepublik Deutschland ist beiden Konventionen beigetreten.[14]

Gemessen an den Menschenrechtskatalogen in den Verfassungen westlicher Industriestaaten stellen die beiden Men-

[14] BGBl. 1973 II, S. 1569 ff. bzw. 1534 ff.

schenrechtskonventionen kaum einen Fortschritt dar. Gegenüber der Allgemeinen Erklärung der Menschenrechte aber ist der Fortschritt unverkennbar: die Menschenrechtskonventionen haben für diejenigen Staaten, die ihnen beigetreten sind, bindende Wirkung.

Die grundsätzliche Verpflichtung der Mitgliedstaaten ist in beiden Konventionen jeweils in Art. 2 niedergelegt: jeder Vertragsstaat verpflichtet sich, die in der Konvention anerkannten Rechte zu achten und sie allen in seinem Gebiet befindlichen und seiner Herrschaftsgewalt unterstehenden Personen ohne Unterschied zu gewährleisten. Eine Ausnahme hiervon enthält Art. 2 Abs. 3 der Konvention über wirtschaftliche und soziale Rechte. Diese Vorschrift gestattet es den Entwicklungsländern bis zu einem gewissen Grade, die von der Konvention anerkannten wirtschaftlichen Rechte auf Inländer zu beschränken. Für Staaten, deren Rechtsordnungen dem Standard der Konvention über bürgerliche und politische Rechte noch nicht entsprechen, normiert Art. 2 Abs. 2 dieser Konvention die Pflicht, diejenigen „gesetzgeberischen und anderen Maßnahmen zu treffen, die notwendig sind, um den in dieser Konvention anerkannten Rechten Wirksamkeit zu verleihen". Einen geringeren Grad der Unmittelbarkeit weist die korrespondierende Verpflichtung in Art. 2 Abs. 1 der Konvention für wirtschaftliche, soziale und kulturelle Rechte auf. Dort werden die Vertragsstaaten verpflichtet, mit allen ihnen „zur Verfügung stehenden Kräften Schritte zu unternehmen, um in steigendem Maße die volle Verwirklichung der Rechte, die in dieser Konvention anerkannt werden, sowohl durch gesetzgeberische als auch durch andere Maßnahmen zu erreichen".

Der Grundkonstruktion des geltenden Völkerrechts entsprechend, überlassen auch die beiden Menschenrechtskonventionen die Durchführung des internationalen Menschenrechtsschutzes den Organen der Signatarstaaten der Konventionen. Dabei treten vor allem zwei Schwierigkeiten auf. Erstens gibt es auf globaler Ebene kein einheitliches Menschenrechtsverständnis. Verschiedene Kulturkreise, aber auch verschiedene Staatsverfassungen und Ideologien, hängen mit unterschiedlichem Menschenrechtsverständnis zusammen. Deshalb wird geklagt: „Es fehlt an einer wirksamen einheitlichen

Anwendungsmöglichkeit der Menschenrechte."[15] Zweitens existiert kein internationales Organ, das die Erfüllung der durch die Konventionen erzeugten Rechtspflichten überwacht. Auch die Konventionen selbst haben ein solches Organ nicht geschaffen.

Die Konventionen (Menschenrechtspakte) sehen lediglich ein Berichtssystem vor, und zwar mit unterschiedlichen Befugnissen. Gemäß Art. 28 Abs. 1 der Konvention über bürgerliche und politische Rechte ist ein Ausschuß für Menschenrechte gebildet worden, der am 20. September 1976 zu seiner konstituierenden Sitzung zusammentrat. (Die Bundesrepublik Deutschland ist in ihm vertreten). Diesem Ausschuß berichten die Vertragsstaaten über die Maßnahmen, die sie zur Verwirklichung der in der Konvention anerkannten Rechte getroffen haben. Umgekehrt übersendet der Ausschuß den Vertragsstaaten seine eigenen Berichte „sowie ihm geeignet erscheinende allgemeine Bemerkungen" (Art. 40 Abs. 4 der Konvention).

Darüber hinaus kann jeder Vertragsstaat gemäß Art. 41 der Konvention erklären, „daß er die Zuständigkeit des Ausschusses zur Entgegennahme und Prüfung von Mitteilungen anerkennt, in denen ein Vertragsstaat geltend macht, ein anderer Vertragsstaat komme seinen Verpflichtungen aus diesem Pakt nicht nach". Hierfür ist zugleich mit der Konvention, d.h. am 19. Dezember 1966, ein „Fakultativprotokoll", d.h. ein Zusatzprotokoll, das der gesonderten Unterzeichnung und Ratifikation bedarf, aufgelegt worden. Bis jetzt sind ihm 26 Staaten beigetreten.

Das Fakultativprotokoll gestattet die Individualbeschwerde, d.h. die schriftliche Mitteilung einer Einzelperson über Menschenrechtsverletzungen, jedoch erst nach Ausschöpfung des innerstaatlichen Rechtsweges. Die Mitteilung darf nicht anonym sein oder einen Mißbrauch der Konventionsbestimmungen darstellen.

[15] Felix Ermacora, Menschenrechte – weltweiter Anspruch und Wirklichkeit, in: Johannes Schwartländer, Hrsg., Menschenrechte, Tübingen 1978, S. 174.

Soweit das Fakultativprotokoll mangels Ratifikation nicht anwendbar ist, verbleibt es bei der sog. Staatenbeschwerde gemäß Art. 41, d.h. der Mitteilung eines Vertragsstaates über Menschenrechtsverletzungen eines anderen Vertragsstaates. In jedem Fall kann der Ausschuß keinerlei verbindliche Entscheidung fällen, sondern er kann lediglich den beteiligten Vertragsstaaten seine guten Dienste zur Verfügung stellen, „um eine gütliche Regelung der Sache auf der Grundlage der Achtung der in dieser Konvention anerkannten Menschenrechte und Grundfreiheiten herbeizuführen" (Art. 41 Abs. 1 e). Innerhalb von zwölf Monaten nach Eingang der Mitteilung legt der Ausschuß einen Bericht vor, der „eine kurze Darstellung des Sachverhalts" (Art. 41 h) enthält. Sofern eine gütliche Einigung zustande gekommen ist, wird diese in dem Bericht erwähnt. Zu weiteren Maßnahmen ist der Ausschuß nicht befugt. Er kann nur – mit vorheriger Zustimmung der beteiligten Vertragsstaaten – eine ad hoc-Vergleichskommission einsetzen, die ihrerseits innerhalb von zwölf Monaten zu berichten hat (Art. 42).

In der Konvention über die wirtschaftlichen, sozialen und kulturellen Rechte ist überhaupt nur ein Berichtssystem vorgesehen. Die Berichte gelangen zum Wirtschafts- und Sozialrat, zu den UN-Sonderorganisationen und gelegentlich (Art. 21) sogar zur Generalversammlung der Vereinten Nationen, führen aber in jedem Fall höchstens zu „Empfehlungen allgemeiner Art".

Literatur

Philip Alston, Human rights and basic needs: a critical assessment, RDH 1979, S. 19 ff.

Philip Alston, The United Nations' Specialized Agencies and Implementation of the International Covenant on Economic, Social and Cultural Rights, CJTL 1979, S. 79 ff.

Rudolf Bernhardt, Internationaler Menschenrechtsschutz und nationaler Gestaltungsspielraum, in: Fs f. Hermann Mosler, Berlin–Heidelberg–New York 1983, S. 75 ff.

Wilhelm Bertram, Menschenrechte. Internationale Dokumente, Bonn 1978.

Rudolf Bindschedler, Der Schutz der Menschenrechte und das Verbot der Einmischung, in: Fs f. Hans-Jürgen Schlochauer, Berlin 1981, S. 179 ff.

Karl-Walter Bluhm und Bernd Thomsen (amnesty international), Hrsg., Der internationale Menschenrechtsschutz. Texte und Leitfaden, Frankfurt/M. 1981.

Theo C. van Boven, United Nations and Human Rights: a Critical Appraisal, in: Antonio Cassese, Hrsg., UN Law – Fundamental Rights, Alphen 1979, S. 119 ff.

Ian Brownlie, Basic Documents on Human Rights, 2. Aufl. Oxford 1981.

René Cassin, La déclaration universelle et la mise en oeuvre des droits de l'Homme, RdC 1951/II (Bd. 79), S. 237 ff.

Emmanuel Decaux, La mise en vigueur du pacte international relatif aux droits civils et politiques, RGDIP 1980, S. 487 ff.

Jost Delbrück, Menschenrechte und Grundfreiheiten im Völkerrecht, Stuttgart-München-Hannover 1972.

Jost Delbrück, Menschenrechte im Schnittpunkt zwischen universalem Schutzanspruch und staatlicher Souveränität, GYIL 1979, S. 384 ff

Karl Doehring, Die zwei Freiheitsbegriffe des Völkerrechts, AVR 1978/80 (Bd. 18), S. 1 ff.

Jack Donnelly, Recent trends in UN human rights activitiy: description and polemic, IO 1981, S. 633 ff.

Felix Ermacora, Die Grund- und Menschenrechte nach geltendem Recht in internationaler Sicht, ÖJZ 1965, S. 375 ff.

Felix Ermacora, Human Rights and Domestic Jurisdiction, RdC 1968/II (Bd. 124), S. 371 ff.

Felix Ermacora, Zu den Menschenrechtspakten der Vereinten Nationen, VN 1968, S. 133 ff.

Felix Ermacora, Hrsg., Internationale Dokumente zum Menschenrechtsschutz, Stuttgart 1971.

Felix Ermacora, Menschenrechte in der sich wandelnden Welt. Bd. 1 Historische Entwicklung der Menschenrechte und Grundfreiheiten, Wien 1974.

Felix Ermacora, Über die völkerrechtliche Verantwortlichkeit für Menschenrechtsverletzungen, in: Fs f. Alfred Verdross, Berlin 1980, S. 357 ff.

Richard Falk, Human Rights and State Sovereignty, New York 1981.

Thomas M. Franck, Human Rights in Third World Perspective, 3 Bde., Dobbs Ferry, N.Y. 1983.

Thomas M. Franck und H. Scott Fairley, Procedural due Process in Human Rights Fact-Finding by International Agencies, AJIL 1980, S. 308 ff.

Jochen A. Frowein, Vom innerstaatlichen zum völkerrechtlichen Schutz der Menschenrechte, in: Johannes Schwartländer, Hrsg., Modernes Freiheitsethos und christlicher Glaube, Mainz–München 1980, S. 104 ff.

Wilhelm Karl Geck, Der internationale Stand des Schutzes der Freiheitsrechte: Anspruch und Wirklichkeit, ZaöRV 1978, S. 182 ff.

Wilhelm Karl Geck, Internationaler Schutz von Freiheitsrechten und nationale Souveränität, JZ 1980, S. 73 ff.
Heribert Golsong, Implementation of International Protection of Human Rights, RdC 1963/III (Bd. 110), S. 7 ff.
Heinz Guradze, Die Menschenrechtskonventionen der Vereinten Nationen vom 16. Dezember 1966, JIR 1971, S. 242 ff.
Wolfgang Heidelmeyer, Hrsg., Die Menschenrechte. Erklärungen, Verfassungsartikel, internationale Abkommen, 3. Aufl. Paderborn 1982.
Alice Henkin, Hrsg., Human Dignity. The Internationalization of Human Rights, Alphen 1979.
John P. Humphrey, The right of petition in the United Nations, RDH Bd. 4, 1971, S. 463 ff.
James Avery Joyce, Human Rights: International Documents, 3 Bde., Alphen 1978.
Frits Kalshoven, International Concern with Human Rights: Can It Be Effective? GYIL 1978, S. 119 ff.
Andreas Khol, Zwischen Staat und Weltstaat, Wien 1969.
Andreas Khol, Der Menschenrechtskatalog der Völkergemeinschaft. Die Menschenrechtskonventionen der Vereinten Nationen, Wien–Stuttgart 1968.
Otto Kimminich, Menschenrechte, München 1973.
Otto Kimminich, Schutz der Menschenrechte, Arbeit für den Frieden, München 1979.
Hans Köchler, Die Prinzipien des Völkerrechts und die Menschenrechte, ÖZöRV 1981, S. 5 ff.
Martin Kriele, Die Menschenrechte zwischen Ost und West, Köln 1977.
Werner Lauff, Der Schutz bürgerlicher und politischer Rechte durch die Vereinten Nationen, NJW 1981, S. 2611 ff.
Elihu Lauterpacht und John G. Collier, Hrsg., Individual Rights and State in Foreign Affairs, New York–London 1977.
Hersch Lauterpacht, The international protection of Human Rights, RdC 1947/I (Bd. 70), S. 1 ff.
Richard B. Lillich und Franc C. Newman, International Human Rights, Boston–Toronto 1979.
Richard B. Lillich, Duties of states regarding the civil rights of aliens, RdC 1978/III (Bd. 161), S. 329 ff.
Matthew Lippman, Human rights revisited: the protection of human rights under the international covenant on civil and political rights, NILR 1979, S. 221 ff.
R.St.J. Macdonald u.a., Hrsg., The International Law and Policy of Human Welfare, Alphen 1978.
Jean-Bernard Marie, La pratique de la Commission des Droits de l'Homme de l'O.N.U. en matière de violation des droits de l'Homme, RBDI 1980, S. 355 ff.
Jean-Bernard Marie, La Commission des Droits de l'Homme de l'O.N.U; Paris 1975.
Myres McDougal, Harold Lasswell, Lungchu Chen, Human Rights and World Public Order. The basic policies of an international law of

human dignity, New Haven–London 1980.

Friedrich Meißner, Die Menschenrechtsbeschwerde vor den Vereinten Nationen, Baden-Baden 1976.

Hermann Meyer-Lindenberg, Die Menschenrechte im Völkerrecht, BerDGV Heft 4, Karlsruhe 1961, S. 84 ff.

Shigeki Miyazaki, Internationaler Schutz der Menschenrechte und Völkerrechtsunmittelbarkeit, in: Fs f. Hermann Mosler, Berlin–Heidelberg–New York 1983, S. 581 ff.

Moses Moskowitz, International concern with human rights, Dobbs-Ferry 1974.

Meike Noll-Wagenfeld, Aktionsmöglichkeiten der Vereinten Nationen bei Menschenrechtsverletzungen, VN 1977, S. 180 ff.

Manfred Nowak, Die Durchsetzung des internationalen Paktes über bürgerliche und politische Rechte. Bestandsaufnahme der ersten zehn Tagungen des UN-Ausschusses für Menschenrechte, EuGRZ 1980, S. 532 ff.

Frank Pietzcker, Entstehung und Entwicklung der Menschenrechte, Frankfurt/M. 1981.

Franciszek Przetacznik, The socialist concept of human rights: its philosophical background and political justification, RBDI 1977, S. 238 ff.

B.G. Ramcharan, Hrsg., Human Rights. Thirty years after the Universal Declaration, Den Haag 1979.

B.G. Ramcharan, The Good Offices of the United Nations Secretary-General in the Field of Human Rights, AJIL 1982, S. 130 ff.

Georg Ress, Rechtsvergleichung und internationaler Schutz der Menschenrechte, in: Rudolf Bernhardt und Ulrich Beyerlin, Hrsg., Deutsche Landesreferate zum Öffentlichen Recht und Völkerrecht, Heidelberg 1982, S. 257 ff.

Charles E. Ritterband, Universeller Menschenrechtsschutz und völkerrechtliches Interventionsverbot, Bern 1982.

A.H. Robertson, Human Rights in the World, 2. Aufl. Manchester 1982.

Helmut Rumpf, Der internationale Schutz der Menschenrechte und das Interventionsverbot, Baden-Baden 1981.

Johannes Schwartländer, Hrsg., Menschenrechte, 2 Bde., Tübingen 1978/1982.

Egon Schwelb, Die Menschenrechtsbestimmungen der Charta der Vereinten Nationen und die Allgemeine Erklärung der Menschenrechte, VN 1973, S. 180 ff.

Egon Schwelb, The Law of Treaties and Human Rights, AVR 1973, S. 1 ff.

Paul Sieghart, The International Law of Human Rights, Oxford 1983.

Bruno Simma, Souveränität und Menschenrechtsschutz nach westlichem Völkerrechtsverständnis, EuGRZ 1977, S. 235 ff.

Bruno Simma und Ulrich Fastenrath, Hrsg., Menschenrechte, ihr internationaler Schutz – Dokumentensammlung, München 1979.

Bruno Simma, Zur bilateralen Durchsetzung vertraglich verankerter Menschenrechte: Aktivlegitimation und zulässige Mittel nach allgemeinem Völkerrecht, in: Christoph Schreuer, Hrsg., Autorität und internationale Ordnung, Berlin 1979, S. 129 ff.

Bruno Simma, Fragen der zwischenstaatlichen Durchsetzung vertraglich vereinbarter Menschenrechte, in: Fs f. Hans-Jürgen Schlochauer, Berlin 1981, S. 635 ff.

Nagendra Singh, Human Rights and International Co-operation, New Delhi 1969.

Louis B. Sohn und Thomas Buergenthal, International protection of human rights, New York 1973.

Louis B. Sohn und Thomas Buergenthal, Basic documents on international protection of human rights, New York 1973.

Erik Suy, Droit des traités et droits de l'homme, in: Fs f. Hermann Mosler, Heidelberg 1983, S. 935 ff.

Kent L. Tedin, The Development of the Soviet Attitude toward Implementing Human Rights under the UN Charter, RDH 1972, S. 399 ff.

Christian Tomuschat, Menschenrechtspolitik der Vereinten Nationen, EA 1981, S. 587 ff.

Christian Tomuschat, Menschenrechtsschutz durch die Vereinten Nationen, VN 1976, S. 166 ff.

Christian Tomuschat, Die Bundesrepublik Deutschland und die Menschenrechtspakte der Vereinten Nationen: neue Perspektiven weltweiter Verwirklichung der Menschenrechte, VN 1978, S. 1 ff.

Karel Vasak, Les dimensions internationales des droits de l'homme, Paris 1978.

Karel Vasak, Le droit international des droits de l'homme, RdC 1974/IV (Bd. 140), S. 333 ff.

Theodor Veiter und Friedrich Klein, Hrsg., Die Menschenrechte. Entwicklung–Stand–Zukunft, Wien 1966.

E.W. Vierdag, The legal nature of the rights granted by the international covenant on economic, social and cultural rights, NYIL 1978, S. 69 ff.

Wolfgang Wagner, Die Verwirklichung der Menschenrechte im Pakt der Vereinten Nationen über bürgerliche und politische Rechte vom 16. Dezember 1966 im Grundvertrag und den ihn begleitenden Nebeninstrumenten, Frankfurt/M.–Bern 1977.

David Weissbrodt, A New United Nations Mechanism for Encouraging the Ratification of Human Rights Treaties, AJIL 1982, S. 418 ff.

10.2 Internationaler Menschenrechtsschutz auf regionaler Ebene

10.2.1 Die Europäische Menschenrechtskonvention

Das, was auf globaler Ebene bisher nicht gelungen ist, nämlich die Schaffung einer „wirksamen einheitlichen Anwendungsmöglichkeit", hat auf regionaler Ebene bessere Erfolgsaussichten. Das beweist die Europäische Menschenrechtskonvention (EMK) vom 4. November 1950, die am 3. September 1953 in Kraft getreten ist. Sie trägt den offiziellen Titel „Konvention zum Schutze der Menschenrechte und Grundfreiheiten"; die Bundesrepublik Deutschland ist ihr beigetreten.[1] Gegenwärtig gilt sie für 21 Vertragsstaaten (Stichtag 1.5.1983). Sie wird durch sechs Zusatzprotokolle ergänzt, von denen das erste (mit Bestimmungen über Eigentum, Bildung, Freie Wahlen) am 20. März 1952 und das bisher letzte (betreffend das Verbot der Todesstrafe) am 28. April 1983 unterzeichnet worden ist.

Gegenüber den Menschenrechtskonventionen der Vereinten Nationen bietet der kleinere Kreis von Vertragspartnern der EMK und die größere Homogenität ihrer Rechtsanschauungen mancherlei Vorteile. Sie äußern sich nicht nur in einer präziseren Definition der garantierten Menschenrechte, sondern auch in der ganzen Struktur des Schutzsystems. Im Gegensatz zu den Menschenrechtspakten der UNO beschränkt sich die EMK nicht darauf, die Vertragsstaaten zu verpflichten, die in der Konvention normierten Menschenrechte durch gesetzgeberische und andere Maßnahmen zu verwirklichen. Vielmehr sichern die Vertragsstaaten in Art. 1 „allen ihrer Herrschaftsgewalt unterstehenden Personen die in Abschnitt I dieser Konvention niedergelegten Rechte und Freiheiten zu". Damit enthält die Konvention eine unmittelbare Garantie der Menschenrechte für die in ihrem Geltungsbereich befindlichen Einzelpersonen ohne Rücksicht auf deren Staatsangehörigkeit.

Die EMK hat nicht nur dem bereits bestehenden Ministerausschuß des Europarats eine Überwachungsfunktion im Be-

[1] BGBl. 1952 II, S. 686.

reiche des internationalen Menschenrechtsschutzes eingeräumt (Art. 32 EMK), sondern auch besondere Organe für den Menschenrechtsschutz geschaffen, nämlich die Europäische Kommission für Menschenrechte und den Europäischen Gerichtshof für Menschenrechte. Der ursprüngliche Plan, auch Einzelpersonen den Zugang zum Gerichtshof zu eröffnen, konnte nicht verwirklicht werden. Jedoch hat der einzelne das Recht der Beschwerde an die Kommission, soweit der Vertragsstaat, gegen den sich die Beschwerde richtet, die Zuständigkeit der Kommission anerkannt hat. Dies haben gegenwärtig 17 Vertragsstaaten getan. Beschwerdeberechtigt ist jede Einzelperson oder Personenvereinigung, die sich durch eine Verletzung der in der EMK anerkannten Rechte durch die Organe und Behörden eines Vertragsstaates der EMK beschwert fühlt. Jedoch ist die Beschwerde erst nach Ausschöpfung des innerstaatlichen Rechtsweges zulässig. Neben der Individualbeschwerde (gemäß Art. 25 EMK) kennt die EMK noch die Staatenbeschwerde gemäß Art. 24. Durch Vermittlung des Generalsekretärs des Europarats kann nämlich jeder Vertragsstaat die Kommission ersuchen, sich mit einer von ihm behaupteten Verletzung der Bestimmungen der EMK durch einen anderen Vertragsstaat zu befassen.

Bei Individualbeschwerden entscheidet die Kommission zunächst über die Annahme des Gesuchs. Der weitere Verfahrensgang ist für beide Arten der Beschwerde gleich (mit der Maßgabe, daß im Falle der Individualbeschwerde das Gesuch auch nach der Annahme noch zurückgewiesen werden kann, wenn sich die Gründe für die Zurückverweisung erst später ergeben haben). Die Kommission prüft zunächst den Sachverhalt und bietet den beteiligten Parteien ihre guten Dienste für einen „freundschaftlichen Ausgleich der Angelegenheit auf der Grundlage der Achtung der Menschenrechte“ an (Art. 28). Gelingt ein solcher Ausgleich nicht, so berichtet die Kommission über den Sachverhalt und nimmt zu der Frage Stellung, ob sich aus den festgestellten Tatsachen ergibt, daß der betreffende Staat seine Verpflichtungen aus der Konvention verletzt hat. Dieser Bericht ist dem Ministerausschuß des Europarates sowie den beteiligten Staaten vorzulegen. An diesem Punkt kann das Verfahren in ein gerichtliches Verfahren vor dem Europäischen Gerichtshof für Menschenrechte überführt werden, jedoch nur innerhalb von drei Monaten nach der Vorlage des Berichts. Andernfalls entscheidet der Ministerausschuß darüber, ob die Konvention verletzt worden ist oder nicht, und setzt bejahendenfalls einen Zeitraum fest, innerhalb dessen der Staat, der die Menschenrechte verletzt hat, die vom Ministerausschuß vorgesehenen Maßnahmen durchführen muß (Art. 32).

Als Kläger vor dem Europäischen Gerichtshof für Menschenrechte ist der einzelne nicht zugelassen. Vielmehr ist die Einreichung einer Klage nur den Vertragsstaaten und der Europäischen Kommission für Menschenrechte vorbehalten (Art. 44, 48 EMK). Ein Verfahren vor dem Europäischen Gerichtshof für Menschenrechte kann daher stets nur aus einer Menschenrechtsbeschwerde entstehen, die von der Kommission zur Behandlung angenommen worden ist, aber zu keinem freundschaftlichen Ausgleich geführt hat. Innerhalb von drei Monaten nach dem Bericht der Kommission kann sowohl die Kommission selbst als auch der Staat, dem der Verletzte angehört, der Staat, der die Kommission mit dem Fall befaßt hat oder der Staat, gegen den sich die Beschwerde richtet, die Klage beim Europäischen Gerichtshof für Menschenrechte erheben.

Die Unterwerfung unter die Rechtsprechung des Europäischen Gerichtshofs für Menschenrechte muß ausdrücklich erklärt werden (Art. 46 EMK). Eine solche Erklärung haben 19 Staaten abgegeben.

10.2.2 Die Amerikanische Menschenrechtskonvention

Ein Gegenstück zur EMK bildet die von der Organisation Amerikanischer Staaten am 22. November 1969 unterzeichnete Amerikanische Menschenrechtskonvention (AMK).[2] Sie begründet in ihrem Art. 1 eine Pflicht der Vertragsstaaten, die in der Konvention aufgezählten Rechte und Grundfreiheiten

[2] OAS Official Records OEA/Ser. K/XVI/I.I, Document 65.

anzuerkennen und verpflichtet in ihrem Art. 2 diejenigen Vertragsstaaten, in deren Gebiet die Ausübung solcher Rechte oder Freiheiten noch nicht durch Gesetze oder andere Rechtsvorschriften gesichert ist, eine entsprechende Rechtsgrundlage zu schaffen.

Der Katalog der Menschenrechte der AMK zerfällt in zwei Teile: 1. bürgerliche und politische Rechte, 2. wirtschaftliche, soziale und kulturelle Rechte. Als Vorbild dienten die Menschenrechtskonventionen der Vereinten Nationen. Dem Menschenrechtskatalog ist aber ein weiteres, nur aus einem einzigen Artikel (Art. 32) bestehendes Kapitel hinzugefügt, das die Überschrift „Persönliche Verantwortung" und die Unterüberschrift „Das Verhältnis zwischen Rechten und Pflichten" trägt. Der Artikel hat folgenden Wortlaut: „Jedermann hat Pflichten gegenüber seiner Familie, seiner Gemeinde und der Menschheit. Die Rechte eines jeden einzelnen Menschen werden durch die Rechte anderer, die Sicherheit aller und die gerechten Anforderungen des Gemeinwohls in einer demokratischen Gesellschaft begrenzt."

Ähnlich wie die EMK hat auch die AMK zwei Kontrollorgane geschaffen: die Interamerikanische Menschenrechtskommission und den Interamerikanischen Gerichtshof für Menschenrechte. Die Aufgaben der Kommission sind nur vage umschrieben (Art. 41), die Befugnisse erstrecken sich auf die Behandlung von Individual- und Staatenbeschwerden. Die Kommission soll zunächst eine friedliche Lösung erstreben. Gelingt dies nicht, kann sie „einschlägige Empfehlungen" unterbreiten und den Staat, gegen den sich die Beschwerde richtet, zur Einstellung der menschenrechtswidrigen Praxis innerhalb einer von ihr gesetzten Frist auffordern. Nach Ablauf der Frist kann die Kommission mit absoluter Mehrheit entscheiden, ob der betreffende Staat entsprechende Maßnahmen ergriffen hat, und ob sie selbst ihren Bericht veröffentlichen soll.

Der Zugang zum Gericht ist allein den Vertragsstaaten und der Kommission vorbehalten. Wie bei der EMK ist auch hier die ausdrückliche Anerkennung der Zuständigkeit des Gerichtshofes für alle aus der Konvention entstehenden Streitigkeiten erforderlich. Der Gerichtshof ist erst 1979 geschaffen worden und „hatte noch keine Gelegenheit, eine eigene Rechtsprechung zu entwickeln".[3]

Literatur

zu 10.2.1

Manfred Dauses, Zur neueren Grundrechtsproblematik in der EG, JZ 1980, S. 293 ff.

A. Drzemczewski, The sui generis nature of the European convention on human rights, ICLQ 1980, S. 54 ff.

Sir Gerald Fitzmaurice, Some Reflections on the European Convention on Human Rights – and on Human Rights, in: Festschrift für Hermann Mosler, Berlin–Heidelberg–New York 1983, S. 203 ff.

Hans-Ernst Folz, Die Europäische Menschenrechtskonvention in der neueren Rechtsprechung des Verfassungsgerichtshofs, in: Fs f. Stephan Verosta, Berlin 1980, S. 201 ff.

Jochen A. Frowein, Die Europäische Menschenrechtskonvention und das Europäische Gemeinschaftsrecht, in: Die Grundrechte in der Europäischen Gemeinschaft, Baden-Baden 1978, S. 47 ff.

Heribert Golsong, Der Europäische Gerichtshof für Menschenrechte, JZ 1960, S. 193 ff.

Heribert Golsong, Die europäische Konvention zum Schutze der Menschenrechte und Grundfreiheiten, JöR 1961, S. 123 ff.

Heinz Guradze, Die Europäische Menschenrechtskonvention, Berlin–Frankfurt/M. 1968.

Irene Maier, Hrsg., Europäischer Menschenrechtsschutz, Heidelberg 1982.

Herbert Miehsler und Herbert Petzold, Europäische Menschenrechtskonvention. Texte und Dokumente, 2 Bde., Köln 1982.

Laurids Mikaelsen, European protection of human rights, Alphen 1980.

Clovis Morrison Jr., Dynamics of development in the European human rights convention system, Leiden 1981.

Hermann Mosler, Organisation und Verfahren des Europäischen Gerichtshofs für Menschenrechte, ZaöRV 1959/60, S. 415 ff.

Hermann Mosler, Kritische Bemerkungen zum Rechtsschutzsystem der Europäischen Menschenrechts-Konvention, Fs f. Hermann Jahrreiß, Köln–Berlin 1964, S. 289 ff.

[3] Rudolf Bernhardt, Der Schutz der Menschenrechte im Völkerrecht, Jahrbuch der Max-Planck-Gesellschaft 1982, S. 70.

Hermann Mosler, Rudolf Bernhardt und Meinhard Hilf, Hrsg., Grundrechtsschutz in Europa. Europäische Menschenrechts-Konvention und Europäische Gemeinschaften, Berlin–Heidelberg–New York 1977.

Hermann Mosler, Problems of interpretation in the case law of the European Court of Human Rights, in: Gedächtnisschrift f. H.F. van Panhuys, Alphen 1980, S. 149 ff.

Z.M. Nedjati, Human rights under the European convention, Amsterdam 1978.

Karl Josef Partsch, Die Rechte und Freiheiten der Europäischen Menschenrechtskonvention, in: Bettermann/Neumann/Nipperdey, Die Grundrechte, Berlin 1966, Bd. 1, S. 235 ff.

Herbert Petzold, The European Convention on Human Rights. Cases and Materials, 4. Aufl. Köln 1981.

Hannfried Walter, Die Europäische Menschenrechtsordnung, Köln–Berlin 1970.

Luzius Wildhaber, Erfahrungen mit der Europäischen Menschenrechtskonvention, Z.f. Schweizerisches Recht 1979, S. 229 ff.

zu 10.2.2

Thomas Buergenthal, Regional approaches to human rights: the inter-American experience, PASIL 1978, S. 197 ff.

Thomas Buergenthal, The Inter-American Court of Human Rights, AJIL 1982, S. 231 ff.

Thomas Buergenthal, Robert Norris und Dinah Shelton, Protecting human rights in the Americas, Kehl–Straßburg–Arlington 1982.

Jochen A. Frowein, The European and the American Convention on Human Rights, RDH 1980, S. 44 ff.

Jochen A. Frowein, Die Europäische und die Amerikanische Menschenrechtskonvention – ein Vergleich, EuGRZ 1980, S. 442 ff.

Hector Gros-Espiell, Le système interaméricain comme régime régional de protection internationale des droits de l'homme, RdC 1975/II (Bd. 145), S. 1 ff.

Gerhard Kutzner, Die Amerikanische Menschenrechtskonvention vom 22. November 1969, JIR 1971, S. 274 ff.

Lawrence J. Leblanc, The Inter-American Commission on Human Rights, RDH 1976, S. 645 ff.

Lawrence J. Leblanc, The OAS and the Promotion and Protection of Human Rights, Den Haag 1977.

M.E. Tardu, The Protocol to the United Nations Covenant on Civil and Political Rights and the inter-american system: a study of co-existing petition procedures, AJIL 1976, S. 778 ff.

Christian Tomuschat, Die Interamerikanische Menschenrechtskommission, ZaöRV 1968, S. 531 ff.

Karel Vasak, La Commission interaméricaine des Droits de l'Homme, Paris 1968.

10.3 Spezialgebiete

10.3.1 Die Antidiskriminierungs-Abkommen

Der Kampf gegen die Diskriminierung ist ein wichtiger Bestandteil des Menschenrechtsprogramms der Vereinten Nationen. Dies kommt bereits in der Satzung selbst zum Ausdruck, die in ihrem Art. 1 Ziff. 3 die „Achtung vor den Menschenrechten und Grundfreiheiten für alle ohne Unterschied der Rasse, des Geschlechts, der Sprache oder der Religion" unter denjenigen Zielen erwähnt, zu deren Erreichung die Mitglieder der Vereinten Nationen zusammenarbeiten sollen. Der Internationale Gerichtshof hat in seinem Gutachten über die Stellung Südafrikas in Namibia[1] das Diskriminierungsverbot als eine direkt aus der Satzung der Vereinten Nationen abzuleitende Rechtsnorm herausgestellt. Ein Verstoß hiergegen sei eine flagrante Verletzung der Ziele und Grundsätze der SVN.

Die gleiche Rechtsanwendung wird in allen Menschenrechtsabkommen auf globaler und regionaler Ebene verbrieft. Darüber hinaus gibt es spezielle Abkommen, die sich gegen die Diskriminierung richten. Ein wichtiges Beispiel ist die Konvention Nr. 111 der Internationalen Arbeitsorganisation über das Verbot der Diskriminierung in Beschäftigung und Beruf, die 1958 unterzeichnet wurde.[2] Aus der Arbeit der UNESCO ist vor allem die Konvention über das Verbot der Diskriminierung im Unterrichtswesen aus dem Jahre 1960 zu nennen.[3]

Im Mittelpunkt des Kampfes gegen die Diskriminierung steht der Kampf gegen die Rassendiskriminierung. Bereits am 20. November 1963 verkündete die Generalversammlung der Vereinten Nationen die Erklärung über die Beseitigung jeder Form von Rassendiskriminierung.[4] Ihr folgte die Konvention über die Beseitigung jeder Form von Rassendiskriminierung vom 7. März 1966, die nach Ratifikation durch 27 Staaten am 4. Januar 1969 in Kraft trat.[5]

1 International Court of Justice Report 1971, p. 131.
2 Text in BGBl. 1961 II, S. 97, UNTS Bd. 362, S. 31.
3 Text in BGBl. 1968 II, S. 385, UNTS Bd. 429, S. 93.
4 Resolution 1904/XVIII.
5 Text in BGBl. 1969 II, S. 961, UNTS Bd. 660, S. 195.

Durch die Rassendiskriminierungskonvention ist auch ein internationales Organ geschaffen worden: der Internationale Ausschuß zur Beseitigung der Rassendiskriminierung (Committee on the Elimination of Racial Discrimination, CERD), der aus 18 Sachverständigen besteht. Er ist ein Organ der Vertragsstaaten der Konvention (gegenwärtig 87), jedoch sind die Kommissionsmitglieder keine Regierungsvertreter. Die Vertragsstaaten müssen alle zwei Jahre über die Erfüllung ihrer Vertragspflichten berichten. Der Ausschuß prüft die Berichte und berichtet seinerseits der Generalversammlung der Vereinten Nationen. Art. 11 der Konvention eröffnet auch die Möglichkeit der Staatenbeschwerde. Auch in diesem Fall besitzt jedoch die Kommission keinerlei Kompetenz für irgendwelche Maßnahmen.

Der Kampf gegen die Rassendiskriminierung gipfelt seinerseits in dem Kampf gegen die sog. Apartheid-Politik der Republik Südafrika.[6] Gegen sie richtet sich selbstverständlich auch die Rassendiskriminierungskonvention von 1966. Darüber hinaus hat die Generalversammlung der Vereinten Nationen die Apartheid in zahlreichen Resolutionen ausdrücklich verurteilt. Auch der Sicherheitsrat hat die Apartheid als „ernste Störung" des internationalen Friedens gebrandmarkt.[7] Die Generalversammlung ist noch weiter gegangen: sie hat die Apartheid als „Verbrechen gegen die Menschlichkeit" bezeichnet.[8] Eine am 30. November 1973[9] von der Generalversammlung angenommene und zur Unterzeichnung aufgelegte Konvention zur Unterdrückung und Bestrafung der Apartheid ist am 18. Juli 1976 in Kraft getreten.

6 Hierzu Geoff Berridge, Apartheid and the West, YBWA 1981, S. 152 ff; R.E. Bissell, Apartheid and international organizations, Boulder 1977; Abraham Kiapi, The status of apartheid in international law, IJIL 1977, S. 57 ff.

7 z.B. in der Resolution 181/XVIII vom 7.8.1963 und in der Resolution 181/XIX vom 18.6.1964.

8 z.B. in der Resolution 2202/XXI vom 16.12.1966 und in der Resolution 3324 E/XXIX vom 16.12.1974.

9 Resolution 3068/XXVIII vom 30. November 1973.

10.3.2 Die Europäische Sozialcharta

In regionaler und fachlicher Hinsicht begrenzt ist ein Abkommen, das die Mitglieder des Europarats am 18. Oktober 1961 unterzeichneten: die Europäische Sozialcharta.[10] Sie gilt gegenwärtig für 13 Vertragsstaaten (für die Bundesrepublik Deutschland seit 26. 2. 1965). In ihrem materiellrechtlichen Teil verpflichtet sie die Vertragsstaaten zu gesetzlichen und verwaltungsmäßigen Maßnahmen im Bereiche des Erwerbslebens und der sozialen Sicherheit, einschließlich Fürsorge, Mutterschutz, Gesundheitsschutz, Tarifvertragsrecht und dergleichen. Unter der Überschrift „Recht auf Arbeit" werden die Vertragsstaaten verpflichtet, „zwecks Verwirklichung der Vollbeschäftigung die Erreichung und Aufrechterhaltung eines möglichst hohen und stabilen Beschäftigungsstandes zu einer ihrer wichtigsten Zielsetzungen und Aufgaben zu machen". Ferner müssen die Vertragsstaaten unentgeltliche Arbeitsvermittlungsdienste und eine geeignete Berufsberatung, Berufsausbildung und berufliche Wiedereingliederung sicherstellen oder fördern.

10.3.3 Die KSZE-Schlußakte

Aus der Schlußakte der Konferenz über Sicherheit und Zusammenarbeit vom 1. August 1975 haben vor allem die Ausführungen in „Korb 3" weite Publizität erhalten. Sie stehen unter der Überschrift „Zusammenarbeit in humanitären und anderen Bereichen" und haben in Ost und West große Hoffnungen erweckt. Schon die Lektüre der einschlägigen Texte bringt Enttäuschungen. Das vielversprechende Kapitel „Menschliche Kontakte" enthält im einzelnen nur vage Absichtserklärungen über Familienzusammenführung, Eheschließung mit Ausländern, Reisen, Tourismus, Jugendaustausch und Sport. Es beginnt mit der Versicherung, die Teilnehmerstaaten würden „Gesuche auf Reisen wohlwollend prüfen mit dem Ziel, Personen zu erlauben, in ihr Territorium zeitweilig und, wenn gewünscht, regelmäßig einzureisen oder aus ihm auszureisen, um Mitglieder ihrer Familien zu besuchen".

[10] BGBl. 1964 II, S. 1261, UNTS Bd. 529, S. 89.

Eine noch größere Enttäuschung als die vorsichtigen und unbestimmten Formulierungen bereitet die Rechtsnatur der KSZE-Schlußakte. Sie ist nämlich keineswegs ein völkerrechtlicher Vertrag, sondern lediglich das Abschlußkommuniqué einer diplomatischen Konferenz. Auch Völkerrechtler aus westlichen Staaten, die sich bemüht haben, das äußerste aus der Schlußakte herauszuholen, sind zu dem Ergebnis gekommen, daß es sich nur um „politisch-moralische Absichtserklärungen"[11] oder um „schlichte Verhaltensregeln" nichtrechtlicher Art[12] handelt. Völkerrechtler aus sozialistischen Ländern haben darüber hinaus immer wieder betont, daß die KSZE-Schlußakte nicht allein nach Korb 3 beurteilt werden dürfe. In Korb 1 haben nämlich die Konferenzstaaten 10 Prinzipien für ihre gegenseitigen Beziehungen beschrieben, von denen mehrere gerade diejenigen Völkerrechtsprinzipien bekräftigen, die im Zuge des Aufbaus eines wirksamen internationalen Menschenrechtsschutzes geschwächt, überlagert oder sogar verdrängt werden müssen, wie z.B. die Betonung der Souveränität und der Nichteinmischung in innere Angelegenheiten.

Die Menschenrechte werden in Prinzip VII erwähnt. Hierin hat man im Westen einen Fortschritt gesehen. Diese Beurteilung ist schon wegen des Fehlens einer Rechtsbindung ungerechtfertigt. Nicht einmal der in Abs. 8 Satz 2 von Prinzip VII enthaltene Hinweis auf die Menschenrechtskonventionen, zu denen sich die Unterzeichner der Schlußakte bekennen, führt weiter; denn eine Absichtserklärung des Inhalts, geltende Verträge halten zu wollen, ist absolut überflüssig. Den Wert der Konventionen selbst kann die KSZE-Schlußakte nicht erhöhen. Weder schafft sie ein einheitliches Menschenrechtsverständnis, noch verbietet sie es den Vertragsstaaten der Menschenrechtskonventionen, von den in diesen Konventionen enthaltenen Möglichkeiten des Rückzugs auf die nach wie vor

[11] So z.B. Hans H. Mahnke, Die Prinzipienerklärung der KSZE-Schlußakte und das Völkerrecht, Recht in Ost und West 1977, S. 48.
[12] So z.B. Jost Delbrück, Die völkerrechtliche Bedeutung der Schlußakte der Konferenz über Sicherheit und Zusammenarbeit in Europa, in: Drittes deutsch-polnisches Juristen-Kolloquium Bd. I, Baden-Baden 1977, S. 42.

garantierte Souveränität Gebrauch zu machen, noch ersetzt sie den fehlenden Vollzugsapparat.[13]

10.3.4 Die Übereinkommen der ILO

Zum Menschenrechtsschutz im weiteren Sinn gehört auch das Berichtssystem der Internationalen Arbeitsorganisation (ILO) über die Durchführung der in ihrem Aufgabenbereich ratifizierten Übereinkommen. Da die ILO als einzige Spezialorganisation der UNO gewisse Rechtsetzungsbefugnisse hat, ist ihr Rechtsschutzsystem auch am wirksamsten. Ihre Satzung läßt nicht nur Beschwerden zu (Art. 24 f), sondern gewährt auch ein Klagerecht zum Schutze gewerkschaftlicher Rechte, d.h. der sozialrechtlichen Organisationsfreiheit.[14]

10.3.5. Internationaler Flüchtlingsschutz

Das von den Vereinten Nationen aufgebaute System der Flüchtlingsbetreuung ist bereits im Zusammenhang mit der Erörterung der Rechtsstellung des einzelnen (oben 4.3) erwähnt worden. Die Flüchtlinge nehmen dabei nicht nur am allgemeinen Menschenrechtsschutz teil, sondern genießen darüber hinaus die besonderen Rechte, die ihnen die Flüchtlingskonvention vom 28.7.1951 und weitere Sonderabkommen gewähren.

10.3.6 Minderheitenschutz

Zum Menschenrechtsschutz im weiteren Sinn gehört auch der Schutz von Gruppenrechten, insbesondere der Schutz nationaler Minderheiten. Er kann – wie der Menschenrechtsschutz im engeren Sinn – sowohl verfassungsrechtlich als auch völkerrechtlich ausgestattet sein. Ein völkerrechtlicher Minderheitenschutz findet sich bereits in der Wiener Kongreßakte von 1815, die in Art. 1 Abs. 2 Schutzbestimmungen zugunsten der

[13] Vgl. Otto Kimminich, Konferenz über Sicherheit und Zusammenarbeit in Europa und Menschenrechte, AVR 1976/77 (Bd. 17), S. 274 ff.

[14] Vgl. Andreas Khol, Zwischen Staat und Weltstaat, Wien 1969, S. 151 ff. und S. 191 ff.

polnischen Minderheiten in Preußen, Österreich und Rußland enthielt. Nach dem Ersten Weltkrieg wurde unter den Auspizien des Völkerbunds ein Minderheitenschutzsystem aufgebaut, das sich aber nicht bewährte.[15] In der UNO-Ära standen zunächst die individuellen Rechte im Vordergrund. Als Gruppenrecht kann allenfalls das sowohl in der UNO-Satzung (Art. 1 Ziff. 2 und Art. 55) als auch in den Menschenrechtspakten (jeweils Art. 1) genannte Selbstbestimmungsrecht der Völker betrachtet werden. Aber es hat eine andere Zielrichtung als das klassische Minderheitenrecht. Das Selbstbestimmungsrecht will es einem Volk ermöglichen, frei über sein staatliches Schicksal zu entscheiden, wobei in der Regel davon ausgegangen wird, daß unter Berufung auf das Selbstbestimmungsrecht ein neuer Staat entsteht. Die Möglichkeit, daß eine Volksgruppe das ihr zustehende Selbstbestimmungsrecht in der Weise ausübt, daß sie sich für den Verbleib in einem von einem anderen Volk beherrschten Staat entscheidet, wird kaum in Erwägung gezogen. Dagegen bezweckt das Minderheitenrecht gerade eine Regelung dieser Situation, ganz gleich, ob die ethnische Minderheit in einem von einem anderen Volk beherrschten Staat oder in einem Vielvölkerstaat freiwillig oder unfreiwillig lebt.

Den Kern des Minderheitenrechts bilden stets Rechtsnormen zum Schutz der Muttersprache und des kulturellen Lebens der Minderheit, eine gewisse Eigenständigkeit, die in einer Selbstverwaltung oder Autonomie Ausdruck finden kann, Vertretungsrechte in zentralen Gremien des Staates einschließlich des Parlaments usw.

Als sich nach dem Zweiten Weltkrieg der Schwerpunkt des Interesses auf die Rechte der Einzelmenschen verlagerte, befürchteten manche, daß der Minderheitenschutz im neuen Völkerrrecht verkümmern würde. In der Tat erlitten viele europäische Minderheiten infolge der Kriegs- und Nachkriegsereig-

[15] Vgl. Christoph Gütermann, Das Minderheitenschutzverfahren des Völkerbundes, Berlin 1979; Otto Kimminich, Regelungen der Minderheiten- und Volksgruppenprobleme in der Vergangenheit, in: Fritz Wittmann u. Stefan Graf Bethlen, Hrsg., Volksgruppenrecht. Ein Beitrag zur Friedenssicherung, München 1980, S. 37 ff.

nisse ein schweres Schicksal. Erst langsam schwand das Mißtrauen gegen die Volksgruppen, die man als unzuverlässige Staatsbürger oder gar als fünfte Kolonne betrachtet hatte. Noch langsamer wuchs in der Nachkriegszeit das internationale Interesse an ihnen.[16]

Die Sorge, die Entwicklung der individuellen Menschenrechte könnte das Minderheitenrecht ersticken, ist jedoch unberechtigt. Zu den Rechten des einzelnen gehört auch das Recht, sich zu größeren oder kleineren Gruppen zu bekennen. Deshalb ist die Anerkennung der Individualrechte zugleich eine mögliche Basis für den Schutz aller Gruppen, denen der einzelne auf Grund freier Willensentscheidung oder durch seine Geburt, seine Religionszugehörigkeit oder vermittels eines anderen Kriteriums angehört.[17] Die Vereinten Nationen und der Europarat nehmen sich dieser Problematik in zunehmendem Maße an. Nachdem zunächst argumentiert worden war, der Minderheitenschutz gehöre der Vergangenheit an,[18] wuchs das Interesse der Weltöffentlichkeit an diesen Fragen seit den tragischen Ereignissen in afrikanischen Ländern in den sechziger Jahren, als infolge der von den Kolonialmächten übernommenen Grenzen zahlreiche Staaten mit Minderheitenproblemen fertig werden mußten. Auch im Zusammenhang mit dem Vorschlag, einen UN-Hochkommissar für Menschenrechte einzu-

[16] Vgl. das Handbuch der europäischen Volksgruppen, im Auftrage der Föderalistischen Union Europäischer Volksgruppen, bearb. von Manfred Straka, Wien 1970.

[17] Vgl. Peter Pernthaler, Der Schutz der ethnischen Gemeinschaften durch individuelle Rechte, Wien 1964; Theodor Veiter, Einzel- und Gruppenrechte in ihrer Wechselbeziehung, Europa Ethnica 1971 (Bd. 28), S. 2 ff; Fritz Münch, Volksgruppenrecht und Menschenrechte, in: System eines internationalen Volksgruppenrechts, Teil I, bearb. von Theodor Veiter, Wien 1970, S. 95 ff.; Peter Pernthaler, Gruppenschutz im Volksgruppenrecht und seine Verbindung zum individuellen Minderheitenschutz, in: System eines internationalen Volksgruppenrechts, Teil II, bearb. von Theodor Veiter, Wien 1972, S. 90 ff.

[18] Hierzu Karl Doehring, Das Gutachten des Generalsekretärs der Vereinten Nationen über die Fortgeltung der nach dem Ersten Weltkrieg eingegangenen Minderheitenschutzverpflichtungen, ZaöRV 1953/54 (Bd. 15), S. 521 ff.

setzen, ist darauf hingewiesen worden, daß die Vereinten Nationen damit einen wirksamen Minderheitenschutz ausüben könnten.[19] Und schließlich fand der Gedanke des Minderheitenschutzes Eingang in den Weltpakt über bürgerliche und politische Rechte. Sein Art. 27 lautet: „In Staaten mit ethnischen, religiösen oder sprachlichen Minderheiten darf Angehörigen solcher Minderheiten nicht das Recht vorenthalten werden, gemeinsam mit anderen Angehörigen ihrer Gruppe ihr eigenes kulturelles Leben zu pflegen, ihre eigene Religion zu bekennen und auszuüben oder sich ihrer eigenen Sprache zu bedienen."[20] In der Literatur zeigt sich die Neigung, das Wort „Minderheitenschutz" durch „Volksgruppenschutz" oder „Volksgruppenrecht" zu ersetzen.

Literatur

zu 10.3.1

Marc J. Bossuyt, L'interdiction de la discrimination dans le droit international des droits de l'homme, Brüssel 1976.

Jost Delbrück, Die Rassenfrage als Problem des Völkerrechts und nationaler Rechtsordnungen, Frankfurt/M. 1971.

Jost Delbrück, Die Konvention der Vereinten Nationen zur Beseitigung jeder Form der Diskriminierung der Frau von 1979 im Kontext der Bemühungen um einen völkerrechtlichen Schutz der Menschenrechte, in: Fs f. Hans-Jürgen Schlochauer, Berlin 1981, S. 247 ff.

Felix Ermacora, Diskriminierungsschutz und Diskriminierungsverbot in der Arbeit der Vereinten Nationen, Wien 1971.

Heinrich Kipp, Das Verbot der Diskriminierung im modernen Friedensvölkerrecht, AVR 1961, S. 137 ff.

Natan Lerner, The U.N. Convention on the Elimination of all Forms of Racial Discrimination, 2. Aufl. Alphen 1980.

Irene Maier, Gleichberechtigung weltweit längst nicht erreicht, VN 1980, S. 73 ff.

[19] Vgl. Felix Ermacora, Minderheitenschutz und Hochkommissär für Menschenrechte, Der Donauraum 1967 (Bd. 12), S. 134 ff.

[20] Hierzu Fritz Münch, Der Minderheitenartikel im Menschenrechtstext der Vereinten Nationen, in: System eines internationalen Volksgruppenrechts, II. Teil, bearb. von Theodor Veiter, Wien 1972, S. 64 ff.

Myres S. McDougal, Harold D. Lasswell und Lung-chu Chen, The protection of aliens from discrimination and world public order: responsibility of states conjoined with human rights, AJIL 1976, S. 432 ff.

Warwick A. McKean, Equality and Discrimination under International Law, Oxford 1983.

Karl Josef Partsch, Elimination of racial discrimination in the enjoyment of civil and political rights, TILJ 1979, S. 191 ff.

Karl Josef Partsch, Die Strafbarkeit der Rassendiskriminierung nach dem Internationalen Abkommen und die Verwirklichung der Verpflichtungen in nationalen Strafrechtsordnungen, GYIL 1977 (Bd. 20), S. 119 ff.

Yasohiko Saito, La non-discrimination, serait-elle un principe du droit naturel?, in: Unterwegs zum Frieden, hrsg. von R. Weiler und V. Zsifkovits, Wien–Freiburg–Basel 1973, S. 493 ff.

Georges Ténékidès, L'action des Nations Unies contre la discrimination raciale, RdC 1980/III (Bd. 168), S. 269 ff.

Christian Tomuschat, Equality and non-discrimination under the International Covenant on Civil and Political Rights, in: Fs f. Hans-Jürgen Schlochauer, Berlin 1981, S. 691 ff.

Egbert W. Vierdag, The concept of discrimination in international law with special reference to human rights, Den Haag 1973.

zu 10.3.2

Philippe Bois, La Charte Sociale Européenne. Son influence sur le droit suisse, SchJIR 1977, S. 9 ff.

Die Europäische Sozialcharta, mit Beiträgen von Giovanni Agnelli u.a., Baden-Baden 1978.

Herbert Schambeck, Grundrechte und Sozialordnung. Gedanken zur Europäischen Sozialcharta, Berlin 1969.

Hans Wiebringhaus, Die Sozialcharta des Europarats, in: Fs. f. Bernhard C.H. Aubin, Kehl 1979, S. 265 ff.

zu 10.3.3

Gaetano Arangio-Ruiz, Human Rights and Non-Intervention in the Helsinki Final Act, RdC 1977/IV (Bd. 157), S. 199 ff.

Thomas Buergenthal, Hrsg., Human rights, international law and the Helsinki Accord, Montclair, N.J.-New York 1979.

Jost Delbrück, Die völkerrechtliche Bedeutung der Schlußakte der Konferenz über Sicherheit und Zusammenarbeit in Europa, in: Drittes deutsch-polnisches Juristen-Kolloquium Bd. 1, Baden-Baden 1977, S. 31 ff.

Jost Delbrück, Norbert Ropers und Gerda Zellentin, Hrsg., Grünbuch zu den Folgewirkungen der KSZE, Köln 1977.

Mary Frances Dominick, Human Rights and the Helsinki Accord, Buffalo, N.Y. 1981.
J.E.S. Fawcett, The Helsinki act and international law, RBDI 1977, S. 5 ff.
Thomas M. Franck, The Belgrade minimal rules of procedure for international human rights fact-finding missions, AJIL 1981, S. 163 ff.
Jochen A. Frowein, The interrelationship between the Helsinki declaration, the international covenants on human rights and the European convention on human rights, in: International conference on the Helsinki accord, Strasbourg 1977, p. 3/1–3/12.
Göttinger Arbeitskreis, Hrsg., Die KSZE und die Menschenrechte, Berlin 1977.
Lauri Hannikainen, Human rights and non-intervention in the final act of the CSCE, NordTIR 1979, S. 27 ff.
Otto Kimminich, Konferenz über Sicherheit und Zusammenarbeit in Europa und Menschenrechte, AVR 1978, S. 274 ff.
G.D. Loescher, Human Rights and the Helsinki–Belgrade Process, YBWA 1981, S. 62 ff.
Jaques Mourgeon, La conférence de Belgrade et les droits de l'homme, AFDI 1978, S. 265 ff.
Hanspeter Neuhold, Die Prinzipien des „KSZE-Dekalogs" und der „Friendly-Relations-Deklaration" der UNO-Generalversammlung, in: Bruno Simma und Edda Blenk-Knocke, Hrsg., Zwischen Intervention und Zusammenarbeit, Berlin 1979, S. 441 ff.
Ulrich Scheuner, Die Schlußakte von Helsinki vom 1.8.1975 und der Schutz der Menschenrechte, in: Fs f. Stephan Verosta, Berlin 1980, S. 163 ff.
Gerhard Wettig, Die Menschenrechtsproblematik auf der KSZE-Folgekonferenz, in: „aus politik und zeitgeschichte" B 27/78 (Beilage zu „Das Parlament" vom 8. Juli 1978), S. 25 ff.

zu 10.3.4

Günther Beitzke, Verwirklichung sozialer Menschenrechte durch internationale Kontrolle. Die Berichtspflichten gegenüber der ILO, VN 1981, S. 149 ff.
Wilfried C. Jenks, The international protection of trade-union freedom, London 1957.
James Avery Joyce, World labour rights and their protection, London 1980.

zu 10.3.5

Atle Grahl-Madsen, The status of refugees in international law, 2 Bde., Leiden 1966, 1972.

Otto Kimminich, Der internationale Rechtsstatus des Flüchtlings, Köln–Berlin 1962.
Otto Kimminich, Die Entwicklung des internationalen Flüchtlingsrechts, AVR 1982, S. 369 ff.
Otto Benecke Stiftung, Hrsg., Menschenrechte und Flüchtlingsbetreuung. Die humanitären Aufgaben der Vereinten Nationen, Bonn 1978.

zu 10.3.6

du Buy, Frans Hendrik, Das Recht auf die Heimat, Köln 1975.
Francesco Capotorti, The protection of minorities under multilateral agreements on human rights, ItalYIL 1976, S. 3 ff.
Francesco Capotorti, Study on the rights of persons belonging to ethnic, religious and linguistic minorities, New York 1979.
Francesco Capotorti, Die Rechte der Angehörigen von Minderheiten. Kommt es zu einer Erklärung der Vereinten Nationen?, VN 1980, S. 113 ff.
Francesco Capotorti, Der Schutz der Minderheiten und das Völkerrecht: Zur Deklaration der Vereinten Nationen, Universitas 1982, S. 619 ff.
Yoram Dinstein, Collective Human Rights of Peoples and Minorities, ICLQu 1976, S. 102 ff.
Felix Ermacora, Der Minderheitenschutz vor den Vereinten Nationen, Europa Ethnica 1963, S. 58 ff.
Felix Ermacora, Der Minderheitenschutz in der Arbeit der Vereinten Nationen, Wien 1964.
Felix Ermacora, Nationalitätenkonflikt und Volksgruppenrecht, München 1978.
Dirk Gerdes, Minderheitenschutz – eine internationale Rechtsnorm auf der Suche nach ihrem Gegenstand, VN 1980, S. 126 ff.
Heribert Golsong, Minderheitenrechte im Rahmen des Europarats, EA 1960, S. 85 ff.
Rudolf Grulich und Peter Pulte, Hrsg., Nationale Minderheiten in Europa, Opladen 1975.
Christoph Gütermann, Das Minderheitenschutzverfahren des Völkerbundes, Berlin–München 1979.
Guy Héraud, L'inégalité fondamentale de la condition minoritaire, Fs f. Hans R. Klecatsky, Bd. 1, Wien 1980, S. 331 ff.
Otto Kimminich, Das Recht auf die Heimat, 2. Aufl. Bonn 1978.
Otto Kimminich, Die Funktion des Volksgruppenrechts in der internationalen Ordnung, ZP 1980, S. 59 ff.
Otto Kimminich, The function of the law of ethnic groups in the international system, Law and State 1981 (Bd. 23), S. 37 ff.
Heinz Kloss, Die Vereinten Nationen und das Problem der nationalen Minderheiten, Europa Ethnica 1967, S. 98 ff.

J.F. Merladet, International protection of minorities, Cambridge 1981.

Karl Josef Partsch, Menschenrechte und Minderheitenschutz, in: Fs f. Hermann Mosler, Berlin–Heidelberg–New York 1983, S. 649 ff.

Erich H. Pircher, Der vertragliche Schutz ethnischer, sprachlicher und religiöser Minderheiten im Völkerrecht, Bern 1979.

Patrick Thornberry, Is there a phoenix in the ashes? International law and minority rights, TILJ 1980, S. 421 ff.

Christian Tomuschat, Protection of Minorities under Art. 27 of the International Covenant and Political Rights, in: Fs f. Hermann Mosler, Heidelberg 1983, S. 949 ff.

Julius Varsányi, Border is fate. A study of mid-European diffused ethnic minorities, RDI 1981, S. 241 ff. und 1982, S. 1 ff.

Theodor Veiter, Hrsg., System eines internationalen Volksgruppenrechts, 3 Bde., Wien 1970–1978.

Theodor Veiter, Wege zu einem modernen Volksgruppenrecht, in: „aus politik und zeitgeschichte" B 18/75 (Beilage zu „Das Parlament" vom 3. Mai 1975), S. 29 ff.

Theodor Veiter, Commentary on the Concept of „National Minorities", RDH 1974, S. 273 ff.

Theodor Veiter, Nationalitätenkonflikt und Volksgruppenrecht im 20. Jahrhundert, München 1977.

Fritz Wittmann und Stefan Graf Bethlen, Hrsg., Volksgruppenrecht – Ein Beitrag zur Friedenssicherung, München–Wien 1980.

Chr. K. Yiallourides, Minderheitenschutz und Volksgruppenrecht im 20. Jahrhundert unter besonderer Berücksichtigung der Verhältnisse auf Zypern, Bochum 1981.

11. Internationale Gemeinschaftsräume und Gemeinschaftsaufgaben

11.1 Das hohe Meer und der Meeresboden

Wie in Kap. 3.2.6 ausgeführt, verläuft die Grenze der am Meer liegenden Staaten nicht an der Uferlinie, sondern im Wasser; denn ein Teil des Wassers (einschließlich des darunterliegenden Bodens und des darüberliegenden Luftraums) gehört zum Staatsgebiet des Uferstaates: das Küstenmeer. Jenseits des Küstenmeeres beginnt das „hohe Meer". Es gehört nicht zum Staatsgebiet irgendeines Völkerrechtssubjekts, sondern ist frei von Gebietshoheit. Es ist ein internationaler Gemeinschaftsraum und untersteht unmittelbar der Ordnung des Völkerrechts, das hierfür ein eigenes Rechtsgebiet entwickelt hat: das internationale Seerecht.

So ist das hohe Meer zwar frei von Gebietshoheit, nicht aber frei von Rechtshoheit. Die im Meer verlaufende Staatsgrenze, die das Küstenmeer vom hohen Meer trennt, hat daher prinzipiell die gleiche juristische Qualität wie die Landgrenze und die Luftgrenze: sie ist die Scheidelinie zwischen den räumlichen Geltungsbereichen zweier unterschiedlicher Rechtsordnungen. Ein Unterschied zur Landgrenze (und damit zugleich zur Luftgrenze über dem Land) ergibt sich nur dadurch, daß im Falle der im Meer verlaufenden Staatsgrenze jenseits derselben keine Gebietshoheit steht. Dieser Unterschied wirkt sich insbesondere bei der Nacheile aus. Hinsichtlich der Nacheile zu Lande (und im Luftraum über dem Landgebiet) ist im vorstehenden ausgeführt worden, daß sie nicht kraft allgemeinen Völkerrechts zulässig ist, sondern nur auf Grund besonderer Verträge.[1] Hinsichtlich der Nacheile auf das hohe Meer ist die Rechtslage anders. Hier haben kraft allgemeinen Völkerrechts die Uferstaaten das Recht, die auf frischer Tat ertappten flüchtigen Verbrecher – bzw. die Schiffe, auf denen solche Verbrecher flüchten wollen – auf das hohe Meer hinaus zu verfolgen. Wesentlich ist dabei, daß die Verfolgung unmit-

[1] Vgl. oben S. 164.

telbar nach der Tat beginnt und ununterbrochen fortgesetzt wird (hot pursuit). Wird die Tat erst bekannt, nachdem das Schiff bereits das hohe Meer erreicht hat, so darf nur ein Schiff der eigenen Flagge verfolgt werden. Bei ausländischen Schiffen muß dagegen gewartet werden, bis sie wieder in einen Hafen des Uferstaates einlaufen. Legen sie in einem fremden Hafen an, so bleibt nur das Ersuchen um internationale Amtshilfe (auf Grund eines völkerrechtlichen Vertrages) oder um Auslieferung auf Grund eines Auslieferungsvertrages.

Damit ist ein Hauptproblem des internationalen Seerechts angesprochen: der Rechtsstatus der Schiffe. Auf der Grundlage der Tatsache, daß sich auf dem hohen Meer keine Gebietshoheit, wohl aber Rechtshoheit entfalten darf, während die Küstengewässer zum Staatsgebiet der Uferstaaten gehören, ist die Rechtslage der Schiffe leicht verständlich. Das hohe Meer unterliegt der Rechtsordnung des internationalen Seerechts, dem sich alle Schiffe ohne Rücksicht auf ihre Herkunft und ihren Bestimmungszweck unterordnen müssen. Jedes Schiff muß aber in einem bestimmten Staat registriert sein und darf dann dessen Flagge – und nur diese – führen. Dieser Staat heißt „Flaggenstaat". Die Befugnis zur Führung der Flagge eines bestimmten Staates richtet sich also nicht nach der Staatsangehörigkeit des Schiffseigners oder des Kapitäns oder dem Sitz der Reederei, sondern allein nach der Registrierung.

Da sich auch die Besteuerung und die Anforderungen, die an die Ausrüstung des Schiffes und die Arbeitsbedingungen seiner Mannschaft gestellt werden, nach dem Recht desjenigen Landes richten, in dem das Schiff registriert ist, besteht für die Schiffseigner ein Anreiz, ihre Schiffe in Ländern mit niedrigen Steuersätzen und weniger strengen Anforderungen registrieren zu lassen. So kommt es, daß kleine Staaten (z.B. Panama, Liberia, Honduras) über unverhältnismäßig große Handelsflotten verfügen, weil Schiffseigner aus anderen Ländern ihre Schiffe gern unter „billigen Flaggen" betreiben. (Die Handelsflotte Liberias ist größer als diejenige Großbritanniens!) In der Genfer Seerechtskonvention von 1958[2]

[2] Vgl. unten S. 394.

findet sich zwar die Bestimmung, daß zwischen Schiff und Flaggenstaat eine „echte Verbindung“ bestehen müsse. Doch werden diesbezüglich in der Praxis keine strengen Maßstäbe angelegt.[3] Wichtiger ist es sicherzustellen, daß auch die billigen Flaggen Vorschriften erlassen, durch die gewährleistet wird, daß den Erfordernissen der Schiffssicherheit, der Gesundheit und der sozialen Sicherung der Schiffsbesatzungen Rechnung getragen wird. Zu diesem Zweck ist durch das Genfer Abkommen vom 6. März 1948[4] die Zwischenstaatliche Beratende Seeschiffahrts-Organisation (Intergovernmental Maritime Consultative Organisation, IMCO) als Spezialorganisation der UNO gegründet worden. Neben der Förderung der internationalen Zusammenarbeit auf dem Gebiet der Schiffssicherheit besteht ihre Aufgabe darin, den Abbau der Flaggendiskriminierung (d.h. der Bevorzugung eigener Flaggen durch die innerstaatliche Gesetzgebung) zu fördern und sowohl die Vereinten Nationen als auch die Regierungen der an der Seeschiffahrt interessierten Staaten zu beraten. An der Ausarbeitung der wichtigsten Seerechtsabkommen der letzten 25 Jahre war die IMCO maßgeblich beteiligt.

Das Führen der Flagge hat eine bedeutsame juristische Konsequenz: auf dem hohen Meer unterliegt jedes Schiff der Rechtsordnung des Flaggenstaates. Diese Tatsache hat zu der irrtümlichen Auffassung geführt, Schiffe seien „schwimmende Gebietsteile“ des Flaggenstaates. Dagegen ist festzuhalten; der Flaggenstaat entfaltet auf dem hohen Meer keine Gebietshoheit, sondern nur Rechtshoheit. Das heißt: alle Vorgänge, die sich auf einem Schiff während seines Aufenthalts im hohen Meer ereignen, unterliegen der rechtlichen Beurteilung nach den Gesetzen desjenigen Staates, dessen Flagge es zu führen berechtigt ist. Hieran wird auch die Rechtsstellung der Seeräuber deutlich: sie führen keine Flagge irgendeines Staates, sondern allenfalls die berühmte „Seeräuberflagge“ mit dem Totenkopf. Damit stellen sie sich bewußt außerhalb jeder

[3] Vgl. das Rechtsgutachten des IGH vom 8. Juni 1960, ICJ Reports 1960, S. 150 ff.

[4] UNTS Bd. 289, S. 48; BGBl. 1965/II, S. 313, Neufassung vom 22.5.1982, BGBl. 1982/II, S. 873, 956.

Rechtsordnung. Die Seeräuberei oder Piraterie ist ein völkerrechtliches Delikt; hierzu unten Kap. 14. Davon zu unterscheiden ist die bis weit in die Neuzeit hinein übliche Kaperei, die auf Grund von königlichen Freibriefen von „Freibeutern" ausgeübt wurde. Auch diese Praxis ist seit langem völkerrechtswidrig.

Die Rechtshoheit des Flaggenstaates tritt neben die Rechtshoheit des internationalen Seerechts und darf diese nicht beeinträchtigen. Zustand und Verhalten des Schiffes müssen daher auch auf dem hohen Meer den Regeln des internationalen Seerechts voll entsprechen. Das gleiche gilt für die Handlungen an Bord des Schiffes, die sich auf Zustand und Verhalten des Schiffes beziehen. Daneben gibt es aber zahlreiche Vorgänge, für die das internationale Seerecht keinerlei Regeln enthält, weil sie nicht mit der Schiffahrt oder sonstigen Meeresbenutzung zusammenhängen, wie Personenstandsfälle oder Straftaten an Bord eines Schiffes. Ereignet sich z.B. an Bord eines unter der Flagge der BRD fahrenden Schiffes eine Geburt oder ein Todesfall, so richten sich die daran geknüpften Rechtsfolgen (z.B. Erwerb der Staatsangehörigkeit durch Geburt) nach dem Recht der BRD. Für die Registrierung dieser Personenstandsfälle in einem Geburten- bzw. Sterbebuch ist in Hamburg ein eigenes Standesamt eingerichtet worden. Für die unaufschiebbaren standesamtlichen Handlungen ist der Kapitän des betreffenden Schiffes zuständig. Er gilt insofern als Standesbeamter. Hieraus hat sich die romantische Legende von der „Kapitänstrauung" entwickelt. Der Kapitän eines deutschen Schiffes ist aber nur in Notfällen zur Vornahme von standesamtlichen Handlungen berechtigt.

Daß auf den Handelsschiffen auf dem hohen Meer nicht die Gebietshoheit, sondern nur die Rechtshoheit des Flaggenstaates ausgeübt wird, zeigt sich sofort, wenn das Handelsschiff in die Küstengewässer eines dritten Staates eintritt, um dort einen Hafen anzulaufen. Es unterliegt dann der vollen Gebietshoheit des Uferstaates. (Die Personalhoheit über die Besatzungsmitglieder und Passagiere, die die Staatsangehörigkeit des Flaggenstaates besitzen, besteht selbstverständlich fort. Sie ist aber keine Besonderheit des Seerechts, sondern eine Folge der Staatsangehörigkeit. Vgl. oben 3.2.5). Durchfährt ein Schiff die Küstengewässer eines dritten Staates, ohne in einen Hafen dieses Staates einzulaufen, so steht ihm das Recht der friedlichen Durchfahrt zu,[5] auf Grund dessen es so behandelt wird, als befände es sich noch auf hoher See. Ereignet sich allerdings ein Schiffszusammenstoß im fremden Küstengewässer oder verletzt das Schiff das Recht der friedlichen Durchfahrt (indem es z.B. Spionage treibt, Waren einschmuggelt oder ohne Genehmigung Fischerei betreibt), so lebt die Gebietshoheit des Uferstaates sofort wieder auf.

Eine Sonderstellung nehmen nur die Kriegsschiffe ein, sowie die Schiffe, auf denen sich ein Staatsoberhaupt befindet. Beide Kategorien werden häufig unter dem Oberbegriff „Staatsschiffe" zusammengefaßt. Der Ausdruck „Staatsschiffe" wird allerdings in der Völkerrechtslehre mit verschiedenen Bedeutungen verwendet. Im weitesten Sinne werden darunter alle Schiffe verstanden, „die entweder im Eigentum oder im ausschließlichen Dienst (etwa durch einen Charter-Vertrag) eines Staates stehen."[6] Im engeren Sinne werden darunter nur diejenigen Schiffe verstanden, die öffentlichen Zwecken des Staates dienen, während die den kommerziellen Zwecken dienenden Schiffe als „Staatshandelsschiffe" bezeichnet werden. Die sozialistischen Länder, deren Handelsflotten vollständig im Eigentum des Staates stehen, haben versucht, allen ihren Schiffen den Status von Staatsschiffen im engeren Sinn zu sichern. Dies ist jedoch auf sämtlichen Seerechtskonferenzen (hierzu unten) abgelehnt worden. Die Privilegien der Staatsschiffe im engeren Sinn werden in den im folgenden zu behandelnden Konventionen im Detail geregelt. Staatsschiffe im engsten Sinn – nur dieser ist hier gemeint – aber sind allein die Kriegsschiffe und diejenigen Schiffe, auf denen sich ein Staatsoberhaupt befindet. (Ein Teil

5 Vgl. oben S. 150.

6 Wilhelm Karl Geck, Staatsschiffe, WVR III, S. 334. Zu den neuesten Entwicklungen vgl. Günter Hoog, Probleme der Immunität von Staatsschiffen, AVR 1982, S. 314 ff.

der Völkerrechtslehre sondert die Kriegsschiffe von den Staatsschiffen ab und betrachtet sie als eine eigene Kategorie.)

Im vorstehenden ist darauf hingewiesen worden, daß auch Kriegsschiffe das Recht der friedlichen (unschädlichen) Durchfahrt genießen, obwohl sie dabei bestimmten Sonderregelungen unterworfen sind. (So müssen z.B. U-Boote während der friedlichen Durchfahrt auftauchen und die Flagge zeigen.) Grundsätzlich ist dabei ihre Rechtsstellung nicht anders als die der Handelsschiffe. Beim Einlaufen in den Hafen eines dritten Staates aber genießen Kriegsschiffe und Schiffe, auf denen sich ein Staatsoberhaupt befindet, bestimmte Privilegien, die in der Rechtslehre damit begründet werden, daß diese Schiffe eine fremde Staatsgewalt verkörpern. So kommt es, daß auf solchen Schiffen sogar Asyl gewährt werden kann; denn die Polizei des Uferstaates ist nicht berechtigt, diese Schiffe zu betreten. Die Kriegsschiffe und Staatsoberhaupt-Schiffe könnten daher am ehesten als schwimmende Gebietsteile der Flaggenstaaten betrachtet werden. Aber auch ihnen versagt die herrschende Meinung der Völkerrechtslehre diese juristische Qualifizierung und betrachtet die Vorrechte dieser Schiffe nicht als Ausfluß der Gebietshoheit des Flaggenstaates, sondern lediglich als Respektierung seiner Souveränität, die sich in den Staatsschiffen manifestiert.

Allerdings wird mit der gleichen Begründung auch gefolgert, daß die Staaten nicht verpflichtet sind, ihre Häfen den Kriegsschiffen anderer Staaten zu öffnen. In der Praxis entstehen hier kaum Probleme, da Freundschaftsbesuche von Kriegsschiffen und Besuche von Staatsoberhäuptern mit eigenen Schiffen stets vorher zwischen den beiden beteiligten Staaten abgesprochen werden. Für die Fälle der Seenot, die das Anlaufen eines fremden Hafens erfordern, gelten Sonderregeln in Friedens- wie in Kriegszeiten. In Kriegszeiten tritt diese Situation selbstverständlich nur ein, wenn ein beschädigtes Kriegsschiff den Hafen eines neutralen Staates anläuft. In den Küstengewässern des Kriegsgegners wird es nach Kriegsrecht behandelt.

Der vom geltenden Völkerrecht bestätigte Rechtsstatus des hohen Meeres (und der daraus abgeleitete Status der Schiffe) wird von einem Grundsatz getragen, um dessen Anerkennung jahrhundertelang gerungen werden mußte: dem Grundsatz der Meeresfreiheit, den der „Vater des Völkerrechts" Hugo Grotius in seinem 1608 erschienenen Werk „Mare liberum" zum ersten Mal proklamiert hatte. Noch Jahrzehnte später (1636) erschien die Gegenschrift des Engländers John Selden „Mare clausum" (Das geschlossene Meer). Solange England die unumstrittene Seeherrschaft auf den meisten Weltmeeren hatte, bekämpfte es den Grundsatz der Meeresfreiheit, aber der Siegeszug dieses Grundsatzes war nicht aufzuhalten. Als ihn Präsident Wilson in seine 14 Punkte aufnahm, mit denen er die Kriegsziele der Alliierten umriß, war die Meeresfreiheit längst zur Selbstverständlichkeit geworden: Mit Recht betrachtete man sie als Errungenschaft der Aufklärung, der Rationalität, des technischen Fortschritts und der wachsenden Solidarität der Weltgesellschaft.

Freiheit der Meere bedeutet, daß das hohe Meer allen Nationen zur gleichberechtigten Benutzung offensteht. Bis in die Mitte des 20. Jahrhunderts kamen in Friedenszeiten hauptsächlich folgende Benutzungen in Frage: Schiffahrt, Fischfang und Kabelverlegung. Die diesen Benutzungsarten dienenden Schiffe werden als „Handelsschiffe" bezeichnet. Zur „Handelsflotte" gehören daher auch die Fischereifahrzeuge und die Kabelfahrzeuge. Erst im Laufe des 20. Jahrhunderts traten andere Benutzungsarten stärker hervor: Müllablagerung, Ausnutzung der Bodenschätze im Festlandsockel, Erforschung und Nutzung des Meeresbodens. Hinsichtlich dieser neuen Benutzungsarten war bei der Kodifikation des Seerechts zu prüfen, ob sie vom Grundsatz der Meeresfreiheit gedeckt sind.

Von dem Grundsatz der Meeresfreiheit profitiert auch der über dem hohen Meer gelegene Luftraum. Im Gegensatz zu dem Luftraum über dem Staatsgebiet (Landgebiet, Eigengewässer und Küstengewässer) unterliegt der Luftraum über dem hohen Meer keiner Gebietshoheit. Er darf ungehindert durchflogen werden.

Bereits in der Zeit zwischen den beiden Weltkriegen wurde das internationale Seerecht für kodifikationsreif gehalten. Aber erst auf der Genfer Seerechtskonferenz von 1958 gelang die Einigung über eine so große Anzahl von Einzelfragen, daß der Abschluß von Konventionen gerechtfertigt erschien. Unter dem Datum vom 29. April 1958 kamen die folgenden Konventionen zustande: Konvention über das Küstenmeer und die Anschlußzone[7], Konvention über die hohe See (Genfer Seerechtskonvention)[8], Konvention über die Fischerei und die Erhaltung der lebenden Schätze der hohen See[9], Konvention über den Festlandsockel[10]. Die BRD hat die Seerechtskonvention im Herbst 1972 ratifiziert. Die Völkerrechtslehre nimmt einhellig an, daß die Seerechtskonvention nur bereits vorher geltendes Völkerrecht kodifiziert hat. Das gleiche gilt für die Bestimmungen über den Status des Küstenmeeres in der Konvention über das Küstenmeer und die Anschlußzone.

Die Genfer Seerechtskonvention bekräftigt erneut den Grundsatz der Meeresfreiheit und verpflichtet die Küstenstaaten, den Binnenstaaten freien Zugang zum Meer zu gewähren. Die Einzelheiten des freien Durchgangs durch das Staatsgebiet und der Gleichbehandlung in den Häfen des betreffenden Küstenstaates sind in bilateralen Verträgen zu regeln. Alle Staaten werden ferner verpflichtet, die Seeräuberei gemeinsam zu bekämpfen. Zu diesem Zweck darf jeder Staat auf hoher See ein Seeräuberschiff oder -luftfahrzeug oder ein durch seeräuberische Handlungen erbeutetes und unter der Kontrolle von Seeräubern stehendes Schiff aufbringen, die Personen an Bord des Schiffes und des Luftfahrzeuges festnehmen und die dort befindlichen Vermögenswerte beschlagnahmen (Art. 19). Diese Befugnis darf nur von Kriegsschiffen oder Militärluftfahrzeugen oder von anderen im Staatsdienst stehenden Schiffen oder Luftfahrzeugen wahrgenommen werden.

Über zwei der neuen Benutzungsarten des Meeres (Müllablagerung und Festlandsockel-Nutzung) ist Einigkeit erzielt worden: 1. Die Signatarstaaten der Seerechtskonvention sind verpflichtet, Vorschriften zu erlassen, ,,um die Verschmutzung der See infolge des Ablassens von Öl aus Schiffen oder Rohrleitungen oder infolge der Ausbeutung und Erforschung des

7 UNTS Bd. 516, S. 205.
8 UNTS Bd. 450, S. 82; BGBl. 1972 II, S. 1091.
9 UNTS Bd. 559, S. 286.
10 UNTS Bd. 499, S. 311.

Meeresgrundes und Meeresuntergrundes zu verhüten" (Art. 24). Das gleiche gilt für die Verhütung der radioaktiven Verseuchung der See durch das Versenken radioaktiver Abfälle (Art. 25).[11] 2. Der Festlandsockel gehört zum Staatsgebiet der Uferstaaten (vgl. oben 3.2.6), aber die darüber liegende Wassermasse gehört, soweit sie nicht Teil der Küstengewässer ist, zum hohen Meer. Da die Gebietshoheit der Uferstaaten über den Festlandsockel sinnlos wäre, wenn diese Staaten nicht das Recht hätten, das hohe Meer zur Errichtung von „Bohrinseln" zu verwenden, bestand von Anfang an kein Zweifel, daß mit der Entscheidung über den Festlandsockel zugleich eine Entscheidung über die zu seiner Ausbeutung nötigen Anlagen getroffen wird. So bestimmt das Genfer Übereinkommen über den Festlandsockel vom 29. April 1958, daß der Staat, zu dessen Gebiet der Festlandsockel gehört, berechtigt ist, alle zur Ausbeutung der Naturschätze des Festlandsockels erforderlichen Anlagen zu errichten und zu betreiben. Er ist ferner berechtigt, im Umkreis der Anlagen oder sonstigen Vorrichtungen eine Sicherheitszone zu errichten, deren äußere Grenzen bis zu 500 Metern von der Anlage entfernt liegen können. Die Anlagen selbst haben weder die Rechtsstellung von Inseln, noch diejenige von Schiffen. Die Sicherheitszone ist deshalb keineswegs dem Küstenmeer gleichzusetzen. Vielmehr dient sie lediglich der Verhütung von Unfällen. Folgerichtig verbietet die Festlandsockelkonvention die Errichtung von Anlagen und Sicherheitszonen an denjenigen Stellen, an denen sie die Benutzung anerkannter und für die internationale Schiffahrt wesentlicher Seewege behindern würden.

Der *Meeresboden* ist durch die Resolution der UNO-Generalversammlung vom 17. Dezember 1970[12] zum „gemeinsamen Erbe der Menschheit" erklärt worden. Er soll allen Staaten zu friedlichen Zwecken offenstehen. Die am Meeres-

11 Zum Umweltschutz auf dem hohen Meer unten 11.4.

12 Resolution 2749 (XXV). Der Vertrag betreffend die Freihaltung des Meeresbodens von Kernwaffen und anderen Massenvernichtungswaffen vom 11. Februar 1971 (BGBl. 1972 II S. 325) nimmt auf diese Resolution Bezug.

boden und im Meeresuntergrund vorhandenen Naturschätze sollen „zum Wohl der gesamten Menschheit" ausgebeutet werden. Mittlerweile hat die Verknappung der Rohstoffe zugenommen, so daß die umfassende Regelung der Rechtsverhältnisse des Meeresbodens schwieriger geworden ist; denn es ist bekannt, daß auf dem Meeresboden wertvolle Mineralien (darunter Kobalt, Kupfer, Nickel, Mangan) lagern, deren Gewinnung im Bereich der technischen Möglichkeiten liegt. Da nur Staaten mit fortgeschrittener Technologie den Abbau dieser Meeresschätze betreiben können, fordern insbesondere die unterentwickelten Staaten eine Verteilung des Gewinns ohne Rücksicht auf den Anteil an der Förderung. Zur gleichen Zeit wächst infolge der weltweiten Nahrungsmittelknappheit die Bedeutung des Fischfangs. Viele Staaten versuchen daher, sich durch eine unmäßige Ausweitung ihrer Küstengewässer oder Anschlußzonen (bis zu 200 Seemeilen!) die exklusiven Fischereirechte in wertvollen Fanggebieten zu sichern. Von zahlreichen Experten wird befürchtet, daß auf kommenden Seerechtskonferenzen unter dem Druck der Entwicklungsländer das Prinzip der Meeresfreiheit eingeschränkt oder in Frage gestellt wird.

Die Kodifikation des Seerechts ist noch nicht abgeschlossen. Sie ist dadurch komplizierter geworden, daß infolge neuer technischer Entwicklungen auch neue Sachgebiete rechtlich geordnet werden müssen. Hinzu kommt, daß sich die weltpolitischen Gegebenheiten geändert haben und im Zuge der Globalisierung des Völkerrechts (vgl. oben 2.5.5) neue Einflüsse in den Rechtssetzungsprozeß eingedrungen sind. Und schließlich muß auch den Erfordernissen der neuen Weltwirtschaftsordnung (vgl. oben 8.4) Rechnung getragen werden. So beschloß die Generalversammlung der Vereinten Nationen bereits 1970, eine neue Seerechtskonferenz einzuberufen.[13] Nach den beiden ersten Seerechtskonferenzen von 1958 und 1960[14] war dies die dritte. Sie begann 1973 mit einer ersten Session vom 3. – 15. Dezember 1973 und endete

13 Resolution 2750 C (XXV) vom 17. Dezember 1970.

14 Vgl. Günter Hoog, Die Genfer Seerechtskonferenzen von 1958 und 1960. Sammlung Dokumente, Bd. XXXVI, Frankfurt 1961.

nach zwölf Sessionen mit der Unterzeichnung der Seerechtskonvention am 10. Dezember 1982. Diese kann erst nach der Ratifizierung durch mindestens 60 Staaten in Kraft treten.[15]

Die Konferenz, die den offiziellen Titel „United Nations Conference on the Law of the Sea" (UNCLOS III) trug, war die größte diplomatische Konferenz in der Geschichte der Menschheit. Sie berührte sämtliche Fragen des Seerechts und löste eine Flut von Publikationen aus, für die es ebenfalls keine historische Parallele gibt. Auf besonderes Interesse stieß naturgemäß der Tiefseebergbau.[16] Aber auch Fischfang, Schiffahrt, Umweltschutz, Meeresforschung, Meerengen, Inseln, Probleme der Binnenstaaten und zahlreiche andere Fragen wurden und werden in der Literatur kontrovers behandelt. Ein abschließendes Urteil ist noch nicht möglich und kann in pauschaler Weise wahrscheinlich auch in Zukunft nicht gefällt werden. In dem Ringen um die Neugestaltung des Seerechts zeigten sich alle Grundprobleme der im Umbruch befindlichen Völkerrechtsordnung der Gegenwart. Niemand kann bestreiten, daß das neue Seerecht ein Bestandteil des „Völkerrechts der Zusammenarbeit" sein muß. Da dieses aber von den einzelnen Mitgliedern der Völkerrechtsgemeinschaft unterschiedliche Anstrengungen und Opfer verlangt, sind unterschiedliche Standpunkte nicht zu vermeiden.

15 Text der Konvention in International Legal Materials 1982, S. 1261 ff.

16 Ross Eckert, The enclosure of ocean resources: economics and the law of the sea, Stanford 1979; Wolfgang Hauser, Die rechtliche Gestaltung des Tiefseebergbaus nach der Seerechtskonvention, Frankfurt 1982; Günther Jaenicke, The Legal Status of the International Seabed, in: Fs f. Hermann Mosler, Berlin–Heidelberg–New York 1983, S. 429 ff.; Judith Kildow, Hrsg., Deep sea mining, Cambridge (Mass.)–London 1980; T.G. Kronmiller, The lawfulness of deep seabed mining, 2 Bde., London 1980; Shigeru Oda, International law of the resources of the sea, Alphen 1979; Hans Jürgen Wildberg, Die internationale Meeresbodenbehörde (ISA), Berlin 1979.

Literatur

Vorbemerkung: Da in der oben beschriebenen Situation die ältere Literatur weitgehend ihre Brauchbarkeit eingebüßt hat, konzentriert sich die folgende Literaturauswahl auf einige Werke, die zu den wichtigsten Entwicklungen der jüngsten Zeit Stellung nehmen. Auf die beiden Bibliographien (von Uwe Jenisch und Nikos Papadakis) sei besonders hingewiesen. Über den Gang der Verhandlungen auf der dritten Seerechtskonferenz haben alle völkerrechtlichen Fachzeitschriften laufend berichtet.

Ram Prakash Anand, Hrsg., Law of the sea – Caracas and beyond, Den Haag 1980.

Ram Prakash Anand, Origin and Development of the Law of the Sea, Den Haag 1983.

Rudolf Bernhardt und Walter Rudolf, Hrsg., Die Schiffahrtsfreiheit im gegenwärtigen Völkerrecht, BerDGV Heft 15, Karlsruhe 1975.

Rudolf Bernhardt, Verfall und Neubildung von Gewohnheitsrecht im Meeresvölkerrecht, in: Fs f. Rolf Stödter, Hamburg 1979, S. 155 ff.

Axel Borrmann und Hermann Weber, Meeresforschung und Meeresfreiheit, Hamburg 1983.

René-Jean Dupuy, Hrsg., La gestion des ressources pour l'humanité: Le droit de la mer, Den Haag–Boston–London 1982.

Tono Eitel, Völkerrecht und Meeresnutzung, JZ 1980, S. 41 ff.

Tono Eitel, Seerechtsreform und internationale Politik, AöR 1982, S. 100 ff.

C.J.S. Hill, Maritime law, London 1980.

Günther Jaenicke, Die Dritte Seerechtskonferenz der Vereinten Nationen, ZaöRV 1978, S. 438 ff.

Günther Jaenicke, The Third United Nations conference on the law of the sea, Law and State 1979 (Bd. 20), S. 125 ff.

Uwe Jenisch, Die wirtschaftlichen und territorialen Auswirkungen der 3. UN-Seerechtskonferenz auf die Bundesrepublik Deutschland, Hamburg 1980.

Uwe Jenisch, Das neue Internationale Seerecht. Bemerkungen zum Abschluß der 3. UN-Seerechtskonferenz, EuWehrk 1982, S. 299 ff.

Uwe Jenisch, Seerechtskonvention. Folgen aus deutscher Sicht, Außenpolitik 1982, S. 243 ff.

Uwe Jenisch, Bibliographie des deutschen Schrifttums zum Internationalen Seerecht 1945–1981, Hamburg 1982.

Rainer Lagoni, Die seerechtliche Forschung und Lehre in der Bundesrepublik Deutschland, AVR 1982, S. 199 ff.

Gerard J. Mangone, Law for the World Oceans, London 1981.

Annick de Marffy, La genèse du nouveau droit de la mer. Le Comité des fonds marins, Paris 1980.

Myron Nordquist und Kenneth R. Simmonds, New Directions in the Law of the Sea, 11 Bde., Dobbs Ferry 1973–1981.

D.P. O'Connell, The International Law of the Sea, Vol. I, ed. by I.A. Shearer, Oxford 1982.

Nikos Papadakis, International Law of the Sea. A Bibliography, Alphen 1980.

Renate Platzöder, Third United Nations Conference on the Law of the Sea: Documents, Dobbs Ferry 1982.

Elmar Rauch, Die Sowjetunion und die Entwicklung des Seevölkerrechts, Berlin 1982.

Walter Rudolf, Nationalisierung und Internationalisierung des Meeres, in: Fs f. Günther Beitzke, Berlin 1979, S. 1065 ff.

Georg Schwarzenberger, Trends in the law of the sea, YBWA 1979, S. 328 ff.

H.J. Stöcker, Die Freiheit der Meere und die Dritte Seerechtskonferenz der Vereinten Nationen, in: Fs f. Rolf Stödter, Hamburg 1979, S. 315 ff.

Alphons Studier, Die dritte UN-Seerechtskonferenz. Auf dem Wege zu einer gerechten Weltmeeresordnung?, München 1982.

Wolfgang Graf Vitzthum, Anarchie oder neue Ordnung?, EuWehrk 1976, S. 394 ff.

Wolfgang Graf Vitzthum, A new international economic order and a new global maritime regime, Law and State 1979 (Bd. 19), S. 7 ff.

Wolfgang Graf Vitzthum, Die Bemühungen um ein Regime des Tiefseebodens, ZaöRV 1978, S. 745 ff.

Wolfgang Graf Vitzthum, Hrsg., Aspekte der Seerechtsentwicklung, München 1980.

Wolfgang Graf Vitzthum, Hrsg., Die Plünderung der Meere, Frankfurt/M. 1981.

Wolfgang Graf Vitzthum, Peaceful change through international law-making. As exemplified by the Third United Nations Conference on the Law of the Sea, Law and State 1981 (Bd. 23), S. 7 ff.

Wolfgang Graf Vitzthum, und Renate Platzöder, Pro und contra Seerechtskonvention 1982, EA 1982, S. 567 ff.

Klaus Dieter Wolf, Die dritte Seerechtskonferenz der Vereinten Nationen, Baden-Baden 1981.

Rüdiger Wolfrum, Der Schutz der Meeresforschung im Völkerrecht, GYIL 1976, S. 99 ff.

Rüdiger Wolfrum, Die Fischerei auf Hoher See, ZaöRV 1978, S. 659 ff.

Rüdiger Wolfrum, Restricting the use of the sea to peaceful purposes: Demilitarization in being?, GYIL 1981, S. 200 ff.

Dieter v. Würzen, Der Entwurf der Seerechtskonvention und die Probleme des internationalen Meeresbodenregimes, in: Wirtschaft und Technik im Völkerrecht, Köln–Berlin 1982, S. 23 ff.

11.2 Die Antarktis

Seit Beginn des 20. Jahrhunderts erhoben 7 Staaten (Argentinien, Australien, Chile, Frankreich, Neuseeland, Norwegen, Großbritannien) Gebietsansprüche auf Teile der Antarktis. Als dieser unbesiedelte Kontinent von Interesse zu werden begann, erwiesen sich diese rivalisierenden Ansprüche und die deshalb ungeklärte Rechtslage des gesamten Gebiets als äußerst hinderlich. Im Internationalen Geophysikalischen Jahr 1957/58 gelang es, die erste wissenschaftliche Zusammenarbeit zwischen westlichen Ländern und der Sowjetunion in der Antarktis zu organisieren. Alle daran beteiligten Staaten – außer den sieben Ländern mit Gebietsansprüchen in der Antarktis waren es Belgien, Japan, die Südafrikanische Union, die Sowjetunion und die USA – unterzeichneten am 2. Dezember 1959 den Antarktis-Vertrag, der nach der letzten Ratifikation am 23. Juni 1961 in Kraft trat.[1] Art. 1 des Vertrages bestimmt, daß die Antarktis ausschließlich friedlichen Zwecken dient. Art. 2 garantiert die Freiheit der wissenschaftlichen Forschung in der Antarktis und verpflichtet die Signatarstaaten zur wissenschaftlichen Zusammenarbeit, deren Organisation in Art. 3 näher aufgeführt wird. Kernexplosionen sind in der Antarktis verboten (Art. 5).

Nach diesem Vertrag stellt sich die Antarktis als ein internationaler Gemeinschaftsraum dar, in dem eine bestimmte Staatengruppe vertraglich zur internationalen Zusammenarbeit auf einem Spezialgebiet verpflichtet ist. Die Gebietsansprüche sind nicht endgültig aufgegeben worden, aber sie treten für die Dauer des Vertrags (30 Jahre mit automatischer Verlängerung, falls keine ausdrückliche Beendigung erfolgt) in den Hintergrund. Nach den bisherigen Erfahrungen mit dem Vertrag ist in der Antarktis eine dauerhafte internationale Ordnung entstanden, die zwar durch Vereinbarungen über einzelne Rechtsprobleme (z.B. Gerichtszuständigkeit) noch ausgestaltet werden muß, aber in ihren Grundzügen festliegt.

1 UNTS Bd. 402, S. 71; BGBl. 1978 II, S. 1518.

Literatur

F.M. Auburn, Consultative status under the Antarctic Treaty, ICLQ 1979, S. 515 ff.
F.M. Auburn, Offshore Oil and Gas in Antarctica, GYIL 1977, S. 139 ff.
F.M. Auburn, The Antarctic Environment, YBWA 1981, S. 248 ff.
F.M. Auburn, Antarctic Law and Politics, London 1982.
W.M. Bush, Antarctica and International Law, 2 Bde, Dobbs Ferry, N.Y. 1982.
Alfred van der Essen, Les réunions consultatives du traité sur l'Antarctique, RBDI 1980, S. 20 ff.
John Hanessian, Der Antarktis-Vertrag vom Dezember 1959, EA 1960, S. 371 ff.
Edvard Hambro, The Antarctic treaty after fifteen years, in: Fs f. F.A. Frhr. von der Heydte, Berlin 1977, S. 243 ff.
Rainer Lagoni, Die Bundesrepublik Deutschland und der Antarktis-Vertrag, EA 1979, S. 389 ff.
Rainer Lagoni, Antarctica's Mineral Resources in International Law, ZaöRV 1979, S. 1 ff.
Rainer Lagoni, Antarctica: German activities and problems of Jurisdiction over marine areas, GYIL 1980, S. 392 ff.
M.J. Peterson, Antarctica: the last great land rush on earth, IO 1980, S. 377 ff.
Georg W. Rehm, Zehn Jahre Antarktis-Vertrag, VN 1969, S. 182 ff.
Stephan Frhr. von Welck, Die Bundesrepublik Deutschland auf dem Weg in den Antarktischen Klub, VN 1979, S. 46 ff.

11.3 Der Weltraum

Im vorstehenden ist festgestellt worden, daß der über dem Landgebiet und den Küstengewässern eines Staates liegende Luftraum zum Staatsgebiet gehört. (Vgl. oben 3.2.6). Die Frage nach der oberen Begrenzung der Gebietshoheit wurde im älteren Schrifttum nicht erörtert. Nach dem römischrechtlichen Grundsatz „cuius est solum, eius est usque ad caelum" ging man davon aus, daß die Staatsgewalt so weit reichte, wie eine tatsächliche Beherrschung möglich war. Mit der zunehmenden Steigfähigkeit der Flugzeuge weitete sich daher auch der zum Staatsgebiet gehörende Luftraum nach oben aus. Bei der Weltraumfahrt aber versagt dieser Grundsatz. Schon sehr bald tauchte daher der Gedanke auf, den Weltraum als einen internationalen Gemeinschaftsraum ähnlich dem hohen Meer zu gestalten. Die USA legten der Generalversammlung der Vereinten Nationen am 14. Januar 1958 einen entsprechenden Antrag vor. Die Sowjetunion verband einen ähnlichen Vorschlag vom 15. März 1958 mit einem allgemeinen Abrüstungsplan. In mehreren Entschließungen sprach sich die UN-Generalversammlung für diesen Gedanken aus.

Am 27. Januar 1967 wurde der Vertrag über die Grundsätze der Tätigkeiten von Staaten bei der Erforschung und Nutzung des Weltraumes, einschließlich des Mondes und anderer Himmelskörper, geschlossen.[1] Danach gelten für den Weltraum und sämtliche Himmelskörper die gleichen Regeln. In ungenauer Ausdrucksweise wird unter „Weltraum" nicht nur der zwischen den Himmelskörpern liegende Raum, sondern auch die Gesamtheit der Himmelskörper selbst verstanden. Nach Art. II des Weltraumvertrags ist ein Gebietserwerb im Weltraum nicht möglich. Das Aufpflanzen der Flagge des Heimatstaates der Astronauten auf dem Mond hat daher keinerlei völkerrechtliche Wirkung. Art. I Abs. 2 erklärt den Weltraum zum internationalen Gemeinschaftsraum, der allen Staaten ohne Diskriminierung auf der Grundlage der Gleichheit frei zugänglich ist. Art. II Abs. 3 fordert die Staaten zur internationalen Zusammenarbeit im Bereich der Weltraumforschung auf. Art. IV verbietet es, Kernwaffenträger und andere Arten von Massenvernichtungswaffen in Umlaufbahnen zu bringen und auf Himmelskörpern oder in anderer Weise im Weltraum zu stationieren. (Kernwaffenversuche im Weltraum sind bereits durch den Atomteststoppvertrag vom 5. August 1963[2] verboten worden.) Der Weltraum soll ausschließlich zu friedlichen Zwecken benutzt werden. Allerdings darf Militärpersonal für die wissenschaftliche Forschung oder andere friedliche Zwecke eingesetzt werden. Den Astronauten ist bei Unfall, Gefahr oder Notlandung auf dem Gebiet eines fremden Staates oder auf hoher See jede mögliche Hilfe zu gewähren. Sie sind sicher und unverzüglich in den Staat zurückzuführen, in dem ihr Raumfahr-

1 BGBl. 1969 II, S. 1968 ff.; UNTS Bd. 610, S. 205.
2 BGBl. 1964 II, S. 906; UNTS Bd. 480, S. 43.

zeug registriert ist. Die völkerrechtliche Haftung für Schäden, die durch Raumfahrzeuge oder deren Bestandteile auf der Erde, im Luftraum oder im Weltraum entstehen, obliegt demjenigen Staat, der einen Gegenstand in den Weltraum entsendet oder dessen Entsendung zu verantworten hat. Die weltraumfahrenden Staaten werden verpflichtet, die Raumfahrt unter gebührender Berücksichtigung der Interessen aller anderen Staaten durchzuführen. Sie müssen den anderen Staaten insbesondere Gelegenheit geben, den Flug von Weltraumobjekten zu beobachten. Ferner sind sie zu umfangreicher Information verpflichtet. Die auf dem Mond und anderen Himmelskörpern errichteten Stationen, Anlagen, Geräte und Raumfahrzeuge sind den Vertretern anderer Signatarstaaten des Weltraumvertrags auf der Basis der Gegenseitigkeit zugänglich. Jeder Besuch muß allerdings rechtzeitig angemeldet werden.

Am 14. Dezember 1979 wurde der Mondvertrag unterzeichnet.[3] Zusammen mit dem Weltraumvertrag vom 27. Januar 1967, dem Weltraumrettungsabkommen vom 22. April 1968[4], dem Weltraumhaftungsabkommen vom 29. März 1972[5] und dem Weltraumregisterabkommen vom 14. Januar 1975[6] bildet der Mondvertrag den Kern des geltenden Weltraumrechts. Der Grundsatz, daß der Weltraum und die Himmelskörper „Sache der gesamten Menschheit" seien, ist im Mondvertrag erneut

[3] Agreement Governing the Activities of States on the Moon and Other Celestial Bodies, Text in International Legal Materials 1979, Bd. 18, S. 1434 ff. (am 31.3.1983 noch nicht in Kraft). Hierzu Adrian Bueckling, Die Staatsgrenzen auf dem Mond, JZ 1982, S. 178 ff.; S. Courteix, L'accord régissant les activités des états sur la lune et les autres corps célestes, AFDI 1979, S. 203 ff.; Peter Jankowitsch, Mond und Himmelskörper im neuen Völkerrecht des Weltraums. Das Übereinkommen vom 5. Dezember 1979, ZLW 1981, S. 170 ff.; Brigitte Leger, La lune: patrimoine commun de l'humanité, CYIL 1979, S. 280 ff.; Claude Masouyé, Un nouveau traité international en matière de communications spatiales, JDI 1980, S. 605 ff.; Rüdiger Wolfrum, Der Mondvertrag von 1979 – Weiterentwicklung des Weltraumrechts, EA 1980, S. 665 ff.

[4] BGBl. 1971 II, S. 237; UNTS Bd. 672, S. 119.

[5] BGBl. 1975 II, S. 1209.

[6] BGBl. 1979 II, S. 650.

bekräftigt worden. Ferner gehören der Mond und seine Naturschätze zum „Gemeinsamen Erbe der Menschheit" (Art. XI Abs. 1 des Mondvertrages). Die Verbringung von Besatzungen, Raumfahrzeugen, Geräten, Anlagen, Stationen und Einrichtungen auf oder unter die Oberfläche des Mondes begründet kein Eigentumsrecht (Art. XI Abs. 2 des Mondvertrages). Die Errichtung unbemannter oder bemannter Stationen und Einrichtungen zu friedlichen Zwecken ist gestattet. Das Eigentum an den Gegenständen, die in den Weltraum entsendet werden, bleibt beim Entsendestaat.

Da Luftraum und Weltraum einer unterschiedlichen völkerrechtlichen Regelung unterliegen, ist das Problem der Abgrenzung zwischen den beiden Räumen wieder aktuell geworden. (Es ist zugleich das Problem der Definierung der einzigen Grenze des Weltraums; denn zum All hin ist der Weltraum unbegrenzt.) In der Literatur sind folgende Möglichkeiten erörtert worden: 1. Höchste Flughöhe mit herkömmlichen Flugzeugen (bisheriger Höhenrekord: 35 km); 2. Aerodynamische Grenze („von Karman-Linie"): 83 km; sie bezeichnet die Grenze zwischen überwiegender Wirkung des Auftriebs und überwiegender Ausnutzung der Zentrifugalkraft. 3. Beginn der Ionosphäre (ca. 80 km)[7].

In der Literatur zeigt sich eine deutliche Neigung zur „von Karman-Linie" (so benannt nach dem amerikanisch-ungarischen Forscher, der sie 1957 vorschlug). Jedoch erscheine es „nicht ausgeschlossen, daß sich aus der Praxis der Satellitenflüge eine innere (erdwärtige) Weltraumgrenze gewohnheitsrechtlich herausbildet."[8]

Die Satellitenflüge haben das Weltraumrecht vor neue Probleme gestellt. Zwar finden sie eindeutig im Weltraumbereich statt, so daß die Frage der Gestattung oder Nichtgestattung seitens der überflogenen Staaten ernsthaft nicht auftaucht, aber andere Rechtsfragen mußten bzw. müssen geregelt werden. So fallen die Satelliten unter das oben erwähnte Welt-

[7] Hierzu Manfred A. Dauses, Die Grenze des Staatsgebietes im Raum, Berlin 1972, S. 43 ff.

[8] Ondolf Rojahn, in: Menzel/Ipsen, Völkerrecht, 2. Aufl. München 1979, S. 434.

raumhaftungsabkommen vom 29.3.1972. Soweit Satelliten zur Fernmeldeübertragung verwendet werden, muß die Verteilung der Frequenzen geregelt und die widerrechtliche Nachrichtenübertragung verhindert werden. Eine solche Regelung erfolgte durch das Übereinkommen über die Internationale Fernmeldesatellitenorganisation „INTELSAT" vom 20. August 1971.[9] Dem „International Telecommunication Satellite Consortium" (INTELSAT) gehören weit über hundert Staaten an. Am 15. November 1971 gründeten neun sozialistische Staaten in Moskau die „Internationale Organisation für Weltraumfernmeldeverbindungen" (INTERSPUTNIK).

Einzelheiten der technischen Überwachung regelt das Abkommen über die Verbreitung der durch Satelliten übertragenen programmtragenden Signale vom 21. Mai 1974 (Brüsseler Satellitenkonvention).[10] Die Grundsatzprobleme der grenzüberschreitenden Ausstrahlung von Fernsehsendungen durch Satelliten werden im Schrifttum kontrovers behandelt. Der sog. Ätherfreiheitstheorie steht die „Äthersouveränitätstheorie" gegenüber, nach der zumindest Direktübertragungen unzulässig sein sollen. Überwiegend wird die Meinung vertreten, daß auch Direktübertragungen gestattet sind, soweit sie nicht wegen ihres Inhalts gegen Völkerrechtsnormen verstoßen (z.B. Verbot der Kriegspropaganda), daß aber die Störung von unerwünschten Sendungen durch den die Gebietshoheit ausübenden Staat zulässig ist.[11]

9 BGBl. 1973 II, S. 249; Eine vorläufige Regelung war bereits durch das Abkommen vom 20.8.1964 (BGBl. 1965 II, S. 1499) geschaffen worden.

10 BGBl. 1979 II, S. 113.

11 Vgl. Adrian Bueckling, Atomsatelliten vor dem Forum der Vereinten Nationen, ZLW 1978, S. 301 ff.; Adrian Bueckling, Grenzüberschreitendes Direktfernsehen durch Satelliten – rechtlich gesehen, NJW 1981, S. 1113 ff.; Bin Cheng, INTELSAT – The Definitive Arrangements in: Fs. f. Krishna Rao, Leiden 1976, S. 156 ff.; C.Q. Christol, The 1974 Brussels Convention relating to the distribution of program-carrying signals transmitted by satellite, J of SpaceL 1978, S. 19 ff.; S. Courteix, Inmarsat: accords relatifs à l'exploitation commerciale de télécommunications maritimes par satellites, AFDI 1977, S. 791 ff.; Jost Delbrück, Direkter Satellitenrundfunk und nationaler Regelungsvorbehalt, Frankfurt 1982; Alfred Heinzinger, Der freie Welt-

An dieser Stelle berührt sich das Weltraumrecht mit einer wichtigen Menschenrechtsfrage, nämlich dem Recht der Informationsfreiheit, über das nicht nur im Schrifttum, sondern auch auf internationalen Konferenzen heftig diskutiert worden ist.[12] Dem Prinzip des „freien Flusses der Informationen" steht das Prinzip der vorherigen Zustimmung (prior-consent-Prinzip) gegenüber.

Ein weiteres Spezialproblem ist das der in einer stationären Erdumlaufbahn befindlichen Satelliten. Es handelt sich dabei um Satelliten, die in etwa 36 000 km Höhe über dem Äquator synchron mit der Erdumdrehung die Erde umrunden, so daß sie sich stets über ein und demselben Ort befinden. Dieser Ort

raum und souveräne Rechte, dargestellt anhand der rechtlichen Problematik von Erderkundungs- und Aufklärungssatelliten, Diss. Würzburg 1976; W. Heymer, Die Zulässigkeit der Stationierung und des Betriebs von Rundfunksatelliten aus völkerrechtlicher Sicht, Köln 1976; W. Klinter, Die Brüsseler Satellitenkonvention, ZLW 1975, S. 286 ff.; P.K. Menon, The international maritime satellite organization: an important milestone in maritime communications service, RBDI 1977, S. 279 ff.; Martin A. Rothblatt, Satellite Communication and Spectrum Allocation, AJIL 1982, S. 56 ff.; Benno Signitzer, Regulation of direct broadcasting from satellites. The UN involvement, New York 1976; Claude Masouyé, Un nouveau traité international en matière de communications spatiales, JDI 1980, S. 605 ff. Joachim Schönbeck, Die Resolution der Vereinten Nationen vom 10. Dezember 1982 über Prinzipien für das direkte Satellitenfernsehen, ZLW 1983, S. 16 ff.

12 Vgl. Adrian Bueckling, Gehört direkt-satellitäre TV-Werbung zum freien transnationalen Informationsfluß? MDR 1981, S. 886 ff.; Jochen A. Frowein, Das Problem des grenzüberschreitenden Informationsflusses und des „domaine réservé", BerDGV Heft 19, Heidelberg 1979, S. 1 ff.; Hans-Peter Furrer, Medien und Völkerrecht, AVR 1983, S. 37 ff.; Wulf von Kries, Zum Recht internationaler Kommunikationssatelliten-Organisationen, ZLW 1979, S. 393 ff.; Sean MacBride, Viele Stimmen – eine Welt. Bericht der Internationalen Kommission zum Studium der Kommunikationsprobleme, Konstanz 1981; Siegfried Magiera, Eine „Neue Internationale Informationsordnung": Anfang oder Ende grenzüberschreitender Kommunikationsfreiheit?, EA 1981, S. 579 ff.; Roger Pinto, La liberté d'information et d'opinion et le droit international, JDI 1981, S. 459 ff.; Walter Rudolf und Klaus Abmeier, Satelittendirektfunk und Informationsfreiheit, AVR 1983, S. 1 ff.; Bruno Simma, Grenzüberschreitender Informationsfluß und domaine réservé der Staaten, BerDGV Heft 19, Heidelberg 1979, S. 39 ff.

wird „geostationärer Ankerplatz“ genannt. Da die Zahl solcher Standorte begrenzt ist (nach dem gegenwärtigen Stand der Technik liegt sie bei etwa 180), treten Rechtsfragen der Verteilung auf.[13]

Literatur

Karl-Heinz Böckstiegel, Ein Überblick über die Quellen zur Entscheidung weltraumrechtlicher Streitigkeiten, ZLW 1978, S. 18 ff.

Karl-Heinz Böckstiegel, Arbitration and adjudication regarding activities in outer space, J of SpaceL 1978, S. 3 ff.

Karl-Heinz Böckstiegel, Hrsg., Settlement of space law disputes, Köln 1980.

Adrian Bueckling, Die Aufweichung des Rechtsbegriffs im Weltraumrecht, aufgerissen in rechtshistorischen Zusammenhängen, ZLW 1979, S. 363 ff.

Adrian Bueckling, Völkerrechtliche Haftung für Raumfahrtschäden nach dem Weltraumhaftungsabkommen vom 29. März 1972, Karlsruhe 1982.

Adrian Bueckling, Der Weltraumvertrag vom 27. Januar 1967, Köln 1980.

Konrad Buschbeck, Weltraumrecht in den Vereinten Nationen, ZLW 1979, S. 205 ff.

Carl Q. Christol, International Liability for Damage Caused by Space Objects, AJIL 1980, S. 346 ff.

Carl Q. Christol, The Modern International Law of Outer Space, New York 1982.

Manfred A. Dauses, Neuere Fragen des Weltraumrechtes, AVR 1976, S. 46 ff.

Manfred A. Dauses, Die Grenze des Staatsgebietes im Raum, Berlin 1972.

James E.S. Fawcett, Weltraumrecht, München 1970.

13 Vgl. Adrian Bueckling, Satellitenrecht: Das Recht des Schnelleren im geostationären Orbit. Der eigenmächtige Zugriff zur Weltraumbeherrschung, Film und Recht 1982, S. 347 ff.; Stephen Gorove, The Geostationary Orbit: Issues of Law and Policy, AJIL 1979, S. 444 ff.; Siegfried Wießner und Rüdiger Jung, Das völkerrechtliche Regime der geostationären Umlaufbahn. Einzelstaatliche „Selbstbedienung“ oder gerechte Verteilung der knappen Satellitenpositionen? ÖZöRV 1981–82, S. 209 ff.; Maureen Williams, The Geostationary Orbit: A Limited Natural Resource from Outer Space, IR 1979, S. 662 ff.

D. Goedhuis, The changing legal regime of air and outer space, ICLQ 1978, S. 576 ff.
D. Goedhuis, Conflicts in the Interpretation of the Leading Principles of the Moon Treaty of 5 December 1979, NILR 1981, S. 14 ff.
Daniel Goedhuis, The problems of the frontiers of outer space and air space, RdC 1982/I (Bd. 174), S. 367 ff.
Stephen Gorove, Studies in space law: Its challenges and prospects, Leiden 1977.
Stephen Gorove, Space shuttle and the law, Oxford/Miss. 1980.
György Haraszti, Outer space and sovereignty, in: Fs f. Stephan Verosta, Berlin 1980, S. 127 ff.
Max Hofmann, Der Weltraum in der Rechtsordnung, BayVBl. 1978, S. 193 ff.
Wulf von Kries, Zur Fortentwicklung des Weltraumrechts, ZLW 1974, S. 89 ff.
Wulf von Kries, Weltraumrecht und Dynamik des Völkerrechts, in: Fs f. Alex Meyer, Köln–Berlin 1975, S. 329 ff.
Lee Li Kuo, World Wide Space Law Bibliography, Montreal–Toronto–Paris 1978.
Marco G. Marcoff, Sources du droit international de l'espace, RdC 1980/III (Bd. 168), S. 9 ff.
Gijsbertha C.M. Reijnen, Utilization of Outer Space and International Law, Amsterdam–Oxford–New York 1981.
S.K. Saxena, Select bibliography on space law, 1960–80, IJIL 1981, S. 170 ff.
Guennady P. Zhukov, Tendances contemporaines du développement du droit spatial international, RdC 1978/III (Bd. 161), S. 233 ff.

11.4 Gemeinschaftsaufgabe Umweltschutz

11.4.1 Umweltschutz in Gemeinschaftsräumen

Das Prinzip der Meeresfreiheit, das bereits im 17. Jahrhundert entwickelt wurde, hält das hohe Meer frei von Gebietsansprüchen und gestattet die freie Benutzung des hohen Meeres für Schiffahrt, Fischerei und Kabelverlegung. Die zunehmende Verschmutzung der Meere und die drohende Vernichtung wertvoller Tierarten führten zum Abschluß zahlreicher multilateraler Verträge, welche die Benutzung der hohen See einschränken und regulieren. Den Anfang machte der Artenschutz, darunter zuerst derjenige der Wale (Übereinkommen zur Regelung des Walfangs vom 24.9.1931, Neufassung vom

2.12.1946, Zusatzprotokoll vom 19.11.1956). Es folgten die Verträge zum Schutze der Garnelen, Langusten, Krebse und der Europäischen Hummer vom 7.3.1952 und 14.10.1959 sowie des Eisbären vom 15.11.1973. Einige Verträge betreffen den Artenschutz in bestimmten Regionen, wie z.B. der Pelzrobben im Nordpazifik (Verträge vom 9.2.1957, 8.10. 1963 und 7.5.1976), der Lachse in der Ostsee (Vertrag vom 20.12.1962, geändert am 21.1.1972) und der Thunfische im Atlantik (Vertrag vom 14.5.1966). Auch regionale Abkommen allgemeiner Art sind nicht selten: Verträge über die Hochseefischerei im Nord-Pazifik vom 9.5.1952, über die Fischerei im Schwarzen Meer vom 7.7.1959, Übereinkommen über den gegenseitigen Zugang zu den Fischgründen des Skagerraks und Kattegats vom 19.12.1966, Konvention über das Verhalten beim Fischfang im Nordatlantik vom 1.6.1967[1], Konvention zur Erhaltung der lebenden Schätze des Südost-Atlantiks vom 23.10.1969,[2] Konvention über den Schutz der Meeresumwelt des Ostseegebiets vom 22.3.1974,[3] Konvention über die Fischerei und den Schutz der lebenden Ressourcen in der Ostsee und den Belten vom 13.9.1973,[4] Konvention über den Naturschutz im Süd-Pazifik vom 12.6.1976, Konvention über die künftige multilaterale Zusammenarbeit auf dem Gebiet der Fischerei im Nordwest-Atlantik vom 24.10.1978.[5] Zur Ergänzung der Seerechtskonvention von 1958 wurden weitere multilaterale Verträge zum Zwecke des Umweltschutzes auf hoher See abgeschlossen: Konvention über Fischerei und Schutz der lebenden Hilfsquellen der Meere vom 29.4.1958[6], Abkommen über die Zusammenarbeit auf dem Gebiet der Seefischerei vom 28.7.1962, Fischereikonvention vom 9.3.1964.[7]

Im Laufe der Zeit trat die Bekämpfung der Meeresverschmutzung immer mehr in den Vordergrund. Diesem Problem gelten die Konvention zur Verhütung der Meeresverschmut-

1 BGBl. 1976 II, S. 1.
2 BGBl. 1976 II, S. 1542.
3 BGBl. 1979 II, S. 1229.
4 BGBl. 1973 II, S. 1542, 1564.
5 Amtsbl. EG 1978 Nr. L 378/1.
6 BGBl. 1972 II, S. 1098.
7 BGBl. 1969 II, S. 1897.

zung durch das Einbringen durch Schiffe und Flugzeuge vom 15.12.1972, die Konvention über die Verhütung der Meeresverschmutzung durch das Einbringen von Abfällen und anderen Stoffen vom 29.12.1972,[8] die Konvention betreffend die Verschmutzung von Schiffen aus vom 2.11.1973 (mit Protokoll über Maßnahmen bei Meeresverschmutzung vom 2.11. 1973), das Übereinkommen betreffend den Schutz des Mittelmeeres vor Verschmutzung vom 16.2.1976, das Protokoll zur Verhütung der Verschmutzung des Mittelmeeres durch Schiffe und Luftfahrzeuge vom 16.2.1976, das Protokoll betreffend die Zusammenarbeit im Kampf gegen die Verschmutzung des Mittelmeeres durch Öl und andere schädliche Stoffe im Falle von Notständen vom 16.2.1976, das Übereinkommen betreffend den Schutz der Küstengewässer des Mittelmeeres vom 10.5.1976, das Protokoll über das Übereinkommen betreffend die Verschmutzung von Schiffen aus vom 17.2.1978 und das regionale Übereinkommen betreffend die Zusammenarbeit zum Schutz der Meeresumwelt vor Verschmutzung vom 24.4.1978 mit Zusatzprotokoll vom selben Tage.

Ein Sonderproblem stellt die Ölverschmutzung dar. Für sie wurde bereits am 12.5.1954 die Konvention zur Verhütung der Verschmutzung der See durch Öl[9] (geänd. am 11.4.1962 und am 21.10.1969) unterzeichnet. Sie wird ergänzt durch das Übereinkommen über die zivilrechtliche Haftung für Ölverschmutzungsschäden vom 29.11.1969,[10] die Konvention über Maßnahmen auf hoher See bei Ölverschmutzungs-Unfällen vom 29.11.1969,[11] die Vereinbarung betreffend die Zusammenarbeit bei Maßnahmen zur Verhinderung der Meeresverschmutzung durch Öl vom 16.9.1971, eine Vereinbarung zur Anordnung und größenmäßigen Begrenzung der Tanks vom 15.10.1971, das Übereinkommen über die Errichtung eines internationalen Fonds zur Entschädigung für Ölverschmutzungsschäden vom 18.12.1971[12] mit Zusatzprotokoll

[8] BGBl. 1977 II, S. 165, 180.
[9] BGBl. 1956 II, S. 379.
[10] BGBl. 1975 II, S. 301, 305.
[11] BGBl. 1975 II, S. 137.
[12] BGBl. 1975 II, S. 301, 320.

vom 19.11.1976 und das Protokoll zur Konvention über die zivilrechtliche Haftung für Ölverschmutzungsschäden vom 19.11.1976. Weitere Vereinbarungen gelten für Reaktorschiffe und für den Transport von spaltbarem Material auf hoher See. Der Verhütung der Meeresverschmutzung vom Lande aus dient die Konvention vom 4.6.1974.

Die Benutzung des Weltraums ist im Weltraumvertrag vom 27.1.1967[13] geregelt, der durch das Übereinkommen über die Rettung und Rückführung von Raumfahrern sowie die Rückgabe von in den Weltraum gestarteten Gegenständen vom 22.4. 1968 und die Konvention über die internationale Verantwortlichkeit für Schäden, die durch Weltraumobjekte verursacht werden, vom 29.3.1972[14] sowie das Übereinkommen über die Registrierung von in den Weltraum gestarteten Gegenständen vom 12.11.1974 ergänzt wird.

11.4.2 Grenzüberschreitender Umweltschutz

Die Fragen des grenzüberschreitenden Umweltschutzes gehören in das völkerrechtliche Nachbarrecht. Allgemeine Regeln haben sich bisher nur im internationalen Wasserrecht entwikkelt. Sie werden ergänzt durch bilaterale und multilaterale Vereinbarungen, die sich auf bestimmte Wasserläufe beziehen, wie z.B. das Protokoll über die Errichtung einer Internationalen Kommission zum Schutze der Mosel gegen Verunreinigung vom 20.12.1961,[15] die Vereinbarung über die Internationale Kommission zum Schutz des Rheins gegen Verunreinigung vom 29.4.1963,[16] das Übereinkommen über den Schutz des Bodensees gegen Verunreinigung vom 27.10.1960, das Übereinkommen über die Regelung von Wasserentnahmen aus dem Bodensee vom 30.4.1966[17] und die beiden Übereinkommen zum Schutze des Rheins gegen chemische Verschmutzung und gegen Verunreinigung durch Chloride vom 3.12.

13 BGBl. 1969 II, S. 1967.
14 BGBl. 1975 II, S. 1209.
15 BGBl. 1962 II, S. 1102.
16 BGBl. 1965 II, S. 1432.
17 BGBl. 1967 II, S. 2313.

1976.[18] Am 13.11.1979 wurde das Übereinkommen über weiträumige grenzüberschreitende Luftverschmutzung unterzeichnet.

Unabhängig von Verträgen wird in der Völkerrechtslehre ein Bestand gewohnheitsrechtlicher Regeln des internationalen Nachbarrechts anerkannt. Im Mittelpunkt steht der Grundsatz, daß „der Inhaber von Gebietshoheit verpflichtet ist, dafür zu sorgen, daß von diesem Gebiet aus keine für menschliches Leben und Gesundheit, sowie für die von Menschen genutzten Sachen schädliche Gegenstände oder Substanzen, wie Geschosse, Dämpfe oder radioaktive Substanzen in einem nicht unerheblichen Umfang auf bewohntes fremdes Staatsgebiet gelangen. Sodann darf kein Staat durch Staudämme, Wasserentnahmen und andere künstliche Einrichtungen den natürlichen Ablauf von Wasser wesentlich verändern."[19] Kürzer formuliert: „Kein Staat darf auf seinem Gebiet in der Weise tätig werden, bzw. seine Bürger tätig werden lassen, daß dadurch schädliche Wirkungen auf das Gebiet oder die Menschen eines anderen Staatsgebiets ausgehen."[20]

11.4.3 Internationale Zusammenarbeit

Auch in Bezug auf Gegenstände, die weder internationale Gemeinschaftsräume noch grenzüberschreitenden Umweltschutz betreffen, haben sich die Staaten zur internationalen Zusammenarbeit zum Zwecke eines globalen Umweltschutzes verpflichtet. Dem liegt der Gedanke zugrunde, daß der Umweltschutz auch auf den Gebieten, die ihrer Natur nach zur ausschließlichen Zuständigkeit der souveränen Staaten gehören, nach internationalen gleichförmigen Maßstäben und in internationaler Zusammenarbeit erfolgen sollte, um bedrohte Arten zu schützen und Menschen, Tiere und Pflanzen vor schädlichen Eingriffen zu bewahren. Zu dieser internationalen Zusammenarbeit zwingen auch die internationalen wirtschaftlichen Ver-

18 BGBl. 1978 II, S. 1053.

19 Wilhelm Wengler, Völkerrecht, Bd. II, Berlin–Göttingen–Heidelberg 1964, S. 1000 f.

20 Albrecht Randelzhofer und Bruno Simma, Das Kernkraftwerk an der Grenze, in: Fs f. Friedrich Berber, München 1973, S. 396.

flechtungen und die zunehmende Mobilität. Bereits am 12.10. 1940 wurde das erste internationale Übereinkommen zum Schutz von Flora, Fauna und naturnaher Landschaftsbilder in der westlichen Hemisphäre unterzeichnet, dem bis 1946 27 Staaten beitraten. Das internationale Pflanzenschutzabkommen stammt vom 6.12.1951.[21] Ein regionales Pflanzenschutzabkommen für den südost-asiatischen und pazifischen Raum wurde am 27.2.1956 geschlossen. Andere Verträge betreffen Spezialprobleme, wie z.B. die Konventionen zur Überwachung der Ursprungsgebiete von Wanderheuschrecken vom 22. 2.1949, die Konvention über die afrikanische Wanderheuschrecke vom 25.5.1962 und die Abkommen zur Gründung von Kommissionen zur Bekämpfung der Wüstenheuschrecken in Südwest-Asien und dem Nahen Osten vom 3.12.1963 bzw. 2.7.1965, die Gründungsakte der Europäischen Kommission zur Bekämpfung der Maul- und Klauenseuche vom 11.12. 1953,[22] das Abkommen über die Bekämpfung von Pflanzenschädlingen in Afrika südlich der Sahara vom 29.7.1954, das Übereinkommen über die Zusammenarbeit bei der Quarantäne von Pflanzen und ihres Schutzes gegen Schädlinge und Krankheiten vom 14.12.1959, das Übereinkommen betreffend die Zusammenarbeit auf dem Gebiet der Tierheilkunde vom 14.12.1959, das afrikanische Übereinkommen über die Erhaltung der Natur und der natürlichen Hilfsquellen vom 15.9. 1968, das Benelux-Übereinkommen über Jagd und Vogelschutz vom 10.6.1970, das Übereinkommen über Feuchtgebiete als Lebensraum für Wasser- und Wattvögel vom 11.2. 1971,[23] die Konvention über den internationalen Handel mit gefährdeten Arten freilebender Tiere und Pflanzen vom 3.3.1973,[24] die Nordische Umweltschutzkonvention vom 19.2.1974, die Vereinbarung über gemeinsame Vorschriften über Fauna und Flora vom 3.12.1977, die Konvention zur Erhaltung der wandernden wildlebenden Tierarten vom 23.6.

21 BGBl. 1956 II, S. 947.
22 BGBl. 1975 II, S. 625.
23 BGBl. 1976 II, S. 1265.
24 BGBl. 1975 II, S. 773.

1979 und die Konvention zur Erhaltung freilebender Tiere und wildwachsenden Pflanzen in Europa vom 19.9.1979. Besonders intensiv ist die internationale Zusammenarbeit auf dem Gebiet des Strahlenschutzes. Bereits am 26.10.1956 wurde die internationale Atomenergie-Organisation der Vereinten Nationen gegründet. Der Vertrag zur Gründung der Europäischen Atomgemeinschaft (EURATOM) wurde am 25.3.1957 unterzeichnet. Das Internationale Arbeitsamt erließ Regelungen zum Schutze der Arbeiter gegen ionisierende Strahlungen. Eine Reihe von Abkommen betrifft die Haftung auf dem Gebiet der Kernenergie (Konventionen vom 29.7.1960, vom 31. 1.1963, vom 21.5.1963, vom 28.1.1964). Die Organisation der Vereinten Nationen widmet dem Umweltschutz zunehmende Aufmerksamkeit durch Förderung des Abschlusses von Konventionen und durch die ständige Arbeit zahlreicher Spezialorganisationen, wie z.B. der Weltgesundheitsorganisation, der Ernährungs- und Landwirtschaftsorganisation, der Weltorganisation für Meteorologie und der Internationalen Atomenergie-Organisation. Im Rahmen der Europäischen Gemeinschaften finden periodisch Konferenzen der Umweltminister der Mitgliedstaaten statt. Die legislatorische Tätigkeit der EG ist so intensiv, daß sich bereits der Ausdruck „Umweltrecht der Europäischen Gemeinschaften" durchgesetzt hat.

11.4.4 Kriegsrecht

Zum Umweltschutz im weiteren Bereich gehört bereits das Protokoll über das Verbot der Verwendung von erstickenden, giftigen und ähnlichen Gasen sowie von bakteriologischen Mitteln im Kriege vom 17.6.1925[25] sowie der Vertrag über das Verbot von Kernwaffenversuchen in der Atmosphäre, im Weltraum und unter Wasser vom 5.8.1963 (Atomteststoppvertrag)[26] und der Kernwaffensperrvertrag vom 1.7.1968.[27] Einen bedeutenden Fortschritt stellt die Konvention über

[25] RGBl. 1929 II, S. 173.
[26] BGBl. 1964 II, S. 906.
[27] BGBl. 1974 II, S. 785.

das Verbot der Entwicklung, Herstellung und Lagerung von bakteriologischen (biologischen) und toxischen Waffen und über ihre Vernichtung vom 10.4.1972 dar. Einen gewissen Abschluß fand die Entwicklung in diesem Bereich in der Konvention über das Verbot der Verwendung umweltverändernder Techniken zu militärischen oder sonstigen feindseligen Zwecken vom 18.5.1977. Das am 12.12.1977 unterzeichnete I. Zusatzprotokoll zu den vier Genfer Abkommen von 1949 enthält in Art. 55 das an die Kriegführenden gerichtete Gebot, dafür Sorge zu tragen, daß bei den Kampfhandlungen die natürliche Umwelt gegen „ausgedehnte, langfristige und schwere Schäden" geschützt bleibt. Eingriffe in die natürliche Umwelt sind auch nicht als Repressalie zulässig (Art. 55 Abs. 2).

Literatur

Fritz Behrens, Rechtsgrundlagen der Umweltpolitik der Europäischen Gemeinschaften, Beiträge zur Umweltgestaltung Heft A 55, Berlin 1976.

Christopher B. Bramsen, Transnational pollution and international law, NordTIR 1972, S. 153 ff.

Wolfgang E. Burhenne, Internationales Umweltrecht – Multilaterale Verträge, 4 Bde., Berlin 1974, Losebl.

Wolfgang E. Burhenne, Umweltrecht der Europäischen Gemeinschaften, Beiträge zur Umweltgestaltung A 51, Berlin 1976, Losebl.

Peter Ehlers und Philip Kunig, Abfallbeseitigung auf Hoher See – Völkerrecht und Recht der Bundesrepublik Deutschland, Frankfurt/M. 1978.

J. Ehmer, Der Grundsatz der Freiheit der Meere und das Verbot der Meeresverschmutzung, Berlin 1974.

Franco Florio, Water Pollution and Related Principles of International Law, CYIL 1979, S. 134 ff.

W. Paul Gormley, Human Rights and Environment: The Need for International Co-operation, Leiden 1976.

Eberhard Grabitz und Christoph Sasse, Umweltkompetenz der Europäischen Gemeinschaften, Berlin 1977.

Günther Handl, Territorial Sovereignty and the Problem of Transnational Pollution, AJIL 1975, S. 50 ff.

Kurt M. Höchner, Schutz der Umwelt im Kriegsrecht, Zürich 1977.

Alexander-Charles Kiss, Hrsg., The Protection of the Environment and International Law, Leiden 1975.

Eberhard Klein, Umweltschutz im völkerrechtlichen Nachbarrecht, Berlin 1976.

Winfried Lang, Haftung und Verantwortlichkeit im internationalen Umweltschutz, in: Fs f. Alfred Verdross, Berlin 1980, S. 517 ff.
Irene H. van Lier, Acid rain and international law, Alphen 1981.
Ingo von Münch, Umweltschutz im Völkerrecht, AVR 1971/72, S. 385 ff.
Dietrich Rauschning, Umweltschutz als Problem des Völkerrechts, EA 1972, S. 567 ff.
Dietrich Rauschning, Ein internationales Menschenrecht auf Schutz der Umwelt?, in: Fs f. Werner Weber, Berlin 1974, S 719 ff.
Dietrich Rauschning, Allgemeine Völkerrechtsregeln zum Schutz gegen grenzüberschreitende Umweltbeeinträchtigungen, in: Fs f. Hans-Jürgen Schlochauer, Berlin 1981, S. 557 ff.
Alfred Rest, Abkommen über den Schadensersatz bei grenzüberschreitenden Umweltschäden, Berlin 1976.
Reinhard Riegel, Die Kompetenzen der Europäischen Gemeinschaften im Umweltschutz, BayVBl. 1979, S. 97 ff.
Bernd Rüster, Bruno Simma und Michael Bock, Hrsg., International Protection of the Environment, Treaties and related documents, Bd. 1–30, Dobbs Ferry 1975–1982.
Jan Schneider, World public order of the environment: towards an international ecological law and organization, London–Toronto 1979.
A.L. Springer, Towards a Meaningful Concept of Pollution in International Law, ICLQ 1977, S. 531 ff.
Heinhard Steiger und Bruno Demel, Schutz der Küsten vor Verschmutzung vom Meer aus, DVBl. 1979, S. 205 ff.
Gr. J. Timagenis, International Control of marine pollution, 2 Bde., Alphen 1980.
José A. de Yturriaga, Regional Conventions on the Protection of the Marine Environment, RdC 1979/I (Bd. 162), S. 323 ff.
Franz Zehetner und Ludwig Fröhler, Rechtsschutzprobleme bei grenzüberschreitenden Umweltbeeinträchtigungen, Linz 1979.

12. Krieg und Neutralität, humanitäres Völkerrecht

12.1 Das Kriegsrecht in der Ordnung des Völkerrechts

Die zentrale Vorschrift des geltenden Völkerrechts ist das Kriegsverbot. Hieraus darf jedoch nicht gefolgert werden, daß in der geltenden Völkerrechtsordnung kein Raum für das Kriegsrecht (das klassische „ius in bello") ist. Gerade dann, wenn eine Rechtsordnung eine Verbotsnorm aufstellt, muß sie Vorsorge für den Fall treffen, daß gegen die Verbotsnorm verstoßen wird. Ferner ist zu berücksichtigen, daß der Verstoß eines Staates gegen das Kriegsverbot Auswirkungen auf mindestens einen weiteren Staat hat, nämlich den angegriffenen, für den der Krieg nach wie vor rechtens ist, weil er in Ausübung des Rechts auf Selbstverteidigung geführt wird. Aber hierauf kommt es nicht an. Die Anwendung oder Nichtanwendung des Kriegsrechts hat keinen Lohn- oder Bestrafungscharakter. Das Kriegsrecht findet auf alle Parteien eines als „Krieg" im Sinne des Völkerrechts definierten Konflikts Anwendung und schafft Rechte und Pflichten ohne Rücksicht darauf, welche Partei bei objektiver Betrachtungsweise der Aggressor ist.

Zwar ist es richtig, daß sich dieses Grundprinzip erst durchsetzen konnte, nachdem die Kontroverse über den gerechten Krieg abgebrochen war und das Völkerrecht in völliger moralischer Wertneutralität Krieg und Frieden als gleichberechtigte Rechtszustände nebeneinandersetzte. Aber eben diese Grundhaltung förderte die Herausbildung des humanitären Völkerrechts, das die Schrecknisse des Krieges während der gesamten Periode des klassischen Völkerrechts milderte. Es würde keinen Fortschritt bedeuten, wenn das Völkerrecht nach dem Ende seiner klassischen Periode die Errungenschaften des humanitären Kriegsrechts preisgäbe und in die Barbarei zurückfiele. Wohl ist es notwendig geworden, das humanitäre Völkerrecht über den Bereich des Kriegsrechts auszudehnen, damit es im Rahmen des „Völkerrechts der Zusammenarbeit" auch in Bürgerkriegen und für die internationale Hilfe in Not- und Katastrophenfällen zur Anwendung kommt.[1] Aber diese Neuorientierung wäre teuer erkauft, wenn dafür die Prinzipien der Menschlichkeit im Kriege preisgegeben würden, weil jeder Krieg als internationale Strafmaßnahme oder Disziplinierungsaktion gegen ein „Verbrechervolk" gewertet werden könnte. Auch unter der Geltung des Kriegsverbots, aus dem die Kennzeichnung des Angriffskriegs als internationales Verbrechen folgt, muß daher ein Kriegsrecht bestehen bleiben, das alle Kriegshandlungen und die Rechtsstellung aller im Kriegsgebiet befindlichen Personen regelt.

Auch das Argument, die modernen Massenvernichtungsmittel hätten den Krieg unmöglich gemacht, ist nicht stichhaltig. Zwar ist der Krieg unter den Bedingungen der modernen Technik dysfunktional geworden und führt bei globalem Einsatz der Massenvernichtungsmittel zur Menschheitskatastrophe. Man kann aber nur hoffen, daß die Kenntnis dieser Zusammenhänge Kriege vermeiden hilft. Unmöglich geworden ist nicht der Krieg, sondern das Überleben nach einem mit Massenvernichtungsmitteln geführten Weltkrieg. Der Ausbau des Kriegsverhütungsrechts ist dringlicher denn je; aber er ersetzt nicht das Kriegsrecht, wie umgekehrt die Beschäftigung mit dem Kriegsrecht nicht bedeutet, daß Kriege für wünschenswert oder auch nur für unvermeidbar gehalten werden. Erst langsam beginnt das Odium zu weichen, das nach dem Zweiten Weltkrieg jahrelang auf der Beschäftigung mit dem Kriegsvölkerrecht lastete und den darauf spezialisierten Zweig der Völkerrechtswissenschaft verkümmern ließ.[2] Heute muß sich jeder Student des Völkerrechts über die Bedeutung des Kriegsrechts im klaren sein. Wenn im folgenden die Darstellung dieses umfangreichen Wissensgebiets auf einige Grundzüge beschränkt werden muß, so erklärt sich dies allein aus der Aufgabenstellung eines einführenden Lehrbuchs.

1 Vgl. Otto Kimminich, Humanitäres Völkerrecht – humanitäre Aktion, München–Mainz 1972, S. 27 ff.

2 Diese Entwicklung wird anschaulich dargestellt von Armin A. Steinkamm, Die Streitkräfte im Kriegsvölkerrecht, Würzburg 1967, S. 26 ff.

Literatur

Rudolf L. Bindschedler, Die Zukunft des Kriegsrechts, in: Fs f. Friedrich Berber, München 1973, S. 61 ff.

Leon Friedman, Hrsg., The law of war. A documentary history, 2 Bde., New York 1972.

Marie-Françoise Furet, Jean-Claude Martinez und Henri Dorandeu, La guerre et le droit, Paris 1979.

Otto Kimminich, Schutz der Menschen in bewaffneten Konflikten, München–Mainz 1979.

Paul de La Pradelle, Human Rights and Armed Conflicts, IRRC 1977, S. 402 ff.

Marion Mushkat, The Development of International Humanitarian Law and the Law of Human Rights, GYIL 1978, S. 150 ff.

Adam Roberts und Richard Guelff, Hrsg., Documents on the laws of war, Oxford 1982.

Dietrich Schindler und Jiři Toman, The Laws of Armed Conflicts, 2. Aufl., Alphen 1981.

Charles Rousseau, Le droit des conflits armés, Paris 1983.

Georg Schwarzenberger, From the laws of war to the law of armed conflict, Current Legal Problems 1968 (Bd. 21), S. 239 ff.

12.2 Das humanitäre Völkerrecht

12.2.1 Kriegsrecht und humanitäres Völkerrecht

Das Kriegsrecht wird definiert als die Gesamtheit der Völkerrechtsregeln, die während des Kriegszustands für die im Kriegsgebiet befindlichen Personen und die völkerrechtliche Beurteilung der Kriegshandlungen gelten. Die Normen des Kriegsrechts sollen nicht etwa den Krieg erleichtern und die Zerstörungskraft der kriegerischen Handlungen erhöhen, sondern sie sollen den Krieg so eindämmen und lenken, daß die menschlichen Leiden, von denen er begleitet ist, möglichst gemildert werden. In diesem Sinne ist das gesamte Kriegsrecht humanitäres Recht. Im engeren Sinn wird darunter derjenige Teil des Kriegsrechts verstanden, der unmittelbar den Schutz von Personen betrifft. Bevor diese Regeln im einzelnen dargelegt werden, muß Klarheit darüber geschaffen werden, wann jene Schutznormen eingreifen, d.h. in welcher Situation das Kriegsrecht anwendbar ist.

Die meisten Völkerrechtslehrbücher betonen zu Beginn der Ausführungen über das Kriegsrecht, daß die Völkerrechtslehre noch keine allgemein gültige Definition des Krieges gefunden hat. Die beiden am häufigsten genannten Begriffselemente faßt Verdross in einer einprägsamen Formel zusammen, von der Berber[3] meint, sie weise „in die richtige Richtung": Krieg ist ein völkerrechtlicher Gewaltzustand unter Abbruch der friedlichen Beziehungen.[4] Zu beachten ist, daß beide Begriffselemente gleichzeitig vorliegen müssen. Nicht jeder völkerrechtliche Gewaltzustand ist ein Krieg; vielmehr gibt es auch Mittel der Zwangsdurchsetzung im Friedensvölkerrecht (vgl. unten Kap. 14). Nicht jeder Abbruch der diplomatischen Beziehungen ist gleichbedeutend mit Krieg. Das in der Definition enthaltene Attribut „völkerrechtlich" deutet auf zweierlei hin: 1. Der Krieg ist ein Rechtszustand; keineswegs gilt der Grundsatz „inter arma silent leges" (im Waffenlärm schweigen die Gesetze) oder „Not kennt kein Gebot". 2. Da es sich um einen völkerrechtlichen Zustand handelt, muß er auf der zwischenstaatlichen Ebene liegen. In internationalen Abkommen wie auch in der Völkerrechtslehre hat sich daher der Ausdruck „bewaffneter internationaler Konflikt" anstelle des juristisch kaum faßbaren Begriffs „Krieg" durchgesetzt.

Folgerichtig ist die herkömmliche Bezeichnung „Kriegsrecht" durch den Ausdruck „Recht der bewaffneten Konflikte" ersetzt worden.[5] An sich kann das Völkerrecht nur Regeln über internationale bewaffnete Konflikte enthalten; denn alles, was sich innerhalb der Grenzen eines einzigen

[3] Friedrich Berber, Lehrbuch des Völkerrechts, 2. Bd., 2. Aufl., München 1969, S. 3.

[4] Alfred Verdross, Völkerrecht, 5. Aufl., Wien 1964, S. 432 f.

[5] Vgl. Jean Pierre Colin, Guerres et luttes armées ou: le droit introuvable, RBDI 1981/1982, S. 209 ff.; Knut Ipsen, Zum Begriff des „internationalen bewaffneten Konflikts", in: Fs f. Eberhard Menzel, Berlin 1975, S. 405 ff.; Karl Josef Partsch, Neue Entwicklungen zum Begriff des internationalen bewaffneten Konfliktes, NZWehrr 1975, S. 46 ff.; Dietrich Schindler, State of war, belligerency, armed conflict, in: Antonio Cassese, Hrsg., The new humanitarian law of armed conflict, Neapel 1979, S. 3 ff.

souveränen Staates abspielt, gehört nur dann zum Regelungsbereich des Völkerrechts, wenn an ihm fremde Staaten oder Staatsangehörige beteiligt sind. So gibt es völkerrechtliche Regeln über die Hilfe fremder Staaten in Bürgerkriegssituationen[6] und den Einsatz von Söldnern[7]. Aber der „interne Krieg" als solcher entzieht sich der völkerrechtlichen Beurteilung. Da nach innerstaatlichem Recht diejenigen, die in einem Bürgerkrieg gegen die Regierungstruppen kämpfen, in der Regel als Rebellen strafrechtlich verfolgt werden, setzte sich das Rote Kreuz dafür ein, daß in Konflikten ohne internationalen Charakter zumindest ein Kernbestand des humanitären Völkerrechts zur Anwendung kommt. Diese Bemühungen haben ihren Niederschlag in Art. 3 der Genfer Konventionen von 1949 und in den beiden Zusatzprotokollen von 1977 (vgl.

6 Dietrich Rauschning, Die Geltung des völkerrechtlichen Gewaltverbots in Bürgerkriegssituationen, in: Wilfried Schaumann, Hrsg., Völkerrechtliches Gewaltverbot und Friedenssicherung, Baden-Baden 1971, S. 75 ff.

7 Vgl. Thahar Boumedra, International regulation of the use of mercenaries in armed conflicts, RDPMG 1981, S. 35 ff.; H.C. Burmester, The recruitment and use of mercenaries in armed conflicts, AJIL 1978, S. 37 ff.; Antonio Cassese, Mercenaries: Lawful Combatants or War Criminals?, ZaöRV 1980, S. 1 ff.; Eric David, Les mercenaires en droit international, RBDI 1977, S. 197 ff.; Eric David, Mercenaires et volantaires internationaux en droit des gens, Brüssel 1978; Henry W. van Deventer, Mercenaries at Geneva, AJIL 1976, S. 811 ff.; Werner Friedrich, Die völkerrechtliche Stellung von Söldnertruppen im Kriege, Bad Honnef 1978; L.C. Green, The status of mercenaries in international law, Israel Yearbook on Human Rights 1978, S. 9 ff.; Riley Martin, Mercenaries and the rule of law, The Review International Commission of Jurists 1976, No. 17, S. 51 ff.; Edwin I. Nwogugu, Recent Developments in the Law Relating to Mercenaries, RDPMG 1981, S. 11 ff.; L. Sosnowski, The position of mercenaries under international law, IJIL 1979, S. 382 ff.; J. Tercinet, Les mercenaires et le droit international, AFDI 1977, S. 269 ff.; A.A. Yusuf, Mercenaries in the law of armed conflicts, in: Antonio Cassese, Hrsg., The new humanitarian law of armed conflict, Neapel 1979, S. 113 ff. Die Vereinten Nationen planen den Abschluß einer Konvention gegen die Anwerbung, Verwendung, Finanzierung und Ausbildung von Söldnern, vgl. GAOR, 37th Session, Supplement No. 43 (A/37/43).

unten 12.2.2 – 3) gefunden.[8] Im Einzelfall entsteht der Schutz des humanitären Völkerrechts durch die formelle Anerkennung als Aufständische (vgl. oben 4.2). Die Bestrebungen, generell allen „Befreiungskämpfern" einen privilegierten Status einzuräumen,[9] sind lange Zeit erfolglos geblieben. Erst durch Art. 1 Abs. 4 des I. Zusatzprotokolls von 1977 (hierzu unten 12.2.3) sind die dort umschriebenen Befreiungskampfsituationen dem internationalen bewaffneten Konflikt gleichgestellt worden.

Durch diese Entwicklungen ist das Recht der bewaffneten Konflikte komplizierter geworden. Völkerrechtliche Regelungen gelten nicht nur für den internationalen bewaffneten Konflikt, sondern ganz oder teilweise auch für interne bewaffnete Konflikte verschiedener Art, wobei nicht nur die Motivation

[8] Vgl. Ulrich Beyerlin, Die humanitäre Aktion zur Gewährleistung des Mindeststandards in nicht-internationalen Konflikten, Berlin–München 1975; Rudolf L. Bindschedler, Die völkerrechtliche Regelung nichtinternationaler bewaffneter Konflikte, in: Fs f. F.A. Frhr. von der Heydte, Berlin 1977, S. 21 ff.; Michael Bothe, Conflits armés internes et droit international humanitaire, RGDIP 1978, S. 82 ff.; David P. Forsythe, Legal Management of Internal War: The 1977 Protocol on Non-International Armed Conflicts, AJIL 1978, S. 272 ff.; Jacques Freymond, Droits de l'homme et conflits internes, Annales d'Études Internationales 1977, S. 11 ff.; W.V. O'Brien, The jus in bello in revolutionary war and counterinsurgency, VJIL 1978, S. 193 ff.; Karl Josef Partsch, Humanität im Bürgerkrieg, in: Fs. f. Hans-Jürgen Schlochauer, Berlin 1981, S. 515 ff.; Albrecht Randelzhofer, Der Bürgerkrieg, ZP 1971, S. 237 ff.; Alfred P. Rubin, The Status of Rebels under the Geneva Conventions of 1949, ICLQ 1972, S. 472 ff.; Dietrich Schindler, International humanitarian law and internationalized internal armed conflicts, IRRC 1982, S. 255 ff.; Ralph Zacklin, International Law and the Protection of Civilian Victims of Non-International Armed Conflicts, in: Fs f. Krishna Rao. Leiden 1976. S. 282 ff.

[9] Vgl. Georges Abi-Saab, Wars of National Liberation and the Development of Humanitarian Law, in: Fs f. Bert V.A. Röling, Leiden 1977, S. 143 ff.; Georges Abi-Saab, Wars of national liberation in the Geneva conventions and protocols, RdC 1979/IV (Bd. 165), S. 353 ff.; Hisakazu Fujita, La guerre de libération nationale et le droit international humanitaire, RDI 1975, S. 81 ff.; Konrad Ginther, Liberation Movements, in: Bernhard (Hrsg.), EPIL, Instalment 3 (1982), S. 245 ff.; Eckart Klein, Nationale Befreiungskämpfe und Dekolonisierungspolitik der Vereinten Nationen, ZaöRV 1976, S. 618 ff.

der Aufständischen (Befreiungsbewegung oder Rebellion herkömmlicher Art), sondern auch die Reaktion des betroffenen Staates und dritter Staaten (Anerkennung als Aufständische oder nicht) eine Rolle spielt.[10]

12.2.2 Das „Haager Recht" und das „Genfer Recht"

Weite Teile des Kriegsrechts sind im 20. Jahrhundert kodifiziert worden. Von besonderer Bedeutung sind dabei zwei große Kodifikationswerke, von denen das erste im Jahre 1907 im Haag als Ergebnis der zweiten Haager Friedenskonferenz zustandekam. (Die erste Haager Friedenskonferenz hatte 1899 stattgefunden und betraf Rüstungsbeschränkungen, das Verbot von bestimmten Kampfmitteln und die friedliche Streiterledigung; beide Haager Friedenskonferenzen tragen ihren Namen mit größerer Berechtigung als die Konferenzen, die nach dem Ende eines Krieges stattzufinden pflegen: sie betrafen nicht einen bestimmten Friedensschluß, sondern bezweckten die Kodifizierung völkerrechtlicher Regelungen im Interesse des Friedens und der Menschlichkeit.[11]) Das zweite Kodifikationswerk kam 1949 in Genf zustande und ersetzte ein früheres aus dem Jahre 1929.

Das Haager Kodifikationswerk besteht aus 14 Abkommen, die am 18. Oktober 1907 unterzeichnet wurden. Das wichtigste davon ist das IV. Abkommen betreffend die Gesetze und Gebräuche des Landkrieges, dem als Anlage die „Ordnung der Gesetze und Gebräuche des Landkrieges" (Haager Landkriegsordnung, HLKO) beigegeben ist.[12] Das Genfer Kodifikationswerk besteht aus vier Abkommen und stammt vom 12. August 1949. Da diese auf Drängen des Internationalen Komitees vom Roten Kreuz zustandekamen und Materien aus dem Tätigkeitsbereich dieser Organisation regeln (Behand-

10 Vgl. Dietrich Schindler, The different types of armed conflicts according to the Geneva conventions and protocols, RdC 1979/II (Bd. 163), S. 121 ff.

11 Vgl. Jost Duelffer, Regeln gegen den Krieg. Die Haager Friedenskonferenzen von 1899 u. 1907 in der internationalen Politik, Frankfurt/M. 1981.

12 Deutscher Text in RGBl. 1910, S. 107.

lung der Verwundeten und Kranken der Land- und Seestreitkräfte sowie der Schiffbrüchigen der Seestreitkräfte, Behandlung der Kriegsgefangenen und der Zivilpersonen im Kriege), werden sie als „Genfer Rotkreuz-Abkommen" oder „Genfer Konventionen" bezeichnet.[13] Die letztere Bezeichnung ist deshalb wenig empfehlenswert, weil viele multilaterale Verträge in Genf zustandegekommen sind. Daher empfiehlt sich zumindest ein sachlicher Zusatz, wie z.B. „Genfer Kriegsgefangenen-Konvention" usw.

In der Literatur ist häufig die Gesamtheit der Haager Konventionen von 1907 als „Haager Recht" neben das „Genfer Recht", d.h. die Genfer Konventionen vom 12. August 1949, gesetzt worden. Man will damit zum Ausdruck bringen, daß das „Genfer Recht" das eigentliche humanitäre Völkerrecht darstelle, während das „Haager Recht" das Kriegsrecht im engeren Sinne, d.h. das „Kriegführungsrecht" oder "Kriegsaktionenrecht" beinhalte. Die Amerikanische Gesellschaft für Völkerrecht schlug nach dem Krieg vor, das Haager Recht als mit dem Kriegsverbot unvereinbar aufzuheben und nur das Genfer Recht weiterzuentwickeln.[14] Aber auch das Haager Recht enthält Regeln zum Schutze von einzelnen und Gruppen. Es entspringt dem Gedanken der Humanität und ist humanitäres Völkerrecht. Die Einteilung in ein Kriegsaktionenrecht und ein humanitäres Kriegsrecht im engeren Sinne ist daher von zweifelhaftem Wert. Bestenfalls kann gesagt werden, daß das humanitäre Kriegsrecht im engeren Sinn dem Schutz des einzelnen unmittelbarer dient als das Kriegsaktionenrecht. Mit diesem Vorbehalt muß jede Darstellung des humanitären Kriegsvölkerrechts im engeren Sinn versehen werden.

Die vier Genfer Abkommen vom 12. August 1949 gelten grundsätzlich für alle Fälle „eines erklärten Krieges oder eines anderen bewaffneten Konflikts, der zwischen zwei oder mehreren der Hohen Vertragsparteien entsteht, auch wenn der Kriegszustand von einer dieser Parteien nicht anerkannt wird." Diese übereinstimmende Formulierung findet sich in Art. 2

13 Deutscher Text in BGBl. 1954 II, S. 783 ff.
14 Vgl. PASIL 1949, S. 124 ff.

Abs. 1 aller vier Abkommen. Für die Anwendung des Genfer Rechts ist es daher unerheblich, ob eine Kriegserklärung stattgefunden hat oder nicht und ob etwa eine Partei das Bestehen eines Kriegszustandes leugnet. Kein Staat kann sich daher humanitären Verpflichtungen dadurch entziehen, daß er eine militärische Maßnahme als „Polizeiaktion“ tarnt.

Prinzipiell hält das Genfer Recht an der herkömmlichen Definition des Krieges im völkerrechtlichen Sinn („bewaffneter internationaler Konflikt“) fest. Diese Beschränkung trägt der Tatsache Rechnung, daß alle „inneren Kriege“ dem Völkerrecht entzogen sind. Nach der Struktur der geltenden Völkerrechtsordnung sind alle Vorgänge im Innern eines Staates als dessen innere Angelegenheiten zu betrachten, in die andere Völkerrechtssubjekte nur auf Grund besonderer Rechtstitel eingreifen dürfen. Die Genfer Konventionen vom 12. August 1949 haben die Härte der völkerrechtlichen Kriegsdefinition jedoch dadurch gemildert, daß wenigstens der Kernbestand des Genfer Rechts auch auf bewaffnete Konflikte ohne internationalen Charakter, d.h. auf „innere Kriege“, Anwendung findet (Art. 3 aller vier Abkommen vom 12. August 1949).

Inhaltlich verbesserten und erweiterten die ersten drei Abkommen vom 12. August 1949 die bereits bestehenden Rechtsnormen bezüglich der Verwundeten, Kranken und Kriegsgefangenen und ergänzten die Abkommen vom 27. Juli 1929 sowie die Haager Landkriegsordnung. Eine beträchtliche Ausweitung erfuhren insbesondere die Regeln des Kriegsgefangenenrechts, die in der Haager Landkriegsordnung in 17 Artikeln niedergelegt sind, während das Kriegsgefangenenabkommen vom 12. August 1949 aus 143 Artikeln besteht. Einen besonders begrüßenswerten Fortschritt bewirkt der Abschnitt über die Freilassung und Heimschaffung der Kriegsgefangenen, der mit dem Satz beginnt: „Die Kriegsgefangenen werden nach Beendigung der aktiven Feindseligkeiten ohne Verzug freigelassen und heimgeschafft“ (Art. 118 Abs. 1).

Als grundlegende Neuerung gegenüber dem früheren Rechtszustand gilt dagegen das vierte Genfer Abkommen von 1949, das den Schutz von Zivilpersonen in Kriegszeiten betrifft. Die einschlägigen Vorschriften der HLKO sind sehr lückenhaft, da sie lediglich die Frage betreffen, welche Befugnisse eine Besatzungsmacht während der Kriegsdauer gegenüber Zivilpersonen hat. Das Genfer Abkommen vom 12. August 1949 zum Schutze von Zivilpersonen in Kriegszeiten normiert dagegen einen umfassenden Schutz, dessen Grundnorm in Art. 27 des Abkommens enthalten ist: „Die geschützten Personen haben unter allen Umständen Anspruch auf Achtung ihrer Person, ihrer Ehre, ihrer Familienrechte, ihrer religiösen Überzeugungen und Gepflogenheiten, ihrer Gewohnheiten und Gebräuche. Sie werden jederzeit mit Menschlichkeit behandelt und insbesondere vor Gewalttätigkeit oder Einschüchterung, vor Beleidigungen und der öffentlichen Neugier geschützt. Die Frauen werden besonders vor jedem Angriff auf ihre Ehre und namentlich vor Vergewaltigung, Nötigung zur gewerbsmäßigen Unzucht und jeder unzüchtigen Handlung geschützt." Art. 34 untersagt die Festnahme von Geiseln.

In den besetzten Gebieten wird ein Unterschied zwischen den Angehörigen desjenigen Staates gemacht, dessen Gebiet besetzt worden ist, und sonstigen geschützten Personen. Die letzteren haben ein Recht zum Verlassen des Gebietes, das in einem besonderen Verfahren geltend zu machen ist. Durch diese Vorschriften (Art. 35 ff.) werden die Staatsangehörigen derjenigen neutralen Staaten geschützt, die keine diplomatischen Beziehungen mit der Besatzungsmacht unterhalten, sowie die Staatenlosen und die Staatsangehörigen derjenigen Staaten, die mit dem Staat, dessen Gebiet besetzt worden ist, verbündet sind. Die Staatsangehörigen derjenigen Staaten, die mit der Besatzungsmacht verbündet sind, und die Staatsangehörigen neutraler Staaten, mit denen die Besatzungsmacht diplomatische Beziehungen unterhält, werden nicht durch die Konvention von 1949 geschützt, da für sie die Ausübung des diplomatischen Schutzes durch ihren Heimatstaat möglich ist.

Die kriegerische Besetzung ändert den Rechtsstatus der Wohnbevölkerung des besetzten Gebiets in keiner Weise (Art. 47). Alle Einzel- oder Massenzwangsverschleppungen sind verboten (Art. 49 Abs. 1). Die Evakuierung bestimmter Gebiete ist zulässig, wenn es die Sicherheit der Bevölkerung oder zwingende militärische Gründe erfordern. Jedoch darf eine solche Evakuierung unter keinen Umständen die Verschleppung von geschützten Personen zur Folge haben. Unmittelbar nach Beendigung der Feindseligkeiten in der betreffenden Gegend muß die verschickte Bevölkerung in ihre Heimat zurücktransportiert werden.

Bezüglich des Eigentums bestimmt Art. 53: „Es ist der Besatzungsmacht untersagt, bewegliches oder unbewegliches Vermögen zu zerstören, das individuell oder kollektiv Privatpersonen oder dem Staat oder öffentlichen Körperschaften, sozialen oder genossenschaftlichen Organisationen gehört, außer in Fällen, in denen die Kampfhandlungen solche Zerstörungen unbedingt erforderlich machen.“ Diese Formulierung, in der nur die Zerstörung, nicht aber die Wegnahme des Eigentums erwähnt wird, darf jedoch nicht zu der Annahme verleiten, das Privateigentum im besetzten Gebiet sei nicht geschützt. Vielmehr gilt hierfür die HLKO, die in Art. 46 den Schutz des Privateigentums ausdrücklich garantiert und hinzufügt: „Das Privateigentum darf nicht eingezogen werden.“ (Art. 46 Abs. 2 HLKO) und: „Die Plünderung ist ausdrücklich untersagt“ (Art. 47 HLKO). Der Beschlagnahme unterliegen nur bestimmte Gegenstände, wie Bargeld und Wertbestände des Staates sowie das bewegliche Eigentum des Staates, „das geeignet ist, den Kriegsunternehmungen zu dienen“ (Art. 53 Abs. 1 HLKO). Hierzu gehören nicht nur Waffen, sondern auch Fahrzeuge, Vorratshäuser und Lebensmittelvorräte.

12.2.3 Die Zusatzprotokolle von 1977

Sowohl technische Entwicklungen als auch rechtsdogmatische Überlegungen bezüglich der Position des humanitären Völkerrechts ließen eine Ergänzung des Haager und des Genfer Rechts wünschenswert erscheinen. Da sich die Vereinten Nationen nicht zu einer umfassenden Kodifikation entschließen konnten, wurde beschlossen, die vier Genfer Abkommen von 1949 zu ergänzen und zu modernisieren. Um nicht an die Zustimmung aller Vertragsparteien gebunden zu sein, wählte man den Weg des Zusatzprotokolls, der inhaltlich dieselben Funktionen erfüllt wie die Vertragsrevision.

Die Initiative zur Schaffung der Zusatzprotokolle ging von der 21. Internationalen Rotkreuz-Konferenz aus, die vom

6.–12. September 1969 in Istanbul tagte. Das IKRK legte nach sorgfältigen Vorarbeiten im Juni 1973 den Entwurf von zwei Zusatzprotokollen zu den vier Genfer Abkommen von 1949 vor: Protokoll I für internationale bewaffnete Konflikte, Protokoll II für nichtinternationale Konflikte. Die Entwürfe wurden auf einer diplomatischen Konferenz beraten, die am 20. Februar 1974 begann und am 10. Juni 1977 nach vier Konferenzphasen endete. Die von der Konferenz beschlossenen beiden Zusatzprotokolle wurden am 12. Dezember 1977 von 46 Staaten unterzeichnet und traten – sechs Monate nach der Hinterlegung der zweiten Ratifikationsurkunde – am 7. Dezember 1978 in Kraft.[15] Sie tragen die offizielle Bezeichnung „Zusatzprotokoll zu den Genfer Abkommen vom 12. August 1949 über den Schutz der Opfer internationaler bewaffneter Konflikte (Protokoll I)" und „Zusatzprotokoll zu den Genfer Abkommen vom 12. August 1949 über den Schutz der Opfer nicht internationaler bewaffneter Konflikte (Protokoll II)".

Die wichtigste Neuerung ist in Protokoll I enthalten: die Ausdehnung des Begriffs des internationalen bewaffneten Konflikts durch Art. 1 Abs. 4, wonach zu den internationalen bewaffneten Konflikten im Sinne des humanitären Völkerrechts auch bewaffnete Konflikte gehören, „in denen Völker gegen Kolonialherrschaft und fremde Besetzung sowie gegen rassische Regimes in Ausübung ihres Rechts auf Selbstbestimmung kämpfen, wie es in der Charta der Vereinten Nationen und in der Erklärung über Grundsätze des Völkerrechts betreffend freundschaftliche Beziehungen und Zusammenarbeit zwischen den Staaten im Einklang mit der Charta der Vereinten Nationen niedergelegt ist". Noch während der Konferenz waren Befürchtungen laut geworden, daß durch eine Privilegierung der Befreiungskriege eine Rückkehr zum Begriff des gerechten Krieges eingeleitet werden könnte. Insbesondere wurde gerügt, daß es an objektiven Kriterien fehlt, um die in Art. 1 Abs. 4 des Protokolls I beschriebenen Tatbestandsmerkmale zu beurteilen. Die Definition stelle auf eine bestimmte historische Si-

15 Text in ZaöRV 1978, S. 86 ff.

tuation ab und lasse Raum für Fehldeutungen.[16] Kategorisch erklärte ein Schweizer Beobachter: „Die Motive, welche zu einem Konflikt geführt haben, finden keinen Platz im humanitären Völkerrecht."[17] Auf dieser Grundidee beruht die Tatsache, daß das Kriegsrecht niemals einen Unterschied zwischen Angreifer und Angegriffenem macht, sondern seine Regeln in gleicher Weise den Opfern des Krieges und den kämpfenden Truppen aller am bewaffneten Konflikt beteiligten Parteien angedeihen läßt.

Von diesem Grundgedanken geht aber Art. 1 Abs. 4 des I. Zusatzprotokolls nicht ab. Er dehnt lediglich die Anwendung des humanitären Völkerrechts in nicht internationalen bewaffneten Konflikten aus. Schon bisher war die Anwendung eines Kernbestands des humanitären Völkerrechts durch die (übereinstimmenden) Artikel 3 der Genfer Abkommen von 1949 auch in nichtinternationalen bewaffneten Konflikten garantiert. Dadurch, daß das I. Zusatzprotokoll bestimmte nichtinternationale Konflikte ausdrücklich so behandeln läßt wie internationale bewaffnete Konflikte, ist die Anwendung des gesamten geltenden humanitären Völkerrechts in diesen Konflikten gewährleistet. Die Ausdehnung gilt nur für die Zwecke des Zusatzprotokolls, die zugleich die Zwecke der vier Genfer Abkommen sind.

In seinen materiellen Teilen verbessert das I. Zusatzprotokoll den Schutz von Zivilpersonen, Sanitätseinheiten und ärztlichem Personal und klärt die Stellung der humanitären Hilfsgesellschaften. Der Rechtsstellung von Sanitätstransporten ist ein eigener Abschnitt gewidmet, der diese Materie zum ersten Mal regelt. Auch in Bezug auf Kampfmittel und Kampfmethoden enthält das I. Zusatzprotokoll wichtige Vorschriften, wie z.B. das Verbot des unterschiedslosen Angriffs in Art. 51 Abs. 4. Als unterschiedslos werden Angriffe bezeichnet, die nicht gegen ein bestimmtes militärisches Ziel gerichtet sind, oder bei denen Kampfmethoden oder -mittel angewendet werden,

16 Karl Josef Partsch, in: Bothe/Ipsen/Partsch, Die Genfer Konferenz über humanitäres Völkerrecht, ZaöRV 1978, S. 8.

17 Rudolf L. Bindschedler, Die Zukunft des Kriegsrechts, in: Fs f. Friedrich Berber, München 1973, S. 67.

die nicht gegen ein bestimmtes militärisches Ziel gerichtet werden können, sowie Angriffe, bei denen Kampfmethoden oder -mittel angewendet werden, „deren Wirkungen nicht entsprechend den Vorschriften dieses Protokolls begrenzt werden können, und die daher in jedem dieser Fälle militärische Ziele und Zivilpersonen oder zivile Objekte unterschiedslos treffen können."

Damit wird die kriegsrechtliche Grundregel, daß Kriegshandlungen nur gegen militärische Objekte gerichtet werden dürfen, erneut bestätigt und auf die moderne Waffenentwicklung („blinde Waffen", flächendeckende Waffen, Flächenbombardement) angewandt. Art. 52 Abs. 1 erklärt unmißverständlich: „Zivile Objekte dürfen weder angegriffen noch zum Gegenstand von Repressalien gemacht werden." Derselbe Artikel enthält die Definition der zivilen Objekte. Auch das uralte Problem der unvermeidbaren Nebenschäden an nichtmilitärischen Objekten bei grundsätzlich zulässigen Kriegsaktionen wird behandelt. Verboten ist nämlich auch „ein Angriff, bei dem damit zu rechnen ist, daß er auch Verluste an Menschenleben unter der Zivilbevölkerung, die Verwundung von Zivilpersonen, die Beschädigung ziviler Objekte oder mehrere derartige Folgen zusammen verursacht, die in keinem Verhältnis zum erwarteten konkreten und unmittelbaren militärischen Vorteil stehen" (Art. 51 Abs. 5 b). Zu beachten ist dabei, daß der Begriff „Angriff" im Sinne des Zusatzprotokolls jede militärische Aktion gegen den Gegner (offensiver wie defensiver Art) umfaßt und nichts zu tun hat mit der Aggressionsdefinition, die im Zusammenhang mit dem Kriegs- und Gewaltverbot des geltenden Völkerrechts notwendig geworden ist. (Vgl. oben 7.4).

Inhaltlich hat somit das 102 Artikel umfassende I. Zusatzprotokoll eine Verschmelzung von Genfer Recht und Haager Recht bewirkt.[18] Das wesentlich kürzere II. Zusatzprotokoll (28 Artikel) enthält nur einige Grundregeln für die Beachtung fundamentaler Menschenrechte in bewaffneten Konflikten

[18] Vgl. Richard J. Erickson, Protocol I: a merging of the Hague and Geneva law of armed conflict, Vanderbilt Journal of International Law 1979, S. 557 ff.

nichtinternationaler Art. Wie vorsichtig die Signatarstaaten bei der Abfassung dieses Protokolls vorgehen mußten, zeigt dessen Art. 3: „Dieses Protokoll darf nicht zur Beeinträchtigung der Souveränität eines Staates oder der Verantwortung der Regierung herangezogen werden, mit allen rechtmäßigen Mitteln die öffentliche Ordnung im Staat aufrechtzuerhalten oder wiederherzustellen oder die nationale Einheit und territoriale Unversehrtheit des Staates zu verteidigen. Dieses Protokoll darf nicht zur Rechtfertigung einer wie immer begründeten unmittelbaren oder mittelbaren Einmischung in den bewaffneten Konflikt oder in die inneren oder äußeren Angelegenheiten der Hohen Vertragspartei herangezogen werden, in deren Hoheitsgebiet dieser Konflikt stattfindet." Damit ist klargestellt, daß auch das II. Zusatzprotokoll streng auf die Zwecke des humanitären Völkerrechts begrenzt ist und das Interventionsverbot unberührt läßt.

Literatur

zu 12.2.1

Geoffrey Best, Humanity in Warfare. The modern history of the International law of armed conflicts, London 1980.

Gundolf Fahl, Humanitäres Völkerrecht, Berlin 1983.

Otto Kimminich, Humanitäres Völkerrecht – humanitäre Aktion, München–Mainz 1972.

Otto Kimminich, Stand und Perspektiven des humanitären Völkerrechts, NZWehrr 1978, S. 170 ff.

Otto Kimminich, Schutz der Menschen in bewaffneten Konflikten, München 1979.

Bradford Morse, Practice, norms and reform of international humanitarian rescue operations, RdC 1977/IV (Bd. 157), S. 125 ff.

Karl Josef Partsch, Humanitäres Völkerrecht: Stand und Perspektiven, NZWehrr 1978, S. 161 ff.

Jean Pictet, Le droit humanitaire et la protection des victimes de la guerre, Leiden 1973.

Paul de La Pradelle, Le droit humanitaire des conflits armés, RGDIP 1978, S. 9 ff.

Paul de La Pradelle, Les perspectives d'avenir du droit humanitaire, in: Fs f. F.A.Frhr. von der Heydte, Berlin 1977, S. 461 ff.

Albrecht Randelzhofer, Entwicklungstendenzen im humanitären Völkerrecht für bewaffnete Konflikte, FW 1975, S. 23 ff.

Dietrich Schindler, Kriegsrecht und Menschenrechte, in: Fs f. Werner Kägi, Zürich 1979, S. 327 ff.

zu 12.2.2

Georges Abi-Saab, Les mécanismes de mise en oeuvre du droit humanitaire, RGDIP 1978, S. 103 ff.

G.I.A.D. Draper, The implementation and enforcement of the Geneva Conventions of 1949 and of the two additional protocols of 1978, RdC 1979/III (Bd. 164), S. 1 ff.

Franz Groh (Bearb.), Die vier Genfer Abkommen zum Schutze der Opfer des Krieges vom 12.8.1949, Frankfurt/M. 1954.

Herbert Kraus, Der Schutz der Zivilpersonen in Kriegszeiten nach dem 4. Genfer Abkommen vom 12.8.1949, in: Fs f. Hans Niedermeyer, Göttingen 1953, S. 177 ff.

Rudolf Laun, Die Haager Landkriegsordnung, 5. Aufl., Hannover 1950.

Stanisław E. Nahlik, Droit dit „de Genève“ et droit dit „de La Haye“: unité ou dualité?, AFDI 1978, S. 9 ff.

Anton Schlögel (Bearb.), Die Genfer Rotkreuz-Abkommen vom 12.8. 1949, Mainz 1956.

Dietrich Schindler, Die Anwendung der Genfer Rotkreuzabkommen seit 1949, SchJIR 1965, S. 75 ff.

Helmut Strebel, Die Genfer Abkommen vom 12. August 1949, ZaöRV 1950, S. 118 ff.

Jiři Toman und Thi Huong Huynh, International Humanitarian Law (Basic Bibliography), Genf 1979.

zu 12.2.3

Hans Blix, Modernizing the Laws of Armed Conflicts: Present Issues and Approaches, in: Fs f. Krishna Rao, Leiden 1976, S. 266 ff.

Michael Bothe, Knut Ipsen und Karl Josef Partsch, Die Genfer Konferenz über humanitäres Völkerrecht, ZaöRV 1978, S. 1 ff.

Michael Bothe, Karl Josef Partsch und Waldemar Solf, New Rules for Victims of Armed Conflicts, Den Haag 1982.

Philippe Bretton, Remarques générales sur les travaux de la conférence de Genève sur la réaffirmation et le développement du droit international humanitaire applicable dans les conflits armés, AFDI 1977, S. 197 ff.

Philippe Bretton, L'incidence des guerres contemporaines sur la réaffirmation et le développement du droit international humanitaire applicable dans les conflits armés internationaux et non internationaux, JDI 1978, S. 209 ff.

Antonio Cassese, Hrsg., The new humanitarian law of armed conflict, Neapel 1979.

Yoram Dinstein, The new Geneva Protocols: a step forward or backward?, YBWA 1979, S. 265 ff.

Diplomatic conference on the reaffirmation and development of international humanitarian law applicable in armed conflicts, 1st–4th, Geneva, 1974–1977. Official Records, Bern 1978, 17 Bde.

Dieter Fleck, Hrsg., Beiträge zur Weiterentwicklung des humanitären Völkerrechts, Hamburg 1973.

L.C. Green, The New Law of Armed Conflict, CYIL 1977, S. 3 ff.

Frits Kalshoven, Reaffirmation and Development of International Humanitarian Law applicable in Armed Conflicts: The Diplomatic Conference, Geneva, 1974–1977, NYIL 1977, S. 107 ff. und 1978, S. 107 ff.

Friedhelm Krüger-Sprengel, Grundsätze des neuen humanitären Kriegsvölkerrechts, NZWehrr 1981, S. 121 ff.

Paul de La Pradelle, Le droit humanitaire des conflits armés, RGDIP 1978, S. 9 ff.

Albrecht Randelzhofer, Das Kriegsrecht zwischen Bewahrung und Veränderung. Die Zusatzprotokolle zu den Genfer Rotkreuz-Abkommen, EA 1978, S. 725 ff.

Heinrich B. Reimann, Die Zusatzprotokolle zu den vier Genfer Konventionen von 1949, SchJIR 1978, S. 9 ff.

J.J.A. Salmon, La Conférence diplomatique sur la réaffirmation et le développement du droit international humanitaire et les guerres de libération nationale, RBDI 1976, S. 27 ff. und 1977,, S. 353 ff.

Yves Sandoz, La place des protocoles additionnels aux Conventions de Genève du 12 août 1949 dans le droit humanitaire, RDH 1979, S. 135 ff.

12.3 Die allgemeinen Regeln der Kriegführung

12.3.1 Kriegsgebiet und Kriegsschauplatz

Das Kriegsrecht bestimmt, in welchem Gebiet Kriegshandlungen zulässig sind, von wem und gegen wen sie vorgenommen werden dürfen. Durch diese räumliche und personelle Begrenzung übt das Kriegsaktionenrecht eine nicht zu unterschätzende humanitäre Wirkung aus.

Zum Kriegsgebiet gehören (grundsätzlich, nämlich von den geschützten Orten abgesehen) die Staatsgebiete der kriegführenden Staaten, das hohe Meer und der darüberliegende Luftraum. Jeder Raum erlangt seine Rechtsstellung als Kriegsgebiet in dem Augenblick, in dem der Kriegszustand beginnt, ohne daß es hier besonderer Erklärungen oder Rechtsakte bedarf. Der Umfang des Staatsgebiets ist aus dem allgemeinen Völkerrecht, den geltenden Verträgen und den anerkannten völkerrechtlichen Erklärungen der betreffenden Staaten im Einzelfall zu ermitteln.

Unerheblich ist es, auf welche Weise der Eintritt des Kriegszustands bewirkt wird.[1] Das III. Haager Abkommen vom 18. Oktober 1907[2] verpflichtet in seinem Art. 1 die Signatarstaaten, keine Feindseligkeiten „ohne eine vorausgehende unzweideutige Benachrichtigung, die entweder die Form einer mit Gründen versehenen Kriegserklärung oder die eines Ultimatums mit bedingter Kriegserklärung haben muß", zu beginnen. Unterlassen die an dieses Abkommen gebundenen Staaten die Kriegserklärung oder das Ultimatum, so verletzen sie damit das Abkommen. Der Kriegszustand tritt aber trotzdem ein, wenn Gewaltmaßnahmen unter Abbruch der diplomatischen Beziehungen gesetzt werden. Es ist vorgekommen, daß die Kriegserklärung (eine einseitige Willenserklärung) erst nach Ausbruch der Feindseligkeiten übermittelt wurde. In einem solchen Fall tritt der Kriegszustand im Zeitpunkt der Eröffnung der Feindseligkeiten ein, da aus der nachfolgenden Kriegserklärung die Absicht des Abbruchs der diplomatischen Beziehungen ersichtlich wird. (Ein solcher Fall ereignete sich am 21. Juni 1941, als die deutschen Truppen bereits einige Stunden vor der Überreichung der Kriegserklärung an die Regierung der Sowjetunion die sowjetischen Grenzen überschritten.) Erfolgt nach Ausbruch von Feindseligkeiten kein Abbruch der diplomatischen Beziehungen, so ist der Kriegszustand nicht eingetreten. (Beispiel: Grenzzwischenfälle zwischen der Sowjetunion und der Volksrepublik China am Ussuri[3].) In der Regel gelingt in diesen Fällen eine friedliche Beilegung des Konflikts oder zumindest die alsbaldige Beendigung der Feindseligkeiten. Es hat aber zumindest einen Fall gegeben, in dem die Feindseligkeiten längere Zeit andauer-

[1] Vgl. R.J. Rao, When does war begin? IJIL 1972 (Bd. 12) S. 368 ff.; Dietrich Schindler, Der Kriegszustand im Völkerrecht der Gegenwart, in: Fs f. F.A. v.d. Heydte, Berlin 1977, S. 555 ff.

[2] RGBl. 1910, S. 82.

[3] Vgl. Gerd Kaminski, Der chinesisch-sowjetische Grenzkonflikt um die Insel Damanski-Dschenbao, ÖZöR 1970 (Bd. 20), S. 291 ff.

ten, ohne daß die diplomatischen Beziehungen abgebrochen wurden: der indisch-pakistanische Krieg von 1965.[4]

Diejenigen Staaten, für die kein Kriegszustand eintritt, sind neutral. (Hierzu unten 12.4). Ihr Staatsgebiet gehört nicht zum Kriegsgebiet. Die Ursachen ihrer Neutralität sind dabei unerheblich. Wird die Neutralität von einem der kriegführenden Staaten verletzt, so gilt Kriegsrecht auch im Verhältnis des bisher neutralen Staates und seiner nunmehrigen Kriegsgegner. Nochmals sei betont, daß die Anwendung des Kriegsrechts nicht davon abhängt, von wem der Eintritt des Kriegszustandes verschuldet worden ist.

Da somit das Kriegsgebiet durch völkerrechtswidrige Handlungen über die vom Kriegsrecht gezogenen Grenzen hinaus ausgedehnt werden kann – so daß letztlich jeder Winkel der Erde potentielles Kriegsgebiet ist – mag die Unterscheidung zwischen Kriegsgebiet und anderem Gebiet zweifelhaft erscheinen. Sie hat jedoch Bedeutung für die Rechtsfolgen, die sich weit über das Kriegsende hinaus erstrecken und in der Pflicht zum Schadensersatz wie auch in der Bestrafung der für die Völkerrechtsverletzung Verantwortlichen bestehen (vgl. unten Kap. 14.4).

Vom Kriegsgebiet zu unterscheiden ist der Kriegsschauplatz. Das Kriegsgebiet ist der Raum, in dem Kriegsrecht gilt und kriegerische Handlungen vorgenommen werden dürfen. Der Kriegsschauplatz ist dasjenige Gebiet, auf dem militärische Operationen tatsächlich durchgeführt werden. Seitdem infolge der Entwicklung des Luftkrieges und der Raketentechnik jedes Gebiet zum Kriegsschauplatz werden kann, ohne daß es vorher erkennbarer Truppenbewegungen bedarf, hat sich die Unterscheidung zwischen Kriegsgebiet und Kriegsschauplatz verwischt. Eine rechtliche Bedeutung kommt ihr ohnehin nicht zu.

Beschränkungen des Kriegsgebiets können auf der Grundlage des Genfer Abkommens vom 12. August 1949 zur Ver-

4 Der Krieg dauerte von Anfang April bis 21. September 1965, nur kurze Zeit unterbrochen durch den Waffenstillstand vom 30. Juni 1965. Vgl. Die Internationale Politik 1965, Dokumente, Ergänzungsband I zum Jahrbuch 1965 des Forschungsinstituts der Dt. Gesellschaft für auswärtige Politik, München 1966, S. D 469 f. und S. D 555 ff.

besserung des Loses der Verwundeten und Kranken der Streitkräfte im Felde[5] und des Abkommens vom 12. August 1949 zum Schutze von Zivilpersonen in Kriegszeiten[6] vorgenommen werden. Gemäß Art. 23 der Verwundetenkonvention können schon in Friedenszeiten durch Vereinbarung zwischen verschiedenen Staaten Sanitätszonen und -orte errichtet werden, in denen nach Eintritt des Kriegszustandes die Verwundeten und Kranken sowie das Sanitäts- und Pflegepersonal Schutz genießen. Nach dem Ausbruch des bewaffneten Konfliktes können die beteiligten Parteien Vereinbarungen zur Anerkennung der von ihnen errichteten Sanitätszonen und -orte treffen. Zu diesem Zweck leistet das Internationale Komitee vom Roten Kreuz seine guten Dienste. Eine Mustervereinbarung wurde der Verwundetenkonvention beigegeben. Ähnliches gilt gemäß Art. 14 der Konvention zum Schutz der Zivilpersonen für den Schutz von Verwundeten und Kranken, Gebrechlichen und Alten, schwangeren Frauen und Müttern von Kindern unter sieben Jahren und für den Schutz von Kindern unter fünfzehn Jahren. Darüber hinaus kann jede an einem Konflikt beteiligte Partei entweder unmittelbar oder durch Vermittlung eines neutralen Staates oder einer humanitären Organisation der gegnerischen Partei vorschlagen, in den Kampfgebieten neutralisierte Zonen zu errichten, die dazu bestimmt sind, verwundeten und kranken Soldaten und Zivilpersonen, die nicht an den Kriegsanstrengungen teilnehmen, Schutz zu gewähren (Art. 15).

Das I. Zusatzprotokoll von 1977 enthält Vorschriften über unverteidigte Orte und entmilitarisierte Zonen (Art. 59 und 60) sowie über den Schutz von Kulturgut und Kultstätten. Zu letzterem Zweck ist auch das Haager Abkommen zum Schutz von Kulturgut bei bewaffneten Konflikten vom 14. Mai 1954[7] abgeschlossen worden.

5 BGBl. 1954 II, S. 783; UNTS Bd. 75, S. 31.

6 BGBl. 1954 II, S. 917, berichtigt in BGBl. 1956 II, S. 1586; UNTS Bd. 75, S. 287.

7 BGBl. 1967 II, S. 1233; UNTS Bd. 249, S. 215.

12.3.2 Kriegsverträge

Völkerrechtliche Vereinbarungen zwischen Kriegsgegnern sind auch während der Dauer des Kriegszustandes möglich. Solche „Kriegsverträge“ sind Völkerrechtsquellen wie alle anderen völkerrechtlichen Verträge. Folgende Arten von Kriegsverträgen werden unterschieden:

1. Das *Kartell*. Es ist ein Vertrag zwischen militärischen Befehlshabern im Rahmen ihres Befehlsbereichs über militärische Angelegenheiten von örtlicher Bedeutung (z.B. Austausch von Verwundeten oder Gefangenen).

2. Die *Waffenruhe*. Durch sie wird eine zeitlich und örtlich eng begrenzte Kampfpause zwischen den örtlichen Militärbefehlshabern der gegnerischen Streitkräfte vereinbart und dient vor allem der Bergung von Gefallenen und Verwundeten oder zur Vorbereitung weitergehender Kriegsverträge.

3. Die *Kapitulation*. Auch sie betrifft lediglich militärische Angelegenheiten, und zwar die Übergabe von Truppen, Festungen oder Gebietsteilen. Die Kapitulation kann an Bedingungen geknüpft oder bedingungslos sein; ihr Rechtscharakter ändert sich dadurch nicht. (Die Kapitulation der gesamten Land-, See- und Luftstreitkräfte des Deutschen Reiches am 8. Mai 1945 war bedingungslos. Dies änderte jedoch nicht ihren Rechtscharakter als Kriegsvertrag, d.h. eine völkerrechtliche Vereinbarung rein militärischen Inhalts. Schlüsse auf die Völkerrechtssubjektivität des Deutschen Reiches nach dem 8. Mai 1945 sind deshalb nicht aus ihr zu ziehen.) Die Kapitulation kann örtlich begrenzt sein, oder sich auf eine gesamte Kriegsfront oder sogar sämtliche Streitkräfte eines Staates erstrecken (Gesamtkapitulation).

4. Der *Waffenstillstand*. Wie die Waffenruhe ist der Waffenstillstand eine Unterbrechung der „Kriegsunternehmungen“ (Art. 36 HLKO). Jedoch ist er nicht örtlich begrenzt, sondern umfaßt alle Streitkräfte der beiden Kriegsgegner. In der Regel dient er als Vorbereitung der Kriegsbeendigung. Er selbst beendet jedoch den Kriegszustand noch nicht. Während der Dauer eines Waffenstillstands gilt daher das Kriegsrecht noch fort, allerdings unter Berücksichtigung der im Waffenstillstandsvertrag vereinbarten Regelungen.

12.3.3 Kombattanten und Nichtkombattanten

Eines der wichtigsten Prinzipien des Kriegsaktionenrechts ist die Unterscheidung zwischen Kombattanten und Nichtkombattanten. Art. 3 HLKO verwendet die beiden Begriffe in einem engeren Sinn. Danach handelt es sich bei beiden Gruppen um Angehörige der Streitkräfte; die Kombattanten sind zum Kampf (oder dessen Leitung) bestimmt, Nichtkombattanten sind die Militärärzte, Sanitäter, Feldgeistlichen und Angehörigen der Militärverwaltung. In einem weiteren Sinn, der insbesondere für das Genfer Recht von Bedeutung ist, werden als Kombattanten alle am militärischen Kampf gegen den Feind in irgendeiner Weise Beteiligten bezeichnet, also auch Milizen, Freiwilligenkorps, irreguläre Streitkräfte, organisierte Partisanen, Mitglieder eines „Volkssturms" oder einer Widerstandsbewegung. Allerdings wird dann weiter unterschieden, ob es sich um legale („privilegierte") oder illegale („nichtprivilegierte") Kombattanten handelt. Nur die legalen Kombattanten unterfallen der HLKO und der Kriegsgefangenenkonvention. Die übrigen werden „nach Kriegsrecht" behandelt. Ihr Schutz richtet sich nach der Genfer Konvention zum Schutze von Zivilpersonen in Kriegszeiten. Gemäß Art. 5 Abs. 3 dieser Konvention sind sie „mit Menschlichkeit" zu behandeln und haben im Falle einer gerichtlichen Verfolgung einen Anspruch auf ein „gerechtes und ordentliches Verfahren" nach Maßgabe der Konvention (Art. 64 ff.). In diesem Verfahren darf allerdings auch die Todesstrafe verhängt werden.

Legale Kombattanten sind: 1. die regulären Streitkräfte der am Krieg beteiligten Staaten, 2. die Milizen und Freiwilligenkorps, sofern sie einer Kriegspartei angehören, unter einem militärähnlichen Oberbefehl stehen, ein bleibendes, aus der Ferne erkennbares Kennzeichen tragen, die Waffen offen führen und die Gesetze und Gebräuche des Krieges beobachten (Art. 1 HLKO). 3. „Die Bevölkerung eines nicht besetzten Gebietes, die beim Herannahen des Feindes aus eigenem Antrieb zu den Waffen greift, um die eindringenden Truppen zu bekämpfen, ohne Zeit gehabt zu haben, sich nach Art. 1 zu organisieren" (Art. 2 HLKO).

Das I. Zusatzprotokoll von 1977 hat auch die Kombattantendefinition modernisiert. Gemäß seinem Art. 43 Abs. 2 sind Kombattanten „die Angehörigen der Streitkräfte einer am Konflikt beteiligten Partei“ mit Ausnahme des Sanitäts- und Seelsorgepersonals. Die Streitkräfte werden in Art. 43 Abs. 1 definiert als die „Gesamtheit der organisierten bewaffneten Verbände, Gruppen und Einheiten, die einer Führung unterstehen, welche dieser Partei für das Verhalten ihrer Untergebenen verantwortlich ist“. Art. 43 Abs. 3 gibt den Konfliktsparteien das Recht, „paramilitärische oder bewaffnete Vollzugsorgane“ in ihre Streitkräfte aufzunehmen, verpflichtet sie aber, diese Maßnahme allen anderen am Konflikt beteiligten Parteien mitzuteilen. Damit scheint der alte, durch Art. 2 HLKO kodifizierte Gedanke der „levée en masse“, d.h. der unorganisierten Volkserhebung, endgültig überwunden zu sein.[8]

Die wichtigste Rechtsfolge des Kombattantenstatus zeigt sich erst nach der Gefangennahme. Den Kriegsgefangenenstatus genießen nämlich nur Kombattanten. Art. 4 des Genfer Abkommens vom 12. August 1949 über die Behandlung von Kriegsgefangenen[9] zählt sechs Personenkategorien auf, die im wesentlichen der Kombattantendefinition der HLKO entsprechen. An der Spitze stehen die Mitglieder von Streitkräften einer am Konflikt beteiligten Partei, sowie Mitglieder von Milizen und Freiwilligenkorps, die in diese Streitkräfte eingegliedert sind; den Schluß bildet „die Bevölkerung eines unbesetzten Gebietes, die beim Herannahen des Feindes aus eigenem Antrieb zu den Waffen greift, um die eindrängenden Truppen zu bekämpfen, ohne zur Bildung regulärer Streitkräfte Zeit gehabt zu haben, sofern sie die Waffen offen trägt und die Gesetze und Gebräuche des Krieges einhält“ (Art. 4 A Nr. 6). Ferner stellt Art. 4 B des Kriegsgefangenenabkommens von 1949 die Internierten und die von neutralen Staaten übernommenen und zu internierenden Personen den Kriegsgefangenen gleich.

8 Vgl. W.G. Rabus, A new definition of the „levée en masse“?, NILR 1977 (Bd. 24), S. 232 ff.

9 BGBl. 1954 II, S. 838, UNTS Bd. 75, S. 135.

Diejenigen Personen, die einzeln oder in Gruppen an den Kämpfen teilnehmen, ohne von der Kriegsgefangenendefinition des Kriegsgefangenenabkommens von 1949 erfaßt zu werden, sind „illegale Kombattanten". Im Schrifttum gibt es daneben noch zahlreiche andere Bezeichnungen, deren juristischer Gehalt ungenau oder umstritten ist. So ist der Ausdruck „Partisan" als solcher nicht in das System des Kriegsrechts einzuordnen. Die Partisanen können je nach ihrem Verhalten legale oder illegale Kombattanten sein. Soweit sie zu letzterer Kategorie gehören, machen sie sich durch ihre Kampfhandlungen gemäß Art. 68 des Genfer Abkommens vom 12. August 1949 zum Schutze von Zivilpersonen in Kriegszeiten strafbar. Die Besatzungsmacht hat das Recht, Militärgerichte einzusetzen, die gemäß diesem Artikel auch die Todesstrafe aussprechen können.

In neuerer Zeit hat sich für die irregulären Streitkräfte die Bezeichnung „Guerilla-Kämpfer" durchgesetzt. Häufig wird auch die Kurzform „Guerilla" verwendet, obwohl sie sprachlich falsch ist. Das Wort leitet sich nämlich aus dem spanischen Wort für „Kleinkrieg" ab. (Die ersten Kämpfer dieser Art traten bei der spanischen Volkserhebung gegen die Truppen Napoleons in den Jahren 1808 bis 1813 auf.) Für den Guerilla-Kämpfer gilt das im vorstehenden über den Partisanen Gesagte.[10]

Alle Kombattanten sind verpflichtet, sich von der Zivilbevölkerung zu unterscheiden, „solange sie an einem Angriff oder einer Kriegshandlung zur Vorbereitung eines Angriffs beteiligt sind" (Art. 44 Abs. 3 des I. Zusatzprotokolls). Sodann fährt der betreffende Artikel fort: „Da es jedoch

10 Vgl. Wolf-Ruthart Born, Guerillakämpfer nach Art. 43 und 44 des am 8.6.1977 verabschiedeten I. Zusatzprotokolls zu den Genfer Konventionen, NZWehrr 1979, S. 56 ff.; Antonio Cassese, The status of rebels under the 1977 Geneva Protocol on non-international armed conflicts, ICLQ 1981, S. 416 ff.; Otto Kimminich, Guerilla Forces, in: Rudolf Bernhardt, Hrsg.: EPIL, Instalment 3 (1982), S. 201 ff.; Peter-Cornelius Mayer-Tasch, Guerillakrieg und Völkerrecht, Baden-Baden 1972; Esbjörn Rosenblad, Guerilla Warfare and International Law, RDPMG 1973, S. 91 ff.; Hans-Ulrich Scupin, Freischärler, Guerilleros, Partisanen, IRuD 1972, S. 201; Michel Veuthey, Guérilla et Droit Humanitaire, Genf 1976.

in bewaffneten Konflikten Situationen gibt, in denen sich ein bewaffneter Kombattant wegen der Art der Feindseligkeiten nicht von der Zivilbevölkerung unterscheiden kann, behält er den Kombattantenstatus, vorausgesetzt, daß er in solchen Fällen a) während jedes militärischen Einsatzes seine Waffen offen trägt und b) während eines militärischen Aufmarsches vor Beginn eines Angriffs, an dem er teilnehmen soll, seine Waffen so lange offen trägt, wie er für den Gegner sichtbar ist." Die Vorschrift ist in der Literatur auf Kritik gestoßen.[11]

Die Grundregel für die Behandlung der Kriegsgefangenen enthält Art. 13 des Kriegsgefangenenabkommens von 1949: „Die Kriegsgefangenen müssen jederzeit mit Menschlichkeit behandelt werden. Jede rechtswidrige Handlung oder Unterlassung seitens des Gewahrsamsstaates, die den Tod oder eine schwere Gefährdung der Gesundheit eines in seinen Händen befindlichen Kriegsgefangenen zur Folge hat, ist untersagt und gilt als schwere Verletzung des vorliegenden Abkommens." Alle materiellrechtlichen Vorschriften dieser 143 Artikel umfassenden Konvention dienen der Ausgestaltung von Einzelheiten dieses Grundsatzes. Dazu gehört auch die Vorschrift des Art. 118 Satz 1, wonach die Kriegsgefangenen „nach Beendigung der aktiven Feindseligkeiten ohne Verzug freigelassen und heimgeschafft" werden müssen. Die Befolgung bzw. Nichtbefolgung der Normen des Kriegsgefangenenrechts ist ein Prüfstein für das Bekenntnis zur Menschlichkeit.[12]

11 Vgl. Otto Kimminich, Guerilla Forces, in: Bernhardt (Hrsg.), EPIL, Instalment 3 (1982), S. 204.

12 Zum Kriegsgefangenenrecht vgl. Geoffrey Alpert, Legal rights of prisoners, Beverly Hills–London 1980; Christiane Delessert Shields, Release and Repatriation of Prisoners of War at the End of Active Hostilities, Zürich 1977; Rup C. Hingorani, Prisoners of War, 2. Aufl. Dobbs Ferry N.Y. 1982; Joachim Hinz, Das Kriegsgefangenenrecht, Berlin–Frankfurt/M. 1955; Ruth Lapidoth, Qui a droit au statut de prisonnier de guerre?, RGDIP 1978, S. 170 ff.; Howard S. Levie, Prisoners of war in international armed conflict, Newport, R.I. 1978; Howard S. Levie, Documents on prisoners of war, Washington 1979; Allan Rosas, The Legal Status of Prisoners of War, Helsinki 1976; Herbert Schwab, Irreguläre Kombattanten als Kriegsgefangene, Diss. Würzburg 1976; Peter Spinnler, Das Kriegsgefangenenrecht im Koreakonflikt, Diessenhofen 1979.

12.3.4 Kampfmittel und Kampfmethoden

Die Vorschriften über Kampfmittel und Kampfmethoden, die im allgemeinen (gewohnheitsrechtlichen) Kriegsvölkerrecht, in der Haager Landkriegsordnung, in zahlreichen multilateralen Verträgen und neuerdings in den beiden Zusatzprotokollen von 1977 enthalten sind, lassen sich auf zwei Grundregeln zurückführen: 1. Militärische Kriegshandlungen dürfen nur gegen Kombattanten, keinesfalls gegen Nichtkombattanten gerichtet sein. 2. Verbotene Kampfmittel dürfen nicht verwendet werden.

Zu den Kampfmitteln gehören neben Waffen und Munition auch sonstige Materialien (z.B. chemische Stoffe). Kraft allgemeinen Völkerrechts sind alle Kampfmittel verboten, die in ihrer Wirkung keinen Unterschied zwischen Kombattanten und Nichtkombattanten ermöglichen: Verbot der „blinden Waffen", insbesondere der Massenvernichtungsmittel. Hierunter fällt nach durchaus herrschender Meinung auch das Verbot der Kernwaffen.[13] Die zu Beginn der achtziger Jahre geführte Debatte über den sogenannten Erstschlag mit Atomwaffen ging nicht von einer Beiseiteschiebung dieses Verbotes aus, sondern betraf lediglich die mögliche Zulässigkeit des Einsatzes von Kernwaffen im Rahmen des Repressalienrechts (vgl. unten 14.2). Das ist keine Besonderheit der Kernwaffen, ja nicht einmal eine Besonderheit des Kriegsvölkerrechts. Auf jede völkerrechtswidrige Handlung darf grundsätzlich mit einer entsprechenden völkerrechtswidrigen Handlung reagiert werden. Im Falle des bewaffneten Angriffs wird dieses Prinzip durch das Recht der individuellen und kollektiven Selbstverteidigung (vgl. oben 7.4.) verstärkt. So darf ein mit Nuklearwaffen geführter Angriff mit dem Einsatz von Nuklearwaffen beantwortet werden. Fraglich ist es jedoch, ob Nuklearwaffen auch zur Verteidigung gegen einen mit konventionellen Waffen geführten Angriff eingesetzt werden dürfen. Nach der herrschenden Völkerrechtslehre ist die Frage für den Fall zu bejahen, daß eine wirksame Verteidigung auf andere Weise nicht

[13] Vgl. Otto Kimminich, Völkerrecht im Atomzeitalter, Freiburg i.Br. 1969, S. 277 ff.

möglich ist. Nur hierum geht es bei der „Erstschlag-Diskussion".

Das I. Zusatzprotokoll von 1977 enthält neben den bereits erwähnten Grundsätzen über die Beschränkung von unvermeidlichen Nebenschäden (sog. Kollateralschäden)[14] wichtige Beschränkungen von Kampfmitteln und Kampfmethoden, die sich insbesondere in dichtbesiedelten Gebieten auswirken.[15]

Waffenverbote haben eine alte Tradition. Noch im klassischen Völkerrecht bildete sich der Grundsatz heraus, daß alle Waffen- und Munitionsarten, die geeignet sind, unnötige Leiden zu verursachen, verboten sind. Dieses Prinzip ist in Art. 23 HLKO für das Landkriegsrecht ausdrücklich kodifiziert worden; es gilt aber auch im Luftkrieg und Seekrieg. Einzelne Abkommen haben es für bestimmte Waffen konkretisiert. So verbot z.B. die Haager Erklärung von 1899 alle Geschosse, die sich leicht im menschlichen Körper ausdehnen oder plattdrücken (sog. Dum-Dum-Geschosse). Nach herrschender Meinung fallen auch Napalbomben unter das Verbot. Gewohnheitsrechtlich verboten ist ferner der Gebrauch von giftigen oder vergifteten Kampfmitteln. Das Genfer Gaskriegsprotokoll von 1925 verbot ausdrücklich die Verwendung betäubender, giftiger oder anderer Gase und ähnlicher Flüssigkeiten, Stoffe oder Vorrichtungen.[16] Die herrschende Völkerrechtslehre nimmt an, daß alle gesundheitsgefährdenden biologi-

[14] Vgl. oben S. 430.

[15] Vgl. John H.E. Fried, International law prohibits the first use of nuclear weapons, RBDI 1981/1982, S. 33 ff.; Otto Kimminich, Der Einfluß des humanitären Völkerrechts auf die Kernwaffenfrage, in: Fs f. Hans-Jürgen Schlochauer, Berlin 1981, S. 407 ff.; P.K. Menon, Legal limits on the use of nuclear weapons in armed conflicts, RDPMG 1979, S. 9 ff.; Henri Meyrowitz, La stratégie nucléaire et le Protocole additionnel I aux Conventions de Genève de 1949, RGDIP 1979, S. 905 ff.; Henri Meyrowitz, Kriegsrecht und Kernwaffen, EA 1981, S. 689 ff.; Claude Pilloud, Les Conventions de Genève de 1949 pour la protection des victimes de la guerre, les Protocols additionnels de 1977 et les armes nucléaires, GYIL 1978, S. 169 ff.; J.J.A. Salmon, La conférence diplomatique sur la réaffirmation et le developpement du droit international humanitaire et les guerres de libération nationale, RBDI 1976, S. 27 ff.

[16] LNTS Bd. 94, S. 65.

schen und chemischen Waffen gewohnheitsrechtlich verboten sind. Die Arbeiten an der Kodifikation dieser Verbotsnorm sind noch nicht abgeschlossen.[17] Die Entwicklung, Herstellung und Lagerung bakteriologischer (biologischer) und toxischer Waffen wird durch ein Abkommen vom 10. April 1972 verboten, das am 26. März 1975 in Kraft getreten ist.[18]

Die technischen Weiterentwicklungen der konventionellen Waffen, die deren Vernichtungskraft erheblich steigerten, führten zu einer erneuten Beschäftigung mit dem Verbot konventioneller Waffen. Wiederholt forderte die Generalversammlung der Vereinten Nationen, wenigstens diejenigen konventionellen Waffen zu verbieten oder einzuschränken, deren Anwendung schwere Gesundheitsschäden und unnötige Leiden verursacht und deren Wirkungen nicht begrenzt werden können.[19] Auf einer diplomatischen Konferenz, die in den Jahren 1979 und 1980 in Genf tagte, wurde eine entsprechende Konvention ausgearbeitet, die seit dem 10. April 1981 zur Unterzeichnung aufliegt.[20] Ende 1982 hatten sie nur drei Staaten ratifiziert. Gemäß ihrem Art. 5 tritt sie sechs Monate nach der Ratifizierung durch 20 Staaten in Kraft.[21]

17 Vgl. Michael Bothe, Chemical Warfare, in: Bernhardt (Hrsg.), EPIL, Instalment 3 (1982), S. 85.

18 Deutscher Text in BGBl. 1983 II, S. 132 ff.

19 Resolution 32/152 vom 19. Dezember 1977; 33/70 vom 28. Dezember 1978; 34/82 vom 11. Dezember 1979.

20 Konvention über Verbote oder Beschränkungen der Anwendung bestimmter konventioneller Waffen, die unnötige Leiden verursachen oder unterschiedslose Wirkungen hervorbringen (Convention on prohibitions or restrictions on the use of certain conventional weapons which may be deemed to be excessively injurious or to have indiscriminate effects, Text in International Legal Materials 1980, S. 1523).

21 Zu den in der Konvention behandelten Problemen vgl. Asbjorn Eide, Armament, inequality and humanitarian concerns: prohibiting the use of certain conventional weapons, in: Fs f. Bert V.A. Röling, Leiden 1977, S. 217 ff.; Frédéric de Mulinen, A propos de la conférence de Lucerne et Lugano sur l'emploi de certaines armes conventionnelles, Annales d'Études Internationales 1977, S. 111 ff.; Yves Sandoz, A new step forward in international law: Prohibitions or restrictions on the use of certain conventional weapons, RICR 1981, S. 3–18; Paul Szasz, The Conference on Excessively Injurious or Indiscriminate Weapons, AJIL 1980, S. 212 ff.

Infolge des Grundsatzes der Gegenseitigkeit berechtigt die Anwendung verbotener Kampfmittel den Gegner zum Einsatz derselben Kampfmittel, jedoch nur in den Grenzen der Repressalie (Vgl. unten 14.2), d.h. unter Beachtung des Grundsatzes der Verhältnismäßigkeit. Ferner darf sich die Repressalie nicht gegen die durch das humanitäre Völkerrecht geschützten Personen (z.B. Kriegsgefangene, Verwundete) richten.

Eine weitere Grundregel gebietet die Beachtung des Prinzips von Treu und Glauben auch gegenüber dem Kriegsgegner. So dürfen z.B. Soldaten nicht in Uniformen gegenerischer Streitkräfte kämpfen, sich nicht als Zivilisten tarnen und nicht die Ergebung vortäuschen (sog. Perfidieverbot).[22] Das I. Zusatzprotokoll von 1977 hat diese alte Grundregel bestätigt und in seinem Art. 37 unter der Überschrift „Verbot der Heimtücke" neu formuliert. Als Heimtücke gelten danach „Handlungen, durch die ein Gegner in der Absicht, sein Vertrauen zu mißbrauchen, verleitet wird, darauf zu vertrauen, daß er nach den Regeln des in bewaffneten Konflikten anwendbaren Völkerrechts Anspruch auf Schutz hat oder verpflichtet ist, Schutz zu gewähren."

Der in dieser Vorschrift erwähnte Vertrauensmißbrauch stützt sich auf eine weitere Grundregel des Kriegsrechts: gegen den wehrlosen oder zur Ergebung bereiten Feind dürfen keine weiteren Kriegshandlungen gesetzt werden. Deshalb ist das Vortäuschen der Absicht, unter einer Parlamentärflagge zu verhandeln oder sich zu ergeben sowie das Vortäuschen von Kampfunfähigkeit infolge Verwundung oder Krankheit Heimtücke im Sinne von Art. 37 des I. Zusatzprotokolls.

Auf die Behandlung weiterer allgemeiner Regeln der Kriegsführung muß hier ebenso verzichtet werden wie auf die Erörterung der Sonderprobleme des Luft- und Seekriegsrechts. Die folgende Literaturauswahl enthält jedoch auch hierzu einige Hinweise.

22 Vgl. Friedhelm Krüger-Sprengel, Kriegslist und Perfidieverbot – völkerrechtliche Regeln für das Verhalten von Kombattanten, NZWehrr 1971, S. 161 ff.

Literatur

zu 12.3.1

Sydney D. Bailey, Nonmilitary Areas in UN Practice, AJIL 1980, S. 499 ff.
Wolf-Ruthart Born, Die offene Stadt, Schutzzonen und Guerillakämpfer, Berlin 1978.
Bernd Hartwig, Die Konvention zum Schutz von Kulturgut bei bewaffneten Konflikten, NZWehrr 1967, S. 97 ff. und 145 ff.
Dietrich Schindler, L'emploi de la force par un état belligérant sur le territoire d'un état non belligérant, in: Fs f. Miaja de la Muela, Madrid 1979, S. 847 ff.
Helmut Strebel, Die Haager Konvention zun Schutze der Kulturgüter im Fall eines bewaffneten Konfliktes vom 14. Mai 1954, ZaöRV 1955/56, S. 35 ff.
Rolf Stypmann, Schutz und Schutzbereiche für die Zivilbevölkerung in bewaffneten Konflikten, Bonn 1977.

zu 12.3.2

R.R. Baxter, Armistices and Other Forms of Suspension of Hostilities, RdC 1976/I (Bd. 149), S. 353 ff.
Alfons Klafkowski, Les formes de cessation de l'état de guerre en droit international, RdC 1976/I (Bd. 149), S. 223 ff.
R. Monaco, Les conventions entre belligérants, RdC 1949/II (Bd. 75), S. 273 ff.

zu 12.3.3

Rudolf L. Bindschedler, Die Unterscheidung zwischen Zivilbevölkerung und bewaffneten Kräften – ein Grundproblem des Kriegsrechts in der heutigen Zeit, in: Fs f. Alfred Verdross, München–Salzburg 1971, S. 55 ff.
Wolf Daerr, Die Unterscheidung zwischen militärischen und zivilen Objekten im Recht des internationalen Konflikts, Diss. Bochum 1980.
David P. Forsythe, Who guards the guardians: Third parties and the law of armed conflict, AJIL 1976, S. 41 ff.
Eckard Hackel, Das militärische Objekt, Diss. Würzburg 1980.
Richard Shelly Hartigan, Forgotten Victim – A History of the Civilian, Essex 1982.
Birgit Laitenberger, Die Schutzmacht, GYIL 1978, S. 180 ff.
Klaus D. Langenstein, Die Entwicklung des Geiselrechts in neuerer Zeit, Bendern/Fürstentum Liechtenstein 1970.
Günther Moritz, Die Begriffe „Krieg“ und „Kombattanten“ in Konflikten der Gegenwart, RDPMG 1971/II, S. 85 ff.

Jörg Manfred Mössner, Die Neuregelung der Bestimmungen über die Schutzmacht im I. Genfer Zusatzprotokoll vom 10.6.1977, NZWehrr 1978, S. 183 ff.

Stanisław E. Nahlik, L'extension du statut de combattant à la lumière du Protocole I de Genève de 1977, RdC 1979/III (Bd. 164), S. 171 ff.

K. Obradovic, La protection de la population civile dans les conflits armés internationaux, RBDI 1976, S. 116 ff.

Jovica Patrnogic, La qualité des individus belligérants, in: Droit humanitaire et conflits armés, hrsg. vom Centre de droit international, Bruxelles, Brüssel 1976, S. 109 ff.

Armin Steinkamm, Die Streitkräfte im Kriegsvölkerrecht, Würzburg 1967.

zu 12.3.4

Hans Blix, Area bombardment: rules and reasons, BYIL 1978, S. 31 ff.

Michael Bothe, Das völkerrechtliche Verbot des Einsatzes chemischer und bakteriologischer Waffen, Köln 1973.

Philippe Bretton, Le problème des „méthodes et moyens de guerre ou de combat" dans les protocoles additionnels aux conventions de Genève du 12 Aout 1949, RGDIP 1978, S. 32 ff.

Eckart Busch, Das geltende Seekriegsrecht, Wehrkunde 1968, S. 82 ff.; 1971, S. 537 ff.

Antonio Cassese, Means of Warfare: The Present and the Emerging Law, RBDI 1976, S. 143 ff.

Antonio Cassese, The Prohibition of Indiscriminate Means of Warfare, in: Fs f. Bert Rölling, Leiden 1977, S. 171 ff.

Morris Greenspan, The modern Law of Land Warfare, Berkeley 1959.

Harold E. Harris, Modern Weapons and the Law of Land Warfare, RDPMG 1973, S. 7 ff.

Hellmuth Hecker und Edgar Tomson, Völkerrecht und Prisenrecht, Frankfurt/M. 1965.

Thomas Erskine Holland, The laws of war on land, Nachdruck der Ausg. Oxford 1908, Aalen 1977.

Herbert Jaschinski, Neuartige chemische Kampfstoffe im Blickfeld des Völkerrechts, Berlin 1975.

Erich Kussbach, Internationale Bemühungen um die Beschränkung des Einsatzes bestimmter konventioneller Waffen, ÖZöRV 1977, S. 1 ff.

Henri Meyrowitz, Une révolution inaperçue: l'article 49, 2°, du Protocole additionnel I aux Conventions de Genève de 1949, ÖZöRV 1981, S. 29 ff.

Henri Meyrowitz, Le bombardement stratégique d'après le Protocole additionnel I aux Conventions de Genève, ZaöRV 1981, S. 1 ff.

Stanislaw E. Nahlik, Le problème des représailles à la lumière des travaux de la conférence diplomatique sur le droit humanitaire, RGDIP 1978, S. 130 ff.

Rolf Ottmüller, Die Anwendung von Seekriegsrecht in militärischen Konflikten seit 1945, Hamburg 1978.

Albrecht Randelzhofer, Flächenbombardement und Völkerrecht, in: Fs f. F.A. Frhr. von der Heydte, Berlin 1977, S. 471 ff.

Elmar Rauch, Attack Restraints, Target Limitations and Prohibitions or Restrictions of Use of Certain Conventional Weapons, RDPMG 1979, S. 51 ff.

Elmar Rauch, The protection of the civilian population in international armed conflicts and the use of landmines, GYIL 1981, S. 262 ff.

P.A. Robblee, The legitimacy of modern conventional weaponry, RDPMG 1977, S. 401 ff.

Bert V.A. Röling, The law of war and dubious weapons, Stockholm 1976.

Esbjörn Rosenblad, Area Bombing and International Law, RDPMG 1976, S. 53 ff.

Esbjörn Rosenblad, International humanitarian law of armed conflict: some aspects of the principle of distinction and related problems, Genf 1979.

Yves Sandoz, Unlawful Damage in Armed Conflicts and Redress under International Humanitarian Law, RICR 1982, S. 131 ff.

Reinhold Schenk, Seekrieg und Völkerrecht, Köln–Berlin 1958.

Dietrich Steinicke, Wirtschaftskrieg und Seekrieg, Frankfurt/M.–Berlin 1970.

Wil D. Verwey, Riot Control Agents and Herbicides in War, Leiden 1977.

12.4 Die Neutralität

Zum Kriegsrecht gehört auch das Recht der Neutralität; denn der Rechtszustand der Neutralität hat nur Bedeutung in Abhebung vom Rechtszustand des Krieges. Solange kein Krieg geführt wird, gibt es auch keine Neutralität. Sobald aber ein Kriegszustand zwischen zwei Staaten eintritt, erwerben alle an diesem Krieg nicht beteiligten Staaten automatisch die Rechtsstellung von Neutralen, ohne daß es hierzu einer besonderen Erklärung bedarf. Trotzdem werden häufig ausdrückliche Neutralitätserklärungen abgegeben, um außenpolitische Zweifel zu klären oder um innerstaatliche Rechtswirkungen zu erzeugen (z.B. bestimmte Gesetze in Geltung zu bringen). Neutralität bedeutet daher Nichtbeteiligung an einem bestimmten

Krieg. Der Status der Neutralität besteht aus einem Bündel von Rechten und Pflichten des neutralen Staates, die mit den Begriffen „Unverletzlichkeit" und „Unparteilichkeit" gekennzeichnet werden können. Andere Autoren definieren die Neutralität als „ein Rechtsverhältnis, das bestimmte Rechte und Pflichten der Kriegführenden und neutralen Staaten in ihrem gegenseitigen Verhältnis zum Inhalt hat".[1]

Für den Landkrieg ist das Neutralitätsrecht im V. Haager Abkommen (betr. die Rechte und Pflichten der neutralen Mächte und Personen im Falle eines Landkriegs) vom 18. Oktober 1907 kodifiziert worden.[2] Für den Seekrieg gilt das XIII. Haager Abkommen (betr. die Rechte und Pflichten der Neutralen im Falle eines Seekriegs) vom 18. Oktober 1907.[3] Das für den neutralen Staat wichtigste Recht ist in Art. 1 des V. Haager Abkommens umschrieben: „Das Gebiet der neutralen Mächte ist unverletzlich." Die Kriegführenden dürfen keine Truppen, Munitions- oder Verpflegungskolonnen durch das Gebiet eines neutralen Staates hindurchführen. Der neutrale Staat kann jedoch den Durchzug von Verwundeten und Kranken der kriegführenden Heere durch sein Gebiet gestatten, wobei allerdings sichergestellt sein muß, daß die zur Beförderung benutzten Züge weder Kriegspersonal noch Kriegsmaterial mit sich führen (Art. 14).

Die Hauptpflicht des Neutralen besteht darin, nicht zugunsten einer Partei in den Krieg einzugreifen. Für alle Beziehungen zu den kriegführenden Staaten gilt das Prinzip der Gleichbehandlung. Die Wirtschaftsbeziehungen braucht der neutrale Staat nicht abzubrechen. Im Gegenteil: er hat ein Recht auf Handelsverkehr mit allen Kriegführenden. Der Staat selbst darf allerdings kein Kriegsmaterial liefern und auch keine finanzielle Unterstützung zum Zwecke der Kriegführung gewähren. Normale Handelskredite sind zulässig. Auch der Waffenhandel durch Privatpersonen braucht vom neutralen Staat

1 Rudolf L. Bindschedler, Die Neutralität im modernen Völkerrecht, ZaöVR 1956/57 (Bd. 17), S. 1; ders. Neutrality, Concept and General Rules, in: Bernhardt (Hrsg.), EPIL, Instalment 4 (1982), S. 10.

2 RGBl. 1910, S. 151.

3 RGBl. 1910, S. 343.

nicht verboten zu werden. Jedoch ist dieser berechtigt, durch innerstaatliche Rechtsvorschriften ein solches Verbot zu erlassen, das infolge des Prinzips der Gleichbehandlung gegen alle Kriegführenden anzuwenden ist.

Im Seekrieg müssen sich die neutralen Staaten einer wirksam verhängten Blockade fügen. Umgekehrt darf der neutrale Staat Bedingungen, Beschränkungen und Verbote für die Zulassung von Kriegsschiffen oder erbeuteten Handelsschiffen (Prisen) der Kriegführenden in seine Häfen oder Küstengewässer aufstellen, allerdings wiederum nur in gleichmäßiger Anwendung auf alle Kriegführenden. Kriegsschiffe einer am Kriege beteiligten Partei dürfen sich in neutralen Häfen oder Küstengewässern nur 24 Stunden lang aufhalten, sofern nicht Beschädigungen oder ungünstige Wetterverhältnisse ein Auslaufen verhindern. Sobald die Hindernisse weggefallen sind, hat das Kriegsschiff die neutralen Gewässer zu verlassen. Ausbesserungen müssen auf das für die Sicherheit der Schiffe unerläßliche Maß beschränkt werden. Die militärische Tauglichkeit der Schiffe darf durch die Ausbesserung in keiner Weise erhöht werden. Munition oder sonstige militärische Vorräte dürfen in neutralen Häfen oder Küstengewässern nicht aufgenommen werden. Selbst die Versorgung mit Lebensmitteln ist auf die Ergänzung „auf den regelmäßigen Friedensbestand" beschränkt (Art. 19 des XIII. Haager Abkommens). Weigert sich ein Kriegsschiff, einen neutralen Hafen zu verlassen, in dem es nicht mehr zum Aufenthalt berechtigt ist, so kann der neutrale Staat das Schiff kriegsunfähig machen und die Besatzung internieren.

Von der Neutralität zu unterscheiden ist die Neutralisierung[4]. Sie gilt nicht nur für einen einzelnen Krieg, sondern für alle Kriege und beruht auf internationalen Vereinbarungen. Fast alle Fälle der Neutralisierung sind jedoch umstritten. In der Literatur wird häufig auf den Status Österreichs als Hauptbeispiel der Neutralisierung hingewiesen. Der Österreichische Staatsvertrag vom 15. Mai 1955 (zwischen Österreich

4 Vgl. Manfred Rotter, Neutralization, An instrument for solving international conflicts?, ÖZP 1973, S. 49 ff.; May-Britt Ruths, Neutralisation im Wandel, Diss. Mainz 1977.

und seinen ehemaligen Besatzungsmächten) enthält jedoch in seinem Wortlaut keine Neutralitätsverpflichtung. Eine Verbindung mit dem Staatsvertrag besteht nur insofern, als die von Österreich in einem Memorandum vom 15. April 1955 akzeptierte Neutralitätsverpflichtung die Vorbedingung für die sowjetische Zustimmung zum Staatsvertrag war. Österreich ist dieser Verpflichtung durch das Bundesverfassungsgesetz vom 26. Oktober 1955 nachgekommen, in dem der Status der immerwährenden Neutralität niedergelegt ist. Formell erfolgte daher die Neutralisierung Österreichs durch einen einseitigen Akt. Um ihn völkerrechtlich wirksam zu machen, setzte Österreich alle anderen Staaten von seiner dauernden Neutralität in Kenntnis und erhielt von ihnen die Anerkennung der dauernden Neutralität. Auch die Vereinten Nationen haben eine entsprechende Erklärung bei der Aufnahme Österreichs am 14. Dezember 1955 abgegeben.[5]

Häufig wird die Neutralisierung einfach als „dauernde Neutralität" bezeichnet.[6] Es ist dann jedoch notwendig, zwischen

5 Hermann Baltl, Probleme der Neutralität, betrachtet am österreichischen Beispiel, Graz 1962; Felix Ermacora, 20 Jahre österreichische Neutralität, Frankfurt/M. 1975; Konrad Ginther, Wandel der österreichischen Neutralitätsauffassung", in: Fs f. Walter Wilburg, Graz 1975, S. 109 ff.; Konrad Ginther, Neutralität und Neutralitätspolitik, Wien–New York 1975, S. 82 ff.; Peter Jankowitsch, Die Neutralitätspolitik Österreichs und die Vereinten Nationen, ÖZP 1979, S. 327 ff.; Heribert F. Köck, Die Neutralität als Bestandteil der österreichischen Verfassungsordnung, JöR 1981 (N.F. Bd. 30), S. 223 ff.; Alfred Verdross, Die immerwährende Neutralität Österreichs, München 1978; Karl Zemanek, Das Problem der Beteiligung des immerwährend neutralen Österreich an Sanktionen der Vereinten Nationen, ZaöRV 1968, S. 16 ff.

6 Rudolf L. Bindschedler, Ständige Neutralität und Neutralismus, Blockfreiheit, in: Fs. f. Stephan Verosta, Berlin 1980, S. 313 ff.; Hanspeter Neuhold, Permanent neutrality and non-alignment: similarities and differences, ÖZA 1979, S. 79 ff.; Manfred Rotter, Die dauernde Neutralität, Berlin 1981; Michael Schweitzer, Dauernde Neutralität und europäische Integration, Wien–New York 1977; Stephan Verosta, Die dauernde Neutralität, Wien 1967; Karl Zemanek, Der völkerrechtliche Status der dauernden Neutralität und seine Rückwirkungen auf das interne Recht des dauernd neutralen Staates, Juristische Blätter 1967, S. 218 ff.; Karl Zemanek, Dauernd neutrale Staaten in den Vereinten Nationen, ÖZA 1978, S. 265 ff.

der rein faktischen dauernden Neutralität und der in einem Rechtsverhältnis festgelegten dauernden Neutralität zu unterscheiden. Ob das Rechtsverhältnis durch einseitige, seitens der anderen Staaten völkerrechtlich anerkannte, Rechtsakte oder durch einen Vertrag entstanden ist, ist unerheblich. Auch im Falle Österreichs kann statt von einer Neutralisierung von einer völkerrechtlich gesicherten dauernden (permanenten) Neutralität gesprochen werden. Ein weiterer Fall, der allerdings gewisse Abweichungen vom österreichischen Beispiel zeigt, ist die schweizerische Neutralität.[7] Wichtig ist, daß die dauernd neutralen (neutralisierten) Staaten bereits in Friedenszeiten gewisse Pflichten haben, die unter dem Oberbegriff einer Pflicht zur „Neutralitätspolitik" zusammengefaßt werden können.[8] Hierin liegt ein Unterschied zur einfachen Neutralität, die erst mit Beginn des Kriegszustands Rechte und Pflichten erzeugt. Die einfache Neutralität endet mit dem Ende des Kriegszustands oder mit dem Eintritt des neutralen Staates in den Krieg.

Im vorstehenden ist darauf hingewiesen worden, daß die Rechtsfigur der Neutralität erst möglich wurde auf der Grundlage einer Einstellung, die nicht mehr zwischen gerechtem und ungerechtem Krieg unterschied, sondern allen souveränen Staaten das Recht zum Kriege (ius ad bellum) zubilligte. Seit Inkrafttreten der UNO-Satzung mit ihrem Prinzip der kollektiven Sicherheit, das alle Staaten verpflichtet, sich gegen jeden Aggressor zu wenden, ist die aus dem klassischen Völkerrecht überkommene Vorstellung von der Neutralität fragwürdig geworden. Hierauf hat nicht nur die sowjetische

[7] Die Literatur zur schweizerischen Neutralität ist umfangreich. Hier sei nur verwiesen auf Edgar Bonjour, Geschichte der schweizerischen Neutralität, 9 Bde., Basel 1967–1976; Daniel Frei, Neutralität – Ideal oder Kalkül?, Frauenfeld und Stuttgart 1967; Konrad Ginther, Neutralität und Neutralitätspolitik, Wien–New York 1975, S. 1–81; Hans Rudolf Kurz, Bewaffnete Neutralität, Frauenfeld und Stuttgart 1967.

[8] Vgl. Josef Pokstefl, Die Verteidigungs- und Rüstungspflicht der dauernd neutralen Staaten, Österr. Zeitschr. f. Politikwissenschaft 1978, S. 357 ff.; Dietrich Schindler, Die Lehre von den Vorwirkungen der Neutralität, in: Fs f. Rudolf Bindschedler, Bern 1980, S. 563 ff.

Völkerrechtslehre hingewiesen,[9] sondern auch im westlichen Schrifttum ist die Meinung vertreten worden, die Neutralität sei grundsätzlich mit der Satzung der Vereinten Nationen unvereinbar.[10] Die heute überwiegende Meinung dürfte Bindschedler wiedergeben, wenn er zu dem Ergebnis kommt: „Solange das gegenwärtige unvollkommene und dezentralisierte Völkerrechtssystem aufrechterhalten bleibt, besteht auch Raum für die Neutralität.“[11]

Literatur

Rudolf L. Bindschedler, Die Neutralität im modernen Völkerrecht, ZaöRV 1956/57, S. 1 ff.

Paul Guggenheim, Der Neutralitätsbegriff im allgemeinen Völkerrecht und in der internationalen Organisation, in: Fs f. Alfred Verdross, München–Salzburg 1971, S. 119 ff.

Hans Haug, Neutralität und Völkergemeinschaft, Zürich 1962.

Gerd Kaminski, Der Neutrale als Aggressionsziel, Wien 1976.

Titus Komarnicki, The Place of Neutrality in the Modern System of International Law, RdC 1952/I (Bd. 80), S. 395 ff.

Josef Köpfer, Die Neutralität im Wandel der Erscheinungsformen militärischer Auseinandersetzungen, München 1975.

Erich Kussbach u.a., L'évolution de la notion de neutralité dans les conflits armés actuels, RDPMG 1978, S. 9 ff.

[9] Vgl. Gerhard Hafner, Die permanente Neutralität in der sowjetischen Völkerrechtslehre, ÖZöR 1969 (Bd. 19), S. 215 ff.

[10] Vgl. Rudolf Bindschedler, Die Neutralität im modernen Völkerrecht, ZaöRV 1956/57 (Bd. 17), S. 8; Charles Chaumont, Nations Unies et neutralité, RdC 1956/I (Bd. 89), S. 17 ff.; I. Fabela, Neutralité, Paris 1949, S. 100 ff.; Philip C. Jessup, A modern Law of Nations, New York 1968, S. 53; Hans Kelsen, The law of United Nations, 1. Aufl. London 1951, S. 90 ff.; Pitman B. Potter, Neutrality, 1955, AJIL 1956 (Bd. 50), S. 102; Quincy Wright, The role of international law in the elimination of war, Manchester 1961, S. 27 ff., S. 61 ff.; Quincy Wright, The prevention of aggression AJIL 1956 (Bd. 50), S. 514 ff.

[11] Rudolf L. Bindschedler, Die Neutralität im modernen Völkerrecht, ZaöRV 1956/57 (Bd. 17), S. 37.

Ulrich Scheuner, Die Neutralität im heutigen Völkerrecht, Köln und Opladen 1969.

Dietrich Schindler, Aspects contemporains de la neutralité, RdC 1967/II (Bd. 121), S. 221 ff.

Ignaz Seidl-Hohenveldern, Der Begriff der Neutralität in den bewaffneten Konflikten der Gegenwart, in: Fs f. F.A. Frhr. von der Heydte, Berlin 1977, S. 593 ff.

13. Rechtsgeschäftliches Handeln im Völkerrecht

13.1 Einseitige Handlungen

Die in der Tagespresse am häufigsten erwähnte einseitige völkerrechtliche Handlung ist die *Erklärung* (Deklaration). Der juristische Inhalt dieses Begriffs kann verschieden sein. Gelegentlich bezeichnen die Partner eines multilateralen Abkommens ihre Übereinkunft als „Deklaration". In Wirklichkeit handelt es sich aber um einen Vertrag. Oft werden am Ende internationaler Konferenzen gemeinsame Erklärungen abgegeben, die entweder nur über den Konferenzverlauf Auskunft geben oder außenpolitische Prinzipien der Konferenzteilnehmer zum Ausdruck bringen. In letzterem Fall können derartige Erklärungen in der Außenpolitik eine große Rolle spielen oder sogar weltpolitische Bedeutung erlangen (z.B. die Atlantik-Charta von 1941, in der die Alliierten ihre Kriegs- und Friedensziele zusammenfaßten; die Monroe-Doktrin von 1823, in der der amerikanische Außenminister Monroe die europäischen Staaten aufforderte, sich jeder Einmischung in nord- und südamerikanische Angelegenheiten zu enthalten). Völkerrechtliche Bindungen entstehen durch solche Erklärungen nicht. Jedoch gibt es Erklärungen, die rechtlich einseitige Willenserklärungen sind und deshalb die vom Völkerrecht hierfür vorgesehenen Konsequenzen nach sich ziehen, wie z.B. die Kriegserklärung und die Blockadeerklärung. Manchmal ist der Eintritt der völkerrechtlichen Wirkung davon abhängig, daß die Erklärung von den anderen Völkerrechtssubjekten, an die sie gerichtet ist, anerkannt wird. Das ist z.B. der Fall bei der Erklärung über die Ausdehnung der Küstengewässer, bei der allerdings die Anerkennung durch die Mehrzahl der Mitglieder der Völkerrechtsgemeinschaft genügt.

Wenn Erklärungen oder andere einseitige Akte eines Völkerrechtssubjekts eine völkerrechtliche Wirkung erzeugen sollen, so müssen sie den Adressaten auf diplomatischem Wege bekanntgemacht werden. Dieser Vorgang heißt *Notifikation* (Notifizierung). Bestehen diplomatische Beziehungen zwischen dem Staat, der die Mitteilung macht und dem Staat, der die Mitteilung empfängt, so bietet der „diplomatische Weg" keine Schwierigkeiten. Bestehen keine diplomatischen Beziehungen, so erfolgt die Notifikation entweder durch die Vermittlung einer Schutzmacht oder unter Ausnutzung anderer Kontakte. So ist z.B. die Gemeinsame Entschließung des Deutschen Bundestages vom 17. Mai 1972[1] dem Leiter der polnischen Handelsmission in der BRD überreicht worden.

Die Notifikation selbst hat keinen rechtlichen Inhalt. Sie ist lediglich eine formalisierte Bekanntgabe einer völkerrechtserheblichen Tatsache. Als solche kommen nicht nur einseitige Willenserklärungen in Betracht, sondern auch konkludentes Handeln, wie z.B. die Errichtung von Anlagen zur Erforschung und Ausbeutung der Naturschätze im Festlandsockel, die gemäß Art. 5 Abs. 5 der Konvention vom 29. April 1958 zu notifizieren ist.

Zu notifizieren ist auch der *Protest*. Er ist ein formeller Einspruch eines souveränen Staates gegen einen völkerrechtswidrigen Akt oder Anspruch eines anderen Staates. Die Protestfähigkeit ist ein Teil der völkerrechtlichen Rechts- und Handlungsfähigkeit. Proteste von Privatpersonen, privaten Organisationen und Verbänden sind keine Proteste im Sinne des Völkerrechts. Auch die Willensäußerungen innerstaatlicher Organe, z.B. des Parlaments, können für sich allein noch keine völkerrechtliche Wirkung hervorbringen. Vielmehr muß die innerstaatliche Willensäußerung zunächst durch einen Willensakt des mit der Völkerrechtssubjektivität ausgestatteten Staates auf die völkerrechtliche Ebene gehoben werden. (So wurde z.B. die Erklärung des Deutschen Bundestages vom 17. Mai 1972 zunächst von der Bundesregierung als deren eigene Stellungnahme übernommen und dann den Vertragspartnern der Ostverträge notifiziert.)

Rechtswirkungen kann der Protest nur entfalten, wenn der protestierende Staat Rechte innehat, gegen deren Verletzung er sich zur Wehr setzt. Zweck des Protestes ist es, diese Rechte zu wahren und in ihrem Bestand zu erhalten. Liegen

1 Text im Bulletin des Presse- und Informationsamtes der Bundesregierung 1972, Nr. 72, S. 1047.

solche Rechte nicht vor, so ist der Protest unerheblich und berechtigt den anderen Staat zur Zurückweisung. Die Grundlage der Rechte, gegen deren Verletzung protestiert wird, kann verschieden sein. Neben vertraglichen Rechten kommen auch die im allgemeinen Völkerrecht begründeten Rechte in Betracht, gegen deren Verletzung jeder Staat auch dann protestieren kann, wenn er nicht unmittelbar betroffen ist. So kann z.B. jeder Staat gegen die Verletzung des Grundsatzes der Meeresfreiheit durch irgendeinen Staat protestieren, ohne Rücksicht darauf, ob die unter seiner eigenen Flagge fahrenden Schiffe belästigt worden sind oder nicht. Ähnliches gilt für die Verletzung eines multilateralen Vertrages. Auch hier ist ein Protest dann möglich, wenn die Rechtsverletzung einen anderen Vertragspartner trifft. Voraussetzung ist aber, daß auch der protestierende Staat an die Konvention gebunden ist. Bei bilateralen Verträgen ergibt sich naturgemäß, daß der protestierende Staat zugleich der verletzte sein muß. Dritte Staaten haben nicht das Recht, gegen die Verletzung eines Vertrages, an dem sie nicht teilhaben, zu protestieren.

Beispiel: sowjetischer Einmarsch in die Tschechoslowakei im August 1968. Handelte es sich um eine Verletzung des im allgemeinen Völkerrecht begründeten Interventionsverbots, so waren alle übrigen Staaten berechtigt, dagegen zu protestieren. Handelte es sich ausschließlich um eine Verletzung des Warschauer Pakts oder anderer Kollektivverträge innerhalb des sozialistischen Lagers, so waren nur die Signatarstaaten dieser Kollektivverträge zum Protest berechtigt. Diese Staaten beriefen sich allerdings auf ihr Recht – sogar ihre Pflicht – zum Eingreifen auf Grund eben dieser besonderen Beziehungen innerhalb des sozialistischen Lagers und wiesen den Vorwurf einer Verletzung des allgemeinen Völkerrechts und der bestehenden Verträge zurück.[2]

Schließlich setzt der rechtswirksame Protest voraus, daß die Rechtsverletzung, gegen die protestiert wird, tatsächlich

[2] Wie im vorstehenden (8.3) ausgeführt, liegt eine Intervention nicht vor, wenn der eingreifende Staat durch eine generelle oder spezielle Zustimmung des von der Maßnahme betroffenen Staates zum Eingreifen berechtigt oder verpflichtet ist.

stattgefunden hat, und daß der Staat, an den sich der Protest wendet, für diese Rechtsverletzung verantwortlich ist. Liegen diese Voraussetzungen nicht vor, so wird der Protest zurückgewiesen.

Der rechtswirksame Protest hat zur Folge, daß die Rechte, deren Verletzung gerügt wird, dem protestierenden Staat erhalten bleiben. Es mag sein, daß die tatsächliche Lage infolge ungünstiger Machtverhältnisse von der Rechtslage abweicht, daß also der Protest im faktischen Bereich ohne Erfolg bleibt. Die Rechtswirkung aber tritt dennoch ein. Ebenso rechtserheblich ist das Unterlassen eines Protestes. Erhebt ein Staat in einer Situation, die ihn zum Protest berechtigt, keinen Protest, so verliert er die betreffende Rechtsposition. Das gleiche gilt, wenn dem verbalen Protest ein gegenteiliges konkludentes Handeln folgt. (Beispiel: Protest der Tschechoslowakei gegen das Münchner Abkommen von 1938 bei gleichzeitiger Wahrnehmung der Rechte, die das Abkommen der Tschechoslowakei einräumte, z.B. Beteiligung an der internationalen Kommission, die zur Ausfüllung und Durchführung des Abkommens errichtet wurde.) Dadurch zwingt das Völkerrecht die Staaten zur konsequenten Verteidigung ihrer Rechte. Nur dann, wenn gegen die Verletzung einer Regel des allgemeinen Völkerrechts zu protestieren ist, kann nicht gefordert werden, daß tatsächlich jeder Staat der Welt protestiert. Das Völkerrecht begnügt sich vielmehr auch hier – wie beim Zustandekommen von Völkergewohnheitsrecht – mit der Quasi-Einstimmigkeit. So genügt es z.B., wenn die große Mehrheit der Staaten gegen die Ausdehnung der Küstengewässer eines einzelnen Staates auf 200 Seemeilen protestiert (wie es im Falle derartiger Versuche südamerikanischer Staaten geschah), um das Entstehen einer entsprechenden Rechtsposition des Uferstaates zu verhindern. Auch diejenigen Staaten, die nicht protestiert haben, sind dann nicht verpflichtet, diese Ausdehnung der Küstengewässer zu achten.

Das Gegenteil des Protestes ist die *Anerkennung*. Sie bringt den Willen des erklärenden Staates zum Ausdruck, die Rechtmäßigkeit einer Situation oder eines Anspruchs nicht oder nicht mehr bestreiten zu wollen. Die wichtigsten Kategorien der Anerkennung sind bereits im vorstehenden behandelt worden: die Anerkennung als Staat[3], die Anerkennung als Kriegführende[4] und die Anerkennung von Sicherheitszonen nach dem Genfer Recht.[5] Die Anerkennung von Sicherheitszonen hat gemäß Art. 14 der Genfer Konvention zum Schutz von Zivilpersonen allerdings gegenseitig zu erfolgen, d.h. durch eine Vereinbarung. Dadurch wird das einseitige Rechtsgeschäft der Anerkennung in ein zweiseitiges Rechtsgeschäft hineingenommen.

Gelegentlich erfolgt auch die Anerkennung von Regierungen. Da innerstaatliche Veränderungen so lange unerheblich sind, als keine Unterbrechung der Kontinuität des Völkerrechtssubjekts eintritt, hat die Anerkennung einer neuen Regierung in der Regel keine rechtliche Bedeutung. In den Fällen, in denen unklar ist, ob der Regierungswechsel die völkerrechtliche Kontinuität unterbricht oder nicht, kann die Anerkennung der Regierung die Auffassung des anerkennenden Staates von der völkerrechtlichen Kontinuität des anderen Staates zum Ausdruck bringen. Hat eine Unterbrechung der Kontinuität stattgefunden, so bedeutet die Anerkennung der Regierung in der Regel zugleich die Anerkennung als Staat.

Ein weiterer Fall der Anerkennung ist die Anerkennung von einzelnen Rechtspositionen, insbesondere Gebietserwerbstiteln. Zu beachten ist aber, daß ein unrechtmäßiger Erwerb niemals durch die Anerkennung seitens dritter Staaten rechtmäßig werden kann. Erfolgt die Anerkennung seitens desjenigen Staates, der die betreffende Rechtsposition früher innehatte, so hat sie die Wirkung einer Rechtsübertragung.

Durch eine einseitige Willenserklärung kann jedes Völkerrechtssubjekt auf ihm zustehende Rechte (nicht auf ihm obliegende Pflichten!) verzichten. Der *Verzicht* kann ausdrücklich oder stillschweigend, d.h. durch konkludentes Handeln, erfolgen. Dieses konkludente Handeln ist zu unterscheiden von dem echten „Stillschweigen“, d.h. dem Unterlassen eines Protests. Wie im vorstehenden ausgeführt, führt dieses Unterlassen zum Rechtsverlust und hat daher die gleiche Wirkung

3 Vgl. oben S. 129 ff.
4 Vgl. oben S. 133, 213 f.
5 Vgl. oben S. 436.

wie ein Verzicht. Der „stillschweigende" Verzicht durch konkludentes Handeln beruht dagegen auf Willensäußerungen des berechtigten Staates, die unabhängig davon, ob er zum Protest berechtigt ist, erkennen lassen, daß er ein ihm zustehendes Recht preisgibt. Jeder Staat kann auch auf Rechte verzichten, die ihm kraft allgemeinen Völkerrechts zustehen. Ein Verzicht beeinträchtigt jedoch die Existenz der betreffenden Regel des allgemeinen Völkerrechts nicht.

Einige Lehrbücher des Völkerrechts erwähnen die *Zustimmung* als eigene Kategorie der einseitigen Völkerrechtsakte. Das Hauptbeispiel ist die Unterwerfung unter die obligatorische Gerichtsbarkeit des IGH gemäß Art. 36 Abs. 2 des IGH-Statuts (vgl. unten 15.2).

Die *Okkupation* als Rechtstitel für den Erwerb von bisher herrenlosem Landgebiet ist bereits im vorstehenden behandelt worden.[6] Sie ist keine Willenserklärung, sondern ein völkerrechtlicher Realakt. Manche Völkerrechtslehrbücher gliedern die völkerrechtlichen Handlungen in mehrseitige und einseitige, die letzteren in Erklärungen und Realakte und zählen zu diesen die Okkupation, die Annexion und die Dereliktion (freiwillige Preisgabe von Staatsgebiet ohne Übertragung auf einen dritten Staat).[7] Hiervon ist die Annexion nach geltendem Völkerrecht nicht mehr zulässig, ein Fall der Dereliktion läßt sich in der Praxis nicht nachweisen, und die letzte Okkupationsmöglichkeit ist durch den Antarktisvertrag für die Dauer dieses Vertrages ausgeschlossen worden.[8]

Einseitige Völkerrechtshandlungen (und zwar Willenserklärungen) sind schließlich der *Widerruf* und der *Vorbehalt*. Sie stehen im Zusammenhang mit der Geltung völkerrechtlicher Verträge und werden daher im folgenden Abschnitt behandelt.

6 Vgl. oben S. 154 f.

7 Ingo von Münch, Völkerrecht in programmierter Form, 2. Aufl. Berlin 1982, S. 111.

8 Den Realakten werden die Erklärungen gegenübergestellt, zu denen v. Münch (aaO. S. 111) die folgenden zählt: Anerkennung, Versprechen, Verzicht, Protest.

Literatur

Sergio Carbone, Promise in international law. A confirmation of its binding force, Ital YIL 1975, S. 166 ff.

Wilfried Fiedler, Zur Verbindlichkeit einseitiger Versprechen im Völkerrecht, GYIL 1976, S. 35 ff.

Jean-Paul Jacqué, A propos de la promesse unilatérale, in: Fs f. Paul Reuter, Paris 1981, S. 327 ff.

Heribert Johann, Begriff und Bedeutung des Ultimatums im Völkerrecht, Berlin 1967.

Jürg Leutert, Einseitige Erklärungen im Völkerrecht. Ein Beitrag zur Lehre vom Vertrauensschutz, Diessenhofen 1979.

Alfred P. Rubin, The international legal effects of unilateral declarations, AJIL 1977, S. 1 ff.

Jean Didier Sicault, Du caractère obligatoire des engagements unilatéraux en droit international public. RGDIP 1979, S. 633 ff.

13.2 Verträge

13.2.1 Das Vertragsrecht

Völkerrechtliche Verträge sind zugleich Rechtsgeschäfte und Völkerrechtsquellen. Die von manchen Autoren vorgeschlagene Unterscheidung zwischen rechtsetzenden und rechtsgeschäftlichen Verträgen läßt sich in der Praxis nicht durchführen. Deshalb mußte auf die Grundzüge des völkerrechtlichen Vertragsrechts bereits im vorstehenden (Kap. 5.2) eingegangen werden. Weitere Einzelheiten waren im Zusammenhang mit der Umsetzung von Völkervertragsrecht in innerstaatliches Recht zu behandeln (vgl. oben Kap. 6.2). Auf diese Ausführungen sei hier verwiesen.

Im folgenden sollen hauptsächlich die Probleme des Zustandekommens, der Beendigung, der Anwendung und der Auslegung von Verträgen erörtert werden. Die dafür geltenden Rechtsregeln werden unter der Bezeichnung „völkerrechtliches Vertragsrecht" zusammengefaßt. Die Bezeichnung ist insofern irreführend, als das *in* den Verträgen enthaltene Recht die Bezeichnung „Völkervertragsrecht" – im Gegensatz zum Völkergewohnheitsrecht – führt. Dagegen betrifft das „völkerrechtliche Vertragsrecht", d.h. das „Recht der Verträge", nicht den Inhalt, sondern die Form und Geltung der Verträge. Es ist bisher noch immer Völkergewohnheitsrecht, aber die UNO hat es unternommen, diesen wichtigen Teil des Völkerrechts zu kodifizieren. Nach langjährigen Vorbereitungen durch die Völkerrechtskommission tagte in den Jahren 1968/69 die Wiener Vertragsrechtskonferenz, die mit der Unterzeichnung der Konvention über das Recht der Verträge vom 23. Mai 1969 (Wiener Vertragsrechtkonvention) endete.[1] Die Konvention ist nach der Ratifikation durch 35 Staaten am 27. Januar 1980 in Kraft getreten.[2] Nach herrschender Meinung hat sie lediglich das bereits vorher geltende Gewohnheitsrecht kodifiziert und wird deshalb in Rechtsprechung und Literatur auch dann herangezogen, wenn ein Staat sie noch nicht ratifiziert hat. Jedoch muß in einem solchen Fall bei einem Rechtsstreit die gewohnheitsrechtliche Geltung der betreffenden Völkerrechtsnorm nachgewiesen werden.

Von herausragender Bedeutung sind die Vorschriften der Wiener Vertragsrechtskonvention (WVK) über die Ungültigkeit von Verträgen (Art. 46 ff). An der Spitze steht der Grundsatz, daß ein Staat sich nicht darauf berufen kann, daß seine Zustimmung, durch einen Vertrag gebunden zu sein, gegen

1 Carl-August Fleischhauer, Die Wiener Vertragsrechtskonferenz, JIR 1971, S. 202 ff.; Manfred Lachs, The Law of Treaties, in: Fs f. Paul Guggenheim, Genf 1968, S. 391 ff.; Hanspeter Neuhold, Die Wiener Vertragsrechtskonvention 1969, AVR 1971, S. 1 ff.; Reinhard Rack, Die Wiener Vertragsrechtskonvention – Rückblick und Vorschau, ÖJZ 1979, S. 533 ff.; Paul Reuter, La convention de Vienne du 29. mai 1969 sur le droit des traités, Paris 1970; Shabtai Rosenne, A posteriori reflections on the Vienna Convention on the Law of Treaties, in: Fs f. Miaja de la Muela, Madrid 1979, S. 441 ff.; Helmut Rumpf, Wiener Konvention: Der Vertrag der Verträge, Außenpolitik 1971, S. 581 ff.; Stephan Verosta, Die Vertragsrechtskonferenz der Vereinten Nationen 1968/69 und die Wiener Konvention über das Recht der Verträge, ZaöRV 1969, S. 654 ff.; R.G. Wetzel und Dietrich Rauschning, Die Wiener Vertragsrechtskonvention, Frankfurt/M. 1978.

2 Authentischer Wortlaut UN Conference on the Law of Treaties, Official Records, UN Doc. A/CONF. 39/11/Add., 2, New York 1971, S. 287. Eine offizielle deutsche Übersetzung enthält die österreichische Regierungsvorlage zum Ratifikationsverfahren, 983 der Beilagen zu den stenographischen Protokollen des Nationalrates XIV.GP, 1978 0703. Dieser Text ist auch abgedr. in: Sartorius, Bd. II (Internationale Verträge – Europarecht), Loseblatt-Ausgabe München, Nr. 320.

innerstaatliches Recht verstößt. Eine Ausnahme gilt nur, wenn „die Verletzung offenkundig war und eine innerstaatliche Rechtsvorschrift von grundlegender Bedeutung betraf" (Art. 46 Abs. 1 WVK). Das letztere ist dann der Fall, wenn die Verletzung „für jeden Staat, der sich hierbei im Einklang mit der allgemeinen Übung und nach Treu und Glauben verhält, objektiv erkennbar ist" (Art. 46 Abs. 2 WVK). Weitere Ungültigkeitsgründe sind Willensmängel (Irrtum), Betrug, Bestechung eines Staatenvertreters, Zwang gegen einen Staatenvertreter und Zwang gegen einen Staat durch Androhung oder Anwendung von Gewalt.

Nichtig sind ferner Verträge, die im Widerspruch zu einer zwingenden Norm des allgemeinen Völkerrechts stehen (Art. 53 WVK). Im Zusammenhang mit der Ausarbeitung dieser Vertragsbestimmung ist die Lehre vom zwingenden Recht (ius cogens[3]) entwickelt worden.[4]

13.2.2 Zustandekommen und Inkrafttreten

Ein völkerrechtlicher Vertrag kommt in gleicher Weise zustande wie ein privatrechtlicher, nämlich durch die Annahme eines Angebots. Beim bilateralen Vertrag[5] müssen sich also zwei Willenserklärungen von Völkerrechtssubjekten in der Weise gegenüberstehen, daß die eine Willenserklärung ein so konkretisiertes Vertragsangebot ist, daß es durch einfache Zustimmung angenommen werden kann. Die Annahme des Vertragsangebots unter Bedingungen gilt als Ablehnung des Angebots verbunden mit einer neuen Offerte, die ihrerseits der Annahme bedarf. Es ist das Ziel diplomatischer Verhandlungen, die beiden Willenserklärungen der Völkerrechtssubjekte so zu

3 Vgl. hierzu oben S. 227 ff.

4 Vgl. Vladimir Paul, The Legal Consequences of Conflict between a Treaty and an Imperative Norm of General International Law (jus cogens), ÖZöR 1971, S. 19 ff.; Ulrich Scheuner, Conflict of treaty provisions with a peremptory norm of general international law and its consequences, ZaöRV 1967 (Bd. XXI), S. 520 ff.; Alfred Verdross und Bruno Simma, Universelles Völkerrecht, Berlin 1976, S. 263 f. mit zahlreichen weiteren Nachweisen.

5 Hierzu oben S. 231.

präzisieren, daß sie den Erfordernissen des Vertragsangebots bzw. der Annahmeerklärung genügen.

Die erste Voraussetzung für den Vertragsabschluß ist daher die Vollmacht der Unterhändler zur Abgabe des Vertragsangebots bzw. zu dessen Annahme, oder mit anderen Worten: Verhandlungsvollmacht. Die Vollmacht wird von dem verfassungsmäßig zur völkerrechtlichen Vertretung befugten Organ ausgestellt. Das ist in der Regel das Staatsoberhaupt, der Regierungschef oder der Außenminister. Verhandeln die zur völkerrechtlichen Vertretung befugten Organe selbst, so benötigen sie keine weitere Vollmacht. Da den Unterhändlern nicht zugemutet werden kann, das Verfassungsrecht ihrer Verhandlungspartner zu kennen, stellt das allgemeine Völkerrecht bestimmte Vollmachtvermutungen auf. Danach benötigen Staatsoberhäupter, Regierungschefs und Außenminister keine spezielle Vollmacht für die Abgabe von Willenserklärungen im Zusammenhang mit einem Vertragsabschluß. Missionschefs im Sinne des Diplomatenrechts brauchen keine Vollmacht vorzulegen, wenn sie einen Vertrag zwischen dem Entsendestaat und dem Empfangsstaat abschließen; denn sie haben bei ihrem Amtsantritt bereits eine Beglaubigung vorgelegt, die ihre Verhandlungsvollmacht gegenüber dem Empfangsstaat nachweist. Ähnliches gilt für Diplomaten, die bei einer internationalen Konferenz oder Organisation akkreditiert sind; denn auch diese Beauftragung erstreckt sich auf den Abschluß von Verträgen im Rahmen des Zuständigkeitsbereichs der betreffenden Konferenz oder internationalen Organisation.

Die Willensübereinstimmung wird am Ende der Verhandlungen durch die Unterschrift der Bevollmächtigten bekräftigt (*Unterzeichnung*). Dies gilt für bilaterale Verträge wie für multilaterale. Häufig erstreckt sich die Vollmacht der Unterhändler nicht auf die Unterzeichnung des Vertrages. In diesem Fall zeichnen die Unterhändler den von ihnen vereinbarten Vertragstext lediglich mit dem Anfangsbuchstaben ihres Namens (der Paraphe) ab; dieser Vorgang heißt *Paraphierung*. In der Regel ist die darauffolgende Unterzeichnung nur noch ein Formalakt.

Mit der Unterzeichnung liegt der Vertragstext unverrückbar fest, gleichgültig, ob der Vertrag die Ratifikationsklausel enthält oder nicht. Ist das Erfordernis der Ratifikation nicht ausdrücklich im Vertrag festgelegt, so tritt die völkerrechtliche Wirkung des Vertrags, d.h. die völkerrechtliche Bindung der Vertragspartner an den Vertrag, mit dem Zeitpunkt der Unterzeichnung ein. In der modernen Staatenpraxis hat sich jedoch die Gewohnheit herausgebildet, bilaterale Verträge erst nach der Ratifikation durch beide Vertragspartner, multilaterale Verträge erst nach der Ratifikation durch eine bestimmte, im Vertrag selbst festgelegte Mindestzahl von Signatarstaaten völkerrechtlich wirksam werden zu lassen. Die Ratifikation ist die Mitteilung des zur völkerrechtlichen Vertretung Befugten (für die Bundesrepublik Deutschland gemäß § 59 Abs. 1 GG: des Bundespräsidenten) an den Vertragspartner über die vollzogene Umwandlung des völkerrechtlichen Vertrages in innerstaatliches Recht. Da beim bilateralen Vertrag beide Vertragspartner ratifiziert haben müssen, bevor der Vertrag völkerrechtlich in Kraft tritt, setzt die Ratifikationsklausel den Zeitpunkt des Austausches der beiden Ratifikationsurkunden (in denen besagte Mitteilung enthalten ist) als Zeitpunkt des Inkrafttretens des Vertrages fest. Bei multilateralen Verträgen tritt an die Stelle des Austausches die Hinterlegung der im Vertrag festgelegten Mindestanzahl von Ratifikationsurkunden an einem ebenfalls im Vertrag festgelegten Ort. Der Zeitpunkt des Inkrafttretens wird dann ebenso bekanntgemacht wie der Vertrag selbst (für die BRD im Bundesgesetzblatt Teil II).

Das Erfordernis der Ratifikation gibt den nach innerstaatlichem Verfassungsrecht zur Mitsprache befugten Organen (für die BRD gemäß Art. 59 Abs. 2 GG der Bundestag und der Bundesrat) die Möglichkeit, den Vertrag abzulehnen, ohne daß dadurch eine völkerrechtliche Haftung entsteht; denn in diesem Fall entfaltet die Unterzeichnung noch keine Bindungswirkung. Der Vertragstext kann aber auch in diesem Fall nicht mehr einseitig von irgendeinem Organ eines der vertragschließenden Staaten geändert werden. Wird eine Änderung gewünscht, so müssen neue Verhandlungen mit dem Vertragspartner geführt werden.

Das Erfordernis der Ratifikation kann sich ausnahmsweise auch aus anderen Willensbekundungen als einer ausdrücklichen Ratifikationsklausel im Vertragstext ergeben, nämlich durch vorherige Vereinbarung der Vertragspartner, durch Unterzeichnung unter dem Vorbehalt der Ratifikation, durch eine entsprechende Ausgestaltung der Vollmacht des Unterhändlers oder durch entsprechende Erklärungen während der Verhandlungen.

Einem völkerrechtlichen Vertrag können dritte Staaten (d.h. Staaten, die den Vertrag nicht unterzeichnet haben) beitreten, wenn der Vertragstext dies zuläßt oder die Signatarstaaten die Beitrittsmöglichkeit auf andere Weise eröffnet haben. Durch den Beitritt dritter Staaten zu einem bilateralen Vertrag wird dieser zum multilateralen Vertrag. Die Beitrittsmöglichkeit ist insbesondere für Konventionen[6] von Bedeutung.

13.2.3 Vorbehalte

Die Wiener Vertragsrechtskonvention regelt in ihren Art. 19 ff. das Recht der *Vorbehalte*. Danach kann ein Staat bei der Unterzeichnung, der Ratifizierung oder der Abgabe der Beitrittserklärung Vorbehalte formulieren, sofern dies nicht im Text des Vertrages ausdrücklich ausgeschlossen wird oder dem Ziel und Zweck des Vertrages widerspricht. Es ist ferner zulässig, daß ein Vertrag nur Vorbehalte mit bestimmtem Inhalt gestattet. Durch den Vorbehalt werden die Vertragspflichten des den Vorbehalt erklärenden Staates abweichend vom Vertragstext modifiziert. Infolge des Prinzips der Reziprozität (Gegenseitigkeit) gilt dann allerdings die gleiche Modifizierung für den Vertragspartner. Bei einem multilateralen Vertrag können infolgedessen die Beziehungen zwischen den einzelnen Vertragspartnern unterschiedlich sein, ohne daß der Vertragstext selbst geändert werden müßte. Bei bilateralen Verträgen wird der Vorbehalt von der überwiegenden Meinung der Völkerrechtslehre nicht für zulässig erachtet.[7]

[6] Vgl. oben S. 233.

[7] Vgl. Rudolf Bindschedler, Vorbehalt, WVR III, S. 785; Hersch Lauterpacht, Some possible solutions of the problem of reservations to treaties, Transactions of the Grotius Society 1953 (Bd. 39), S. 97.

Ein vor der Unterzeichnung eines bilateralen Vertrages erklärter Vorbehalt ist nichts anderes als ein Vertragsangebot oder Teil eines Vertragsangebots, das vom Verhandlungspartner angenommen oder zurückgewiesen werden kann. Im ersteren Fall kommt der Vertrag von vornherein mit dem Inhalt im Sinne des Vertragsangebots zustande, im letzteren Fall fehlt die Willenseinigung, und der Vertragsabschluß scheitert. Nach der Unterzeichnung eines bilateralen Vertrages bedeutet die Erklärung eines Vorbehaltes praktisch die Neueröffnung von Vertragsverhandlungen, bei denen sich die gleiche Situation wie im vorstehenden ergibt. Auch bei multilateralen Verträgen wurde früher die ausdrückliche Annahme des von einem Staat erklärten Vorbehalts durch die anderen Signatarstaaten als Voraussetzung für die Rechtswirksamkeit des Vorbehalts gefordert. Nach heutiger Lehre und Praxis genügt aber auch die stillschweigende Annahme.

13.2.4 Interpretation

Für die *Interpretation* völkerrechtlicher Verträge gilt folgende Grundregel: die im Vertrag verwendeten Ausdrücke sollen auf der Grundlage ihrer herkömmlichen Bedeutung im Lichte des Vertragszusammenhangs und der Ziele und Zwecke des Vertrages ausgelegt werden. Art. 31 der Wiener Vertragsrechtskonvention, der in seinem Abs. 1 diese Grundregel enthält, zählt in dem darauffolgenden Absatz diejenigen Instrumente und Dokumente auf, die als im „Zusammenhang" mit dem Vertrag im Sinne der allgemeinen Auslegungsregel stehend betrachtet werden: Präambel, Anhänge, Vereinbarungen zwischen den Vertragsparteien mit Bezug auf den Vertragsabschluß, und alle weiteren Instrumente, die von einer oder mehreren Parteien mit Bezug auf den Vertragsabschluß errichtet und von den übrigen Parteien als ein zum Vertrag gehöriges Instrument anerkannt worden sind.

Bleibt ein Vertrag nach der Anwendung der allgemeinen Interpretationsregel noch unklar oder zweideutig, oder führt die Anwendung der allgemeinen Interpretationsregeln zu einem Ergebnis, das „offensichtlich absurd oder unvernünftig" ist (Art. 32 der Vertragsrechtskonvention), so können weitere Hilfsmittel, z.B. die Verhandlungsprotokolle, zum Zwecke der Vertragsauslegung herangezogen werden.

13.2.5 Willensmängel und Gewaltanwendung

In Völkerrechtslehre und Staatenpraxis haben die *Willensmängel* beim Vertragsabschluß zu erheblichen Kontroversen Anlaß gegeben. Grundsätzlich kennt das Völkerrecht ähnliche Willensmängel wie das Privatrecht: Irrtum, arglistige Täuschung, Zwang. Sie haben aber im Völkerrecht einen wesentlich engeren Anwendungsbereich, weil dort das Verfahren des Vertragsabschlusses, beginnend mit der Bevollmächtigung und der Nachprüfung der Vollmachten durch die Verhandlungspartner, stark formalisiert ist und in der Regel von erfahrenen, hochqualifizierten Juristen durchgeführt wird. Trotzdem hat die Wiener Vertragsrechtskonvention noch einen Tatbestand normiert, der im Privatrecht als solcher nicht auftaucht: Bestechung eines Staatenvertreters (Art. 50). Bezüglich der Anwendung von Zwangsgewalt hat die Satzung der Vereinten Nationen auf der Grundlage des Gewaltverbots des Art. 2 Ziff. 4 SVN eine bedeutsame Fortbildung des völkerrechtlichen Vertragsrechts bewirkt: während früher nur der gegen den Unterhändler selbst ausgeübte Zwang zur Nichtigkeit des Vertrages führte, tritt diese Rechtsfolge nach geltendem Recht schon dann ein, wenn durch den Einsatz von völkerrechtswidriger Gewalt eine Zwangssituation für den gesamten Staat entstanden ist (Art. 52). Unter der Geltung dieser Rechtsnorm wäre eine Wiederholung der Vorgänge vom September 1938, als die Tschechoslowakei unter dem massiven Druck Englands und Frankreichs sich den Forderungen Hitlers beugte, weil sie im Weigerungsfalle mit einem Krieg rechnen mußte, unmöglich.

Ein besonders hart umkämpfter Fortschritt der Wiener Vertragsrechtskonvention ist deren Art. 53, der jeden Vertrag, der gegen eine zwingende Norm des allgemeinen Völkerrechts (ius cogens) verstößt, für von Anfang an nichtig erklärt. Da das Gewaltverbot zu den zwingenden Normen des allgemeinen Völkerrechts gehört, ist der unter Anwendung oder Androhung von Gewalt abgeschlossene Vertrag auch aus diesem

Grunde nichtig. Entwickelt sich eine zwingende Regel des allgemeinen Völkerrechts erst nach dem Abschluß des Vertrags, so verliert der Vertrag in dem Zeitpunkt seine Gültigkeit, in dem die neue Regel in Kraft tritt. Eine Rückwirkung auf den Zeitpunkt des Vertragsabschlusses tritt nicht ein (Art. 64 der Vertragsrechtskonvention).

13.2.6 Vertragsbruch

Der *Vertragsbruch* eines Partners berechtigt den oder die anderen Partner des Vertrags zur gänzlichen oder teilweisen Auflösung des Vertrags (Rücktritt vom Vertrag) oder – nach seiner/ihrer Wahl – zur Geltendmachung von Schadensersatzansprüchen. Selbstverständlich kann sich der in seinen Rechten verletzte Vertragspartner auch auf den Grundsatz pacta sunt servanda berufen und die Vertragserfüllung verlangen.

Die völkerrechtliche Haftung als Folge des Vertragsbruchs ist in Abschn. 14.3 zu behandeln; denn der Vertragsbruch ist ein völkerrechtliches Delikt.

13.2.7 Vertragsbeendigung

Viele völkerrechtliche Verträge verlieren ihre Gültigkeit durch Zeitablauf. Das ist jedoch nur dann der Fall, wenn der Vertrag selbst dies so bestimmt, d.h. von vornherein nur für eine bestimmte Zeit abgeschlossen worden ist. Mit dem Ablauf dieses Zeitraums tritt der Vertrag automatisch außer Kraft. Andere Verträge sind zwar auf unbestimmte Zeit geschlossen, sehen aber vor, daß der Vertrag seine Wirksamkeit verliert, wenn ein bestimmtes Ereignis eintritt. Ein solcher Vertrag ist ausdrücklich unter einer auflösenden Bedingung abgeschlossen. Hiervon zu unterscheiden ist die Änderung wesentlicher Umstände, die beim Vertragsschluß die Geschäftsgrundlage dargestellt haben (clausula rebus sic stantibus, d.h.: Grundsatz, daß bei jedem Vertrag davon ausgegangen wird, daß die Geschäftsgrundlage erhalten bleibt). Ein Wegfall der Geschäftsgrundlage beendet jedoch den Vertrag nicht automatisch, sondern kann nur unter bestimmten Voraussetzungen zum Rücktritt berechtigen.[8] Die WVK regelt diesen Tatbestand in Art. 62, der die Voraussetzungen des Rücktrittsrechts im Falle einer grundlegenden Änderung der Umstände aufzählt.

Der Rücktritt vom Vertrag ist einer der wichtigsten Beendigungsgründe. Der Rücktritt hat diese Wirkung jedoch nur dann, wenn er zulässig ist. Hauptfälle der Zulässigkeit sind Vertragsverletzung durch die Gegenseite (Art. 60 WVK) und die grundlegende Änderung der Umstände in den Grenzen des Art. 62 WVK. Ferner ist der Rücktritt zulässig, wenn sich nach Vertragsabschluß herausstellt, daß die Erfüllung des Vertrags objektiv unmöglich ist und „sich die Unmöglichkeit aus dem endgültigen Verschwinden oder der Vernichtung eines zur Ausführung des Vertrags unerläßlichen Gegenstands ergibt" (Art. 61 WVK).

Entsteht während der Vertragsdauer eine neue zwingende Norm des allgemeinen Völkerrechts, so wird jeder zu dieser Norm im Widerspruch stehende Vertrag nichtig und erlischt (Art. 64 WVK). Diese Rechtsregel ist eine Folge des in Art. 53 WVK enthaltenen Bekenntnisses zum ius cogens.[9] Verträge, die im Zeitpunkt ihres Abschlusses gegen eine zwingende Völkerrechtsnorm verstoßen, sind von Anfang an nichtig. So erscheint es logisch, daß laufende Verträge dann nichtig werden, wenn sich die zwingende Norm im allgemeinen Völkerrecht durchgesetzt hat. Beispiele für diesen Vorgang liegen bisher noch nicht vor.

Völkerrechtliche Verträge können eine Kündigungsklausel enthalten. Solche Verträge enden, sobald einer der Vertragspartner von dem ihm vertragsmäßig zustehenden Kündigungsrecht Gebrauch gemacht hat. Auch ohne ausdrückliche Klausel können die Vertragsparteien die Zulässigkeit der Kündigung jederzeit durch gegenseitiges Einvernehmen nach Konsultierung aller anderen Vertragsstaaten (sofern mehr als zwei Staaten an dem Vertrag beteiligt sind) begründen (Art. 54 WVK).

[8] Hierzu die grundlegenden Ausführungen von Erich Kaufmann, Das Wesen des Völkerrechts und die clausula rebus sic stantibus, Tübingen 1911.

[9] Vgl. oben S. 227 ff.

Enthält ein Vertrag keine Bestimmungen über Beendigung, Kündigung oder Rücktritt, so sind Kündigung und Rücktritt grundsätzlich ausgeschlossen. Ausnahmen gelten nur, wenn feststeht, daß die Vertragsparteien die Möglichkeit einer Kündigung oder eines Rücktritts zuzulassen beabsichtigen oder ein Kündigungs- oder Rücktrittsrecht sich aus der Natur des Vertrages herleiten läßt (Art. 56 WVK). Das von Art. 54 WVK geforderte Einvernehmen zwischen allen Vertragsparteien wird in der Regel ebenfalls auf vertraglichem Wege hergestellt (Auflösungsvertrag, actus contrarius). Die gleiche Wirkung hat der Abschluß eines neuen Vertrages zwischen denselben Partnern, die den ursprünglichen Vertrag geschlossen haben, über denselben Vertragsgegenstand. In diesem Fall wirkt der neue Vertrag als actus contrarius, auch wenn der alte Vertrag nicht ausdrücklich erwähnt wird.

Literatur

zu 13.2.1

Roberto Ago, Droit des traités à la lumière de la convention de Vienne, RdC 1971/III (Bd. 134), S. 297 ff.

Ulrich Beyerlin, Pactum de contrahendo und pactum de negotiando im Völkerrecht?, ZaöRV 1976, S. 407 ff.

Albert Bleckmann, Begriff und Kriterien der innerstaatlichen Anwendbarkeit völkerrechtlicher Verträge, Berlin 1970.

Albert Bleckmann, Probleme der Anwendung multilateraler Verträge, Berlin 1974.

Philippe Cahier, Le problème des effets des traités à l'égard des états tiers, RdC 1974/III (Bd. 143), S. 589 ff.

Taslim O. Elias, The modern law of treaties, Leiden 1974.

G.J. Horvath, The validity of executive agreements, ÖZöR 1979, S. 105 ff.

Judo Umarto Kusumowidagdo, Consultation clauses as means of providing for treaty obedience, Stockholm 1981.

Lord Arnold McNair, The law of treaties, Oxford 1961.

P.K. Menon, The Law of Treaties with Special Reference to the Vienna Convention of 1969, RDI 1978, S. 133 ff. und S. 213 ff.

Paul Reuter, Introduction au droit des traités, Paris 1972 .

Shabtai Rosenne, The Law of Treaties, Leiden 1970.

Shabtai Rosenne, The Settlement of Treaty Disputes under the Vienna Convention of 1969, ZaöRV 1971, S. 1 ff.

Christos L. Rozakis, Treaties and Third States: a study in the reinforcement of the consensual standards in international law, ZaöRV 1975, S. 1 ff.

Bruno Simma, Das Reziprozitätselement im Zustandekommen völkerrechtlicher Verträge, Berlin 1972.

Louis B. Sohn, Settlement of Disputes Relating to the Interpretation and Application of Treaties, RdC 1976/II (Bd. 150), S. 195 ff.

Mala Tabory, Recent Developments in United Nations Treaty Registration and Publication Practices, AJIL 1982, S. 350 ff.

Anatoli N. Talalajew, Das Recht der internationalen Verträge, Berlin (Ost) 1977.

Michel Virally, Sur la notion d'accord, in: Fs f. Rudolf Bindschedler, Bern 1980, S. 159 ff.

Manfred Zuleeg, Vertragskonkurrenz im Völkerrecht, Teil I: Verträge zwischen souveränen Staaten, GYIL 1977 (Bd. 20), S. 246 ff.

zu 13.2.2

Rudolf Bernhardt, Der Abschluß völkerrechtlicher Verträge im Bundesstaat, Köln–Berlin 1957.

Rudolf Bernhardt, Völkerrechtliche Bindungen in den Vorstadien des Vertragsschlusses, ZaöRV 1957/58, S. 652 ff.

Taslim O. Elias, Problems concerning the validity of treaties, RdC1971/III (Bd. 134), S. 333 ff.

Jochen A. Frowein, Zum Begriff und zu den Folgen der Nichtigkeit von Verträgen im Völkerrecht, in: Fs f. Ulrich Scheuner, Berlin 1973, S. 107 ff.

Wilhelm Karl Geck, Die völkerrechtlichen Wirkungen verfassungswidriger Verträge, Köln–Berlin 1963.

Franciszek Przetacznik, The validity of treaties concluded under coercion, IJIL 1975, S. 173 ff.

Georges Ténékidès, Les effets de la contrainte sur les traités à la lumière de la Convention de Vienne du 23 mai 1969, AFDI 1974, S. 79 ff.

Hans D. Treviranus, Neue Verfahren zur Vereinfachung und Beschleunigung des Zustandekommens von multilateralen Verträgen, FW 1976, S. 51 ff.

Jean Viret, La signature des traités multilatéraux, Annuaire de la Faculté de Droit et de Sciences Politiques 1978, S. 433 ff.

zu 13.2.3

William W. Bishop, Reservations to Treaties, RdC 1961/II (Bd. 103) S. 245 ff.

D.W. Bowett, Reservations to non-restricted multilateral treaties, BYIL 1976–77, S. 67 ff.

Jean-François Flauss, Les réserves aux résolutions des Nations Unies, RGDIP 1981, S. 5 ff.

John King Gamble Jr.; Reservations to Multilateral Treaties: A Macroscopic View of State Practice, AJIL 1980, S. 372 ff.

Pierre-Henri Imbert, Les réserves aux traités multilatéraux, Paris 1979.
Joseph Nisot, Les réserves aux traités et la convention de Vienne du 23 Mai 1969, RGDIP 1973, S. 200 ff.
José Maria Ruda, Reservations to treaties, RdC 1975/III (Bd. 146), S. 95 ff.
Theodor Schweisfurth, Vorbehalte zu internationalen Verträgen unter besonderer Berücksichtigung der östlichen Vertragstheorie, IRuD 1970. 2. Halbbd., S. 46 ff.
Jerzy Sztucki, Some Questions Arising from Reservations to the Vienna Convention on the Law of Treaties, GYIL 1977, S. 277 ff.
Hans D. Treviranus, Vorbehalte zu normativen völkerrechtlichen Verträgen in der Staatspraxis der Bundesrepublik Deutschland, DÖV 1976, S. 325 ff.
Walter Wiese, Verfassungsrechtliche Aspekte der Vorbehalte zu völkerrechtlichen Verträgen, DVBl. 1975, S. 73 ff.

zu 13.2.4

Guido Amend, Auslegungserklärungen zu bilateralen völkerrechtlichen Verträgen, Diss. Marburg 1974.
Rudolf Bernhardt, Die Auslegung völkerrechtlicher Verträge insbesondere in der neueren Rechtsprechung internationaler Gerichte, Köln–Berlin 1963.
Maarten Bos, Theory and practice of treaty interpretation, NILR 1980, S. 3 ff. und S. 135 ff.
Richard A. Falk, Charybdis Responds: A Note on Treaty Interpretation, AJIL 1969, S. 510 ff.
Marie-Françoise Furet, L'interprétation des traités par le législateur, RGDIP 1977, S. 5 ff.
Meinhard Hilf, Die Auslegung mehrsprachiger Verträge, Berlin–Heidelberg 1973.
Wolfram Karl, Vertragsauslegung – Vertragsänderung, in: Christoph Schreuer, Hrsg., Autorität und internationale Ordnung, Berlin 1979, S. 9 ff.
Wolfram Karl, Vertrag und spätere Praxis im Völkerrecht, Berlin–Heidelberg 1983.
Heribert Franz Köck, Vertragsinterpretation und Vertragsrechtskonvention, Berlin 1976.
Paul B. Larsen, Between Scylla and Charybdis in Treaty Interpretation, AJIL 1969, S. 108 ff.
R.J.C. Munday, The uniform interpretation of international conventions, ICLQu 1978, S. 450 ff.
Georg Ress und Christoph Schreuer, Wechselwirkungen zwischen Völkerrecht und Verfassung bei der Auslegung völkerrechtlicher Verträge, BerDGV Heft 23, Heidelberg 1982.
Shabtai Rosenne, The Meaning of „Authentic Text" in Modern Treaty Law, in: Fs f. Hermann Mosler, Berlin–Heidelberg–New York 1983, S. 759 ff.

Ignaz Seidl-Hohenveldern, Internationale Präjudizentscheidungen zur Auslegung völkerrechtlicher Verträge, in: Fs f. Alfred Verdross, München–Salzburg 1971, S. 479 ff.
Béla Vitanyi, L'interprétation des traités dans la théorie du droit naturel, RGDIP 1980, S. 535 ff.
Mustafa K. Yasseen, L'interprétation des traités d'après la Convention de Vienne sur le droit des traités, RdC 1976/III (Bd. 151), S. 1 ff.

zu 13.2.5

Halldorf Jon Kristjansson, Error in international agreements, NordTIR 1981, S. 54 ff.
Hubert Schulte-Beerbühl, Irrtum bei völkerrechtlichen Verträgen nach der Wiener Vertragsrechtskonvention, Gelsenkirchen 1982.

zu 13.2.6

Richard B. Bilder, Breach of Treaty and Response Thereto, PASIL 1967, S. 193 ff.
Edmund Duckwitz, Rechtsfolgen bei Verletzung völkerrechtlicher Verträge, Berlin 1975.
Egon Schwelb, Termination or suspension of the operation of a treaty as a consequence of its breach, IJIL 1967, S. 309 ff.
Bruno Simma, Zum Rücktrittsrecht wegen Vertragsverletzung nach der Wiener Konvention von 1969, in: Fs f. F.A.Frhr. von der Heydte, Berlin 1977, S. 615 ff.
Francesco Capotorti, L'extinction et la suspension des traités, RdC 1971/III (Bd. 134), S. 417 ff.
A.E. David, The Strategy of Treaty Termination, New Haven 1975.
György Haraszti, Treaties and the fundamental change of circumstances, RdC 1975/III (Bd. 146), S. 1 ff.
Heribert Franz Köck, Altes und Neues zur clausula rebus sic stantibus, in: Fs f. Stephan Verosta, Berlin 1980, S. 79 ff.
Stanislaw E. Nahlik, The Grounds of Invalidity and Termination of Treaties, AJIL 1971, S. 736 ff.
Geraldo E. do Nascimento e Silva, Le Facteur temps et les traités, RdC 1977/I (Bd. 154), S. 217 ff.
Antonio Poch G. de Caviedes, De la clause „rebus sic stantibus“ à la clause de révision dans les conventions internationales, RdC 1966/II (Bd. 118), S. 109 ff.
Franciszek Przetacznik, The clausula rebus sic stantibus, RDI 1978, S. 115 ff. und S. 189 ff.
Dietrich Rauschning, Das Schicksal völkerrechtlicher Verträge bei der Änderung des Status ihrer Partner, Hamburg 1963.
Egon Schwelb, Fundamental Change of Circumstances, ZaöRV 1969, S. 39 ff.
Bruno Simma, Termination and Suspension of Treaties, GYIL 1978, S. 74 ff.

14. Die Reaktionen auf völkerrechtswidriges Handeln

14.1 Die Problematik des Rechtsvollzugs im Völkerrecht

Zu den geläufigsten Schmähungen des Völkerrechts gehört die abfällige Bemerkung, das Völkerrecht sei schon deswegen kein Recht, weil ihm die Mittel der Zwangsdurchsetzung fehlten. Die (rechtsdogmatisch richtige) Antwort, daß die Zwangsdurchsetzung nicht das entscheidende Kriterium für die Rechtsnormqualität ist, befriedigt niemanden und ist in der Tat nicht die einzige Erwiderung auf jenes irreführende Argument. Mittel der Zwangsdurchsetzung fehlen dem Völkerrecht keineswegs. Bei ihrer Beurteilung muß allerdings die Grundstruktur des Völkerrechts beachtet werden. Dazu gehört in erster Linie der genossenschaftliche Charakter des Völkerrechts, d.h. die Tatsache, daß das Völkerrecht ein Recht unter Gleichen ist, das eine Über- und Unterordnung ebensowenig kennt wie eine Zentralgewalt. Dieser Grundzug behindert nicht nur den Aufbau einer obligatorischen internationalen Gerichtsbarkeit (vgl. unten Kap. 15), sondern auch die weltweite Kontrolle des Rechtsvollzugs.

So ist das Völkerrecht in erster Linie auf Mechanismen angewiesen, die den Rechtsvollzug auch ohne Zwangsgewalt weitgehend garantieren. An dieser Stelle könnte wieder betont werden, daß dies keine Besonderheit des Völkerrechts ist; denn auch die wohlorganisierten Staaten sind trotz ihrer eindrucksvollen Zwangsdurchsetzungsapparate weitgehend darauf angewiesen, daß die von ihren Rechtssetzungsorganen in Kraft gesetzten Vorschriften von den betroffenen Rechtssubjekten freiwillig befolgt werden. Der Gegeneinwand ist naheliegend: im innerstaatlichen Bereich wirkt das bloße Vorhandensein des Zwangsdurchsetzungsapparats (Behörden, polizeiliche Vollzugsbeamte, Gerichte, Gerichtsvollzieher, Strafanstalten usw.) abschreckend und sichert dadurch die „freiwillige", d.h. ohne den Einsatz von Zwangsgewalt funktionierende Befolgung der Rechtsnormen. Das erinnert an den Ausspruch des französischen Kolonialpolitikers Liautey, ein Staat müsse sehr viel Macht haben, um nicht gezwungen zu sein, sie einzusetzen. Aus solchen Überlegungen heraus ist immer wieder der Gedanke aufgetaucht, zur Erhaltung des Weltfriedens einen Weltstaat zu errichten, dem umfassende Befugnisse und Instrumente zur Zwangsdurchsetzung übertragen werden. In der Satzung der Vereinten Nationen finden sich zumindest Spuren eines solchen Versuchs (vgl. oben 3.3.3, 7.2 und 7.3), die aber unter den weltpolitischen Bedingungen des 20. Jahrhunderts trotz der deutlich sichtbaren Tendenz zur Verdichtung der internationalen Organisation bisher so gut wie völlig wirkungslos geblieben sind.

Aber nicht nur die frühe Geschichte innerstaatlicher Rechtsordnungen, sondern die ganze bisherige Geschichte des Völkerrechts zeigt, daß auch ein Recht unter Gleichen über Durchsetzungsmittel verfügen kann. Die Versuche, die Befolgung der Rechtsnormen herbeizuführen, beginnen im Völkerrecht bei demselben Ansatzpunkt wie im innerstaatlichen Recht: bei der Motivation für die Rechtsbefolgung. Neben der Angst vor den Maßnahmen einer Zentralgewalt als Reaktion auf einen Rechtsbruch gibt es noch zahlreiche andere Motivationen für rechtmäßiges Handeln. Sie zu mobilisieren ist eine permanente Aufgabe aller am Rechtsvollzug Interessierten im internationalen wie im innerstaatlichen Bereich.

Von einem wichtigen Mechanismus dieser Art, nämlich dem Prinzip der Gegenseitigkeit, ist bereits im vorstehenden[1] die Rede gewesen. Seine Wirkungsweise liegt in der Nähe der rein rationalen Überlegungen im Zusammenhang mit der Furcht vor den Reaktionen einer organisierten Zentralgewalt. Aber es reicht auch in die Bezirke des Ethischen, weil es zumindest zu der Überlegung anregt, wie man sich fühlen würde, wenn man selbst das Opfer der Rechtsverletzung wäre. Der Gebrauch des Wortes „man" in dieser Aussage weist auf eine weitere Schwierigkeit des Rechtsvollzugs hin, die zwar ebenfalls nicht auf den Bereich des Völkerrechts beschränkt ist, in diesem aber zu einem Hauptproblem wird: die Zurechenbarkeit des rechtswidrigen Handelns. Im innerstaatlichen Bereich taucht dieses Problem immer dann auf, wenn eine organisier-

1 Vgl. oben 8.2.

te Personenmehrheit für das Handeln ihrer Organe (z.B. Vereinsvorstand, Aufsichtsrat einer AG) haftbar gemacht werden soll. Im Völkerrecht bestehen alle Rechtssubjekte letztlich aus organisierten Personenmehrheiten.[2] Welches ist also das Bezugsobjekt der Motivation für völkerrechtskonformes Handeln und für die Überlegungen im Umkreis des Prinzips der Gegenseitigkeit? Es ist sicher richtig, wenn darauf geantwortet wird, daß auf der ganzen Welt jeder einzelne von einem entsprechenden Ethos durchdrungen sein sollte, damit die Organe „seines" Staates in jeder Situation völkerrechtskonform handeln und sich nicht von den Versuchungen der Macht und des Augenblicksvorteils beirren lassen. Aber die Völkerrechtslehre macht sich die Beantwortung dieser Frage nicht leicht. Sie muß bei den Detailfragen der völkerrechtlichen Verantwortlichkeit und des Völkerstrafrechts auf die Probleme der Zurechenbarkeit eingehen (vgl. unten 14.3 und 4) und sie stellt sogar den Begriff der völkerrechtlichen Handlung selbst in Frage.[3] Schon hier sei angemerkt, daß es eine Kollektivschuld im Völkerrecht nicht gibt. Daß völkerrechtliches Handeln letztlich das Handeln von Menschen ist, das unter bestimmten Voraussetzungen zu strafrechtlichen Konsequenzen für die unmittelbar Handelnden führen kann, ist die strafrechtliche Seite des Problems. Die Zuordnung dieses Handelns zu einem bestimmten Völkerrechtssubjekt (souveräner Staat oder internationale Organisation) ist die andere Seite, die für das jeweils betroffene Völkerrechtssubjekt (und damit mittelbar selbstverständlich auch für die mit ihm zusammenhängenden Einzelpersonen) Rechtsfolgen hervorbringt. Auf dieser Ebene wirkt das völkerrechtliche Prinzip der Gegenseitigkeit.

Es gibt noch zahlreiche andere Kräfte, die der Rechtsdurchsetzung im völkerrechtlichen Bereich dienen. Dazu gehören auch die äußeren Formen des diplomatischen Verkehrs und der völkerrechtlichen Rechtserzeugung, der feierliche Abschluß von Verträgen mit bestimmten Ritualen, die

2 Ausnahme: der Hl. Stuhl, vgl. oben 3.4.

3 Vgl. Hermann Weber, in: Weber/v. Wedel, Grundkurs Völkerrecht, Frankfurt/M. 1977, S. 81.

an archaische Zeiten erinnern, in denen durch heilige Schwüre und die Anrufung der Götter die Macht des irdischen Rechts verstärkt werden sollte. Auch die langatmige Wiederholung von Resolutionen der Generalversammlung der Vereinten Nationen in späteren Rechtsinstrumenten und in den Präambeln von multilateralen Verträgen und Deklarationen gehören hierher.

Darüber hinaus gibt es besondere Mittel, die der Einhaltung des Völkerrechts dienen. Da eine Zentralgewalt fehlt, gibt es keinen Obrigkeitsbefehl zum Einsatz solcher Mittel. Deshalb entsteht in der Praxis immer wieder die Kontroverse darüber, ob die Voraussetzungen für einen solchen Einsatz gegeben sind und wer befugt ist, sich des im Einzelfall zulässigen Mittels zu bedienen. In dieser Lage erscheint es kaum noch gerechtfertigt, von einer „Zwangsdurchsetzung" im Völkerrecht zu sprechen. Die meisten Lehrbücher verwenden vorsichtig den Ausdruck „Durchsetzungsmittel".

Literatur

Benjamin Ferencz, Enforcement of International Law, 2 Bde., Dobbs Ferry 1983.

Wilhelm A. Kewenig, Die Anwendung wirtschaftlicher Zwangsmaßnahmen im Völkerrecht, in: BerDGV, Heft 22, Heidelberg 1982, S. 7 ff.

A.J.P. Tammes, Means of redress in the general international law of peace, in: Gedächtnisschrift f. Haro F. van Panhuys, Alphen 1980, S. 1 ff.

14.2 Die einzelnen Durchsetzungsmittel

Im klassischen Völkerrecht war der Krieg das politisch bedeutsamste Mittel der Rechtsdurchsetzung. Diese Funktion hat der Krieg fast völlig verloren. Allenfalls kann der gemäß Art. 51 SVN zulässige Verteidigungskrieg als Mittel zur Durchsetzung des Rechts des souveränen Staates auf Selbsterhaltung angesehen werden. Jedoch ist diese Konstruktion, die sich noch in manchen Lehrbüchern findet, gekünstelt; denn die individuelle Selbstverteidigung entspricht eher der Notwehrsituation, während die kollektive Selbstverteidigung der Nothilfe gleichkommt. (Vgl. oben 7.4) Es entspricht der Bedeutung des Gewaltverbots in der geltenden Völkerrechtsordnung, daß der Verteidigungskrieg nicht als Ausnahme vom Gewaltverbot, sondern als dessen Bestätigung betrachtet wird. Freilich dient er auch nach dieser Betrachtungsweise in gewissem Sinn der Rechtsdurchsetzung, aber er ist kein Durchsetzungsmittel im rechtstechnischen Sinn.

Aber auch die Durchsetzungsmittel im engeren Sinn sind, wie im vorstehenden (14.1) angedeutet, eigentlich nur Gegenmaßnahmen als Reaktion auf ein bestimmtes Verhalten. In der Terminologie des innerstaatlichen Rechts wären sie als Selbsthilfe zu charakterisieren. Auch im Völkerrecht gibt es diesen Begriff, obwohl er dort keine festumrissene Bedeutung hat.[1] Aber auch der in der Literatur bevorzugte Ausdruck „Durchsetzungsmittel" ist insofern unklar, als er nicht nur die Reaktion auf Völkerrechtsbrüche umfaßt, sondern auch die Reaktion auf schädigende Handlungen, die keine Völkerrechtsbrüche darstellen. Die letzteren sind in der Staatenpraxis noch häufiger als die ersteren, und dies insbesondere in der gegenwärtigen Umbruchphase des Völkerrechts, die durch eine große Unsicherheit in Bezug auf die Existenz und den Inhalt bestimmter Völkerrechtsnormen gekennzeichnet ist. Wenn nicht eindeutig feststeht, daß ein Staat durch sein schädigendes Verhalten gegen eine Völkerrechtsnorm verstoßen hat, so bedeutet das noch keineswegs, daß der geschädigte Staat darauf nicht reagieren darf. Der schädigende Staat hat nämlich einen „unfreundlichen Akt" gesetzt.

Demgemäß unterscheidet die Völkerrechtslehre zwischen zwei Kategorien von Vergeltungsmaßnahmen, die manchmal unter der Bezeichnung „Sanktion" zusammengefaßt werden: die *Retorsion* als Antwort auf einen unfreundlichen Akt, die *Repressalie* als Antwort auf eine Rechtsverletzung.

Die *Repressalie* ist das stärkere Mittel. Sie beinhaltet eine an sich völkerrechtswidrige Maßnahme und ist daher nur gegen

[1] Vgl. Brun-Otto Bryde, Self-Help, in: Bernhardt (Hrsg.), EPIL, Instalment 4 (1982), S. 215.

eine völkerrechtswidrige Handlung zulässig. Ihre Rechtfertigung findet sie im Prinzip der Gegenseitigkeit. Sie wird erst zulässig, wenn keine andere Möglichkeit besteht, das rechtswidrige Verhalten des dritten Staates abzustellen. Ferner ist bei ihrer Anwendung der Grundsatz der Verhältnismäßigkeit zu beachten. Dagegen ist die Gleichartigkeit der Repressalie mit der vorangegangenen Rechtsverletzung nicht erforderlich. Sobald der Zweck der Repressalie erreicht ist, muß sie beendet werden. Beispiele für Repressalienmaßnahmen sind der Boykott, das Einfrieren von Guthaben, der Eingriff in Vertragsverhältnisse.

Die Überschreitung der Grenze des Zulässigen (Repressalienexzeß) ist ein völkerrechtliches Delikt, gegen das wiederum Repressalien ergriffen werden können. Hält sich die Repressalienmaßnahme in den Grenzen des Zulässigen, so darf gegen sie keine Gegenmaßnahme ergriffen werden.

Der Repressalienbegriff findet sich auch im Kriegsrecht. Er ist dort keineswegs ein Akt der Vergeltung, sondern behält auch in diesem Teil der Völkerrechtsordnung seine allgemeine Funktion. Die Repressalie soll nämlich den Gegner dazu veranlassen, zu einer völkerrechtsgemäßen Verhaltensweise zurückzukehren. Zu beachten ist ferner, daß das humanitäre Völkerrecht auch Repressalienverbote enthält. So verbietet Art. 46 der I. Genfer Konvention von 1949 (zur Verbesserung des Loses der Verwundeten und Kranken der Streitkräfte im Felde)[2] jede Repressalie gegen Verwundete, Kranke, Sanitätspersonal und dazugehörige Gebäude und Materialien. Die II. Genfer Konvention von 1949 (zur Verbesserung des Loses der Verwundeten, Kranken und Schiffbrüchigen der Streitkräfte zur See)[3] wiederholt dieses Verbot für den Seekrieg. Leider spricht die deutsche Übersetzung der Konventionstexte an beiden Stellen von „Vergeltungsmaßnahmen"; doch herrscht Klarheit darüber, daß die Repressalien gemeint sind. (In der englischen Terminologie wird klar zwischen reprisal und retaliation unterschieden.) Art. 20 des I. Zusatzprotokolls von

2 BGBl. 1954 II, S. 783, UNTS Bd. 75, S. 31.
3 BGBl. 1954 II, S. 813, UNTS Bd. 75, S. 85.

1977[4] verbietet ebenfalls alle Repressalien gegen Verwundete, Kranke und Schiffbrüchige sowie gegen Sanitäts- und Seelsorgepersonal und ihre Ausrüstungen. Aus der Gesamtheit der beiden weiteren Genfer Konventionen von 1949[5] wird ein weitgehendes Repressalienverbot auch gegen Kriegsgefangene und zivile Objekte abgeleitet. Dadurch ist das Repressalienrecht in bewaffneten Konflikten stark zurückgedrängt worden. Zulässig bleibt jedoch der Einsatz einer an sich verbotenen Waffe gegen die feindlichen Streitkräfte als Repressalie.[6]

Als Reaktion auf eine schädigende Handlung, die keine Völkerrechtsverletzung darstellt, sondern nur einen unfreundlichen Akt, ist keine Repressalie zulässig, sondern nur die *Retorsion*. Sie ist ihrerseits an sich ein unfreundlicher Akt, d.h. eine Handlung, die zwar den betroffenen Staat schädigen mag, ihn aber nicht in seinen Rechten verletzt. Als Retorsion verliert die Gegenmaßnahme ihren Charakter als unfreundlicher Akt, was zur Folge hat, daß gegen sie keine Rück-Gegenmaßnahmen zulässig sind. Die Retorsion soll den schädigenden Staat veranlassen, sein Verhalten zu ändern und den von ihm verursachten Schaden wieder gutzumachen. Letztlich bedeutet sie daher nur die Ausübung eines zulässigen Drucks. Sie kann auch durch Unterlassen erfolgen, wie z.B. die Nichtverlängerung eines auslaufenden Vertrages oder die Nichtgewährung eines erbetenen Kredits. Ein Eingriff in bestehende Vertragsverhältnisse ist durch die Retorsion jedoch nicht gedeckt.

Da die Retorsion keine an sich verbotenen Handlungen beinhaltet, ist sie nicht an das Prinzip der Verhältnismäßigkeit gebunden. Einerseits kann mit Retorsionen auf Rechtsverletzungen geantwortet werden, andererseits können erhebliche Druckmittel auch gegen relativ unbedeutende Akte eingesetzt werden. Ferner kann die Retorsion in einem völlig anderen Sachgebiet liegen als der sie auslösende unfreundliche Akt. Sobald aber ihr Zweck erreicht ist, ist sie einzustellen, da sie dann nicht mehr vom Prinzip der Gegenseitigkeit gedeckt ist.

4 Vgl. oben S. 427 f.

5 Vgl. oben S. 424 ff.

6 Vgl. G.I.A.D. Draper, War, laws of enforcement, in: Bernhardt (Hrsg.), EPIL, Instalment 4 (1982), S. 324.

Literatur

Michael Akehurst, Reprisals by third States, BYIL 1970, S. 1 ff.
Remigiusz Bierzanek, Reprisals as a means of enforcing the laws of warfare, in: Antonio Cassese, Hrsg., The new humanitarian law of armed conflict, Neapel 1979, S. 232 ff.
J.L. Bismuth, Le boycottage dans les échanges économiques internationaux au regard du droit, Paris 1980.
Albert Bleckmann, Gedanken zur Repressalie, in: Fs f. Hans-Jürgen Schlochauer, Berlin 1981, S. 193 ff.
Albert Bleckmann, Die völkerrechtliche Repressalie im innerstaatlichen Recht, DÖV 1981, S. 353 ff.
Derek William Bowett, Reprisals involving recourse to armed force, AJIL 1972, S. 1 ff.
Georg Dahm, Das Verbot der Gewaltanwendung nach Art. 2 (4) der UNO-Charta und die Selbsthilfe gegenüber Völkerrechtsverletzungen, die keinen bewaffneten Angriff enthalten, JIR 1962, S. 48 ff.
Frits Kalshoven, Reprisals in the CDDH, in: Fs f. Bert V.A. Röling, Leiden 1977, S. 195 ff.
Wilhelm A. Kewenig, Gewaltverbot und noch zulässige Machteinwirkung und Interventionsmittel, in: Wilfried Schaumann, Hrsg., Völkerrechtliches Gewaltverbot und Friedenssicherung, Baden-Baden 1971, S. 175 ff.
Josef L. Kunz, Sanctions in international Law, AJIL 1960, S. 324 ff.
Stanislaw E. Nahlik, Le problème des représsailles à la lumière des travaux de la conférence diplomatique sur le droit humanitaire, RGDIP 1978, S. 130 ff.
Robert W. Tucker, Reprisals and self-defence: the customary law, AJIL 1972, S. 586 ff.

14.3 Das Prinzip der völkerrechtlichen Verantwortlichkeit

Wie jede Rechtsordnung enthält auch das Völkerrecht den Grundsatz, daß seine Subjekte für die ihnen zuzurechnenden rechtswidrigen Handlungen einzustehen haben. Im weiteren Sinn beruht auch die Zulässigkeit der im vorstehenden erwähnten Durchsetzungsmittel auf diesem Grundsatz, zumindest soweit sie eine Reaktion auf einen Völkerrechtsbruch darstellen. Im engeren Sinn konzentriert sich die Lehre von der völkerrechtlichen Verantwortlichkeit (Staatenverantwortlichkeit) auf die sogenannte völkerrechtliche Haftung, d.h. auf die Frage, was ein Staat tun muß, um einen rechtswidrigen Zustand, für den er verantwortlich ist, zu beseitigen.

Die dogmatische Einordnung dieses Sachgebiets hat der Völkerrechtslehre Schwierigkeiten bereitet. Manche Völkerrechtler, insbesondere im angelsächsischen Bereich, fassen den Begriff der Staatenverantwortlichkeit so weit, daß er „fast identisch mit dem Gesamtgebiet des Völkerrechts" ist.[1] Die extensive Definition beruht auf der Überlegung, daß „die Haftung die völkerrechtliche Institution ist, die die Sanktionen für die Verletzung jeder völkerrechtlichen Regel oder Regelung festsetzt; man kann die Haftungssätze infolgedessen auch als ‚sekundäre' Normen bezeichnen, die die ‚primären' Pflichtenregelungen garantieren".[2] Es ist selbstverständlich, daß bei dem Bemühen, den rechtmäßigen Zustand wiederherzustellen, die für diesen Zustand geltenden Völkerrechtsnormen zu beachten sind. Aber andererseits ist klar, daß es auch spezielle Völkerrechtsnormen geben muß, die die Art und Weise jenes Bemühens regeln.

Lange Zeit hindurch ist die Gesamtheit jener Regelungen als „völkerrechtliches Deliktsrecht" bezeichnet worden. Dabei muß allerdings beachtet werden, daß der völkerrechtliche Deliktsbegriff weder mit demjenigen des bürgerlichen Rechts (Recht der unerlaubten Handlungen) noch mit dem des Strafrechts identisch ist. Über den privatrechtlichen Deliktsbegriff geht der völkerrechtliche hinaus, weil er auch die Vertragsverletzung und die schuldlos rechtswidrige Handlung umfaßt. Mit dem strafrechtlichen Deliktsbegriff hat er nichts zu tun. Zwar kann die völkerrechtliche Haftung, die sich aus dem völkerrechtlichen Delikt ergibt und den haftenden Staat zur Wiedergutmachung verpflichtet, auch dazu führen, daß der haftende Staat die schuldigen Privatpersonen nach innerstaatlichem Recht zu bestrafen hat. Aber in einem solchen Fall kommt gerade kein „Völkerstrafrecht" (hierzu unten 14.4) zur Anwendung. Deshalb betonen alle Lehrbücher, die das

1 Friedrich Berber, Lehrbuch des Völkerrechts, III. Bd., 2. Aufl. München 1977, S. 2.

2 Berber, aaO. (Anm. 1), mit Nachweisen aus der angelsächsischen Literatur.

Sachgebiet der völkerrechtlichen Verantwortlichkeit unter den Begriff des Völkerrechtsdelikts stellen, daß das völkerrechtliche Delikt scharf gegen die „Delikte gegen das Völkerrecht" abzugrenzen ist, die im Rahmen des sog. Völkerstrafrechts eine Rolle spielen.[3]

Andere Autoren erklären rundheraus, die Bezeichnung „völkerrechtliches Delikt" sei ebenso irreführend wie der aus dem Englischen übernommene Ausdruck „Staatenverantwortlichkeit" (state responsibility).[4] Die Bezeichnung des Sachgebiets „Völkerrechtliches Deliktsrecht" wird jedoch übernommen und definiert als „die Gesamtheit derjenigen Völkerrechtsnormen, die sich mit den Folgen der Nichtbeachtung völkerrechtlicher Pflichten befassen".[5] Das aber ist eben diejenige Definition, die im angelsächsischen Schrifttum für den Begriff „state responsibility" gegeben wird und ins Deutsche manchmal als „Staatenverantwortlichkeit" übersetzt wird, besser jedoch als „völkerrechtliche Verantwortlichkeit", weil es nicht nur um die Haftung von Staaten, sondern auch um diejenige von anderen Völkerrechtssubjekten (insbesondere internationalen Organisationen) geht.

Für die rechtsdogmatische Konstruktion der völkerrechtlichen Verantwortlichkeit gibt es verschiedene Modelle. Gemeinsam ist ihnen, daß sie die Rechtsregeln der völkerrechtlichen Verantwortlichkeit als Grundlagen für Rechtsbeziehungen zwischen den betroffenen Staaten betrachten. Diese Betrachtungsweise ergibt sich aus der Grundstruktur des Völkerrechts als Netz von Rechtsbeziehungen zwischen Gleichen, d.h. ohne Über- und Unterordnung. Weicht ein Völkerrechtssubjekt ungerechtfertigt von den Rechtsnormen ab, die die normalen Beziehungen zwischen den Völkerrechtssubjekten regeln, so entsteht nicht ein Strafanspruch oder die Pflicht eines den Rechtsvollzug überwachenden überstaatlichen Organs zum Einschreiten, sondern es entstehen

3 Vgl. Ingo von Münch, Völkerrecht in programmierter Form, 2. Aufl. Berlin–New York 1982, S. 219.

4 Jörg M. Mössner, Einführung in das Völkerrecht, München 1977, S. 136.

5 Mössner, aaO. (Anm. 4).

neue Rechtsbeziehungen, die sich aus der Verletzung des Völkerrechts ergeben.[6] Umstritten ist lediglich, ob diese neuen Rechtsbeziehungen ein zwei- oder mehrseitiges Rechtsverhältnis zwischen den Beteiligten zum Zwecke der Wiedergutmachung darstellen oder ob sie sich in einer einseitigen Befugnis des Verletzten zum Ergreifen von Gegenmaßnahmen bei gleichzeitiger Duldungspflicht des Schädigers erschöpfen.

Über diese schwierigen Rechtsfragen hat die Völkerrechtskommission (International Law Commission, ILC) jahrelang beraten. In Erfüllung ihres Auftrags, die kontinuierliche Kodifikation des Völkerrechts vorzubereiten, beschloß sie im Jahre 1975 einen Generalplan für die Kodifikation des Rechts der völkerrechtlichen Verantwortlichkeit. Die Arbeit ist noch nicht abgeschlossen, jedoch liegen Teile eines Konventionsentwurfs bereits vor.[7]

Da die Völkerrechtssubjekte stets durch ihre Organe handeln (und nur durch sie handlungsfähig werden), kann die völkerrechtliche Haftung auch als Haftung der Völkerrechtssubjekte für ihre Organe aufgefaßt werden. Bei der wichtigsten Kategorie der Völkerrechtssubjekte, den souveränen Staaten, sind es Organe der Gesetzgebung, der Exekutive und der richterlichen Gewalt, die für eine solche Haftung in Frage kommen. Voraussetzung ist stets, daß das betreffende Organ im völkerrechtlichen Raum tätig geworden ist und ein drittes Völkerrechtssubjekt geschädigt hat. Das kann bei Gesetzgebungsorganen durch den Erlaß eines völkerrechtswidrigen Gesetzes geschehen. Bei Bundesstaaten ist zu berücksichtigen, daß der Bundesstaat auf der Ebene des Völkerrechts wie ein

6 Knut Ipsen, in: Menzel/Ipsen, Völkerrecht, 2. Aufl. München 1979, S. 346.

7 Den Gang der Beratungen der ILC schildert Karl Zemanek, Schuld- und Erfolgshaftung im Entwurf der Völkerrechtskommission über Staatenverantwortlichkeit. Zugleich Bemerkungen zum Prozeß der Kodifikation im Rahmen der Vereinten Nationen, in: Fs f. Rudolf Bindschedler, Bern 1980, S. 315 ff. Die Darstellung reicht bis 1978. Für die folgende Zeit vgl. Yearbook of the International Law Commission 1980 Bd. II., S. 26 ff.; 1981 Bd. I, S. 126 ff., 288; GAOR 36th Session, Supplement No. 10 (A/36/10) S. 328 ff.; GAOR 37th Session, Supplement No. 10 (A/37/10), S. 167 ff.

Einheitsstaat auftritt und deshalb für das Verhalten der Organe von Gliedstaaten haftet, sofern die übrigen Haftungsvoraussetzungen gegeben sind.

Schwierigkeiten bereitet die Haftung für das Handeln unzuständiger Organe. Hier bekennt sich die Mehrheit der Autoren zu dem Grundsatz, daß eine Haftung des Staates nicht eintritt, wenn die Unzuständigkeit des handelnden Organs offenkundig war. Lag aber auch nur ein Anschein amtlicher Zuständigkeit vor, so greift der völkerrechtliche Vertrauensschutz ein.[8]

Eine völkerrechtliche Haftung für die Handlungen Privater tritt grundsätzlich nicht ein. Wenn aber der Staat bei der Regelung und Kontrolle privaten Handelns gegen das allgemeine Völkerrecht verstößt – indem er z.B. die Verletzung von fremden Diplomaten oder die Kriegspropaganda oder Revolutionspropaganda nicht unterbindet –, so haftet er für diese Pflichtverletzung.[9] Für das Verhalten von staatlich subventionierten politischen Organisationen haften die Staaten wie für das Verhalten von Staatsorganen.[10] Ferner unterliegt die völkerrechtliche Haftung des Staates keinem Zweifel, wenn Privatpersonen von Staatsorganen angestiftet oder unterstützt worden sind.

8 Zur grundsätzlichen Geltung des Vertrauensprinzips im Völkerrecht, vgl. Jörg P. Müller, Vertrauensschutz im Völkerrecht, Köln–Berlin 1971, S. 255 f. Der Vertrauensschutz im völkerrechtlichen Haftungsrecht wird in dieser Arbeit allerdings nicht behandelt.

9 Vgl. Vernon Van Dyke, The responsibility of states for international propaganda, AJIL 1940 (Bd. 34), S. 58 ff.; Leslie John Martin, International propaganda, Minneapolis 1958, S. 57 ff.; John B. Whitton, Cold war propaganda, AJIL 1951 (Bd. 45), S. 151 ff.; Quincy Wright, Freedom and responsibility in respect to trans-national communication, Proceedings 1950, S. 104; Quincy Wright, Subversive intervention, AJIL 1960 (Bd. 54), S. 522; Manuel R. Garcia-Mora, International responsibility for hostile acts of private persons against foreign states, Den Haag 1962.

10 Vgl. Hersch Lauterpacht, Revolutionary propaganda by governments, Transactions of the Grotius Society 1927 (Bd. 13), S. 160. Hierzu auch Michael Bogdan, The international legal status of governing political parties in one-party States, GYIL 1979 (Bd. 22), S. 335 ff.

Die völkerrechtliche Haftung begründet einen Anspruch des in seinen Rechten verletzten Staates auf Wiedergutmachung oder Genugtuung (oder beides). Ziel der Wiedergutmachung ist die Wiederherstellung des Zustandes, der bestehen würde, wenn die Rechtsverletzung nicht stattgefunden hätte. (Beispiele: Rückführung einer aus dem Staatsgebiet entfernten Person; Aufhebung eines völkerrechtswidrigen Gesetzes; Rückgabe konfiszierten Eigentums). Ist die Wiederherstellung des früheren Zustandes nicht möglich oder für eine der beteiligten Parteien nicht zumutbar, so tritt an ihre Stelle eine Entschädigung in Geld. Von einer „Genugtuung" spricht man, wenn ein immaterieller Schaden entstanden ist (entweder allein oder zusätzlich zum materiellen Schaden). Formen der Genugtuung sind insbesondere die Bestrafung der Schuldigen, die Übernahme von Garantien für die Zukunft und die förmliche Entschuldigung.

Eine besondere Aktualität hat das Problem der völkerrechtlichen Haftung für Private im Zusammenhang mit den Aktionen international operierender Terrorbanden erhalten. Zwar lehnen die Heimatstaaten der Terroristen bzw. die Staaten, in denen die Terrorbanden ihren Sitz haben, in der Regel jede Verantwortlichkeit mit dem Hinweis darauf ab, daß die betreffenden Organisationen von ihnen weder unterstützt noch angestiftet werden, aber eine völkerrechtliche Haftung kann auch durch allzugroße Milde bei der Bestrafung von Rechtsbrechern eintreten, sofern sie die Form einer Justizverweigerung annimmt.[11]

11 Ingo v. Münch (Völkerrecht in programmierter Form, 2. Aufl., Berlin 1982, S. 458) berichtet, daß libanesische Behörden für die Entführung eines amerikanischen Passagierflugzeuges nach Beirut am 9. Januar 1970 eine Strafe im Werte von ca. 20,– DM festgesetzt haben.

Literatur

Hildebrando Accioly, Principes généraux de la responsibilité internationale d'après la doctrine et la jurisprudence, RdC 1959/I (Bd. 96), S. 349 ff.

M.S. Aldana, The international responsibility of states for injuries to aliens in recent international law, Ann Arbor 1980.

G.M. Badr, The exculpatory effect of self-defence in state responsibility, GJICL 1980, S. 1 ff.

Ian Brownlie, System of the Law of Nations: State Responsibility Part 1, Oxford 1983.

A.A. Cançado Trindade, The birth of state responsibility and the nature of the local remedies rule, RDI 1978, S. 157 ff.

Pierre-Marie Dupuy, La responsabilité internationale des états pour les dommages d'origine technologique et industrielle, Paris 1976.

Francisco V. Garcia-Amador, State responsibility. Some new problems, RdC 1958/II (Bd. 94), S. 365 ff.

Jürgen Goldschmidt, Das Problem einer völkerrechtlichen Gefährdungshaftung unter Berücksichtigung des Atom- und Weltraumrechts, Köln 1978.

Max Gounelle, Quelques remarques sur la notion de „crime international" et sur l'évolution de la responsabilité internationale de l'État, in: Fs f. Paul Reuter, Paris 1981, S. 315 ff.

Bernhardt Graefrath u.a., Völkerrechtliche Verantwortlichkeit der Staaten, Berlin (Ost) 1977.

Günther Handl, State liability for accidental transnational environmental damage by private persons, AJIL 1980, S. 525 ff.

Michael Kilian, Zur völkerrechtlichen Verantwortlichkeit des Staates bei Akten des Internationalen Terrorismus, NZWehrr 1982, S. 121 ff.

Eckart Klein, Beihilfe zum Völkerrechtsdelikt, in: Fs f. Hans-Jürgen Schlochauer, Berlin 1981, S. 425 ff.

M. Langlois, A critical analysis of the classification of international obligations in the draft convention on state responsibility, Cambridge (Mass.) 1980.

F.A. Mann, The consequences of an international wrong in international and national law, BYIL 1976/77 (Bd. 48), S. 1 ff.

Krystyna Marek, Criminalizing state responsibility, RBDI 1978/79, S. 460 ff.

Jörg Manfred Mössner, Privatpersonen als Verursacher völkerrechtlicher Delikte, GYIL 1981 (Bd. 24), S. 63 ff.

H.J. Müller, Die völkerrechtliche Verantwortlichkeit und die Voraussetzungen ihres Eintritts, Staat und Recht 1977, S. 717 ff.

Ingo von Münch, Das völkerrechtliche Delikt in der modernen Entwicklung der Völkerrechtsgemeinschaft, Frankfurt/M. 1963.

John F. Murphy, State responsibility, self-help, and international law, PASIL 1979, S. 242 ff.

Károly Nagy, Die Unrechtsfolgen mit Zwangscharakter im Völkerrecht, Osteuropa-Recht 1982, S. 94 ff.
Youri Rechetov, International Responsibility for Violations of Human Rights, in: Antonio Cassese, Hrsg., UN Law / Fundamental Rights, Alphen 1979, S. 237 ff.
Youri Rechetov, Responsibility for violations of human rights, RDH 1979, S. 83 ff.
Paul Reuter, Le dommage comme condition de la responsabilité internationale, in: Fs f. Miaja de la Muela, Madrid 1979, S. 837 ff.
Walter Rudolf, Haftung für rechtmäßiges Verhalten im Völkerrecht, in: Fs f. Otto Mühl, Stuttgart–Berlin–Köln–Mainz 1981, S. 535 ff.
S.K. Saxena, Select recent bibliography on state responsibility, IJIL 1978, S. 110 ff.
Hans-Jürgen Schlochauer, Die Entwicklung des völkerrechtlichen Deliktsrechts, AVR 1973/75 (Bd. 16), S. 239 ff.
Alfred Verdross, Kritische Bemerkungen zu den von der International Law Commission 1977 beschlossenen Art. 20–21 betr. die „Verantwortlichkeit von Staaten", ÖZöR 1980, S. 127 f.
P.J. Youngblood, Indirect responsibility of states for breaches of international law: an analysis of chapter IV of the International Law Commission's Draft on state responsibility, Cambridge (Mass.) 1980.
Karl Zemanek, Schuld- und Erfolgshaftung im Entwurf der Völkerrechtskommission über Staatenverantwortlichkeit, in: Fs f. Rudolf L. Bindschedler, Bern 1980, S. 315 ff.

14.4 Völkerrechtliches Strafrecht

Der Ausdruck „völkerrechtliches Strafrecht" ist dem in der Literatur gebräuchlichen „Völkerstrafrecht" vorzuziehen; denn gerade weil das Völkerrecht kein Recht der Völker ist, hat es sich noch nie angemaßt, Völker zu bestrafen. Die Konstruktion einer Kollektivschuld, die nach dem Zweiten Weltkrieg versucht worden war, um das ganze deutsche Volk als „Verbrechervolk" zu brandmarken, war eine politische Zweckschöpfung, die sich im Völkerrecht nicht durchgesetzt hat.[1] Jede Strafbarkeit knüpft an individuelle Schuld. Strafnormen im Völkerrecht sind daher überhaupt erst möglich, seitdem

1 Vgl. Friedrich Wilhelm Rothenpieler, Der Gedanke einer Kollektivschuld in juristischer Sicht, Berlin 1982.

der einzelne auf der Ebene des Völkerrechts in Erscheinung tritt und nicht mehr bloßes Objekt der Völkerrechtsnormen ist. Aber es ist kein Zufall, daß zur gleichen Zeit, in der sich diese Bedingung zu erfüllen begann, auch der Krieg als Mittel der internationalen Politik geächtet wurde, wodurch die Vorbereitung und Durchführung eines Angriffskriegs zum internationalen Verbrechen wurde. Neben das aus älterer Zeit bekannte völkerrechtliche Verbrechen der Piraterie und einige Straftatbestände des Seerechts (z.B. Kabelvergehen), die schon im klassischen Völkerrecht normiert werden konnten, weil das hohe Meer seit dem Sieg der Meeresfreiheit ein völkerrechtlicher Gemeinschaftsraum war, traten im zweiten Viertel des 20. Jahrhunderts vor allen Dingen diejenigen Straftaten, die sich gegen das Friedensgebot richteten. Daneben begann man, auch die Verbrechen gegen die Menschlichkeit völkerrechtlich unter Strafe zu stellen. Den Anfang machte das Genfer Anti-Sklaverei-Abkommen vom 25. September 1926[2], das aber ebenso wie das Zusatzübereinkommen über die Abschaffung der Sklaverei, des Sklavenhandels und sklavereiähnlicher Einrichtungen und Praktiken vom 7. September 1956[3] keine eigenen Strafnormen enthält, sondern nur die Vertragsstaaten verpflichtet, entsprechende Gesetze zu erlassen und die überführten Täter schwer zu bestrafen.

Zur Bestrafung der Kriegsverbrecher des Zweiten Weltkriegs schlossen die Hauptsiegermächte (Frankreich, Großbritannien, Sowjetunion, USA) das Londoner Abkommen vom 8. August 1945, das die wichtigsten Tatbestände des völkerrechtlichen Strafrechts aufzeichnete: 1. Verbrechen gegen den Frieden, 2. Kriegsverbrechen, 3. Verbrechen gegen die Menschlichkeit. Verbrechen gegen den Frieden sind die Vorbereitung, Entfesselung und Führung eines Angriffskrieges. Kriegsverbrechen im engeren Sinn sind alle schweren Verletzungen des Kriegsrechts, z.B. Mißhandlung oder Deportation von Zivilpersonen in besetzten Gebieten, Mord oder Mißhandlung von Kriegsgefangenen, mutwillige Zerstörungen

2 RGBl. 1929 II, S. 64, LNTS Bd. 60, S. 253.
3 BGBl. 1958 II, S. 205.

nichtmilitärischer Anlagen, Plünderung usw.). Verbrechen gegen die Menschlichkeit sind schwere Verletzungen der Menschenrechte aus Motiven, die mit der Zugehörigkeit des Opfers zu einem bestimmten Staat, einer Volksgruppe, einer Rasse, Religion oder politischen Überzeugung zusammenhängen. Durch die Normierung dieses Tatbestandes war es möglich, auch die gegen Staatsangehörige des eigenen Landes begangenen Verbrechen (Beispiel: Judenverfolgungen in Deutschland) auf völkerrechtlicher Ebene zu ahnden.

Obwohl dem Londoner Abkommen vom August 1945 19 Staaten beitraten, waren doch die auf Grund dieses Abkommens gebildeten Gerichte („Internationale Militärtribunale" in Nürnberg und in Tokio), vor denen die Hauptkriegsverbrecherprozesse nach dem Zweiten Weltkrieg stattfanden, keine internationalen Gerichte, sondern interalliierte Gerichte, deren eigentliche Rechtsgrundlage von einem großen Teil der Lehre in Art. 43 HLKO (Besatzungsgericht) gesehen wird. Trotzdem bezeichnen viele Autoren die Kriegsverbrecherprozesse von Nürnberg und Tokio mit einer gewissen Berechtigung als wegweisende Neuerung. Die Generalversammlung der Vereinten Nationen bestätigte in einer Resolution vom 11. Dezember 1946 die „Nürnberger Prinzipien" und erteilte der Völkerrechtskommission den Auftrag, diese Prinzipien zu formulieren.[4] Aber ein entsprechender Entwurf der Völkerrechtskommission aus dem Jahre 1954[5] fand nicht die Billigung der Generalversammlung. Da in der Folgezeit die Weiterentwicklung des völkerrechtlichen Strafrechts kaum Fortschritte machte, wurde bereits das „Versanden einer fruchtbaren Idee"[6] beklagt.

Immerhin konnte die UNO noch einen Meilenstein setzen: die Konvention über die Verhütung und Bestrafung des Völkermordes vom 9. Dezember 1948[7]. Auch sie enthält keine eigene Strafnorm, sondern verpflichtet lediglich die Signatarstaaten, eine Reihe von Handlungen (nämlich Völkermord,

4 Resolution 95 (I), United Nations Yearbook 1946/47, S. 254.
5 Text in AJIL 1955 (Bd. 49), Supplement S. 17 ff.
6 Hans-Heinrich Jescheck, Völkerstrafrecht, in: WVR III, S. 782.
7 BGBl. 1954 II, S. 729, UNTS Bd. 78, S. 277.

Verschwörung zur Begehung von Völkermord, unmittelbare und öffentliche Anreizung zur Begehung von Völkermord, sowie versuchten Völkermord und Teilnahme am Völkermord) unter Strafe zu stellen.[8] Jedoch bestätigen die Signatarstaaten in Art. 1 der Konvention, „daß Völkermord, ob im Frieden oder im Kriege begangen, ein Verbrechen gemäß internationalem Recht ist". Die Definition des Völkermords umfaßt gemäß Art. 2 der Konvention die gegen die Mitglieder einer nationalen, ethnischen, rassischen oder religiösen Gruppe gerichteten Handlungen, die in der Absicht begangen werden, die Gruppe als solche ganz oder teilweise zu zerstören: Tötung von Mitgliedern der Gruppe; Verursachung von schwerem körperlichen oder seelischen Schaden an Mitgliedern der Gruppe; vorsätzliche Auferlegung von Lebensbedingungen für die Gruppe, die geeignet sind, ihre körperliche Zerstörung ganz oder teilweise herbeizuführen; Verhängung von Maßnahmen, die auf die Geburtenverhinderung innerhalb der Gruppe gerichtet sind; gewaltsame Überführung von Kindern der Gruppe in eine andere Gruppe.

Die Pläne für die Errichtung eines Internationalen Strafgerichtshofes gehen bis in das Jahr 1926 zurück, als die International Law Association, die Weltvereinigung der Völkerrechtler, den Entwurf eines Statuts für einen solchen Gerichtshof vorlegte. 1949 erarbeitete das Sekretariat der Vereinten Nationen einen neuen Entwurf, und in den Jahren 1951 und 1953 beschäftigte sich jeweils ein Sonderausschuß der Vereinten Nationen mit dieser Frage.[9] Aber die Völkerrechtskommission, die mittlerweile den Auftrag erhalten hatte, die Nürnberger Prinzipien zu kodifizieren, erklärte, daß die Zeit für die Errichtung eines solchen Gerichtshofs noch nicht reif sei. Vielmehr sollte zunächst ein Verbrechenskodex erarbeitet wer-

[8] Die Bundesrepublik Deutschland ist dieser Verpflichtung durch die Einführung von § 220 a in das Strafgesetzbuch nachgekommen.

[9] Vgl. Report of the 1953 Committee on International Criminal Jurisdiction, UN Doc. A/2645, GAOR (IX) Supplement No. 12 (1954).

den. Dieser Plan wurde 1978 aufgegriffen und beschäftigt seither die Generalversammlung und die Völkerrechtskommission.[10]

Literatur

Cherif Bassiouni, International criminal law: a draft international criminal code, Alphen 1980.

Cherif Bassiouni und Ved P. Nanda, A treatise on international criminal law, 2 Bde., Springfield, Ill. 1973.

Georg Dahm, Zur Problematik des Völkerstrafrechts, Göttingen 1956.

Henri Donnedieu de Vabres, Le procès de Nuremberg devant les principes modernes du droit pénal international, RdC 1947/I (Bd. 70), S. 477 ff.

Benjamin Ferencz, An international criminal court: a step toward world peace – documentary history and analysis, Dobbs Ferry, N.Y. 1979.

Benjamin Ferencz, International Criminal Court, in: Bernhardt (Hrsg.), EPIL, Instalment 1 (1981), S. 99 ff.

Wilhelm Grewe und Otto Küster, Nürnberg als Rechtsfrage, Stuttgart 1947.

Wolfgang Heidelmeyer, Über die Unverjährbarkeit von Kriegs- und Humanitätsverbrechen, VN 1969, S. 18 ff.

Kurt Heinze und Karl Schilling, Die Rechtsprechung der Nürnberger Militärtribunale, Bonn 1952.

Gerhard Hoffmann, Strafrechtliche Verantwortung im Völkerrecht, Frankfurt/M.–Berlin 1962.

Hans-Heinrich Jescheck, Die Verantwortlichkeit der Staatsorgane nach Völkerstrafrecht, Bonn 1952.

Hans-Heinrich Jescheck, Die internationale Genocidium-Konvention vom 9. Dezember 1948 und die Lehre vom Völkerstrafrecht, ZStW 1954, S. 193 ff.

Hans-Heinrich Jescheck, Die Entwicklung des Völkerstrafrechts nach Nürnberg, Schweizerische Z. f. Strafrecht 1957, S. 217 ff.

August von Knieriem, Nürnberg – Rechtliche und menschliche Probleme, Stuttgart 1953.

10 Vgl. die Resolution 36/106 der Generalversammlung vom 10. Dezember 1981, GAOR 36th Session, Supplement No. 51 (A/36/51), S. 239; Report of the International Law Commission, GAOR, 37 th Session, Supplement No. 10 (A/37/10), S. 271 f. (Bericht vom 14. Juli 1982). Zusammenfassender Bericht von Benjamin B. Ferencz, The Draft Code of Offences Against the Peace and Security of Mankind, AJIL 1981, S. 674 ff.

Gary Komarow, Individual responsibility under international law: the Nuremberg principles in domestic legal systems, ICLQ 1980, S. 21 ff.

L. Kos-Rabcewicz-Zubkowski, La création d'une cour pénale internationale et l'administration internationale de la justice, CYIL 1977, S. 253 ff.

John R. Lewis, Uncertain Judgment. A Bibliography of War Crimes Trials, Santa Barbara, Cal. 1979.

Paul Ratz, Über die völkerrechtlichen Grundlagen des Londoner Statuts vom 8. August 1945 und des Kontrollratsgesetzes Nr. 10, AVR 1952, S. 275 ff.

Bert V.A. Röling und C.F. Rüter (Hrsg.), The Tokyo judgement. The international military tribunal for the Far East 29 April 1946 – 12 November 1948, 2 Bde., Amsterdam 1977.

F.B. Schick, The Nuremberg Trial and the International Law of the Future, AJIL 1947, S. 770 ff.

Eberhard Schlepple, Das Verbrechen gegen den Frieden und seine Bestrafung, Frankfurt 1983.

Ignaz Seidl-Hohenveldern, Nürnberg und Vietnam, IRuD 1972, S. 219 ff.

Telford Taylor, Die Nürnberger Prozesse – Kriegsverbrechen und Völkerrecht, Zürich 1951.

Robert K. Woetzel, The Nuremberg Trials in International Law, London und New York 1962.

Quincy Wright, Legal Positivism and the Nuremberg Judgement, AJIL 1948, S. 405 ff.

Quincy Wright, The Law of the Nuremberg Trial, AJIL 1947, S. 38 ff.

Quincy Wright, Proposals for an International Criminal Court, AJIL 1952, S. 60 ff.

15. Internationale Rechtsprechung

15.1 Internationale Schiedsgerichtsbarkeit

Die Geschichte der internationalen Schiedsgerichtsbarkeit reicht bis in die Zeit vor der Periode des klassischen Völkerrechts. Aber die Schiedsgerichtsbarkeit des modernen Völkerrechts unterscheidet sich in einem wesentlichen Punkt von der mittelalterlichen: sie ist unter allen Umständen eine Streitschlichtung unter Gleichen. Die Autorität des Schlichters – sei es eine Einzelperson oder ein Gremium – leitet sich nicht aus dessen vorrangiger Rechtsstellung ab, wie etwa der des Papstes als Schiedsrichter im Mittelalter, sondern aus der Parteivereinbarung. Auch ist es im geltenden Völkerrecht selbstverständlich, daß ein Schiedsgericht nur nach Völkerrecht zu urteilen hat, es sei denn, die Parteien erlaubten ihm ausdrücklich, „nach Billigkeit" Recht zu sprechen. Alle diese Kriterien der internationalen Schiedsgerichtsbarkeit faßt Art. 37 des Haager Abkommens zur friedlichen Erledigung internationaler Streitfälle vom 18. Oktober 1907 in folgender Definition zusammen: „Erledigung von Streitigkeiten zwischen den Staaten durch Richter ihrer Wahl auf Grund der Achtung vor dem Rechte."

Das bereits erwähnte Haager Abkommen von 1907[1] konnte jedoch die Staaten nicht verpflichten, Schiedsgerichte zur Beilegung ihrer Streitigkeiten einzusetzen. Auch das heute geltende Völkerrecht enthält keine solche Verpflichtung. Aus der allgemeinen Friedenspflicht ist nur die in Art. 33 SVN niedergelegte Pflicht zur friedlichen Streiterledigung abzuleiten. Mit welchen Mitteln die Staaten diese Pflicht erfüllen, bleibt ihnen selbst überlassen. Aber schon das Abkommen von 1907 erklärt es in Art. 38 Abs. 2 für „wünschenswert", daß die Staaten beim Ausbruch einer internationalen Streitigkeit ein Schiedsgericht anrufen. Tun sie das, so verpflichten sie sich damit, „sich nach Treu und Glauben dem Schiedsspruche zu unterwerfen" (Art. 37 Abs. 2 des Abkommens).

[1] RGBl. 1910, S. 5.

Die Anrufung der Schiedssprechung ist nur möglich auf Grund einer vertraglichen Vereinbarung, die zwischen den Streitparteien besteht. Dabei ist es unerheblich, ob die Vereinbarung erst nach Ausbruch des Streites zustandekommt, oder ob sie bereits vorher bestanden hat. Schiedsvereinbarungen können in eigens zu diesem Zweck geschlossenen Verträgen (Schiedsverträgen) enthalten sein oder in Verträgen, die sich materiell mit irgendeinem Gegenstand beschäftigen und im Anschluß daran ein Schiedsverfahren für die aus der Anwendung und Auslegung des betreffenden Vertrags entstehenden Streitfragen normieren (sog. Schiedsklausel). In der Staatenpraxis finden sich beide Typen der Schiedsvereinbarungen in großer Zahl. Ein Beispiel für den ersten Typ ist der deutsch-schweizerische Schiedsvertrag vom 3. Dezember 1921[2], der in seinem Art. 1 die Vertragsparteien verpflichtet, „alle Streitigkeiten irgendwelcher Art, die zwischen ihnen entstehen und nicht in angemessener Frist auf diplomatischem Wege geschlichtet werden können, nach Maßgabe des gegenwärtigen Vertrags entweder einem Schiedsgerichtsverfahren oder einem Vergleichsverfahren zu unterwerfen." Ein Beispiel für den zweiten Typ ist die Schiedsklausel des deutsch-österreichischen Vermögensvertrages vom 15. Juni 1957,[3] der ein zweistufiges Streitbeilegungsverfahren (mit einer Ausgleichskommission und einem Schiedsgericht) vorsieht. In knapp zwölfjähriger Tätigkeit behandelte die Ausgleichskommission 1334 Fälle, während das Schiedsgericht in der gleichen Zeit 97 Fälle entschied.[4] Im Gegensatz zu der „institutionellen Schiedsgerichtsbarkeit" auf Grund von Schiedsverträgen oder Schiedsklauseln wird die auf einer ausdrücklichen Vereinbarung für einen bestimmten Fall beruhende Schiedsgerichtsbarkeit als „isolierte Schiedsgerichtsbarkeit" bezeichnet. Es ist heute durchaus üblich, in jeden Vertrag, der nicht bereits der Zuständigkeit eines institutionellen Schiedsgerichts unterfällt, eine Schiedsklausel aufzunehmen. Dadurch hat die internationale Schieds-

2 RGBl. 1922 I, S. 217.

3 BGBl. 1958 II, S. 130.

4 Vgl. Ignaz Seidl-Hohenveldern, The Austrian-German Arbitral Tribunal, Syracuse University Press 1972, S. IX.

gerichtsbarkeit im Rahmen der Anwendung und Auslegung von Verträgen ein beachtliches Ausmaß angenommen.

Je mehr sich die institutionelle Schiedsgerichtsbarkeit durchsetzte und die Anrufung von Schiedsgerichten zur Routine wurde, desto mehr trat eine Einrichtung in den Hintergrund, die früher eine große Rolle gespielt hat: das Kompromiß (nach neuerem Sprachgebrauch auch: der Kompromiß). Es ist die Einigung der Streitparteien, sich dem Schiedsspruch zu unterwerfen. Die in Schiedsverträgen oder Schiedsklauseln enthaltene Verpflichtung dieser Art ist ein generelles oder „antizipiertes Kompromiß", während die für einen bestimmten Streitfall vereinbarte Schiedsgerichtsbarkeit auf einem Spezialkompromiß beruht. Häufig einigen sich auch die auf Grund eines generellen Kompromisses zur Unterwerfung unter eine Schiedsgerichtsbarkeit verpflichteten Parteien vor der Anrufung des Schiedsgerichts, daß der Fall dem Schiedsgericht unterbreitet werden soll. Diese Einigung ist ein „uneigentliches Kompromiß".[5]

Das Verfahren vor den Schiedsgerichten unterscheidet sich nicht von einem richterlichen Verfahren. In der Regel findet nach einem schriftlichen Vorverfahren eine mündliche Verhandlung statt. Das Verfahren endet mit einem Schiedsspruch, der nur die streitenden Parteien bindet. Bei Streitfällen über die Auslegung multilateraler Verträge können jedoch noch andere Signatarstaaten dem Verfahren beitreten und werden dann ebenfalls durch den Schiedsspruch gebunden. Die Vollstreckung des Schiedsspruchs erfolgt auf der Grundlage der vorherigen Unterwerfung unter die Schiedsgerichtsbarkeit. Diese Rechtsregel ist in Art. 37 Abs. 2 des Haager Abkommens von 1907 kodifiziert.

Die Parteien legen das Verfahren und die Besetzung des Schiedsgerichts durch Vereinbarung fest. Der Ausdruck „institutionelle Schiedsgerichtsbarkeit" darf nicht zu der Annahme verleiten, daß institutionelle Schiedsgerichte permanent tagen. Vielmehr ist auch bei ihnen die Regel, daß das Schiedsgericht für jeden Streitfall neu konstituiert wird. Die Schieds-

5 Vgl. Karin Oellers-Frahm, Compromis, in: Bernhardt (Hrsg.), EPIL, Instalment 1 (1981), S. 45 ff.

verträge und Schiedsklauseln enthalten daher in der Regel Vorschriften für die Bestellung der Schiedsrichter. Das II. Haager Abkommen vom 18. Oktober 1907 hat diese Aufgabe wesentlich erleichtert, indem es den „Ständigen Schiedshof" einrichtete (Art. 41–50 des Abkommens), der nicht etwa ein Schiedsgericht ist, sondern im Grunde genommen nur eine Liste von Völkerrechtlern, die als Schiedsrichter zur Verfügung stehen. Jeder Signatarstaat des Haager Abkommens von 1907 darf bis zu vier Experten als „Mitglieder des Schiedshofs" benennen. Das Büro des Schiedshofs, das seinen Sitz im Haag hat, teilt diese Liste allen Signatarstaaten mit und hält sie auf dem laufenden. Die Mitglieder des Schiedshofs werden für einen Zeitraum von 6 Jahren ernannt. Ihre Wiederernennung ist zulässig. Parteien, die eine institutionelle Schiedsgerichtsbarkeit vereinbart haben und sich auf Grund vertraglicher Vereinbarung des Schiedshofs bedienen, brauchen nur Schiedsrichter aus der Liste zu wählen, die dann das durch den Schiedsvertrag oder die Schiedsklausel vorgesehene Schiedsgericht bilden und die vereinbarte Verfahrensordnung anwenden. Auch bei isolierten Schiedsgerichten steht es den Parteien frei, die Richter aus der Liste des Schiedshofs zu wählen und die Konstituierung des Schiedsgerichts selbst vorzunehmen. Sie können sich zu diesem Zweck aber auch der Hilfe des Büros des Ständigen Schiedshofs im Haag bedienen und das Schiedsgericht dort tagen lassen (Art. 45 des Abkommens). Insofern verdient der Ständige Schiedshof seinen Namen.

Die weite Verbreitung der internationalen Schiedsgerichtsbarkeit und die zunehmende Reife und Übereinstimmung ihrer Normierungen bewog die Völkerrechtskommission dazu, das Recht der Schiedsgerichtsbarkeit gleich zu Beginn ihrer Tätigkeit als „kodifikationsreif" zu bezeichnen. Nachdem bereits am 28. April 1949 eine Revidierte Generalakte für die friedliche Lösung internationaler Streitigkeiten unter den Auspizien der UNO zustandegekommen war,[6] verabschiedete die Gene-

[6] UNTS Bd. 71, S. 102. Die revidierte Generalakte ersetzte die Genfer Generalakte des Völkerbunds über die friedliche Beilegung von Streitigkeiten vom 26.9.1928, LNTS Bd. 93, S. 343; diese war von Deutschland nicht ratifiziert worden.

ralversammlung der Vereinten Nationen auf der Grundlage eines von der Völkerrechtskommission ausgearbeiteten Entwurfs am 14. November 1958 die „Modellregeln für die Schiedsgerichtsbarkeit".[7] Die Form eines Beschlusses wurde gewählt, weil eine Konvention für unzweckmäßig gehalten wurde. Die Modellregeln (Model Rules on Arbitral Procedure) sollen nur die Abfassung bilateraler Schiedsverträge erleichtern. Sie modernisieren insofern das Haager Abkommen von 1907, dessen Geltung durch die Modellregeln jedoch nicht berührt wird.

Die Schiedsgerichtsbarkeit ist durch ihre Erwähnung in Art. 33 Abs. 1 SVN aufgewertet worden. Im Urteil von Rechtslehre und Praxis genießt sie hohes Ansehen. Das gilt sowohl für den Ständigen Schiedshof als auch für die vertraglich begründete Schiedsgerichtsbarkeit in ihren verschiedenen Formen. An das traditionelle Schiedsrichteramt des Hl. Stuhls (vgl. oben 3.4) erinnerte der Schiedsspruch in dem Streit zwischen Argentinien und Chile über den Verlauf der Grenze im Bereich des Beagle-Kanals an der Südspitze Amerikas. Von den Streitparteien beauftragt, verkündete der Hl. Stuhl am 15. September 1982 seinen Schiedsspruch.[8]

[7] Resolution Nr. 1262 (XIII) GAOR 13, Suppl. Nr. 9 – A/3859; auch abgedr. in AJIL 1959 (Bd. 53), S. 230 ff. und in Berber, Völkerrecht. Dokumentensammlung, Bd. II, München und Berlin 1967, S. 1760 ff.

[8] B. Bollecker-Stern, L'arbitrage dans l'affaire du canal de Beagle entre l'Argentine et le Chili, RGDIP 1979, S. 7 ff.; A. Brouillet, La médiation du Saint-Siège dans le différend entre l'Argentine et le Chili sur la zone australe, AFDI 1979, S. 47 ff.; F.V., The Beagle Channel Affair, AJIL 1977, S. 733 ff.; Karl Hernekamp, Der argentinisch-chilenische Grenzstreit am Beagle-Kanal, Hamburg 1980; D.M. Himmelreich, The Beagle Channel affair: a failure in judicial persuasion, VJTL 1979, S. 971 ff.; J. Dutheil de La Rochère, L'affaire du canal du Beagle, AFDI 1977, S. 408 ff.; Karin Oellers-Frahm, Der Schiedsspruch in der Beagle-Kanal-Streitigkeit, ZaöRV 1979, S. 341 ff.; Malcolm Shaw, The Beagle Channel arbitration award, IR 1978, S. 415 ff.

Literatur

L. Caflisch, L'avenir de l'arbitrage interétatique, AFDI 1979, S. 9 ff.

Peter Fischer, Das Recht der Internationalen Schiedsgerichtsbarkeit „Revisited", ÖZöR 1980, S. 279 ff.

J.P.A. François, La Cour Permanente d'Arbitrage, son origine, sa jurisprudence, son avenir, RdC 1955/I (Bd. 87), S. 457 ff.

Hans-Joachim Hallier, Bearb., Internationale Gerichte und Schiedsgerichte. (Verträge, Satzungen, Verfahrensordnungen), Köln–Berlin 1961.

Hans von Mangoldt, Die Schiedsgerichtsbarkeit als Mittel internationaler Streitschlichtung, Berlin 1974.

Hans von Mangoldt, Arbitration and Conciliation Treaties, in: Bernhardt (Hrsg.), EPIL, Instalment 1 (1981), S. 28 ff.

Franciscek Przetacznik, Sovereign immunity and international arbitration, RDI 1979, S. 188 ff., 291 ff.

G.A. Raymond, Conflict resolution and the structure of the state system. An analysis of arbitrative settlements, Alphen 1980.

Hans-Jürgen Schlochauer, Die Entwicklung der internationalen Schiedsgerichtsbarkeit, AVR 1962/63 (Bd. 10), S. 1 ff.

Hans-Jürgen Schlochauer, Die Verfahrensordnung des Ständigen Schiedshofes für Streitigkeiten zwischen einem Staat und einer nichtstaatlichen Partei, AVR 1964/65 (Bd. 12), S. 173 ff.

Hans-Jürgen Schlochauer, Arbitration, in: Bernhardt (Hrsg.), EPIL, Instalment 1 (1981), S. 13 ff.

Hans-Jürgen Schlochauer, Permanent Court of Arbitration, in: Bernhardt (Hrsg.), EPIL, Instalment 1 (1981), S. 157 ff.

Ignaz Seidl-Hohenveldern, Arbitration by Organs of International Organizations, in: Fs f. Martin Domke, Den Haag 1967, S. 322 ff.

J. Gillis Wetter, The international arbitral process. Public and private, Dobbs Ferry, N.Y. 1979 (5 Bde.).

Norbert Wühler, Arbitration Clause in Treaties, in: Bernhardt (Hrsg.), EPIL, Instalment 1 (1981), S. 34 ff.

Elisabeth Zoller, Observations sur la révision et l'interprétation des sentences arbitrales, AFDI 1978, S. 327 ff.

15.2. Der Internationale Gerichtshof

Der Internationale Gerichtshof (IGH) mit Sitz im Haag ist der Nachfolger des Ständigen internationalen Gerichtshofs (StIGH), der ein Organ des Völkerbundes war und im vorstehenden bereits erwähnt worden ist, weil sein Statut in Art.

38 eine Aufzählung der Völkerrechtsquellen enthält.[1] Der IGH hat das Statut des StIGH ohne inhaltliche Änderungen übernommen und nur insofern der neuen Rechtslage angepaßt, als der IGH ein Organ der Vereinten Nationen und sein Statut Teil der UNO-Satzung ist, woraus sich formelle Textänderungen ergaben. Trotz der Übernahme des Statuts ist aber der IGH nicht die bloße Fortsetzung des StIGH, sondern ein neuer Gerichtshof, der auf der Grundlage der UNO-Satzung neu errichtet wurde. Da alle Mitglieder der Vereinten Nationen automatisch Vertragsparteien des Statuts des IGH sind, ist das IGH-Statut (mit einer amtlichen deutschen Übersetzung) zusammen mit dem Gesetz über den Beitritt der Bundesrepublik Deutschland zur UNO im Bundesgesetzblatt veröffentlicht worden.[2] Bereits vorher konnte aber die Bundesrepublik Deutschland vor dem IGH auftreten, da sie die Parteifähigkeit gemäß Art. 35 Abs. 2 des Statuts erworben hatte.[3] Mit der Aufnahme in die UNO wurde diese Rechtsstellung von der umfassenderen Rechtsstellung als UNO-Mitglied absorbiert.

Obwohl der IGH die Bezeichnung „ständig" nicht mehr in seinem Titel trägt, um sich vom StIGH zu unterscheiden, ist er doch ein ständiger Gerichtshof und unterscheidet sich dadurch wesentlich von der Schiedsgerichtsbarkeit. Hier können die Parteien (von der noch zu erörternden Einrichtung des ad-hoc-Richters abgesehen) die Richter nicht selbst wählen und die Verfahrensordnung sowie das anzuwendende Recht durch Parteivereinbarung bestimmen, sondern sie finden die Gerichtsorganisation, das Verfahrensrecht und die Bestimmung des anzuwendenden Rechts (Art. 38 des Statuts!) vor. Eine derartige Einrichtung ist das Kennzeichen einer sich verdichtenden internationalen Organisation. Aber trotzdem

1 Vgl. oben S. 223 ff. Zum StIGH vgl. Alexander P. Fachiri, The Permanent Court of International Justice, Nachdruck der 2. Aufl. (London 1932), Aalen 1980.

2 BGBl. 1973 II, S. 505 ff.

3 S. unten S. 502. Vgl. Dieter Blumenwitz, Die mögliche Gestaltung der Beziehung der Bundesrepublik Deutschland zum Internationalen Gerichtshof, GYIL 1978 (Bd. 21), S. 207 ff.

spielt der IGH in der Völkerrechtsgemeinschaft keineswegs die gleiche Rolle wie die richterliche Gewalt innerhalb der Staaten. Trotz der im vorstehenden zitierten Bestimmung des Art. 93 SVN ist nämlich der IGH nicht automatisch für alle Streitigkeiten zwischen UNO-Mitgliedern zuständig. Vielmehr beruht seine Zuständigkeit stets auf einer Vereinbarung der Parteien. Hieran zeigt sich erneut die genossenschaftliche Struktur des Völkerrechts, die sich auch unter dem Eindruck der neuesten Entwicklungen noch nicht grundlegend gewandelt hat. Art. 93 SVN macht lediglich die Mitglieder der UNO zu Parteien des IGH-Statuts, das ebenso wie die UNO-Satzung seiner Natur nach ein multilateraler Vertrag ist. Es regelt die Organisation des Gerichtshofs und sein Verfahren und bestimmt in Art. 36: „Die Zuständigkeit des Gerichtshofs erstreckt sich auf alle ihm von den Parteien unterbreiteten Rechtssachen sowie auf alle in der Charta der Vereinten Nationen oder in geltenden Verträgen und Übereinkommen besonders vorgesehenen Angelegenheiten." Die Bindung der UNO-Mitglieder an das IGH-Statut verpflichtet also diese Staaten nicht, ihre internationalen Streitigkeiten, oder auch nur einen Teil derselben, dem IGH vorzulegen. Auch die UNO-Satzung enthält eine solche Verpflichtung nicht. Art. 94 Abs. 1 SVN lautet: „Jedes Mitglied der Vereinten Nationen verpflichtet sich, bei jeder Streitigkeit, in der es Partei ist, die Entscheidung des Internationalen Gerichtshofs zu befolgen." Das ist praktisch nur die gleiche Verpflichtung, die jeder Staat, der sich durch einen Kompromiß einer Schiedsgerichtsbarkeit unterworfen hat, auf sich nimmt. Oder mit anderen Worten: die UNO-Satzung regelt nicht die Zuständigkeit des IGH, sondern nur die Frage der Parteifähigkeit vor dem IGH.

Danach gibt es drei Möglichkeiten, die Parteifähigkeit vor dem IGH zu erwerben: 1. durch Mitgliedschaft in der UNO (Art. 93 Abs. 1, automatischer Erwerb der Parteifähigkeit). 2. Beitritt zum Statut als Nichtmitglied der UNO durch Beschluß der Generalversammlung auf Empfehlung des Sicherheitsrats (Art. 93 Abs. 2; auf diesem Wege haben die Schweiz, Liechtenstein und San Marino die Parteifähigkeit beim IGH erworben). 3. Zulassung auf Grund von Art. 35 Abs. 2 des IGH-Statuts. Art. 35 bestimmt zunächst in Abs. 1, daß der

Zugang zum IGH allen Staaten offensteht, die Vertragsparteien des Statuts sind, und fährt dann in Abs. 2 fort: „Die Bedingungen, unter denen der Zugang zum Gerichtshof anderen Staaten offensteht, werden... vom Sicherheitsrat festgelegt." Der Sicherheitsrat hat am 15. Oktober 1946 einen entsprechenden Beschluß gefaßt.[4] Danach dürfen Nichtmitglieder der UNO die Parteifähigkeit vor dem IGH erwerben, wenn sie sich generell oder im Einzelfall der Gerichtsbarkeit des IGH unterwerfen und sich verpflichten, der Entscheidung des IGH und allen Verpflichtungen eines UNO-Mitglieds gemäß Art. 94 SVN nachzukommen. Die Bundesrepublik Deutschland hat diese Erklärung lange vor ihrem Beitritt zur UNO mehrfach für die aus einzelnen Verträgen entstehenden Streitigkeiten abgegeben, z.B. am 7. Mai 1956[5], am 18. April 1955[6] und am 29. April 1961.[7]

Die wichtigste Grundentscheidung bezüglich der Parteifähigkeit enthält Art. 34 Abs. 1 des IGH-Statuts: „Nur Staaten sind berechtigt, als Parteien vor dem Gerichtshof aufzutreten." Damit wurde die alte Grundregel des klassischen Völkerrechts bestätigt, wonach Einzelpersonen und nichtstaatliche Personenverbindungen keinen Zugang zu internationalen Gerichten haben.[8] Aber auch einigen Völkerrechtssubjekten wird die Parteifähigkeit vor dem IGH verwehrt, nämlich denjenigen, die nicht Staaten sind, wie die internationalen Organisationen, der Hl. Stuhl, das IKRK usw.

Zur Einholung von Rechtsgutachten des IGH sind alle „Einrichtungen" berechtigt, „die durch die Charta der Vereinten Nationen oder im Einklang mit ihren Bestimmungen zur Einholung eines solchen Gutachtens ermächtigt" sind

4 Vgl. Hans-J. Hallier, Internationale Gerichte und Schiedsgerichte, Köln–Berlin 1961, S. 90.

5 BGBl. 1956 II, S. 809; Anlaß: Beitritt zur Völkermordkonvention.

6 BGBl. 1956 II, S. 810; Anlaß: Beitritt zum Brüsseler Vertrag vom 17.3.1948.

7 BGBl. 1961 II, S. 1026; Anlaß: Beitritt zur Europäischen Konvention über die friedliche Beilegung von Streitigkeiten.

8 Vgl. Friedrich August von der Heydte, L'individu et les tribunaux internationaux, RdC 1962/III (Bd. 107), S. 297 ff.

(Art. 65 Abs. 1 des IGH-Statuts). Art. 96 SVN ermächtigt die Generalversammlung und den Sicherheitsrat zur Einholung von Rechtsgutachten des IGH und bestimmt ferner, daß andere Organe und die Sonderorganisationen der UNO von der Generalversammlung im Einzelfall ermächtigt werden können, ebenfalls Gutachten des IGH über Fragen aus ihrem Tätigkeitsbereich einzuholen.[9]

[9] Von dieser Möglichkeit ist Gebrauch gemacht worden. Vgl. Gutachten vom 28. Mai 1948 (Bedingungen für die Zulassung eines Staates zur Mitgliedschaft in der UNO), I.C.J. Reports 1947/48, S. 57; Gutachten vom 11. April 1949 (Ersatz für im Dienste der UNO erlittene Schäden), I.C.J. Reports 1949, S. 174; Gutachten vom 30. März und 18. Juli 1950 (Interpretation der Friedensverträge mit Bulgarien, Ungarn und Rumänien), I.C.J. Reports 1950, S. 65 und S. 221; Gutachten vom 3. März 1950 (Kompetenz der Generalversammlung für die Aufnahme eines Staates in die UNO), I.C.J. Reports 1950, S. 4; Gutachten vom 11. Juli 1950 (Südwestafrika), I.C.J. Reports 1950, S. 128; Gutachten vom 28. Mai 1951 (Vorbehalte zur Konvention über Verhütung und Bestrafung des Völkermords), I.C.J. Reports 1951, S. 15; Gutachten vom 13. Juni 1954 (Wirkung von Entscheidungen des Verwaltungsgerichts der Vereinten Nationen), I.C.J. Reports 1954, S. 47; Gutachten vom 7. Juli 1955 (Berichte und Petitionen betr. Südwestafrika), I.C.J. Reports 1955, S. 67; Gutachten vom 23. Oktober 1956 (Urteile des Verwaltungsgerichts der ILO), I.C.J. Reports 1956, S. 77; Gutachten vom 1. Juni 1956 (Petitionen an den Ausschuß für Südwestafrika), I.C.J. Reports 1956, S. 23; Gutachten vom 8. Juni 1960 (Satzung des Maritime Safety Committee), I.C.J. Reports 1960, S. 150 ff.; Gutachten vom 20. Juli 1962 (Ausgaben der Vereinten Nationen), I.C.J. Reports 1962, S. 151; Gutachten vom 21. Juni 1971 (Namibia-Gutachten), I.C.J. Reports 1971, S. 16; Gutachten vom 12.7.1973 (Revision eines Urt. des UN-Verwaltungsgerichts, I.C.J. Reports 1973, S. 166; Gutachten vom 16.10.1975 (Westsahara), I.C.J. Reports 1975, S. 12; Gutachten vom 20.12.1980 (Auslegung eines Abkommens zwischen Ägypten und der WHO), I.C.J. Reports 1980, S. 73; Gutachten vom 20.7.1982 (Revision eines Urteils des UN-Verwaltungsgerichts) I.C.J. Reports 1982, S. 325 ff. Hierzu Helmut Alexy, Die Inanspruchnahme des IGH durch die Organe der Vereinten Nationen, ZaöRV 1961, S. 473 ff.; Olivier Audéoud, La Cour Internationale de Justice et le règlement des différends au sein des Organisations Internationales, RGDIP 1977, S. 945 ff.; C.J. Chacko, The Possible Expansion of the Advisory Jurisdiction of the International Court of Justice, in: Fs f. Krishna Rao, Leiden 1976, S. 214 ff.; Benedetto Conforti, Observations on the Advisory Function of the International Court of Justice, in: Antonio Cassese, Hrsg., UN Law/Fundamental Rights, Alphen

Der IGH besteht aus 15 Mitgliedern, die aus 15 verschiedenen Staaten kommen müssen (Art. 3 Abs. 1 des Statuts) und von der Generalversammlung und vom Sicherheitsrat für die Dauer von 9 Jahren gewählt werden. Wiederwahl ist zulässig. Richter, die Staatsangehörige der Parteien sind, behalten das Recht, an den Sitzungen über die vor dem Gerichtshof anhängige Sache teilzunehmen. Mehr noch: gehört dem Gerichtshof kein Richter an, der die Staatsangehörigkeit der Parteien besitzt, so sind diese berechtigt, jeweils einen weiteren Richter zur Entscheidung über diesen Streitfall zu bestimmen (Richter ad hoc). Die betreffenden Richter wirken völlig gleichberechtigt an der Entscheidung mit (Art. 31 des Statuts). Dieser Bestimmung liegt die Hoffnung zugrunde, daß die zu Richtern bestellten Völkerrechtler absolut objektiv sind.[10]

1979, S. 85 ff.; Michla Pomerance, The Advisory Function of the International Court in the League and U.N. Eras, Baltimore–London 1973; H.W.A. Thirlway, Advisory Opinions of International Courts, in: Bernhardt (Hrsg.), EPIL, Instalment 1 (1981), S. 4 ff.

[10] Zur Auswahl und Tätigkeit der Richter vgl. S.K. Chaterjee, The role of the ad hoc judge in the International Court of Justice, IJIL 1979, S. 372 ff.; M.D. Copithorne, The Permanent Court of Arbitration and the election of members of the International Court of Justice, CYIL 1978, S. 315 ff.; J.B. Golden, The World Court: the qualifications of the judges, Columbia J of Law and Social Problems 1978, S. 1 ff.; Edvard Hambro, Dissenting and individual opinions in the International Court of Justice, ZaöRV 1956/57, S. 229 ff.; Rosalyn Higgins, Non-identification of the majority and minority in the practice of the International Court of Justice, in: Gedächtnisschrift f. Wolfgang Friedmann, Den Haag 1979, S. 134 ff.; Henri Isaia, Les opinions dissidentes des juges socialistes dans la jurisprudence de la C.I.J., RGDIP 1975, S. 657 ff.; F. Jhabvala, Declarations by judges of the International Court of Justice, AJIL 1978, S. 830 ff.; Manfred Lachs, Le juge international à visage découvert, les opinions et le vote, in: Fs f. Miaja de la Muela, Madrid 1979, S. 939 ff.; Denise Mathy, Un juge ad hoc en procédure consultative devant la Cour Internationale de Justice, RBDI 1976, S. 528 ff.; Lyndel V. Prott, Der internationale Richter im Spannungsfeld der Rechtskulturen, Berlin 1975; Oscar Schachter, Creativity and Objectivity in International Tribunals, in: Fs f. Hermann Mosler, Berlin–Heidelberg–New York 1983, S. 813 ff.; J.R. Sun, National judges in advisory proceedings of the International Court, IJIL 1979, S. 20 ff.

Die Zweifel an der Objektivität der Richter des IGH, die sich in der Zeit des kalten Krieges oft bis zu Zweifeln an der richterlichen Unabhängigkeit verdichteten, beeinträchtigen die Bedeutung des IGH nicht nur in der öffentlichen Meinung, sondern auch im strengen juristischen Sinn. Dies beruht auf dem Mechanismus einer Vorschrift, die nach dem Willen der Schöpfer des Statuts genau das Gegenteil erreichen soll, nämlich der Fakultativklausel des Art. 36 Abs. 2 des IGH-Statuts. Wer die Position des IGH in der gegenwärtigen Völkerrechtsordnung richtig einschätzen will, muß vor allem wissen, wie sich diese Vorschrift in das System des geltenden Völkerrechts einfügt.

Es ist bereits darauf hingewiesen worden, daß das allgemeine Völkerrecht keinen Rechtssatz enthält, der eine obligatorische internationale Gerichtsbarkeit zu tragen vermöchte. Auch die Satzung der Vereinten Nationen kann einen solchen Rechtssatz nicht enthalten; denn die UNO beruht – wie Art. 2 Ziff. 1 SVN betont – „auf dem Grundsatz der souveränen Gleichheit aller ihrer Mitglieder". Damit steht fest, daß die Unterwerfung unter eine internationale Gerichtsbarkeit oder Schiedsgerichtsbarkeit nur durch Parteivereinbarung möglich ist. Andererseits steht aber ebenso eindeutig fest, daß das Problem der friedlichen Streitbeilegung nur dann im Einklang mit den Grundprinzipien des „neuen" Völkerrechts gelöst werden kann, wenn sich der Gedanke der obligatorischen Gerichtsbarkeit im Völkerrecht durchsetzt.[11] Wie bei allen Tendenzen

[11] Hierzu: Guillaume Bacot, Réflexions sur les clauses qui rendent obligatores les avis consultatifs de la C.P.J.I. et de la C.I.J., RGDIP 1980, S. 1027 ff.; Rudolf Bernhardt, Das Gegenseitigkeitsprinzip in der obligatorischen internationalen Gerichtsbarkeit, in: Fs f. Paul Guggenheim, Genf 1968, S. 615 ff.; André Cocatre-Zilgien, Justice internationale facultative et justice internationale obligatoire, RGDIP 1976, S. 689 ff.; Günther Doeker, Das Connally Amendment und die obligatorische internationale Gerichtsbarkeit, AVR 1963/64, S. 155 ff.; Fritz Münch, Das Institut de Droit International und die obligatorische Gerichtsbarkeit, in: Fs zum 100jährigen Bestehen des Institut de Droit International, Berlin 1974, S. 101 ff.; Fritz Münch, Zum Stand der internationalen obligatorischen Gerichtsbarkeit, ZaöRV 1961, S. 221 ff.; Wilfried Niedermeier, Der Beitritt der Bundesrepublik Deutschland zum Statut des Internationalen Gerichtshofes unter besonderer Berücksichtigung

der völkerrechtlichen Entwicklung in der seit dem Ende des klassischen Völkerrechts bestehenden Umbruchsituation, müssen die entscheidenden Impulse von den Mitgliedern der Völkerrechtsgemeinschaft selbst ausgehen. Das Statut des IGH eröffnet ihnen hierzu die Möglichkeit in Art. 36 Abs. 2, der folgenden Wortlaut hat:

„Die Vertragsstaaten dieses Statuts können jederzeit erklären, daß sie die Zuständigkeit des Gerichtshofs von Rechts wegen und ohne besondere Übereinkunft gegenüber jedem anderen Staat, der dieselbe Verpflichtung übernimmt, für alle Rechtsstreitigkeiten über folgende Gegenstände als obligatorisch anerkennen:
a) die Auslegung eines Vertrags;
b) jede Frage des Völkerrechts;
c) das Bestehen jeder Tatsache, die, wäre sie bewiesen, die Verletzung einer internationalen Verpflichtung darstellt;
d) Art oder Umfang der wegen Verletzung einer internationalen Verpflichtung geschuldeten Wiedergutmachung."

Diese Bestimmung wird „Fakultativklausel" genannt, weil sie die Entscheidung in das Belieben der Staaten stellt.[12] Die Erklärung gemäß der Fakultativklausel ist beim Generalsekretär der Vereinten Nationen zu hinterlegen, der sie den Vertragsparteien des Statuts und dem Kanzler des IGH übermittelt. Sie kann „vorbehaltlos oder vorbehaltlich einer entsprechenden Verpflichtung mehrerer oder einzelner Staaten oder für einen bestimmten Zeitabschnitt abgegeben werden" (Art. 36 Abs. 3 des Statuts). Von der Möglichkeit der Befristung haben viele Staaten Gebrauch gemacht, um nach Ablauf einer gewissen Zeit (in der Regel 5 Jahre) erneut über die Ausnutzung der Fakultativklausel zu entscheiden. Andere Staaten

der obligatorischen Gerichtsbarkeit, Bern–Frankfurt/M. 1975; Fritz Wittmann, Das Problem des Obligatoriums in der internationalen Gerichtsbarkeit, Diss. München 1963.

[12] Vgl. Rainer Arnold, Probleme der Fakultativklausel in der internationalen Gerichtsbarkeit, in: Fs f. F.A.Frhr. von der Heydte, Berlin 1977, S. 3 ff.; Herbert W. Briggs, Reservations to the acceptance of compulsory jurisdiction of the International Court of Justice, RdC 1958/I (Bd. 93), S. 223 ff.; James Crawford, The legal effect of automatic reservations to the jurisdiction of the International Court, BYIL 1979, S. 63 ff.; J.G. Merrills, The optional clause today, BYIL 1979, S. 87 ff.; Manfred Rotter, Art. 36 Abs. 2 des Statuts des Internationalen Gerichtshofes, in: Fs f. Alfred Verdross, Berlin 1980, S. 631 ff.

haben widerrufliche Erklärungen abgegeben. Dagegen ist der Vorbehalt der Gegenseitigkeit selten, da er im Grunde überflüssig ist; denn der Grundsatz der Gegenseitigkeit (Reziprozität) beherrscht das gesamte Völkerrecht und hat zur Folge, daß die Unterwerfung unter die obligatorische Gerichtsbarkeit des IGH, die ja im Belieben der Staaten steht, in jedem Fall nur gegenüber denjenigen Staaten gilt, welche die gleiche Verpflichtung übernommen haben.

Viele Staaten versehen ihre gemäß Art. 36 Abs. 2 des IGH-Statuts abgegebene Erklärung jedoch mit einem weiteren Vorbehalt, nämlich dem Vorbehalt der staatlichen Zuständigkeit. Danach soll der IGH auch nach Inkrafttreten der Unterwerfungserklärung nicht für diejenigen Streitigkeiten zuständig sein, die zu den inneren Angelegenheiten des betreffenden Staates zählen. Ein solcher Vorbehalt ist in Art. 36 des IGH-Statuts nicht vorgesehen. Er stützt sich vielmehr auf das Interventionsverbot, das gemäß Art. 2 Ziff. 7 SVN auch für die Organe der UNO (also auch für den IGH) im Verhältnis zu den Mitgliedern der UNO gilt. Haben Nichtmitglieder der UNO die Parteifähigkeit vor dem IGH gemäß Art. 93 Abs. 2 SVN oder Art. 35 Abs. 2 des IGH-Statuts erworben, so gilt das Interventionsverbot für sie in gleicher Weise auf Grund des allgemeinen Völkerrechts. Diese Beschränkung der Rechtsprechung des IGH auf Angelegenheiten, die ihrem Wesen nach nicht zur inneren Zuständigkeit eines Staates gehören, ergibt sich aber bereits daraus, daß der IGH als internationales Gericht nur für völkerrechtliche Streitigkeiten zuständig ist. Dies wird durch Art. 38 des Statuts bekräftigt, wonach der IGH die ihm unterbreiteten Streitigkeiten „nach dem Völkerrecht" zu entscheiden hat. Und auch dann, wenn die Parteien dem IGH ausdrücklich eine Entscheidung nach Billigkeit (ex aequo et bono) gestatten, bedeutet dies nur, daß der IGH befugt ist, Lücken im Völkerrecht durch rechtsschöpfende Entscheidungen zu schließen. Soweit daher die Vorbehalte der Staaten sich darauf beschränken, die Unzuständigkeit des IGH für Streitigkeiten zu betonen, die „nach Völkerrecht ausschließlich zur Zuständigkeit innerstaatlicher Organe gehören", ist der Vorbehalt nur deklaratorisch. Soweit er aber in vagen Formulierungen die Zuständigkeit des IGH für solche Streitigkeiten ausschließt, welche „die Lebensinteressen" des betreffenden Staates berühren, ist seine Zulässigkeit umstritten.

Art. 36 Abs. 1 des IGH-Statuts bietet keinen Ausweg aus diesem Dilemma. Zwar bestimmt er, daß sich die Zuständigkeit des Gerichtshofs „auf alle ihm von den Parteien unterbreiteten Rechtssachen" erstreckt, was u.a. bedeutet, daß zwei Parteien durch Vereinbarung auch solche Rechtsstreitigkeiten dem IGH unterbreiten können, die nach allgemeinem Völkerrecht zur inneren Zuständigkeit eines Staates gehören. Aber bei dem Vorbehalt der staatlichen Zuständigkeit bei Erklärungen auf Grund der Fakultativklausel geht es um ein anderes Problem: die Erklärung bewirkt ja die Anerkennung der obligatorischen Gerichtsbarkeit des IGH, d.h. der Möglichkeit, einen Streit nicht nur durch Parteivereinbarung, sondern durch einfache Klage gegen einen anderen Staat – der die obligatorische Gerichtsbarkeit des IGH in gleicher Weise anerkannt hat – vor den IGH zu bringen. Hier taucht dann die Frage auf, inwieweit die beklagte Partei den Umfang des Vorbehalts bestimmen kann. In der bisherigen Praxis haben sich die Staaten häufig auf einen von ihnen erklärten Vorbehalt berufen, um im konkreten Fall die Zuständigkeit des IGH zu verneinen.[13] Dieses Verhalten widerspricht dem Art. 36 Abs. 6 des IGH-Statuts, nach dem der Gerichtshof bei Zweifeln an seiner Zuständigkeit selbst über die Frage der Zuständigkeit zu entscheiden hat.[14]

[13] Zwei Beispiele: 1. der Streit zwischen Großbritannien und Island (wegen der Fischereigewässer um Island), in dem der IGH seine Zuständigkeit ausdrücklich bejaht und Island zu einem bestimmten Verhalten aufgefordert hat, während Island das Verfahren vor dem IGH überhaupt nicht zur Kenntnis nahm; vgl. ICJ Reports 1972, S. 12 (30), 1973, S. 3 (49). 2. Der Streit zwischen Australien, Japan und Neuseeland einerseits, Frankreich andererseits wegen der französischen Atombombenversuche im Pazifik; vgl. Günter Hoog und Heidi Schröder-Schüler, Französische Kernwaffenversuche im Südpazifik, Frankfurt/M. 1973.

[14] Vgl. Paul Guggenheim, Der sogenannte automatische Vorbehalt der inneren Angelegenheiten gegenüber der Anerkennung der obligatorischen Gerichtsbarkeit des Internationalen Gerichtshofes in seiner neuesten Gerichtspraxis, Festschrift für Alfred Verdross, Wien 1960, S. 117 ff.

Der Vorbehalt der staatlichen Zuständigkeit hat die ohnehin begrenzte Wirkung der Fakultativklausel (nach dem Stand vom 31. März 1983 haben nur 47 Staaten Erklärungen gemäß Art. 36 Abs. 2 des IGH-Statuts abgegeben) erheblich eingeschränkt. So fällt im allgemeinen das Urteil über Wert und Bedeutung der Rechtsprechung des IGH negativ aus. Von der Warte der Weltpolitik gesehen, betreffen die Entscheidungen nur unbedeutende Fragen. Auch der Umfang der Rechtsprechungstätigkeit ist gering: 42 Urteile und 18 Gutachten in der Zeit vom 18. April 1946 (Eröffnungssitzung) bis Ende 1982[15]. Auf den Gebieten, welche die Entscheidungen und Gutachten des IGH betrafen, hat die Tätigkeit des IGH einen nicht zu unterschätzenden Beitrag zur Festigung und Fortentwicklung des Völkerrechts geleistet. Als Mittel der Streiterledigung steht die Rechtsprechung des IGH in keinem Verhältnis zu den tatsächlichen existierenden Streitfällen und liegt gegenwärtig noch weit unter der Bedeutung der internationalen Schiedsgerichtsbarkeit.

Die Bundesrepublik Deutschland hat den IGH zweimal angerufen, und zwar mit Erfolg.[16]

Literatur

Juraj Andrassy, Betrachtungen über die Zuständigkeit des Internationalen Gerichtshofes, ZaöRV 1958/59, S. 1 ff.

Rudolf Bernhardt, Homogenität, Kontinuität und Dissonanzen in der Rechtsprechung des Internationalen Gerichtshofs, ZaöRV 1973, S. 1 ff.

Rudolf Bernhardt, Internationale Gerichte und Schiedsgerichte in der gegenwärtigen Weltordnung. EA 1973, S. 363 ff.

J. Douma, Bibliography on the International Court Including the Permanent Court 1918–1964, Leiden 1966.

15 Der StIGH hat in der Zeit vom 30.1.1922 (erste Sitzung) bis zum 18.4.1946 (Auflösung) 32 Urteile gefällt und 27 Gutachten verfaßt. Zu berücksichtigen ist aber, daß die Tätigkeit des StIGH während des Krieges unterbrochen werden mußte.

16 Zur ersten Anrufung (Festlandsockelstreit) vgl. oben S. 153, die zweite betraf die Ausdehnung des Küstenmeeres durch Island und wurde vom IGH durch Urt. 25.7.1974 (ICJ Reports 1974, S. 175 ff.) entschieden.

Pierre Michel Eisemann, Vincent Coussirat-Coustere, Paul Hur, Petit manuel de la jurisprudence de la Cour Internationale de Justice, 3. Aufl., Paris 1980.

Gerald Fitzmaurice, Strasbourg and the Hague, in: Fs f. Giorgio Balladore Pallieri, Bd. 2, Mailand 1978, S. 280 ff.

Terumi Furukawa, Le double rôle de la Cour Internationale de Justice à l'égard des organisations internationales: Protection et contrôle, in: Fs f. Paul Reuter, Paris 1981, S. 293 ff.

John King Gamble Jr., Dana D. Fischer, The International Court of Justice, Toronto, London 1976.

Heribert Golsong, Role and functioning of the International Court of Justice, ZaöRV 1971, S. 673 ff.

André Gros, La recherche du consensus dans les décisions de la Cour Internationale de Justice, in: Fs f. Hermann Mosler, Berlin–Heidelberg–New York 1983, S. 351 ff.

Leo Gross, Hrsg., The Future of the International Court of Justice, 2 Bde., Dobbs Ferry 1976.

Geneviève Guyomar, Le nouveau règlement de procédure de la Cour Internationale de Justice, AFDI 1978, S. 321 ff.

Edvard Hambro, Some observations on the International Court of Justice after thirty years, in: Fs f. Giorgio Balladore Pallieri, Bd. 2, Mailand 1978, S. 306 ff.

Edvard Hambro, The Case Law of the International Court, Bd. 1–4, Leiden 1952–1966.

Edvard Hambro und Arthur Rovine, The Case Law of the International Court, Bd. 5–8, Leiden 1968–1976.

Edvard Hambro, The jurisdiction of the International Court of Justice, RdC 1950/I (Bd. 76), S. 121 ff.

Manfred Lachs, The revised procedure of the International Court of Justice, in: Gedächtnisschrift f. Haro F. van Panhuys, Alphen 1980, S. 21 ff.

Manfred Lachs, La Cour Internationale de Justice, organe judiciaire principal des Nations Unies, in: Fs f. Adolf F. Schnitzer, Genf 1979, S. 269 ff.

Richard B. Lillich und G. Edward White, The deliberative process of the International Court of Justice: A preliminary critique and some possible reforms, AJIL 1976, S. 28 ff.

Krystyna Marek, A digest of the decisions of the International Court, 2 Bde., Den Haag 1974–1978.

Edward McWhinney, The World court and the contemporary international law-making process, Alphen 1979.

Edward McWhinney, The Legislative Rôle of the World Court in an Era of Transition, in: Fs f. Hermann Mosler, Berlin–Heidelberg–New York 1983, S. 567 ff.

Hermann Mosler, Internationaler Gerichtshof: Richter und Schlichter zwischen den Nationen. Das Parlament 1966 Nr. 36/37, S. 5 ff.

Hermann Mosler, The International Court of Justice at its present stage of development, Dalhousie Law J 1979, S. 547 ff.

Hermann Mosler, Aktuelle Aspekte des Verfahrensrechts des Internationalen Gerichtshofes, in: Fs f. Stephan Verosta, Berlin 1980, S. 249 ff.

Hermann Mosler, Nichtteilnahme einer Partei am Verfahren vor dem Internationalen Gerichtshof, in: Fs f. Hans-Jürgen Schlochauer, Berlin 1981, S. 439 ff.

Hermann Mosler, Rudolf Bernhardt, Hrsg., Judicial Settlement of International Disputes. Berlin–Heidelberg–New York 1974.

Fritz Münch, Das Wesen der Rechtsprechung als Leitbegriff für die Tätigkeit des Internationalen Gerichtshofs, ZaöRV 1971, S. 712 ff.

Karin Oellers-Frahm, Die Verfahrensordnung des Internationalen Gerichtshofes vom 14. April 1978, AVR 1978/79, S. 309 ff.

B.A.S. Petrén, Some thoughts on the future of the ICJ, NYIL 1975, S. 59 ff.

Lyndel V. Prott, The future of the International Court of Justice, YBWA 1979, S. 331 ff.

Shabtai Rosenne, Documents on the International Court of Justice, 2. Aufl., Alphen 1979.

Shabtai Rosenne, The world court, 3. Aufl., Leiden 1973.

Hans-Jürgen Schlochauer, International Court of Justice, in: Bernhardt (Hrsg.) EPIL, Instalment 1 (1981), S. 72 ff.

Krysztof Skubiszewski, Elements of custom and the Hague Court, ZaöRV 1971, S. 810 ff.

Eric Suy, Die Zukunft der internationalen Gerichtsbarkeit, AVR 1959/60, S. 421 ff.

Hans Wehberg, Hans-Waldemar Goldschmidt, Der internationale Gerichtshof, Berlin 1972.

15.3 Internationale Gerichte mit regionaler Zuständigkeit

Überall dort, wo die Verdichtung der internationalen Organisation weiter fortgeschritten ist, nimmt der Gedanke einer internationalen Gerichtsbarkeit greifbare Formen an. Dies ist vor allem in Westeuropa der Fall. Hier hat sich die internationale Organisation sogar bereits zur Integration verdichtet und supranationale Organisationsformen hervorgebracht. Dementsprechend hat sich das Recht der Europäischen Gemeinschaften zu einer Sonderdisziplin entwickelt, deren Einzelheiten nicht mehr in den Völkerrechtslehrbüchern behandelt werden. Auch im vorstehenden ist daher jeweils nur auf die Besonderheiten der europäischen Entwicklung hingewiesen worden.

Der Europarat hat eine internationale Gerichtsbarkeit für den Vollzug der Konvention zum Schutze der Menschenrechte und Grundfreiheiten vom 7. August 1952 geschaffen.[1] Der Europäische Gerichtshof für Menschenrechte (mit Sitz in Straßburg) ist ein internationales Gericht, dessen Zuständigkeit sich räumlich auf diejenigen Mitglieder des Europarats beschränkt, die der EMK beigetreten sind und eine Erklärung gemäß Art. 46 EMK abgegeben haben, daß sie die Gerichtsbarkeit des Europäischen Gerichtshofs für Menschenrechte für alle Angelegenheiten, die sich auf die Auslegung und die Anwendung der EMK beziehen, als obligatorisch anerkennen.[2] Einzelheiten hierzu oben 10.1.5.

Die drei Europäischen Gemeinschaften (Europäische Gemeinschaft für Kohle und Stahl, EKGS, die Europäische Wirtschaftsgemeinschaft, EWG, und die Europäische Atomgemeinschaft, EURATOM oder EAG) verfügten ursprünglich über je einen eigenen Gerichtshof. Durch das Abkommen über die gemeinsamen Organe für die Europäischen Gemeinschaften vom 25. März 1957[3] sind diese drei Gerichte zu einem „Gerichtshof der Europäischen Gemeinschaften" zusammengefaßt worden. Er ist zugleich Verfassungsgericht und Verwaltungsgericht der Europäischen Gemeinschaften. Die Einzelheiten der mit der Organisation und Tätigkeit der europäischen Gerichtshöfe zusammenhängenden Fragen sind hier nicht zu behandeln.

1 Vgl. oben S. 368 ff.

2 Die Entscheidungen des Gerichtshofs werden zusammen mit den dazugehörigen Dokumenten veröffentlicht in Publications of the European Court of Human Rights, Serie A (Entscheidungen), und Serie B (Plädoyers und Dokumente).

3 BGBl. 1957 II, S. 1156 ff.

Personenregister

Abi-Saab, Georges 193, 422, 432
Abmeier, Klaus 406
Accioly, Hildebrando 488
Achter, Victor 67
Acimovic, Ljubivoje 309
Adam, H.T. 197
Adele, A.O. 308
Agnelli, Giovanni 382
Ago, Roberto 61, 240, 471
Ajomo, M.A. 106
Akehurst, Michael 23, 219, 230, 243, 246, 284, 482
Albano-Müller, Armin 186
Aldana, M.S. 488
Alexander, Yonah 172
Alexidze, Levan 228
Alexy, Helmut 504
Alpert, Geoffrey 441
Alston, Philip 363
Alting von Geusau, F.A.M. 116
Ambros, H. 171
Amond, Guido 173
Amerasinghe, C.F. 309
Amin, S.H. 151
Anand, Ram Prakash 94, 398
Ancel, Jacques 39
Andemicael, B. 106
Anderson, R.L. 151
Andrassy, Georges 115
Andrassy, Juraj 510
Ansprenger, Franz 99
Apunen, Osmo 284
Arangio-Ruiz, Gaetano 172, 253, 281, 325, 382
Arnold, Rainer 507
Arntz, Joachim 290
Atherton, Alexine 197
Auburn, F.M. 153, 401
Audeoud, Olivier 504
Ayala, Balthasar 68
Ayoob, Mohammed 325
de Azcàrrage, José Luis 69
Baade, Hans W. 335
Bacot, Guillaume 506
Badr, G.M. 488
Baer, Gunter 197
Bailey, Sydney D. 200, 290, 309, 446
Ballreich, Hans 197, 335
Baltl, Hermann 451
Barberis, Julio A. 127
Barile, Giuseppe 208, 230
Barkun, Michael 53
Barros, James 200
Bartoš, Milan 341
Bartsch, Hans-Jürgen 358
Bassiouni, Cherif 341, 493
Bauer, Otto 136
Baum, Karl B. 36
Baxter, Richard 40, 237, 446
Bayer, Hermann-Wilfried 274
Bazex, M. 163
Beaton, Leonard 297
Becher, Karl 101, 329
Becker, Jürgen 110
Becker, Karl 143
Bedjaoui, Mohammed 177, 338
Behrens, Fritz 415
Beitzke, Günther 383
Bello, Emmanuel G. 118
Bengtson, Hermann 61
Bennett, Alvin LeRoy 197
Bensalah, Tabrizi 309
Bentzien, Joachim 176
Berber, Friedrich 23, 28, 42, 85, 125, 224 f., 231, 250, 291, 313, 420, 483, 499
Berger, Gaston 49
Berlia, Georges 267
Berman, M.R. 212
Bernhardt, Rudolf 21, 24, 194, 230, 253, 267, 274, 282, 288, 293, 300 f., 303 f., 306, 308 ff., 323, 363, 366, 372 f., 398,

422, 440 f., 449, 472 f., 479, 497, 500, 505 f., 510, 512
Bernstein, Itamar 176
Berridge, Geoff 375
Bertram, Wilhelm 363
Best, Geoffrey 431
Bethlen, Stefan, Graf 379, 385
Beyerlin, Ulrich 309 f., 323, 366, 422, 471
Bienen, Henry 325
Bierzanek, Remigiusz 297, 482
Bilder, Richard B. 474
Billerbeck, Klaus 110
Billib, Roland A. 246
Bindschedler, Rudolf L. 132, 183, 197, 200, 297, 304, 308, 323f., 364, 419, 422, 429, 446, 449, 451, 453, 466
Bishop, William W. 26, 472
Bismarck, Fürst Otto von 80
Bismuth, J.L. 482
Bissell, R.E. 375
Bizec, René-François 335
Black, Cyril E. 116
Blackstone, William 263
Blecher, M.D. 151
Bleckmann, Albert 24, 110, 118, 197, 243, 248, 250, 257, 267, 269, 274, 471, 482
Bleicher, Samuel A. 254
Blenk-Knocke, Edda 36, 40, 47, 308, 318, 323, 327, 383
Blischtschenko, Igor P. 248, 341
Blittersdorf, Winrich, Freiherr von 173
Blix, Hans 432, 447
Bluhm, Karl-Walter 364
Blumenwitz, Dieter 40, 126, 156, 186, 220, 341, 501
Bluntschli, Johann Caspar 81
Boasson, Charles 47, 287
Bock, Michael 416
Böckenförde, Ernst-Wolfgang 81
Böckstiegel, Karl-Heinz 35, 309, 333, 407
Boehmer, Gerhard 274
Bogdan, Michael 246, 486
Böhmert, Viktor 85, 154, 163
Bohn, Michael 252
Bois, Philippe 382
Bokor-Szegö, Hanna 250
Bollecker-Stern, B. 499
Bond, R.D. 106
Bonjour, Edgar 452
Bonnet, Jean 99
Bormann, Axel 398
Born, Wolf-Ruthart 440, 446
Bos, Maarten 61, 197, 230, 473
Bossuyt, Marc J. 381
Bothe, Michael 193, 258, 267, 295, 309, 422, 432, 444, 447
Bouchez, L.T. 51
de Bougainville 155
Boumedra, Thahar 421
Bourquin, Maurice 50, 81, 297
Boutros-Ghali, Boutros 317
van Boven, Theo C. 364
Bowett, D.W. 193, 198, 284, 301, 472, 482
Boyle, A.E. 151
Bracht, Hans Werner 101
Bramsen, Christopher B. 415
Bretton, Philippe 432, 447
Breunig, Günter 175
Breycha-Vauthier, Alfred C. 205
Briggs, Herbert W. 26, 219, 250, 507
Brill, Heinz 186
Brinkmann, Matthias 200
Brintzinger, Ottobert L. 176
Broms, Bengt 200, 295
Brouillet, A. 499
Brown, E.D. 24, 151
Brown-John, C. Lloyd 295
Brownlie, Ian 24, 54, 284, 334, 338, 364, 488
Brückner, Jens 126, 201, 212, 355
Brüel, Erik 235
Bruha, Thomas 295
Bruns, Viktor 26, 43, 85
Bryde, Brun-Otto 300 f., 326, 479
Buchheit, L.C. 173
Büchner, Volker 237
Bueckling, Adrian 331, 403, 405ff.

Buergenthal, Thomas 173, 367, 373, 382
Bühl, Walter 47
Bülck, Hartwig 61, 230
Bull, Hedley 47
Bundu, A.C. 171
Burckhardt-Erne, Y. 175
Burhenne, Wolfgang E. 415
de Burlet, J. 175
Burrows, Noreen 325
Burton, J.W. 47
Busch, Eckart 151, 447
Busch, Jost-Dietrich 200
Buschbeck, Konrad 407
Bush, W.M. 401
Busse-Steffens, Meggy 47
Butler, G. 115
Butler, William E. 40, 104
du Buy, Frans Hendrik 384
Buzan, Barry 47

Caflisch, L. 500
Cahier, Philippe 471
Calogeropoulos-Stratis, S. 173
Cançado Trindade, A.A. 488
Cane, Peter 317
Cansacchi, Giorgio 170
Cantori, Louis J. 106
Capotorti, Francesco 384, 474
Carbone, Sergio 461
Cardinale, Hyginus Eugene 204
Casaroli, Agostino 204
Cassese, Antonio 173 f., 212 f., 248, 297, 364, 420 f., 432, 440, 447, 482, 504
Cassin, René 364
Castañeda, Jorge 254
Castlereagh 79
Castren, Erik 116
Cavaré, Louis 24
Chacko, C.J. 504
Charney, Jonathan I. 335
Chaterjee, S.K. 505
Chaumont, Charles 453
Chehabi, Houchang E. 156
Chemillier-Gendreau, Monique 51
Chen, Lungchu 365, 382
Cheng, Bin 405
Chilecki, E. 101
Chimni, B.S. 325
Chou-Young, Hu 174
Chowdhury, Subrata Roy 173
Christol, Carl Q. 405, 407
Cieplinska, Maria J. 333
Clark, Roger S. 173, 356
von Clausewitz, Carl 72
Cocatre-Zilgien, André 506
Cohn, G. 89
Colin, J.P. 94, 420
Colliard, Claude-Albert 176, 317
Collier, John G. 221, 365
Collins, Edward 116
Colson, David A. 152
Combacau, Jean 25
Comras, V.D. 173
Conforti, Benedetto 237, 504
Connelly, A.M. 56
Copithorne, M.D. 505
Coplin, William D. 116
Corbett, P.E. 36, 116
Courteix, S. 403, 405
Cousin, Marie-Elisabeth R. 335
Coussirat-Coustere, Vincent 511
Cram, Kurt-Georg 69
Crawford, James 164, 172, 507
Cristescu, Aureliu 173
Critchley, J. 297
de Cuéllar, Perez 295
Czempiel, Ernst-Otto 47, 87, 287

Daerr, Wolf 446
Dahlheim, Werner 61
Dahm, Georg 24, 220, 284, 321, 482, 493
Dai, Poeliu 193
D'Amato, Anthony A. 243, 254
Daudet, Yves 335
Dauses, Manfred 372, 404, 407
David, Arie E. 474
David, Eric 421
David, Vaclav 113
Decaux, Emmanuel 320, 364
Decker, Günter 139, 173

Degan, V.D. 309
Dekker, J.F. 338
Delbrück, Jost 109, 116, 139, 173, 193, 290, 293, 301, 364, 377, 381 f., 405
Delupis, I. 170
Dembinski, Ludwik 176
Demel, Bruno 416
Demichel, Francine 118
Dennert, Jürgen 87
Denza, Eileen 350
Derpa, Rolf M. 284
Descamps, Edouard 115
Deutsch, Karl Wolfgang 47
van Deventer, Henry W. 421
Dewast, Philippe 193
Dicke, Detlev 110, 156, 290, 326
Dickmann, Fritz 81
Dimitrijevic, Vojin 186
Dinstein, Yoram 173, 384, 432
Doehring, Karl 116, 126, 139, 173, 220, 237, 239, 243, 290, 323, 326, 364, 380
Doeker, Günther 47, 106, 126, 506
zu Dohna, Bernt, Graf 277, 280
Dolzer, Rudolf 333
Dominick, Mary Frances 383
Donnedieu de Vabres, Henri 493
Donnelly, Jack 364
Döpp, Hansjörg 193
Douma, J. 510
Draper, G.I.A.D. 432, 481
Dreitzel, Hans Peter 49
Dröge, Heinz 188
Drzemczewski, A. 372
Duckwitz, Edmund 474
Duckwitz, Georg Ferdinand 186
Duculesco, V. 171
Duelffer, Jost 423
Dumbauld, Edward 116, 172
Dupuy, René-Jean 110, 198, 258, 338, 398, 488
Durdenjewski, W. 113

Eagleton, Clyde 139, 173
Eckert, Ross 397
Edmunds, Sterling E. 41
Ehlers, Peter 415
Ehmer, J. 415
Eide, Asbjorn 444
Eisemann, Pierre Michel 511
Eisenbart, Constanze 67, 106 f., 117
Eitel, Tono 398
El-Ayouty, Yassin 99
El Baradei, Mohammed 189
Elian, George 118, 332
Elias, T.O. 94, 116, 471 f.
El-Naggar, Said 328
Emerson, R. 139, 173
Engelhardt, Hanns 200
Engers, J.F. 173
Erickson, Richard John 101, 430
Erkki, Bernhard 152
Ermacora, Felix 98, 139, 173, 252, 254, 290, 323, 355 ff., 359, 362, 364, 381, 384, 451
van der Essen, Alfred 401
Esterbauer, Fried 106, 194
Euler, Wilhelm 81
Eustathiades, C. Th. 127
Ewing, A.F. 335

Fabela, I. 453
Fabian, Larry L. 193
Fachiri, Alexander P. 501
Fahl, Gundolf 200, 431
Fahmi, A.M. 176, 228
Fahrni, Peter 197
Fairley, H.S. 323, 364
Falk, Richard A. 94, 108, 116, 254, 364, 473
Fastenrath, Ulrich 366
Fatouros, A.A. 94, 320
Favre, A. 246
Fawcett, James E.S. 24, 47, 326, 383, 407
Feilchenfeld, Ernst H. 177
Feliciano, Florentino P. 117
Fenner, Reinhard 126
Fenwick, Charles G. 47
Ferencz, Benjamin B. 295, 478, 493
Feuer, Guy 329, 332, 338
Fiedler, Wilfried 166, 170, 177, 461
Fikentscher, Wolfgang 335
Finley, Blanche 200

Finnegan, Robert 47
de Fischer, Beat 205
Fischer, Georges 171
Fischer, Peter 24, 220, 316, 338, 500
Fitzmaurice, Gerald, Sir 246, 372, 511
Flauss, Jean-François 254, 472
Fleck, Dieter 193, 433
Fleiner, Thomas 118
Fleischhauer, Carl August 303, 462
Florio, Franco 415
Flory, Maurice 110, 118
Fochler-Hauke, Gustav 170
Folz, Hans-Ernst 317, 372
Forsythe, David P. 208, 290, 422, 446
Franck, Thomas M. 189, 284, 364, 383
François, J.P.A. 500
Frank, Götz 273
Franke, Dietrich 193
Frankel, Joseph 47
Frei, Daniel 47, 452
Frenzke, Dietrich 101, 186 f., 326
Freyer, Hans 49
Freymond, Jacques 422
Fried, John H.E. 443
Friedlander, Robert A. 172
Friedman, Leon 419
Friedmann, Wolfgang 111, 116, 154, 253, 326
Friedrich, Werner 421
Friedrich II. 66, 72
von Frisch, Hans 58
Fröhler, Ludwig 416
Frolick, D.A. 297
Frowein, Jochen A. 126, 134, 154, 177, 198, 220, 256, 277, 290, 364, 372 f., 383, 406, 472
Fuhrmann, P. 186
Fujita, Hisakazu 422
Fuller, Lon L. 177
Funke, Manfred 287
Furet, Marie-Françoise 419, 473
Furrer, Hans-Peter 406
Furukawa, Terumi 511
Gaja, Giorgio 228
Galtung, Johan 287
Gamble Jr., John King 472, 511
Garcia-Amador, F.V. 333, 488
Garcia-Mora, Manuel R. 486
Garvey, J.I. 193
Gasteyger, Curt 103
Gattiker, Heinrich 333
Gayim, Eyassu 173
Geck, Wilhelm Karl 21, 118, 220, 237, 250, 267, 274, 364 f., 391, 472
Geers, Volker J. 177
Geiger, Rudolf 28, 119, 230, 243
Gelberg, Ludwik 126, 152
Gentili, Alberico 68, 82
Gerbet, Pierre 198
Gerdes, Dirk 384
Gerlach, Axel 326
Gernhuber, Joachim 67
al Ghunaimi, Mohammad Talaat 105
Gilmour, D.R. 326
Ginther, Konrad 198, 308, 309, 422, 451 f.
von Glahn, Gerhard 24
Goebel, Julius 156
Goedhuis, Daniel 408
Goerdeler, Reiner 177
Gold, Edgar 335
Gold, Joseph 337
Golden, J.B. 505
Goldschmidt, Jürgen 488
Goldschneider, Robert 335
Golsong, Heribert 146, 254, 365, 372, 384, 511
Goodrich, Leland M. 200
Göppert, Otto 85, 115
Gormley, W. Paul 415
Gorove, Stephen 407 f.
Gosovic, B. 328
Gottlieb, Allan Ezra 116
Gould, Wesley L. 53
Gounelle, Max 488
Grabitz, Eberhard 415
Grabowsky, Adolf 39, 85
Graefrath, Bernhard 118, 187, 277, 295, 488

Graham, Anila 338
Grahl-Madsen, Atle 99, 116, 383
Grasshof, Karin 356
Grassi, Mario 220
Graue, Eugen D. 32, 176
Grawert, Rolf 141
Gray, Richard B. 297
Green, L.C. 26, 421, 432
Green, N.A. Maryan 24
Greenfield, Jeanette 105
Greenspan, Morris 447
Greig, D.W. 24
Grewe, Wilhelm G. 116, 493
Griewank, Karl 81
Grimm, Dieter 41, 287
Grisel, Etienne 153
Groh, Franz 432
Gros, André 511
Gros Espiell, Hector 106, 110, 173 f., 373
Gross, Leo 152, 511
Grosse-Jütte, Annemarie 198
Grotius, Hugo 73, 82, 155, 393
Grulich, Rudolf 106, 384
von Grüningen, Marianne 254
Guelff, Richard 419
Guggenheim, Paul 36, 115, 216, 227, 453, 509
Guilhaudis, Jean-François 174
Günther, Herbert 243
Guradze, Heinz 365, 372
Gusy, Christoph 47
Gütermann, Christoph 379, 384
Guyomar, Geneviève 511

Hackel, Eckard 446
Hacker, Jens 102, 174, 186, 326
Hafkemeyer, Georg Bernhard 205
Hafner, Gerhard 293, 297, 453
Haftendorn, Helga 47
Hahn, Hugo J. 163
Hailbronner, Kay 21, 200, 220
Haile Selassie 165
Hajnal, Peter I. 200
Halajczuk, Bohdan T. 103
Hallier, Hans-Joachim 500, 503
Hambro, Edvard 200, 401, 505, 511
Hammarskjöld, Ake 289
Handl, Günther 415, 488
Hanessian, John 401
Hänisch, Werner 102
Hanke, Alfred 81
Hannikainen, Lauri 325, 383
Haraszti, György 408, 474
Harbottle, M. 193
Harding, L. 171
Harris, D.J. 26
Harris, Harold E. 447
Hart, Hornell 49
Hartigan, Richard Shelly 446
Hartmann, Gode 228, 243, 333
Hartwig, Bernd 446
Hattuschil 57
Haug, Hans 208, 453
Hauser, Wolfgang 397
Haushofer, Karl 39
Hausmann, Paulus A. 67
Hay, Alexander 208
Hecker, Gottfried 352
Hecker, Hellmuth 176, 447
Heidelmeyer, Wolfgang 295, 365, 493
Heidenstecker, Karin 254
Heinrich IV. 67
Heinze, Kurt 493
Heinzinger, Alfred 405
Helm, Johann Georg 69, 81
Henig, R.B. 115
Henkin, Alice 365
Henkin, Louis 26, 47, 284
Héraud, Guy 384
Herder, Gerhard 102
Herndl, Kurt 352
Hernekamp, Karl 499
von Herwarth, Hans 341
Hesse, Kurt 110
Hetzel, Nancy K. 106
von der Heydte, Friedrich August, Freiherr 69, 71, 81, 139, 174, 197, 204, 220, 254, 306, 503
Heymer, W. 406
Higgins, Rosalyn 193, 505
Hilf, Meinhard 309, 373, 473

Hill, C.J.S. 398
Hillekamps, Bernd 156
Himmelreich, D.M. 499
Hingorani, Rup C. 441
Hinsley, F.H. 81
Hinz, Joachim 441
von Hippel, Eike 338
Hirsch, Fred 338
Höchner, Kurt M. 415
Hoederath, Roland 162
Hoefnagels, Marjo 198
Hoffmann, Gerhard 116, 126, 309, 493
Hoffmann, Hartmut 67
Hoffmann, Klaus 352
Hoffmann, Stanley 87, 92, 284
Hofmann, Max 408
Hohmann, Harald 110, 338
Holborn, Louise W. 217
Holland, Susan 335
Holland, Thomas Erskine 245, 447
Holtzmann, Robert 69
Honadle, G. 110
Hoog, Günter 391, 396, 509
Höppner, Johannes 274
Horn, Norbert 335
Horvath, G.J. 471
Hossain, Kamal 338
Hostie, Jean François 162
Hubbard, Damian 338
Huber, Max 36, 57 f., 208
Hudson, Manley O. 26
Hummer, Waldemar 25
Humphrey, John P. 356, 365
Hur, Paul 511
Huynh, Thi Huong 432

Ibler, Vladimir 308
Ijalaye, David A. 198
Imbert, Pierre-Henri 473
Immenga, Ulrich 117
Ipsen, Knut 24, 158, 299, 316, 404, 420, 432, 485
Isaia, Henri 505

Jabloner-Fugger, Kurt H. 352
Jacobson, Harold K. 198
Jacqué, Jean-Paul 461
Jaenicke, Günther 197, 223, 397 f.
Jagota, S.P. 176, 189
Jahrreiss, Hermann 274
Jakob, Raimund 295
James, Alan 193
Jankowitsch, Peter 403, 451
Janssen, Wilhelm 81
Jaquet, Louis G.M. 326
Jaschek, Stephan 171
Jaschinski, Herbert 447
Jasper, Franz-Josef 274
Jasper, Lutz 156
Jellinek, Georg 51 f.
Jellinek, Hansjörg 146
Jenisch, Uwe 398
Jenks, Wilfried C. 383
Jennings, R.Y. 153, 177, 230, 237
Jescheck, Hans-Heinrich 491, 493
Jessen, Johann Christoph 310
Jessup, Philip C. 172, 200, 453
Jhabvala, F. 505
Jiménez de Arechaga, Eduardo 116
Johann, Heribert 461
Johnson, D.H.N. 252
Johnson, Harold S. 139, 174
Johnson, J.E. 212
Johnson, R. 156
Johnston, Douglas M. 335
Jones, Goronwy 200
Jones, R.J. Barry 47
Jorasch, Reinhard 301
Joyce, James Avery 365, 383
Jung, Rüdiger 407
Junn, Robert 47
Jütte, Rüdiger 198
Jüttner, Alfred 139, 174
Jüttner, Heinrich 333

Kahn, Philippe 335
Kaiser, Joseph H. 274

Kalshoven, Frits 365, 433, 482
Kaminski, Gerd 105, 434, 453
Kaplan, Morton A. 48
Kapteyn, P.J.G. 331, 338
Karl, Wolfram 473
Kartashkin, V. 113
Kaufman, Johan 200
Kaufmann, Erich 146, 216, 231, 470
Kaul, Hans Peter 193
Kay, David A. 94
Kehden, Max Ivers 150
Keith, Kenneth J. 177
Kelsen, Hans 49, 87, 187, 231, 262, 267, 299, 453
Kemper, Ria 332, 338
Kersting, Klaus 295
Kewenig, Wilhelm A. 201, 255, 279, 281, 284 f., 331, 333, 335, 338, 478, 482
Khadduri, Majid 105
Khan, Rahmatullah 338
Khol, Andreas 365, 378
Kiapi, Abraham 375
Kienle, Christopher 98
Kildow, Judith 397
Kilian, Michael 488
Kim, Samuel 105
Kimminich, Otto 42, 46, 76, 78, 83, 109, 117 f., 126, 158, 165, 186, 217, 219, 221, 256, 266, 271, 274, 286 f., 289, 297, 302, 325, 335, 338, 365, 378f., 383 f., 418 f., 431, 440 ff.
Kindermann, Gottfried Karl 48
Kipp, Heinrich 34, 69, 290, 326, 381
Kippels, Kurt W. 163
Kirdar, Üner 110
Kirgis, F.L. 198
Kirsten, Johannes 177
Kiss, Alexandre-Charles 331, 415
Kjellén, Rudolf 39
Klafkowski, Alfons 446
Klarer, Heinz 171
Klaus, R. 110
van Kleffens, Eelco Nicolaas 118
Klein, Eberhard 415
Klein, Eckart 99, 126, 171, 220, 237, 290, 422, 488
Klein, Friedrich 131, 139, 354, 367
Klein, Peter 212
Klemm, Ulf-Dieter 152
Klepacki, Zbigniew 198
Klinter, W. 406
Klöden, Otto 174
Klose, Peter 61
Kloss, Heinz 139 f., 174, 384
Kluke, Paul 140, 174
Kluckhohn, August 67
von Knieriem, August 493
Knight, Julie 95
Knorr, Klaus 48, 285
Köchler, Hans 365
Köck, Heribert F. 24, 204, 316, 451, 473 f.
Kodjoe-Ofuatey, W. 174
Kohl, Michael 131
Komarnicki, Titus 453
Komarow, Gary 494
Kommers, Donald P. 323
Kooijmans, P.H. 317
Köpfer, Josef 453
Koppensteiner, Hans-Georg 333
Köppinger, Karl-Heinz 198
Kordt, Erich 177
Korowicz, Marek S. 118, 198, 221
Korowin, E. 102
Korowin, J. 113
Kos-Rabcewicz-Zubkowski, L. 494
Kotzsch, Lothar 76
Koul, Autar Krishan 328
Kowaljow, S. 103
Krakau, Knud 287
Kranz, Jerzy 183, 315, 338
Kraske, Erich 341
Kraus, Herbert 174, 432
Krause-Ablass, Günther B. 40
Krell, Gert 291
Krenz, Frank E. 218
Kriele, Martin 365
von Kries, Wulf 406, 408
Krippendorf, Ekkehart 48

Kristjansson, Halldorf Jon 474
Kröger, Herbert 101, 113, 174
Krökel, Michael 201
Kroker, Eduard 118
Kronmiller, T.G. 397
Krüger, Herbert 51, 113
Krüger, Joachim 102
Krüger-Sprengel, Friedhelm 433, 445
Kruse, Hans 105
Ku, Min-Chuan 201
Kühne, Günther 113
Kunig, Philip 326, 415
Kunz, Josef L. 50, 147, 197, 204, 240, 301, 482
Kunzmann, Karl Heinz 113 f., 310
Kuo, Lee Li 408
Kurz, Hans Rudolf 452
Kussbach, Erich 48, 352, 447, 453
Küster, Otto 493
Kusumowidagdo, Judo Umarto 471
Kutzner, Gerhard 373

Lachs, Manfred 114, 201, 230, 233, 318, 462, 505, 511
Lador-Lederer, Josef 212, 254
Lagoni, Rainer 126, 398, 401
Laitenberger, Birgit 446
Lammasch, Heinrich 142
Lammers, Johan G. 246
Landheer, Bart 36 f., 287
Lang, Winfried 106, 198, 416
de Lange, J.O. 193
van Langenhove, Fernand 297
Langenstein, Klaus D. 446
Langlois, Alain 335
Langlois, M. 488
Langner, Georg 274
Lapenna, I. 114
Lapidoth, Ruth 235, 441
de La Pradelle, Paul G. 110, 176, 419, 431, 433
Lapres, D.A. 333
de La Rochère, J. Dutheil 499
de Larosière, Jaques 337
Larsen, Paul B. 473
Lasarew, M. 113
Lasswell, Harold D. 53, 365, 382
Lauff, Werner 365
Laun, Rudolf 36 f., 140, 174, 432
Lauterpacht, Elihu 24, 26, 198, 221, 258, 365
Lauterpacht, Hersch 24, 117, 365, 466, 486
Lavalle, Roberto 238
Lavieille, Jean-Marc 201
Leary, Virginia 213
Léauté, Jacques 285
Leblanc, Lawrence J. 373
Leger, Brigitte 403
Legum, Colin 325
Leibholz, Gerhard 317
Le Marquand, D.G. 176
Lennkh, Georg 201
Leonhardt, Gerd 110
Lerner, Natan 381
Leurdijk, J.H. 326
Leutert, Jürg 461
Levi, Werner 24, 48
Levie, Howard S. 441
Lewald, Walter 126
Lewis, John R. 494
van Lier, Irene H. 416
Lillich, Richard B. 219, 285, 323, 365, 511
Lindemann, Beate 188, 290
Lippman, Matthew 365
Little, Richard 326
Litvinov, Maxim 293
Loehr, Max 57
Loescher, G.D. 324, 383
Loewenfeld, Erwin 146
Loewenstein, Karl 118
Loudwin, Bernd 171
Lowenfeld, Andreas F. 40, 335
Luard, Evan 198, 201

MacBride, Sean 406
Macdonald, R. St. J. 335, 365
Mackinder, Halford J. 39

Magiera, Siegfried 406
Mahan, A.T. 39
Mahnke, Hans H. 103, 114, 377
Maier, Irene 372, 381
Makarczyk, Jerzy 338
Makarov, Alexander N. 146
Malinverni, Georges 310
von Mangoldt, Hans 310, 500
Mangone, Gerard J. 398
Mani, V.S. 254
Manin, Philippe 246
Maniou, A. 338
Mann, F.A. 274, 488
Manner, George 215
Marazzi, A. 171
Marcoff, Marco G. 174, 408
Marek, Krystyna 177, 228, 250, 488, 511
Maresca, Adolfo 352
de Marffy, Annick 398
Marie, Jean-Bernard 365
Markowski, Paul 114
Marston, Geoffrey 176
de Martens, Charles 27
Martens, Ernst 238, 250
von Martens, Georg Friedrich 27
Martens, Wolfgang 81
Martensen, Jens 229
Martin, Alexander 102 f.
Martin, Leslie John 486
Martin, Pierre-Marie 338
Martin, Riley 421
Martinez, Jean-Claude 193
Martini, Karl A., Freiherr von 81
Martius, Georg 163
Masouyé, Claude 403, 406
Mates, Leo 114
Mathieu, Jean-Luc 201
Mathy, Denise 505
Matscher, Franz 118
Matsui, Yoshiro 174
Maurach, Reinhart 310, 326
Maury, Jacques 146
May, Reinhard 287
Mayer-Tasch, Peter-Cornelius 440
McDougal, Myres S. 26, 117, 365, 382
McIntyre, E. 183
McKean, Warwick A. 382
McLellan, David S. 48
McLin, Jon 213
McNair, Arnold, Lord 27, 246, 471
McRae, D.M. 152
McWhinney, Edward 94, 114, 117, 280, 338, 511
Meessen, Karl Matthias 40, 246, 258, 333
Meier, Gert 198, 295
Meijers, H. 230
Meinecke, Friedrich 73
Meissner, Bettina Juliane 131, 171
Meissner, Boris 100 ff., 112, 114, 118, 140, 174, 177, 310, 326
Meißner, Friedrich 366
Meissner, Rolf 178
Meister, Roland 118
Mendlovitz, Saul H. 117
Meng, Werner 198, 310
Menon, P.K. 168, 175, 178, 310, 406, 443, 471
van der Mensbrugghe, Y. 335
Menzel, Eberhard 24, 106 f., 140, 154, 158, 175, 193, 274, 316, 404, 485
Merladet, J.F. 385
Merle, Marcel 37
Merrills, J.G. 24, 507
Messner, Johannes 36
Metternich 79
Mettgenberg, Wolfgang 57
Meurer, Christian 115
Meyer, Heinrich 143
Meyer-Lindenberg, Hermann 275, 366
Meyers, Reinhard 48
Meyrowitz, Henri 443, 447
Midgley, Ernest B.F. 48
Miehsler, Herbert 198, 253 f., 310, 372
Mikaelsen, Laurids 372
Mindszenty 349
Mitchell, C.R. 193
Miyazaki, Shigeki 366
Mokre, Johann 197

Möller, Hans Walter 102
Monaco, Riccardo 198, 230, 446
Monnier, Jean 310
Moore, John Bassett 27
Morgan, Patrick M. 48
Morgenstern, Felice 198
Morgenthau, Hans J. 46
Moritz, Günther 446
Morley, Felix 115
Morozov, G.I. 210
Morris, Gerald L. 335
Morrison, Clovis 372
Morse, Bradford 431
Morvay, Werner 178
Moser, Johann Jacob 81
Moskowitz, Moses 201, 366
Mosler, Hermann 30, 121, 127, 178, 199, 202, 210, 221, 229, 269, 326, 330, 372 f., 511 f.
Mössner, Jörg Manfred 24, 138, 318, 447, 484, 488
Mourgeon, Jacques 383
Moussa, Farag 350
de Mulinen, Frédéric 444
Müller, Dierk 275
Müller, H.J. 488
Müller, Jörg Paul 27, 486
Muller, Maarten H. 333
Münch, Fritz 54, 114, 154, 188, 229, 258, 308, 380 f., 506, 512
von Münch, Ingo 24, 117, 154, 176, 223, 416, 460, 484, 487 f.
Munday, R.J.C. 473
Murphy, Cornelius F. 81
Murphy, John F. 488
Mushkat, Marion 419
Mutharika, Peter 110, 176
Myers, Denys P. 115

Nagy, Karoly 489
Nahlik, Stanislaw E. 432, 447 f., 474, 482
Nanda, Ved P. 493
Nansen, Fridtjof 217
Nanyenya-Takirambudde, Peter 335
do Nascimiento e Silva, G.E. 199, 474
Nawaz, M.K. 152, 285
Nawaz, Tawfique 339
Nedjati, Zaim 171, 373
Nerlich, Uwe 343
Neuberger, Stephan 285
Neuhold, Hanspeter 40, 115, 285, 296, 305, 310, 321, 383, 451, 462
Newcombe, Hanna 183
Newman, Franc C. 365
Nicolson, Harold 61
Niedermeier, Wilfried 506
Nisot, Joseph 473
Noll-Wagenfeld, Meike 366
Nordquist, Myron 398
Norris, Robert 373
Northedge, Frederick S. 285
Nowak, Manfred 366
Nuscheler, Franz 99, 117
Nussbaum, Arthur 56 f., 66
Nwogugu, Edwin I. 110, 421

Obaid, I.A. 199
Oberthür, Karlheinz 220
Obradovic, K. 447
O'Brien, W.V. 422
O'Connell, Daniel Patrick 24, 170, 178, 399
Oda, Shigeru 397
Oechslin, Heinrich 204
Oellers-Frahm, Karin 152, 310, 497, 499, 512
Oeser, Edith 310
O'Keefe, P.J. 350
Okeke, Chris N. 127
Okolie, Charles C. 335
Okoye, Felix Chuks 94
Olson, William C. 48
Omer, Assad U. 110
Onuf, Nicholas G. 230, 326
Oppermann, Thomas 326
Orfield, Lester B. 27
Osman, Abdillahi Said 94

Ottmüller, Rolf 448
Ouchakov, N.A. 326

van Panhuys H.F. 334
Papadakis, Nikos 399
Papadimitriu, Georgios 267
Papadopoulos, Andrestinos 290
Parry, Clive 141, 221
Partsch, Karl Josef 215, 221, 262, 264, 267, 304, 355, 373, 382, 385, 420, 422, 429, 431, 432
Paschos, Georgius 327
Pathak, R.S. 189, 230, 251
Patrnogic, Jovica 447
Patzina, Reinhard 285, 324, 333
Paul, Vladimir 463
Paulson, S.L. 318
Paus, Ansgar 286
Peaslee, Amos J. 199
Pechota, Vratislav 290
Pellet, Alain 111
Perels, K. 85
Perera, L.H. Horace 213
Perl, Raphael 156
Pernice, Rüdiger 296
Pernthaler, Peter 193, 380
Perruchoud, Richard 208
Petersmann, E.U. 111, 317, 339
Petersmann, H.G. 201
Peterson, M.J. 401
Petrén, B.A.S. 512
Petric, Ernest 175
Pettman, Ralph 37, 48
Petzold, Herbert 372 f.
Pfeifenberger, Werner 105, 201
Pfeil, Alfred 115
Pflüger, Walter 186
Phillipson, Coleman 59
Pichler, Franz 163
Picht, Georg 67, 106 f., 117
Pick, O. 297
Pictet, Jean 208, 431
Pietzcker, Frank 366
Pilloud, Claude 443
Pinto, Roger 114, 406
Pircher, Erich H. 385
Plantey, Alain 310
Platzöder, Renate 399
Plettenberg, Christoph, Graf von 172
Poch G. de Caviedes, Antonio 474
Poeggel, Christel 178
Poeggel, Walter 178
Pohl, Heinrich 262
Pokstefl, Josef 452
Pollack, Rosalind S. 221
Polter, Dirk M. 333
Pomerance, Michla 175, 505
Post, H.H.G. 230
Potter, Pitman B. 453
Potulicki, Michael 205
Powik, Gerhard 102, 114
Prantner, Robert 205
Preiser, Wolfgang 56, 59, 61 f.
Preuss, Lawrence 327
Prill, Norbert J. 190, 201, 335, 355
Prott, Lyndel V. 505, 512
Przetacznik, Franciszek 106, 201, 350, 366, 472, 474, 500
von Pufendorf, Samuel 82
Pulte, Peter 384
von Puttkamer, Ellinor 188

Quadri, Rolando 229
Quaritsch, Helmut 87
Quaroni, Pietro 114
Quéneudec, Jean-Pierre 152
Quilitzsch, Siegmar 102

Rabas, Josef 204
Rabl, Kurt 139, 175
Rabus, W.G. 439
Rack, Reinhard 462
Rajan, M.S. 201
Raman, K. Venkata 201, 310
Rambaud, Patrick 295
Ramcharan, B.G. 189, 310, 317, 366
Ramses II 57
Ramundo, Bernard A. 114

Randelzhofer, Albrecht 28, 48, 82, 109, 275, 282, 295, 412, 422, 431, 433, 448
Rao, R. Jaganmohan 434
Rao, T.S. Rama 140, 243
Rappard, William E. 115
Raschhofer, Hermann 137, 140, 175
Ratz, Paul 494
Ratzel, Friedrich 39
Rau, Karl 163
Rauch, Elmar 399, 448
Rauchberg, Heinrich 115
Rauschning, Dietrich 117, 178, 251, 416, 421, 462, 474
Raymond, G.A. 500
Re, Edward D. 27
Rechetov, Youri 489
Reermann, Olaf 176
Regendanz, W. 85
Rehm, Georg Wilhelm 401
Rehm, Walter 295
Reibstein, Ernst 43, 56, 70, 82
Reicher, Harry 189
Reijnen, Gijsbertha C.M. 408
Reimann, Heinrich Bernhard 229, 284 f., 433
Reinhard, Hans 175
Reisman, W. Michael 28, 172
Rengeling, Hans-Werner 35, 290
Renner, Karl 136
Ress, Georg 118, 125, 199, 275, 366, 473
Rest, Alfred 416
Rettberg, Jürgen 328
de Reuck, Anthony 95
Reuter, Paul 24, 199, 462, 471, 489
Reuterswärd, R. 199
Rhee, Sang Myon 152
Ribeiro, R. 333
Rie, Robert 82
Riedel, Eibe H. 214
Riegel, Reinhard 416
Riesenfeld, Stefan A. 229
Rifaat, A.M. 295
Rigaldies, Francis 152
Rigaux, F. 40
Rigo Sureda, Andres 175
Riphagen, W. 118
Ritterband, Charles E. 324, 366
de Rivero, Oswaldo 339
Robblee, P.A. 448
Roberts, Adam 419
Robertson, A.H. 366
Robol, R.T. 152
von Rochau, Ludwig August 42
Rochette, Jacqueline 221
Roennefarth, Helmuth 28
Roessler, Frieder 255, 258
Rojahn, Ondolf 404
Röling, Bert V.A. 95, 117, 285, 290, 295, 448, 494
Romen, Dov 175
Rondinelli, Dennis A. 111
Ronning, C. Neale 104, 349
Ropers, Norbert 382
Rosas, Allan 441
Rosenau, James N. 48
Rosenblad, Esbjörn 440, 448
Rosenne, Shabtai 233, 295, 462, 471, 473, 512
Rosenstock, Robert 277
Roth, Georg 163
Rothblatt, Martin A. 406
Rothenpieler, Friedrich Wilhelm 489
Rotter, Manfred 450 f., 507
Rougeaux, Jean-Pierre 267
Rousseau, Charles 24, 419
Rovine, Arthur 511
Rozakis, Christos 229, 472
Rubin, Alfred P. 422, 461
Rubin, Seymour J. 157, 335
Ruda, José Maria 473
St. Ruddy, Francis 82
Rudolf, Walter 28, 30, 36, 94, 262 ff., 267, 269, 273, 275, 398 f., 406, 489
Ruegger, Paul 208
Ruge, Martin 111, 328
Rühland, Curt 176
Rumpf, Helmut 36, 48, 126, 171, 283, 324 f., 366, 462
Rüster, Bernd 152, 416
Rüter, C.F. 494

Rutgers, Victor-Henri 115
Ruths, May-Britt 450
Ryan, Michael H. 350

Saba, Hanna 254
Sadoroshny, G.P. 114
Sagay, I. 177
Saito, Yasohiko 382
Salmon, J.J.A. 24, 54, 341, 433, 443
Salter, Arthur, Sir 289
Sandoz, Yves 194, 208, 433, 444, 448
Sasse, Christoph 415
Sauer, Ernst 114
Sauer, Wilhelm 36
Saxena, J.N. 175
Saxena, K.P. 297
Saxena, S.K. 339, 408, 489
Schachter, Oscar 111, 201, 258, 505
Schaefer, Michael 201, 298
Schambeck, Herbert 382
Schärli, Josef 194
Schätzel, Walter 70, 82, 141, 177, 184
Schaumann, Wilfried 279, 285, 301, 317, 354, 421, 482
von Schenck, Dedo 154
Schenk, Dieter 308
Schenk, Reinhold 448
Schermers, H.G. 178, 199
Scheuner, Ulrich 84, 117, 126, 162, 188, 213, 238, 263, 290, 293, 327, 383, 454, 463
Schick, F.B. 494
Schickel, Alfred 126
Schilling, Karl 162, 493
Schindler, Dietrich 194, 419 f., 422 f., 432, 434, 446, 452, 454
Schirmer, Gregor 171
Schlepple, Eberhard 494
Schlochauer, Hans-Jürgen 82, 94, 163, 304, 489, 500, 512
Schlögel, Anton 432
Schlögel, Karl 175
Schlosser, Peter 266
Schlüter, Bernhard 199
Schmid, Karin 126
Schmidt, Reiner 275
Schmidt, Richard 85
Schmidt-Jortzig, Edzard 25
Schmiederer, Ursula 114
Schmitt, Carl 77
Schneider, Adolf R.H. 98
Schneider, Hannes C. 186
Schneider, Jan 416
Schneider, Peter 208
Schoen, Paul 127
Schönbeck, Joachim 406
Schreuer, Christoph 171, 198, 230, 253 f., 267, 275, 301, 367, 473
Schröder, Dieter 94, 103
Schröder, Michael 111
Schröder-Schüler, Heidi 509
Schroeder, Friedrich-Christian 273
Schröer, F. 152
Schücking, Walther 115 f.
Schulte-Beerbühl, Hubert 474
Schultz, Lothar 295
Schulz, Joachim 114
Schulze-Herrmann, Erika 213
Schümperli, Walter 99
Schuppert, Folke 41
Schurschalow, V.M. 103
Schütz, Hans-Joachim 301
Schwab, Herbert 441
Schwartländer, Johannes 362, 364, 366
Schwarzenberger, Georg 24, 43, 50, 56, 92, 117, 230, 343, 399, 419
Schwarz-Liebermann, Hans Albrecht 183
Schwebel, Stephen M. 301
Schweisfurth, Theodor 102 f., 285, 324, 473
Schweitzer, Michael 25, 28, 94, 199, 229, 243, 451
Schweizer, Max 317
Schwelb, Egon 229, 366, 474

Scott, James Brown 317
Scupin, Hans Ulrich 70, 440
Seidl-Hohenveldern, Ignaz 25, 99, 111, 163, 183, 199, 219, 255, 257 f., 267, 310, 329, 333 f., 454, 474, 494, 496, 500
Seiffert, Wolfgang 126
Selden, John 393
von Senger, Harro 105
Senghaas, Dieter 287
Seth, Jyotsana 111
Seyersted, Finn 194, 199
Sharma, S.P. 238
Shaw, Malcolm 25, 499
Shea, Donald R. 104
Shelton, Dinah 373
Sherwood, J.T. 172
Shields, Christiane Delessert 441
Sicault, Jean Didier 461
Sieghart, Paul 366
von Siegler, Heinrich 28
Siekmann, R.C.R. 194
Signitzer, Benno 406
Silagi, Michael 98, 118, 339
Simma, Bruno 25, 40, 46, 117, 119, 240, 243, 254 f., 285, 300, 308, 318 ff., 323, 327, 353, 358, 366 f., 383, 406, 412, 416, 463, 472, 474
Simmonds, K.R. 82, 398
Simons, Anne P. 200
von Simson, Werner 119, 290
Sinaiko, Elia 183
Sinclair, Ian 178
Singer, Michael 317
Singh, Nagendra 251, 367
Sinha, S. Prakash 94
Skjelsbaek, Kjell 213
Skubiszewski, Krysztof 238, 254, 512
Soder, Josef 60, 70, 186 f.
Sohn, Louis B. 51, 251, 288, 310, 367, 472
Solf, Waldemar 432
Sondermann, Fred A. 48
Sornarajah, M. 333
Sosnowski, L. 421
Soto, Domingo 68
Spanner, Hans 275
Sperduti, Giuseppe 221, 267
Spiegel, Steven L. 106
Spinnler, Peter 441
Spiro, Herbert J. 46
Springer, A.L. 416
Spröte, Wolfgang 201
Stadtmüller, Georg 56, 62, 82
Stampfli-Medzikijan, Lorenz 335
Starck, Christian 177
von Starck, Wilhelm 208
Starke, Joseph G. 25
Starzhina, T. 248
Steiger, Heinhard 199, 416
Steinberger, Helmut 251
Steinicke, Dietrich 448
Steiniger, Peter Alfons 114, 187
Steinkamm, Armin A. 418, 447
Steinweg, Reiner 286
Steltner, Günter 102
Stemberg, Harald 329
Stern, Brigitte 243
Stern, Klaus 126
Stoevesandt, Gertrud 186
Stöcker, H.J. 399
Stone, Julius 37, 295, 310
Storost, Ulrich 126
Stosic, B.D. 213
Straka, Manfred 380
Stratmann, Jürgen 273
Strebel, Helmut 230, 267, 432, 446
Strupp, Karl 89
Studier, Alphons 399
Stürmann, Hans Günter 103
Stypmann, Rolf 446
Suàrez, Franciscus 68, 70
Sukmandjieff, Stoil I. 114
Sülasvuo, Ensio 194
Sun, J.R. 505
Sur, Serge 25
Suter, Keith D. 172
Suy, Erik 191 f., 194, 199, 367, 512
Suzuki, Eisuke 172
Szasz, Paul 444
Sztucki, Jerzy 229, 473

Tabory, Mala 36, 472
Takano, Yuichi 25
Talalajew, Anatoli N. 472
Talleyrand 79, 321
Tammelo, Ilmar 290
Tammes, A.J.P. 478
Tardu, M.E. 373
Taylor, Telford 494
Tedin, Kent L. 367
Ténékidès, Georges 382, 472
Tercinet, J. 421
Theutenberg, Bo Johnson 117
Thierry, Hubert 25
Thirlway, H.W.A. 243, 505
Thode, Reinhold 253
Thomas von Aquin 67
Thomsen, Bernd 364
Thornberry, Patrick 385
Thürer, Daniel 175
Tiewul, S. Azadon 290
Tilly, Ch. E. 172
Timagenis, Gr. J. 416
Tinschmidt, A. 163
Titarenko, S. 102
Toman, Jiři 419, 432
Tomson, Edgar 447
Tomuschat, Christian 200 f., 275, 285, 329, 367, 373, 382, 385
Toncic-Sorinj, Lujo 163
Touret, Denis 175
Touscoz, Jean 51
Treves, Tullio 336
Treviranus, Hans D. 178, 220, 472 f.
Triepel, Heinrich 28, 262
Trützschler von Falkenstein, Werner 186
Tucker, Robert W. 51, 301, 317, 482
Tunkin, Grigori I. 25, 113 f., 117, 230
Tuschhoff, Gisela 275

Udokang, Okon 94, 178
Uibopuu, Henn-Jüri 114, 126, 171 f., 229
Umozurike, Oji 175
Unger, R.-Fidelio 243
Ungerer, Werner 104
Urquhart, Brian E. 194
Uschakow, Alexander 103, 126, 186, 310
Uskio, H. 152
Ussenko, J.T. 103
Ustor, Endre 106
Utz, Arthur F. 70

Vallée, Charles 25
Van Dyke, Vernon 486
Vársanyi, Julius 385
Vasak, Karel 367, 373
de Vattel, Emeric 43, 81, 330
Vazquez, M. Seara 127
del Vecchio, Giorgio 36, 116, 208
Veiter, Theodor 36, 140, 174 f., 354, 367, 380 f., 385
Veitl, Friedrich 106
Vellas, Pierre 333
Verdross, Alfred 25, 36 f., 50, 119, 122 ff., 215, 226, 228 ff., 236, 240 f., 246, 254, 267, 300, 318, 327, 420, 451, 463, 489
Verhoeven, Joe 171 f., 267
VerLoren van Themaat, Pieter 339
Vernon, Graham D. 114
Verosta, Stephan 56, 62, 227, 298, 317, 451, 462
Verwey, Wil D. 111, 448
Verzijl, J.H. 25
Veuthey, Michel 440
de Vey Mestdagh, K. 111
Vierdag, Egbert W. 367, 382
Villani, Ugo 310
Vincent, R.J. 327
Vinuesa, Raul E. 267
Virally, Michel 230, 254, 320, 472
Viret, Jean 472
de Visscher, Charles 51, 229
de Visscher, Paul 255, 326

Vitanyi, Bela 162 f., 177, 246, 275, 474
de Vitoria, Franciscus 68,70
Vitzthum, Wolfgang, Graf 251, 289, 317, 331, 339, 399
Vogel, Klaus 273, 275
Volle, Hermann 163, 308
Vonhoff, Hans-Peter 126
Vorster, M.P. 172
de Vries, Josef 70

de Waart, P.J. 310, 327
Wagner, Heinz 262, 267
Wagner, Wolfgang 157, 308, 367
Wagnon, H. 204
Wälde, Thomas 111
Waldmann, Raymond 259
Waldock, Claude H. 285
Walter, Hannfried 373
Waltz, Kenneth N. 48
Walz, Gustav Adolf 30
Warbrick, Colin 172
Wasilkowski, Andrzej 329
Watson, J.S. 327
Watzke, Wolfgang 295
Weber, Hermann 111, 157, 350, 398, 477
Webster, C.A. 116
Wege, Hanna 311
Wegener, Wilhelm 163
Weggel, Oskar 105
Wegner, Arthur 56, 61, 65, 216, 221
Wehberg, Hans 82, 89, 116, 147, 285, 311, 512
Wehser, Eckart 158, 255, 316, 327
Weil, Prosper 257, 259
Weiler, Rudolf 302, 382
Weis, Paul 176
Weise, Erich 70
von Weiss, Andreas 213
Weissberg, Guenter 117
Weissbrodt, David 367
Welck, Stephan, Freiherr von 401
van Well, Günther 290
Wendler, Dagmar 352
Wengler, Wilhelm 25, 34, 37, 117, 121, 127, 152, 176 f., 258, 275, 412
Wenig, Roland 247, 275
Wenzel, Max 262
Werth-Regendanz, A. 85
Weston, Burns 25, 172, 329, 333
Wetter, J. Gillis 500
Wetter, Gustav A. 114
Wettig, Gerhard 383
Wetzel, R.G. 462
White, G. Edward 511
White, Robin C.A. 175
Whiteman, Marjorie M. 27, 229
Whitton, John B. 486
Widdows, Kelvin 238, 257, 259
Wiebringhaus, Hans 382
Wiegand, Gerd 111
Wiese, Walter 473
Wießner, Siegfried 407
Wildberg, Hans Jürgen 397
Wildemann, J. 51
Wildhaber, Luzius 27, 117, 119, 301, 373
Williams, David W. 352
Williams, Maureen 407
Wilson, Clifton 47
Wilson, Woodrow 136, 393
Wirth, Axel 337
Witkin, Merrie Faye 172
Wittmann, Fritz 379, 385, 507
Woerlee, M.G. 194
Woetzel, Robert K. 494
Wolf, Gerald 126
Wolf, Klaus Dieter 399
Wolff von Amerongen, Otto 297
Wolfrum, Rüdiger 200 f., 331, 355, 399, 403
Wolgast, Ernst 55
Worsley, Peter 108
Wortley, B.A. 334
Wright, Quincy 44, 302, 319, 327, 453, 486, 494
Wühler, Norbert 500
Wünsche, H. 113, 201
von Würzen, Dieter 399
Wyschinsky, Andrej 136

Yamashita, T. 194
Yasseen, Mustafa 178, 474
Yiallourides, Chr. K. 385
Young, Christopher 183
Youngblood, P.J. 489
de Yturriaga, José A. 416
Yusuf, A.A. 421

Zacher, M.W. 298
Zacklin, Ralph 98, 111, 422
Zamora, Stephen 200
Zaphiriou, G.A. 336
Zarb, Antoine H. 201
Zehetner, Franz 416
Zeidan, A.L.M. 194
Zeitler, Franz-Christoph 275
Zellentin, Gerda 200, 382
Zelt, Johannes 102, 114
Zemanek, Karl 163, 178, 200, 251, 350, 451, 485, 489
Zhukov, Guennady P. 408
Ziebura, Gilbert 339
Zieger, Gottfried 126, 186, 202, 339
Zimmer, Gerhard 177
Zivier, Ernst-Renatus 126, 131, 172
Zoller, Elisabeth 152, 194, 500
Zorgbibe, Charles 48, 172
Zorn, Albert 262
Zourek, Jaroslav 295, 352
Zsifkovits, Valentin 287, 302, 382
Zuleeg, Manfred 275, 472
Zwecker, Jochen 194
Zweigert, Konrad 34
Zwiefelhofer, Hans 111

Sachregister

Aachener Kongreß 343
Abbruch der diplomatischen Beziehungen 346 f., 434
Abbruch der konsularischen Beziehungen 351
Abhängigkeit 124
Abrüstung 84
Act of State Doctrine 316 f.
ad-hoc-Richter 505
Adjudikation 158 f.
Adoptionstheorie 263
Aggressionsdefinition 295 f., 300
Agrément 345 f., 351
Aktionsprogramm für die Errichtung einer neuen Weltwirtschaftsordnung 328 f.
aktives Gesandtschaftsrecht 344
Aland-Frage 137
Alaska 157
Allgemeine Erklärung der Menschenrechte 145, 358 ff.
Allgemeine Rechtsgrundsätze 224, 242 ff., 268
Amerikanische Menschenrechtskonvention 370 ff.
Amerikanischer Vertrag über friedliche Streitbeilegung vom 30. April 1948 307
Anerkennung 129 ff., 458
Anerkennung als Kriegführende 134
Anerkennung von einzelnen Rechtspositionen 459
Anerkennung von Regierungen 133, 459
Angriff, Definition des 295 f., 300, 430
Angriffskrieg 89 f., 273, 279 f.
Angriffspropaganda 280
Annexion 75, 158
Annexionsfreiheit 158, 166
Annexionsverbot 158
Anschlußzone 150, 394, 396
Antarktis 155, 400 f.
Antike 56 ff.
Anti-Sklaverei-Abkommen 490
Apartheid 98, 375
Äquidistanzfläche 153
Äquidistanzprinzip 153
Arbeit, Recht auf 376
Astronauten 402
Asyl 58, 392
Asylrecht 143, 273 f.
Äthersouveränitätstheorie 405
Äthiopien 165
Atlantik-Charta 455
Atomsperrvertrag 414
Atomteststoppvertrag 131, 402
Atomwaffen 442 f.
Attaché 345
Aufenthaltsverträge 143
Aufständische 133 f., 213 f., 422 f.
Ausgleich 304
Auslieferung 142 f.
Auslieferungsvertrag 234
Ausschuß für Menschenrechte 362
Autonomie 379

bakteriologische Waffen 414 f., 444
Barcelona-Traction-Fall 256
Beagle-Kanal 499
Befreiungsbewegungen 283, 423
Befreiungskämpfer 422
Beglaubigung 464
Beglaubigungsschreiben 345
begrenzte Völkerrechtssubjektivität 180
Beitritt zu multilateral Verträgen 466
Belgrader Konvention vom 18.8. 1948 163
Beobachter 190 f.
Beobachtertruppe 192 f.
Berechtigungssubjekte 123

Berichtssystem für Menschenrechte 362 f.
Besatzungsgericht 491
Besatzungsmacht 426
Beschlagnahme 427
beschränkte Völkerrechtssubjektivität 127
besetzte Gebiete 426
Besuchsdiplomatie 342
bewaffnete Banden 279
bewaffneter internationaler Konflikt 420 ff.
bilaterale Verträge 231
billige Flaggen 388
Binnengewässer 148, 161 ff.
biologische Waffen 415, 444
blinde Waffen 430, 442
Bodensee 411
Bohrinseln 394
bona fides 318
Botschaftsgebäude 349
Breschnew-Doktrin 102 f.
Briand-Kellogg-Pakt 89 ff., 298
Bryanverträge 303
Bundesrepublik Deutschland 131 f., 145, 153, 166 f., 179, 187, 196, 347, 510
Bundesstaat 179
Bürgerkrieg 134, 213 f., 280, 323, 421, 425

Calvo-Klausel 104
CERD 375
Chaco-Konflikt 88
Charta der wirtschaftlichen Rechte und Pflichten der Staaten 328 f., 332 ff.
China 105
clausula rebus sic stantibus 469
codes of conduct 257
Committee on the Elimination of Racial Discrimination 375
common heritage of mankind 331, 395 f.
Conference on the Law of the Sea 396 f.
contract treaties 231

dauernde Neutralität 451 f.
DDR 131 f.
de facto-Anerkennung 132
de facto-Regierung 134
de jure-Anerkennung 132
Deklaration 455
Dekolonisierung s. Entkolonisierung
Delikt, völkerrechtliches 469, 483 f.
Demarkationslinien 281
Deutsche Gesellschaft für die Vereinten Nationen 212
Deutscher Bund 180
Deutsches Reich 66, 166 f., 437
Deutsches Reich, Rechtsstatus des 125
Deutsch-Südwestafrika 96
Devolutionsabkommen 168
Diplomaten 345 ff.
Diplomatenkonvention 343 ff.
Diplomatenrecht 341 ff.
Diplomaten, Schutz der 343
Diplomatie 342 f.
diplomatische Immunität 348 f., 351
diplomatische Konferenz zur Fortentwicklung und Neubestätigung des humanitären Völkerrechts 283
diplomatischer Schutz 219 f.
diplomatisches Asyl 104, 349
diplomatisches Zeremoniell 343
Diskriminierung 374 ff.
Donau 162 f.
Doppelstaatigkeit 144
Drago-Doktrin 104
Dreielementenlehre 134 f.
Dreimeilenzone 149
Dritte Welt 108
dualistische Theorie 262
Dum-Dum-Geschosse 443
Durchmarschrecht 160, 322
dynamisches Völkerrecht 50

EAG 513
ECA 196, 337

ECAFE 196, 337
ECE 196, 337
ECLA 196, 337
Economic Commission for Europe 337
Effektivität, Prinzip der 51
Eigengewässer 149, 393
Eigentum 332 f., 427
Einheit des Völkerrechts 99 f.
Einheitsstaat 179
Einmischung s. Intervention
Einstimmigkeit, Prinzip der 314
Einzeleinbürgerung 145
Einzelmensch 215 ff.
EMK 513
England 263
Entebbe 281
Enteignung 333
Entkolonialisierung s.u.
Entkolonisierung 93 ff., 168, 195, 313
Entkolonisierungs-Resolution 95, 97
entmilitarisierte Zonen 436
Entscheidungssammlungen 26
Entwicklungsländer 106, 108, 334 ff.
Entwicklungsprogramm der Vereinten Nationen 196, 336
erga-omnes-Pflichten 256
Erklärung 455
Erklärung über die Gewährung der Unabhängigkeit an Kolonialländer und -völker vom 14. Dezember 1960 95, 328
Erklärung über die Errichtung einer neuen Weltwirtschaftsordnung 328
Erklärung über die Unzulässigkeit der Einmischung in die inneren Angelegenheiten von Staaten und den Schutz ihrer Unabhängigkeit und Souveränität vom 21.12.1965 328
Erklärung vom 24. Oktober 1970 137, 280 ff., 302, 328
Ernährungs- und Landwirtschaftsorganisation 195
Ersitzung 155
Erster Weltkrieg 77, 83
EURATOM 414, 513
Europäische Atomgemeinschaft 414, 513
Europäische Gemeinschaften 197, 414, 513
Europäische Gemeinschaft für Kohle und Stahl 513
Europäische Kommission für Menschenrechte 369 f.
Europäische Konvention über die friedliche Beilegung von Streitigkeiten 307
Europäische Menschenrechtskonvention 368 ff.
Europäische Sozialcharta 376 ff.
Europäischer Gerichtshof für Menschenrechte 369 f., 513
Europäische Wirtschaftsgemeinschaft 513
Europäischer Schiedsgerichtshof 307
Europäisches Konzert 77 ff.
Europarat 307, 513
Evakuierung 426
EWG 513
Exilregierung 165
Exterritorialität 349

fact-finding-commissions 303
Fakultativprotokoll zur Menschenrechtskonvention 362 f.
Falkland-Inseln 155 f.
Fallsammlungen 25 f.
FAO 195
Feldgeistliche 438
Feindstaatenklauseln 185 ff., 282
Fernmeldesatellitenorganisation 405
Festlandsockel 151 ff., 394 f.
Festlandsockelstreit 153, 307, 510
Fischereikonvention vom 9.3. 1964 409
Fischfang 394, 396

flächendeckende Waffen 430
Flaggendiskriminierung 389
Flaggenstaat 388 ff., 392
Flüchtlinge 196, 216 ff.
Flüchtlingskommissar 188, 196
Flüchtlingskonvention vom 28. Juli 1951 144, 217 f.
Fluglinienverkehr 149
Flugzeugzwischenfälle 300
Freiwilligenkorps 438 f.
Fremdenrecht 60
Fremdenrecht, völkerrechtliches 143
Friede 73, 76, 108 ff., 471 ff.
Friedensforschung 287
Friedensschluß 76
Friedenssehnsucht 67
Friedenssicherung 91, 285 ff.
Friedenssicherungspflicht 91
Friedenstruppen 191 f., 288
Friedensvertrag 76, 233
Frieden und Sicherheit 291
friedliche Beilegung von Streitigkeiten 288, 301 ff., 495
friedliche Durchfahrt, Recht der 150, 392
friedliche Koexistenz 103, 112 f., 115
friedliche Streitbeilegung 288, 301 ff., 495
friedlicher Wandel 87, 288 f.

GATT 188
Gebietsabtretung 157, 234
Gebietsausschließlichkeit, Grundsatz der 159 ff.
Gebietserwerb, Anerkennung von 133
Gebietserwerbstitel 154 ff., 459
Gebietshoheit 390, 393, 395, 405, 412
Gegen-Annexion 158
Gegenseitigkeit, Prinzip der 44, 318 ff., 334, 344 f., 466, 476
gehegter Krieg 77
Geiseln 426
Geiselbefreiung 281
gemäßigter Dualismus 263 f.
gemäßigte Transformationstheorie 264
gemeinsames Erbe der Menschheit 331, 395 f.
Gemeinsame Entschließung des Deutschen Bundestages vom 17. Mai 1972 456
General Agreement on Tariffs and Trade 188
Generalkonsul 351
Generalsekretär der UNO 195
Generaltransformation 299, 272
Generalversammlung der UNO 188 f.
Generalversammlung der UNO, Resolutionen der 251 ff.
Genfer Abkommen über die Behandlung von Kriegsgefangenen 439
Genfer Abkommen zum Schutze von Zivilpersonen 440
Genfer Abkommen zur Verbesserung des Loses der Verwundeten und Kranken 206
Genfer Gaskriegsprotokoll 443
Genfer Genralakte 306
Genfer Konventionen von 1949 206, 421, 424 ff., 439 f.
Genfer Recht 423 ff., 438
Genfer Rotkreuzabkommen 206, 421, 424 ff., 439 f.
Genfer Seerechtskonvention 149, 388, 394
genossenschaftlicher Charakter des Völkerrechts 42, 224 f., 228, 316, 475
Gentlemen's agreement 257
Genugtuung 487
Geophysikalisches Jahr 400
Geopolitik 38 ff.
geostationärer Ankerplatz 407
gerechter Krieg 65, 68 f., 286
Gerichtsbarkeit 301
Gerichtsbarkeit, obligatorische 508

Gerichtshof der Europäischen Gemeinschaften 513
Gesamtsukzession 167
Gesandtschaftsrecht 341 ff.
Geschäftsgrundlage, Wegfall der 469
Geschäftsträger 348
geschützte Personen 445
Gewaltverbot 91 f., 109, 229, 277 ff., 298 ff., 322, 468, 479
Gewohnheitsrecht 234, 236 ff., 248, 256
Gipfeltreffen 342
Gleichgewicht 78
Gleichheit s. Staatengleichheit
globales Völkerrecht 226 f.
Globalisierung des Völkerrechts 71, 93 ff., 104 ff., 110
Gottesfriede 67
Grenze, Begriff der 148, 161
Grenzfluß 161
Grenzverletzungen 300
griechische Stadtstaaten 58
Großmächte 78
Großmächtekonzert 86
Grundgesetz, Art. 16 Abs. 1 145
Grundgesetz, Art. 16 Abs. 2, Satz 2 273
Grundgesetz, Art. 24 273
Grundgesetz, Art. 25 246, 268 ff., 272
Grundgesetz, Art. 26 273
Grundgesetz, Art. 59 Abs. 1 271, 465
Grundgesetz, Art. 59 Abs. 2 268, 270 ff.
Grundvertrag 132, 271
Guerilla-Kämpfer 440 f.
gute Dienste 304 ff.
Haager Abkommen betreffend die Rechte und Pflichten der neutralen Mächte 449
Haager Abkommen zum Schutz von Kulturgut 436
Haager Abkommen zur friedlichen Erledigung internationaler Streitigkeiten 303, 305, 495, 497
Haager Akademie für internationales Recht 29
Haager Friedenskonferenzen 423
Haager Landkriegsordnung 423, 427
Haager Recht 423 ff.
Haftung, völkerrechtliche 482, 485 ff.
Haftungssubjekt 216
Halbkollektivvertrag 233
Handelsflotten 391, 393
Handelsschiffe 392 f., 450
Handlungsfähigkeit 125
Hanse 65
Heiliger Stuhl 65, 202 ff., 499
Heiligkeit der Verträge 236 s.a. pacta sunt servanda
Heimtücke 445
historische Akzeleration 49
HLKO 423, 427
HLKO, Art. 1 438
HLKO, Art. 2 439
HLKO, Art. 3 438
HLKO, Art. 23 443
HLKO, Art. 36 437
HLKO, Art. 43 491
Hoheitsgebiet ohne Selbstregierung 98
Hoher Flüchtlingskommissar 188, 196
hohes Meer 387 ff.
hot pursuit 388
humanitäre Intervention 323 f., 354
humanitäres Kriegsrecht 424
humanitäres Völkerrecht 75, 417, 419 ff.
IAEA 188, 195
IBRD 195
ICAO 195
IDA 195
Identität, staats- und völkerrechtliche 166
IFC 195

IGH s. internationaler Gerichtshof
IGH-Statut, Art. 35 Abs. 2 502
IGH-Statut, Art. 36 Abs. 1 509
IGH-Statut, Art. 36 Abs. 2 505 ff.
IGH-Statut, Art. 36 Abs. 6 509
IGH-Statut, Art. 38 Abs. 1 93, 223, 226, 228, 242 ff., 252, 268
IGH-Statut, Art. 59 247
ILC s. Völkerrechtskommission
ILO 195, 378
IMCO 195, 389
IMF 188, 196, 336
Immunität, diplomatische 348 f.
Immunität, konsularische 351 f.
Indien 192
Individualbeschwerde 362, 369
Individuum 215 ff.
Informationsfreiheit 406
Inkorporationstheorie 263
innerer Krieg s. interner Krieg
inquiry 303
Inseln 149
institutionelle Schiedsgerichtsbarkeit 496 f.
institutionelle Verträge 235
INTELSAT 405
Interamerikanische Menschenrechtskommission 371
Interamerikanischer Gerichtshof für Menschenrechte 371
Intergovernmental Maritime Consultative Organisation 389
International Law Commission 189, 249
Internationale Arbeitsorganisation 187 f., 195, 378
Internationale Atomenergie-Organisation 188, 195
Internationale Bank für Wiederaufbau und Entwicklung/Weltbank 188, 195
internationale bewaffnete Konflikte 420 ff.
internationale Beziehungen 45 f., 51
Internationale Entwicklungs-Organisation 188, 195
Internationale Fernmeldeunion 188, 195
Internationale Finanz-Corporation 188, 195
internationale Gemeinschaft 43, 45
Internationale Handelskammer 211
Internationale Juristenkommission 209
Internationale Konzerne 33
Internationale Militärtribunale 491
Internationale Organisationen 180 ff., 322
Internationale Rot-Kreuz-Konferenz 206 f.
internationale Solidarität, Prinzip der 330 ff.
internationale soziale Gerechtigkeit 330 f.
Internationale Zivilluftfahrt-Organisation 188, 195
Internationaler Ausschuß zur Beseitigung der Rassendiskriminierung 375
internationaler bewaffneter Konflikt 420 ff.
Internationaler Bund freier Gewerkschaften 211
Internationaler Flüchtlingsschutz 378
Internationaler Gemeindeverband 212
Internationaler Genossenschaftsverband 212
Internationaler Gerichtshof 96 f., 195, 244, 247, 500 ff.
Internationaler Gerichtshof, Statut des s. IGH-Statut
internationaler Handel 80
internationaler Pakt über bürgerliche und politische Rechte s. Menschenrechtspakte
internationaler Pakt über wirtschaftliche und soziale Rechte s. Menschenrechtspakte
Internationaler Strafgerichtshof 492

Internationaler Währungsfonds/ Weltwährungsfonds 196, 336
Internationales Komitee vom Roten Kreuz 205 ff., 436
internationales Nachbarrecht 412
Internationales Olympisches Komitee 209
Internationales Privatrecht 31 ff.
Internationales Rotes Kreuz 205 ff.
internationales Sozialstaatsprinzip 110
Internationalisierte Gewässer 161 ff.
International Law Commission 189, 249
International Monetary Fund 336
International Refugee Organization 217
International Telecommunication Satellite Consortium 405
interner Krieg 134, 213 f., 280, 323, 421, 425
Interparlamentarische Union 212
Interpretation völkerrechtlicher Verträge 467 ff.
INTERSPUTNIK 405
Interventionsverbot 129, 214, 320 ff., 431
IRO 217
irreguläre Streitkräfte 438
islamisches Recht 105
Isopolitie 58
Israel 192
Italien 202
ITU 195
ius ad bellum 69, 72, 76, 85 ff., 277, 452
ius cogens 227 ff., 316, 463
ius dispositivum 227
ius gentium 59 ff.
ius-sanguinis-Prinzip 141, 144
ius-soli-Prinzip 141, 144

Jemen 192
junge Staaten 93 f., 107

Kabelvergehen 490
Kabelverlegung 393
Kaiser 71
Kaiser, Friedensfunktion des 66
Kaisertum 65
Kampfmethoden 429, 442 ff.
Kampfmittel 429, 442 ff.
Kapitulation 437
Karman-Linie 404
Kartell 437
Kernwaffen 442 f.
Kernwaffensperrvertrag 414
Kernwaffenversuche 414, 509
Kieler Kanal 162 f.
Kirchenrecht 68
klassisches Völkerrecht 60, 69 ff., 93
Kodifikation 248 ff.
Kodifizierung 256
Koexistenz 112
Koexistenz, Recht der 320
Kollateralschäden 443
kollektive Selbstverteidigung 90, 298
kollektive Sicherheit 273, 287, 291 ff., 298
kollektive Verteidigung 292, 299
kollektive wirtschaftliche Sicherheit 334
Kollektivschuld 75, 489
Kollektivvertrag 233
Kolonialismus 78, 80
Kombattanten 438 ff., 442
Kompensationsspiel 78, 80
Kompromiß 497, 502
Kondominium 164
Konferenzdiplomatie 342
Konferenzen von Havanna 249
Konfiskation 333, 335 f.
Kongo 192
Konsul 351
Konsularagent 351
Konsularischer Schutz 219
Konsularkonvention 350 ff.
Konsularrecht 341 ff., 350 ff.
Konsultativstatus 210
Kontinentalschelf 151 ff., 307, 395 f.

Kontinentalsockel 151 ff., 307, 394 f.
Kontinuität 166
Konvention 233 f., 248, 360
Konvention betreffend die Verschmutzung von Schiffen aus 410
Konvention über bürgerliche und politische Rechte 360 ff.
Konvention über das Küstenmeer 394
Konvention über den Festlandsockel vom 29. April 1958 151, 153, 394 f.
Konvention über den Status der Staatenlosen 144
Konvention über die Beseitigung jeder Form von Rassendiskriminierung 374
Konvention über die Fischerei und die Erhaltung der lebenden Schätze der hohen See 394
Konvention über Fischerei und Schutz der lebenden Hilfsquellen der Meere vom 29.4.1958 409
Konvention über die hohe See 394
Konvention über die Verhütung und Bestrafung des Völkermordes 491
Konvention über Staatensukzession in bezug auf Verträge vom 22. August 1978 168 f.
Konvention über wirtschaftliche, soziale und kulturelle Rechte 360 ff.
Konvention zur Unterdrückung und Bestrafung der Apartheid 375
Konvention zur Verhütung der Meeresverschmutzung vom 15.12.1972 409 f.
Konvention zur Verhütung der Meeresverschmutzung vom 29.12.1972 410
Korea-Krieg 189 f.
Krieg 68, 73, 75, 77, 83, 85, 418, 420 f., 425
Krieg, Definition des 346
Kriegsächtungspakt 89
Kriegsaktionenrecht 424
Kriegsbeendigung 437
Kriegserklärung 76, 434
Kriegsfreiheit 285
Kriegführung 433 ff.
Kriegführungsrecht 424
Kriegsgebiet 433 ff.
Kriegsgefangene 425, 438 f., 441, 445, 481
Kriegsgefangenenkonvention 438 ff.
Kriegsmanier 239
Kriegsmaterial 449
Kriegspropaganda 273, 486
Kriegsraison 239
Kriegsrecht 75 f., 417 ff.
Kriegsschauplatz 435
Kriegsschiffe 391 f., 394, 450
Kriegsverbot 84 ff., 109, 277 ff., 347
Kriegsverbrechen 490
Kriegsverbrecherprozesse 491
Kriegsverhütung 76, 84, 87
Kriegsverträge 437
Kriegswaffen 273
Kriegszustand 346, 434 f.
KSZE 297, 308
KSZE-Schlußakte vom 1.8.1975 256, 325, 376
Kulturgut, Schutz von 436
Küstengewässer 149 f., 387, 390 ff., 396, 455, 458
Küstenmeer s. Küstengewässer

Landgrenze 387
Lateranverträge 202
law making treaties 231
Legitimitätsprinzip 79
Lehenswesen 63
Levée en masse 439
Libanon 192 f.
Liga der Rotkreuzgesellschaften 206 f., 212
Londoner Abkommen vom 8. August 1945 490 f.

Luftfahrtabkommen 148
Luftfreiheit 148
Luftgrenze 148, 387
Luftkorridore 160
Luftraum 148, 150, 393, 404
Luftverschmutzung 412

Macht 41, 53, 122
Mächtegleichgewicht 77, 80
Machtpolitik 80
Macht und Recht 41
Malta 204
Malteserhilfsdienst 205
Malteserorden 204 f.
Malvinen 155 f.
Mandatsgebiete 96, 195
Manila Declaration 309
Mannheimer Rheinschiffahrtsakte 162
Masseneinbürgerung 145 f.
Massenvernichtungsmittel 442
Meeresboden 150 f., 387 ff., 395 f.
Meeresfreiheit, Grundsatz der 393 f., 408, 490
Meeresverschmutzung 394, 409 ff.
Mehrheitsprinzip 314
Menschenrechte 353 ff., 380
Menschenrechte in der KSZE-Schlußakte 377
Menschenrechtsbeschwerde, EMK 370
Menschenrechtsbeschwerde, „1503-Verfahren“ 357 f.
Menschenrechtskommission 356 f., 360
Menschenrechtskonventionen s. Menschenrechtspakte
Menschenrechtspakte 137, 145, 360 ff.
Menschenrechtsschutz 323 ff., 353 ff., 368 ff.
Menschheitserbe 331, 395 f.
Meteorologie, Weltorganisation für 188, 196
Militärärzte 438
militärische Objekte 430
Miliz 438 f.
Minderheiten 140, 215, 378 ff.
Minderheitenschutz 378 ff.
Missionschef 345 f., 348 ff.
Mittelalter 62 ff.
Mittelmeer 410
Mond 402 ff.
Mondvertrag 403 f.
monistische Theorie 261 f.
Monroe-Doktrin 455
Montevideo 249
Mosel 411
Moskauer Vertrag 131
multilaterale Verträge 231 ff., 248, 466
multinationale Industriekonzerne 209
Münchner Abkommen von 1938 458, 468

Nachbarrecht, völkerrechtliches 411 f.
Nacheile 164, 387
Namibia 96 f., 374
Nationalkomitees, Anerkennung von 133
NATO 161, 299
Naturschutz, international 412 ff.
neutralisierte Zonen 436
Neutralisierung 450 f.
Neutralität 286 f., 435, 448 ff.
NGO 209 ff.
Nichtauslieferung politischer Flüchtlinge 234
Nichteinmischung s. Intervention
nichtinternationaler bewaffneter Konflikt 431
Nichtkombattanten 438 ff., 442
Nichtstaatliche internationale Organisationen 209 ff.
Niederlassungsverträge 143
Nord-Ostsee-Kanal 162
Nordsee 152 ff.
Nordische Umweltschutzkonvention 413
normative Kraft des Faktischen 51 ff.

Normengrenzrecht 32
Normenkontrolle, verfassungsgerichtliche 271
Notifikation 455
Nottebohm-Fall 145 f., 219
Nuklearkrieg 83
Nürnberger Prinzipien 491

Objekttheorie 215
obligatorische Gerichtsbarkeit des IGH 460
obligatorische internationale Gerichtsbarkeit 506, 508
observer mission 191
Okkupation 154 f., 460
Ölverschmutzung 410 f.
operative regulations 252
optimale Nutzung 330
Option 147
Organisation für Erziehung, Wissenschaft und Kultur 188, 195
Organisation für industrielle Entwicklung 196, 336
originäre Verfassungsgrundsätze 225
Österreich 450 f.
Ostsee 409
Ostverträge 158, 456
Ost-West-Konflikt 99

pacta sunt servanda 59, 228, 236, 271, 469
Pakistan 192
Papst 202
Paraphierung 464
paramilitärische Vollzugsorgane 439
Partisanen 438, 440
Pariser Konvention von 1919 148
partielle Völkerrechtssubjektivität 127
partikuläres Völkerrecht 226 f.
partikuläre Völkerrechtssubjekte 126
passives Gesandtschaftsrecht 344
Patentrechte 335 f.
peacekeeping forces 191 f., 288
Perfidie 445
permanente Neutralität 452
persistent objector 314
Personalhoheit 390
Personalitätsprinzip 141
persona non grata 346
Pflichtsubjekte 122, 216
Piraterie 390, 394, 490
Plebiszit 147
Plünderung 427
Politik und Recht 40 f.
praetor peregrinus 60
Präventivkrieg 286
Prinzipienerklärung 137, 277, 280 f., 283, 302, 328
Prise 450
Privatvölkerrecht 35
proletarischer Internationalismus 102
Protektorat 322
Protest 456 ff.
Proxenie 58

Quasi-Einstimmigkeit 458

radioaktive Abfälle 395
radizierter Vertrag 167
Rassendiskriminierung 374 f.
Ratifikation 232, 271 f., 465
Ratifikationsklausel 232, 272, 464 ff.
Ratifizierung s. Ratifikation
Raumfahrer 411
Raumfahrt 403
Raumfahrzeug 403 f.
Realistische Schule 46
Realpolitik 42
Recht und Frieden 64
Recht und Politik 40 f., 45
Recht zum Kriege 69, 72, 76, 85 ff., 277, 452
Rechtsfähigkeit, völkerrechtliche 125
Regierungen, Anerkennung von 133, 459

Regionalismus 105 f.
Reichsidee 64 ff.
Repressalie 257, 445, 479 ff.
Repressalienexzeß 480
Repressalienverbot 480 f.
Resolution der UNO-Generalversammlung vom 14. Dezember 1960 95, 99
Resolution der UNO Generalversammlung vom 24. Oktober 1970 277, 280 f., 283, 302
Resolutionen der Generalversammlung 251 ff.
Resolution 1503 des Wirtschafts- und Sozialrats 357 f.
Ressourcen 328, 332 f.
Retorsion 257, 479, 481
Revolutionspropaganda 486
Reziprozität 318 ff., 344 f., 466
Rhein 162
Richter ad hoc 505
Richter am IGH 505 f.
Rohstoffe 337
Rohstoffländer 34
Römer 58 ff.
Römisches Reich 59, 62 ff.
Rotes Kreuz 205 ff.
Rotkreuzabkommen 206, 421, 431 ff., 439 f.
Rotkreuzgesellschaften 206 f.
Rotkreuzkonferenz 206 f.
Rücktritt vom Vertrag 469 ff.
Rüstungsproduktion 83
Rüstungswettlauf 83

Saavedra-Lamas-Vertrag 90
Sanitäter 436, 438 f., 480
Sanitätseinheiten 429
Sanitätspersonal 436, 438 f., 480
Sanitätstransporte 429
Sanitätszonen 436
Sanktion 479
Sanktionskrieg 90
Satelliten 404 ff.
Satellitenkonvention 405
Satzung internationaler Organisationen 181
Satzung der Vereinten Nationen 91, 233; s.a. UNO-Satzung
Schelfproklamation vom 28. September 1945 151
Schiedsgerichtsbarkeit 88, 301, 495 ff.
Schiedsklausel 496, 498
Schiedsrichter 498
Schiedsspruch 497
Schiedsverträge 496 ff.
Schiffahrtswege 150
Schiffe 387 ff.
Schiffszusammenstoß 391
Scholastik 67
Schutzmacht 220, 347, 351
Schweiz 452
Seelsorgepersonal 439
Seekrieg 450
Seeräuberei 390, 394, 490
Seeräuberflagge 389
Seerecht 65, 387 ff.
Seerecht, Kodifikation des 396
Seerechtskonferenz, dritte 396 f.
Seerechtskonferenz von 1958 393
Seerechtskonvention von 1958 149, 300, 394
Seerechtskonvention von 1982 397
Selbstbestimmungsrecht der Völker 135 ff., 283, 325, 379, 428
Selbsthilfe 319, 479
Selbstregierung 124 f.
Selbstverteidigung 90, 234, 236, 278, 280, 282, 296, 298 ff., 479
Selbstverwaltung 379
Sicherheit 84, 291 ff.
Sicherheitsrat 189 ff., 287, 293, 296, 314
Sichtvermerk 350
Sklavenhandel 490
Soft Law 255 ff.
Solidarität, internationale 330 ff.
Sonderorganisationen der UNO 195

souveräne Staaten 128 ff., 344
Souveränität 71 f., 74, 85, 125, 332, 334
Souveränitätswandel 86 f., 106 ff., 129
Souveränität über die natürlichen Reichtümer 328, 332
sowjetische Völkerrechtslehre 100 f.
Sowjetunion 133
soziale Gerechtigkeit, internationale 330 f.
solzialistische Gesetzlichkeit 100
sozialistischer Internationalismus 102
sozialistisches Völkerrecht 100 f.
soziologischer Völkerrechtsbegriff 37 f.
Spezialsukzession 167
Spezialtransformation 270, 272
Staatenbeschwerde 369
Staatenbund 179 f.
Staatengleichheit 72, 182, 313 ff., 320, 334
Staatenlosigkeit 140 ff.
Staatennachfolge 166 ff.
Staatenpraxis, Begriff der 238, 241 f.
Staatensukzession 166 ff.
Staatenverantwortlichkeit 482 ff.
Staatenverbindungen 178 ff., 314
Staatsangehörigkeit 140 ff.
Staatsarchive 169
Staatsbegriff, Elemente des 134 f.
Staatseigentum 167
Staatsgebiet 148 ff.
Staatsgebiet, Erwerb und Verlust von 154 ff.
Staatsgrenze 387
Staatshandelsschiffe 391
Staatsservituten 160
Staatsschiffe 391
Staatsschulden 167, 169
Staatssouveränität s. Souveränität
Staatsuntergang 166, 168
Staatsvermögen 169
Ständiger internationaler Gerichtshof 500
Ständiger Schiedshof 498
Stationierung 160, 322
Statusvertrag 235 f.
Statut des Ständigen Internationalen Gerichtshofs s. IGH-Statut
stillschweigende Anerkennung 131 f.
stillschweigender Verzicht 460
Stimmengleichheit, Grundsatz der 182, 315
Stimmenwägung 182, 315
Strafrecht, völkerrechtliches 489 ff.
Strahlenschutz 414
Streitbeilegung, friedliche 288, 301 ff., 495
subversive Intervention 322
Südafrika 375
Südamerika 104
Südwestafrika 96 f., 374
Suezkanal 235 f.
Supranationale Organisationen 196 f., 315
Suzeränität 179
SVN s. UNO-Satzung

Talweg 161
Technologietransfer 335 ff.
Teilsukzession 167
Territorialhoheit 144
Territorialitätsprinzip 141
Territorialstaat 55
Terroristen 487
Tiefsee 151
Tiefseebergbau 396 f.
Tierschutz, internationaler 412 ff.
Tobar-Doktrin 134
toxische Waffen 415, 444

Transformation 264 f.
Transformationsakt 270, 272
Transformationslehre 264, 269
transnationales Wirtschaftsrecht 35
Treuhandgebiete 96, 98
Treuhandrat 95, 195
Treuhandsystem 96
Treu und Glauben 318, 445

Ultimatum 434
Umweltschutz 408 ff.
UNCTAD 196, 328, 337
UNDP 196, 336
UNESCO 188, 195
unfreundlicher Akt 479, 481
UN-Friedenstruppe 191 f., 288
UN-Hochkommissar für Flüchtlinge 188, 196, 217 ff.
UNHCR 188, 196, 217 ff.
UN-Hochkommissariat für Menschenrechte 356, 380
UNICEF 188 f., 196
UNIDO 196, 336
UNITAR 196
United Nations Conference on Trade and Development 196, 328, 337
United Nations Development Programme 336
United Nations Industrial Development Organization 336
Uniting for Peace 189, 294
universelles Völkerrecht 226 f., 229
UPU 195
UNO 181 ff.
UNO, Generalversammlung der 188 f.
UNO-Satzung 184 ff., 354
UNO-Satzung, Art. 1, Ziff. 1 291
UNO-Satzung, Art. 1, Ziff. 3 374
UNO-Satzung, Art. 1, Abs. 2 136
UNO-Satzung, Art. 1, Abs. 3 354
UNO-Satzung, Art. 2 Ziff. 1 128, 313, 353, 506
UNO-Satzung, Art. 2, Ziff. 3 291, 306
UNO-Satzung, Art. 2, Ziff. 4 91, 277 ff., 299 f., 321, 461
UNO-Satzung, Art. 2, Ziff. 7 129, 322, 354 f.
UNO-Satzung, Art. 4 Abs. 1 244, 294
UNO-Satzung, Art. 7 189, 195
UNO-Satzung, Art. 10 188
UNO-Satzung, Art. 11 191
UNO-Satzung, Art. 12 188, 288
UNO-Satzung, Art. 13 249, 354
UNO-Satzung, Art. 14 191, 288f.
UNO-Satzung, Art. 22 189
UNO-Satzung, Art. 24 287
UNO-Satzung, Art. 27 Abs. 3 190, 294
UNO-Satzung, Art. 33 ff. 191, 288, 302
UNO-Satzung, Art. 39 ff. 190, 288, 291, 295
UNO-Satzung, Art. 40 191
UNO-Satzung, Art. 41 322
UNO-Satzung, Art. 47 190
UNO-Satzung, Art. 51 234, 280, 282, 298 ff.
UNO-Satzung, Art. 52 ff. 288, 296
UNO-Satzung, Art. 53 Abs. 1 185, 282
UNO-Satzung, Art. 55 136, 194, 327, 331, 354
UNO-Satzung, Art. 56 327, 331, 354
UNO-Satzung, Art. 61 194
UNO-Satzung, Art. 62 356
UNO-Satzung, Art. 71 210
UNO-Satzung, Art. 73 98
UNO-Satzung, Art. 86 195
UNO-Satzung, Art. 93 502
UNO-Satzung, Art. 94 502 f.
UNO-Satzung, Art. 97 195
UNO-Satzung, Art. 107 185 f., 282
UNO-Streitkräfte 190
UNRWA 188, 196

Unterhändler 464
unterschiedsloser Angriff 429
Untersuchung 303
Untersuchungskommissionen 303, 306
Unterzeichnung 464 f.
unverteidigte Orte 436
UPU 195

Vasallität 179
Väter des Völkerrechts 68, 72 f.
Vatikanstadt, Staat der 202
Verbrechen gegen den Frieden 280, 490
Verbrechen gegen die Menschlichkeit 490 f.
Vereinte Nationen 181 ff.
Vereinte Nationen, Satzung der s. UNO-Satzung
Verfassungsbeschwerden gegen Zustimmungsgesetze 271
Verfügungsvertrag 234
Verhaltenskodizes 257
Verhältnismäßigkeit, Prinzip der 68, 445, 481
Verhandlung 302
Verhandlungsvollmacht 464
Vermittlung 304 ff.
Verschleppung 426
Verteidigung 298 ff.
Verträge 231 ff.
Verträge, Recht der 461 ff.
Vertragsabschluß 464
Vertragsbruch 469
Vertragsgemeinschaft 178
Vertragsrechtskonvention 227, 462 ff.
Vertragsrechtskonvention, Art. 26 236
Vertragsrechtskonvention, Art. 31 467
Vertragsrechtskonvention, Art. 46 462 ff.
Vertragsrechtskonvention, Art. 52 468
Vertragsrechtskonvention, Art. 53 227, 463, 468, 470
Vertragsrechtskonvention, Art. 54 470 f.
Vertragsrechtskonvention, Art. 56 471
Vertragsrechtskonvention, Art. 60 470
Vertragsrechtskonvention, Art. 61 470
Vertragsrechtskonvention, Art. 62 470
Vertragsrechtskonvention, Art. 64 470
Vertragssammlungen 27 f.
Vertragstreue 228, 236
Vertrauensschutz 486
Verwundete 425, 436, 445, 480
Verzicht 459
Visum 350
Vizekonsul 351
Völkerbund 84, 87, 183 f., 379
Völkerbundssatzung, Art. 11 86, 88
Völkerbundssatzung, Art. 12 88 f.
Völkerbundssatzung, Art. 13 88
Völkerbundssatzung, Art. 15 88
Völkerbundssatzung, Art. 19 288 f.
Völkercourtoisie 239
Völkergewohnheitsrecht 234, 236 ff., 248, 256
Völkermord 491 f.
Völkerrecht, Begriff des 30, 38, 71 f.
Völkerrecht der Koexistenz 111
Völkerrecht der Zusammenarbeit 111, 320
Völkerrecht, Einheit des 99 ff.
Völkerrecht, Fehlbezeichnung 61
Völkerrecht, klassisches 60, 69 ff., 93
völkerrechtliche Haftung 482, 485 ff.
völkerrechtliche Verantwortlichkeit 482 ff.
völkerrechtliches Delikt 469, 483 f.

völkerrechtliches Strafrecht
s. Strafrecht, völkerrechtliches
Völkerrechtsgeschichte 55 ff.
Völkerrechtskommission 189, 249
Völkerrechtslehre 247
Völkerrechtsleugner 29
Völkerrechtsquellen 223 ff.
Völkerrechtssoziologie 36 f.
Völkerrechtssubjekte 121 ff., 202, 344
Völkerrechtssubjektivität 130 f., 180 ff., 202 f., 207, 209 f., 216
völkerrechtsüberschreitendes Landesrecht 266 f.
völkerrechtswidriges Landesrecht 266
Völkerrecht und innerstaatliches Recht 261 ff.
Völkerrecht und internationale Politik 40 ff.
Völkersitte 239
Völkervertragsrecht 231 ff., 461
Volkserhebung 439
Volksgruppe 379
Volksgruppenrecht 381
Volkssturm 438
Vollmacht 464
Vollzugslehre 264, 269
Vorbehalt 460, 466 f.
vorübergehende Zuflucht 349

Waffengleichheit 316
Waffenruhe 437
Waffenstillstand 437
Waffenstillstandslinien 281
Waffenverbote 443
Wahlkonsul 352
Walfang 408
Warschauer Pakt 161, 299
Wasserrecht, internationales 411
Weltgesundheitsorganisation 188, 195 f.
Weltgewerkschaftsbund 209, 212
Welthandelskonferenz 196, 328, 337
Welthandelsrat 337
Weltkinderhilfswerk 188 f., 196
Weltkirchenrat 209
Weltorganisation für Metereologie 188, 196
Weltpakt über bürgerliche und politische Rechte
s. Menschenrechtspakte
Weltpostverein 188, 195
Weltraum 149, 401 ff.
Weltraumhaftungsabkommen 403
Weltraumobjekte 403, 411
Weltraumregisterabkommen 403
Weltraumvertrag 402 f., 411
Weltsicherheitsrat s. Sicherheitsrat
Weltwährungsfonds 188, 196, 336
Weltwirtschaftsordnung, neue 320, 327 ff.
Wertneutralität des Völkerrechts 74 f.
Westfälischer Friede 71
West-Irian 192
WHO 188, 195 f.
Widerruf 460
Wiedergutmachung 483, 487
Wiener Diplomatenkonvention 343 ff., 348
Wiener Kongress 77, 79
Wiener Konvention über das Recht der Verträge
s. Vertragsrechtskonvention
Wiener Konvention über Staatensukzession 168 f.
Wiener Übereinkommen über diplomatische Beziehungen
s. Wiener Diplomatenkonvention
Wiener Übereinkommen über konsularische Beziehungen 350 ff.
Wiener Vertragsrechtskonvention
s. Vertragsrechtskonvention
Willensmängel 468 f.
WIPO 196
wirtschaftliche Rechte und Pflichten der Staaten 328 ff., 332 ff.
wirtschaftliche Zwangsmaßnahmen 281

Wirtschaftskommissionen 337
Wirtschafts- und Sozialrat 95, 194, 210 f., 336 f., 356 ff.
WMO 188, 196
wohlwollende Intervention 304
World Intellectual Property Organization 196

Zession 157
Zessionsvertrag 234
zivile Objekte 430, 481
Zivilpersonen, Schutz von 425 f., 429, 436
Zusammenarbeit 108 ff., 332
Zusatzprotokolle zu den Genfer Konventionen 421 f., 427 ff.
Zusatzprotokoll I 422, 428 ff., 436, 439 f., 443, 480 f.
Zusatzprotokoll I Art. 1 283
Zusatzprotokoll I Art. 90 304
Zusatzprotokoll II 430 f.
Zustimmung 460
Zustimmungsgesetz 270 f.
Zwangsdurchsetzung 87, 475
Zwangsverschleppung 426
zwingendes Recht s. ius cogens
Zwischenstaatliche Beratende Seeschiffahrts-Organisation 188, 195, 389
Zypern 192